CRAFTING INTERPRETERS

로버트 나이스트롬 인터프리터 in Java, C

로버트 나이스트롬 지음
이일웅 옮김

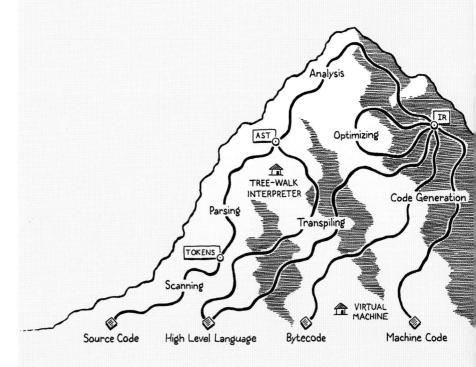

  길벗

지니에게
너의 멀뚱한 얼굴이 그리워!

독자의 1초를
아껴주는 정성을
만나보세요!

세상이 아무리 바쁘게 돌아가더라도 책까지 아무렇게나 빨리 만들 수는 없습니다.

인스턴트 식품 같은 책보다 오래 익힌 술이나 장맛이 밴 책을 만들고 싶습니다.

땀 흘리며 일하는 당신을 위해 한 권 한 권 마음을 다해 만들겠습니다.

마지막 페이지에서 만날 새로운 당신을 위해 더 나은 길을 준비하겠습니다.

CRAFTING INTERPRETERS

Korean translation rights arranged with Robert Nystrom through Danny Hong Agency, Seoul Korean edition copyright ⓒ 2023 by Gilbut Publishing Co,. Ltd. All rights reserved.
이 책의 한국어판 저작권은 대니홍 에이전시를 통한 저작권사와의 독점 계약으로 (주)도서출판 길벗에 있습니다.
신저작권법에 의해 한국내에서 보호를 받는 저작물이므로 무단전재와 복제를 금합니다.

로버트 나이스트롬의 인터프리터 in Java, C
Crafting Interpreters

초판 발행 · 2023년 11월 30일

지은이 · 로버트 나이스트롬
옮긴이 · 이일웅
발행인 · 이종원
발행처 · (주)도서출판 길벗
출판사 등록일 · 1990년 12월 24일
주소 · 서울시 마포구 월드컵로 10길 56(서교동)
대표 전화 · 02)332-0931 | **팩스** · 02)323-0586
홈페이지 · www.gilbut.co.kr | **이메일** · gilbut@gilbut.co.kr

기획 및 책임편집 · 이원휘(@gilbut.co.kr) | **디자인** · 박상희 | **제작** · 이준호, 손일순, 이진혁, 김우식
마케팅 · 임태호, 전선하, 차명환, 박민영, 지운집, 박성용 | **영업관리** · 김명자 | **독자지원** · 윤정아, 전희수

교정교열 · 이미연 | **전산편집** · 박진희 | **출력** · **인쇄** · **제본** · 금강인쇄

- 잘못 만든 책은 구입한 서점에서 바꿔 드립니다.
- 이 책은 저작권법에 따라 보호받는 저작물이므로 무단전재와 무단복제를 금합니다.
  이 책의 전부 또는 일부를 이용하려면 반드시 사전에 저작권자와 (주)도서출판 길벗의 서면 동의를 받아야 합니다.

ISBN 979-11-407-0738-6 (93000) (길벗 도서번호 080330)

정가 55,000원

독자의 1초를 아껴주는 정성 길벗출판사
(주)도서출판 길벗 IT교육서, IT단행본, 경제경영서, 어학&실용서, 인문교양서, 자녀교육서 www.gilbut.co.kr
길벗스쿨 국어학습, 수학학습, 어린이교양, 주니어 어학학습, 학습단행본 www.gilbutschool.co.kr

페이스북 https://www.facebook.com/gbitbook
예제소스 https://github.com/gilbutITbook/080330

『게임 프로그래밍 패턴(Game Programming Patterns)[1]』의 첫 번째 책이 팔렸을 때, 나는 스스로 작가라고 불릴 자격이 있다고 생각했지만 이 호칭에 익숙해지기까지는 다소 시간이 걸렸다. 나의 첫 번째 작품을 구입한 모든 분과 다른 언어로 번역한 해외 출판사 및 옮긴이 분들께 감사드린다. 여러분은 내가 이 정도의 프로젝트는 도전할 만하다는 자신감을 심어준 원동력이었다. 음, 내가 너무 내 능력을 과소평가했기 때문에 그랬던 것 같지만, 어쨌든 그건 내 책임이다.

테크니컬 라이팅(technical writing)은 내용을 잘못 쓰면 어쩌나 하는 두려움이 앞선다. 그래서 수도 없이 테스트와 정적 분석을 수행하며 여기까지 왔지만, 일단 코드와 글이 종이에 인쇄되고 나면 고칠 방법이 없다. 이 책의 깃헙(github)에 아낌없이 이슈 리포팅을 하고 풀 리퀘스트(pull request)를 보내준 많은 분들께 진심으로 감사를 표한다. 특히, 수백 개의 코드 에러, 오탈자, 불분명한 문장을 145개나 발견하여 깔끔하게 정리해준 cm1776님, 땡큐! 더 정확하고 가독성 높은 책이 탄생한 것은 다 여러분 덕분이다.

수많은 문법 에러와 앞뒤가 안 맞는 문장을 바로잡기 위해 CS 전문 용어 사전을 펼쳐 놓고 생소한 감수 작업을 도맡아 해준 카일 소머톤(Kari Somerton) 교정자님, 감사드린다.

코로나 팬데믹이 사람들의 일상을 바꿔놓았을 때, 많은 이들이 내 책이 도움이 됐다고 연락했다. 6년 동안 쓴 이 책은 내 인생 스토리의 한 장을 고스란히 차지한다. 내게 애써 연락까지 해서 그 한 장의 의미를 더욱 값진 것으로 만들어준 독자들께 깊이 감사드린다.

마지막으로, 내 아내 메간과 두 딸 릴리, 그레첸에게 세상에서 가장 깊은 감사를 전한다. 세 여인은 내가 책에 몰입해서 정신이 팔려 있던 시간과 내가 책을 쓰면서 받은 스트레스를 참을성 있게 견뎌주었다. 가족이 아니면 누가 집에 틀어박혀 있는 내 꼴을 감당했으랴!

---

[1] 옮긴이 https://gameprogrammingpatterns.com

✔ 예제 파일 내려받기

길벗출판사 웹 사이트에서 도서 이름으로 검색하여 내려받거나 길벗출판사 깃헙에서 내려받을 수 있습니다. 길벗출판사에서 제공하는 예제 파일은 옮긴이가 미리 장별로 예제 코드를 추출하여 재작성한 파일입니다.

- **길벗출판사 웹 사이트**: http://www.gilbut.co.kr
- **길벗출판사 깃헙**: https://github.com/gilbutITbook/080330

지은이의 깃헙 리포지터리에서 바로 예제 파일을 내려받을 수도 있습니다. 이 경우에는 직접 실습 환경을 설정해야 합니다.

- **지은이 깃헙**: https://github.com/munificent/craftinginterpreters

예제 파일과 실습 방법에 대한 자세한 설명은 부록으로 수록한 '예제 코드 실습 안내(옮긴이 제공)'를 참고해 주세요.

✔ 연습 문제

각 장의 연습 문제에 대한 샘플 답변은 지은이의 깃헙 리포지터리 note/asnwers 폴더에서 볼 수 있습니다.

- **지은이 깃헙**: https://github.com/munificent/craftinginterpreters/tree/master/note/answers

지은이는 직접 설계한 컴파일러를 구현해가며 핵심 문제와 개념들을 설명해줍니다. 간결하지만 복잡한 컴파일러 코드를 기반으로 여러 예시와 구현 의도를 설명하며 책이 진행되기 때문에 마치 지은이가 옆에서 설명하면서 같이 코딩하는 느낌이 들었습니다. 설명할 때 다른 언어에 관해서도 많이 알려주는데 지은이가 풀어주는 리스프(Lisp), ML, 파이썬, C, JS, 자바, 루비 등 여러 언어 이야기를 기반으로 컴파일러에서 쓰이는 용어와 개념에 관해 익숙해질 수 있었습니다. 다소 이해하기 어려운 표현은 옮긴이의 주석이 적절히 설명해주기 때문에 책의 몰입을 깨지 않았습니다.

제가 생각한 이 책의 장점은 이렇습니다. (1) 컴파일러 관련 책은 이론적인 내용이 등장하며 딱딱해지기 쉬운데 지은이가 이야기를 풀어내듯 설명하여 부담 없이 읽을 수 있었습니다. (2) 지은이가 강조하는 핵심 부분에 집중할 수 있게 간결함을 추구합니다. 코드도 최대한 간결하게 갑니다. 설명할 것이 너무 많기 때문에 굳이 다루지 않아도 되는 부분은 생략하거나 축약하기도 합니다. 핵심 부분에 주로 발생하는 엣지 케이스나 까다로운 문제 해결에 집중합니다. (3) 장별로 옮긴이가 준 예제 코드를 같이 띄워놓고 보다 편하게 실습하며 책을 읽을 수 있었습니다. 최종 완성본이 아니라 장별로 컴파일 가능한 코드가 제공된다는 것이 큰 장점으로 느껴졌습니다. 내려받은 모든 파일이 잘 컴파일되어서 편하게 실습할 수 있었습니다.

지은이는 사용자 관점에서 많은 결정을 합니다. 17장 디자인 노트에서는 사용자 관점에서 프런트엔드 기능이 그 어떤 작업보다 가치가 크다고 강조하며 파싱 코드를 재작성하는 시간을 절약하고 사용자에게 표시하는 컴파일 에러 메시지를 개선하는 데 사용하라고도 말합니다. 사용자를 생각하는 관점에서 제가 이론만으로는 알기 힘들었던 구현할 때 모호했던 것(예를 들면 에러 처리)에 관해서 해답을 얻을 수 있었습니다.

지은이는 컴파일러를 구현하면서 항상 다른 언어에 관해서 언급합니다. 다른 언어에서는 어떤 선택을 했고 다양한 엣지 케이스를 어떻게 처리하는지 알려줘서 유익하고 재미있었습니다.

특히 OOP 문법을 구현하는 부분이 매우 흥미로웠습니다. 상속, 부모클래스 같은 문법을 구현할 때는 어떤 고민이 필요한지 이해할 수 있었고 앞으로 프로그래밍하는 데에도 큰 도움이 될 것 같습니다.

실습 환경: Mac mini M1 2020, Ram 8GB, MacOS 13.4.1(Ventura)
자바: IntelliJ IDEA 2021.2(Ultimate Edition), Oracle OpenJDK version 20.0.1
C: Neovim v0.8.0, Apple clang version 14.0.0, GNU Make 3.81

— **고주형** | 중앙대학교 소프트웨어학부, 백엔드 개발자 취업 준비 중

평소에 접해보지 못한 조금 다른 관점의 책입니다. 예를 들어 언어의 종류는 많지만, 사칙연산은 모두 동일하게 처리합니다. 1+1=2도 차이가 없습니다. 일반적으로 아무렇지 않게 사용하던 사칙연산 + − * / 및 연산에 대한 우선순위, 함수를 호출해서 인자값을 받기 위한 function() 구성은 어떻게 처리되는지 등 그 안의 인터프리터를 너무 당연하게 사용하고 있다는 생각이 들었습니다.

이를 하나하나 구현해나가면서, 무의식 중에 사용하던 기능을 구현하는 과정을 경험하면서 프로그래밍을 평소와 다른 관점으로 바라보게 되는 느낌이 매우 새로웠습니다.

매개변수의 개수는 어떻게 정해서 사용할까? 변수의 스코프에 대한 처리는 어떻게 되어 있을까? 객체지향 언어는 어떻게 구성할까? 등 자주 사용하는 get, set, this에 대해 실제로 구현해본 것, 생성자와 초기화에 대한 부분이 특히 기억에 남습니다. 또한, 장 마지막에 〈디자인 노트〉라는 칼럼이 나오는데, 일반적으로 사용되는 실사용 사례를 들어 설명해주어서 도움이 많이 되었습니다.

언어를 구성하는 기본 개념을 살펴보고 프로그램 작성 시 조금 다른 방향으로 생각해볼 수 있는 좋은 기회가 될 것이라고 생각합니다.

실습 환경: MacOS (Intel)

— **박찬웅** | 개발자

학부생 입장에서 새로운 언어를 배울 필요 없이 책의 코드를 따라 하며 익힐 수 있어서 좋았습니다. 너무 학술적이거나 또는 너무 기본 개념만 사용하여 인터프리터/컴파일러를 만드는 책이 많은데, 학술적인 지식에 깊게 들어가지 않으면서도 여담(aside)이나 디자인 노트 부분에서 심화 내용을 환기해주면서 인터프리터를 만들어 나가는 것이, 부담스럽지 않게 잘 정리된 강의를 따라가는 것 같았습니다. 특히 클래스나 클로저 같은 요즘 언어가 가지는 필수 기능들을 구현해보고, 생각해볼 만한 엣지 케이스와 문제 들이 제공되어 고민하면서 언어를 만들어가는 과정을 경험할 수 있었습니다.

실습은 어려움 없이 진행할 수 있었고, 책의 실습을 따라 한 이후에도 다양한 언어로 포팅된 리포지터리를 따라 관심 있는 언어의 구현체를 살펴보고, 새롭게 구현해보면서 체화할 수 있다는 점도 좋았습니다.

실습 환경: Windows 10

— **최용욱** | 고려대학교 컴퓨터학과, 2년 차 DX 개발자

매우 흥미롭게 읽었습니다. 이미 출간된, 혹은 인터넷으로 공개된 많은 컴파일러 책 중에서 가장 실용적인 책입니다.

책에 수록되어 있는 코드는 매우 자세하고 알아보기 쉽지만, 그 양이 적지 않습니다. 더군다나 해석하기 쉬운 코드가 아니라 중간중간 멈추고 생각을 해야 하므로, 수록된 코드 전체를 다 확인하며 읽는다면 꽤나 많은 시간이 필요합니다.

현대의 컴파일러 제작 방식이 아닌 단일 패스 컴파일러로만 예제가 되어 있긴 한데, 만약 다중 패스 컴파일러 내용까지 추가되었다면 분량이 지금보다도 더 엄청났겠지요. 나중에 관련된 내용이 추가되면 좋을 것 같습니다.

이 책에서 다루고 있는 컴파일러 내용, 다이어그램과 코드를 이용한 설명은 매우 훌륭합니다. 특히 후반부에 다루는 가비지 콜렉션에 대한 내용은 정말 인상적이었습니다. 실제 GC의 구동 방식과 실제 구현에 대한 설명은 GC의 동작 방식을 이해하는 데 매우 좋았습니다. 실제 코드를 작성할 때 메모리 사용 및 해제 전략을 수립하는 데 큰 도움이 될 것입니다.

이 책은 재미 삼아 쉽게 읽을 수 있는 책은 아닙니다. 컴파일러에 대한 배경지식도 일부 필요하고요. 하지만 이 책을 다 읽고 나면, 내가 작성한 코드가 어떤 식으로 처리되고 수행되는지를 이해하는 데 큰 산을 하나 넘었다 생각할 수 있을 것 같습니다.

실습 환경: clang/g++ 10.0, Ubuntu 20.04, vim 8.1.3741　　　　　　　　　　— **윤종민** | 라인플러스, 22년 차 개발자

처음에는 언어를 구현한다는 것이 어려울 거라고 생각했는데, 쉽고 재미있게 설명되어 있어서 좋았습니다. 책의 예제들과 설명이 매우 직관적이고 명료해서 이론적인 지식이 없어도 이해하기 쉬웠습니다. 이 책을 통해 실제로 언어를 만들어보면서 큰 성취감을 느꼈습니다. 실제로 동작하는 인터프리터와 컴파일러를 만드는 것이 컴퓨터 과학의 기본 원리를 더 깊이 이해하는 데 도움이 된다는 게 인상적이었습니다.

실습 환경: Windows 10, Java8, VSC1.58　　　　　　　　　　— **박광현** | (주)핀테크, 서버 개발자

1부 | 환영한다!

1장 들어가기

2장 인터프리터 원정대

3장   록스 언어

2부 | 트리 탐색 인터프리터

4장 스캐닝

9장 제어 흐름

10장 함수

11장 리졸빙과 바인딩

3부 | 바이트코드 가상 머신

14장 바이트코드 청크

15장 가상 머신

16장   온 디맨드 스캐닝

17장   표현식 컴파일

18장 값 타입

19장 문자열

26장   가비지 수집

4부 | 부록

A1장 록스의 전체 문법

A2장 제이록스의 AST 생성기로 만든 자바 클래스 목록

B장   예제 코드 실습 안내 by 옮긴이

1부

환영한다!

여러분은 지금 멀고 험난한 대장정의 시작점에 있다. 프로그래밍 언어는 탐험하고 즐길 만한 것들이 가득한 광활한 세계다. 나만의 창작물을 다른 사람과 공유하거나 그냥 혼자서 즐길 수 있는 공간이 충분하다. 지금까지 그 많은 똑똑한 컴퓨터 과학자, 소프트웨어 엔지니어가 이 바닥을 전전하며 끝을 보지 못한 채 커리어를 송두리째 바쳐왔다. 이 세계에 처음 입문하는 독자라면 대환영이다!

이 책은 한 장 한 장 흥미진진한 언어의 세계로 안내할 것이다. 하지만 등산화를 신고 모험을 떠나려면 먼저 지형지물에 익숙해질 필요가 있다. 1~3장은 프로그래밍 언어의 기본 개념과 그 개념들이 어떻게 서로 연관되는지 소개한다. 또 이 책의 나머지 부분에서 (두 차례) 구현할 록스(Lox) 언어와 친해지는 시간을 갖겠다.

1장

들어가기

> 동화는 실제 그 이상이야. 용이 존재한다고 얘기해서가 아니라, 용을 물리칠 수 있다고 말하거든.
>
> 닐 게이먼(Neil Gaiman), 『코랄린(Coraline)』[1]

여러분과 함께 여행을 하게 되어 정말 신난다. 이 책에서는 프로그래밍 언어의 인터프리터(interpreter)를 직접 구현한다. 또 구현할 가치가 있는 언어를 디자인하는 방법을 차근차근 설명한다. 내가 프로그래밍 언어에 처음 입문했을 때 이런 책이 있었으면 좋겠다고 생각했고, 실은 거의 10년 동안 머릿속으로 이 책을 써왔다.

> 친구들과 가족들이여, 그동안 내가 정신이 딴 데 팔려 있어서 미안!

지금부터 완전한 기능을 갖춘(full-featured) 언어를 2개의 완전한 인터프리터로 구현하는 과정을 하나씩 살펴보겠다. 여러분이 언어의 내면을 들여다보는 것은 처음이라 보고, 실행 가능하면서도 성능이 빠른, 완전한 언어 구현체(language implementation)를 만들기 위해 필요한 개념과 코드 줄을 단계별로 설명할 것이다.

책 한 권에 두 가지 구현체를 욱여넣고 처음부터 끝까지 죽 다루기 때문에 타 도서에 비해 이론적인 내용은 적은 편이다. 시스템을 한 조각씩 만들어가며 이면에 숨겨진 역사와 개념을 간간이 소개하겠다. 나중에 여러분이 PL(Programming Language) 연구원들과 함께 칵테일 파티에 참석할 때를 생각하여 그들 수준에 걸맞은 전문 용어(lingo)도 익숙하게끔 노력하겠다.

> 신기하게 나 역시 그런 상황에 노출된 적이 더러 있었다. 술을 어찌나 작정하고 들이키던지!

그러나 대부분은 언어를 돌아가게 만드는 데 모든 뇌즙을 짜낼 생각이다. 이론 따위 중요하지 않다는 소리가 아니다. **구문(syntax, 신택스)**과 **시맨틱(semantics, 의미)**을 정확하게, 형식에 맞게 추론하는 능력은 언어를 만지작거릴 때 꼭 필요한 기술이지만, 개인적으로는 직접 실행해보면서 배우는 게 최고라고 생각한다. 추상적 개념으로 가득한 단락의 파도를 넘고 넘어 내 것으로 만들기는 어렵지만, 직접 코드를 짜서 실행하고 디버깅을 해보면 비로소 내 산 지식이 된다.

> 특히, 정적 타입(static type) 시스템에서는 엄격한 형식 추론(rigorous formal reasoning)이 필요하다. 타입 시스템을 파보는 것은 수학 정리를 증명하는 느낌과 비슷하다.
>
> 우연히 그런 것이 아니다. 20세기 초, 하스켈 커리(Haskell Curry)와 윌리엄 앨빈 하워드(William Alvin Howard)는 이 둘[2]이 동전의 양면이라는 사실을 증명했다. '커리-하워드 동형(Curry-Howard isomorphism)'[3]

이것이 내 목표다. 나는 여러분이 이 책을 다 읽고 나서 실제 언어가 어떻게 살아 숨 쉬는지 확실히 깨닫고, 나중에 다른 더 이론적인 책을 읽더라도 이 책에서 실습을 통해 이해한 기반을 바탕으로 개념을 마음 속에 단단히 새겼으면 좋겠다.

1　[옮긴이] 영국 작가 G.K.체스터턴(Chesterton)이 원래 한 말을 조금 바꾸어 인용한 문장
2　[옮긴이] 컴퓨터 프로그램과 논리적 증명
3　https://en.wikipedia.org/wiki/Curry–Howard_correspondence

왜 이런 걸 배우는가?

거의 모든 컴파일러 책의 서론에 이런 절이 있었던 것 같다. 나는 왜 프로그래밍 언어가 그 존재에 관한 의문을 제기하는지 솔직히 잘 모르겠다. 조류학 책이 스스로의 존재에 대해 걱정하는가? 그저 독자가 새를 사랑하는 사람이겠거니, 하고 잘 가르치면 그만이다.

하지만 프로그래밍 언어는 약간 다르다. 우리 중의 누군가가 널리 성공한, 범용(general-purpose) 프로그래밍 언어를 만들 가능성은 희박하다. 세계적으로 널리 쓰이는 언어를 디자인한 사람은 폭스바겐 버스에 팝탑 캠퍼[4]를 올리지 않아도 다 탈 수 있을 정도다. 이 엘리트 집단에 가입하는 것이 언어를 배우는 유일한 이유라면 정당화하기 어려울 것이다. 다행히 그렇지는 않다.

1.1.1 미니 언어는 곳곳에 있다

모든 성공한 범용 언어에는 성공적인 틈새(niche) 언어가 천 개는 될 것이다. 이런 언어를 보통 '미니 언어(little languages)'라고 하는데, 전문 용어(jargon)가 차고 넘치는 세상에서 '도메인 특화 언어(DSL, domain-specific languages)'라는 멋진 이름으로 부풀려졌다. 도메인 특화 언어는 어떤 작업에 특화된 피진어[5]다. 애플리케이션 스크립팅 언어(application scripting language), 템플릿 엔진(template engine), 마크업 포맷(markup format), 구성 파일(configuration file)을 떠올려보라.

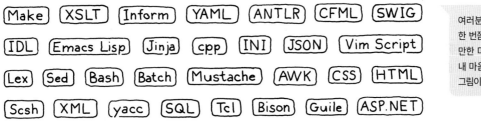

여러분이 지금껏 한 번쯤 마주쳤을 만한 미니 언어를 내 마음대로 고른 그림이다.

거의 모든 큰 소프트웨어 프로젝트에서 이런 미니 언어가 한 다발은 필요하다. 그래서 가능하면 여러분이 직접 만들어 쓰기보다는 기존 언어를 재사용하는 편이 낫다. 문서화(documentation), 디버거(debugger), 편집기 지원(editor support), 구문 강조 표시(syntax highlighting) 같은 기능을 처음부터 직접 다 만들기란 상당히 힘들다.

하지만 본인의 필요에 부합하는 기존 라이브러리가 없으면 파서(parser, 구문 분석기) 같은 도구의 필요성을 절감할 좋은 기회가 된다. 또 기존 구현체를 재사용하더라도 결국 디버깅을 하거나 내부 구조를 샅샅이 뒤져봐야 할 필요성을 느끼게 될 것이다.

---

4 **옮긴이** pop-top camper, 주로 RV 차량의 지붕을 개조해서 루프가 위로 올라가도록 절개하고 상부에 공간을 만들어 그 내부에서 잠을 자도록 만든 장치
5 **옮긴이** pidgin, 서로 다른 두 언어의 화자가 만나 의사소통을 위해 자연스레 형성한 혼성어를 부르는 말

1.1.2 언어는 훌륭한 연습이다

장거리 육상 선수들은 발목에 모래 주머니를 달고 훈련하거나 공기가 희박한 고지대에서 훈련한다. 그래야 나중에 모래 주머니를 떼어냈을 때, 팔다리가 날아갈 것 같은 자유로움을 느끼며 산소가 가득한 공기를 마시고 더 빨리, 더 멀리 달릴 수 있다.

언어를 구현하는 일은 진정한 프로그래밍 스킬의 시험대다. 코드는 복잡하고 성능은 중요하다. 재귀(recursion), 동적 배열(dynamic array), 트리(tree), 그래프(graph), 해시 테이블(hash table)의 달인이 되어야 한다. 늘 프로그래밍을 하면서 해시 테이블을 사용해왔어도 정말 해시 테이블을 완전하게 이해하고 있는 사람은 드물다. 장담컨대, 처음부터 해시 테이블을 만들어보면 확실하게 이해하게 될 것이다.

나는 인터프리터 제작이 생각보다 그리 어렵지 않다는 걸 여러분에게 알리고 싶지만, 그렇다 해도 온전한 인터프리터를 통째로 구현하는 것은 쉬운 일이 아니다. 꿋꿋이 버텨내기 바란다! 여러분은 더 강력한 프로그래머, 일상 업무에서 자료 구조와 알고리즘을 더 똑똑하게 사용하는 유능한 프로그래머로 거듭날 것이다.

1.1.3 한 가지 더

마지막 이유는 내 정곡을 찌르는 것 같아 말 꺼내기가 참 어렵다. 난 어렸을 때 프로그래밍을 배운 이래, 언어는 뭔가 마법 같은 것으로 칠해졌다는 느낌을 받았다. 내가 처음 베이직(BASIC) 프로그램을 실행할 당시에는 베이직 자체가 어떻게 만들어졌는지 전혀 알지 못했다.

시간이 흘러 대학교에서 컴파일러 수업을 듣다가 경외감과 공포가 뒤섞인 친구들의 얼굴을 보니, 언어 해커란 정말 불가사의한 예술에 접근할 특권을 부여받은, 전혀 다른 부류의 인간이라는 믿음이 생겼다.

매력적인 이미지였지만, 어두운 측면도 있었다. 아무리 생각해도 내게 마법사 기질은 없는 것 같았고 이 성전 기사단의 일원이 될 만한 재능은 없구나 싶었다. 학교 노트북에 키워드 몇 개를 만들어 끄적거리며 프로그래밍 언어에 매료되긴 했지만, 정말 언어를 제대로 배워야겠다고 용기를 내기까진 수십 년이 더 걸렸다. '마술사로서의' 재능, 이 배타성(exclusivity)이 내 자신을 진짜 배제시킨(exclude) 것이다.

> 이런 이미지를 일말의 주저함도 없이 드러내는 이들도 있다. 프로그래밍 언어에 관한 전설적인 두 권의 책 표지에도 용[6]과 마법사[7]가 그려져 있다.

마침내 나만의 작은 인터프리터를 만들어보면서 깨달았다. 마법 따위는 처음부터 없었다! 이것도 한낱 코드일 뿐. 언어 해커도 그저 평범한 사람들이다.

물론, 언어가 아니면 거의 마주칠 일이 없는 기법도 더러 있고 어려운 부분도 있지만, 지금까지 여러분이 극복해온 장애물보다 더 어렵지는 않을 것이다. 프로그래밍 언어라면 잔뜩 주눅이 들어 있다가 이 책을 읽고 나서 두려움을 극복하게 된다면, 나는 여러분을 과거의 여러분보다 조금 더 용감하게 만든 셈이니 더 이상 바랄 것이 없겠다.

또 혹시 누가 알겠는가? 앞으로 여러분 중에서 굉장한 언어의 창시자가 나올지!

---

6   https://en.wikipedia.org/wiki/Compilers:_Principles,_Techniques,_and_Tools
7   https://mitpress.mit.edu/9780262510875/structure-and-interpretation-of-computer-programs

이 책의 구성

이 책은 세 부분으로 구성된다. 여러분은 지금 1부를 읽고 있다. 1부의 1~3장은 일종의 오리엔테이션 시간이다. 해커들이 많이 쓰는 전문 용어를 설명하고 앞으로 구현할 록스 언어를 소개한다.

2, 3부에서는 각각 완전한 록스 인터프리터를 구축한다. 각 장마다 기본 개념을 설명하고 언어의 기능을 하나씩 구현하는 동일한 구성으로 되어 있다.

약간의 시행착오가 있었지만, 두 인터프리터에 조금씩 살을 붙여가는 내용을 주제별로 적당한 분량으로 나누어 각 장을 구성했다. 여러분이 직접 돌려볼 수 있는 프로그램이 바로 다음 장부터 나온다. 한 장씩 차근차근, 점점 완전한 기능을 자랑하는 언어의 모습을 즐거운 마음으로 감상하기 바란다.

각 장은 주옥 같은 영어 문장을 시작으로 풍성하고 재미난 내용으로 가득하다.

1.2.1 코드

이 책의 목표는 인터프리터를 직접 만드는 것이다. 당연히 진짜 코드가 실려 있다. 실제로 인터프리터 구현에 필요한 모든 코드가 한 줄도 빠짐없이 포함되어 있다. 점점 커지는 구현체의 어디에 들어가는지 각 스니펫(snippet, 코드 조각) 하단에 따로 표시했다.

많은 언어 도서와 구현체에서는 이른바 **컴파일러의 컴파일러(compiler-compiler)**라고 불리는 렉스(Lex)[8]와 야크(Yacc)[9] 같은 도구를 사용한다. 더 하이레벨(high-level, 고수준)의 서술(description)을 입력받아 구현체에 필요한 소스 코드를 자동 생성하는 도구다. 이런 도구는 쓰는 사람들마다 호불호가 극명하게 갈리고 (어떤 이들은 종교적 신념까지 거론하면서) 찬반 의견이 분분하다.

나는 이 책에서 이런 도구를 사용하지 않을 것이다. 마법과 혼란이 내재된 어둠의 세력이 도사리고 있는 것은 별로 내키지 않기 때문에 모든 코드를 직접 손으로 짤 것이다. 내 손으로 직접 짜 봐야 각 코드 줄을 이해하고 두 인터프리터가 어떻게 돌아가는지 분명히 이해할 수 있다.

야크(Yacc)는 문법 파일을 받아 컴파일러용 소스 파일을 생성하는 도구다. 컴파일러를 출력하는 '컴파일러'라는 점에서 컴파일러의 컴파일러라는 용어가 나왔다.

야크가 최초의 컴파일러의 컴파일러는 아니다. 그래서 '또 다른 컴파일러의 컴파일러(Yacc, Yet Another Compiler-Compiler)'라고 명명된 것이다. 이후 등장한 바이슨(Bison)[10]도 비슷한 도구인데, '야크(Yak)'와 발음이 비슷해 말장난처럼 붙여진 이름이다.[11]

이 모든 사소한 자기 참조(self-reference)와 말장난이 왠지 있어 보이고 재미있다고 생각된다면 여러분에게 딱 맞는 책을 구입한 셈이다. 그렇지 않다면 괴짜스런 언어 감각이 후천적으로 형성될 수도 있으니 기다리리라!

---

8   https://en.wikipedia.org/wiki/Lex_(software)

9   https://en.wikipedia.org/wiki/Yacc

10   https://en.wikipedia.org/wiki/GNU_Bison

11   **옮긴이** 야크(Yak)는 티베트와 히말라야 주변에 사는 털이 긴 소의 일종이고, 바이슨(bison)은 아메리카, 유럽 등지에 사는 들소를 가리키는 총칭이다. 야크(Yacc)로 명명하고 발음이 야크(Yak)와 비슷하다 보니, 나중에 같은 소과에 속하는 동물의 이름을 장난스럽게 가져와 명명했다는 의미다.

책은 어디까지나 '실 세계'와는 제약 조건이 다르기 때문에, 이 책의 코딩 스타일이 항상 유지보수 가능한 (maintainable) 상용 소프트웨어를 개발하는 최선의 방법을 반영하는 것은 아니다. 이를테면 내가 private 이나 글로벌 변수 선언을 빼먹는 무신경한 모습을 보이더라도 여러분을 더 중요한 코드에 집중시키고자 그런 것이니 이해하기 바란다. 코드에서 중요하지 않은 문자는 없지만, 이 책의 너비는 여러분의 IDE만큼 충분하지 않다.

코드에 주석은 많이 안 달았다. 몇 줄의 코드 앞뒤로 자세히 설명하는 단락이 둘러싸고 있기 때문에 굳이 그럴 필요를 느끼지 못했다. 프로그램을 설명하는 책을 쓸 때에 주석은 생략해도 무방하다. 뭐, 아니면 나보다 //를 조금 더 많이 사용하는 정도면 되지 않을까?

다시 말하지만, 이 책에는 모든 코드 줄이 포함되어 있고 각 줄이 의미하는 바가 친절하게 설명되어 있다. 하지만 인터프리터를 컴파일하고 실행하는 데 필요한 장치에 대해서는 따로 설명하지 않겠다. 본인이 즐겨 쓰는 IDE에서 프로젝트를 생성하거나 makefile을 이용해 코드를 실행하면 된다. 이런 도구 사용법은 금세 낡은 내용이 되기 십상이다. 나는 이 책이 싸구려 샴페인이 아니라 XO 브랜디처럼 잘 숙성되길 바란다.

1.2.2 스니펫

이 책에는 글자 그대로 인터프리터 구현에 필요한 모든 코드 줄이 들어 있어서 스니펫 역시 아주 정확하다. 또한 주요 기능이 아직 없어도 프로그램은 실행 가능한 상태로 맞춰 놔야 하므로 나중에 스니펫에서 대체할 코드를 임시로 추가하는 식으로 기술했다.

모든 종소리와 휘파람(bells and whistles)이 포함된[12] 스니펫은 다음과 같은 모습이다.

---
lox/Scanner.java ▶ scanToken() 메서드 코드 1줄 교체

```java
      default:
        if (isDigit(c)) {
          number();
        } else {
          Lox.error(line, "Unexpected character.");
        }
        break;
```

가운데 컬러로 표시한 부분이 새로 추가한 코드다. 그 위/아래 검은색 코드 줄은 기존 주변 코드다. 상단에는 이 스니펫이 어느 파일, 어디에 들어가는지 짤막한 글귀로 표시했다. '~줄 교체'는 이전에 검은색으로 표시한 코드 줄 사이에 있던 몇 줄의 코드를 새 스니펫으로 교체한다는 뜻이다.

---

12 **옮긴이** 모든 요소를 고루 갖추었음을 의미한다.

1.2.3 어사이드

어사이드(asides, 여담)에는 역사적 배경이나 개요, 관련 주제에 대한 참고 자료, 함께 탐구하면 좋을 다른 분야를 제안하는 등의 내용이 실려 있다. 책의 다음 부분을 이해하는 데 꼭 필요한 내용은 아니니 원한다면 건너뛰어도 좋다. 내 마음이 약간 서운할 순 있겠지만 감히 여러분을 심판하진 않겠다.

> 음, 적어도 몇몇은 그렇다는 말이다. 대다수는 단순한 농담이나 아마추어 같은 그림들이다.

1.2.4 연습 문제

각 장 말미에는 연습 문제가 있다. 배운 내용을 복습하기 위해 풀어보는 교과서의 연습 문제와 달리, 이 책의 연습 문제는 각 장에 수록된 내용 이상의 것을 학습하는 데 유용하다. 내가 안내한 경로를 벗어나 잠시 여러분 스스로 탐험을 떠나야 할 때도 있는 법이다. 다른 언어를 연구해야 할 수도 있고 기능을 어떻게 구현하면 좋을지 생각해봐야 할 것이다. 안락한 곳에서 벗어나 고민이 필요한 대목이다.

> 경고 한 마디! 이 책을 보면서 개발 중인 인터프리터를 변경하라고 요구하는 연습 문제도 있다. 이럴 때에는 여러분이 작업 중인 코드를 복사해서 구현하기 바란다. 이후 장부터는 항상 여러분의 인터프리터가 손대지 않은 (연습 문제를 풀기 이전의) 상태라고 가정하겠다.

도전을 극복한 독자는 머릿속 여기저기 상처로 가득하겠지만 더 넓은 식견을 갖게 될 것이다. 관광버스의 푹신한 의자에 그냥 앉아 있고 싶다면 생략해도 무방하다. 책 주인은 여러분이니까.

1.2.5 디자인 노트

대부분의 '프로그래밍 언어(programming language)' 책은 엄밀히 말해서 '프로그래밍 언어 구현(programming language implementation)'에 관한 책이다. 언어 자체가 어떻게 디자인되어 그렇게 구현됐는지 친절하게 설명한 책은 거의 없다. 구현은 정확하게 정의되어 있기 때문에 재미가 있다. 프로그래머는 성격상 흑과 백, 1과 0을 좋아하는 것 같다.

> 나는 이 분야가 전문인 많은 언어 해커들을 알고 있다. 언어 스펙을 문지방 밑으로 밀어 넣고 몇 개월 기다리면 코드와 벤치마크 결과가 밖으로 나온다.

개인적으로 나는 이 세상이 포트란(FORTRAN) 77의 구현체를 너무 많이 필요로 한다고 생각한다. 어느 시점에 이르면 여러분은 새로운 언어를 디자인하고 있는 스스로를 발견하게 될 것이다. 일단 그 게임을 시작하면 더 부드럽고 인간적인 측면이 가장 중요해진다. 어떤 기능이 배우기 쉬운지, 혁신과 익숙함의 균형은 어떻게 맞출지, 어떤 구문이 누구에게 더 읽기 쉬운지 등등.

> 바라건대, 여러분이 만든 새 언어가 천공 카드의 너비를 가정하여 문법에 하드코딩하는 불상사는 없기를!

이 모든 것들이 새로 만든 언어가 성공하느냐, 실패하느냐에 지대한 영향을 미친다. 부디 여러분이 만든 언어가 성공하길 바라는 순수한 마음에서 프로그래밍 언어의 인간적인 부분을 달여 넣은 '디자인 노트'를 일부 장에 삽입했다. 나도 이 분야의 전문가는 아니므로 (정말 그런 전문가가 있을지도 의문이지만) 잘 알아서 소화하기 바란다. 잠시 생각을 하게 되어 여러분의 삶이 더 풍성해진다면 더 바랄 게 없겠다.

첫 번째 인터프리터

첫 번째 인터프리터인 제이록스(jlox)는 자바로 개발한다. 초점은 개념(concept)이다. 언어의 시맨틱을 올바르게 구현하기 위해 가능한 한 가장 간단하고 깨끗한 코드를 작성할 것이다. 이로써 기본적인 기법에 점점 익숙해지면서 언어의 작동 원리를 정확하게 이해할 수 있다.

> 이 책은 자바와 C를 사용했지만, 이미 많은 독자들이 다른 수많은 언어로 포팅을 했다.[13] 여러분이 사용하는 언어가 따로 있으면 이 사이트를 한번 둘러보길 권한다.

자바는 이런 용도로 아주 제격이다. 충분히 하이레벨 언어이면서 상당히 명료하고, 너무 어려운 구현 상세 때문에 주눅들지 않아도 된다. 스크립팅 언어와 달리 하부에 숨겨진 복잡한 장치도 적은 편이고, 사용 중인 자료 구조를 확인할 수 있는 정적 타입도 탑재되어 있다.

자바를 선택한 특별한 또 다른 이유는, 자바가 객체 지향 언어이기 때문이다. 1990년대 프로그래밍 세계를 점령한 객체 지향 패러다임은 오늘날 수백만 프로그래머들의 지배적인 사고 방식으로 자리 잡았다. 이 책의 독자 여러분도 코드를 클래스와 메서드로 구성하는 일에 익숙할 것이다. 만인에게 편한 방식으로 가보겠다.

학계에는 객체 지향 언어를 얕잡아보는 사람들이 있지만, 사실 객체 지향 언어는 언어를 만드는 일에도 널리 쓰이고 있다. GCC와 LLVM도 다른 대부분의 자바스크립트 가상 머신(Javascript virtual machine)처럼 C++로 개발됐다. 객체 지향 언어는 이제 공용어나 마찬가지라서, 언어 개발용 도구와 컴파일러를 동일한 언어로 작성하는 경우도 흔하다.

> 컴파일러는 하나의 언어로 작성된 파일을 읽어 다른 언어로 옮기고 파일을 출력한다. 컴파일러 자체도 그 컴파일러가 컴파일하는 동일한 언어로 구현할 수 있는데, 이를 셀프 호스팅(self-hosting)이라고 한다.
>
> 아직 컴파일러 자체만으로 컴파일러를 컴파일할 방법은 없지만, 다른 언어로 작성된 컴파일러가 있으면 그 컴파일러를 이용해서 여러분 언어의 컴파일러를 딱 한 번 컴파일할 수 있다. 일단 이렇게 컴파일된 버전의 컴파일러를 이용하면 이후 버전의 컴파일러를 계속 컴파일할 수 있고, 처음 한 번 다른 언어로 작성한 컴파일러로 컴파일한 원래 컴파일러는 버리면 된다. 이를 부트스트래핑(boostrapping)이라고 하는데, 아래 그림처럼 부트스트랩[14]을 잡고 자기 몸을 위로 잡아당기는 모습에서 유래됐다.[15]

또한 자바는 무엇보다 아주 인기 있는 언어다. 독자 여러분도 이미 자바를 잘 알고 있을 테니 이 책을 읽기 위해 따로 공부할 내용은 많지 않을 것이다. 자바를 잘 모른다 해도 걱정할 필요는 없다. 자바는 최소한도로만 사용할 것이다. 자바 7에서 등장한 다이아몬드 연산자(diamond operator)[16]는 사용하겠지만, 언어의 '고급(advanced)' 기능은 이 정도가 전부라고 보면 된다. C#, C++ 같은 여타 객체 지향 언어를 이미 알고 있는 독자라면 자바를 몰라도 문제없이 책장을 넘길 수 있다.

2부가 끝날 무렵이면 단순하고 읽기 쉬운 코드로

---

13 https://github.com/munificent/craftinginterpreters/wiki/Lox-implementations

14 옮긴이 bootstrap, 가죽 부츠 뒤에 붙어 있는 손잡이

15 옮긴이 BASIC, ALGOL, C, Pascal, PL/I, 팩터, 하스켈, Modula-2, 오베론, OCaml, Common Lisp, 스킴, 자바, 파이썬, 스칼라, 님로드, Eiffel 등 수많은 프로그래밍 언어들의 컴파일러들이 이런 식으로 부트스트랩되었다. (출처 : 위키백과)

16 옮긴이 컬렉션의 제네릭 타입을 생략해도 컴파일러가 추론하게 해주는 연산자. 가령, List<Integer> list = new ArrayList<Integer>();를 List<Integer> list = new ArrayList<>();로 줄여 쓸 수 있다.

구현된 인터프리터 한 세트가 완성된다. 썩 빠르진 않지만 정확하게 잘 작동한다. 하지만 제이록스는 자바 가상 머신(JVM, Java Virtual Machine)이라는 런타임 장치가 없으면 무용지물이다. 자바 자신은 이런 것들을 어떻게 구현했을까?

1.4 / 두 번째 인터프리터

INTERPRETER

3부에서는 다시 처음으로 돌아가 C 언어로 인터프리터를 구현한다. C는 메모리의 바이트부터 CPU로 흘러가는 코드에 이르기까지, 어떤 구현체가 실제로 어떻게 작동되는지 완벽하게 이해할 수 있는 언어다.

C를 선택한 이유는 C가 특별히 잘하는 것을 십분 활용하고 싶었기 때문이다. 이 말은 곧 여러분이 어느 정도 C에 익숙해야 한다는 뜻이다. C를 창시한 데니스 리치(Dennis Ritchie)가 환생할 정도까지는 아니더라도 포인터를 두려워해서는 곤란하다.

C가 생소한 독자는 먼저 C 개론서를 찾아 정독한 후 다시 3부로 돌아오길 권한다. 그러면 여러분은 길을 돌아가긴 했으나 이 책을 읽고 나서 훨씬 유능한 C 프로그래머로 발전할 것이다. 루아(Lua), C파이썬(CPython), 루비(Ruby)의 MRI... 얼마나 많은 언어 구현체가 C로 작성됐는지 생각하면 정말 도움이 된다.

이 책의 C 인터프리터인 씨록스(clox)는 자바가 공짜로 제공한 모든 것을 스스로 구현해야 한다. 동적 배열과 해시 테이블도 알아서 해결해야 하고 객체를 어떻게 메모리에 나타내야 할지 결정해야 한다. 안 쓰는 객체를 회수하는 가비지 수집기(garbage collector)도 만들 것이다.

> 나는 clox를 'sea-locks(씨록스)'로 발음하지만, 'x'를 그리스어처럼 발음하는 게 편한 사람들은 'clocks(클락스)'나 'cloch(클록)'으로 불러도 좋다.

자바 인터프리터(제이록스)가 정확성에 초점을 두었다면, C 인터프리터(씨록스)는 빠른 실행이 목표다. 씨록스에는 록스 언어를 효율적인 바이트코드 표현(이런 용어가 낯설어도 곧 알게 될 테니 걱정 말라)으로 옮겨주는 컴파일러가 있다. 루아, 파이썬, 루비, PHP 등 성공한 많은 언어 구현체에서 사용된 것과 동일한 기법이다.

여러분은 이 책이 인터프리터 책이라고만 생각하는가? 사실, 컴파일러 책이기도 하다. 책 한 권 값으로 두 권을 산 셈이다!

벤치마킹과 최적화도 시도할 생각이다. 결국 마지막에는 록스 언어에 걸맞은 강력하고, 정확하고, 신속한 인터프리터가 완성될 것이다. 여러분이 지닌 무궁무진한 역량을 앞으로 계속 발휘해나갈 첫 발판이 탄생하는 것이다. 책 한 권, 수천 줄의 코드치고는 꽤 훌륭하지 않은가?

1. 이 책을 출간하기 위해 만든 작은 시스템에는 적어도 6개의 도메인 특화 언어(DSL)가 사용됐다.[17] 무엇인가?

2. "Hello, world!" 프로그램을 자바로 작성하고 실행하라. 프로그램 실행에 필요한 makefile이나 IDE 프로젝트를 셋업하라. 디버거가 있으면 사용법을 숙지하여 프로그램을 단계별로 실행하라.

3. 2번과 동일한 작업을 C 언어로 수행하라. 포인터 사용법을 익힐 겸 힙 할당 문자열(heap-allocated string)의 이중 연결 리스트(double linked list)[18]를 정의하라. 노드를 삽입, 조회, 삭제하는 기능을 작성하고 테스트하라.

이 책을 쓰면서 가장 어려웠던 부분은 언어 이름을 짓는 일이었다. 그럴싸한 이름을 지어보려고 몇 페이지에 달하는 후보들을 검토했다. 훗날 여러분도 언어 개발에 착수한 바로 첫날 깨닫겠지만, 이름 짓기란 끔찍하게 어렵다. 좋은 이름이라면 이런 조건을 만족해야 한다.

1. **사용 중인 이름은 안 된다.** 별생각 없이 다른 사람이 지은 이름을 도용하면, 법적, 사회적으로 매우 곤란해질 수 있다.

2. **발음하기 쉬워야 한다.** 많은 사람들이 여러분이 만든 언어의 이름을 입에 올리고 글로 쓸 텐데, 두세 음절 이상으로 구성되어 있거나 글자가 너무 많으면 짜증나서 안 쓰게 될 것이다.

3. **검색이 잘 되도록 고유해야 한다.** 사람들이 여러분의 언어 이름을 구글링한 결과, 여러분이 작성한 문서가 제일 위에 나오게 하려면 어느 정도 드문 이름이어야 한다. 물론, 요즘은 대개 AI 검색 엔진이 알아서 잘 골라줄 테니 별문제가 되진 않겠지만, 가령 언어를 'for'라고 짓는다든지 하면 자연스레 사람들이 외면하게 될 것이다.

---

17 https://github.com/munificent/craftinginterpreters
18 https://en.wikipedia.org/wiki/Doubly_linked_list

4. 다양한 문화를 통틀어 부정적인 뉘앙스가 없어야 한다. 지키기 어렵지만 꼭 한 번쯤 짚고 넘어가야 할 문제다. 실제로 님로드(Nimrod)라는 언어는 너무 많은 사람들이 벅스 버니(Bugs Bunny)가 '님로드'를 욕으로 썼던 걸 기억하고 있어서 결국 명칭을 '님(Nim)'으로 바꾼 선례가 있다(벅스는 이 욕을 반어적으로 사용했다).[19]

본인이 생각한 이름이 이 네 가지 조건을 모두 통과했다면 그 이름을 사용하라. 공연히 언어의 진수를 담아보겠다고 절호의 명칭을 찾는 일에 매달리지 말라. 이 세상에 성공한 프로그래밍 언어의 이름을 살펴보면 금세 알겠지만, 이름이 중요한 건 아니다. 어느 정도 고유한 표식이면 족하다.

---

19 **[옮긴이]** 원래 nimrod는 솜씨 좋은 사냥꾼을 가리키는 보통 명사였지만, 인기 카툰 토끼 캐릭터인 벅스가 사냥꾼 캐릭터인 엘머(Elmer)를 습관적으로 "nimrod"라고 욕하면서 이 명사의 의미가 사실상 재정의되어 나쁜 의미로 바뀌었다. '친구'를 뜻하는 순우리말 '동무'도 원래 부정적인 의미가 1%도 없는 단어였지만, 북한에서 많이 쓰기 때문에 현재 대한민국에서 거의 쓰이지 않는 것과 비슷하다.

2장

인터프리터 원정대

> 아무리 험한 길이라도 지도는 꼭 필요하다. 안 그러면 사방팔방 헤맬 것이다. 나는 '반지의 제왕'에서 어느 누구도 그날 갈 수 있는 것보다 더 멀리 나아가게 한 적이 없다.
>
> J. R. R. 톨킨(Tolkien)

정처 없이 떠돌아다니는 건 내 취향이 아니니 여행을 떠나기 전에 선배 언어 개발자들이 개척한 영역을 둘러보자. 다른 사람들이 어떤 길을 택했는지 참고하면 우리가 어디로 가고 있는지 이해하는 데 도움이 될 것이다.

먼저 한 가지 밝혀두겠다. 이 책의 내용은 대부분 언어 구현체에 관한 것으로, 관념적인 주제를 지향하며 언어 자체를 기술한 책들과는 성격이 다르다. '스택(stack)', '바이트코드(bytecode)', '재귀 하향(recursive descent)' 등은 특정한 구현체에서 사용할 법한 너트와 볼트에 해당한다. 사용자 관점에서는 결과물이 언어 스펙을 충실하게 따르는 한 모든 것이 구현 상세(implementation detail)다.

나는 이 구현 상세에 많은 시간을 바칠 생각이므로, 구현 상세를 언급할 때마다 '언어 구현체'라고 타이핑해야 한다면 내 손가락이 다 닳아 없어질 것이다.[1] 그래서 나는 언어 또는 그 구현체를, 또는 둘 다를 특별히 구분할 필요가 없다면 간략히 '언어'라고 지칭하겠다.

2.1 INTERPRETER / 언어의 구성 요소

컴퓨팅의 암흑기 이래로 엔지니어들은 줄곧 프로그래밍 언어를 제작해왔다. 컴퓨터와 대화를 나누기가 워낙 어렵고 까다롭다 보니 언어의 도움을 받지 않을 수 없었다. 요즘 컴퓨터는 그때보다 수백만 배는 더 빨라지고 스토리지 용량은 몇 자릿수 더 증가했지만, 프로그래밍 언어를 개발하는 방법은 사실 거의 변하지 않았다.

언어 디자이너들은 광활한 영역을 탐험했지만 그들이 새겨놓은 흔적은 그리 많지 않다. 모든 언어가 똑같은 길을 밟진 않았지만(일부는 한두 개 지름길을 택했다), 다행히도 미 해군 제독 그레이스 호퍼(Grace Hopper)가 만든 최초의 코볼(COBOL) 컴파일러부터 요즘 새로이 각광받는 (깃 리포지터리(Git repository) 어딘가에 성의 없이 대충 만든 README 파일로 문서화된) 자바스크립트 트랜스파일러(transpile-to-JavaScript)까지 거의 비슷하다는 것은 확실하다.

> 막다른 골목에 다다른 경우도 있었다. 인용 횟수가 0으로 사장되어버린 CS(Computer Science, 컴퓨터 과학) 논문들, 메모리를 바이트 단위로 측정했던 시절에만 의미가 있던, 지금은 잊혀진 최적화 기법들도 많다.

---

1 **옮긴이** 영어가 모국어인 지은이 입장에서 'language implementation'라는 22자의 긴 단어를 타이핑하는 게 너무 힘들다는 점을 익살스럽게 표현한 것이다.

나는 언어를 구현하는 다양한 루트를 마치 등산하는 것처럼 그려보았다. 프로그램은 맨 아래에서, 말 그대로 문자열로만 이루어진 원시(raw, 있는 그대로) 소스 텍스트부터 작성하기 시작한다. 각 단계마다 프로그램을 분석하고 시맨틱(semantic, 작성자가 컴퓨터에게 시키려는 일의 의미)이 좀 더 분명하게 드러나는 하이레벨 표현(high-level representation)으로 변환한다.

언젠가 정상에 오르면 사용자 프로그램을 굽어볼 수 있고 그 코드의 의미가 한눈에 들어오게 되리라. 정상을 밟았으니 이제 반대편으로 하산할 차례다. 가장 하이레벨의 표현에서 보다 로우레벨(low-level, 저수준)의 모습으로 변환하면서 실제로 CPU가 하는 일에 한 걸음씩 점점 다가간다.

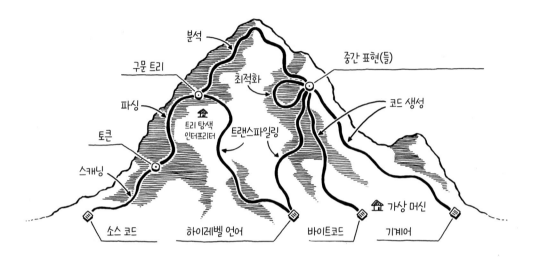

지금부터 이 코스의 각 지점과 명소들을 하나씩 밟아보자. 여러분과 나의 여행은 사용자의 소스 코드에 있는 원시 텍스트의 좌측부터 시작된다.

```
var average = (min + max) / 2;
```

2.1.1 스캐닝

첫 번째 단계는 **스캐닝(scanning)**이다. **렉싱(lexing)**이라고도 하는데, **렉시컬 분석(lexical analysis, 어휘 분석)**이라고 하면 더 있어 보인다. 의미는 대동소이하다. 나는 마치 수퍼 악당이 뭔가 저지르는 듯한 느낌의 '렉싱'을 선호하지만, 이 책에서는 좀 더 일반적인 용어인 '스캐닝'을 사용하겠다.

스캐너(scanner 또는 **렉서(lexer))**는 문자(character)의 선형 스트림(linear stream)을 받아 '단어(words)'에 더 가까운 연속적인 청크(chunk, 덩이/뭉치)들로 묶는다. 프로그래밍 언어에서는 이런 단어를 **토큰(token)**이라고 한다. 어떤 토큰은 (나 , 처럼 단일 문자로 구성된 경우도 있고, 숫자(123), 문자열 리터럴(string literal, "hi!"), 식별자(identifier, min)처럼 여러 문자로 이루어진 토큰도 있다.

> '렉시컬(Lexical)'은 '단어(word)'를 뜻하는 그리스어 '렉스(lex)'에서 유래됐다.

소스 파일에는 아무 의미가 없는 문자도 있다. 공백 문자(whitespace)는 대개 중요하지 않다. 주석은 정의에 따라 무시된다. 스캐너는 이런 토큰을 버리고 일련의 의미 있는 토큰들로 정리한다.

`var` `average` `=` `(` `min` `+` `max` `)` `/` `2` `;`

2.1.2 파싱

다음 단계는 **파싱(parsing, 구문 분석)**이다. 구문에 **문법(grammar)**, 즉 작은 부품들을 모아 더 큰 표현식과 문장을 구성하는 능력이다. 영어 수업 시간에 문장(sentence)을 도식화한 경험이 있는 독자라면 이미 (영어에 수천, 수만 개의 '키워드'가 있고 다의성(多義性)이 차고 넘친다는 점을 제외하면) 파서가 하는 일을 손수 해 본 셈이다. 사람의 언어에 비하면 프로그래밍 언어는 훨씬 간단하다.

파서는 플랫(flat)한[2] 일련의 토큰을 받아 문법 특유의 중첩된 성질을 반영하는 트리 구조로 만든다. 이 트리는 소스 언어의 원시 구문 구조에 얼마나 가까운지에 따라 **파스 트리(parse tree)** 또는 **추상 구문 트리(AST, Abstract Syntax Tree)**라는 상이한 두 가지 이름으로 불린다. 보통 해커들은 **구문 트리(syntax tree)**나 **AST**, 아니면 그냥 **트리(tree)**라고 부른다.

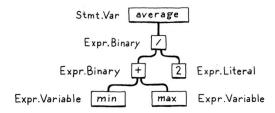

파싱은 CS에서 유구한 역사를 자랑하는 분야로서 인공 지능(AI, Artificial Intelligence) 커뮤니티와 밀접하게 연관되어 있다. 오늘날 프로그래밍 언어의 파싱 기법은 원래 대부분 인간과 대화가 가능한 컴퓨터를 연구했던 AI 과학자들이 인간의 언어를 파싱하려고 고안한 것들이다.

인간의 언어는 엄격히 정해진 문법만 처리 가능한 파서에게 너무 지저분했지만, 이보다 훨씬 단순한 프로그래밍 언어의 인공 문법에는 완벽하게 잘 맞았다. 아, 그러나 흠 많은 우리 인간은 이리도 단순한 문법조차 잘 못 사용하는 경우가 허다해서 파서는 **구문 에러(syntax error)**를 리포트하는 임무까지 수행한다.

2.1.3 정적 분석

처음 두 단계는 거의 모든 구현체가 비슷하다. 언어의 개성이 뚜렷하게 드러나기 시작하는 것은 지금부터다. 코드의 (어느 표현식이 어디에 중첩되는지 등의) 구문 구조(syntactic structure)는 알아냈지만, 이 이상 아는 것은 없다.

---

2 **옮긴이** 복잡하게 중첩되지 않고 평평한 단층 구조

예를 들면, a + b 같은 표현식에서 a와 b를 더한다는 건 알지만 이 이름으로 뭘 참조하는지는 모른다. 로컬 변수? 아니면 글로벌 변수? 이 두 변수는 어디에 정의되어 있을까?

대부분의 언어가 수행하는 첫 번째 분석 작업을 **바인딩(binding)** 또는 **레졸루션(resolution)**이라고 한다. **식별자(identifier)**마다 이름이 정의된 곳을 찾아 이 둘을 연결 짓는 행위다. 여기서 **스코프(scope, 범위)**가 중요한 역할을 한다. 스코프는 어떤 이름으로 어떤 선언을 참조할 수 있는 소스 코드의 영역이다.

정적 타입 언어(statically typed language)는 바로 이 단계에서 타입 체크를 실시한다. a와 b가 어디에 선언되어 있는지 알고 있으니 타입도 바로 알아낼 수 있다. 그런데 만약 해당 타입이 덧셈 연산이 지원되지 않는 타입이면 **타입 에러(type error)**가 발생한다.

> 앞으로 이 책에서 만들 록스는 동적 타입 언어(dynamically typed language)이므로 타입 체크는 나중에 런타임에 한다.

자, 크게 심호흡 한번 하자. 우리는 산 정상을 정복했고 사용자 프로그램을 굽어보는 위치에 서 있다. 분석을 해서 알아낸 모든 시맨틱 정보는 어딘가에 보관해야 한다. 몇 군데 담아둘 공간은 있다.

- 많은 경우 구문 트리 자체의 **애트리뷰트(attribute, 속성)**에 바로 저장한다. 애트리뷰트는 파싱 중 초기화되지 않지만 나중에 채워지는 노드의 추가 필드(extra field)다.

- 조회 테이블(lookup table)에 데이터를 저장할 수도 있다. 이 테이블의 키는 대부분 식별자(변수 및 선언의 이름)라서 **심볼 테이블(symbol table)**이라고도 하며, 키마다 연결된 값을 꺼내보면 식별자가 무엇을 참조하는지 알아낼 수 있다.

- 가장 강력한 기록 도구는 시맨틱이 더욱 직접적으로 표현된 전혀 새로운 자료 구조로 트리를 변환하는 것이다. 설명은 다음 절에서 하겠다.

지금까지 일어난 일은 모두 구현체의 **프런트엔드(front end)**에 해당한다. 그럼 이 다음은 전부 다 **백엔드 (backend)**일까? 아니다. '프런트엔드'와 '백엔드' 같은 용어가 처음 나왔던 시절에는 컴파일러가 지금보다 훨씬 단순했다. 훗날 연구자들은 이 양끝 사이에 집어넣을 새로운 단계(phase)를 발명했다. 윌리엄 울프 (William Wulf)와 그의 동료들은 과거 용어를 버리는 대신, **미들엔드(middle end)**라는 뭔가 그럴 듯하지만 공간적으로는 모순된 이름을 붙였다.

2.1.4 중간 표현

컴파일러는 각 단계별 작업이 다음 단계를 구현하기 쉽게 만드는 방향으로 사용자 코드를 나타내는, 일종의 데이터를 구성하는 파이프라인(pipeline)이라고 볼 수 있다. 이 파이프라인의 프런트엔드는 프로그램이 작성된 소스 언어(source language)에 따라 달라지는 반면, 백엔드는 프로그램이 최종 실행될 타깃 아키텍처(target architecture)와 깊이 연관되어 있다.

그 중간에서 코드는 소스/타깃 포맷 어느 쪽에도 엮이지 않는 **중간 표현(IR, Intermediate Representation)** 형태로 보관할 수 있다. 양쪽 언어 사이의 징검다리인 셈이다.

> 몇 가지 잘 만들어진 IR 스타일이 있다. 'control flow graph(제어 흐름 그래프)', 'static single-assignment(정적 단일 할당)', 'continuation-passing style(연속 전달 스타일)', 'three-address code(3중 주소 코드)'를 검색 엔진에서 찾아보라.

IR 덕분에 적은 노력으로도 여러 소스 언어 및 타깃 플랫폼을 지원할 수 있다. 이를테면, x86, ARM, SPARC 아키텍처에서 실행되는 파스칼, C, 포트란 컴파일러를 개발하는데 IR이 없으면 파스칼 → x86, C → ARM 식으로 총 9가지 컴파일러를 전부 다 구현해야 할 것이다.

IR을 공유하면 작업이 획기적으로 줄어든다. 소스 언어마다 IR을 만들어내는 프런트엔드를 하나씩 작성한 다음, 타깃 아키텍처마다 백엔드를 하나씩 작성하면 된다. 그런 다음, 둘을 섞으면 어떤 조합의 컴파일러라도 만들 수 있다.

> 이제 GCC[3]가 모토로라(Motorola) 68k 기반의 모듈라(Modula)-3 같은 수많은 괴짜 언어와 아키텍처를 어떻게 지원하는지 궁금증이 풀렸을 것이다. 언어 프런트엔드는 주로 김플(GIMPLE)[4], RTL[5] 등의 몇몇 IR 중 하나를 타깃으로 삼고, 타깃 백엔드(예: 68k)는 이런 IR을 가져와 네이티브 코드를 생성하는 것이다.

시맨틱이 좀 더 분명하게 드러나게 코드를 바꾸려는 데에는 또 다른 중요한 이유가 있다.

2.1.5 최적화

사용자 프로그램이 의미하는 바를 파악하고 나면, 시맨틱은 같지만 더 효율적으로 구현한 다른 프로그램으로 자유로이 갈아 끼울 수 있다. 즉, 프로그램을 **최적화할(optimize)** 수 있다. 간단한 예로 **상수 폴딩(constant folding)**이 그렇다. 항상 꼭 같은 값으로 평가되는 표현식을 컴파일 타임에 미리 평가해서 표현식 코드를 그 결괏값으로 대체하는 기법이다. 가령, 사용자가 다음 코드처럼 입력했다고 하자.

```
pennyArea = 3.14159 * (0.75 / 2) * (0.75 / 2);
```

컴파일러는 이 산술식을 모두 계산하여 코드를 이렇게 바꾼다.

```
pennyArea = 0.4417860938;
```

최적화는 프로그래밍 언어 업계에서 막대한 비중을 차지한다. 많은 언어 해커들이 이 분야에 자신의 인생을 걸고 컴파일러 성능을 한 방울이라도 쥐어 짜내서 몇 %라도 더 빨라진 벤치마크 결과를 얻으려고 애를 쓴다. 강박증에 걸리기 십상인 직업이다.

이 책은 이런 자잘한 쥐구멍은 대부분 넘어가련다. 놀랍게도 성공한 언어들은 컴파일 타임 최적화를 거의 하지 않는다. 실제로 루아, C파이썬은 비교적 최적화가 덜 된 코드를 생성해서 주로 런타임에 성능을 높이는 데 초점을 둔다.

> 여러분이 이 쥐구멍에 발을 담그지 않을 수 없는 형편이라면, 첫 단추를 꿰기 좋은 키워드를 몇 가지 소개하겠다. 'constant propagation(상수 전파)', 'common subexpression elimination(공통 서브식 제거)', 'loop invariant code motion(루프 불변 코드 이동)', 'global value numbering(글로벌 값 넘버링)', 'strength reduction(강도 감소)', 'scalar replacement of aggregates(애그리거트의 스칼라 교체)', 'dead code elimination(데드 코드 제거)', 'loop unrolling(루프 언롤링)'

---

3 https://en.wikipedia.org/wiki/GNU_Compiler_Collection
4 https://gcc.gnu.org/onlinedocs/gccint/GIMPLE.html
5 https://gcc.gnu.org/onlinedocs/gccint/RTL.html

2.1.6 코드 생성

생각할 수 있는 모든 최적화를 사용자 프로그램에 적용했다면 이제 마지막으로 머신이 실제로 작동시킬 수 있는 형태로 바꿀 차례다. 다시 말해, **코드 생성**(generating code, 줄여서 **코드젠**(code gen))에서 '코드(code)'란 일반적으로 CPU가 실행하는 원시 어셈블리와 비슷한 명령어(assembly-like instruction)를 나타내며, 인간이 읽을 수 있는 종류의 '소스 코드(source code)'가 아니다.

드디어 반대편으로 하산하는 **백엔드** 지점에 왔다. 여기부터는 코드 표현이 마치 거꾸로 진화하는 것처럼 점점 더 원시적으로(primitive) 바뀐다. 단순하기 짝이 없는 머신이 알아듣는 모습에 점점 가까워지는 것이다.

여기서 결정을 해야 한다. 실제(real) CPU 명령어를 생성할까, 아니면 가상(virtual) CPU 명령어를 생성할까? 실제 기계어를 생성하면 OS가 칩에 직접 로드할 수 있는 실행 파일이 나온다. 네이티브 코드(native code)는 번개만큼 빠르지만 이 코드를 생성하는 작업량은 만만찮다. 요즘 컴퓨터 아키텍처는 명령어 뭉치와 복잡한 파이프라인, 그리고 세월의 짐[6]을 747 여객기의 화물칸을 채울 만큼 갖고 있다.

칩의 언어로 말을 한다는 건 컴파일러가 특정 아키텍처에 매여 있다는 증거다. x86[7] 기계어를 타깃으로 한 컴파일러가 ARM[8] 장치에서 실행될 리 없다. 컴퓨터 아키텍처가 캄브리아기(Cambrian)처럼 폭증하던 1960년대에 이식성(portability)의 부재는 아주 커다란 흠이었다.

> 예를 들어, AAD(ASCII Adjust AX Before Division)[9]는 나눗셈을 수행하는 유용한 명령어처럼 보인다. 이 명령어는 이진수로 변환된 2개의 십진수를 피연산자로 받아 하나의 16비트 레지스터를 채운다. 여러분이 마지막으로 16비트 PC에서 BCD를 필요로 했던 시절이 언제였던가?

이런 까닭에 각각 BCPL과 파스칼로 유명했던 마틴 리처즈(Martin Richards), 니클라우스 워스(Niklaus Wirth) 같은 해커들은 컴파일러가 가상 머신 코드를 만들어내도록 개발했다. 실제 칩 명령어가 아닌, 가상의 이상적인 머신용 코드를 생성한 것이다. 워스는 이식성이 있다(portable)는 뜻에서 **P-코드(p-code)**라 불렀는데, 명령어 하나당 1바이트 길이여서 지금은 보통 **바이트코드(bytecode)**라고 한다.

이러한 합성 명령어(synthetic instruction)는 언어의 시맨틱과 좀 더 가깝게 매핑되도록 디자인되어 어느 특정 컴퓨터 아키텍처와 복잡하게 쌓인 역사적 특성에 별로 얽매이지 않는다. 언어의 로우 레벨 연산을 조밀하게 바이너리로 인코드한 것이라 볼 수 있다.

> 기본 원리는 이렇다. 아키텍처에 특정한 작업을 파이프라인의 하류 방향으로 더 밀어낼수록 그 이전 단계를 다양한 아키텍처에서 더 많이 공유할 수 있다.
>
> 물론, 약간 불안한 측면도 있다. 레지스터 할당(register allocation), 명령어 선택(instruction selection) 등의 최적화는 보통 특정 칩의 강점과 기능을 알고 있는 경우에 가장 잘 동작한다. 컴파일러의 어느 부분을 공유할지, 어느 부분은 타깃마다 다른 방향으로 가야 할지 결정하는 것이 바로 기술이다.

2.1.7 가상 머신

컴파일러가 바이트코드를 만들었다고 작업이 다 끝난 게 아니다. 바이트코드로 말하는 칩은 이 세상에 없기 때문에 기계어로 번역

---

6 **옮긴이** historical baggage, 오랜 세월 쌓이고 쌓여 새로운 기술로 나아가는 데 방해가 되는 유산

7 https://en.wikipedia.org/wiki/X86

8 https://en.wikipedia.org/wiki/ARM_architecture_family

9 https://www.felixcloutier.com/x86/aad

을 해야 한다. 여기서도 두 가지 옵션(option, 선택 사항)이 있다. 첫째, 바이트코드를 해당 머신의 네이티브 코드로 바꿔주는 미니 컴파일러(mini-compiler)를 각 타깃 아키텍처마다 만드는 것이다. 지원할 칩마다 같은 작업을 되풀이해야 하나, 이 마지막 단계는 아주 단순하며 나머지 컴파일러 파이프라인은 모든 머신에서 재사용할 수 있다. 즉, 바이트코드를 중간 표현처럼 사용하는 셈이다.

둘째, 런타임에 가상의 아키텍처를 지원하는 가상의 칩을 에뮬레이트하는(emulate, 흉내 내는) 프로그램, 즉 **가상 머신(VM, Virtual Machine)**을 만드는 것이다. VM에서 바이트코드를 실행하는 것은 미리 네이티브 코드로 번역하는 것보다 당연히 느리다. 명령어를 하나하나 실행할 때마다 런타임에서 시뮬레이션을 해야 하기 때문이다. 하지만 그 대신 단순성과 이식성이라는 커다란 장점이 있다. 예를 들어, C로 VM을 구현하면 C 컴파일러가 있는 모든 플랫폼에서 해당 언어를 실행할 수 있다. 이 책의 두 번째 인터프리터는 바로 이런 방식으로 작동된다.

> '가상 머신'이라는 용어가 다른 종류의 추상화를 나타내는 경우도 있다. 시스템 가상 머신(system virtual machine)은 전체 하드웨어 플랫폼과 운영 체제를 소프트웨어로 에뮬레이트한다. 리눅스 머신에서 윈도우 게임을 즐길 수 있는 것과 동일한 원리다. 클라우드 공급자가 사용자마다 물리적인 컴퓨터를 따로 할당하지 않아도, 사용자에게 자신만의 '서버(server)'를 제어하는 사용자 경험(user experience)을 제공하는 것도 그렇다.
>
> 좀 더 구체적으로 말하면, 이 책에서 언급할 VM은 언어 가상 머신(language virtual machine) 또는 프로세스 가상 머신(process virtual machine)이다.

2.1.8 런타임

자, 드디어 사용자 프로그램을 실행 가능한 형태로 바꿨다. 이제 실행하는 일만 남았다. 기계어로 컴파일했다면 그냥 운영 체제에게 실행 파일을 로드하라고 얘기하면 되고, 바이트코드로 컴파일했다면 VM을 기동 후 프로그램을 로드하면 된다.

두 가지 경우 모두 가장 기반이 되는 로우레벨 언어지만, 프로그램 실행 중에 언어가 기본 제공하는 몇 가지 서비스가 필요하다. 예를 들어 메모리를 자동으로 관리하는 언어라면 미사용 메모리를 회수하는 가비지 수집기가 필요하다. instance of로 객체 타입을 테스트하는 기능이 지원되는 언어라면 실행 중에 각 객체의 타입을 추적하는 데 몇 가지 표현이 필요하다.

이런 일들은 모두 런타임에 이루어지기에 그냥 뭉뚱그려 **런타임(runtime)**이라고 한다. 컴파일 언어에서 런타임을 구현한 코드는 결과 실행 파일에 직접 삽입된다. 예를 들어, 고(Go) 언어로 컴파일된 애플리케이션은 각각 고의 런타임 사본을 내부에 하나씩 갖고 있다. 인터프리터나 VM 내부에서 실행되는 언어는 런타임 역시 이 내부에 상주한다. 자바, 파이썬, 자바스크립트 등의 언어 구현체가 대부분 이런 식으로 작동된다.

2.2 / 지름길과 대체 경로

앞으로 구현할 가능한 경로를 전부 다 즈려밟고 가려면 길고 지루한 여행이 될 것이다. 많은 언어가 전체 경로를 따라가지만, 몇 가지 지름길과 대체 경로가 있다.

2.2.1 싱글 패스 컴파일러

파싱, 분석, 코드 생성을 인터리브[10]해서 구문 트리나 IR을 할당하지 않고 파서에서 출력 코드(output code)를 직접 생성하는 단순한 컴파일러가 있다. 이러한 **싱글 패스 컴파일러(single-pass compiler)**는 언어 디자인상 제약이 따른다. 프로그램에 관한 글로벌 정보를 보관할 중간 자료 구조가 없고 이전에 파싱한 코드를 다시 방문하지도 않는다. 즉, 어떤 표현식을 보자마자 올바르게 컴파일할 수 있을 정도만 알면 된다.

> 구문 지향 번역(Syntax-directed translation)[11]은 이러한 동시 다발적 컴파일러(all-at-once compiler)를 만드는 구조화된 기법이다. 보통 출력 코드를 생성하는 액션(action)을 문법의 각 부분과 연결한다. 그런 다음, 파서가 해당 구문 청크와 매치될 때마다 해당 액션을 실행하면서 한 번에 한 규칙씩 타깃 코드를 쌓아 올린다.

파스칼과 C는 이 한계를 고려하여 디자인된 언어다. 당시 메모리는 아주 귀해서 컴파일러는 전체 프로그램은 고사하고 소스 파일 전체를 메모리에 담기도 빠듯했다. 파스칼 문법상 타입 선언이 블록 제일 앞부분에 나와야 하는 것도 이 때문이다. C 언어에서 컴파일러가 이후 등장하는 함수의 호출 코드를 생성하기 위해 알아야 할 정보를 앞에서 명시적으로 선언하지 않으면 어떤 함수도 그것을 정의한 코드 앞에서 호출할 수 없는 것도 같은 맥락이다.

2.2.2 트리 탐색 인터프리터

어떤 프로그래밍 언어는 코드를 AST로 파싱한 후 (약간의 정적 분석이 적용될 수도 있다) 바로 실행을 시작한다. 프로그램을 실행하기 위해 인터프리터는 구문 트리를 한 번에 하나의 분기(branch)와 리프(leaf)씩 순회하면서 각 노드를 평가한다.

이런 구현 스타일은 주로 학교 프로젝트와 미니 언어에 사용되지만 속도가 너무 느려서 범용 언어에서는 거의 쓰이지 않는다. 어떤 사람들은 '인터프리터'를 이런 부류의 구현체만 의미하는 용도로 사용하기도 하지만, 이 용어의 의미를 더 일반화하여 정의하는 사람들도 있다. 나는 논란의 여지를 없애고자 **트리 탐색 인터프리터(tree-walk interpreter)**라는 용어를 사용하겠다. 이 책의 첫 번째 인터프리터인 제이록스가 바로 트리 탐색 인터프리터다.

> 한 가지 유명한 예외가 바로 루비(Ruby)다. 루비 초기 버전은 트리 탐색 인터프리터였지만, 1.9 버전부터 루비 공식 구현체는 당초 MRI(Matz's Ruby Interpreter, 마츠의 루비 인터프리터)에서 코이치 사사다(Koichi Sasada)의 YARV(Yet Another Ruby VM, 또 다른 루비 VM)로 전환되었다. YARV는 바이트코드 가상 머신이다.

---

10 [옮긴이] interleave, 적절히 서로 끼워 맞춤

11 https://en.wikipedia.org/wiki/Syntax-directed_translation

2.2.3 트랜스파일러

언어의 백엔드를 완전하게 작성하는 일은 엄청난 작업이 될 수 있다. 기존에 타깃으로 삼을 일반적인 IR이 있으면 프런트엔드를 여기에 연결시키면 되겠지만 그렇지 않다면 너무 막막하게 느껴질 것이다. 하지만 다른 소스 언어(source language)를 마치 처음부터 중간 표현인 양 취급한다면 어떨까?

먼저 여러분의 언어에 맞게 프런트엔드를 작성한다. 그런 다음 백엔드에서 원시적인 타깃 언어로 시맨틱을 로우레벨로 낮추느라 힘을 빼는 대신, 여러분의 언어만큼 하이레벨인 다른 언어에서도 사용 가능한 소스 코드 문자열을 생성한다. 그리고 그 언어의 기존 컴파일 도구를 이용해서 산에서 내려와 실행할 수 있는 뭔가로 탈출하는 것이다.

이것을 **소스-대-소스 컴파일러(source-to-source compiler)** 또는 **트랜스컴파일러(transcompiler)**라고 한다. 브라우저 실행을 위해 자바스크립트로 컴파일하는 언어들이 각광을 받으면서 **트랜스파일러**[12]가 핫하게 떠오르기 시작했다.

최초의 트랜스컴파일러는 하나의 어셈블리어를 다른 어셈블리어로 옮기는 일을 했지만, 오늘날 대부분의 트랜스파일러는 하이레벨 언어에서 작동된다. 유닉스(UNIX)가 입소문을 타며 갖가지 잡다한 머신으로 퍼져 나간 이후, 출력 언어로 C 코드를 만들어내는 오랜 컴파일러의 전통이 시작됐다. C 컴파일러는 유닉스가 있는 곳이면 어디든 사용할 수 있고 코드 효율이 우수했기 때문에 자신이 만든 언어를 여러 아키텍처에서 실행하기에 C만큼 좋은 타깃 언어도 없었다.

웹 브라우저는 오늘날의 '머신(machine)'이고 그 '기계어(machine code)'는 자바스크립트(JS)라서, 거의 모든 언어가 브라우저에서 코드 실행이 가능한 JS를 타깃으로 하는 추세다.[14]

트랜스파일러의 프런트엔드(즉, 스캐너와 파서)는 다른 컴파일러와 비슷하게 생겼다. 소스 언어가 타깃 언어를 감싼 단순한 구문 스킨(syntactic skin)이라면, 아예 분석을 완전히 생략하고 타깃 언어에 유사한 구문을 바로 출력할 수 있다.

> 최초의 트랜스컴파일러 XLT86은 8080 어셈블리를 8086 어셈블리로 변환했다. 언뜻 간단해 보이지만 8080은 8비트 칩이고 8086은 각 레지스터를 8비트 레지스터 쌍으로 사용할 수 있는 16비트 칩이다. XLT86은 소스 프로그램의 레지스터 사용 패턴을 추적하기 위해 데이터 흐름을 분석했고 이 결과를 토대로 8086의 레지스터 집합에 효율적으로 매핑했다.
>
> 이것이 CS계 비운의 영웅, 게리 킬달(Gary Kildall)의 작품이다. 그는 마이크로컴퓨터의 가능성을 가장 먼저 꿰뚫어 본 사람으로, 최초의 마이크로프로세서에 특화된 하이레벨 언어이자 OS인 PL/M과 CP/M을 만들었다.
>
> 또 그는 해군 대위, 사업자, 비행조종사, 오토바이 경주자였다. 1980년대 크리스 크리스토퍼슨[13]처럼 늠름하게 턱수염을 기른 TV 방송 프로그램 진행자이기도 했다. 빌 게이츠의 맞수였던 그는 어느 동네 바이커 바(biker bar)에서 한창 나이에 미스테리한 죽음을 맞이했다. 너무 이른 나이에 세상을 떠났지만 정말 치열하게 열심히 살다 간 사람이다.

> JS는 브라우저에서 코드를 실행할 수 있는 유일한 수단이었다. 웹어셈블리(WebAssembly)[15] 덕분에 이제 컴파일러는 웹에서 돌아가는 두 번째 로우레벨 언어가 생기게 되었다.

---

12 [옮긴이] transpiler, 트랜스컴파일러를 줄여서 트랜스파일러라고 한다.

13 [옮긴이] Kris Kristofferson, 미국의 저명한 싱어송라이터이자 배우

14 https://github.com/jashkenas/coffeescript/wiki/list-of-languages-that-compile-to-js

15 [옮긴이] 제러드 갤런트(Gerard Gallant), 『웹어셈블리 인 액션』(한빛미디어, 2020)

두 언어의 시맨틱이 더 차이가 날수록 분석과 최적화처럼 완전한 기능을 갖춘 컴파일러에서 일반적인 단계들을 더 많이 볼 수 있다. 또한 코드 생성과 관련해서는 기계어와 유사한 이진 언어(binary language) 대신, 타깃 언어에서 문법적으로 올바른 소스(즉, 목적지) 코드 문자열을 생성한다.

어느 쪽이든 결과 코드를 출력 언어의 기존 컴파일 파이프라인을 통해 실행하면 모든 작업이 완료된다.

2.2.4 JIT 컴파일

마지막은 지름길이라기보다는 전문 산악인들이나 할 법한, 길고 위험한 알파인 스크램블[16]이다. 코드를 실행하는 가장 빠른 방법은 기계어로 컴파일하는 것이지만, 최종 사용자(end user)의 컴퓨터가 어떤 아키텍처를 지원할지 모를 경우에는 어떻게 해야 할까?

핫스팟(HotSpot) 자바 가상 머신(JVM, Java Virtual Machine), 마이크로소프트(Microsoft)의 공통 언어 런타임(CLR, Common Language Runtime), 그리고 대부분의 자바스크립트 인터프리터가 하는 것과 동일한 작업을 수행하면 된다. 최종 사용자 컴퓨터에서 (JS라면 소스 파일에서, JVM과 CLR은 플랫폼과 독립적인 바이트코드로부터) 프로그램이 로드되면 그 프로그램이 실행될 컴퓨터에서 지원되는 아키텍처의 네이티브 코드로 컴파일된다. 그래서 이름도 **적시 컴파일(Just-In-Time compilation)**이라고 한다. 해커들은 보통 'JIT'라고 하는데, 'fit'과 운율이 비슷하다.

가장 정교한 JIT는 생성된 코드에 프로파일링 훅[17]을 삽입해서 어느 부분이 성능에 가장 큰 영향을 미치는지, 어떤 종류의 데이터가 이 부분을 통과해서 흘러가는지 조사한다. 그런 다음, 점점 시간이 흐르면서 이런 핫스팟(hot spot)에 더 최적화한 옵션을 적용하여 자동으로 재컴파일을 수행한다.

> 그렇다, 핫스팟(HotSpot) JVM의 '핫스팟'도 여기서 유래된 명칭이다.

2.3
INTERPRETER
컴파일러와 인터프리터

머릿속에 프로그래밍 언어 용어를 가득 넣었으니, 그럼 아주 먼 옛날부터 코더들을 괴롭혔던 문제를 하나 내겠다. 컴파일러와 인터프리터의 차이점은 무엇일까?

이 질문은 과일과 야채의 차이점을 묻는 것과 비슷하다. 둘 중 하나를 골라야 할 것 같지만, 사실 '과일'은 식물학(botanical) 용어, '채소'는 요리(culinary) 용어일 뿐, 서로가 서로를 완전히 부정하는 관계가 아니다. 가령, 채소가 아닌 과일(사과)이 있고, 과일이 아닌 채소(당근)가 있는가 하면, 과일이면서 채소인 식용 작물(토마토)도 있다.

---

16 **옮긴이** alpine scramble, 높은 산을 정해진 길이 아닌, 남들이 가보지 않은 험하고 가파른 지형을 손으로 더듬어가며 걷는 것
17 **옮긴이** profiling hook, 성능 프로파일링 수행에 필요한 메트릭을 수집하기 위해 코드 중간중간에 집어넣는 일종의 콜백 함수

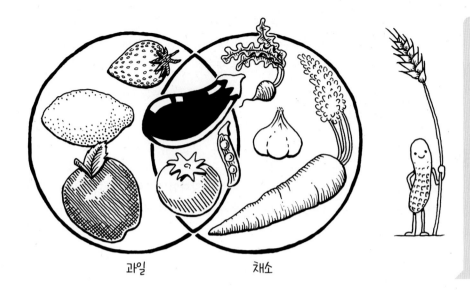

과일   채소

땅콩(견과류가 아님)과 밀 같은 곡물도 사실 과일이기 때문에 이 그림은 잘못 그린 것이다. 어차피 난 식물학자가 아니라 소프트웨어 엔지니어니까... 저 땅딸막한 땅꼬마는 지우는 게 맞지만, 너무 귀여워서...

한편 이제 잣은 과일도 야채도 아닌, 식물성 식품이라고 한다. 어디선가 그렇게 들었던 듯싶다.

다시 언어 이야기로 돌아가자.

- **컴파일(compile)**은 소스 언어를 다른 (보통 더 로우레벨의) 언어로 번역하는 구현 기법이다. 바이트코드나 기계어를 생성하는 작업이 바로 컴파일이다. 다른 하이레벨 언어로 트랜스파일하는 것 역시 컴파일이다.

- 어떤 언어 구현체가 "**컴파일러다(is a compiler)**"라고 함은, 소스 코드를 다른 형식으로 번역하되, 그것을 **실행하지는 않는다**는 뜻이다. 결과물을 가져와 실행하는 일은 사용자의 몫이다.

- 반대로 "**인터프리터다(is an interpreter)**"라고 함은, 소스 코드를 받아 즉시 실행한다는 뜻이다. 즉, '소스에서 바로(from source)' 프로그램을 실행하는 것이다.

사과와 오렌지처럼 어떤 언어 구현체는 분명히 인터프리터가 아닌 컴파일러다. GCC와 클랭(Clang)은 C 코드를 기계어로 컴파일하는 컴파일러다. 최종 사용자는 어떤 도구를 사용해서 컴파일했는지는 절대로 알 수 없으며, 실행 파일을 직접 실행한다. 즉, GCC와 클랭은 C 언어의 컴파일러다.

마츠[18]가 개발한 루비 옛 버전은 사용자가 소스 코드를 직접 실행했었다. 이 구현체는 파싱 후 구문 트리를 탐색하며 바로바로 코드를 실행했다. 그 과정에서 내부든 사용자가 볼 수 있는 형태든 어떤 형식으로도 번역은 일어나지 않았다. 즉, 명백한 루비 언어의 인터프리터였다.

C파이썬은 어떤가? 파이썬 프로그램을 C파이썬으로 실행하면 코드가 파싱되고 내부 바이트코드 포맷으로 변환된 다음 VM 내부에서 실행된다. 사용자 입장에서는 소스를 주면 프로그램이 바로 실행되니 분명히 인터프리터처럼 보인다. 그러나 C파이썬의 내막을 들여다보면 어떤 식으로든 컴파일이 진행된다는 사실을 알 수 있다.

---

18 [옮긴이] Matz, 루비 언어를 만든 마츠모토 유키히로(Matsumoto Yukihiro)

따라서 정답은 '둘 다'이다. C파이썬은 인터프리터이면서(is an interpreter) 컴파일러를 갖고 있다(has a compiler). 실제로 대부분의 스크립트 언어가 이런 식으로 동작한다.

고(Go) 도구는 더욱 호기심을 자극한다. go build 하면 고 소스 코드를 기계어로 컴파일한 다음 멈춘다. go run 하면 같은 작업을 한 다음 생성된 실행 파일을 바로 실행한다.

이런 점에서 고는 컴파일러이자(코드를 실행하지 않고 컴파일하는 도구로 사용) 인터프리터인(소스 코드를 읽어 즉시 프로그램을 실행) 동시에 컴파일러도 갖고 있다(고를 인터프리터로 사용하더라도 내부적으로는 여전히 컴파일을 한다).

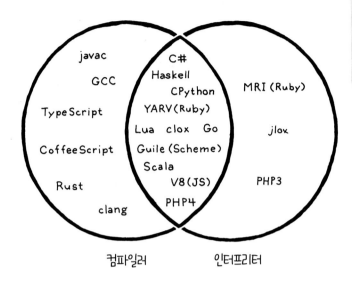

이 책의 두 번째 인터프리터는 내부에서 바이트코드로 컴파일하기 때문에 이 그림의 가운데 겹치는 부분에 해당된다. 이 책의 공식적인 주제는 인터프리터지만, 컴파일에 관한 내용도 함께 다룰 것이다.

2.4 여행을 떠나자!

INTERPRETER

한꺼번에 너무 보따리를 많이 풀었나? 걱정하지 말라. 여러분이 이 모든 조각과 부속품을 한 번에 다 이해하길 바란 건 아니다. 그냥 이러저러한 것들이 있고 서로 어떻게 맞물리는지 대략 감을 잡으면 된다.

이 장 앞부분의 지도는 여러분이 앞으로 이 책을 따라 여행을 하면서 미아가 되지 않게 도와줄 것이다. 나는 여러분이 혼자 여행하고 싶은 열정에 빠져 스스로 이 산을 구석구석 돌아다니게 되었으면 좋겠다.

이제 여행을 떠나자. 신발 끈을 바짝 조이고 가방끈을 단단히 붙들어 매라. 지금부터는 눈앞에 펼쳐진 길에만 집중하기 바란다.

등산 비유는 너무 진부하니 약속하건대 앞으로 가급적 줄이겠다.

1. 여러분이 즐겨 쓰는 언어의 오픈 소스 구현체를 선택하여 소스 코드를 내려받고 여기저기 뜯어보라. 스캐너와 파서를 구현한 코드를 찾아보라. 그 코드는 손으로 작성되었는가? 아니면 렉스나 야크 같은 도구로 생성됐는가? (보통 파일 확장자가 .l 또는 .y면 후자에 해당한다.)

2. JIT 컴파일은 동적 타입 언어를 구현하는 가장 빠른 방법이지만 모든 언어가 JIT 컴파일을 활용하는 것은 아니다. JIT 컴파일을 사용하지 않는 이유는 무엇일까?

3. C로 컴파일되는 대부분의 리스프(Lisp) 구현체에는 리스프 코드를 바로 실행할 수 있는 인터프리터도 탑재되어 있다. 왜 그럴까?

3장

록스 언어

> 다른 사람에게 아침밥을 지어주는 것보다 더 멋진 일이 있을까?
>
> 앤서니 보데인(Anthony Bourdain)

이 책의 나머지 부분에서 록스 언어의 모든 밝고 어두운 면을 구석구석 조명하겠지만, 최소한 나중에 어떤 결과물이 나올지 일언반구 귀띔도 없이 인터프리터 구현 코드를 작성하기 시작하는 것은 너무 잔인한 것 같다.

또한 나는 텍스트 편집기를 건드리기도 전에 수많은 언어와 스펙의 늪으로 여러분을 물귀신처럼 끌고 들어갈 마음은 추호도 없다. 이 장에서는 록스 언어를 우아하고 친절하게 소개해보려 한다. 많은 세부 사항과 엣지 케이스[1]는 나중에도 살펴볼 시간은 많으니 일단 미루겠다.

> 스스로 코딩해보지 않으면 튜토리얼은 별로 재미가 없다. 아, 그런데 아직 빌드도 안 했으니 실습할 록스 인터프리터가 없구나!
> 걱정 말라. 내 것을 잠깐 빌려 쓰면 된다.[2]

3.1 / 안녕, 록스
INTERPRETER

자, 록스는 이렇게 생긴 언어다.

> 록스 언어를 처음 맛보는 순간이다. 차가운 훈제 연어를 먹어본 적 있는지 모르겠다. 아직 안 먹어본 독자라면 꼭 한번 시도해보라.

```
// 최초의 록스 프로그램!
print "Hello, world!";
```

// 줄 주석과 문장 끝에 나오는 세미콜론을 보니 록스의 구문은 C 계열이 틀림 없다. (print는 라이브러리 함수가 아닌, 내장문(built-in statement)이므로 문자열 앞뒤에 괄호가 없다.)

나는 C 언어가 대단한 구문을 가졌다고 말하진 않겠다. 우아한 걸 추구했다면 아마 파스칼(Pascal)이나 스몰토크(Smalltalk)를 따라 했을 것이다. 북유럽 가구 특유의 미니멀리즘(minimalism)을 원한다면 스킴(Scheme)처럼 했으리라. 언어마다 각각 장점이 있다.

> 내 편견일지 몰라도 록스 구문은 꽤 깔끔하다고 생각한다. C에서 가장 심각한 문법 이슈는 타입(type)과 관련되어 있다. 데니스 리치(Dennis Ritchie)는 "선언은 곧 사용을 반영한다(declaration reflects use)."[3]라는 생각을 갖고 있었다. 변수의 선언은 결국 어떤 기본 타입(base type)의 값을 얻기 위해 그 변수에 수행하는 연산을 반영한다는 뜻이다. 영리한 발상이지만 실제로 그렇게 잘 작동되는 것 같지는 않다.
> 록스에는 정적 타입이 없으므로 해당되지 않는다.

---

1 **옮긴이** edge case, 어떤 값이 일정한 범위를 초과하는 등의 극단적인 경우에 발생하는 문제 또는 상황
2 https://github.com/munificent/craftinginterpreters
3 https://softwareengineering.stackexchange.com/questions/117024/why-was-the-c-syntax-for-arrays-pointers-and-functions-designed-this-way

언어를 구현하는 사람 입장에서는 C와 비슷한 구문이라는 친숙함(familiarity)의 가치가 더 크게 다가온다. 나 역시 여러분이 이런 스타일의 코드에 익숙한 걸 알고 있기 때문에 자바와 C를 사용해서 록스를 구현할 생각이다. 익숙한 구문이니 학습 분량이 크게 줄어든 셈이다.

3.2 하이레벨 언어

책을 쓰다 보니 당초 예상보다 훨씬 더 두꺼워졌다. 하지만 자바 같은 거대한 언어를 담기엔 그래도 부족하다. 2개의 완전한 록스 구현체를 이 책에 욱여넣으려면 언어 자체를 아주 컴팩트하게 만들어야 한다.

작지만 유용한 언어가 뭘까 떠올려 보니, 자바스크립트, 스킴, 루아 등의 하이레벨 '스크립트' 언어가 생각났다. 록스는 C 계열의 언어가 대부분 그렇듯이 이들 중에서 자바스크립트와 가장 비슷하다. 나중에 배우겠지만, 록스의 스코핑 규칙은 스킴과 유사하다. 3부에서 구현할 씨록스의 C 느낌은 전적으로 루아의 깔끔하고 효율적인 구현체를 모방했다.

록스는 자바스크립트, 스킴, 루아, 이 세 언어와 두 가지 측면을 공유한다.

> 자바스크립트는 이미 전 세계를 장악했고 엄청나게 많은 애플리케이션 개발에 응용되고 있다. 더 이상 자바스크립트를 '작은 스크립트 언어'라고 보기는 어렵다. 브렌던 아이크(Brendan Eich)는 열흘 만에 넷스케이프 내비게이터(Netscape Navigator)에 최초의 JS 인터프리터를 장착하여 웹 페이지 버튼에 애니메이션 효과를 주었다. 원래 자바스크립트는 아주 작고 귀여운 언어였지만 이후로 꾸준히 성장했다.
>
> 아이크는 맥가이버(MacGyver) 에피소드 한 편에 버금가는 재료와 시간으로 JS를 찍어냈기 때문에 자세히 들여다보면 면 테이프와 종이 클립이 비쳐 보이는 요상한 시맨틱 코너(semantic corner)가 더러 있다. 변수 호이스팅(variable hosting), 동적으로 바운드된(dynamically bound) this, 배열 구멍(holes in arrays), 암묵적 타입 변환(implicit conversion) 등등 말이다.
>
> 록스는 온전히 내 시간을 바쳐 공들인 작품이니 이것보단 조금 더 깔끔할 것이다.

3.2.1 동적 타이핑

록스는 동적 타입 언어다. 변수에 어떤 타입의 값이라도 담을 수 있고, 하나의 변수는 임의의 시간에 타입이 다른 값을 보관할 수 있다. 잘못된 타입의 값에 연산을 수행하면(예: 숫자를 문자열로 나누기) 런타임 에러가 감지되어 리포트된다.

정적 타입을 선호하는 이유는 많지만 록스를 동적 타입 언어로 만든 이유는 실용적인 면이 더 크다. 정적 타입 체계는 배우고 구현할 양이 어마어마하다. 이걸 생략하면 언어가 더 간단해지고 책 두께는 더 얇아질 것이다. 또 타입 체크를 런타임으로 미루면 인터프리터 기동 후 더 빨리 코드를 실행할 수 있다.

> 하지만 역설적으로 이 책에서 록스 언어를 구현하기 위해 사용한 언어[4]는 둘 다 정적 타입 언어다.

3.2.2 자동 메모리 관리

하이레벨 언어의 존재 의의는 에러가 발생하기 쉬운 로우레벨 세상의 고된 일을 덜어주는 것이다. 그런 점에서 스토리지를 손으로 일일이 할당/해제하는 것보다 더 지루한 일이 또 있을까? 업무 시간에 동료들과 인사를 나누면서 "오늘 할당할 모든 메모리 바이트에 대해 free( ) 함수를 호출할 정확한 위치를 알고 싶어 견딜 수가 없네!" 하고 말할 사람이 있을까?

참조 횟수 계산(reference counting)과 **가비지 수집 추적(tracing garbage collection**, 보통 **가비지 수집(garbage collection)**, 더 줄여서 GC라고 함)은 메모리 관리의 쌍벽을 이루는 기법이다. 참조 횟수 계산은 구현하기 간단해서 펄(Perl), PHP, 파이썬도 처음에 이 방식을 택했지만, 시간이 지나면서 참조 횟수 계산의 한계가 드러났고 문제가 커졌다. 결국 이들 언어 모두 완전한 GC 기능을 추가하거나, 적어도 객체 사이클을 정리할 수 있을 만큼의 GC를 추가하게 되었다.

> 실제로, 참조 횟수 계산과 GC는 서로 대립 관계라기보다 연속체(continuum)의 양끝이라고 볼 수 있다. 대부분의 참조 횟수 계산 체계는 사이클을 처리하기 위해 일부 가비지 수집을 추적하고, 세대별 수집기(generational collector)의 쓰기 배리어(write barrier)는 잘 뜯어보면 리테인 콜(retain call)과 비슷해 보인다.
>
> 더 자세한 내용은 『A Unified Theory of Garbage Collection』[5]을 참고하기 바란다.

가비지 수집 추적은 평판이 무시무시하다. 원시 메모리 레벨에서 데이터를 다루는 일은 꽤나 고되다. GC 디버깅을 하면 꿈에 16진수 덤프 파일이 나올지도 모른다! 하지만 이 책의 주제는 마법의 비밀을 풀고 못된 괴물을 물리치는 내용이므로 록스만의 가비지 수집기를 직접 작성할 것이다. 생각보다 알고리즘이 간단하고 구현하는 과정도 흥미진진해서 절대 지루하지 않으리라.

3.3 데이터 타입

록스의 작은 우주에서 물질을 구성하는 원자는 소수의 내장 데이터 타입(built-in data type)이다.

- **불리언(Boolean)**: 로직 없이 코딩할 수 없듯이, 불리언 값이 없는 로직은 없다. '참'과 '거짓'은 소프트웨어의 음양이다. 기존 타입을 참과 거짓을 나타내기 위해 용도를 바꿔 썼던 고대 언어와 달리[6], 록스에는 전용 불리언 타입이 준비되어 있다. 앞으로 갈 길이 멀다 한들 원시인처럼 갈 순 없잖은가?

  불리언 값은 2개가 있고 각각 하나씩 리터럴이 있다.

> 불리언 변수는 록스에서 사람(조지 불(George Boole))의 이름을 딴 유일한 데이터 타입이다(그래서 'Boolean'의 'B'가 대문자다). 조지 불은 디지털 컴퓨터가 그의 대수학(algebra)을 전기로 바꾸기 거의 한 세기 전인 1864년에 세상을 떠났다. 그가 지금 다시 태어나 수십 억 줄에 달하는 자바 코드에 자기 이름이 박혀 있는 걸 보면 어떤 기분일까?

---

5   https://courses.cs.washington.edu/courses/cse590p/05au/p50-bacon.pdf
6   **옮긴이** C 언어는 0은 거짓, 나머지 숫자는 참으로 간주한다.

```
true;  // false가 아니다
false; // false가 "아닌 게" 아니다
```

- **숫자(Number)**: 록스는 배정도 부동 소수점(double-precision floating point) 한 종류의 숫자만 사용한다. 넓은 범위의 정수를 나타낼 수 있는 부동 소수점 숫자 한 종류만 사용하면 만사 간소화할 수 있다.

  완전한 기능을 갖춘 언어들은 16진법(hexadecimal), 과학 표기법(scientific notation), 8진법(octal) 등 숫자와 연관된 많은 구문을 제공한다. 록스는 그냥 기본적인 정수와 십진법 리터럴만 사용한다.

```
1234;  // 정수
12.34; // 10진수
```

- **문자열(String)**: 문자열 리터럴은 이미 첫 번째 예제에서 본 적이 있다. 다른 언어처럼 큰따옴표(double quotes)로 묶는다.

```
"I am a string";
"";      // 빈 문자열
"123"; // 숫자가 아닌 문자열이다
```

앞으로 구현하면서 배우겠지만, 별것 아닌 것처럼 보이는 문자 시퀀스에도 복잡한 내막이 많이 숨겨져 있다.

> '문자(character)'라는 단어 자체가 참 묘하다. ASCII를 말하는 건가? 아니면 유니코드? 코드 포인트(code point)나 '그래핌 클러스터(grapheme cluster)'를 가리키는 것일까? 문자는 어떻게 인코드될까? 각 문자의 길이는 고정인가, 아니면 가변인가?

- **Nil**: 파티에는 초대받지 못했지만 항상 마지막에 등장하는 내장 값이다. '값 없음(no value)'을 나타낸다. 많은 언어에서 '널(null)'이라고 하지만 록스에서는 nil이라고 표기한다. (실제로 구현하면 알겠지만 이래야 자바 또는 C의 null과 더 잘 구별된다.)

널 포인터 에러(null pointer error)는 IT 업계의 골칫덩이다. 그래서 프로그래밍 언어에 null 값을 두지 말자는 의견이 분분하다. 정적 타입 언어라면 그렇게 하는 게 더 이득이겠지만, 동적 타입 언어에서 null을 제거하면 그냥 갖고 있는 것보다 훨씬 더 성가실 때가 많다.

3.4 INTERPRETER / 표현식

내장 데이터 타입과 그 리터럴이 원자(atom)라면, **표현식(expression, 식)**은 분자(molecule)라고 볼 수 있다. 대부분 익숙한 것들이다.

3.4.1 산술

록스의 기본 산술 연산자는 이미 어디선가 한 번쯤 보았던 C 계열의 코드와 비슷하다.

```
add + me;
subtract - me;
multiply * me;
divide / me;
```

연산자 양쪽 서브식(subexpression)은 **피연산자(operand)**다. 피연산자가 2개라서 **이항 연산자(binary operator)**라고 부른다. (0과 1을 뜻하는 '이진(binary)'과는 아무 상관이 없다.) 연산자가 피연산자 가운데 고정되어 있어 **중위 연산자(infix operator)**라고도 한다. 연산자가 피연산자 앞에 있으면 **전위 연산자(prefix operator)**, 피연산자 뒤에 있으면 **후위 연산자(postfix operator)**라고 한다.

숫자를 음수화하는(negate) - 연산자는 중위 연산자이면서 전위 연산자인 산술 연산자다.

> 2개 이상의 피연산자 사이사이에 들어가는 연산자도 있다. 그중 유일하게 많이 쓰는 연산자는 C의 '조건 연산자(conditional operator)' 또는 '삼항 연산자(ternary operator)'다.
>
> ```
> condition ? thenArm : elseArm;
> ```
>
> 이런 연산자를 혼위 연산자(mixfix operator)라고 부르는 사람들도 있다. 사용자가 직접 연산자가 어디에 들어갈지, 즉 고정성(fixity)을 마음대로 정의할 수 있는 언어도 있다.

```
-negateMe;
```

산술 연산자는 모두 숫자를 대상으로 하며, 다른 타입의 데이터를 넣으면 에러가 난다. 예외적으로 + 연산자는 두 문자열을 연결하는(concatenate) 용도로 쓰인다.

3.4.2 비교와 동등성

이어서 항상 불리언을 결괏값으로 리턴하는 연산자다. 다음은 아주 아주 오래된 숫자(숫자만 가능하다) 비교 연산자다.

```
less < than;
lessThan <= orEqual;
greater > than;
greaterThan >= orEqual;
```

두 값의 동등성(equality)은 다음과 같이 테스트한다.

```
1 == 2;        // false
"cat" != "dog"; // true
```

다른 타입의 값도 가능하다.

```
314 == "pi"; // false
```

타입이 다른 값은 절대로 동등하지 않다.

```
123 == "123"; // false
```

나는 암묵적 변환(implicit conversion)을 대체로 반대하는 사람이다.

3.4.3 논리 연산자

부정 연산자 !를 앞에 붙이면 피연산자가 true일 때 false, false일 때 true를 리턴한다.

```
!true;  // false
!false; // true
```

다른 두 논리 연산자는 사실 표현식을 가장한 제어 흐름 구조다. and 식은 두 값이 모두 참인지 평가하고 좌측 피연산자가 false면 좌측 피연산자, true면 우측 피연산자를 리턴한다.

```
true and false; // false
true and true;  // true
```

or 식은 두 값 중 하나(또는 둘 다)가 참인지 평가한다. 좌측 피연산자가 true면 좌측 피연산자, false면 우측 피연산자를 리턴한다.

```
false or false; // false
true or false;  // true
```

and, or는 일종의 **쇼트 서킷(short-circuit, 단락 회로)**이기 때문에 제어 흐름 구조와 비슷하다. and 연산자는 좌측 피연산자가 false면 우측 피연산자를 평가조차 하지 않는다. 반대로(and와 대립되는 형태로?) or 연산자는 좌측 피연산자가 true면 우측 피연산자는 건너뛴다.

록스에서 &와 ¦는 비트 연산자로 사용하지 않기 때문에 &&, ¦¦ 대신 and, or를 사용한다. 문자 하나짜리 연산자도 없는데, 굳이 문자 2개짜리 연산자를 사용하는 것이 좀 이상할 수도 있다.

나는 또한 연산자에 단어를 쓰는 걸 선호한다. 그냥 연산자가 아닌, 제어 흐름 구조가 드러나기 때문이다.

3.4.4 우선순위와 그룹핑

지금까지 설명한 연산자는 모두 C와 동일한 우선순위(precedence)와 결합 법칙(associativity)을 갖고 있다. (이 부분은 파싱을 배울 때 좀 더 정확하게 이해될 것이다.) 원하는 우선순위가 아니면 ()를 사용할 수 있다.

```
var average = (min + max) / 2;
```

연산자의 우선순위와 결합 법칙은 기술적으로 별로 재밌는 주제는 아니라서 일반적인 프로그래밍 책에 나오는 연산자 퍼레이드는 록스에서 없앴다. 즉, 록스에는 비트 연산자(bitwise operator), 시프트 연산자(shift operator), 모듈로 연산자(modulo operator), 조건부 연산자(conditional operator)가 없다. 내가 여러분에게 학점을 주는 교수님은 아니지만, 여러분 스스로 록스 구현체에 이런 연산자를 추가/보강한다면 내 마음속의 보너스 학점을 받게 되리라.

연산자는 (나중에 배울 몇몇 특정 기능과 관련된 두어 가지를 제외하면) 표현식의 형식을 가진다. 이제 한 레벨 위로 올라가자.

3.5 / 문장
INTERPRETER

다음은 **문장(statement, 문)**이다. 표현식의 주 임무가 값(value)을 만드는 것이라면, 문장은 효과(effect)를 내는 역할을 한다. 문장은 원래 어떤 값으로 평가되지 않기 때문에 어떻게든 세상을 바꾸는 데 일조하려면 상태를 변경하거나 입력을 읽고 출력을 내는 등의 일을 해야 한다.

문장은 앞에서 한번 나왔다.

```
print "Hello, world!";
```

print 문은 단일식(single expression)의 평가 결과를 사용자에게 보인다. 여러분은 이렇게 생긴 문장도 봤을 것이다.

> print를 코어 라이브러리 함수로 만드는 대신, 언어에 내장시킨 것은 일종의 핵(hack, 꼼수)이지만, 이것은 우리에게 이로운 핵이다. 앞으로 함수를 정의하고 이름으로 함수를 찾아 호출하기 위해 필요한 장치를 구현하려면 개발 중인 인터프리터에서 값을 찍어보면서 디버깅을 해야 하기 때문이다.

```
"some expression";
```

뒤에 세미콜론(;)을 붙이면 표현식은 문장으로 승격된다(promote). 이를 (약간의 창의성을 발휘하여) **표현문(expression statement)**이라고 한다.

여러 문장을 한 문장처럼 작동시키려면 **블록(block)**으로 감싼다.

```
{
  print "One statement.";
  print "Two statements.";
}
```

블록은 스코핑에도 영향을 끼치는데, 일단 계속해서 다음 절로...

3.6 변수
INTERPRETER

변수는 var 문으로 선언한다. 초기자(initializer, 이니셜라이저)를 생략하면 변수의 기본값은 nil이다.

```
var imAVariable = "here is my value";
var iAmNil;
```

> 만약 nil이 없어서 무조건 어떤 값으로 변수를 초기화해야 한다면 얼마나 짜증이 날까?

한번 선언된 변수는 자연스레 변수 이름으로 액세스하여 값을 할당하면 된다.

```
var breakfast = "bagels";
print breakfast; // "bagels"
breakfast = "beignets";
print breakfast; // "beignets"
```

> 내가 매일 아침 일어나자마자 밥도 안 먹고 이 책을 쓰고 있다는 걸 누가 알아주기나 하려나?

변수 스코핑 규칙은 이후 장에서 하나하나 공들여 설명할 테니 더 이상 자세히 다루지는 않겠다. 대부분 C나 자바와 비슷한 스코핑 규칙이 적용된다고 보면 된다.

3.7 제어 흐름
INTERPRETER

코드를 건너뛰거나 한번 이상 실행하는 일이 불가능한 프로그램은 쓸모가 없다. 바로 제어 흐름(control flow)이 하는 일이다. 록스에는 앞서 설명한 논리 연산자 외에도 C에서 바로 가져온 세 문장이 있다.

> and, or로 분기를 하고 재귀(recursion)로 코드를 반복시킬 수 있으니 이론적으로는 충분한 것 같아도 명령형 언어(imperative-styled language)에서 이런 식으로만 프로그래밍하는 것은 꽤 어색하다.
>
> 스킴(Scheme)은 이와 반대로 기본 내장 루프 구조 없이, 오직 재귀로만 반복을 한다. 스몰토크(Smalltalk)는 내장 분기 구조가 없고 옵션으로 실행할 코드를 동적 디스패치(dynamic dispatch)한다.

if 문은 조건에 따라 두 문장 중 하나를 실행한다.

```
if (condition) {
  print "yes";
} else {
  print "no";
}
```

while 루프는 조건식이 true인 한 블록으로 감싼 코드를 반복 실행한다.

```
var a = 1;
while (a < 10) {
  print a;
  a = a + 1;
}
```

> do while 루프는 록스에서 뺐다. 별로 많이 쓰지도 않을 뿐더러, 이미 while이 있으면 새로 배울 것이 없기 때문이다. 반드시 있어야 직성이 풀릴 것 같은 독자는 직접 추가하기 바란다. 여러분의 파티니까.

끝으로 for 루프다.

```
for (var a = 1; a < 10; a = a + 1) {
  print a;
}
```

for는 while과 하는 일이 같다. 현대 프로그래밍 언어는 대부분 for-in이나 foreach 같은 루프로 다양한 시퀀스 타입에 대해 코드를 명시적으로 반복한다. 실제 언어를 만든다면 원초적인 C 스타일의 for 루프보다 이런 루프가 더 멋지지만, 록스는 기본기에 충실하기로 했다.

> 구현 과정이 여러 장으로 흩어져 있어서 불가피한 결정이다. for-in 루프를 사용할 경우, 다른 종류의 시퀀스를 처리하려면 반복 프로토콜 안에서 어떤 식으로든 동적 디스패치가 필요하지만, 이는 제어 흐름을 마친 다음에야 다룰 수 있는 내용이다. 다시 한 바퀴 돌아가 나중에 for-in 루프를 추가해도 되긴 하나, 그렇게 하는 게 여러분의 학습 흥미를 크게 북돋울 것 같지는 않다.

3.8 INTERPRETER 함수

함수 호출식(function call expression)은 C와 똑같이 생겼다.

```
makeBreakfast(bacon, eggs, toast);
```

인수 없이 함수를 호출할 수도 있다.

```
makeBreakfast();
```

루비 같은 언어와 달리 괄호는 필수다. 괄호가 없으면 함수 호출이 아니라 그냥 참조만 하는 것으로 본다.

나만의 함수를 정의할 수 없는 언어는 재미가 없다. 록스에서는 fun으로 한 껏 재미를 보라.[7]

fn, fun, func, func… 언어 마다 예약어가 조금씩 다르다. funct, functi, functio라고 쓰는 언어도 있으려나?

```
fun printSum(a, b) {
  print a + b;
}
```

잠시 용어 정의를 확실히 하고 넘어가자. '매개변수(parameter)'와 '인수(argument)'를 내키는 대로 혼용하는 사람들이 많다. 나는 시맨틱에 관한 한 미세한 솜털 하나라도 골라내는 데 많은 시간을 바칠 각오가 되어 있으니, 여러분도 아리송한 용어는 의미를 분명히 알고 넘어가기 바란다.

- **인수(argument)**는 함수 호출 시 실제로 함수에 전달하는 값이다. 따라서 함수 '호출'은 '인수' 리스트를 갖고 있다. **실 매개변수(actual parameter)**라고 부르기도 한다.
- **매개변수(parameter)**는 함수 바디(body, 본문/내용물) 안에서 인숫값을 담아둔 변수다. 그래서 함수 '선언'은 '매개변수'의 리스트를 갖고 있다. **형식 매개변수(formal parameter)**라고 부르기도 한다.

함수의 바디는 항상 블록으로 감싼다. 이 안에서 return 문으로 어떤 값이리도 리턴할 수 있다.

용어 얘기가 나왔으니 말인데, C 같은 정적 타입 언어는 함수를 선언하는(declare) 행위와 정의하는(define) 행위를 명확히 구분한다. 선언은 함수의 타입을 그 이름에 바인드하므로 호출 시 타입 체크는 가능하지만 바디는 제공되지 않는다. 정의는 함수를 선언하는 동시에 바디를 코드로 채워 넣기 때문에 함수 컴파일이 가능하다.

록스는 동적 타입 언어라서 이 구분은 아무 의미가 없다. 함수 선언은 바디까지 포함한 함수 전체를 지정한다.

```
fun returnSum(a, b) {
  return a + b;
}
```

return 문 없이 블록 끝까지 실행되면 암묵적으로 nil이 리턴된다.

우리가 안 보는 사이에 nil이 슬그머니 잠입할 거라고 내가 말하지 않았는가.

3.8.1 클로저

록스에서 함수는 일급(first-class)이므로 참조할 수 있고, 변수로 저장할 수 있고, 다른 함수에 전달할 수 있는 진짜 값이다. 다음 코드를 보자.

---

7 옮긴이 재미, 즐거움을 뜻하는 영어 단어 fun과 키워드 fun의 발음이 동일한 것을 이용한 말장난이다.

```
fun addPair(a, b) {
  return a + b;
}

fun identity(a) {
  return a;
}

print identity(addPair)(1, 2); // 3 출력
```

함수 선언은 문장이라서 다른 함수 내부에 로컬 함수로 선언할 수도 있다.

```
fun outerFunction() {
  fun localFunction() {
    print "I'm local!";
  }

  localFunction();
}
```

로컬 함수, 일급 함수, 블록 스코프가 한데 어우러지면 다음과 같이 재미난 상황이 연출된다.

```
fun returnFunction() {
  var outside = "outside";

  fun inner() {
    print outside;
  }

  return inner;
}

var fn = returnFunction();
fn();
```

inner()는 주변 함수[8]에 선언된 로컬 변수에 액세스한다. 이런 일이 가능할까? 이미 리스프(Lisp)에 있는 이 기능을 많은 언어가 차용했기 때문에 답이 "예"라는 것은 다들 알고 있을 것이다.

어쨌든 이런 일을 하려면, inner()는 자기가 사용하는 모든 주변 변수의 참조를 외부 함수가 리턴된 이후에도 계속 바라볼 수 있게 어딘가에 보관해야 한다. 이 일을 하는 함수를 **클로저(closure)**라고 한다. 요즘은 이 용어를 모든 일급 함수에 대해 사용하는 경향이 있지만, 함수가 아무 변수도 클로즈 오버(close over, 주변을 에워싸다)하지 않는 경우에도 클로저라고 하는 것은 잘못이다.

---

8 **옮긴이** surrounding function, 해당 코드를 감싼 블록 바로 밖에 있는 함수

여러분도 짐작하다시피, 클로저 같은 기능을 구현하면 복잡도가 증가한다. 함수가 리턴되는 순간에 로컬 변수는 증발해 버리므로 변수 스코프가 정확히 스택처럼 동작하리라 가정할 수 없기 때문이다. 이 책은 여러분이 이런 것들을 어떻게 하면 제대로, 효과적으로 구현할 수 있는지 깨닫는 즐거움을 선사하고자 한다.

'클로저'는 피터 J. 랜딘(Peter J. Landin)이 처음 만들어 낸 용어다. 그렇다, 사실 모든 프로그래밍 언어 용어의 절반 가까이는 이 사람이 고안했다. 그중 대부분은「The Next 700 Programming Languanges[9]」라는 놀라운 논문 한 편에서 쏟아져 나왔다.

이런 종류의 함수를 구현하려면 함수의 코드와 그 함수가 필요로 하는 주변 변수들을 함께 묶는 자료 구조를 만들어야 한다. 그는 이것이 함수가 필요로 하는 변수를 클로즈 오버해서 담아둔다는 뜻에서 '클로저'라고 불렀다.

3.9 INTERPRETER / 클래스

록스는 동적 타이핑, 렉시컬(대략 '블록') 스코프, 클로저가 구비된, 거의 절반은 함수형 언어이면서도, 또 거의 절반은 객체 지향 언어라고 볼 수 있다. 이 두 가지 패러다임은 많은 의미를 내포하고 있기 때문에 나는 둘 다 커버하는 게 가치가 있다고 생각한다.

클래스는 과대 광고에 부응하지 못했다는 비난을 받아왔기 때문에, 먼저 내가 왜 이 책에서 클래스를 록스에 넣었는지 해명하겠다. 자, 여기서 두 가지 질문을 던져보자.

3.9.1 객체 지향 언어를 추구해야 할 이유가 있을까?

자바 같은 객체 지향 언어가 매진되어 서로 시장에서 치열하게 경쟁하고 있는 지금, 더 이상 이런 언어를 선호할 이유는 없을 듯싶다. 객체가 탑재된 언어를 굳이 새로 만들 이유가 있을까? 새 음반을 8트랙 테이프[10]로 출시하는 꼴 아닌가?

1990년대에 '만물상속주의(all inheritance all the time)'라는 무분별한 가르침에 따라 괴물 같은 클래스 계층 구조가 탄생한 건 맞지만, 그래도 **객체 지향 프로그래밍(OOP)** 자체는 아직도 꽤 훌륭한 패러다임이다. 이미 수십억 줄에 달하는 성공적인 코드가 OOP 언어로 코딩되어 있고 그렇게 구현된 수백만 개의 앱들이 사용자를 행복하게 해주었다. 또 오늘날 프로그래머는 대부분 객체 지향 언어를 사용 중이다. 이들 모두가 다 그렇게 틀렸다고 할 수 있을까?

특히, 동적 타입 언어에서 객체는 아주 편리하다. 여러 데이터 덩이를 함께 묶으려면 당연히 복합적인 데이터 타입을 정의할 방법이 필요하다.

---

9 https://homepages.inf.ed.ac.uk/wadler/papers/papers-we-love/landin-next-700.pdf
10 옮긴이 1960~1970년대 미국에서 레코드를 배포하는 데 사용됐던 기본 레코딩 기술

메서드를 따로 떼어낼 수 있다면 타입만 다를 뿐 기능은 비슷한데 단지 이름이 충돌하지 않게 하려고 함수가 동작하는 데이터 타입명을 함수명 앞에 접두어(prefix)로 붙일 필요가 없다. 예를 들면, 라켓[11]은 함수명이 서로 겹치지 않게 hash-copy(해시 테이블 복사), vector-copy(벡터 복사) 식으로 명명해야 한다. 메서드의 스코프가 객체 내부로 한정되면 이런 골치 아픈 문제가 모두 사라진다.

3.9.2 록스는 왜 객체 지향 언어로 만들었나?

나는 객체가 정말 멋지다고 생각하지만, 이에 관한 내용은 이 책의 범위를 벗어난다. 대부분의 프로그래밍 언어 책, 특히 온전히 하나의 언어를 구현하려고 시도한 책에서 객체는 보통 제외한다. 내 생각에 이 주제는 한 번도 제대로 다뤄진 적이 없다. 그렇게 널리 퍼진 패러다임이 통째로 누락되다니 얼마나 통탄할 노릇인가!

얼마나 많은 사람들이 OOP 언어를 사용하는지 돌아보면 이 세상에 OOP 언어를 만드는 방법이 적혀 있는 문서가 하나쯤 필요할 만하다. 앞으로 죽 읽어보면 알겠지만, 실제로 재미가 철철 넘쳐 흐른다. 여러분이 두려워하는 것만큼 어렵지는 않지만, 그렇다고 경솔하게 넘겨짚을 정도로 간단하지는 않다.

3.9.3 클래스냐 프로토타입이냐

객체에 액세스하는 방법은 클래스(class)[12]와 프로토타입(prototype)[13] 두 가지다. 클래스가 먼저 나왔고, C++, 자바, C# 같은 친구들 덕분에 유명해졌다. 프로토타입은 자바스크립트가 우연히 세상을 점령하기 전까지 거의 잊힌 가지였다.

클래스 기반 언어에는 인스턴스(instance)와 클래스(class)라는 두 가지 코어 개념이 있다. 인스턴스는 각 객체의 상태를 저장하며 인스턴스의 클래스를 가리키는 참조를 갖고 있다. 클래스에는 메서드와 상속 체인(inheritance chain)이 들어 있다. 인스턴스에 있는 메서드를 호출하면 언제나 간접 참조(indirection)가 일어난다. 즉, 인스턴스의 클래스를 찾은 다음, 거기에서 다시 메서드를 찾는다.

> C++ 같은 정적 타입 언어에서 메서드 조회는 대개 인스턴스의 정적 타입을 기반으로 컴파일 타임에 발생한다. 즉, 정적 디스패치(static dispatch)를 한다. 이와 반대로 동적 디스패치(dynamic dispatch)는 런타임에 실제 인스턴스 객체의 클래스를 조회한다. 정적 타입 언어의 가상 메서드(virtual method)와 록스 같은 동적 타입 언어의 모든 메서드는 바로 동적 디스패치 방식으로 작동된다.

---

11 [옮긴이] Racket, 리스프-스킴 계열의 범용 프로그래밍 패러다임
12 https://en.wikipedia.org/wiki/Class-based_programming
13 https://en.wikipedia.org/wiki/Prototype-based_programming

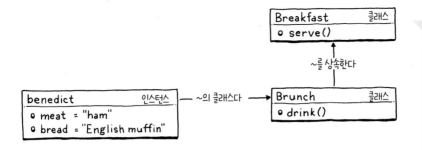

사실, 클래스 기반 언어와 프로토타입 기반 언어는 경계가 모호하다. 자바스크립트의 '생성자 함수(constructor function)'는 클래스와 비슷한 객체를 정의하는 방향으로 일을 복잡하게 꼰다.[14] 한편, 클래스 기반 언어인 루비는 인스턴스마다 메서드를 붙일 수 있게 허용하므로 행복하다!

프로토타입 기반 언어는 이 두 가지 개념을 병합한다. 클래스 없이 오직 객체만 있으며, 객체마다 상태와 메서드가 포함될 수 있고 객체는 다른 객체를 직접 상속(프로토타입 용어로는 '위임(delegate to)')할 수 있다.

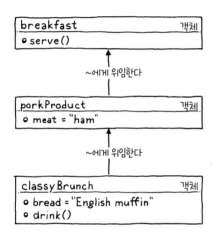

펄의 창시자/예지자인 래리 월(Larry Wall)은 이를 두고 '물침대 이론(waterbed theory)[15]'이라고 했다. 어떤 복잡성은 반드시 필요하고 제거할 수 없다. 손가락으로 물침대의 어느 한쪽을 찌르면 다른 쪽이 부풀어 오르는 식으로... 프로토타입 기반의 언어는 클래스 비슷한 메타프로그래밍 라이브러리(metaprogramming library)를 구축하는 식으로 사용자에게 복잡성을 떠넘기므로 클래스의 복잡성을 그다지 많이 없앴다고 보긴 어렵다.

즉, 어떤 면에서는 프로토타입 언어가 클래스 언어보다 더 근본적이라 할 수 있다. 사실 구현하기도 아주 간단하고 정말 깔끔한 데다, 클래스로는 쉽지 않은 많은 특이한 패턴을 표현할 수 있다.

나는 내가 직접 만든 언어를 비롯해서 프로토타입 언어로 작성된 코드를 숱하게 봐왔다. 사람들은 프로토타입의 강력함과 유연함을 일반적으로 어떤 용도로 쓰고 있을까? 바로 클래스를 다시 발명하는 용도다.

나도 이유는 잘 모르겠지만, 사람들은 클래스 기반의 스타일을 자연스레 더 선호하는 것 같다. 클래스(class)니까 클래식(classic)해서? 클래시(classy)해서? 언어 자체는 프로토타입이 더 간단하지만, 그만큼 사용자에겐 복잡성을 떠넘기는 듯한 느낌이다. 나는 록스 사용자의 고충을 덜기 위해 클래스를 구워 넣기로 했다.

3.9.4 록스의 클래스

이론은 이 정도면 됐고 이제 실제 모습을 살펴보자. 클래스는 대부분의 언어에서 별자리만큼이나 수많은 기능을 아우른다. 나는 그중에서 가장 환하게 빛나는 별이라고 생각하는 것들을 록스에 골라 넣었다. 클래스와 메서드는 이렇게 선언한다.

---

14 http://gameprogrammingpatterns.com/prototype.html#what-about-javascript
15 http://wiki.c2.com/?WaterbedTheory

```
class Breakfast {
  cook() {
    print "Eggs a-fryin'!";
  }

  serve(who) {
    print "Enjoy your breakfast, " + who + ".";
  }
}
```

클래스 바디에는 메서드가 있다. 함수 선언과 비슷하지만 fun 키워드가 없다. 클래스 선언이 실행되면 록스는 클래스 객체를 생성하고 클래스와 이름이 같은 변수에 클래스 객체를 저장한다. 록스에서 클래스는 함수와 마찬가지로 일급이다.

fun 키워드는 없지만 메서드도 함수만큼 재미있다(fun).

```
// 클래스를 변수에 저장한다
var someVariable = Breakfast;

// 클래스를 함수에 전달한다
someFunction(Breakfast);
```

인스턴스를 생성하는 방법도 필요하다. 자바처럼 new 키워드를 추가해도 되지만, 록스는 구문을 간소화하기 위해 클래스 자체를 인스턴스를 찍어내는 팩터리 함수(factory function)로 만들었다. 함수처럼 호출하면 새로운 클래스의 인스턴스가 생성되는 것이다.

```
var breakfast = Breakfast();
print breakfast; // "Breakfast instance"
```

3.9.5 인스턴스화 및 초기화

동작만 있는 클래스는 그리 쓸모가 없다. 객체 지향 프로그래밍의 근간은 동작(behavior)과 상태(state)를 함께 캡슐화하는(encapsulate) 것이다. 그러자면 필드가 필요하다. 록스는 다른 동적 타입 언어처럼 객체에 프로퍼티를 자유로이 추가할 수 있다.

```
breakfast.meat = "sausage";
breakfast.bread = "sourdough";
```

필드에 값을 할당할 때 필드가 없으면 알아서 생성된다.

메서드 안에서 현재 객체의 필드나 메서드에 액세스하려면 this라는 오랜 친구를 사용한다.

```
class Breakfast {
  serve(who) {
    print "Enjoy your " + this.meat + " and " +
        this.bread + ", " + who + ".";
  }

  // ...
}
```

객체 내부에 데이터를 캡슐화하는 작업에는 객체 생성 시 객체가 유효한 상태임을 확인하는 과정도 포함된다. 이를 위해 초기자를 정의한다. 클래스에 init()이라는 이름의 메서드가 있으면 객체가 생성될 때 자동으로 호출한다. 클래스에 전달된 매개변수는 모두 이 초기자로 넘어간다.

```
class Breakfast {
  init(meat, bread) {
    this.meat = meat;
    this.bread = bread;
  }

  // ...
}

var baconAndToast = Breakfast("bacon", "toast");
baconAndToast.serve("Dear Reader");
// "Enjoy your bacon and toast, Dear Reader."
```

3.9.6 상속

객체 지향 언어는 메서드 정의뿐만 아니라, 여러 클래스나 객체 간의 재사용도 허용한다. 록스는 단일 상속(single inheritance)을 지원한다. 클래스 선언 시 < 연산자로 상속할 클래스를 지정한다.

```
class Brunch < Breakfast {
  drink() {
    print "How about a Bloody Mary?";
  }
}
```

Brunch는 **파생 클래스(derived class)** 또는 **서브클래스(subclass)**, Breakfast는 **베이스 클래스(base class)** 또는 **수퍼클래스(superclass)**다. 수퍼클래스에 정의된 메서드는 모두 서브클래스에서 그대로 사용할 수 있다.

extends 같은 새로운 키워드를 끌어들이고 싶지 않아 < 연산자를 대신 사용했다. 록스는 :을 다른 용도로 사용하지 않기 때문에 이것도 남겨두기 싫었다. 그래서 루비의 <를 차용하기로 결정했다.

타입 이론에 일가견이 있는 독자라면 이것이 완전히 임의적인 선택이 아님을 알 것이다. 서브클래스의 인스턴스는 모두 그 수퍼클래스의 인스턴스이지만, 반대로 서브클래스의 인스턴스가 아닌 수퍼클래스의 인스턴스가 있을 가능성이 있다. 즉, 객체 세상에서 서브클래스 객체의 집합은 수퍼클래스 객체의 집합보다 항상 더 작기 때문에 타입 이론에 심취한 사람들이 이러한 관계를 <: 식으로 표현하는 것이다.

```
var benedict = Brunch("ham", "English muffin");
benedict.serve("Noble Reader");
```

init() 메서드 역시 상속된다. 서브클래스는 자기 init() 메서드를 따로 정의하는 게 보통이지만, 수퍼클래스가 자신의 상태를 유지하려면 원본 메서드 역시 호출해야 할 필요가 있다. 내 인스턴스에서 내 자신의 메서드는 건드리지 않은 상태로 수퍼클래스에 있는 메서드를 호출할 방법은 없을까?

자바처럼 super를 사용하면 된다.

> 록스는 생성자를 상속하지 않는 C++, 자바, C#과는 달리, 생성자를 상속하는 스몰토크, 루비와 닮았다.

```
class Brunch < Breakfast {
  init(meat, bread, drink) {
    super.init(meat, bread);
    this.drink = drink;
  }
}
```

객체 지향은 이게 전부다. 이 책의 구조상 기능 가짓수는 최소화하려고 노력했다. 록스는 순수한 객체 지향 언어가 아니다. 진짜 OOP 언어는 모든 객체를 클래스의 인스턴스로 취급한다. 숫자나 불리언 같은 프리미티브 값(primitive value)도 예외가 아니다.

내장 타입으로 작업을 시작하고 나서야 클래스를 구현하기 때문에 꽤 어려웠을 것이다. 프리미티브 타입 값은 클래스의 인스턴스라는 의미에서 실제 객체가 아니다. 메서드, 프로퍼티도 없다. 내가 처음부터 진짜 사용자가 쓸 진짜 언어를 만들 생각이었다면 이 문제를 해결했을 것이다.

3.10 / 표준 라이브러리
INTERPRETER

거의 다 끝났다. 이제 '코어(core)' 또는 '표준(standard)' 라이브러리만 남았다. 표준 라이브러리는 인터프리터에 직접 구현된 기능 집합으로, 사용자는 이 라이브러리를 바탕으로 코드를 작성한다.

이 부분이 록스에서 가장 암울하다. 록스의 표준 라이브러리는 미니멀리즘(minimalism, 최소주의)을 넘어 노골적인 니힐리즘(nihilism, 허무주의)에 가까울 정도다.[16] 이 책에 수록된 예제 코드는 그저 잘 실행되고 해야 할 일을 제대로 하는지 보여주기만 하면 된다. 그래서 내장 print 문도 미리 준비한 것이다.

---

16 옮긴이 쓸 만한 라이브러리만 준비하는 정도가 아니라 거의 아무것도 없는 수준의 라이브러리를 지향한다는 뜻

나중에 최적화에 손을 댈 즈음, 벤치마크를 작성해서 코드의 실행 시간을 측정할 생각이다. 얼마나 걸렸는지 추적하려면 프로그램 시작 이후 경과한 시간(초)을 리턴하는 내장 함수 clock()도 필요할 것이다.

그리고 또 뭐 있더라...? 음, 이게 전부다. 민망하다.

만약 여러분이 록스를 실제로 유용하게 쓰일 만한 언어로 발전시키고자 한다면, 가장 먼저 해야 할 일은 록스 언어에 살을 붙이는 것이다. 문자열 조작(string manipulation), 삼각 함수(trigonometric function), 파일 입출력(file I/O), 네트워킹(networking), 그리고 사용자의 입력을 읽어 들이는 등등. 하지만 이 책에 이런 기능은 필요하지 않고, 설령 기능을 추가한다 해도 그리 흥미로운 내용을 가르칠 게 없으니 과감히 생략하겠다.

걱정 말라, 언어 자체만으로도 워낙 흥미진진해서 시간 가는 줄 모르고 책장을 넘기게 될 테니까.

1. 몇 가지 록스 샘플 프로그램을 작성하고 실행하라. (록스 구현체는 내 리포지터리[17]에 있는 걸 갖다 써도 된다.) 이 책에 없는 엣지 케이스도 만들어 테스트하라. 예상대로 작동되는가? 작동이 안 된다면 그 이유는 뭘까?

2. 이 장에서 약식으로 개괄한 내용 중에는 많은 것들이 명시되어 있지 않다. 언어의 구문과 시맨틱에 대해 평소에 궁금했던 질문을 몇 가지 나열하라. 정답은 무엇이라고 생각하는가?

3. 록스는 아주 작은 언어다. 록스를 실제 프로그램에서 사용한다면 어떤 기능이 빠져서 불편함을 느끼게 될까? (물론, 표준 라이브러리는 제외하고)

록스는 표현식과 문장 둘 다 가진 언어다. 어떤 언어는 문장이 없는 대신 선언과 제어 흐름 구조를 표현식으로 취급한다. 이처럼 '만사가 표현식인' 언어는 대부분 함수형 언어의 혈통을 가진, 리스프, SML, 하스켈(Haskell), 루비, 커피스크립트(CoffeeScript) 같은 언어다.

그러기 위해서는 '유사 문장(statement-like)' 언어의 구조를 각각 어떤 값으로 평가할지 결정해야 한다. 그중 일부는 쉽다.

---

17 https://github.com/munificent/craftinginterpreters

- if 식은 선택된 분기의 결과로 평가된다. switch 같은 다중 분기(multi-way branch) 표현식은 선택된 케이스로 평가된다.

- 변수 선언은 그 변수의 값으로 평가된다.

- 블록은 가장 마지막 표현식의 결과로 평가된다.

조금 생소한 것들도 있다. 루프는 무엇으로 평가해야 맞을까? 커피스크립트에서 while 루프는 바디가 평가한 각 원소가 포함된 배열로 평가된다. 간편해서 좋지만 배열이 필요하지 않을 때엔 메모리 낭비다.

유사 문장 표현식이 다른 표현식과 같이 나오는 경우는 어떻게 처리할까? 일단, 문법의 우선순위 테이블에 맞춰 넣어야 한다. 예를 들어, 루비에서는 다음과 같이 코딩할 수 있다.

```
puts 1 + if true then 2 else 3 end + 4
```

여러분은 이런 코드를 예상했는가? 여러분의 언어를 쓰는 사용자가 정말 이렇게 코딩할까? 이런 요소가 '문장' 구문을 디자인하는 데 어떤 영향을 미칠까? 루비는 if 식이 언제 완료되는지 end로 명시한다. 그렇지 않으면 위 코드에서 + 4는 else 절의 일부로 파싱될 것이다.

문장을 모조리 표현식으로 바꾸려면 이와 같은 난제를 해결해야 한다. 그 대가로 중복성(redundancy)을 없앨 수 있다. C는 문장을 나열하는 블록과 표현식을 나열하는 쉼표 연산자를 모두 지원한다. if 문도 있고 조건부 연산자 ?:도 있다. 만약 C에서 모든 게 표현식이었다면 이런 것들도 하나로 합쳐졌을 것이다.

문장이 없는 언어에는 보통 **암묵적 리턴(implicit return)** 기능이 있다. 덕분에 함수는 return 문을 명시하지 않아도 바디를 평가한 값이 알아서 리턴된다. 작은 함수나 메서드에서 이 기능은 정말 편리하다. 문장을 사용하는 많은 언어에서도 => 같은 구문으로 바디가 단일식의 평가 결과가 되는 함수를 정의할 수 있다.

그러나 모든 함수를 그렇게 작동시키는 건 조금 이상해질 가능성이 있고, 또 조심하지 않으면 부수 효과(side effect)만 의도했던 함수가 여기저기 리턴값을 흘리고 다닐 수도 있다. 하지만 실제로 이런 언어를 사용하는 사람들은 그것이 문제가 되는지조차 모른다.

내가 록스에 문장을 넣기로 한 이유는 간단하다. 어디까지나 친숙함을 위해 C와 비슷한 구문을 택했는데, 기존 C 구문을 가져와 표현식처럼 인터프리트(interpret, 해석)하려고 하니까 금세 어색해졌다.

2부

트리 탐색
인터프리터

2부에서는 첫 번째 인터프리터, 제이록스를 시작한다. 프로그래밍 언어는 수많은 개념과 용어를 한꺼번에 머릿속에 욱여넣어야 하는 방대한 주제다. 프로그래밍 언어 이론은 아마 여러분이 마지막으로 학교에서 미적분 기말 고사를 치른 이후로 한 번도 다시 소환해본 적이 없는 수준의 강한 멘탈을 요한다. 다행히 이 책에는 이론적인 내용이 그리 많지 않다.

인터프리터 구현은 다른 애플리케이션에서 흔히 볼 수 없는 몇 가지 아키텍처 트릭과 디자인 패턴을 사용하므로 엔지니어링 측면에서도 감을 잡고 익숙해져야 한다. 이 모든 점을 감안하여 코드는 최대한 단순하고 명확하게 작성하겠다.

2,000줄도 안 되는 깔끔한 자바 코드로 록스 언어의 모든 기능이 정확히 구현된 인터프리터를 개발할 것이다. 처음 몇 장은 인터프리터가 코드를 스캐닝(4장), 파싱(6장), 평가(7장)하는 과정을 면밀히 살펴본다. 그 이후는 한 번에 하나씩 언어 기능을 추가하면서 단순한 계산기를 완전한 기능을 갖춘 스크립팅 언어로 꽃피울 것이다.

4장

스캐닝

크게 한 입 크게 베어 물어. 해볼 가치가 있는 일이면 좀 무리를 해도 괜찮아.

로버트 A. 하인라인(Robert A. Heinlein), 『Time Enough for Love』

컴파일러 또는 인터프리터의 첫 번째 단계는 스캐닝(scanning)이다. 스캐너(scanner)는 원시 소스 코드를 일련의 문자로 입력받아 **토큰(token)**이라는 여러 청크들로 묶는다. 이들 청크는 언어의 문법을 구성하는, 유의미한 '단어(word)'와 '문장 부호(punctuation)'다.

스캐닝은 코드가 그렇게 어렵지 않아서 (switch 문이 좀 장황하긴 하지만) 출발점으로 적절하다. 나중에 더 흥미로운 주제를 알아보기 전에 워밍업을 한다고 생각하라. 이 장을 마칠 무렵이면, 록스 소스 코드에 있는 문자열을 가져와 파서(5장)에 넣을 토큰을 만드는, 완전한 기능을 갖춘 빠른 스캐너가 완성될 것이다.

예전부터 이 작업을 ('렉시컬 분석(lexical analysis)'을 줄여) '스캐닝(scanning)', '렉싱(lexing)' 등 다양한 명칭으로 불렀다. 컴퓨터는 버스 1대만 했지만 메모리는 지금의 스마트 워치보다도 적었던 그 시절, 사람들은 디스크에서 원시 소스 코드 문자를 읽어 메모리에 버퍼링하는 코드 조각을 '스캐너'라고 불렀다. '렉싱'은 그렇게 읽은 문자를 가져와 어떤 유용한 일을 하는 후속 단계를 의미했다.

오늘날 소스 파일을 메모리로 읽어 들이는 일쯤은 아무 일도 아니다. 따라서 컴파일러에서 단계를 뚜렷이 구별할 필요가 없으며 두 용어는 기본적으로 혼용할 수 있다.

인터프리터 프레임워크

본격적으로 구현 작업에 착수한 첫 번째 과정이므로, 실제로 코드를 스캔하기 전에 제이록스 인터프리터의 기본 형태를 스케치해보자. 자바는 모든 것이 클래스로 시작된다.

lox/Lox.java ▶ 새 파일 생성

```java
package com.craftinginterpreters.lox;

import java.io.BufferedReader;
import java.io.IOException;
import java.io.InputStreamReader;
import java.nio.charset.Charset;
import java.nio.file.Files;
import java.nio.file.Paths;
import java.util.List;

public class Lox {
  public static void main(String[] args) throws IOException {
    if (args.length > 1) {
      System.out.println("Usage: jlox [script]");
      System.exit(64);
    } else if (args.length == 1) {
```

종료 코드(exit code)는 유닉스 "sysexits.h"에 정의된 관례를 따른다. 내가 찾아본 것들 중 이게 가장 표준에 가깝다.

```
      runFile(args[0]);
    } else {
      runPrompt();
    }
  }
}
```

코드를 텍스트 파일에 저장하고 여러분이 즐겨 쓰는 IDE나 Makefile 같은 도구를 셋업하라. 다 준비될 때까지 기다리겠다. 이제 됐는가? 좋다![1]

록스는 소스 코드를 직접 읽어 실행하는 스크립팅 언어다. 록스 인터프리터가 코드를 실행하는 방법은 두 가지다. 첫째, 명령줄(command line)에서 제이록스를 기동할 때 파일 경로를 지정하여 스크립트 파일을 실행하는 방법이다.

lox/Lox.java ▶ main() 메서드 다음에 추가

```java
private static void runFile(String path) throws IOException {
  byte[] bytes = Files.readAllBytes(Paths.get(path));
  run(new String(bytes, Charset.defaultCharset()));
}
```

둘째, 대화형으로 실행하여 인터프리터와 더 친근한 대화를 나누는 것이다. 인수 없이 제이록스를 기동하면 한 번에 한 줄씩 코드를 입력해서 실행할 수 있는 프롬프트(prompt)가 표시된다.

lox/Lox.java ▶ runFile() 메서드 다음에 추가

```java
private static void runPrompt() throws IOException {
  InputStreamReader input = new InputStreamReader(System.in);
  BufferedReader reader = new BufferedReader(input);

  for (;;) {
    System.out.print("> ");
    String line = reader.readLine();
    if (line == null) break;
    run(line);
  }
}
```

> 대화형 프롬프트(interactive prompt)를 'REPL'이라고도 한다(발음은 'rebel (반역자)'과 비슷하지만 가운데가 'p'자다). 리스프에서 유래된 명칭이다. 리스프에서는 내장 함수 몇 개로 루프를 감싸면 REPL을 간단히 구현할 수 있다.
>
> `(print (eval (read)))`
>
> 가장 내부에 중첩된 호출부터 시작해서 바깥쪽으로 입력 줄을 읽고(Read), 평가하고(Evaluate), 결과를 출력하고(Print), 다시 루프를 반복하는(Loop) 프로그램이다.

readLine() 함수는 이름만 봐도 알 수 있듯이, 사용자가 명령줄에 입력한 코드를 읽어 리턴한다. 대화형 명령줄 앱은 보통 Ctrl + D 를 눌러 중지시킨다. 프로그램에 'EOF(End-Of-File, 파일 끝)' 시그널을 보내는 것으로, readLine()이 null을 리턴하면 이를 감지하여 루프를 종료한다.

runPrompt(), runFile() 모두 다음 코어 함수를 감싼 얇은 래퍼(wrapper)다.

---

1 https://www.freebsd.org/cgi/man.cgi?query=sysexits&apropos=0&sektion=0&manpath=FreeBSD+4.3-RELEASE&format=html

```java
private static void run(String source) {
  Scanner scanner = new Scanner(source);
  List<Token> tokens = scanner.scanTokens();

  // 지금은 그냥 토큰을 출력한다
  for (Token token : tokens) {
    System.out.println(token);
  }
}
```

아직 인터프리터를 작성하지 않아 쓸모는 없지만, 천리 길도 한 걸음부터라고 하지 않았던가? 일단 앞으로 작성할 스캐너가 내놓을 토큰을 눈으로 확인할 수 있도록 화면에 출력한다.

4.1.1 에러 처리

에러 처리(error handling)는 프로그램 개발에 아주 중요한 인프라 요소다. 교과서는 이 부분을 대충 넘어가는 경향이 있는데, 공식적인 CS 주제라기보다 실무에 더 가까운 문제라 보기 때문이다. 그러나 여러분이 진짜 사용할 만한 언어를 개발하고자 한다면 우아하게 에러를 처리하는 방법을 고민해야 한다.

록스의 에러 처리용 도구는 사용자 인터페이스의 상당 부분을 차지한다. 사용자는 오로지 자신이 짠 프로그램에만 관심이 있을 뿐, 코드를 실행하는 언어에는 전혀 생각을 안 하다가 뭔가 잘못 돌아갈 경우에만 언어 구현체를 의식하곤 한다.

이때 사용자가 스스로 뭘 잘못했는지 이해하는 데 필요한 모든 정보를 제공하고 그들이 가려는 곳으로 친절하게 안내하는 일이 우리의 임무다. 임수를 완수하려면 지금부터 시작할 인터프리터 구현 과정 내내 에러 처리를 항상 염두에 두어야 한다.

음, 말은 거창하게 했지만 이 인터프리터는 아주 굵직굵직한 것들만 넣을 생각이다. 대화형 디버거(interactive debugger), 정적 분석기(static analyzer) 등 얘기하고 싶은 것들은 너무 많지만 지면이 너무 부족하다!

```java
static void error(int line, String message) {
  report(line, "", message);
}

private static void report(int line, String where,
                           String message) {
  System.err.println(
      "[line " + line + "] Error" + where + ": " + message);
  hadError = true;
}
```

error( ) 함수와 report( ) 헬퍼 함수(helper function)는 주어진 줄에서 구문 에러가 발생했음을 사용자에게 알린다. 에러 리포팅을 한다고 말할 수 있는 최소한의 성의다. 사용자가 실수로 맨 끝에 쉼표를 빠뜨린 채 함수를 호출하여 화면에 이런 메시지가 나왔다고 하자.

```
Error: Unexpected "," somewhere in your code. Good luck finding it!
```

이런 문구는 별로 도움이 안 된다. 에러가 발생한 줄을 정확히 짚어주는 게 좋다. 어느 줄의 어디가 문제인지 처음 칼럼과 끝 칼럼의 위치까지 알려주면 더 좋고, 잘못된 줄을 사용자에게 구체적으로 명시하면 가장 좋겠다.

```
Error: Unexpected "," in argument list.

  15 | function(first, second,);
                             ^-- Here.
```

이 책에도 이런 기능을 구현하고 싶지만 문자열 조작 코드가 너무 많아 지저분해진다. 코드를 작성하는 사용자에겐 아주 유용하겠지만, 책을 읽는 독자 여러분이 읽기엔 그리 재밌지도 않고 큰 도움이 안 된다. 록스는 그냥 줄 번호만 표시하겠다.

이 에러 리포팅 함수를 메인 클래스 Lox에 붙이는 주된 이유는 이 클래스에 정의된 hadError 필드 때문이다.

lox/Lox.java ▶ Lox 클래스

```java
public class Lox {
  static boolean hadError = false;
```

에러가 난 코드를 더 이상 실행하지 않으려고 사용하는 필드다. 덕분에 명령줄을 잘 다루는 사용자처럼 0이 아닌 종료 코드로 프로그램을 종료할 수 있다.

lox/Lox.java ▶ runFile() 메서드

```java
    run(new String(bytes, Charset.defaultCharset()));

    // 종료 코드로 에러를 식별한다
    if (hadError) System.exit(65);
  }
```

대화형 루프에서는 이 플래그(flag)를 리셋(reset)해야 한다. 사용자가 한 번 실수했다고 전체 REPL 세션을 중단시키는 건 이상하다.

lox/Lox.java ▶ runPrompt() 메서드

```java
      run(line);
      hadError = false;
    }
```

에러 리포팅 기능을 에러가 발생할 가능성이 있는 스캐너 등의 다른 단계에 넣지 않고 여기로 가져온 또 다른 이유는, 에러를 '일으킨(generate)' 코드와 에러를 '알리는(report)' 코드는 서로 분리하는 것이 좋은 엔지니어링 프랙티스(engineering practice)이기 때문이다.

에러는 프런트엔드 어디라도 발생할 수 있지만 이 에러를 사용자에게 어떻게 표출할지는 전혀 다른 문제다. 완전한 기능을 갖춘 언어 구현체는 stderr, IDE의 에러 창, 로그 파일 등 여러 채널을 통해 에러를 표시한다. 어쨌든 에러를 일으킨 코드가 스캐너와 파서 곳곳에 스며드는 것은 바람직하지 않다.

가장 좋은 방법은, 상이한 리포팅 전략(reporting strategy)을 그때그때 바꿔가며 적용할 수 있게 스캐너와 파서에 전달되는 ErrorReporter 같은 인터페이스를 통해 실질적인 추상화를 하는 것이다. 록스는 워낙 단순한 인터프리터라서 그렇게까지 안 했지만, 에러 리포팅 코드를 다른 클래스로 옮기는 수고 정도는 했다.

> 처음 내가 제이록스를 구현했을 때 정말 이렇게 작업을 했었는데, 이 책의 주제인 미니멀리즘 인터프리터를 오버 엔지니어링(over-engineering)하는 느낌이 들어 나중에 코드를 들어냈다.

기본적인 에러 처리가 가능한 애플리케이션 셸이 준비됐다. Scanner 클래스와 scanTokens() 메서드만 있으면 실행도 가능하다. 그 전에 토큰이 무엇인지 정확하게 알고 넘어가자.

4.2 INTERPRETER 렉심과 토큰

다음 록스 코드를 보자.

```
var language = "lox";
```

var는 변수를 선언하는 키워드다. 세 문자가 순서대로 연결된 "v-a-r"은 뭔가 의미하는 바가 있지만, language의 가운데 문자만 빼내 만든 "g-u-a" 같은 문자 시퀀스는 아무 의미도 없다.

이것이 바로 렉시컬 분석이 하는 일이다. 문자 리스트를 끝까지 죽 스캐닝해서 뭔가를 나타내는 가장 작은 시퀀스로 묶는 작업이다. 이렇게 묶은 각 문자 덩어리를 **렉심(lexeme, 어휘소)**이라고 한다. 다음은 좀 전의 예시 코드의 렉심이다.

var	language	=	"lox"	;

렉심은 소스 코드의 원시 서브 문자열에 불과하지만, 문자 시퀀스를 렉심으로 묶는 과정에서 다른 유용한 정보도 건질 수 있다. 렉심을 가져와 다른 데이터와 함께 묶으면 토큰이 된다. 토큰에는 다음과 같은 유용한 정보가 담겨 있다.

4.2.1 토큰 타입

키워드는 언어 문법의 일부라서 보통 파서에는 "만약 다음 토큰이 while이면 …을 한다." 식의 코드가 있다. 파서는 토큰이 어떤 식별자를 나타내는 렉심을 갖고 있는지, 그것이 예약어(reserved word)인지, 어떤 키워드인지 알아야 한다.

문자열을 비교해서 원시 렉심에서 토큰을 분류할 수도 있지만 속도도 느리고 많이 지저분하다. 그래서 렉심을 인식하는 시점에 그것이 어떤 종류의 렉심을 나타내는지 기억한다. 키워드, 연산자, 문장 부호, 리터럴 타입에 따라 각각 다른 타입이 있다.

> 문자열 비교는 어쨌든 문자를 하나하나 쳐보는 일인데, 이건 스캐너가 할 일 아닐까?

lox/TokenType.java ▶ 새 파일 생성

```java
package com.craftinginterpreters.lox;

enum TokenType {
  // 단일 문자 토큰
  LEFT_PAREN, RIGHT_PAREN, LEFT_BRACE, RIGHT_BRACE,
  COMMA, DOT, MINUS, PLUS, SEMICOLON, SLASH, STAR,

  // 문자 1개 또는 2개짜리 토큰
  BANG, BANG_EQUAL,
  EQUAL, EQUAL_EQUAL,
  GREATER, GREATER_EQUAL,
  LESS, LESS_EQUAL,

  // 리터럴
  IDENTIFIER, STRING, NUMBER,

  // 키워드
  AND, CLASS, ELSE, FALSE, FUN, FOR, IF, NIL, OR,
  PRINT, RETURN, SUPER, THIS, TRUE, VAR, WHILE,

  EOF
}
```

4.2.2 리터럴 값

리터럴 값(literal value, 숫자 또는 문자열 같은 것들)에 대한 렉심도 있다. 스캐너는 리터럴의 각 문자를 탐색하며 정확하게 식별해야 하므로, 값의 텍스트 표현(textual representation)을 나중에 인터프리터가 사용할 라이브 런타임 객체(live runtime object)로 변환할 수도 있다.

4.2.3 위치 정보

에러 처리에 관한 복음을 전파하던 시절, 나는 사용자에게 어디서 에러가 났는지 알려줘야 할 필요성을 깨달았다. 추적(tracking, 트래킹)은 여기서부터 시작된다. 록스처럼 단순한 인터프리터는 토큰이 위치한 줄 번호 정도만 표시하지만, 보다 정교한 구현체는 칼럼과 길이까지 알려준다.

이 모든 데이터를 클래스 하나에 담자.

lox/Token.java ▶ 새 파일 생성

```java
package com.craftinginterpreters.lox;

class Token {
  final TokenType type;
  final String lexeme;
  final Object literal;
  final int line;

  Token(TokenType type, String lexeme, Object literal, int line) {
    this.type = type;
    this.lexeme = lexeme;
    this.literal = literal;
    this.line = line;
  }

  public String toString() {
    return type + " " + lexeme + " " + literal;
  }
}
```

> 위치 정보를 2개 숫자, 즉 소스 파일의 시작부터 렉심 시작까지의 오프셋(offset)과 렉심의 길이로 저장하는 토큰 구현체도 있다. 어차피 이 두 정보는 스캐너가 필요로 하므로 계산 오버헤드는 없다.
>
> 오프셋은 나중에 다시 소스 파일로 돌아가 앞부분까지 줄 수를 세어 줄과 칼럼 위치로 변환할 수 있다. 이 작업이 느릴 것 같은데, 사실 그렇다. 하지만 사용자에게 실제로 줄과 칼럼을 표시해야 하는 경우에만 필요한 작업이고 대부분의 토큰은 에러 메시지에 절대 등장하지 않는다. 위치 정보를 미리 계산하는 시간은 가급적 짧을수록 좋다.

이제 후반부 인터프리터 구현 단계에서 유용하게 쓰일 객체가 마련됐다.

4.3 INTERPRETER / 정규 언어와 표현식

뭘 만들어야 할지 알았으니 그럼 만들어보자. 스캐너의 핵심은 루프(loop)다. 스캐너는 소스 코드의 첫 번째 문자부터 읽기 시작하여 그 문자가 어느 렉심에 해당하는지 파악한 뒤, 그 문자 및 렉심의 일부에 해당하는 그다음 문자(있는 경우)를 소비한다(consume). 렉심 끝에 도달하면 토큰을 내보낸다(emit).[2]

2　**옮긴이** 이 책의 원서에서 자주 등장하는 consume과 emit은 우리말로 뉘앙스를 정확히 옮기기가 어려운 단어로, 지은이가 그린 악어 그림처럼 consume은 '먹다(받아들이다, 소비하다)', emit은 '싸다(배설하다, 내보내다)'라는 비유적인 의미로 이해하는 것이 좋겠다.

그리고 루프 처음으로 돌아가 소스 코드의 그다음 문자부터 이 과정을 반복한다. 입력 끝부분에 이를 때까지 끊임없이 문자들을 집어삼키면서 가끔씩 토큰을 뱉어내는 것이다.

렉심 잡아먹는 악어
(lexical analygator)

문자 한 움큼을 살펴보며 어느 렉심에 '매치'되는지 알아내는 대목에서 정규식이 떠오르지 않는가? 렉심마다 정규식(regular expression)을 정의하고 문자를 매치하면 쉽게 구별할 수 있다. 예를 들어, 다음 정규식처럼 식별자(예: 변수 이름 등)를 걸러내는 규칙은 록스나 C나 동일하다.

```
[a-zA-Z_][a-zA-Z_0-9]*
```

여러분이 정규식을 바로 떠올렸다면 범상찮은 직감의 소유자다. 어떤 언어에서 문자를 렉심으로 묶는 규칙을 **렉시컬 문법(lexical grammar)**이라고 한다. 록스 역시 대부분의 프로그래밍 언어가 그렇듯, 문법 규칙이 아주 간단해서 **정규 언어(regular language)**[3]로 분류된다. 그렇다, 정규식(regular expression)의 원어인 바로 그 'regular'다.

록스에서도 정규식을 사용하면 갖가지 렉심을 아주 정확하게 인식할 수 있다. 그 이유와 의미는 엄청나게 많은 흥미로운 이론들을 바탕으로 한다. 렉스(Lex)나 플렉스(Flex)[7]는 정규식을 한 움큼 던져주면 완전한 스캐너를 되돌려주는 일을 하도록 특별히 고안된 도구다.

우리 목표는 스캐너의 작동 방식을 이해하는 것이니 이 일은 누군가에게 맡기지 않고 한땀 한땀 직접 만들 것이다.

은근슬쩍 이론을 넘어가려니 참 고통스럽다. 촘스키 위계(Chomsky hierarchy)[4], 유한 상태 기계(finite-state machine)[5]처럼 흥미진진한 이론이 많은데... 하지만 어쨌거나 이런 주제는 다른 책을 참고하는 편이 낫겠다. 이 분야의 교과서에 해당하는 책은 (흔히 '드래곤 북(dragon book)'이라고 부르는) 『Compilers: Principles, Techniques, and Tools』[6]이다.

렉스는 마이크 레스크(Mike Lesk)와 에릭 슈미트(Eric Schmidt)가 만들었다. 맞다, 전 구글 회장인 그 에릭 슈미트다. 프로그래밍 언어가 부와 명성을 보장하는 경로라고 말하려는 건 아니지만, 적어도 한 명 이상의 억만장자는 우리 중에 있긴 하다.

---

3 **옮긴이** https://ko.wikipedia.org/wiki/정규_언어
4 https://en.wikipedia.org/wiki/Chomsky_hierarchy
5 https://en.wikipedia.org/wiki/Finite-state_machine
6 https://en.wikipedia.org/wiki/Compilers:_Principles,_Techniques,_and_Tools
7 https://github.com/westes/flex

4.4 / 스캐너 클래스

INTERPRETER

애기가 너무 길었다. 이제 스캐너를 만들어보자.

---

lox/Scanner.java ▶ 새 파일 생성

```java
package com.craftinginterpreters.lox;

import java.util.ArrayList;
import java.util.HashMap;
import java.util.List;
import java.util.Map;

import static com.craftinginterpreters.lox.TokenType.*;

class Scanner {
  private final String source;
  private final List<Token> tokens = new ArrayList<>();

  Scanner(String source) {
    this.source = source;
  }
}
```

> 자바의 정적 임포트(static import)를 나쁜 코딩 스타일이라고 하는 사람들도 있지만, 스캐너와 파서 여기저기에 TokenType.을 뿌리고 다닐 일은 없을 테니 다행이다. 글자 하나하나가 이 책의 지면을 차지하니 어쩔 수 없다.

원시 소스 코드를 단순 문자열로 저장한 뒤, 앞으로 생성할 토큰을 하나씩 리스트에 채운다. 앞서 언급한 스캐너의 핵심은 바로 다음 루프다.

---

lox/Scanner.java ▶ Scanner() 생성자 다음에 추가

```java
  List<Token> scanTokens() {
    while (!isAtEnd()) {
      // 다음 렉심의 시작부에 있다
      start = current;
      scanToken();
    }

    tokens.add(new Token(EOF, "", null, line));
    return tokens;
  }
```

스캐너는 소스 코드를 처음부터 끝까지 죽 읽어 들여 더 이상 문자가 없을 때까지 토큰을 추가한다. 제일 마지막에 "EOF(파일 끝)" 토큰을 붙이는데, 반드시 이렇게 할 필요는 없지만 파서가 조금 더 깔끔해진다.

스캐너가 현재 소스 코드의 어디를 뒤지는 중인지는 다음 세 필드에 기록한다.

```
private final List<Token> tokens = new ArrayList<>();
private int start = 0;
private int current = 0;
private int line = 1;

Scanner(String source) {
```

start, current 필드는 문자열의 위치를 가리키는 오프셋이다. start 필드는 스캔 중인 렉심의 첫 번째 문자, current 필드는 현재 처리 중인 문자, line 필드는 current가 위치한 소스 줄 번호다. line 필드가 있어서 토큰 생성 시 위치 정보를 함께 넣을 수 있다.

isAtEnd()는 문자를 모두 소비했는지 체크하는 작은 헬퍼 메서드다.

```
private boolean isAtEnd() {
  return current >= source.length();
}
```

4.5 렉심 식별하기

INTERPRETER

루프가 반복될 때마다 토큰을 하나씩 스캔한다. 말하자면 스캐너의 심장이 1회 박동하는 것이다. 편의상 모든 렉심이 문자 1개짜리라고 가정하면, 그다음 문자를 소비해서 그에 맞는 토큰 타입을 고르면 된다. 록스에는 문자 1개짜리 렉심도 여럿 있으니, 우선 간단한 것들부터 시작하자.

```
private void scanToken() {
  char c = advance();
  switch (c) {
    case '(': addToken(LEFT_PAREN); break;
    case ')': addToken(RIGHT_PAREN); break;
    case '{': addToken(LEFT_BRACE); break;
    case '}': addToken(RIGHT_BRACE); break;
    case ',': addToken(COMMA); break;
    case '.': addToken(DOT); break;
    case '-': addToken(MINUS); break;
    case '+': addToken(PLUS); break;
    case ';': addToken(SEMICOLON); break;
    case '*': addToken(STAR); break;
```

/는 왜 없냐고? 곧 등장하니 걱정 말라!

```
    }
  }
```

여기서도 몇 가지 헬퍼 메서드가 필요하다.

lox/Scanner.java ▶ isAtEnd() 메서드 다음에 추가

```java
private char advance() {
  return source.charAt(current++);
}

private void addToken(TokenType type) {
  addToken(type, null);
}

private void addToken(TokenType type, Object literal) {
  String text = source.substring(start, current);
  tokens.add(new Token(type, text, literal, line));
}
```

advance()는 소스 파일의 다음 문자를 읽어 리턴한다. advance()가 입력을 위한 메서드라면 addToken()
은 출력을 위한 메서드다. addToken()은 현재 렉심의 텍스트를 가져와서 그에 맞는 새 토큰을 만든다. 리터
럴 값을 가진 토큰을 처리하는 또 다른 오버로드된(overloaded) 메서드는 잠시 후 사용할 것이다.

4.5.1 렉시컬 에러

더 깊이 들어가기 전에 잠깐 짬을 내어 렉시컬 레벨의 에러에 대해 생각해보자. 만약 사용자가 록스에서 안
쓰는 문자(예: @#^)가 포함된 소스 파일을 인터프리터에 던지면 어떻게 될까? 지금 당장은 그런 문자가 조용
히 버려지지만 록스 언어에서 안 쓰는 문자라고 마치 처음부터 존재하지도 않았듯이 동작하는 건 좀 이상하
다. 마땅히 에러를 내는 게 맞다.

lox/Scanner.java ▶ scanToken() 메서드

```java
    case '*': addToken(STAR); break;

    default:
      Lox.error(line, "Unexpected character.");
      break;
  }
```

에러를 낸 문자도 앞서 advance() 호출에서 소비한다. 무한 루프에 빠지지 않으려면 중요한 내용이니 기억
하라.[8]

---

[8] 옮긴이 source.charAt(current++);로 current를 1만큼 증가시키지 않으면 그다음 반복 시 다시 switch 문의 default 절에 걸리기 때문이다.

스캐닝은 계속, 계속된다. 프로그램 뒷부분에 다른 에러가 있을지도 모르니, 가능하면 한 번에 많은 에러를 찾아내 사용자에게 알리는 편이 낫다. 안 그러면 사용자가 매번 사소한 에러 하나를 보고 고치고, 다시 실행하면 또 다른 에러가 나와서 고치는 식이 될 것이다. 구문 에러를 두더지 잡기(Whac-A-Mole)하는 게임이 재미가 있을까?

(걱정 말라, hadError가 세팅되면 나머지 코드를 계속 스캔해도 아무 코드도 실행되지 않는다.)

잘못된 문자가 나올 때마다 따로따로 리포트하다 보면 사용자가 실수로 이상한 텍스트 뭉치를 대량으로 붙여 넣을 경우 에러 폭풍을 세게 한방 맞을지도 모른다. 사용자 경험(UX) 측면에서 잘못된 문자들은 하나의 에러로 합쳐 리포트하는 게 좋다.

4.5.2 연산자

록스의 연산자를 모두 커버하려면 문자 1개짜리 렉심으로는 어림도 없다. !는 어떤가? 문자 1개짜리가 맞지만 그다음에 =이 오면 ! 대신 != 렉심을 생성해야 한다. 즉, !와 =은 독립적인 2개의 연산자가 아니다. 록스에서 동등하지 않음을 비교하는 연산자를 ! = 식으로 쓸 수 없으므로 !=은 하나의 렉심으로 스캔해야 한다. 마찬가지로, 〈, 〉, = 모두 그다음에 =이 등장해서 다른 동등/비교 연산자가 될 수 있다.

그래서 제대로 처리하려면 두 번째 문자도 들춰봐야 한다.

lox/Scanner.java ▶ scanToken() 메서드

```
    case '*': addToken(STAR); break;
    case '!':
      addToken(match('=') ? BANG_EQUAL : BANG);
      break;
    case '=':
      addToken(match('=') ? EQUAL_EQUAL : EQUAL);
      break;
    case '<':
      addToken(match('=') ? LESS_EQUAL : LESS);
      break;
    case '>':
      addToken(match('=') ? GREATER_EQUAL : GREATER);
      break;

    default:
```

이 네 가지 케이스는 새로운 헬퍼 메서드를 사용한다.

lox/Scanner.java ▶ scanToken() 메서드 다음에 추가

```
  private boolean match(char expected) {
    if (isAtEnd()) return false;
    if (source.charAt(current) != expected) return false;

    current++;
```

```
    return true;
  }
```

말하자면, 조건부 advance()인 셈이다. 현재 문자가 찾으려는 문자와 매치되는 경우에만 소비한다.

문자 2개짜리 렉심은 match()를 사용해서 두 단계로 나누어 인식한다. 가령, !가 나오면 해당 케이스 절로 이동한다. 아직은 렉심이 !로 시작한다는 사실만 알고 있다. 그다음 문자를 살짝 들춰보면 !=인지, 아니면 그냥 !인지 알 수 있다.

4.6 길이가 긴 렉심

나눗셈 연산자 /가 빠졌다. 주석도 /로 시작하므로 이 문자는 다소 특별한 손질이 필요하다.

lox/Scanner.java ▶ scanToken() 메서드

```
      break;
    case '/':
      if (match('/')) {
        // 주석은 줄 끝까지 이어진다
        while (peek() != '\n' && !isAtEnd()) advance();
      } else {
        addToken(SLASH);
      }
      break;

    default:
```

다른 문자 2개짜리 연산자와 비슷하지만 두 번째 /를 찾아도 토큰을 종료시키지 않고 줄 끝까지 계속 문자를 소비하는 차이점이 있다.

긴 렉심은 보통 이런 식으로 처리한다. 시작부가 감지되면 끝장을 볼 때까지 계속 문자를 먹어 치우는 렉심의 특정 코드에 일을 맡긴다.

여기서 또 다른 헬퍼 메서드가 등장한다.

lox/Scanner.java ▶ match() 메서드 다음에 추가

```
  private char peek() {
    if (isAtEnd()) return '\0';
    return source.charAt(current);
  }
```

peek( )는 advance( )와 비슷하지만 문자를 소비하지 않는다. 이를 룩어헤드[9]라고 한다. 현재 소비하지 않은 문자를 바라보고 있으면 룩어헤드 문자 1개를 갖고 있는 것이다. 보통 룩어헤드 문자 개수가 적을수록 스캐너가 더 빨리 작동된다. 룩어헤드 문자가 얼마나 많이 필요한지는 렉시컬 문법 규칙에 따라 결정된다. 다행히 널리 사용되는 언어는 대부분 한두 문자만 미리 피크[10]한다.

엄밀히 말하면, 기본 함수 advance( )와 peek( )를 결합한 match( )도 룩어헤드를 한다.

주석은 렉심이지만 의미가 없으며, 파서는 주석을 처리할 마음이 없다. 그래서 주석 끝에 이르면 addToken( )을 호출하지 않는다. 루프를 다시 반복하면서 그다음 렉심을 시작할 때, start는 리셋되고 주석의 렉심은 바람과 함께 사라진다.

말이 나온 김에, 개행 문자(newline)나 공백 문자(whitespace)처럼 다른 무의미한 문자를 건너뛰는 코드도 짜넣자.

lox/Scanner.java ▶ scanToken() 메서드

```
      break;

    case ' ':
    case '\r':
    case '\t':
     // 공백 문자는 무시한다
      break;

    case '\n':
      line++;
      break;

    default:
      Lox.error(line, "Unexpected character.");
```

공백 문자가 나오면 그냥 스캔 루프 처음으로 돌아가 공백 문자 바로 다음의 렉심을 처리한다. 개행 문자도 처리 방법은 같지만 line을 하나 증가시킨다. (match( ) 대신 peek( )를 사용해서 주석이 끝나는 위치의 개행 문자를 찾는 이유가 이 때문이다. 개행 문자가 line을 업데이트할 수 있는 어딘가로 데려가야 한다.)

록스 스캐너가 점점 똑똑해지고 있다! 다음과 같이 자유분방한 코드도 척척 처리한다.

```
// 이것은 주석이다
(( )){} // 그룹핑
!*+-/=<> <= == // 연산자
```

---

9   **옮긴이** lookahead, 앞쪽을 미리(ahead) 본다(look)는 뜻
10 **옮긴이** peek, 꺼내지 않고 들여다보기만 한다.

4.6.1 문자열 리터럴

이제 리터럴을 다룰 차례다. 문자열 리터럴은 항상 "로 시작한다.

lox/Scanner.java ▶ scanToken() 메서드

```
      break;

    case '"': string(); break;

    default:
```

string() 메서드는 다음과 같다.

lox/Scanner.java ▶ scanToken() 메서드 다음에 추가

```java
private void string() {
  while (peek() != '"' && !isAtEnd()) {
    if (peek() == '\n') line++;
    advance();
  }

  if (isAtEnd()) {
    Lox.error(line, "Unterminated string.");
    return;
  }

  // 닫는 큰따옴표
  advance();

  // 앞뒤 큰따옴표 제거
  String value = source.substring(start + 1, current - 1);
  addToken(STRING, value);
}
```

주석처럼 문자열도 맨 끝에 "가 나올 때까지 계속 문자를 소비한다. 문자열이 닫히기 전에 입력된 문자가 소진되면 에러 로그만 남기는 방식으로 우아하게 처리한다.

특별한 이유는 없지만 록스는 여러 줄 문자열(multi-line string)을 지원한다. 호불호가 갈리는 부분이다. 그래도 여러 줄 문자열을 금지하는 게 허용하는 것보다 조금 더 복잡하기 때문에 그냥 놔두었다. 약간 귀찮지만 문자열 안에서 개행 문자가 나올 때에도 line을 업데이트해야 한다.

마지막으로, 토큰을 생성할 때 나중에 인터프리터가 사용할 실제 문자열 값을 만든다. 문자열을 감싼 따옴표를 없애려고 substring() 함수에 어떤 인숫값을 전달했는지 눈여겨보라. 만약 록스가 \n 같은 이스케이프 시퀀스[11]가 지원하는 언어였다면 이 부분에서 언이스케이프[12] 처리를 했을 것이다.

4.6.2 숫자 리터럴

록스에서 모든 숫자(number)는 런타임에 부동 소수점(floating point)이다. 그러나 정수와 소수 리터럴(decimal literal)도 모두 지원된다. 숫자 리터럴(number literal)은 하나 이상의 자릿수(digit)가 (필요 시 .을 써서 소수점 이하까지 표시) 죽 연결된 형태의 데이터다.

```
1234
12.34
```

선행 소수점(leading decimal point)이나 후행 소수점(trailing decimal point)은 허용되지 않는다. 즉, 다음과 같이 쓸 수 없다.

```
.1234
1234.
```

> 숫자 리터럴은 숫자로만 시작된다. 가령, -123은 숫자 리터럴이 아닌, 숫자 리터럴 123에 -를 적용한 표현식이다. 어떻게 하든 결과는 동일하지만, 숫자에 메서드 호출을 추가하면 오묘한 엣지 케이스가 발생한다. 다음 코드를 보자.
>
> ```
> print -123.abs();
> ```
>
> -가 메서드 호출보다 우선순위가 낮기 때문에 -123이 출력된다. -도 숫자 리터럴의 일부로 만들면 해결되지만 이런 코드도 한번 생각해보자.
>
> ```
> var n = 123;
> print -n.abs();
> ```
>
> 이렇게 실행해도 -123이 출력된다면 언어의 일관성이 없어 보인다. 어떻게 하든 결말이 이상한 케이스가 있다.

선행 소수점 지원은 어렵지 않지만 편의상 생략했다. 후행 소수점은 123.sqrt()처럼 숫자에서 메서드를 호출하려고 하면 이상해진다.

숫자 렉심(number lexeme)은 숫자인지를 따져보면 알 수 있다. 모든 자릿수마다 케이스를 추가하면 코드가 장황해지니 default 케이스로 대신하겠다.

lox/Scanner.java ▶ scanToken() 메서드 코드 1줄 교체

```
default:
  if (isDigit(c)) {
    number();
  } else {
    Lox.error(line, "Unexpected character.");
  }
  break;
```

---

11 [옮긴이] 이스케이프 시퀀스(escape sequence) 또는 확장열은 컴퓨터와 주변 기기의 상태를 바꾸는 데에 쓰이는 일련의 문자열이다. 제어 시퀀스(control sequence)라고도 한다. 일부 제어 시퀀스는 늘 같은 의미를 지니고 있는 특수 문자다. 이스케이프 시퀀스는 이스케이프 문자를 이용하여 이를 따르는 문자들의 뜻을 바꿀 수 있는데, 여기서 문자들은 데이터가 아닌 실행 명령어로 해석할 수 있다. (출처 : 위키백과)

12 [옮긴이] unescape, 이스케이프 처리한 문자를 원래 문자로 되돌리는 것

다음은 숫자 여부를 체크하는 작은 유틸리티 메서드다.

lox/Scanner.java ▶ peek() 메서드 다음에 추가

```java
private boolean isDigit(char c) {
  return c >= '0' && c <= '9';
}
```

숫자를 다루고 있는 중이니, 문자열에서 했던 것처럼 리터럴의 나머지 부분을 소비하는 메서드를 별도로 분리하자.

lox/Scanner.java ▶ scanToken() 메서드 다음에 추가

```java
private void number() {
  while (isDigit(peek())) advance();

  // 소수부를 피크한다
  if (peek() == '.' && isDigit(peekNext())) {
    // "."을 소비한다
    advance();

    while (isDigit(peek())) advance();
  }

  addToken(NUMBER,
      Double.parseDouble(source.substring(start, current)));
}
```

> 자바 표준 라이브러리에 있는 Character.isDigit()을 쓰면 딱 좋을 것 같지만, 이 메서드는 데바나가리 숫자[13], 전각 숫자[14] 등 록스에서 전혀 필요하지 않은 것들도 허용한다.

리터럴의 정수부(integer part)를 찾은 만큼 소비하다가, 소수점(.)이 나오면 그 뒤에 적어도 1개 이상의 숫자가 등장하는 소수부(fractional part)를 찾는다. 소수부 역시 숫자가 나오는 만큼 계속 소비한다.

여기도 . 바로 뒤에 숫자가 있는지 미리 확인하면서 .을 소비해야 소수부를 문제없이 읽을 수 있으므로 룩어헤드 헬퍼 메서드가 필요하다.

lox/Scanner.java ▶ peek() 메서드 다음에 추가

```java
private char peekNext() {
  if (current + 1 >= source.length()) return '\0';
  return source.charAt(current + 1);
}
```

함수를 따로 정의하지 않고 peek()가 미리 룩어헤드할 문자 개수를 매개변수로 받는 식으로 구현해도 되지만, 그러면 룩어헤드의 임의성(arbitarity)이 너무 커진다. 이렇게 함수 2개로 나누어 구현하면 스캐너가 최대 2개까지의 문자를 룩어헤드 가능하다는 스캐너의 로직이 좀 더 명확하게 드러난다.

---

13 **옮긴이** Devanagari Digits, 북부 인도인이 사용하는 데바나가리 문자의 숫자 표기용 기호
14 **옮긴이** full-width numbers, 일반적인 반각 숫자(half-width numbers)보다 폭이 2배 넓은 숫자

마지막으로, 렉심을 숫자 값으로 바꾼다. 록스 인터프리터는 숫자를 자바 Double 타입으로 나타낸다. 그래서 자바 자체의 파싱 메서드[15]를 이용해서 렉심을 실제 자바 double로 변환한다. 솔직히 여러분이 손수 구현해도 되지만 다음 날 프로그래밍 면접을 보게 되어 벼락치기 공부를 하는 게 아니라면 시간을 아끼는 게 좋겠다.

이제 남은 리터럴은 불리언과 nil인데, 이것들은 키워드로 처리한다. 다음 절로 넘어가자.

4.7 / 예약어와 식별자

INTERPRETER

스캐너는 거의 다 됐는데, 렉시컬 문법에서 식별자(identifier)와 그 사촌격인 예약어(reserved word)만 아직 구현되지 않았다. 언뜻 보면 or 등의 키워드는 <= 같은 여러 문자짜리 연산자와 같은 방법으로 매치시켜 처리하면 될 것 같다.

```
case 'o':
  if (match('r')) {
    addToken(OR);
  }
  break;
```

하지만 만일 orchid라는 이름의 변수가 있다면? 스캐너는 처음 두 문자, 즉 or를 보고 즉시 or 키워드 토큰을 내보낼 것이다. 그래서 **최대한 잘라먹기(maximal munch)**라는 중요한 규칙이 있다. 스캐너가 읽어 들인 코드 청크와 두 렉시컬 문법이 모두 매치될 경우 '가장 많은 문자가 매치된 쪽이 승리'한다는 규칙이다.

orchid의 경우 식별자가 될 수도 있고 or만 키워드로 매치될 수도 있지만 이 규칙에 따라 전자가 승리한다. 이 때문에 이전에 <=은 < 뒤에 =이 나오는 것이 아니라, 단일 토큰 <=로 스캔해야 한다고 암묵적으로 가정했던 것이다.

최대한 잘라먹기 규칙은 어쩌면 식별자일지 모를 뭔가의 끝까지 가보기 전에는 예약어를 쉽게 감지할 수 없다고 보는 것이다. 예약어도 결국 언어 자신이 사용하겠다고 미리 예약한 식별자의 한 종류일 뿐이다. 그래서 **예약어(reserved word)**라고 하는 것이다.

누군가 심술궂게 이런 C 코드를 짰다고 하자.

```
---a;
```

맞는 코드일까? 대답은 스캐너가 렉심을 어떻게 찢느냐에 달려있다. 스캐너가 이 코드를 다음과 같이 바라본다면 어떨까?

```
- --a;
```

그럼, 파싱이 가능하다. 하지만 그러려면 스캐너가 주변 코드의 문법적 구조를 알고 있어야 하는데, 필요 이상으로 만사가 복잡하게 꼬이게 된다. 최대한 잘라먹기 규칙에 의하면 항상 다음과 같이 스캔되어야 한다.

```
-- -a;
```

나중에 파서에서 구문 에러가 발생하더라도 이런 식으로 스캔한다.

---

15 **옮긴이** Double.parseDouble(String)

록스는 어떤 문자나 언더스코어(underscore) _로 시작되는 렉심을 모두 식별자라고 가정한다.

```
        default:
          if (isDigit(c)) {
            number();
          } else if (isAlpha(c)) {
            identifier();
          } else {
            Lox.error(line, "Unexpected character.");
          }
```

나머지 코드는 다음과 같다.

```
  private void identifier() {
    while (isAlphaNumeric(peek())) advance();

    addToken(IDENTIFIER);
  }
```

여기에 필요한 두 헬퍼 메서드는 다음과 같다.

```
  private boolean isAlpha(char c) {
    return (c >= 'a' && c <= 'z') ||
           (c >= 'A' && c <= 'Z') ||
            c == '_';
  }

  private boolean isAlphaNumeric(char c) {
    return isAlpha(c) || isDigit(c);
  }
```

예약어는 이렇게 골라낸 식별자의 렉심이 예약어 중 하나인지 확인하는 식으로 처리한다. 예약어가 맞다면 그에 해당하는 TokenType을 사용한다. 예약어 집합은 맵으로 정의한다.

```
  private static final Map<String, TokenType> keywords;

  static {
    keywords = new HashMap<>();
    keywords.put("and",    AND);
    keywords.put("class",  CLASS);
    keywords.put("else",   ELSE);
```

```
        keywords.put("false",  FALSE);
        keywords.put("for",     FOR);
        keywords.put("fun",     FUN);
        keywords.put("if",      IF);
        keywords.put("nil",     NIL);
        keywords.put("or",      OR);
        keywords.put("print",   PRINT);
        keywords.put("return",  RETURN);
        keywords.put("super",   SUPER);
        keywords.put("this",    THIS);
        keywords.put("true",    TRUE);
        keywords.put("var",     VAR);
        keywords.put("while",   WHILE);
    }
```

식별자를 스캔한 다음, 이 맵에 포함된 예약어와 매치되는 게 하나라도 있는지 체크한다.

lox/Scanner.java ▶ identifier() 메서드 코드 1줄 교체

```
    while (isAlphaNumeric(peek())) advance();

    String text = source.substring(start, current);
    TokenType type = keywords.get(text);
    if (type == null) type = IDENTIFIER;
    addToken(type);
}
```

매치되는 게 있으면 해당 TokenType을 사용하되, 없으면 그냥 사용자가 정의한 식별자로 처리한다.

자, 이제 록스의 전체 렉시컬 문법에 부합하는 완전한 스캐너가 마련됐다. REPL을 기동하여 올바른 코드, 잘못된 코드를 입력하면서 충분히 테스트하라. 여러분이 기대한 토큰이 생성되는가? 재미난 엣지 케이스도 몇 가지 만들어 올바르게 작동되는지 살펴보기 바란다.

연습 문제

1. 파이썬과 하스켈의 렉시컬 문법은 정규 문법이 아니다. 이 말은 무슨 뜻일까? 그리고 왜 정규 문법이 아닌 걸까?

2. 대부분의 언어에서 공백 문자는 토큰을 구분하는 것(예: `print foo`와 `printfoo`를 다르게 구별하는 것)을 제외하면 다른 용도로는 잘 쓰이지 않는다. 그러나 커피스크립트, 루비, C 전처리기(preprocessor)에서 공백 문자는 코드를 파싱하는 방법에 영향을 미친다. 각 언어마다 어디에 어떤 영향을 미칠까?

3. 대부분의 스캐너와 마찬가지로, 제이록스 스캐너도 주석과 공백 문자는 파서의 관심사가 아니므로 무시한다. 이런 데이터도 무시하지 않는 스캐너를 작성해야 한다면 그 이유가 무엇일까? 어떤 경우에 유용할까?

4. C 스타일의 /* ... */ 블록 주석도 지원하는 기능을 록스 스캐너에 추가하라. 개행 문자를 잘 처리해야 한다. 블록 주석을 중첩하는 것도 가능하도록 고려하라. 중첩까지 구현하려니 생각보다 작업량이 많은가? 왜 그럴까?

디자인 노트 │ 암묵적 세미콜론

오늘날 프로그래머는 언어 선택의 폭이 넓어서인지 구문에 민감하게 반응한다. 그들은 더 깔끔하고 현대적으로 보이는 언어를 선호한다. 명시적인 문장 종결자로 사용하는 ;은 요즘 나온 거의 모든 언어가 긁어낸 (베이직 등 일부 고대 언어에는 없었던) 구문 이끼다.

요즘 언어는 이치에 어긋나지 않는 한 개행 문자를 문장 종결자로 사용한다. 여기서 '이치에 어긋나지 않는' 부분이 약간 어렵다. 대부분의 문장은 한 줄에 나오지만, 한 문장을 여러 줄에 걸쳐 써야 할 때도 있다. 이럴 때 막 뒤섞인 개행 문자를 종결자로 취급해선 안 된다.

개행 문자를 무시해야 하는 경우는 대개 뻔해서 발견하기 쉽지만, 더러 고약한 케이스도 있다.

- 리턴할 값이 다음 줄에 있다.

```
if (condition) return
"value"
```

"value"는 리턴할 값인가, 아니면 아무 값도 리턴하지 않는 return 문 다음 줄에 있는, 문자열 리터럴 하나만 있는 표현문일까?

- 괄호식(parenthesized expression)이 다음 줄에 있다.

```
func
(parenthesized)
```

func(parenthesized)를 호출하려는 것일까? 아니면 func와 (parenthesized)가 각각 별개의 표현문일까?

- -가 다음 줄에 있다.

```
first
-second
```

중위 연산자 -로 first - second를 하려는 것일까? 아니면 first와 -second가 각각 별개의 표현문일까?

이 세 경우 모두 개행 문자를 구분자(separator)로 처리하든 안 하든 올바른 코드지만, 사용자의 의도에 맞지 않는 코드가 될 공산이 크다. 개행 문자를 구분자로 처리할 것인가를 결정하는 규칙은 언어마다 조금씩 다르다. 그중 몇 가지 예를 들어보자.

- 루아(Lua)는 개행 문자를 완전히 무시한다. 그러나 대부분의 경우, 문장 사이에 구분자를 쓸 필요가 없도록 문법을 신중하게 제어한다.[16] 가령, 이런 코드도 전혀 문제가 없다.

```
a = 1 b = 2
```

루아는 return 문을 반드시 블록의 가장 마지막 문장으로 사용하도록 강제하는 식으로 return 문제를 해결한다. return 이후, end 키워드 이전에 어떤 값이 있으면 그 값은 리턴값이다. 다른 두 가지 경우에는 사용자가 ;을 명시적으로 붙일 수는 있지만, 실제로 괄호 내부 또는 단항 음수화 표현문에서 의미가 없기 때문에 그럴 일은 거의 없다.

- 고(Go)는 스캐너가 개행 문자를 처리한다.[17] 문장을 종료할 수 있는 토큰 타입 중 하나의 뒤에 개행 문자가 나오면 세미콜론처럼 처리하고 그렇지 않으면 무시한다. 고 개발팀은 표준 코드 포맷터인 gofmt 사용을 권상하는 언어 커뮤니티 사람들의 반응도 뜨겁다. 덕분에 관용적 스타일의 코드(idiomatic styled code)에 이 간단한 규칙이 자연스레 적용된다.

- 파이썬은 다음 줄로 계속 이어지게 하려고 줄 끝에 명시적으로 백슬래시를 사용하지 않는 한 모든 개행 문자를 중요하게 취급한다. 하지만 괄호 쌍((), [], {}) 내부에 쓴 개행 문자는 무시한다.[18] 관용적 스타일은 후자를 강력하게 선호한다.

파이썬은 매우 문장 지향적인(statement-oriented) 언어라서 이 규칙은 잘 맞는다. 특히, 파이썬 문법에 따라 표현식 내부에 문장은 절대로 올 수 없다. 이건 C도 똑같지만, '람다(lambda)' 또는 함수 리터럴 구문을 사용하는 언어들은 그렇지 않다.

---

16 https://www.lua.org/pil/1.1.html
17 https://go.dev/ref/spec#Semicolons
18 https://docs.python.org/3.5/reference/lexical_analysis.html#implicit-line-joining

다음 자바스크립트 코드를 보자.

```
console.log(function() {
  statement();
});
```

console.log() 식 안에 함수 리터럴이 포함되어 있고 여기에 statement(); 문장이 들어 있다.

개행 문자가 괄호로 둘러싸인 채 어떤 의미를 가지는 문장으로 돌아갈 수 있다면, 파이썬은 암묵적으로 코드 줄을 합하는 다른 규칙을 강구해야 할 것이다.

> 파이썬의 lambda가 하나의 표현식 바디만 허용하는 이유를 알겠는가?

- 자바스크립트의 '자동 세미콜론 삽입(automatic semicolon insertion)[19]'은 정말 요상한 규칙이다. 다른 언어에서는 대부분 개행 문자가 의미가 있고 여러 줄 문장에서는 그중 일부만 무시하지만 자바스크립트는 정반대다. 파싱 에러가 발생하지 않는 한 자바스크립트는 개행 문자를 무의미한 공백 문자처럼 처리한다. 파싱 에러가 나면 이전에 나온 개행 문자를 세미콜론으로 바꿔 뭔가 문법적으로 올바르게 처리하려고 시도한다.

이런 자바스크립트의 '해결책'이 어떤 면에서건 나쁜 생각이라는 혹평을 날리면서 그 작동 원리를 낱낱이 밝힌다면 이 글은 디자인 노트가 아닌, 디자인 비평이 될 것이다. 내가 아는 한 자바스크립트라는 언어 자체는 이론적으로 세미콜론을 생략할 수 있으나, 모든 문장 뒤에 세미콜론을 요구하는 코딩 스타일 가이드가 지배적인 유일한 언어다.

여러분이 새로운 언어를 기획하고 있다면 명시적인 문장 종결자는 삼가는 것이 대체로 이롭다. 프로그래밍 역시 인간이 만든 다른 창조물처럼 유행의 산물이며, 세미콜론은 ALL CAPS KEYWORDS만큼이나 철 지난 퇴물이다. 여러분의 언어에 특정한 문법과 관용어에 의미 있는 규칙 집합을 선정하라. 그리고 자바스크립트의 전철을 밟지 마라.

---

19 https://www.ecma-international.org/ecma-262/5.1/#sec-7.9

5장

코드 표현

> 숲 속에 사는 사람들에게 거의 모든 나무 종은 고유한 특징과 함께 나름의 목소리를 갖고 있다.
>
> 토머스 하디(Thomas Hardy), 『녹음 아래에서(Under the Greenwood Tree)』

지난 장에서는 원시 소스 코드를 문자열로 가져와 약간 더 하이레벨 표현인 일련의 토큰으로 변환했다. 6장에서 작성할 파서는 이렇게 변환된 토큰을 더 풍부하고 복잡한 표현(representation, 표현형)으로 바꾸는 작업을 수행한다.

그런 표현을 만들려면 먼저 표현을 정의해야 하는데, 이것이 이 장의 주제다. 형식 문법(formal grammar)의 이론을 설명하고, 함수형 프로그래밍과 객체 지향 프로그래밍의 차이를 음미한 다음, 몇 가지 디자인 패턴을 살펴본 뒤 메타프로그래밍[1]을 해보겠다.

> 아마도 이 책에서 가장 지루한 장이 될까 걱정이 되어 가능한 재미있는 아이디어로 채워 넣었다!

이 모든 작업에 돌입하기 전에 핵심 목표인 코드 표현에 집중하자. 코드 표현은 파서가 만들기 간단하고 인터프리터가 소비하기 쉬워야 한다. 파서나 인터프리터는 아직 작성하기 전이므로 이런 요건들이 정확히 마음에 와닿지 않을 수도 있다. 여러분의 직관이 도움이 될 것이다. 인간 인터프리터(human interpreter)의 뇌는 무슨 일을 할까? 여러분이 인터프리터라면 다음과 같은 산술식(arithmetic expression)을 어떻게 평가하겠는가?

```
1 + 2 * 3 - 4
```

학교에서 배운 대로 연산자의 평가 순서는 'PEMDA[2]' 규칙에 따라 덧셈/뺄셈보다 곱셈을 먼저 한다.[3] 우선순위는 트리 형태로 시각화하면 알기 쉽다. 리프 노드[4]는 숫자, 내부 노드[5]는 각 피연산자로 분기되는 연산자다.

산술 노드를 평가하려면 서브트리의 숫자 값을 알아야 하므로 먼저 값을 평가해야 한다. 즉, 리프에서 시작해 루트로 올라가는 후위 순회(post-order traversal)를 한다.

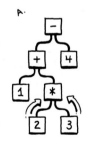 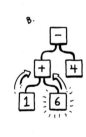

> A. 전체 트리에서 맨 아래 연산 2 * 3을 평가한다.
> B. 이제 +를 평가할 수 있다.
> C. 다음은 -이다.
> D. 최종 정답이다.

---

1. [옮긴이] metaprogramming, 자기 자신 혹은 다른 컴퓨터 프로그램을 데이터로 취급하며 프로그램을 작성·수정하는 것
2. [옮긴이] Please Excuse My Dear Aunt Sally라는 니모닉(mnemonic)에 따라 Parentheses(괄호), Exponents(지수), Multiplication/Division(곱셈/나눗셈), Addition/Subtraction(덧셈/뺄셈)을 의미한다.
3. https://en.wikipedia.org/wiki/Order_of_operations#Mnemonics
4. [옮긴이] leaf node, 자식 노드가 없는 말단 노드
5. [옮긴이] interior node, 리프 노드가 아닌 나머지 노드

어떤 산술식이 주어져도 이런 트리는 쉽게 그릴 수 있고, 트리만 있으면 평가하는 일은 식은 죽 먹기다. 따라서 우리는 직관적으로 코드의 실행 가능한 표현(workable representation)이 언어의 (연산자가 중첩된) 문법 구조라는 사실을 알 수 있다.

> 코드를 표현하는 유일한 방법이 트리라는 말은 아니다. 3부에서는 이보다 덜 인간 친화적(human friendly)이고 외려 머신에 훨씬 더 가까운, 바이트코드라는 다른 표현을 생성한다.

그렇다면 문법이란 무엇인지 좀 더 정확하게 알고 넘어갈 필요가 있다. 4장에서 배운 렉시컬 문법과 마찬가지로 구문 문법에 관한 이론은 아주 방대하다. 구문 문법 이론은 많은 인터프리터에서 유용한 도구이므로 스캐닝을 배울 때보다는 조금 더 자세히 살펴보겠다. 먼저 촘스키 위계(Chomsky hierarchy)[6]에서 한 단계 위로 올라가보자.

5.1 / 컨텍스트 자유 문법
INTERPRETER

렉시컬 문법을 정의하기 위해 사용한 형식(formalism), 즉 문자를 토큰으로 묶는 규칙을 정규 언어(regular language)라고 한다(4장). 플랫한 토큰 시퀀스만 내보내는 록스 스캐너에는 정규 언어로도 충분하지만, 임의로 깊게 중첩 가능한 표현식을 처리할 만큼 강력하진 못하다.

고로 더 커다란 망치가 필요한데, 이것이 바로 **컨텍스트 자유 문법(CFG, Context-Free Grammar)**이다. **형식 문법(formal grammar)**의 도구 상자에서 두 번째로 무거운 도구다. 형식 문법은 '알파벳(alphabet)'이라는 원자적 조각들의 집합을 받아 문법'에(in)' 있는 (대부분 무한한) '문자열(string)'의 집합을 정의한다. 각 문자열은 알파벳에 있는 일련의 '글자(letter)'다.

렉시컬 문법에서 구문 문법으로 넘어가면서 용어가 다소 헷갈릴 수 있기 때문에 큰따옴표로 감싸 표기하겠다. 스캐너의 문법에서는 알파벳이 개별 문자들로 구성되며, 문자열은 올바른 렉심, 즉 '단어(word)'다. 그러나 구문 문법은 세분도[7] 자체가 다르다. 알파벳 안의 각 '글자'는 완전한 토큰이며, '문자열'은 일련의 토큰, 즉 전체 표현식이다.

음, 이렇게 정리하면 이해가 쉬울 것 같다.

용어	렉시컬 문법	구문 문법
"알파벳"은...	→ 문자	토큰
"문자열"은...	→ 렉심 또는 토큰	표현식
...에 의해 구현된다.	→ 스캐너	파서

---

6 https://en.wikipedia.org/wiki/Chomsky_hierarchy
7 **옮긴이** granularity, 잘게 나눈 정도

형식 문법이 하는 일은 어떤 문자열이 올바른지 가려내는 것이다. 가령, 영어 문장의 문법을 정한다고 가정하면 "eggs are tasty for breakfast"는 문법에 맞는 올바른 문장이지만, "tasty breakfast for are eggs"는 올바른 문장이 아니다.

5.1.1 문법 규칙

그럼, 무수히 많은 올바른 문자열이 담긴 문법을 어떻게 기록할 수 있을까? 그 많은 문자열을 일일이 열거하는 건 말도 안 되니 유한한 규칙 집합을 만든다. 두 가지 방향 중 하나로 '플레이(play)'할 수 있는 게임이라고 생각하면 된다.

이렇게 규칙을 이용해서 문법에 맞는 문자열을 생성하는 것이다. 이렇게 만든 문자열은 문법의 규칙에서 파생된 것이므로 **파생어(derivation)**라고 한다. 게임의 각 단계에서 규칙을 선택하고 그 규칙이 지시하는 바를 따른다. 형식 문법에 관한 대부분의 용어는 이런 식으로 게임을 플레이하면서 만들어진 것이다. 규칙은 문법에 맞는 문자열을 생성(produce)하므로 **프로덕션(production)**이라고 한다.

컨텍스트 자유 문법의 각 프로덕션에는 **헤드(head, 이름)**와 생성한 결과물을 설명하는 **바디(body)**가 있다. 순수한 형태의 바디는 심볼(symbol, 기호) 리스트에 불과하다. 심볼은 두 가지 맛(flavor)이 있다.

> 헤드를 하나의 심볼로 제한하는 것은 컨텍스트 자유 문법의 특징이다. 무제한 문법(unrestricted grammar)처럼 더 강력한 형식에서는 바디뿐만 아니라 헤드에서도 일련의 심볼을 허용한다.

- **터미널(terminal, 단말)**은 문법의 알파벳에 있는 글자다. 리터럴 값이라고 보면 된다. 우리가 정의하는 구문 문법에서 터미널은 if나 1234와 같이 스캐너가 내보낸 개별 렉심, 즉 토큰이다.

    게임에서 더 이상 '이동하지' 않기 때문에 '종점(end point)'이란 뜻에서 '터미널'이라고 부른다. 단순히 하나의 심볼만 생성한다.

- **넌터미널(nonterminal, 비단말)**은 다른 문법 규칙을 가리키는 기명 참조(named reference)다. "이 규칙을 플레이해서 그 규칙이 생성하는 모든 것을 여기에 삽입하라"는 뜻이다. 문법은 이런 식으로 구성된다.

이름이 동일한 규칙이 여러 개 있을 수도 있다. 그런 이름을 가진 넌터미널에 도달하면 아무 규칙이나 마음에 드는 걸로 하나 선택할 수 있다.

지금까지 설명한 내용을 구체화하려면 생성 규칙을 기록할 수단이 필요하다. 이미 많은 사람들이 문법을 체계화하기 위해 노력했는데, 그 기원은 수천 년 전 산스크리트어(Sanskrit) 문법을 성문화한 파니니의 아슈타디야이(Panini's Ashtadhyayi)까지 거슬러 올라간다. 그러나 존 배커스(John Backus)가 알골(ALGOL) 58의 스펙을 기록할 목적으로 **배커스-나우르(BNF, Backus-Naur) 표기법**을 고안하기 전까지는 별다른 진전이 없었다. BNF 이후로는 거의 모든 사람들이 자기 취향에 맞게 조금씩 변형한 BNF 표기법을 사용하고 있다.

> 그렇다, 구문을 정의하는 규칙에 사용할 구문도 정의해야 한다. 메타구문(metasyntax)을 지정해야 할까? 어떤 표기법을 사용하는 게 좋을까? 이런 모든 것이 다 언어!

나는 좀 더 깔끔하게 정리하고 싶었다. 각 규칙은 이름 다음에 화살표(→)와 일련의 심볼들이 죽 등장하고, 마지막은 세미콜론(;)이 나온다. 터미널은 큰따옴표로 싸인 문자열, 넌터미널은 소문자 단어로 표기한다.

다음은 이런 방식으로 아침 식사 메뉴를 정의한 문법이다.

```
breakfast   → protein "with" breakfast "on the side" ;
breakfast   → protein ;
breakfast   → bread ;

protein     → crispiness "crispy" "bacon" ;
protein     → "sausage" ;
protein     → cooked "eggs" ;

crispiness  → "really" ;
crispiness  → "really" crispiness ;

cooked      → "scrambled" ;
cooked      → "poached" ;
cooked      → "fried" ;

bread       → "toast" ;
bread       → "biscuits" ;
bread       → "English muffin" ;
```

> 앞으로 종종 아침 식사 예제를 써먹고자 한다. 배고프게 해서 미안!

문법을 사용해서 아침 식사를 무작위로 만들 수 있다. 자, 한 판을 플레이하면서 작동 원리를 살펴보자. 이 게임은 오랜 관례에 따라 문법의 첫 번째 규칙인 breakfast로 시작된다. 여기에 세 가지 프로덕션이 있는데, 임의로 첫 번째 프로덕션을 선택한 결과 문자열은 다음과 같다.

```
protein "with" breakfast "on the side"
```

첫 번째 넌터미널 protein을 확장해야 하므로 프로덕션을 하나 골라야 한다. 세 번째 것을 고르자.

```
protein → cooked "eggs" ;
```

다음으로 cooked에 대한 프로덕션이 필요하다. "poached"를 선택하자. "poached"는 터미널이므로 추가한다. 현재 문자열은 다음과 같다.

```
"poached" "eggs" "with" breakfast "on the side"
```

다음 넌터미널은 다시 breakfast다. 우리가 선택한 첫 번째 breakfast 프로덕션은 breakfast 규칙을 다시 재귀 참조한다. 문법에서의 재귀는 정의되는 언어가 정규 언어가 아닌, 컨텍스트 자유 언어(context-free language)라는 길조다. 특히, 재귀적 넌터미널 양쪽에 프로덕션이 있는 상태에서 재귀는 정규 언어가 아님을 의미한다.

breakfast의 첫 번째 프로덕션을 계속 고르고 또 고르면 "bacon with sausage with scrambled eggs with bacon..."처럼 푸짐한 아침 식사가 차려질 것이다. 하지만 그렇게 하지 않고 이번엔 bread를 고르겠다. 규칙은 3개 있고 각 규칙마다 1개의 터미널만 들어 있다. 나는 "English muffin"을 선택하겠다.

> "Bacon with bacon with bacon with..."처럼 breakfast 규칙을 여러 번 재귀적으로 확장했다고 하자. 문자열을 올바르게 완성하려면 끝부분에 "on the side"를 동일한 개수만큼 추가해야 한다. 뒷부분에 몇 개가 필요한지 추적하는 것은 정규 문법의 능력을 벗어나는 일이다. 정규 문법은 반복(repetition)을 표현할 수 있지만, 이 문자열에 with와 on the side를 동일한 개수만큼 포함하는 데 필요한 반복 횟수를 세는 것은 불가능하다.

자, 이런 식으로 문자열의 모든 넌터미널이 터미널만 포함될 때까지 계속 확장되면 결국 이런 모습이 될 것이다.

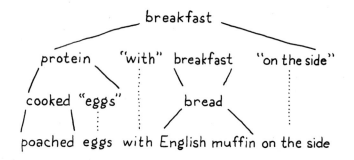

햄과 올랑데즈(Hollandaise)를 버무리면 에그 베네딕트(egg Benedict)가 나올 것이다.

프로덕션이 여러 개 있는 규칙에 도달할 때마다 하나의 프로덕션을 임의로 선택했다. 이러한 유연성 덕분에 얼마 안 되는 문법 규칙으로도 훨씬 더 큰 문자열 집합을 인코드할 수 있다. 규칙이 직접 또는 간접적으로 자신을 참조할 수 있기에 무수한 문자열도 유한한 문법에 담아낼 수 있는 것이다.

5.1.2 표기법 개선

셀 수 없이 많은 문자열을 몇 안 되는 규칙에 몽땅 채워 넣을 수 있다니, 정말 환상적이다! 여기서 한 걸음 더 나아가 표기법을 살펴보자. 지금 우리 표기법에 문제는 없지만 다소 지루하다. 여타 고수 언어 디자이너처럼 구문 슈가[8]를 살짝 뿌려보면 어떨까? 터미널, 넌터미널은 물론 규칙 바디에도 몇 가지 다른 종류의 표현식을 허용하겠다.

- 어떤 규칙의 또 다른 프로덕션을 추가할 때마다 규칙 이름을 반복하는 대신 파이프(|)로 구분된 일련의 프로덕션을 허용한다.

```
bread → "toast" | "biscuits" | "English muffin" ;
```

---

8 **옮긴이** syntactic sugar, 문법 설탕, 간편 구문이라고도 한다.

- 괄호로 묶고 그 안에서 ┆로 구분하면 여러 옵션 중 한 가지를 고를 수 있다.

```
protein → ( "scrambled" ┆ "poached" ┆ "fried" ) "eggs" ;
```

- 재귀를 사용해서 반복되는 일련의 심볼을 지원하는 것은 순수해 보이는 매력이 있지만, 반복시킬 때마다 별도로 명명된 서브 규칙을 만들어야 하는 귀찮음이 따른다. 따라서 접미어(postfix) *를 붙여 이전 심볼 또는 그룹을 0회 이상 반복시킨다.

> 스킴도 이런 식으로 돌아가는 프로그래밍 언어다. 이 언어는 내장 루프가 없고 모든 반복은 재귀로 표현한다.

```
crispiness → "really" "really"* ;
```

- 접미어 +도 비슷하나, 해당 프로덕션이 적어도 한 번 이상 나와야 한다.

```
crispiness → "really"+ ;
```

- 접미어 ?는 옵셔널(optional, 선택적인) 프로덕션을 의미한다. 즉, 해당 프로덕션은 한 번도 나오지 않거나 한 번만 나올 수 있다.

```
breakfast → protein ( "with" breakfast "on the side" )? ;
```

풍성한 문법 액세서리를 잘 활용하면 다음과 같이 아침 식사 문법을 축약할 수 있다.

```
breakfast → protein ( "with" breakfast "on the side" )?
          ┆ bread ;

protein   → "really"+ "crispy" "bacon"
          ┆ "sausage"
          ┆ ( "scrambled" ┆ "poached" ┆ "fried" ) "eggs" ;

bread     → "toast" ┆ "biscuits" ┆ "English muffin" ;
```

이 정도면 괜찮잖은가? 텍스트 편집기에서 grep이나 정규식[9]을 능숙하게 다루는 독자라면 이런 문장 부호가 눈에 익을 것이다. 단, 여기서 심볼은 단일 문자가 아닌, 전체 토큰을 표현한다는 중요한 차이점이 있다.

앞으로 이 책의 나머지 부분에서 이 표기법을 사용하여 록스의 문법을 정확하게 기술하고자 한다. 여러분이 프로그래밍 언어를 개발하다 보면 (this나 EBNF[10], 또는 여타 표기법을 적용한) 컨텍스트 자유 문법이 아직

---

[9] https://en.wikipedia.org/wiki/Regular_expression#Standards
[10] https://en.wikipedia.org/wiki/Extended_Backus–Naur_form

형식이 갖춰지지 않은 자신의 구문 디자인 사상을 구체화하는 데 얼마나 유용한지 깨닫게 될 것이다. 실제로 컨텍스트 자유 문법은 다른 언어 해커들과 구문에 대해 소통할 때도 편리한 매체다.

록스 언어를 정의한 규칙과 프로덕션은 앞으로 메모리에 코드를 나타내기 위해 구현할 트리 자료 구조에 대한 가이드이기도 하다. 단, 그러려면 실제 록스 문법이 필요하다. 아니면 일단 아쉬운 대로 출발점으로 삼기에 적합한 문법이면 족하다.

5.1.3 록스 표현식 문법

지난 장에서는 록스의 전체 렉시컬 문법을 한 번에 전부 살펴보았다. 모든 키워드와 문장 부호를 다루었다. 구문 문법은 이보다 더 방대하기 때문에 실제로 인터프리터를 실행하기 전에 이 모든 문법을 죄다 살펴보는 것은 대단히 지루할 듯싶다.

그래서 앞으로 몇개 장에 걸쳐 록스 언어의 일부를 하나씩 뜯어보고자 한다. 미니 언어를 표현하고, 파싱하고, 인터프리팅까지 마친 다음, 1부 후반부에서 새로운 구문을 비롯한 신기능을 하나씩 덧붙이겠다. 지금은 다음 몇 가지 표현식만 신경을 쓰자.

- **리터럴**: 숫자, 문자열, 불리언, nil
- **단항식(unary expression)**: 접두어 !는 논리 부정(not)을 수행하고 -는 숫자를 음수로 바꾼다.
- **이항식(binary expression)**: 우리 모두 익숙하고 지금껏 애용해온 중위 산술 연산자(+, -, *, /) 및 논리 연산자(==, !=, <=, <=, >, >=)
- **괄호(parentheses)**: 표현식 앞뒤를 감싼 ( )

다음 정도의 표현식이면 구문으로서 충분하다.

```
1 - (2 * 3) < 4 == false
```

신박한 표기법으로 록스 문법을 이렇게 정의하자.

```
expression      → literal
                | unary
                | binary
                | grouping ;

literal         → NUMBER | STRING | "true" | "false" | "nil" ;
grouping        → "(" expression ")" ;
unary           → ( "-" | "!" ) expression ;
binary          → expression operator expression ;
operator        → "==" | "!=" | "<" | "<=" | ">" | ">="
                | "+"  | "-"  | "*" | "/" ;
```

약간의 메타구문이 추가됐다. 렉심과 정확히 매치되는 터미널 문자열은 따옴표로 감싸고, 텍스트 표현이 달라질 수 있는 단일 렉심은 대문자로 표기한다. 즉, NUMBER는 모든 숫자 리터럴, STRING은 모든 문자열 리터럴이다. 나중에 식별자에 대해서도 똑같은 작업을 수행할 것이다.

나중에 파싱을 해보면 알겠지만 사실 이 문법은 모호하다. 그러나 지금 당장은 충분하다.

> 내키면 이 문법을 사용해서 아침 식사 문법에서 했듯이 몇 가지 표현식을 만들어보라. 결과식이 올바르게 느껴지는가? 1 + / 3처럼 틀린 표현식을 만들 수 있는가?

5.2 / 구문 트리 구현
INTERPRETER

자, 그럼 코드를 작성할 차례다. 이 작은 표현식 문법이 틀(skeleton)이다. 문법이 재귀적이라서 (grouping, unary, binary 모두 expression을 되참조하는 구조를 눈여겨보기 바란다) 자료 구조는 트리 모양을 띠게 될 것이다. 이 트리가 언어의 구문을 나타내므로 **구문 트리(syntax tree)**라고 한다.

> 구체적으로는 추상 구문 트리(AST)를 정의하려는 것이다. 파스 트리(parse tree)에서 모든 문법 프로덕션 하나하나가 트리의 노드가 된다. AST는 이후 단계에서 필요하지 않은 프로덕션을 제거한다.

록스 스캐너는 온갖 종류의 렉심을 Token 클래스 하나로 나타냈다. 또 종류를 구분(예: 숫자 123과 문자열 "123")하고자 간단한 TokenType 열거체(enum)를 정의했다. 구문 트리는 그다지 균일한(homogeneous) 편은 아니다. 단항식은 피연산자 1개, 이항식은 피연산자 2개를 가지며 리터럴은 피연산자가 없다.

이 모든 걸 임의의 자식 리스트를 지닌 Expression 클래스에 몽땅 욱여넣을 수도 있고 실제로 그렇게 하는 컴파일러도 있지만, 나는 자바의 타입 시스템을 최대한 활용하고 싶다. 그래서 표현식을 나타내는 베이스 클래스를 정의한 다음, 표현식 종류(expression 아래 있는 각 프로덕션)마다 해당 규칙에 특정한 넌터미널을 나타내는 필드를 가진 서브클래스를 만들 것이다. 이렇게 하면 가령 어떤 단항식에서 두 번째 피연산자를 가져오려고 시도할 경우 컴파일 에러가 날 것이다.

> 토큰 역시 완전히 균일한 건 아니다. 리터럴용 토큰은 값을 저장하지만, 이런 상태가 필요 없는 렉심 종류도 있다. 리터럴과 다른 종류의 렉심마다 상이한 클래스를 사용하는 스캐너도 봤던 적이 있지만, 이 책에서는 가급적 문제를 단순하게 유지해야 한다고 생각했다.

이런 식으로 말이다.

```
package com.craftinginterpreters.lox;

abstract class Expr {
  static class Binary extends Expr {
    Binary(Expr left, Token operator, Expr right) {
      this.left = left;
      this.operator = operator;
```

```
      this.right = right;
    }

    final Expr left;
    final Token operator;
    final Expr right;
  }

  // 기타 표현식...
}
```

> 이 책의 코드는 가급적 약어를 쓰지 않겠다. 무엇을 줄인 말인지 알아내느라 공연히 골치만 아플 테니까. 하지만 내가 여태껏 경험한 컴파일러에서 'Expr'과 'Stmt'는 정말 너무 보편적이라서 여러분도 익숙해지라고 권하고 싶다.

Expr은 모든 표현식 클래스가 상속하는 베이스 클래스다. Binary 클래스와 마찬가지로, Expr의 모든 서브 클래스 역시 이 클래스 안에 중첩되어 있다. 기술적으로 꼭 이렇게 할 필요는 없지만, 전체 클래스를 자바 파일 하나에 담을 수 있어서 편리하다.

5.2.1 무지향성 객체

잘 보면 Expr 클래스도 Token 클래스처럼 메서드가 없다. 좀 둔탁한 모양새다. 멋지게 타입으로 묶었으나 그냥 데이터 가방일 뿐이다. 자바 같은 객체 지향 언어에 뭔가 어울리지 않는 듯하다. 모름지기 클래스라면 무슨 일이라도 해야 하는 것 아닐까?

문제는 이런 트리 클래스가 어느 단일 도메인이 소유한 게 아니라는 점이다. 트리가 생성되는 곳이니 파싱하는 메서드를 갖고 있어야 할까? 아니면, 트리가 소비되는 곳이니 인터프리트하는 메서드를 두는 게 맞을까? 트리는 이 두 영역 간의 경계에 걸쳐 있다. 즉, 실제로 양쪽 모두 소유권이 없다.

사실, 이런 타입은 파서와 인터프리터가 서로 소통할 수 있게 하려고 존재하는 것이다. 연관된 동작이 하나도 없는, 그냥 데이터 자체를 나타내는 타입인 셈이다. 데이터(data)와 동작(behavior)을 분리하는 리스프나 ML 같은 함수형 언어에서는 지극히 당연한 스타일이지만 자바에선 조금 이상하게 느껴진다.

아마 이 대목에서 함수형 프로그래밍의 덕후들은 "이거 봐라! 객체 지향 언어는 인터프리터로서는 적합하지 않다니깐!" 하고 목소리를 높일지도 모른다. 나는 그렇게 편파적으로 생각하고 싶진 않다. 스캐너 자체는 객체 지향과 찰떡궁합이었다는 사실을 기억할 것이다. 소스 코드 위치를 추적하기 위해 필요한 모든 가변 상태, 잘 정의된 퍼블릭 메서드 집합, 그리고 주옥 같은 프라이빗 헬퍼 메서드까지 잘 갖추어져 있다. 내가 보기에 인터프리터의 각 단계나 파트는 객체 지향 스타일과도 잘 어울리는 듯싶다.

5.2.2 트리 메타프로그래밍

자바에서 동작이 없는(behavior-less) 클래스를 나타내는 것은 문제될 게 없지만 그렇다고 특별히 좋은 모양새라고 할 수는 없다. 어떤 객체의 세 필드에 코드를 11줄이나 넣는 건 정말 따분한 일이고, 모든 작업이 끝날 즈음이면 이런 클래스가 21개나 만들어질 것이다.

여러분의 소중한 시간을 낭비하고 싶지 않고 그 코드를 인쇄하느라 내 펜촉을 낭비하고 싶지도 않다. 자, 그렇다면 각 서브클래스의 본질은 무엇일까? 이름과 타입이 정해진 필드 리스트다. 이게 전부다. 우린 똑똑한 언어 해커들이니 자연스럽게 자동화가 떠오른다. 그래, 자동화를 하자!

클래스 정의, 필드 선언, 생성자, 초기자, 이런 귀찮은 작업을 모두 대행할 스크립트를 작성하자. 트리 타입(이름과 필드)마다 설명(description)이 나오고 해당 이름과 상태를 가진 클래스를 정의하는 자바 코드를 출력하는 스크립트 말이다.

이 스크립트는 Expr.java라는 파일을 자동 생성하는 자그마한 자바 명령줄 앱이다.

아무래도 자바보다 진짜 스크립트 언어로 하면 더 실감나겠지만, 너무 많은 언어를 여러분에게 들이대고 싶진 않다!

> "자-동-화"라고 읽을 즈음 책을 쓰다 말고 어색한 로봇 춤을 추고 있는 내 모습을 상상하라.

> 구문 트리 클래스를 생성하는 스크립트는 자이썬(Jython)과 아이언파이썬(IronPython)의 창시자인 짐 후구닌(Jim Hugunin)의 아이디어에서 착안한 것이다.

tool/GenerateAst.java ▶ 새 파일 생성

```java
package com.craftinginterpreters.tool;

import java.io.IOException;
import java.io.PrintWriter;
import java.util.Arrays;
import java.util.List;

public class GenerateAst {
  public static void main(String[] args) throws IOException {
    if (args.length != 1) {
      System.err.println("Usage: generate ast <output directory>");
      System.exit(64);
    }
    String outputDir = args[0];
  }
}
```

이 파일은 .lox가 아니라 .tool 패키지에 있다. 비록 인터프리터의 일부는 아니지만 나처럼 인터프리터를 해킹하는 사람이 스스로 구문 트리 클래스를 생성하려고 즐겨 쓰는 연장이다. 실행 결과 생성된 Expr.java 파일은 단지 파일 작성을 자동화한 것일 뿐, 다른 소스 파일과 동등하게 취급한다.

클래스를 생성하려면 타입과 필드에 대한 설명이 있어야 한다.

tool/GenerateAst.java ▶ main() 메서드

```java
    String outputDir = args[0];
    defineAst(outputDir, "Expr", Arrays.asList(
      "Binary   : Expr left, Token operator, Expr right",
      "Grouping : Expr expression",
      "Literal  : Object value",
```

```
      "Unary    : Token operator, Expr right"
    ));
  }
```

편의상 타입 설명은 문자열에 넣었다. 각 클래스 이름 다음에 :이 오고, 그 뒤에 필드 리스트를 쉼표로 구분하여 기재한다. 각 필드에는 타입과 이름이 있다.

defineAst()가 가장 먼저 하는 작업은 베이스 클래스 Expr 클래스를 출력하는 일이다.

```
  private static void defineAst(
      String outputDir, String baseName, List<String> types)
      throws IOException {
    String path = outputDir + "/" + baseName + ".java";
    PrintWriter writer = new PrintWriter(path, "UTF-8");

    writer.println("package com.craftinginterpreters.lox;");
    writer.println();
    writer.println("import java.util.List;");
    writer.println();
    writer.println("abstract class " + baseName + " {");

    writer.println("}");
    writer.close();
  }
```

이 메서드를 호출할 때 baseName은 Expr이므로 클래스 이름과 출력되는 파일 이름 모두 Expr로 세팅된다. 나중에 문장에 해당하는 다른 유사한 클래스를 추가해야 하므로 하드코딩하지 않고 인수로 받는다.

베이스 클래스 내부에서 각 서브클래스를 정의한다.

```
    writer.println("abstract class " + baseName + " {");

    // AST 클래스
    for (String type : types) {
      String className = type.split(":")[0].trim();
      String fields = type.split(":")[1].trim();
      defineType(writer, baseName, className, fields);
    }
    writer.println("}");
```

> 세상에서 가장 우아한 문자열 조작 코드라고 할 수는 없겠지만, 이 책에서 만들 클래스 정의 집합에 딱 맞게 끔만 실행되면 되므로 괜찮다. 탄탄함(robustness)이 늘 최우선은 아니다.

이 코드는 다음 defineType() 메서드를 호출한다.

```java
  private static void defineType(
      PrintWriter writer, String baseName,
      String className, String fieldList) {
    writer.println("  static class " + className + " extends " +
        baseName + " {");

    // 생성자
    writer.println("    " + className + "(" + fieldList + ") {");

    // 매개변수를 필드에 저장한다
    String[] fields = fieldList.split(", ");
    for (String field : fields) {
      String name = field.split(" ")[1];
      writer.println("      this." + name + " = " + name + ";");
    }

    writer.println("    }");

    // 필드
    writer.println();
    for (String field : fields) {
      writer.println("    final " + field + ";");
    }

    writer.println("  }");
  }
```

끝났다. 영광의 자바 보일러플레이트 코드[11]가 완성됐다. 이 코드는 클래스 바디에 각 필드를 선언하고 각 필드를 매개변수로 받는 클래스 생성자를 정의한다.

이 자바 프로그램을 컴파일 후 실행하면 수십 줄의 코드가 포함된 .java 파일이 휘리릭 만들어진다. 앞으로 이 파일에 계속 살(코드)을 붙여나갈 것이다.

> 부록 2에는 제이록스 구현체를 완성하고 해당 구문 트리 노드를 모두 정의한 이후, 이 스크립트를 실행해서 만든 코드가 모두 수록되어 있다.

---

11 **옮긴이** boilerplate code, 컴퓨터 프로그래밍에서 상용구 코드 또는 단순히 상용구는 변형이 거의 또는 전혀 없이 여러 위치에서 반복되는 코드 섹션

트리 다루기

갈 길이 멀지만, 잠시 상상의 나래를 펼쳐보라. 과연 인터프리터는 구문 트리를 가지고 뭘 하려는 걸까? 록스의 각 표현식은 종류마다 런타임에 각각 다르게 동작하므로, 인터프리터는 서로 다른 타입의 표현식을 처리하기 위해 상이한 코드 청크를 선택해야 한다. 토큰은 간단히 TokenType에서 switch 문으로 분기하면 되지만, 구문 트리는 '타입' 열거체가 따로 없고 타입마다 자바 클래스가 분리되어 있다.

장황하지만 if ... else 문으로 타입을 체크할 수는 있다.

```
if (expr instanceof Expr.Binary) {
  // ...
} else if (expr instanceof Expr.Grouping) {
  // ...
} else // ...
```

그러나 이러한 순차적인 타입 체크는 너무 느리다. 알파벳 순서로 뒷부분에 위치한 타입의 표현식은 더 많은 if 케이스를 거쳐야 하므로 매치될 때까지 오래 기다려야 할 것이다. 우아한 해결책이 아니다.

자, 지금 우리 앞에 한 다발의 클래스가 있고 각 클래스마다 동작의 청크를 연결시켜야 한다. 자바 같은 객체 지향 언어는 클래스 내부의 메서드에 동작을 달아 넣는 게 자연스럽다. 이를테면, Expr에 interpret()라는 추상 메서드를 추가하고 각 서브클래스는 자기만의 인터프리팅 로직을 알아서 구현하는 식이다.

> 이것이 바로 에릭 감마(Erich Gamma) 등이 공저한 『GoF의 디자인 패턴(재사용성을 지닌 객체지향 소프트웨어의 핵심요소)』에 등장하는 '인터프리터 패턴(interpreter pattern)[12]'이다.

작은 프로젝트라면 이 방법도 괜찮겠지만 확장성이 문제다. 다시 말하지만, 이런 트리 클래스가 몇몇 도메인에 걸쳐 있기 때문에 파서와 인터프리터가 한데 뒤섞여 난잡해지고 말 것이다. 11장에서 다룰 내용이지만, 여기에 이름 레졸루션(name resolution)을 수행해야 한다. 록스가 정적 타입 언어라면 타입을 체크하는 단계도 밟을 것이다.

표현식 클래스마다 인스턴스 메서드를 추가해서 이 모든 일을 처리했다간 서로 다른 도메인들이 서로 엉겨 붙게 될 것이다. 이는 관심사 분리(separation of concerns)[13] 원칙에도 어긋나고 코드를 관리하기도 곤란해진다.

---

[12] https://en.wikipedia.org/wiki/Interpreter_pattern

[13] https://en.wikipedia.org/wiki/Separation_of_concerns

5.3.1 표현식 문제

사실 이 문제는 언뜻 보기보다 상당히 심오하다. 자, 지금 여러분 한 손에 타입이 한 줌, 다른 손에는 interpret() 같은 하이레벨 연산이 한 줌 놓여 있다고 하자. 각 타입과 연산이 교차하는 지점마다 구현체가 필요한 상황이다. 표를 하나 그려보자.

	interpret()	resolve()	analyze()
이항	...	...	...
그룹핑	...	...	...
리터럴	...	...	...
단항	...	...	...

타입이 로우(row, 행), 연산이 칼럼(column, 열)이고, 각 셀은 로우의 타입에서 칼럼의 동작을 구현한 고유한 코드 조각이다.

자바 같은 객체 지향 언어에서는 한 로우에 있는 코드가 모두 자연스럽게 연관되어 있다고 가정한다. 타입을 갖고 무슨 일들 하든 서로 연관되어 있을 가능성이 높기 때문에 이런 언어에서는 동일한 클래스 내부의 메서드로 함께 정의하기가 쉽다.

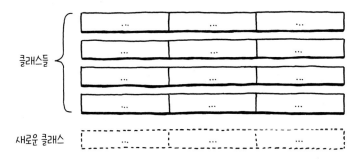

그래서 새 로우를 추가하면 이 표는 얼마든지 확장 가능하다. 기존 코드는 건드릴 필요 없이, 그냥 새 클래스를 정의하면 그만이다. 자, 그런데 갑자기 새로운 동작, 즉 칼럼을 새로 추가할 일이 생겼다고 하자. 자바 언어라면 기존에 작성된 모든 클래스의 뚜껑을 다시 열어 새 메서드를 추가해야 한다.

ML 계열의 함수형 언어는 정반대다. 메서드가 있는 클래스가 없다. 타입과 함수는 완전히 별개다. 다양한 타입에 다양한 동작을 구현하려면 하나의 함수를 정의한다. 그리고 이 함수의 바디에 패턴 매칭(pattern matching)을 사용해서 원하는 동작을 모든 타입에 걸쳐 한 번에 적용한다.

ML은 리스프처럼 좋은 아이디어로 가득한 언어다. 40년이 지난 지금도 많은 언어 디자이너들이 그 가치를 재발견하고 있다.

> 로빈 밀너(Robin Milner)와 그의 동료들이 발명한 '메타언어(MetaLanguage)', 즉 ML은 위대한 프로그래밍 언어군을 형성한 주요 분기 중 하나다. SML, Caml, OCaml, 하스켈(Haskell), F# 등이 ML의 후계자들이다. 스칼라(Scala), 러스트(Rust), 스위프트(Swift)도 유사성이 뚜렷하다.

그래서 새 동작을 추가하는 일이 식은 죽 먹기다. 모든 타입에 대해 패턴 매칭 함수를 하나 더 정의하면 된다.

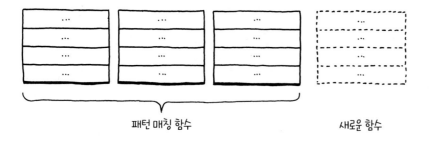

패턴 매칭 함수　　　　　　　　새로운 함수

하지만 역으로 타입을 새로 추가하기가 어렵다. 기존 모든 함수의 모든 패턴 매칭을 다시 열어 새 케이스를 추가해야 한다.

이렇듯 언어 스타일에 따라 '성격'이 갈린다. 패러다임 명칭 자체가 그렇다. 객체 '지향(oriented)' 언어는 코드를 타입 로우에 '맞추는(orient)' 것을 선호한다. '함수형(functional)' 언어는 각 칼럼의 코드 다발을 함수 (function)로 묶으라고 권장한다.

똑똑한 언어 덕후들은 두 스타일 모두 표에 로우와 칼럼을 쉽사리 추가할 수 없음을 간파했다. 그들은 이 난제를 '표현식 문제(expression problem)'라고 불렀다. 그들 역시 지금 여러분과 나처럼 컴파일러에서 표현식 구문 트리 노드를 모델링하는 최선의 방법을 찾다가 처음 이 문제에 맞닥뜨렸으리라.

> 커먼 리스프(Common Lisp)의 CLOS, 딜런(Dylan), 줄리아(Julia)처럼 멀티메서드(multimethod)를 지원하는 언어는 새 타입과 새 연산을 쉽게 추가할 수 있다. 하지만 그 대가로 정적 타입 검사(static type check) 또는 분할 컴파일(separate compilation) 중 하나는 포기해야 한다.

사람들이 온갖 종류의 언어 기능, 디자인 패턴, 프로그래밍 트릭으로 이 문제를 해결해보려고 애썼지만 아직도 완벽한 풀이를 제시한 언어는 없다. 현재로선 우리가 작성하는 프로그램과 아키텍처 방향성이 가장 자연스럽게 어우러진 언어를 선택하는 것이 최선이다.

객체 지향은 록스 인터프리터의 많은 부분들과 비교적 잘 맞는 편이지만, 트리 클래스는 자바 언어의 성격과 어울리지 않는다. 하지만 다행히 이럴 때 딱 좋은 디자인 패턴이 하나 있다.

5.3.2 비지터 패턴

비지터 패턴(visitor pattern)은 디자인 패턴 전체를 통틀어 가장 널리 오해받는 패턴이다. 지난 수십 년간 소프트웨어 아키텍처에서 남용된 것만 보아도 자명한 사실이다.

용어부터가 문제다. 이 패턴은 '방문하는 행위'와 무관하며, accept라는 메서드 이름도 정확한 이미지를 떠올리는 데 도움이 안 된다. 많은 사람들이 이 패턴이 트리를 탐색하는 것과 관련이 있다고 생각하지만 전혀 그렇지 않다. 이 책에서는 트리 비슷한(tree-like) 클래스 집합을 대상으로 이 패턴을 적용하겠지만, 이는 어디까지나 우연의 일치일 뿐이다. 이 패턴은 나중에 배우겠지만 단일 객체에서도 잘 작동된다.

비지터 패턴은 사실 OOP 언어 내부에서 함수형 스타일을 흉내 낸 것이다. 이 패턴 덕분에 앞서 보았던 표에 칼럼을 쉽게 추가할 수 있다. 타입 자체는 전혀 건드리지 않고도 새로운 동작을 한 번에 여러 타입에 정의할 수 있다. CS에서는 거의 모든 문제를 이렇게 간접 참조 레이어(layer of indirection)를 덧대어 해결한다.

자동 생성된 Expr 클래스에 이 패턴을 적용하기 전에 더 간단한 예를 하나 들어보겠다. 지금 여러분 책상 위에 베녜(beignet)와 크룰러(cruller)라는 두 가지 페이스트리(pastry)가 있다고 하자.

나는 카페 뒤 몽드(Café du Monde)의 튀김기에서 갓 튀겨진 베녜를 설탕 가루에 잔뜩 묻혀 카페오레 한 잔에 푹 담가 먹는 걸 좋아한다. 그럴 즈음 창밖에는 전날 밤 파티로 쌓인 숙취를 어떻게든 극복하려고 비틀거리는 관광객들이 안쓰럽게 비친다.

베녜(발음은 '벤(ben)-예(yay)'로 두 음절 모두 강세가 있다)는 도넛과 같은 부류의 음식으로, 기름에 튀긴 페이스트리다. 1700년대 프랑스가 북아메리카를 식민지로 정복할 때 처음 전파된 이래, 지금은 미국 뉴올리언스(New Orleans)의 대표 음식으로 자리매김했다.

```
abstract class Pastry {
}

class Beignet extends Pastry {
}

class Cruller extends Pastry {
}
```

각 클래스에 매번 새 메서드를 추가하지 않고 새로운 (요리하고, 먹고, 플레이팅하는) 페이스트리 작업을 정의할 수는 없을까? 가능하다. 먼저 인터페이스를 하나 정의한다.

```
interface PastryVisitor {
  void visitBeignet(Beignet beignet);
  void visitCruller(Cruller cruller);
}
```

메서드마다 고유한 이름을 부여하면 디스패치가 훨씬 더 명확해지며, 오버로딩을 지원하지 않는 언어에도 이 패턴을 적용할 수 있다.

모든 페이스트리 작업은 각각 이 인터페이스를 구현한 새 클래스에서 구현된다. 페이스트리 종류마다 구체화한 메서드(concrete method)가 배치되는 것이다. 이런 식으로 두 타입에 해당하는 동작 코드 모두 한 클래스에 깔끔하게 중첩된다.

디자인 패턴에서는 이런 메서드가 죄다 visit()로 시작해서 사람을 헷갈리게 만든다. 또 메서드 오버로딩에 의존해서 구분하는 경향이 있다. 그래서 런타임에 정확히 매개변수 타입을 보고 비지트 메서드가 선택되리라 기대하는 사람들도 있지만, 실은 그렇지 않다. 오버로딩(overloading)은 오버라이딩(overriding)과 달리 컴파일 타임에 정적 디스패치된다.

그럼 어떤 페이스트리가 주어졌을 때, 그 타입에 따라 정확한 비지트 메서드로 보내려면 어떻게 해야 할까? 그렇다, 바로 다형성(polymorphism)이다! Pastry에 다음 메서드를 추가한다.

```
abstract class Pastry {
  abstract void accept(PastryVisitor visitor);
}
```

이 추상 메서드는 서브클래스 Beignet와...

```
class Beignet extends Pastry {
  @Override
  void accept(PastryVisitor visitor) {
    visitor.visitBeignet(this);
  }
}
```

... Cruller가 각각 상속한다.

```
class Cruller extends Pastry {
  @Override
  void accept(PastryVisitor visitor) {
    visitor.visitCruller(this);
  }
}
```

이제 페이스트리에 어떤 동작을 수행하려면 그 작업에 해당하는 비지터를 accept() 메서드의 인수로 넣어 호출한다. 그럼 페이스트리, 즉 accept()를 오버라이드한 특정 서브클래스는 전달받은 작업을 수행한 다음, 비지터에 있는 특정 비지트 메서드에 자기 자신을 인수로 넣어 호출한다.

이것이 마술 트릭의 핵심이다. Pastry 클래스가 다형적 디스패치(polymorphic dispatch)를 통해 비지터 클래스에 있는 어떤 메서드를 선택하는 것이다. 다음 표에서 각 페이스트리 클래스는 로우지만, 단일 비지터에 해당하는 모든 메서드를 잘 보면 각각 칼럼을 형성한다.

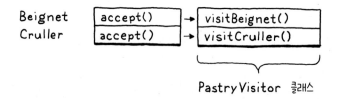

PastryVisitor 클래스

accept() 메서드는 클래스마다 하나씩 추가했기 때문에 이제 페이스트리 클래스는 따로 건드리지 않아도 비지터를 원하는 만큼 추가해서 사용할 수 있다. 정말 기발한 패턴 아닌가!

5.3.3 표현식에 비지터를 적용

좋다, 그럼 록스의 표현식 클래스에 비지터 패턴을 엮어보자. 패턴도 조금 더 정교하게 다듬을 것이다. 페이스트리 예제는 비지트 메서드, 즉 accept() 메서드가 아무것도 리턴하지 않았지만, 실제로는 이 메서드로 어떤 값을 만들어내는 동작을 수행하고 싶을 때가 많다. 그렇다면 accept()는 어떤 타입의

아니면 비지트 메서드에 추가 '컨텍스트(context)' 매개변수를 전달하고, 다시 accept()의 인수로 넣어 돌려보내도록 할 수도 있다. 이렇게 하면 수행하는 작업에 추가 매개변수를 넘길 수 있지만, 이 책에서 설명하는 비지터는 이렇게 할 필요까진 없기 때문에 생략하겠다.

데이터를 리턴해야 할까? 모든 비지터 클래스가 동일한 타입의 데이터를 만들어낸다고 볼 수는 없으므로, 각 구현체가 리턴 타입을 알아서 채우도록 제네릭스(generics)를 사용하는 것이 좋겠다.

먼저 비지터 인터페이스를 정의한다. 다시 말하지만, 모든 것을 한 파일에 담을 수 있도록 베이스 클래스 안에 이 인터페이스를 넣는다.

tool/GenerateAst.java ▶ defineAst() 메서드

```
    writer.println("abstract class " + baseName + " {");

    defineVisitor(writer, baseName, types);

    // AST 클래스
```

다음은 비지터 인터페이스를 생성하는 함수다.

tool/GenerateAst.java ▶ defineAst() 메서드 다음에 추가

```
  private static void defineVisitor(
      PrintWriter writer, String baseName, List<String> types) {
    writer.println("  interface Visitor<R> {");

    for (String type : types) {
      String typeName = type.split(":")[0].trim();
      writer.println("    R visit" + typeName + baseName + "(" +
          typeName + " " + baseName.toLowerCase() + ");");
    }

    writer.println("  }");
  }
```

모든 서브클래스를 하나씩 반복하면서 해당 비지트 메서드를 선언한다. 나중에 새로운 표현식 타입을 정의하면 비지트 메서드는 자동으로 포함될 것이다.

베이스 클래스에는 추상 메서드 accept()를 정의한다.

tool/GenerateAst.java ▶ defineAst() 메서드

```
      defineType(writer, baseName, className, fields);
    }

    // 베이스 accept() 메서드
    writer.println();
    writer.println("  abstract <R> R accept(Visitor<R> visitor);");

    writer.println("}");
```

마지막으로, 각 서브클래스는 이 인터페이스를 구현하고 자기 타입에 해당하는 비지트 메서드를 호출한다.

```
    writer.println("      }");

    // 비지터 패턴
    writer.println();
    writer.println("    @Override");
    writer.println("    <R> R accept(Visitor<R> visitor) {");
    writer.println("      return visitor.visit" +
        className + baseName + "(this);");
    writer.println("    }");

    // 필드
```

다 됐다. 이제 클래스나 생성기 스크립트를 더럽히지 않고도 표현식에 작업을 정의할 수 있다. 이 생성기 스크립트를 컴파일하고 실행하면 업데이트된 Expr.java 파일이 생기는데, 여기에는 비지터 인터페이스와 이 인터페이스를 사용해서 비지터 패턴을 지원하는 표현식 노드 클래스 집합이 포함되어 있다.

두서없이 쓴 장을 마치기 전에 실제로 비지터 인터페이스를 구현하고 패턴을 적용해보자.

5.4 / (적당히) 예쁜 출력기

INTERPRETER

파서와 인터프리터를 디버그할 때에는 파싱된 구문 트리를 살펴보고 의도했던 구조인지 확인하는 작업이 필요하다. 디버거로도 가능하지만 매번 번거로울 가능성이 높다.

어떤 구문 트리가 주어지면 이를 명확한 문자열 표현으로 만들어내는 코드가 있으면 좋겠다. 트리를 문자열로 변환하는 일은 파서가 하는 일의 정반대에 해당한다. 소스 언어에서 올바른 구문의 문자열을 생성하는 것이 목표라면 이를 보통 '프리티 프린팅(pretty printing, 예쁜 출력)'이라고 한다.

우리의 목표는 예쁘게 출력하는 것이 아니다. 중첩된 트리 구조를 문자열로 명백하게 나타내고 싶은 것이다. 가령, 연산자 우선순위가 올바르게 지켜졌는지 디버그하고 싶은데, 화면에 1 + 2 * 3이 출력된다면 별로 도움이 안 된다. 우리는 + 또는 *가 트리 최상단에 있는지를 확인하고 싶다.

이 목표를 달성하기 위해 우리가 만들어낼 문자열 표현은 록스 구문이 아닐 것이다. 외려, 리스프와 아주 유사한 형태일 것이다. 각 표현식이 분명하게 괄호로 묶여 있고, 모든 서브식과 토큰이 그 안에 포함된 모습이다.

만약, 다음과 같은 구문 트리가 있다면...

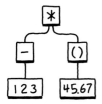

... 이런 문자열이 생성될 것이다.

```
(* (- 123) (group 45.67))
```

'예쁘다고' 할 수는 없지만, 그래도 중첩과 그룹핑이 명시적으로 드러난다. 이렇게 구현하려면 새 클래스가 필요하다.

lox/AstPrinter.java ▶ 새 파일 생성

```java
package com.craftinginterpreters.lox;

class AstPrinter implements Expr.Visitor<String> {
  String print(Expr expr) {
    return expr.accept(this);
  }
}
```

보다시피 비지터 인터페이스를 구현한 클래스다. 즉, 지금까지 구현한 각 표현식 타입마다 비지트 메서드가 필요하다.

lox/AstPrinter.java ▶ print() 메서드 다음에 추가

```java
    return expr.accept(this);
  }

  @Override
  public String visitBinaryExpr(Expr.Binary expr) {
    return parenthesize(expr.operator.lexeme,
                        expr.left, expr.right);
  }

  @Override
  public String visitGroupingExpr(Expr.Grouping expr) {
    return parenthesize("group", expr.expression);
  }

  @Override
  public String visitLiteralExpr(Expr.Literal expr) {
    if (expr.value == null) return "nil";
    return expr.value.toString();
  }
```

```
  @Override
  public String visitUnaryExpr(Expr.Unary expr) {
    return parenthesize(expr.operator.lexeme, expr.right);
  }
}
```

리터럴 표현식은 쉽다. 록스의 nil에 해당하는 자바 null 체크를 한 다음, 값을 문자열로 바꾸면 된다. 다른 표현식은 서브식을 갖고 있으므로 이 parenthesize() 헬퍼 메서드를 활용하면 편하다.

lox/AstPrinter.java ▶ visitUnaryExpr() 메서드 다음에 추가

```
  private String parenthesize(String name, Expr... exprs) {
    StringBuilder builder = new StringBuilder();

    builder.append("(").append(name);
    for (Expr expr : exprs) {
      builder.append(" ");
      builder.append(expr.accept(this));
    }
    builder.append(")");

    return builder.toString();
  }
```

이 메서드는 이름(String name)과 서브식 배열(Expr... exprs)을 받아 모두 괄호로 묶은 후, 다음과 같은 문자열을 생성한다.

```
(+ 1 2)
```

각 서브식마다 accept()를 호출하면서 스스로를 인수로 넘긴다. 이 과정이 재귀 수행되면서 전체 트리가 출력된다.

> 바로 이 재귀 때문에 트리가 비지터 패턴과 연관되어 있다고 착각하는 사람들이 많다.

아직 파서가 없어서 실제로 일어나는 과정을 지켜보긴 어렵다. 일단 수동으로 트리를 인스턴스화한 다음 출력하는 작은 main() 메서드를 만들어 테스트하자.

lox/AstPrinter.java ▶ parenthesize() 메서드 다음에 추가

```
  public static void main(String[] args) {
    Expr expression = new Expr.Binary(
        new Expr.Unary(
            new Token(TokenType.MINUS, "-", null, 1),
            new Expr.Literal(123)),
        new Token(TokenType.STAR, "*", null, 1),
```

```
      new Expr.Grouping(
          new Expr.Literal(45.67)));

  System.out.println(new AstPrinter().print(expression));
}
```

제대로 코딩했다면 다음과 같이 출력될 것이다.

```
(* (- 123) (group 45.67))
```

이 메서드는 앞으로 필요하지 않으니 삭제해도 좋다. 나는 지금부터 새로운 구문 트리 타입을 추가할 때, AstPrinter에서 어떤 비지트 메서드가 필요한지 애써 따로 설명하지 않을 작정이다. 여러분이 필요하다고 느낀다면 (또 자바 컴파일러가 여러분에게 그러지 말라고 호통치는 게 아니라면) 직접 추가하기 바란다. 다음 장에서 록스의 소스 코드를 구문 트리로 파싱하기 시작할 때 요긴하게 쓰일 것이다. AstPrinter를 관리하는 게 버겁다면 다시 필요할 일은 없을 테니 자유로이 삭제해도 무방하다.

연습 문제

1. 앞서 나는 록스 메타문법에 추가한 ¦, *, + 포맷은 구문 슈가에 불과하다고 말했다.

```
expr → expr ( "(" ( expr ("," expr)* )? ")" ¦ "." IDENTIFIER )+
     ¦ IDENTIFIER
     ¦ NUMBER
```

동일한 언어와 매치되지만 이런 구문 슈가 표기법을 사용하지 않는 문법을 정의하라.

추가 문제 : 이 문법은 어떤 종류의 표현식을 인코드하는가?

2. 비지터 패턴을 활용하면 객체 지향 언어에서 함수형 스타일을 흉내 낼 수 있다. 함수형 언어에 대한 보완적인 패턴을 고안하라. 한 타입에 대한 작업을 모두 묶을 수 있어야 하고, 새로운 타입을 쉽게 정의할 수도 있어야 한다.

(이런 일을 하기에 SML이나 하스켈만 한 언어는 또 없겠지만 스킴이나 리스프도 괜찮다.)

3. 역폴란드 표기법(RPN, Reverse Polish Notation)에서는 산술 연산자의 피연산자가 모두 연산자 앞에 위치하므로 1 + 2는 1 2 +로 표기한다. 평가는 좌에서 우로 진행되며, 숫자는 암묵적인 스택에 푸시한다. 산술 연산자는 맨 위 숫자 2개를 팝해 연산을 수행한 뒤 결괏값을 다시 스택에 푸시한다. 이런 식이다.

```
(1 + 2) * (4 - 3)
```

RPN으로 표기하면 다음과 같다.

```
1 2 + 4 3 - *
```

표현식을 입력받아 RPN으로 변환 후 결과 문자열을 리턴하는 비지터 클래스를 정의하라.

6장

표현식 파싱

> 문법, 왕도 다스릴 수 있지.
>
> 몰리에르(Moliere)

6장은 이 책의 첫 번째 주요 이정표다. 많은 사람들이 텍스트 더미에서 어떤 의미라도 캐내려고 갖가지 정규식(regular expression)과 서브스트링(substring) 연산을 뒤섞어 사용했다. 그 코드는 아마도 온갖 버그가 난무하고 길들이기 어려운 야수로 가득했을 것이다. 깔끔한 에러 처리, 일관된 내부 구조, 세련된 구문을 통해 탄탄하게 소화할 능력을 갖춘 파서를 작성하는 일은 매우 희귀하고 인상적인 기술이다. 이 장에서는 이러한 진짜 파서를 만들겠다.

> 'Parse'는 고대 프랑스어 'pars'에서 유래된 단어로, '말의 일부(part of speech)'라는 뜻이다. 어떤 텍스트가 있으면 각각의 단어를 언어의 문법에 매핑하는 것을 의미한다. 영어가 고대 프랑스어보다는 조금 더 현대어이긴 하나, 이 책에서도 파서는 동일한 의미로 사용된다.
>
> 많은 통과의례(rites of passage)가 그렇듯, 앞에 있을 때보다 뒤에 있을 때 조금 더 작아 보이고 덜 위압적으로 느껴질 것이다.

어려운 부분은 이미 지난 장에서 다루었기 때문에 생각보다 쉽다. 여러분은 이미 록스의 형식 문법을 알고 있고 구문 트리도 익숙하다. 구문 트리를 나타내는 자바 클래스도 이미 작성했다. 남은 유일한 퍼즐 조각은 파싱, 곧 일련의 토큰을 이들 구문 트리 중 하나로 변환하는 일이다.

어떤 CS 교과서는 파서를 아주 중요하게 다룬다. 1960년대 컴퓨터 과학자들은 (어셈블리 언어 프로그래밍에 녹초가 된 나머지) 포트란이나 알골처럼 더 정교하고 인간 친화적인(human-friendly) 언어를 디자인하기 시작했다. 물론, 이러한 언어가 당시 원시적인 컴퓨터에는 기계 친화적(machine-friendly)이지 않았다.

> 집채만 한 기계 앞에 앉아 어셈블리 프로그램을 짜며 고통받던 사람들이 포트란을 얼마나 대단한 진보라고 여겼을지 상상이 가는가?

이 선구자들은 솔직히 컴파일러를 어떻게 작성해야 할지 자신들도 확신을 갖지 못한 채 언어를 디자인했고, 그렇게 디자인한 새롭고 큰 언어를 작고 오래된 기계에서 실행하기 위해 필요한 파싱 기법과 컴파일 기술을 발명하는 획기적인 성과를 이룩했다.

고전 컴파일러 책들은 대개 이 영웅들과 그들의 도구를 기리는 위인전처럼 읽힌다. 『Compilers: Principles, Techniques, and Tools』 표지에는 글자 그대로 'LALR 파서 생성기(parser generator)'와 '구문 지정 변환(syntax directed translation)'이라는 글자가 박힌 칼과 방패를 든 기사가 '컴파일러 디자인의 복잡성'이라고 표시된 용을 무찌르는 그림이 있다.

약간의 자축은 마땅히 받을 만하지만, 현대 기계에서 작동되는 고급 파서를 만들기 위해 이러한 내용을 시시콜콜 다 알 필요는 없다. 물론, 나는 여러분이 언젠가 학문의 폭을 넓혀 제대로 배우기를 권장하지만 이 책에서 트로피 케이스를 따로 수여하지는 않겠다.

6.1 모호함과 파싱 게임

지난 장에서 나는 컨텍스트 자유 문법을 마치 게임처럼 '플레이'해서 문자열을 생성할 수 있다고 말했다. 파서는 이 게임을 거꾸로 플레이한다. 문자열, 즉 일련의 토큰이 주어지면 해당 토큰을 문법의 터미널에 매핑하여 어떤 규칙으로 그런 문자열이 생성됐을지 알아내는 과정이다.

여기서 '됐을지(could have)' 부분이 재미있다. 모호한 문법(ambiguous grammar)을 만드는 것은 얼마든지 가능하며, 전혀 다른 프로덕션을 선택해도 동일한 문자열이 생성될 수 있다. 문법을 사용하여 문자열을 생성하는 경우는 그다지 중요하지 않다. 이미 문자열을 갖고 있는데 그걸 어떻게 얻었는지 누가 신경이나 쓰겠는가?

파싱에서 모호함(ambiguity)이란 파서가 사용자의 코드를 잘못 이해할 수도 있음을 뜻한다. 파서는 파싱을 하면서 문자열이 올바른 록스 코드인지 알아내는 것뿐만 아니라, 어느 규칙이 문자열의 어느 부분과 매치되는지 추적함으로써 각 토큰이 언어의 어느 부분에 속하는지 파악한다. 다음은 5장에서 정리한 록스의 표현식 문법이다.

```
expression      → literal
                | unary
                | binary
                | grouping ;

literal         → NUMBER | STRING | "true" | "false" | "nil" ;
grouping        → "(" expression ")" ;
unary           → ( "-" | "!" ) expression ;
binary          → expression operator expression ;
operator        → "==" | "!=" | "<" | "<=" | ">" | ">="
                | "+"  | "-"  | "*" | "/" ;
```

다음은 이 문법을 따른 올바른 문자열이다.

6 / 3 - 1

하지만 이 문자열은 두 가지 경로로 생성할 수 있다. 첫 번째 경로는 다음과 같다.

1. expression부터 시작해서 binary를 고른다.

2. 좌측 expression에서 NUMBER를 고르고 6을 사용한다.

3. 연산자로 /를 고른다.

4. 우측 expression에서 binary를 다시 고른다.

5. 중첩된 binary 식에서 3 - 1을 고른다.

다음은 두 번째 경로다.

1. expression부터 시작해 binary를 고른다.

2. 좌측 expression에서 다시 binary를 고른다.

3. 중첩된 binary 식에서 6 / 3을 고른다.

4. 바깥쪽 binary로 돌아가 연산자로 -를 고른다.

5. 우측 expression에서 NUMBER를 고르고 1을 사용한다.

둘 다 결과 문자열은 동일하지만 구문 트리가 다르다.

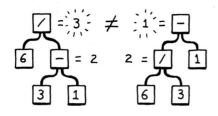

다시 말해, 동일한 문법이라도 이 표현식을 (6 / 3) - 1로 볼 수도 있고, 6 / (3 - 1)로 볼 수도 있다. binary 규칙에 따르면 피연산자를 원하는 방식으로 중첩할 수 있는데, 이는 결국 파싱된 트리의 평가 결과에 영향을 미친다. 흑판이 처음 발명된 이래, 수학자들은 우선순위와 결합 법칙을 정의하여 이 모호성을 해결했다.

- **우선순위(precedence):** 서로 다른 연산자가 섞인 표현식에서 어떤 연산자를 먼저 평가할지 정하는 규칙이다. 좀 전의 예제에서 /는 -보다 우선순위가 높기 때문에 먼저 평가된다. 우선순위가 높은 연산자는 항상 우선순위가 낮은 연산자보다 먼저 평가된다. 즉, 우선순위가 높은 연산자가 '더 단단히 바인드(bind tighter)'된다.

- **결합 법칙(associativity):** 동일한 연산자가 죽 이어진 경우, 어느 것을 먼저 평가할지 정하는 규칙이다. **좌측 결합(left-associative, 좌에서 우)** 연산자는 좌측에 있는 연산자를 우측에 있는 연산자보다 먼저 평가한다. -는 좌측 결합 연산자이므로 다음 표현식은...

> 요즘은 드문 일이지만, 특정 연산자 쌍에 상대적 우선순위가 없다고 지정한 언어도 있다. 즉, 해당 연산자를 명시적으로 그룹핑하지 않은 상태로 표현식에서 섞으면 구문 에러가 난다.
>
> 마찬가지로, 일부 연산자는 비결합적(non-associative)이다. 즉, 동일한 연산자를 두 번 이상 이어 쓰면 에러가 난다. 예를 들어, 펄의 범위 연산자(range operator)는 비결합적 연산자이기 때문에 a .. b는 문제가 없지만 a .. b .. c는 에러다.

---

5 - 3 - 1

... 다음 식과 동등하다.

(5 - 3) - 1

반대로, =은 **우측 결합(right-associative, 우에서 좌)** 연산자이므로 다음 표현식은...

---

a = b = c

... 다음 식과 동등하다.

---

a = (b = c)

우선순위와 결합 법칙을 명확하게 정의하지 않으면 여러 연산자를 사용한 표현식은 모호해지고 전혀 다른 구문 트리로 파싱되어 엉뚱한 결과로 평가될 수 있다. 록스는 다음과 같이 가장 낮은 것부터 높은 것 순서로 C와 동일하게 우선순위 규칙을 정했다.

명칭	연산자	결합 법칙
동등(equality)	== !=	좌측
비교(comparison)	> >= < <=	좌측
항(term)	- +	좌측
인수(factor)	/ *	좌측
단항	! -	우측

지금 문법은 모든 표현식 타입을 하나의 expression 규칙에 넣는다. 이와 동일한 규칙이 피연산자에 대한 넌터미널로 사용되므로 문법상 우선순위 규칙의 허용 여부와 무관하게 어떤 종류의 표현식도 서브식으로 쓸 수 있다.

이 문제는 문법을 계층화함으로써 해결할 수 있다. 각 우선순위 레벨마다 규칙을 따로따로 정의하는 것이다.

> 어떤 파서 생성기는 우선순위를 문법 규칙에 바로 구워 넣는 대신, '모호하지만 단순한(ambiguous-but-simple)' 문법을 그대로 유지하되, 좀 더 명시적인 연산자 우선순위 메타데이터를 곁들여 모호함을 제거하기도 한다.

```
expression   →  ...
equality     →  ...
comparison   →  ...
term         →  ...
factor       →  ...
unary        →  ...
primary      →  ...
```

각 규칙은 자신의 우선순위 또는 그 이상의 표현식과 매치된다. 예를 들어 unary는 !negated 같은 단항식이나 1234 같은 기본식(primary expression)과 매치되며, term은 1 + 2는 물론 3 * 4 / 5와도 매치된다. 마지막 primary 규칙은 가장 우선순위가 높은 형식인 리터럴 및 괄호 안의 표현식을 커버한다.

우리는 이들 각 규칙에 대한 프로덕션을 채우기만 하면 된다. 쉬운 것부터 해보자. 맨 위 expression 규칙은 우선순위와 상관없이 모든 표현식과 매치된다. equality는 우선순위가 가장 낮으므로 여기에 매치시키면 모든 표현식이 포함되는 셈이다.

```
expression      → equality
```

우선순위 테이블의 다른 쪽 끝에 있는 기본식은 모든 리터럴 및 그룹핑 표현식을 포함한다.

```
primary         → NUMBER | STRING | "true" | "false" | "nil"
                | "(" expression ")" ;
```

단항식은 단항 연산자로 시작하고 피연산자가 뒤에 나온다. 단항 연산자는 중첩이 가능하기 때문에(가령 모양은 좀 이상해도 !!true도 올바른 식이다) 피연산자 자체도 단항 연산자가 될 수 있다.

```
unary           → ( "!" | "-" ) unary ;
```

그러나 이 규칙은 문제가 있다. 절대로 종료되지 않는다.

각 규칙은 해당 우선순위 이상의 표현식과 매치돼야 하므로 기본식과도 매치시켜야 한다는 사실을 잊으면 안 된다.

```
unary           → ( "!" | "-" ) unary
                | primary ;
```

남은 규칙은 모두 이항 연산자다. 곱셈, 나눗셈 규칙부터 이렇게 정의해보자.

```
factor          → factor ( "/" | "*" ) unary
                | unary ;
```

이 규칙은 좌측 피연산자를 재귀적으로 매치시킨다. 덕분에 1 * 2 / 3 같은 일련의 곱셈/나눗셈 표현식도 매치시킬 수 있다. 좌측에 재귀적인 프로덕션을, 우측에 unary를 배치하면 좌측 결합 법칙을 따르는 명확한 규칙이 완성된다.

이 모든 것이 맞지만 규칙 바디의 첫

> 이론적으로 곱셈을 좌우 어느 결합 법칙으로 처리하든 결과는 같으므로 문제될 것은 없다. 그러나 정밀도가 제한된 실제 상황에서는 라운드오프(round-off) 및 오버플로 (overflow) 에러 때문에 결합 법칙이 연속된 곱셈 결과에 영향을 미친다. 다음 코드를 보자.
>
> ```
> print 0.1 * (0.2 * 0.3);
> print (0.1 * 0.2) * 0.3;
> ```
>
> 록스처럼 IEEE 754[1] 배정도 부동 소수점 표준을 준수하는 언어에서는 첫 번째 코드의 결괏값이 0.006, 두 번째 코드의 결괏값이 0.006000000001로 평가된다. 이 미세한 차이가 중요한 경우도 있다. 여기[2]를 읽어보면 도움이 되리라.

번째 심볼이 규칙의 헤드와 같다는 사실은 이 프로덕션이 **좌측 재귀적(left-recursive)**이라는 것을 의미한다. 그런데 앞으로 우리가 사용할 기법을 비롯한 일부 어떤 파싱 기법은 이러한 좌측 재귀에 문제가 있다(unary에 있을 때처럼 다른 곳에서의 재귀나, primary에서 그룹핑을 위한 간접 재귀는 문제가 되지 않는다).

동일한 언어와 매치되는 문법은 얼마든지 정의하기 나름이다. 특정 언어를 어떻게 모델링할지는 취향 문제이자 실용적인 문제다. 이 규칙은 정확하긴 하지만 파싱을 하려는 최적의 방식은 아니다. 좌측 재귀 규칙 대신 다른 규칙을 사용하자.

```
factor          → unary ( ( "/" | "*" ) unary )* ;
```

인수식(factor expression)을 곱셈과 나눗셈을 플랫한 시퀀스로 정의한 것으로, 이전 규칙과 매치되는 구문은 동일하지만 앞으로 파싱을 하기 위해 작성할 록스 코드를 더 잘 나타낸다. 다른 이항 연산자의 우선순위에도 모두 동일한 구조를 적용하면 완전한 표현식 문법을 얻을 수 있다.

```
expression      → equality ;
equality        → comparison ( ( "!=" | "==" ) comparison )* ;
comparison      → term ( ( ">" | ">=" | "<" | "<=" ) term )* ;
term            → factor ( ( "-" | "+" ) factor )* ;
factor          → unary ( ( "/" | "*" ) unary )* ;
unary           → ( "!" | "-" ) unary
                | primary ;
primary         → NUMBER | STRING | "true" | "false" | "nil"
                | "(" expression ")" ;
```

문법은 전보다 훨씬 복잡해졌지만, 이전 문법의 모호함이 사라졌다. 딱 파서를 만드는 데 필요한 문법만 있다.

---

1 https://en.wikipedia.org/wiki/Double-precision_floating-point_format
2 https://docs.oracle.com/cd/E19957-01/806-3568/ncg_goldberg.html

재귀 하향 파싱

파싱 기법은 대부분 'L'과 'R'을 조합하여 명명(예: LL(k)[3], LR(1)[4], LALR[5])된 것들과 파서 콤비네이터(parser combinator)[6], 얼리 파서(Earley parser)[7], 션팅 야드 알고리즘(shunting yard algorithm)[8], 팩랫 파싱(packrat parsing)[9] 등 제법 이국적인 야수들이 통합된 꾸러미 형태가 있다. 이 중 첫 번째 록스 인터프리터인 제이록스에서는 **재귀 하향(recursive descent)** 한 가지면 충분하다.

재귀 하향은 파서를 만드는 가장 간단한 수단이다. Yacc, Bison, ANTLR 등의 복잡한 파서 생성기를 사용할 필요가 없고 그저 손으로 작성한 직관적인 코드만 있으면 된다. 단순하다고 우습게 보면 안 된다. 재귀 하향 파서는 빠르고 강력하면서도 정교한 에러 처리를 자랑한다. GCC, V8(크롬의 자바스크립트 VM), 로슬린(Roslyn, C#으로 작성된 C# 컴파일러), 기타 많은 중량감 있는 프로덕션 언어 구현체도 이 기법을 사용했다. 정말 쩐다.

재귀 하향은 맨 위(top) 또는 가장 바깥쪽(outmost) 문법 규칙(여기서는 expression)부터 시작해 구문 트리 리프에 닿을 때까지 점점 중첩된 서브식 속으로 아래로 내려가며 파싱하는 **하향식 파서(top-down parser)**다. 기본식부터 시작하여 점점 더 큰 구문 청크를 조합하는 LR 같은 상향식 파서(bottom-up parser)와는 대조적이다.

재귀 하향 파서는 문법 규칙을 명령형 코드(imperative code)로 직역한 것이다. 각각의 규칙은 하나의 함수가 된다. 규칙의 바디는 대략 다음과 같은 코드로 번역된다.

문법을 따라 '내려가기' 때문에 '재귀 하향'이라고 한다. 그런데 우선순위의 높고 낮음을 이야기할 때에도 비유적으로 방향을 사용하는데, 사실 방향이 반대라서 조금 헷갈린다. 하향식 파서는 결과적으로 우선순위가 더 높은 서브식이 포함될 수 있으므로 우선순위가 가장 낮은 표현식에 제일 먼저 도달한다.

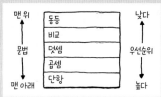

정말이지 CS 하는 사람들 한번 다 같이 모여 이 헷갈리는 비유를 바로 잡아야 할 것 같다. 스택에 어느 방향으로 쌓이는지, 트리의 루트가 왜 맨 위에 있는지 등등.

3   https://en.wikipedia.org/wiki/LL_parser
4   https://en.wikipedia.org/wiki/LR_parser
5   https://en.wikipedia.org/wiki/LALR_parser
6   https://en.wikipedia.org/wiki/Parser_combinator
7   https://en.wikipedia.org/wiki/Earley_parser
8   https://en.wikipedia.org/wiki/Shunting_yard_algorithm
9   https://en.wikipedia.org/wiki/Parsing_expression_grammar

문법 표기	코드 표현
터미널	토큰을 매치하여 소비하는 코드
넌터미널	해당 규칙의 함수를 호출
¦	if 또는 switch 문
* 또는 +	while 또는 for 루프
?	if 문

문법 규칙이 재귀 함수 호출로 번역되는 스스로를 (직접 또는 간접적으로) 참조하는 모양새라서 '재귀'라는 말이 붙었다.

6.2.1 파서 클래스

각 문법 규칙은 다음 클래스의 메서드가 된다.

lox/Parser.java ▶ 새 파일 생성

```java
package com.craftinginterpreters.lox;

import java.util.List;

import static com.craftinginterpreters.lox.TokenType.*;

class Parser {
  private final List<Token> tokens;
  private int current = 0;

  Parser(List<Token> tokens) {
    this.tokens = tokens;
  }
}
```

파서도 스캐너처럼 길게 나열된 플랫한 입력 시퀀스를 소비하지만, 문자 대신 토큰을 읽는다. 먼저 토큰 리스트를 보관하고 그다음에 파싱할 토큰을 current로 가리킨다.

그럼, 표현식 문법을 하나씩 살펴보며 각 규칙을 자바 코드로 옮겨보자. 첫 번째 규칙 expression은 알기 쉽게 equality 규칙으로 확장된다.

lox/Parser.java ▶ Parser() 메서드 다음에 추가

```java
  private Expr expression() {
    return equality();
  }
```

문법 규칙을 파싱하는 메서드는 각각 해당 규칙에 맞게 구문 트리를 만들어 호출자(caller, 호출부)에 리턴한다. 규칙 바디에 넌터미널, 즉 다른 규칙을 가리키는 참조가 들어 있으면 그 다른 규칙의 메서드를 호출한다.

> 이 때문에 재귀 하향 파서는 좌측 재귀가 문제가 된다. 좌측 재귀 규칙에 대한 함수는 즉시 자기 자신을 호출하고, 또 다시 자기 자신을 호출하고... 이런 식으로 결국 스택 오버플로가 발생하며 파서가 죽을 때까지 반복된다.

equality 규칙은 약간 더 복잡하다.

---

equality   → comparison (("!=" | "==") comparison)* ;

자바 코드로 바꾸면 이렇다.

lox/Parser.java ▶ expression() 메서드 다음에 추가

```java
  private Expr equality() {
    Expr expr = comparison();

    while (match(BANG_EQUAL, EQUAL_EQUAL)) {
      Token operator = previous();
      Expr right = comparison();
      expr = new Expr.Binary(expr, operator, right);
    }

    return expr;
  }
```

한 단계씩 살펴보자. 바디에서 첫 번째 넌터미널 comparison은 메서드의 첫 번째 comparison() 호출로 번역된다. 이 결과를 가져와 로컬 변수 expr에 저장한다.

그러고 나서 규칙의 (...)* 루프는 while 루프에 매핑된다. 이 루프를 언제 빠져나가야 하는지 알아야 한다. 규칙 내에서 먼저 !=이나 == 토큰을 찾아보고 둘 중 하나도 발견되지 않으면 동등 연산자 시퀀스를 종료하면 된다. 이러한 체크 로직은 match()라는 메서드에 담겠다.

lox/Parser.java ▶ equality() 메서드 다음에 추가

```java
  private boolean match(TokenType... types) {
    for (TokenType type : types) {
      if (check(type)) {
        advance();
        return true;
      }
    }

    return false;
  }
```

이 메서드는 현재 토큰이 주어진 타입 중 하나라도 해당되는지 확인한다. 만약 그렇다면 그 토큰을 소비한 다음 true를 리턴하고, 그렇지 않으면 false를 리턴하되 현재 토큰은 그대로 놓아둔다. match() 메서드는 기본적인 작업을 수행하는 두 메서드를 호출한다.

첫째, check() 메서드는 현재 토큰이 주어진 타입이면 true를 리턴한다. match()와 달리 토큰은 절대 소비하지 않고 살짝 보기만 한다.

lox/Parser.java ▶ match() 메서드 다음에 추가

```
private boolean check(TokenType type) {
  if (isAtEnd()) return false;
  return peek().type == type;
}
```

둘째, advance() 메서드는 현재 토큰을 소비하고 리턴한다. 스캐너가 문자를 하나씩 펼쳐보며 진행하는 것과 비슷하다.

lox/Parser.java ▶ check() 메서드 다음에 추가

```
private Token advance() {
  if (!isAtEnd()) current++;
  return previous();
}
```

이 두 메서드 역시 더 근본적인 작업을 수행하는 다음 세 메서드를 호출한다.

lox/Parser.java ▶ advance() 메서드 다음에 추가

```
private boolean isAtEnd() {
  return peek().type == EOF;
}

private Token peek() {
  return tokens.get(current);
}

private Token previous() {
  return tokens.get(current - 1);
}
```

isAtEnd() 메서드는 파싱할 토큰이 더 이상 없는지 확인한다. peek() 메서드는 토큰을 소비하지 않고 현재 토큰만 리턴한다. previous()는 바로 직전에 소비된 토큰을 리턴한다. previous()를 사용하면 match()에서 방금 전 매치된 토큰을 가져올 수 있으므로 한결 편하다.

파싱 인프라는 이 정도가 거의 전부다. 아직 equality()의 while 루프 안에 있다면, 틀림없이 != 또는 == 연산자를 발견해서 동등식(equality expression)을 파싱하는 중일 것이다.

매치된 연산자 토큰을 가져오면 어떤 종류의 동등식인지 가늠할 수 있다. 그런 다음 comparison() 메서드를 다시 호출해서 우측 피연산자를 파싱하고, 연산자와 두 피연산자를 새로운 Expr.Binary 구문 트리 노드로 합한 뒤, 루프를 반복할 때마다 결과식(resulting expression)을 동일한 로컬 변수 expr에 도로 담는다. 이와 같이 일련의 동등식을 묶으면 이항 연산자 노드의 트리가 좌측 결합된 형태로 생성된다.

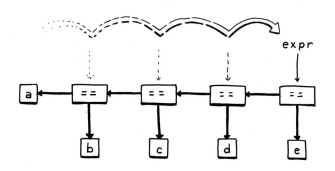

a == b == c == d == e를 파싱하는 과정. 루프 안에서 반복할 때마다 바로 이전 표현식을 좌측 피연산자로 삼아 새로운 이항식을 생성한다.

동등 연산자가 아닌 토큰이 나오면 파서는 루프를 종료하고 expr을 리턴한다. 동등 연산자가 나오지 않으면 파서는 절대로 루프에 진입하지 않는다. 이 경우 equality() 메서드는 사실상 comparison() 메서드의 호출 결과만 리턴하는 것과 같다. 이런 식으로 동등 연산자 또는 그보다 우선순위가 더 높은 연산자와 매치시키는 것이다.

이제 다음 규칙이다.

---

comparison   → term ((">" | ">=" | "<" | "<=") term)* ;

다음은 이 규칙을 옮긴 자바 코드다.

lox/Parser.java ▶ equality() 메서드 다음에 추가

```
private Expr comparison() {
  Expr expr = term();

  while (match(GREATER, GREATER_EQUAL, LESS, LESS_EQUAL)) {
    Token operator = previous();
    Expr right = term();
    expr = new Expr.Binary(expr, operator, right);
  }

  return expr;
}
```

문법 규칙은 equality와 다름없고 자바 코드도 거의 같다. 매치되는 연산자 토큰 타입이 다르고, 피연산자에 comparison() 대신 term() 메서드를 호출하는 부분만 다르다. 다른 두 이항 연산자 규칙도 이와 동일한 패턴을 따른다.

> 자바 8을 영리하게 쓰고 싶은 독자는, 주어진 토큰 타입 리스트에서 좌측 결합 이항 연산자를 파싱하는 헬퍼 메서드와, 이런 중복 코드를 단순화하기 위해 필요한 피연산자 메서드 핸들을 만들어 쓰기 바란다.

우선순위 서열상 다음 차례는 덧셈과 뺄셈이다.

lox/Parser.java ▶ comparison() 메서드 다음에 추가

```java
private Expr term() {
  Expr expr = factor();

  while (match(MINUS, PLUS)) {
    Token operator = previous();
    Expr right = factor();
    expr = new Expr.Binary(expr, operator, right);
  }

  return expr;
}
```

마지막은 곱셈과 나눗셈이다.

lox/Parser.java ▶ term() 메서드 다음에 추가

```java
private Expr factor() {
  Expr expr = unary();

  while (match(SLASH, STAR)) {
    Token operator = previous();
    Expr right = unary();
    expr = new Expr.Binary(expr, operator, right);
  }

  return expr;
}
```

지금까지 우선순위와 결합 법칙을 준수하여 모든 이항 연산자를 파싱했다. 어느덧 우선순위 계보를 타고 올라가 단항 연산자에 도착했다.

```
unary          → ( "!" | "-" ) unary
               | primary ;
```

이 연산자의 자바 코드는 약간 다르다.

lox/Parser.java ▶ factor() 메서드 다음에 추가

```java
  private Expr unary() {
    if (match(BANG, MINUS)) {
      Token operator = previous();
      Expr right = unary();
      return new Expr.Unary(operator, right);
    }

    return primary();
  }
```

여기서도 현재 토큰을 펼쳐보고 파싱 방법을 파악하는 부분은 동일하다. !나 -로 시작하면 단항식이 분명하므로, 토큰을 가져와 unary( ) 메서드를 재귀 호출하면서 피연산자를 파싱한다. 이 모든 걸 단항식 구문 트리 하나로 감싸 리턴하면 끝이다.

> 다음 토큰을 미리 꺼내보고 파싱 방법을 결정하므로 재귀 하향 파서는 예측형 파서(predictive parser)의 범주에 속한다.

!와 -로 시작하지 않으면, 우선순위가 가장 높은 기본식에 도달한 것이다.

```
primary        → NUMBER | STRING | "true" | "false" | "nil"
               | "(" expression ")" ;
```

기본식 규칙은 케이스가 대부분 단일 터미널(single terminal)이므로 파싱은 직관적이다.

lox/Parser.java ▶ unary() 메서드 다음에 추가

```java
  private Expr primary() {
    if (match(FALSE)) return new Expr.Literal(false);
    if (match(TRUE)) return new Expr.Literal(true);
    if (match(NIL)) return new Expr.Literal(null);

    if (match(NUMBER, STRING)) {
      return new Expr.Literal(previous().literal);
    }

    if (match(LEFT_PAREN)) {
      Expr expr = expression();
      consume(RIGHT_PAREN, "Expect ')' after expression.");
      return new Expr.Grouping(expr);
    }
  }
```

괄호를 처리하는 분기가 재미있다. 여는 괄호 (토큰과 매치하고 표현식을 파싱한 다음, 반드시 닫는 괄호) 토큰이 나와야 한다. 안 나오면 에러다.

6.3 구문 에러

사실, 파서는 다음 두 가지 일을 한다.

1. 올바른 토큰 시퀀스가 주어지면, 그에 상응하는 구문 트리를 생성한다.

2. 잘못된 토큰 시퀀스가 주어지면, 에러를 감지해 사용자에게 실수를 알린다.

두 번째 일의 중요성을 간과해선 안 된다! 요즘 IDE와 편집기는 파서가 자동 완성(auto-complete)이나 구문 강조(syntax highlight) 등을 지원하기 위해 사용자가 편집하는 도중에도 끊임없이 코드를 파싱한다. 즉, 불완전하고 반쯤 잘못된 코드가 만들어질 가능성이 항상 존재한다.

사용자가 구문이 틀렸다는 사실을 모를 때, 파서는 그들을 바른 길로 인도할 책임이 있다. 파서가 에러를 리포트하는 방법은 언어의 UI에서 큰 비중을 차지한다. 구문 에러를 멋지게 처리하기는 쉽지 않다. 말 그대로 아직 코드가 제대로 정의된 상태가 아니기 때문에 사용자가 무슨 의도로 그렇게 코딩했는지 확실히 알 수가 없다. 파서가 독심술사는 아니니까.

> 적어도 아직은 그렇단 말이다. 하지만 요즘 머신 러닝의 발전 추이를 보면... 앞으로 어떻게 될지 누가 알리?

구문 에러가 발생하면 파서는 몇 가지 부담스러운 일을 해야 한다.

- **에러를 감지하고 리포트한다.** 파서가 에러를 보지 못해 엉뚱한 형식의 구문 트리를 인터프리터에 전달하면 지옥에서 온갖 귀신들이 소환될지도 모른다.

> 철학적으로 생각해보자. 에러가 감지되지 않은 채 인터프리터가 코드를 실행하면, 그것이 '정말로' 에러일까?

- **크래시(crash) 또는 행(hang)을 예방한다.** 구문 에러는 삶의 일부고 언어 도구는 에러 앞에서 의연해야 한다. 세그멘테이션 오류(segmentation fault)나 무한 루프(infinite loop)에 빠지면 안 된다. 사용자는 잘못된 소스 코드에서도 파서를 통해 어떤 구문이 사용 가능한지 배우기 때문에 파서에게는 올바른 입력이다.

파서 게임에 뛰어들려면 이 정도는 최소한의 밑전이지만, 그래도 판돈을 올려야 더 재미있을 것이다. 좋은 파서의 요건은 다음과 같다.

- **빨라야 한다.** 요즘 컴퓨터는 파서 기술이 처음 발명된 시절보다 수천 배는 더 빠르다. 파서가 전체 소스 파일을 최적화할 동안 커피 한 잔 마시고 와야 했던 시대는 지났다. 그러나 프로그래머의 눈높이 역시 가파르게 높아져 항상 더 빠른 파서를 추구한다. 그들은 키보드를 한 자 한 자 입력할 때마다 편집기가 수 밀리 초 내에 파일을 다시 파싱하기를 기대한다.

- **가급적 한 번에 많은 에러를 리포트해야 한다.** 첫 번째 에러 이후 프로그램을 중단시키도록 구현하기는 쉽다. 하지만 매번 에러가 날 때마다 사용자에게 조치를 강요하는 건 너무 번거롭다. 가급적 한 번에 다 보고 싶을 것이다.

- **계단식(cascaded) 에러를 최소화해야 한다.** 에러가 하나라도 발견되면 사실 파서는 더 이상 뭐가 어떻게 돌아가는지 모른다. 다시 제자리로 돌아와 계속 실행하려고 시도는 하겠지만, 파서가 혼란스러운 상태에서는 코드 안에 숨어 있는, 실제로 문제를 일으킬 만한 다른 부분은 드러내지 못한 채 다량의 고스트 에러(ghost error)를 리포트할 수 있다. 첫 번째 에러가 해소되면 이런 고스트 에러는 사라지기 때문에 결국 파서는 오직 자신의 혼란스러움만 드러날 것이다. 계단식 에러는 사용자로 하여금 그들의 코드가 실제보다 더 나쁜 상태에 있다고 겁을 줄 수 있으므로 아주 성가시다.

두 번째, 세 번째 항목은 서로 밀고 당기는 관계다. 가능한 한 많은 에러를 리포트하는 게 좋지만, 이전 에러의 부수 효과에 불과한 에러까지 리포트하는 것은 바람직하지 않다.

파서가 에러에 응답을 하고 이후 에러를 계속 찾아내는 방식을 **에러 복구(error recovery)**라고 한다. 1960년대 에러 복구는 학계의 가장 뜨거운 연구 주제였다. 퇴근할 때 비서에게 펀치 카드 뭉치를 건네면 다음 날 출근해서 컴파일러가 성공했는지 확인하던 시절이 있었다. 반복 루프가 너무 느려서 코드에 있는 에러를 한 번에 다 찾아내고 싶었을 것이다.

지금은 타이핑하기 무섭게 파서가 완료될 정도로 빨라졌으니 문제가 없다. 단순하고 신속한 에러 복구면 OK다.

6.3.1 패닉 모드 에러 복구

근래 고안된 모든 복구 기술 중에서 오랜 시간 테스트를 가장 잘 견뎌 낸 것은 (다소 의외지만) **패닉 모드(panic mode)**다. 파서가 에러를 발견하면 즉시 패닉 모드로 진입한다. 파서는 문법 프로덕션이 잔뜩 쌓여 있는 현재 상태를 고려할 때 적어도 하나의 토큰이 말이 되지 않는다는 사실을 알고 있다.

다시 파싱으로 복귀하기 전, 파서는 그다음 토큰이 파싱 규칙에 매치되도록 자신의 상태와 그다음 토큰을 정렬해야 한다. 이 과정을 **동기화(synchronization)**라고 한다.

이런 버튼이 있으면 한번 눌러보고 싶다.

이를 위해 문법에서 동기화 지점을 표시하는 규칙을 선택한다. 파서는 이 규칙으로 돌아올 때까지 모든 중첩된 프로덕션에서 점프하여 자신의 파싱 상태를 수정한다. 그런 다음 규칙의 바로 그 지점에 올 수 있는 토큰에 닿을 때까지 토큰을 버림으로써 토큰 스트림을 동기화한다.

이렇게 버려진 토큰에 숨어 있는 추가적인 구문 에러는 리포트되지 않지만, 이는 초기 에러의 부수 효과인 계단식 에러가 잘못 리포트되지 않는다는 뜻이므로 꽤 적절한 트레이드오프(trade-off)다.

전통적으로 문법에서 동기화하는 지점은 문장 사이다. 아직 록스에 문장은 없으므로 이 장에서 실제로 동기화를 하진 않겠지만 나중에 사용하게 될 장치를 미리 준비한 것이다.

6.3.2 패닉 모드 진입

에러 복구 이야기가 나오기 전으로 돌아가자. 괄호식을 파싱하는 코드를 작성하고 있었다. 파서는 다음과 같이 표현식을 파싱한 다음 consume()을 호출해서 닫는 괄호)를 찾는다.

lox/Parser.java ▶ match() 메서드 다음에 추가

```java
private Token consume(TokenType type, String message) {
  if (check(type)) return advance();

  throw error(peek(), message);
}
```

다음 토큰이 기대하는 타입인지 체크하는 로직은 match()와 비슷하다. 기대하는 타입이면 정상적으로 토큰을 소비하며 진행되지만, 타입이 다른 토큰이면 에러가 발생한다. 에러는 다음과 같이 리포트한다.

lox/Parser.java ▶ previous() 메서드 다음에 추가

```java
private ParseError error(Token token, String message) {
  Lox.error(token, message);
  return new ParseError();
}
```

다음 메서드를 호출해서 사용자에게 에러가 났음을 알린다.

lox/Parser.java ▶ report() 메서드 다음에 추가

```java
static void error(Token token, String message) {
  if (token.type == TokenType.EOF) {
    report(token.line, " at end", message);
  } else {
    report(token.line, " at '" + token.lexeme + "'", message);
  }
}
```

화면에는 에러가 난 토큰(token)의 줄 번호(token.line)와 렉심(token.lexeme)이 표시된다. 이 메서드는 나중에 토큰을 사용해서 인터프리터를 통해 코드상의 위치를 추적할 때에도 요긴하게 쓰인다.

에러를 받아 본 사용자는 자신의 실수를 인지한다. 그러면 파서는 뭘 할까? 이 클래스의 인스턴스인 ParseError를 생성하여 리턴한다.

lox/Parser.java ▶ Parser 클래스 내부에 삽입

```java
class Parser {
  private static class ParseError extends RuntimeException {}

  private final List<Token> tokens;
```

파서를 해체하려고(unwind) 사용하는 간단한 센티넬(sentinel, 감시) 클래스다. error( ) 메서드가 에러를 던지지(throw) 않고 리턴하는(return) 이유는, 파서 내부의 호출자 메서드가 해체 여부를 스스로 결정하도록 하기 위함이다. 어떤 구문 에러는 파서를 이상한 상태로 빠뜨릴 가능성이 없고 동기화할 필요가 없는 지점에서 발생한다. 이럴 때는 그냥 에러를 리포트하고 계속 갈 길을 가는 것이다.

예를 들면, 록스는 함수에 전달 가능한 최대 인수 개수를 제한한다. 인수를 너무 많이 전달할 경우 파서는 에러를 리포트해야 하지만, 요란하게 패닉 모드로 진입하는 대신, 여분의 인수를 계속 파싱할 수 있고 또 그래야 할 경우도 있다.

그러나 우리 경우에 구문 에러는 너무 심해서 패닉 상태로 처리하고 동기화하고 싶다. 토큰을 버리는 건 쉽지만, 파서 자체의 상태는 어떻게 동기화해야 할까?

> 구문 에러를 처리하는 또 다른 일반적인 방법은 에러 생성(error production)이다. 잘못된 구문과 효과적으로 매치되는 규칙으로써 문법을 보강하는 것이다. 파서는 잘못된 구문을 안전하게 파싱하되, 구문 트리를 만들지 않고 에러로 리포트한다.
>
> 예를 들면, +123처럼 + 연산자를 단항 연산자로 쓰는 언어도 있지만 록스는 아니다. 표현식이 시작되기 무섭게 +에 걸려 넘어져 비틀거리지 않도록, 혼란에 빠지지 않게 하려면 다음과 같이 단항 규칙을 확장하여 허용한다.
>
> ```
> unary → ( "!" | "-" | "+" ) unary
>         | primary ;
> ```
>
> 이렇게 하면 파서가 패닉 모드로 진입하거나 파서를 이상한 상태로 놔두지 않아도 +를 소비할 수 있다.
>
> 파서 작성자는 코드가 어떻게 틀렸는지, 사용자가 뭘 하려다가 실수한 건지 알고 있기 때문에 에러 생성 기능은 잘 작동된다. "단항식 '+'는 지원되지 않음"처럼 사용자에게 좀 더 유용한 메시지를 보여줄 수도 있다. 성숙한 파서일수록 사용자의 흔하디 흔한 실수도 기꺼이 조치하도록 도움을 주기 때문에 따개비처럼 에러 생성을 축적하는 경향이 있다.

6.3.3 재귀 하향 파서 동기화

재귀 하향 방식에서 파서의 상태(지금 파서가 인식 중인 규칙)는 어떤 필드에 명시적으로 저장하지 않는다. 대신, 자바 자체의 호출 스택을 이용하면 파서가 지금 뭘 하고 있는지 추적할 수 있다. 파싱이 진행 중인 각각의 규칙은 스택에 쌓인 호출 프레임이다. 이 상태를 리셋하려면 호출 프레임을 깨끗이 지워야 한다.

예외는 자바에서 호출 프레임을 정리하는 아주 자연스런 수단이다. 동기화를 해야 하니 ParseError 객체를 던진다. 이 객체는 동기화하려는 문법 규칙에 해당하는 메서드 상위에서 캐치될(catch) 것이다. 문장 경계에서 동기화하는 것이라 거기서 예외가 잡힐 것이다. 예외가 잡히면 파서는 올바른 상태가 된다. 남은 일은 토큰을 동기화하는 작업이다.

다음 문장이 시작될 때까지 토큰을 버리고 싶다. 이 경계는 아주 쉽게 찾을 수 있는데, 이것이 재귀 하향 파서를 선택한 주된 이유 중 하나다. 세미콜론 다음은 십중팔구 문장으로 끝나고, 문장은 보통 for, if, return, var 같은 키워드로 시작된다. 다음 토큰이 이런 키워드 중 하나면, 아마도 막 문장이 시작되는 지점일 것이다.

이 메서드는 다음 로직을 캡슐화한다.

> '아마도'라고 표현한 까닭은, for 루프에서 절을 분리하는 세미콜론이 나올 수 있기 때문이다. 완벽한 동기화는 아니지만 이 정도면 괜찮다. 첫 번째 에러는 이미 정확하게 리포트했으니 그 이후는, 말하자면 '최선'을 다하는 것이다.

```java
private void synchronize() {
  advance();

  while (!isAtEnd()) {
    if (previous().type == SEMICOLON) return;

    switch (peek().type) {
      case CLASS:
      case FUN:
      case VAR:
      case FOR:
      case IF:
      case WHILE:
      case PRINT:
      case RETURN:
        return;
    }

    advance();
  }
}
```

synchronize()는 자신이 문장 경계를 찾았다고 생각할 때까지 토큰을 버린다. ParseError를 캐치한 후 이 메서드를 호출하면 다시 동기화될 것이다. 정상적인 경우라면 계단식 에러를 일으킬 만한 토큰은 버렸으니, 이제 다음 문장부터 파일의 나머지 부분을 파싱할 수 있다.

아 참, 그런데 아직 문장이 없기 때문에 이 메서드의 실제 작동 여부는 8장 전에는 알 수가 없다. 당장은 에러가 나면 패닉 모드에 진입하고 맨 위까지 죽 거슬러 올라가 에러를 해체한 후 파싱이 중단될 것이다. 어차피 단일식만 파싱이 가능하니 뭐 이 정도면 크게 손해 보는 것은 아니다.

6.4 파서 연결

INTERPRETER

표현식 파싱은 거의 다 끝났고, 약간의 에러 처리를 붙여야 할 곳이 한 군데 남았다. 파서가 문법 규칙별로 정해진 파싱 메서드를 따라 하향하다 보면 결국 primary()에 이른다. 매치되는 케이스가 하나도 없으면 표현식을 시작할 수 없는 토큰 위에 있다는 뜻이다. 이 에러도 처리해야 한다.

```
  if (match(LEFT_PAREN)) {
    Expr expr = expression();
    consume(RIGHT_PAREN, "Expect ')' after expression.");
    return new Expr.Grouping(expr);
  }

  throw error(peek(), "Expect expression.");
}
```

이제 파서에서 남은 작업은 파서를 기동하는 초기 메서드를 정의하는 일이다. 이 메서드는 parse()라고 짓는 게 자연스러울 듯싶다.

```
Expr parse() {
  try {
    return expression();
  } catch (ParseError error) {
    return null;
  }
}
```

이 메서드는 나중에 록스 언어에 문장을 추가하면 한번 더 손을 볼 것이다. 지금은 일단 단일식을 파싱해서 리턴한다. 패닉 모드에서 빠져나가는 데 필요한 임시 코드도 있다. 구문 에러 복구는 파서가 할 일이므로 ParseError 예외가 인터프리터의 나머지 부분으로 빠져나가지 않도록 주의해야 한다.

구문 에러가 발생하면 이 메서드는 null을 리턴한다. 괜찮다. 잘못된 구문이 나와도 크래시를 일으키거나 행 상태에 빠지지 않겠다고 파서는 약속했지만, 에러가 나도 사용 가능한 구문 트리를 리턴하겠다고 약속한 건 아니다. 파서가 에러를 리포트하는 즉시 hadError가 세팅되어 이후 단계는 모두 건너뛴다.

좋다, 그럼 새로운 파서를 Lox 메인 클래스에 연결해서 테스트해보자. 아직 인터프리터가 없으므로 지금은 구문 트리로 파싱한 다음, 지난 장에서 작성한 AstPrinter 클래스를 사용해서 표시하겠다.

스캔한 토큰을 출력하기 위해 옛 코드를 다음 코드로 교체한다.

```
  List<Token> tokens = scanner.scanTokens();
  Parser parser = new Parser(tokens);
  Expr expression = parser.parse();

  // 구문 에러 발생 시 멈춘다
  if (hadError) return;

  System.out.println(new AstPrinter().print(expression));
}
```

축하한다, 한 고비 넘겼다! 제이록스 파서를 손으로 개발하는 데 필요한 작업은 사실 여기까지다. 7장 이후로 할당, 문장 등 문법에 뭔가 추가하면서 몸집이 커지겠지만, 이 장에서 다루었던 이항 연산자보다 더 복잡한 내용은 없다.

인터프리터를 켜고 표현식을 몇 가지 입력하라. 우선순위와 결합 법칙을 올바르게 처리하는가? 200줄도 안 되는 코드가 이 정도면 꽤 그럴싸하다.

> 파싱하기 어려운 록스의 문법보다 더 복잡한 문법을 재귀 하향 방식으로 정의할 수 있다. 가령, 현재 위치를 알아내기 위해 많은 토큰을 미리 룩어헤드해야 하는 예측 파싱(predictive parsing)은 상당히 까다롭다.
>
> 실제로 대부분의 언어는 이렇게 하지 않는 방향으로 디자인되어 있다. 굳이 그렇게 안 해도 우회할 방법이 있기 때문이다. 많은 C++ 컴파일러가 사용하는 재귀 하향 방식으로 C++ 코드를 파싱할 수 있는 사람은 그 무엇이든 파싱할 수 있다.

연습 문제

1. C에서 블록은 하나의 문장이 나올 곳에 여러 문장을 한 번에 넣을 수 있게 해주는 문장 형식이다. 쉼표 연산자(comma operator)[10]는 표현식과 유사한 구문으로, 쉼표로 구분된 일련의 표현식을 (함수 호출의 인수 리스트 내부를 제외하고) 단일식이 와야 할 곳에 쓸 수 있다. 런타임에 쉼표 연산자는 좌측 피연산자를 평가한 뒤 그 결과를 폐기한다. 그런 다음, 우측 피연산자를 평가하고 리턴한다.

   록스에 쉼표식(comma expression) 기능을 추가하라. 우선순위와 결합 법칙은 C와 동일하게 부여한다. 먼저 문법을 작성하고 필요한 파싱 코드를 구현하라.

2. C 스타일의 조건부 연산자 또는 '삼항(tenary)' 연산자 ?:을 사용할 수 있도록 추가하라. ?와 ?: 사이에는 어떤 우선순위 레벨이 허용되는가? 전체 연산자는 좌측 결합인가, 우측 결합인가?

3. 좌측 피연산자가 없는 각 이항 연산자를 처리하는 에러 프로덕션을 추가하라. 즉, 표현식의 시작 부분에 이항 연산자가 등장하는지 감지하라. 이를 에러로 리포트하는 동시에 적절한 우선순위를 가진 우측 피연산자를 파싱한 뒤 폐기하라.

디자인 노트 | 로직 vs 역사

록스에 비트 연산자 &와 |를 추가하기로 결정했다고 하자. 그럼, 이 두 연산자는 우선순위 서열상 어디쯤에 두어야 할까? C와 C를 계승한 대부분의 언어는 == 다음에 두지만, 플래그 테스트처럼 흔한 연산을 할 때에도 괄호가 필요하기 때문에 이것은 실수라고 널리 알려져 있다.

---

10 https://en.wikipedia.org/wiki/Comma_operator

```
if (flags & FLAG_MASK == SOME_FLAG) { ... } // 틀림(X)
if ((flags & FLAG_MASK) == SOME_FLAG) { ... } // 맞음(O)
```

록스는 이런 문제가 없게끔 비트 연산자의 우선순위를 더 높게 조정해야 할까? 이 문제를 해결하는 두 가지 전략이 있다.

아마 == 연산의 결과를 비트 연산자의 피연산자로 사용할 사람은 없을 것이다. 비트 연산을 더 단단히 묶으면 사용자는 괄호를 쓸 일이 많지 않을 것이다. 우리도 이렇게 하면, 즉 사용자가 괄호를 가급적 덜 쓰는 방향으로 우선순위를 정하면 그들도 올바르게 추론할 가능성이 높다.

이러한 내부 일관성(internal consistency)은 사용자가 언어를 더 쉽게 배울 수 있게 한다. 사용자가 예기치 않게 맞닥뜨린 다음에야 정정할 수 있는 엣지 케이스와 예외적인 경우가 적기 때문이다. 사용자가 록스 언어를 사용하기 전에 모든 구문과 시맨틱을 머릿속에 입력해야 할 테니 이는 좋은 일이다. 더 단순하고, 더 논리적인 언어가 합리적인 법이다.

하지만 많은 사용자가 자신이 이미 알고 있는 개념을 사용해서 록스 언어의 사상을 받아들일 수 있다면 훨씬 더 빨리 배울 수 있을 것이다. 록스 언어가 처음인 사람들은 대부분 다른 언어(들)를 사용하다 넘어왔을 텐데, 만약 록스의 구문이나 시맨틱이 그들이 전에 썼던 언어와 일부라도 같다면 사용자가 배워야 할(learn), 그리고 배우지 않아도 될(unlearn) 내용이 대폭 줄어들 것이다.

특히 구문이 그렇다. 여러분도 이젠 기억이 가물가물하겠지만, 프로그래밍 언어를 처음 배우던 시절에 코드가 외계인의 언어처럼 낯설어 무척 힘들었을 것이다. 그리고 각고의 노력 끝에 코드를 읽고 받아들이는 방법을 터득했으리라. 새 언어 특유의 전혀 새로운 스타일의 구문으로 디자인하면, 그 언어를 사용하게 될 사용자 역시 똑같은 과정을 처음부터 되풀이해야 할 것이다.

사용자가 이미 알고 있는 지식을 활용하는 능력은 새로운 언어를 쉽게 받아들이게 만드는 강력한 도구다. 이게 얼마나 중요한지는 아무리 강조해도 지나치지 않다. 하지만 한 가지 고약한 문제점이 있다. 만약, 기존 사용자가 알고 있는 것들이 죄다 형편없는 거라면? 이를테면, C의 비트 연산자 우선순위는 정말 말도 안 되는 실수지만, 이미 수백만 명의 사람들이 익숙해져서 그냥 그렇거니 하고 사용해온 익숙한 실수가 되어 버렸다.

그렇다면 과거는 무시하고 새로운 언어의 내부 로직에 충실할 것인가? 백지 상태, 최초의 원칙부터 시작할까, 아니면 프로그래밍 역사의 풍성한 태피스트리(tapestry)에 새로 만든 언어를 잘 엮어 넣어 사용자가 이미 알고 있는 것부터 시작할 수 있게 도와줄까?

이 질문에 정답은 없다. 오직 트레이드오프만 있을 뿐! 여러분과 나는 확실히 참신한 언어를 좋아하는 사람들이니 자연스럽게 역사책은 불태우고 우리만의 스토리를 시작해보자.

물론, 실제로는 사용자가 이미 익숙한 지식을 최대한 활용하는 편이 더 나을 때가 많다. 그들이 새로운 언어를 채택하게 만드는 건 큰 도약이다. 점프할 거리를 좁히면 좁힐수록, 더 많은 사람들이 점프를 하려고 시도하지 않을까? 그러나 언제까지고 역사에 들러붙어 있을 수만은 없다. 계속 그러다간 여러분이 만든 언어는 뭐 하나 새로운 것도 없고 사람들이 도약하게 만들 이유가 줄어들 것이다.

7장

표현식 평가

> 당신은 나의 창조자지만, 나는 당신의 주인이다. 복종하라!
>
> 메리 셸리(Mary Shelley), 『프랑켄슈타인(Frankenstein)』

이 장의 분위기를 제대로 연출하고 싶다면, 이야기가 절정에 다다랐을 때 창문의 셔터가 갑자기 확 열리면서 창밖에 소용돌이치는 폭풍우가 들이치는 장면을 떠올려라. 번개가 한두 번 무섭게 번쩍거린다. 제이록스 인터프리터는 이 장에서 프랑켄슈타인처럼 일어나 숨을 쉬고, 눈을 뜨고, 코드를 실행하게 될 것이다.

다 쓰러져 가는 빅토리아풍 저택을 곁들이면 한층 분위기가 고조된다.

언어 구현체가 컴퓨터에게 사용자의 소스 코드를 실행하도록 지시하는 방법은 무궁무진하다. 소스 코드를 기계어로 컴파일할 수도 있고, 다른 하이레벨 언어로 번역할 수도 있다. 아니면 가상 머신 실행에 필요한 바이트코드 형태로 축약시킬 수도 있다. 그중 제이록스는 가장 간단하면서 짧은 경로를 택하여 구문 트리 자체를 실행하고자 한다.

지금 록스 파서는 표현식만 지원한다. 따라서 코드를 '실행'하기 위해 표현식을 평가하고 값을 만들어낼 것이다. 그러려면 리터럴, 연산자 등 파싱 가능한 온갖 표현식 구문마다 구문 트리를 평가하고 어떤 결과를 내보낼 방법이 기술된 코드 청크가 필요한데, 여기서 두 가지 의문이 생긴다.

1. 어떤 종류의 값을 만들어낼 것인가?

2. 어떻게 코드 청크를 구성할 것인가?

하나씩 차근차근 살펴보자.

7.1 값을 표현하기

록스에서 값은 리터럴로 생성하고 표현식으로 계산해서 변수에 저장된다. 사용자는 이를 록스 객체로 보지만 사실 내부적으로는 록스 인터프리터가 작성된 언어로 구현된다. 즉, 록스의 동적 타입과 자바의 정적 타입이 세계가 맞물리는 것이다. 록스에서 변수는 어떤 (록스) 타입의 값이라도 저장할 수 있으며, 심지어 그때그때 다른 타입의 값을 저장할 수도 있다. 이렇게 표현하려면 어떤 자바 타입을 사용해야 할까?

> 이 책에서 나는 '값'과 '객체'를 거의 같은 의미로 혼용하고 있다.
>
> 나중에 C로 씨록스 인터프리터를 만들 때 이 둘을 약간 구분하겠지만, 거의 대부분은 언어 구현체의 양극단, 즉 인플레이스 데이터(in-place data)와 힙 할당 데이터(heap-allocated data)를 각각 가리키는 고유한 용어로 쓰인다. 두 용어는 언어 사용자 관점에서 동의어다.

정적 타입 언어인 자바의 변수는 그 변수가 장차 런타임에 어떤 타입의 값을 가질지 이미 정해진다. 가령, 인터프리터가 + 연산자를 실행할 때, 숫자 2개를 더하는 건지, 문자열 2개를 연결하는 건지 알아야 한다. 숫자, 문자열, 불리언 등을 모두 담을 수 있는 자바 타입은 없을까? 런타임 타입이 무엇인지 알려줄 묘안은 없을까? 있다, 바로 자바 시초부터 있었던 java.lang.Object다!

록스 값을 인터프리터에 저장할 때 타입을 Object로 사용하면 된다. 자바는 모든 프리미티브 타입이 Object의 서브클래스 버전을 갖고 있기 때문에 록스의 내장 타입으로 활용할 수 있다.

록스 타입	자바 표현
모든 록스 값	Object
nil	null
불리언	Boolean
숫자	Double
문자열	String

정적 타입이 Object인 어떤 값이 있을 때 자바의 instanceof 내장 연산자를 이용하면 런타임 값이 숫자인지, 문자열인지, 또는 다른 타입인지 알 수 있다. 이렇듯 JVM 자체의 객체 표현은 록스의 내장 타입 구현에 필요한 모든 재료를 편리하게 제공한다. 나중에 함수, 클래스, 인스턴스 개념을 록스에 추가할 때 좀 더 손을 봐야 할 곳이 있지만, 일단 지금은 Object와 박싱된(boxed) 프리미티브 클래스면 충분하다.

값을 다룰 때 해야 할 또 다른 일은 메모리 관리인데, 자바는 이 작업도 알아서 척척 해준다. 편리한 객체 표현, 멋진 가비지 수집기가 첫 번째 인터프리터를 자바로 개발하는 주된 이유다.

표현식 평가

이제 파싱 가능한 각 표현식 종류별로 평가 로직이 구현된 코드 뭉치를 작성하자. interpret( ) 같은 메서드를 구문 트리 클래스에 하나씩 넣으면 된다. 각 구문 트리 노드한테 "네 자신을 인터프리트해!" 하고 말하는 셈이다. 이것이 GoF의 인터프리터 패턴(interpreter pattern)[1]이다. 깔끔한 패턴이지만 앞서 말했듯이 온갖 로직을 트리 클래스에 마구 집어넣다간 엉망이 될 것이다.

그래서 멋진 비지터 패턴을 재사용하겠다. 지난 장의 AstPrinter 클래스는 구문 트리를 받아 재귀 탐색한 다음 문자열을 연결해서 마지막에 리턴했다. 문자열 연결 대신 값을 계산하는 점만 다를 뿐 실제 인터프리터가 하는 일도 거의 똑같다.

상큼하게 새 클래스로 시작하자.

lox/Interpreter.java ▶ 새 파일 생성

```java
package com.craftinginterpreters.lox;

class Interpreter implements Expr.Visitor<Object> {
}
```

만천하에 비지터인 클래스라고 선언한다. 비지트 메서드의 리턴 타입은 Object다. 이것이 자바 코드에서 록스 값을 참조하기 위해 사용하는 루트 클래스다. Visitor 인터페이스의 스펙을 충족하려면 록스 파서가 만들어낼 4개 표현식 트리 클래스마다 하나씩 비지트 메서드를 정의해야 한다. 가장 간단한 것부터 시작하겠다.

7.2.1 리터럴 평가

리터럴은 표현식 트리의 리프, 즉 다른 표현식을 구성하는 원자적 구문 조각(bit of syntax)이다. 리터럴은 거의 값이나 다름없지만, 이 둘은 잘 구분할 필요가 있다. 리터럴은 값을 만들어내는 구문 조각으로, 사용자의 소스 코드 어딘가에 항상 등장한다. 대다수 값은 계산 결과 생성되며, 코드 자체에는 존재하지 않는

> 다음 장에서 변수를 구현할 때 추가할 식별자 표현식 (identifier expression) 역시 리프 노드다.

다. 이런 값은 리터럴이 아니다. 리터럴은 파서의 세상에서 비롯됐지만, 값은 런타임 세계의 일부인 인터프리터 개념이다.

그러므로 파서에서 리터럴 토큰을 리터럴 구문 트리 노드로 변환한 것처럼 이제 리터럴 트리 노드를 런타임 값으로 변환할 것이다. 로직 자체는 단순하다.

---

[1] https://en.wikipedia.org/wiki/Interpreter_pattern

lox/Interpreter.java ▶ Interpreter 클래스

```java
@Override
public Object visitLiteralExpr(Expr.Literal expr) {
  return expr.value;
}
```

스캐닝 도중 열심히 런타임 값을 만들어 토큰에 넣었고, 파서는 이 값을 가져와 리터럴 트리 노드에 집어넣었다. 리터럴을 다시 꺼내 평가하면 된다.

7.2.2 괄호 평가

다음으로 간단한 노드는 그룹핑, 즉 표현식을 괄호로 감싼 결과로 생기는 노드다.

lox/Interpreter.java ▶ Interpreter 클래스

```java
@Override
public Object visitGroupingExpr(Expr.Grouping expr) {
  return evaluate(expr.expression);
}
```

그룹핑 노드에는 괄호 안에 포함된 표현식에 대한 내부 노드의 참조가 있다. 그룹핑 표현식 자체를 평가하려면 이 서브식을 재귀적으로 평가하여 리턴한다.

다음은 표현식을 인터프리터의 비지터 구현체로 그냥 돌려보내는 헬퍼 메서드다.

> 괄호에 대해 트리 노드를 별도로 정의하지 않는 파서도 있다. 괄호식을 파싱할 때 그냥 내부식(inner expression)의 노드를 대신 리턴하는 것이다. 록스에서 할당식(assignment expression)의 좌변을 올바르게 처리하려면 어차피 나중에 이 노드가 필요하므로 괄호에 대한 노드를 생성한다.

lox/Interpreter.java ▶ Interpreter 클래스

```java
private Object evaluate(Expr expr) {
  return expr.accept(this);
}
```

7.2.3 단항식 평가

그룹핑처럼 단항식에도 제일 먼저 평가해야 할 서브식이 하나 있다. 단, 단항식 자신이 그 이후에도 약간의 일을 더 한다는 차이점이 있다.

lox/Interpreter.java ▶ visitLiteralExpr() 메서드 다음에 추가

```java
@Override
public Object visitUnaryExpr(Expr.Unary expr) {
  Object right = evaluate(expr.right);
```

```
switch (expr.operator.type) {
  case MINUS:
    return -(double)right;
}

// 실행되지 않는 코드
return null;
}
```

먼저, 피연산식(operand expression)을 평가한 다음 그 결과에 단항 연산자를 적용한다. 단항식은 두 가지가 있는데, 연산자 토큰 타입에 따라 결정된다.

첫째, 서브식의 결과를 음수로 바꾸는 -다. 서브식은 당연히 숫자여야 한다. 자바에서 타입은 정적으로(statically) 알 수 없기 때문에 연산을 하려면 먼저 캐스팅을 해야 한다. 이 타입 캐스팅은 런타임에 -를 평가할 때 이루어진다. 이것이 바로 록스를 동적 타입 언어로 만드는 핵심이다.

만약 캐스팅이 실패하면 어떻게 되는 걸까? 걱정 말라, 곧이어 설명할 테니...

평가를 하면서 어떻게 트리를 재귀 순회하는 것인지 이제 슬슬 감이 올 것이다. 단항 연산자 자체는 해당 피연산자의 서브식을 평가한 후에야 평가할 수 있다. 즉, 록스 인터프리터는 각 노드가 자신이 할 일을 하기 전에 자기 자식 노드부터 평가하는 **후위 순회**를 수행한다.

둘째, 논리 부정 ! 연산자다.

lox/Interpreter.java ▶ visitUnaryExpr() 메서드

```
switch (expr.operator.type) {
  case BANG:
    return !isTruthy(right);
  case MINUS:
```

코드는 간단하다. 그런데 'truthy'가 무슨 뜻일까? 여기서 잠깐 서양 철학의 위대한 질문 중 하나로 여행을 떠나보자. 과연 무엇이 참(truth)이란 말인가?

7.2.4 참과 거짓

근원적인 문제를 너무 깊이 파고들진 않겠다. 하지만 적어도 록스의 세상에서는 ! 같은 논리 연산의 결과처럼 불리언 값이 나와야 하는 곳에 true/false가 아닌 다른 것을 사용하면 어떤 일이 일어날지 결정해야 한다.

암묵적 변환(implicit conversion)은 사용하지 않을 생각이므로 그냥 에러로 취급하면 알기 쉽지만, 동적 타입 언어는 대부분 그렇게까지 금욕적이지(ascetic) 않다. 대신 모든 타입의 값을 두 가지 세상으로 나

자바스크립트에서 문자열은 truthy지만 빈 문자열은 아니다. 배열은 truthy지만, 빈 배열은... 이것도 truthy다. 숫자 0은 falsey, 문자열 "0"은 truthy다.

파이썬에서 빈 문자열은 자바스크립트처럼 falsey지만 다른 빈 시퀀스 역시 falsey다.

PHP에서 숫자 0과 문자열 "0"은 둘 다 falsey다. 비어 있지 않은 다른 문자열은 대부분 truthy다.

자, 다 이해했는가?

눈다. 그중 하나가 'true', 'truthful', 또는 (내가 제일 좋아하는) 'truthy', 다른 하나가 'false', 'falsey'이다. 이런 분류는 다소 임의적이며 어떤 언어에서는 이상하게 느껴질 수도 있다.

록스는 단순한 루비 규칙을 따른다. false와 nil은 falsey, 나머지는 전부 truthy다. 코드로 구현하면 다음과 같다.

lox/Interpreter.java ▶ visitUnaryExpr() 메서드 다음에 추가

```java
private boolean isTruthy(Object object) {
  if (object == null) return false;
  if (object instanceof Boolean) return (boolean)object;
  return true;
}
```

7.2.5 이항 연산자 평가

마지막 표현식 트리 클래스는 이항 연산자다. 이항 연산자는 종류가 많다. 먼저 산술 연산자다.

lox/Interpreter.java ▶ evaluate() 메서드 다음에 추가

```java
@Override
public Object visitBinaryExpr(Expr.Binary expr) {
  Object left = evaluate(expr.left);
  Object right = evaluate(expr.right);

  switch (expr.operator.type) {
    case MINUS:
      return (double)left - (double)right;
    case SLASH:
      return (double)left / (double)right;
    case STAR:
      return (double)left * (double)right;
  }

  // 실행되지 않는 코드
  return null;
}
```

> 이 코드에서 언어 시맨틱의 미묘한 부분을 짚어낼 수 있겠는가? 이항식에서 피연산자는 좌→우 방향으로 평가한다. 피연산자가 부수 효과를 일으킬 경우 사용자가 인지할 수 있으므로, 이는 단순히 구현 상세는 아니다.
>
> 이 책의 두 인터프리터인 제이록스와 씨록스의 일관성을 기하려면(힌트 : 사실 그렇다), 씨록스도 이와 동일한 작업을 수행하도록 만들어야 할 것이다.

코드에서 어떤 일이 벌어지고 있는지 짐작될 것이다. 단항 음수화 연산자와 가장 큰 차이점은 평가하는 피연산자가 2개라는 사실이다.

산술 연산자 +는 조금 독특하다.

```java
switch (expr.operator.type) {
  case MINUS:
    return (double)left - (double)right;
  case PLUS:
    if (left instanceof Double && right instanceof Double) {
      return (double)left + (double)right;
    }

    if (left instanceof String && right instanceof String) {
      return (String)left + (String)right;
    }

    break;
  case SLASH:
```

+ 연산자는 두 문자열을 연결하는 용도로도 쓸 수 있다. 그러려면 단순히 피연산자가 특정 타입이라고 보고 캐스팅하는 게 아니라, 타입을 동적으로 체크해서 어떻게 처리할지 선택해야 한다. 그래서 instanceof를 지원하려면 객체 표현이 필요한 것이다.

다음은 비교 연산자다.

> 문자열 연결 전용 연산자를 정의할 수도 있다. 실제로 펄(.), 루아(..), 스몰토크(,), 하스켈(+)에 그런 연산자가 있다.
>
> 나는 록스에서 자바, 자바스크립트, 파이썬 등의 언어와 동일한 구문을 사용하면 액세스하기 좀 더 쉬울 거라 생각했다. 즉, + 연산자를 오버로드(overload)하여 숫자 덧셈과 문자열 연결 모두를 지원하는 것이다. 문자열에 +를 사용하지 않는 언어에서도 정수와 부동 소수점 숫자를 모두 추가할 목적으로 + 연산자를 오버로드하는 경우가 많다.

```java
switch (expr.operator.type) {
  case GREATER:
    return (double)left > (double)right;
  case GREATER_EQUAL:
    return (double)left >= (double)right;
  case LESS:
    return (double)left < (double)right;
  case LESS_EQUAL:
    return (double)left <= (double)right;
  case MINUS:
```

기본적으로 산술 연산자와 동일하다. 유일한 차이점이라면, 산술 연산자가 피연산자(숫자 또는 문자열)와 타입이 같은 값을 만들어내는 반면, 비교 연산자는 언제나 불리언 값을 만들어낸다는 점이다.

마지막은 동등 연산자 쌍이다.

```
    case BANG_EQUAL: return !isEqual(left, right);
    case EQUAL_EQUAL: return isEqual(left, right);
```

동등 연산자는 숫자가 필요한 비교 연산자와는 다르게, 모든 타입의 피연산자, 심지어 타입이 뒤섞인 피연산자도 지원한다. 가령, 3이 "three"보다 작은지(less than)는 물어볼 수 없지만, 3과 동등한지(equal to)는 물어볼 수 있을 것이다.

> 스포일러(spoiler) 경고 : 그렇지 않다.

다음은 동등성을 체크하는 로직을 별도 메서드로 빼낸 것이다.

```
  private boolean isEqual(Object a, Object b) {
    if (a == null && b == null) return true;
    if (a == null) return false;

    return a.equals(b);
  }
```

이것이 록스 객체를 자바로 표현할 때 세부적으로 문제가 될 수 있는 미묘한 부분 중 하나다. 록스의 동등성 개념을 올바르게 구현하려면 자바의 동등성과 다른 부분도 있을 수 있음을 이해하는 것이 중요하다.

다행히 두 언어는 대체로 비슷한 편이다. 록스와 자바 모두 동등성 체크를 할 때 암묵적 변환을 하지 않는다. 자바에서 null에 equal() 메서드를 호출하는 경우 NullPointerException이 발생하지 않게 하려면 nil/null을 조심해서 잘 처리해야 한다. 나머지는 그럭저럭 괜찮다. Boolean, Double, String 값에 대해 자바의 equals() 메서드는 록스의 구현 방식 그대로 동작한다.

다 끝났다! 이제 올바른 록스 표현식을 정확하게 인터프리트할 수 있다. 하지만 잘못된 록스 표현식은 어떻게 처리할까? 만약 서브식이 수행하려는 연산과 맞지 않는 잘못된 타입으로 평가되면 무슨 일이 벌어질까?

> 다음 표현식은 어떻게 평가될까?
>
> ```
> (0 / 0) == (0 / 0)
> ```
>
> 배정도 부동 소수점 표준, IEEE 754에 따르면 0을 0으로 나눈 결과는 NaN(Not a Number, 숫자 아님)라는 특별한 값이다. 말이 좀 이상하지만 NaN은 자기 자신과도 동등하지 않은 값이다.
>
> 자바에서 == 연산자는 프리미티브 double에 대해서는 이렇게 동작하지만, Double 클래스의 equals() 메서드는 안 그렇다. 록스는 후자를 사용하므로 IEEE를 따르지 않는다. 이런 묘한 비호환성이 언어 구현자들의 삶을 피폐하게 만든다.

7.3

INTERPRETER

런타임 에러

나는 서브식이 Object를 생성하고 연산자는 이 객체를 숫자나 문자열로 요구할 때마다 무심하게 캐스팅을 수행했다. 하지만 캐스팅은 언제든 실패할 수 있다. 사용자가 코드를 잘못 작성해도 사용 가능한 언어를 만들고 싶다면 우아하게 에러를 처리해야 한다.

이제 **런타임 에러(runtime error)** 이야기를 할 차례다. 지금까지 공들여 설명한 에러 처리는 모두 구문 에러 (syntax error) 아니면 정적 에러(static error)였다. 이런

> 단순히 타입 에러를 감지 또는 리포트를 할 수 없는 경우도 있다. C는 실제로 가리키는 데이터와 매치되지 않는 타입으로 포인터를 캐스팅할 경우 이렇게 처리한다. 덕분에 C는 유연성과 속도를 높였지만 위험하다는 악명도 얻게 되었다. 메모리에서 비트를 잘못 인터프리트하면 만사가 끝장이다.
>
> 현대 언어는 이렇게 안전하지 않은 연산은 대개 허용하지 않는다. 대부분의 언어가 메모리 안전(memory safe)하며, 정적 검사 및 런타임 검사를 병행하여 메모리에 저장된 값을 프로그램이 잘못 인터프리트하는 일이 없도록 보장한다.

에러는 코드가 실행되기 전에 감지되어 리포트된다. 런타임 에러는 프로그램 실행 도중, 언어 시맨틱의 요건이 충족되지 않아 발견된 실패를 리포트한 것이다.

현재는 피연산자가 수행하려는 연산에 맞지 않는 타입일 경우, 자바 캐스팅은 실패하고 JVM은 ClassCastException을 던진다. 전체 스택이 풀리면서 애플리케이션은 종료되고 장황한 자바 스택 트레이스를 사용자에게 토해낼 것이다. 이렇게 처리하는 게 맞을까? 아니다. 록스가 자바 언어로 작성된 인터프리터라는 사실을 굳이 사용자에게 알릴 필요는 없다. 사용자가 록스 런타임 에러가 발생했음을 인지하고 언어 및 프로그램에 관한 에러 메시지를 표시하는 것이 바람직하다.

물론, 자바에는 한 가지 무시하지 못할 장점이 있다. 에러가 발생하면 즉시 코드 실행을 올바르게 중단시킨다. 가령, 사용자가 다음과 같이 표현식을 입력했다고 하자.

```
2 * (3 / -"muffin")
```

머핀을 부정한다는 것[2]은 있을 수 없는 일이므로 내부의 - 표현식에서 런타임 에러를 리포트해야 한다. 그럼 / 표현식은 자신의 우측 피연산자가 의미가 없기 때문에 평가할 수 없다. *도 마찬가지다. 즉, 어떤 표현식 내부의 깊숙한 곳에서 런타임 에러가 발생하면 끝까지 죽 빠져나와야 한다.

> 솔직히 머핀을 부정할 수 있는 사람이 있을까?

런타임 에러를 화면에 출력하고 프로세스를 중단하면 애플리케이션이 완전히 종료된다. 멜로 드라마 같은 느낌이다. 뭐랄까, 프로그래밍 언어 인터프리터로 마이크 드롭[3]을 하는 셈이다.

2　**옮긴이** 음수로 만드는 것
3　**옮긴이** mic drop, 가수 또는 연사가 공연/연설을 마치고 '잘 마쳤다'는 뜻으로 마이크를 떨어뜨리는 행위

그럴싸한 방법이긴 하나, 조금 덜 치명적인 방법이 낫겠다. 런타임 에러가 나면 당연히 표현식 평가는 멈추어야 하겠지만, 인터프리터를 아예 죽이는 건 곤란하다. 사용자가 REPL을 실행하면서 실수로 글자를 잘못 타이핑해도 세션은 끊어지지 않도록, 이후에도 코드를 더 입력할 수 있게 배려하는 게 좋겠다.

7.3.1 런타임 에러 감지

우리의 트리 탐색 인터프리터는 재귀적인 메서드 호출을 통해 중첩된 표현식을 평가하므로 모든 중첩된 표현식을 도로 풀어주어야 한다. 이런 일을 하는 가장 좋은 방법은 자바에서 예외를 발생시키는 것이지만, 자바 자체의 캐스팅 실패를 사용하는 대신, 록스에 고유한 캐스팅 실패를 정의하여 원하는 방식으로 처리하겠다.

캐스팅을 하기 전에 직접 객체 타입을 체크한다. 단항 연산자 –는 다음 한 줄을 추가한다.

lox/Interpreter.java ▶ visitUnaryExpr() 메서드

```
    case MINUS:
      checkNumberOperand(expr.operator, right);
      return -(double)right;
```

다음은 피연산자를 체크하는 메서드다.

lox/Interpreter.java ▶ visitUnaryExpr() 메서드 다음에 추가

```
  private void checkNumberOperand(Token operator, Object operand) {
    if (operand instanceof Double) return;
    throw new RuntimeError(operator, "Operand must be a number.");
  }
```

체크 결과 실패하면 이런 에러를 던진다.

lox/RuntimeError.java ▶ 새 파일 생성

```
package com.craftinginterpreters.lox;

class RuntimeError extends RuntimeException {
  final Token token;

  RuntimeError(Token token, String message) {
    super(message);
    this.token = token;
  }
}
```

자바의 ClassCastException과 달리, 이 클래스는
RuntimeError가 발생한 사용자 코드의 위치를 식별하
는 토큰을 보관한다. 덕분에 정적 에러와 마찬가지로 사
용자는 코드 어디를 고쳐야 할지 금세 알 수 있다.

> 자바에 이미 RuntimeException 클래스가 정의되어 있어
> 서 RuntimeError라는 명칭이 약간 헷갈릴 수 있다. 인터프
> 리터를 개발할 때 내가 쓰고 싶은 이름이 마침 구현 언어에서
> 사용 중이면 적잖이 성가시다. 록스에 클래스를 지원 기능을
> 추가할 때까지 조금만 더 인내하라.

이항 연산자도 체크하는 방법은 비슷하다. 인터프리터
구현에 필요한 코드를 한 줄도 빠짐없이 다루겠다고 여러분과 약속했으니 낱낱이 살펴보자.

다음은 > 연산자 케이스다.

lox/Interpreter.java ▶ visitBinaryExpr() 메서드

```
case GREATER:
  checkNumberOperands(expr.operator, left, right);
  return (double)left > (double)right;
```

다음은 >= 연산자 케이스다.

lox/Interpreter.java ▶ visitBinaryExpr() 메서드

```
case GREATER_EQUAL:
  checkNumberOperands(expr.operator, left, right);
  return (double)left >= (double)right;
```

다음은 < 연산자 케이스다.

lox/Interpreter.java ▶ visitBinaryExpr() 메서드

```
case LESS:
  checkNumberOperands(expr.operator, left, right);
  return (double)left < (double)right;
```

다음은 <= 연산자 케이스다.

lox/Interpreter.java ▶ visitBinaryExpr() 메서드

```
case LESS_EQUAL:
  checkNumberOperands(expr.operator, left, right);
  return (double)left <= (double)right;
```

다음은 - 연산자 케이스다.

lox/Interpreter.java ▶ visitBinaryExpr() 메서드

```
case MINUS:
  checkNumberOperands(expr.operator, left, right);
  return (double)left - (double)right;
```

다음은 / 연산자 케이스다.

lox/Interpreter.java ▶ visitBinaryExpr() 메서드

```
case SLASH:
    checkNumberOperands(expr.operator, left, right);
    return (double)left / (double)right;
```

다음은 * 연산자 케이스다.

lox/Interpreter.java ▶ visitBinaryExpr() 메서드

```
case STAR:
    checkNumberOperands(expr.operator, left, right);
    return (double)left * (double)right;
```

다음은 지금까지 나온 코드가 모두 호출하는 검증 메서드다. 단항 연산자에 사용했던 checkNumber Operand() 메서드와 거의 같다.

lox/Interpreter.java ▶ checkNumberOperand() 메서드 다음에 추가

```
private void checkNumberOperands(Token operator,
                                Object left, Object right) {
    if (left instanceof Double && right instanceof Double) return;

    throw new RuntimeError(operator, "Operands must be numbers.");
}
```

이번에도 마지막 연산자 +는 조금 특별하다. +는 숫자와 문자열에 오버로드된 연산자라서 이미 타입을 체크하는 코드를 갖고 있다. 두 가지 성공 케이스 모두 매치되지 않으면 실패한 것으로 간주한다.

이 부분두 묘한 시맨틱 선택이다. 두 피연산자 중 어느 한쪽의 타입을 체크하기 전에 두 피연산자를 모두 평가한다. 가령, 인수를 받아 출력한 다음 리턴하는 say()라는 함수를 다음과 같이 사용했다고 하자.

```
say("left") - say("right");
```

제이록스 인터프리터는 런타임 에러를 리포트하기 전에 "left"와 "right"를 출력한다. 이렇게 하지 않고 우측 피연산자를 평가하기 전에 좌측 피연산자를 먼저 체크하도록 지정할 수도 있다.

lox/Interpreter.java ▶ visitBinaryExpr() 메서드 코드 1줄 교체

```
        return (String)left + (String)right;
    }

    throw new RuntimeError(expr.operator,
        "Operands must be two numbers or two strings.");
    case SLASH:
```

이로써 평가기(evaluator) 깊숙한 곳까지 런타임 에러를 감지할 수 있다. 이제 다음으로 이렇게 던져진 에러를 캐치할 코드가 필요하다. Interpreter 클래스를 메인 Lox 클래스에 걸어 구동시켜보자.

7.4 / 인터프리터 연결

INTERPRETER

비지트 메서드는 실질적으로 어떤 일을 수행하는, 인터프리터 클래스의 알맹이다. 프로그램의 나머지 부분과 연동하려면 비지트 메서드를 한 겹 더 감싸야 한다. 인터프리터의 퍼블릭 API는 메서드 하나에 불과하다.

lox/Interpreter.java ▶ Interpreter 클래스

```java
void interpret(Expr expression) {
  try {
    Object value = evaluate(expression);
    System.out.println(stringify(value));
  } catch (RuntimeError error) {
    Lox.runtimeError(error);
  }
}
```

이 메서드는 표현식에 대한 구문 트리를 가져와서 평가한다. 평가가 성공하면 evaluate()는 결괏값에 해당하는 객체를 리턴하고, interpret()는 그 객체를 문자열로 변환하여 사용자에게 보여준다. 다음은 록스 값을 문자열로 변환하는 메서드다.

lox/Interpreter.java ▶ isEqual() 메서드 다음에 추가

```java
private String stringify(Object object) {
  if (object == null) return "nil";

  if (object instanceof Double) {
    String text = object.toString();
    if (text.endsWith(".0")) {
      text = text.substring(0, text.length() - 2);
    }
    return text;
  }

  return object.toString();
}
```

이 메서드도 사용자가 록스 객체를 바라보는 뷰와 자바로 나타낸 내부적인 표현 사이를 가로지르는 isTruthy() 같은 코드 조각이다.

내용은 무척 직관적이다. 록스는 자바 개발자가 친숙함을 느끼도록 고안된 언어라서 불리언 같은 것들은 두 언어 모두 동일하다. 두 가지 엣지 케이스는 숫자와 자바 null에 해당하는 nil이다.

록스는 정숫값도 배정도 숫자를 사용한다. 그래서 소숫점 없이 출력을 해야 한다. 자바는 부동 소수점 타입과 정수 타입 모두를 지원하므로 둘 중 어떤 타입을 사용하는지 알아야 한다. 자바는 정숫값에 .0을 명시적으로 추가해야 double이 되지만, 우리는 그럴 필요가 없으므로 끝부분을 잘라낸다.

여기서도 이러한 숫자와 연관된 엣지 케이스는 제이록스 및 씨록스가 동일하게 처리해야 한다. 언어의 기묘한 측면을 건드리는 건 이렇듯 피곤한 일이지만 아주 중요한 작업이다.

사용자는 고의든, 실수든 간에 이런 디테일에 의존한다. 일관성 없이 구현하면 멀쩡히 잘 돌아가던 프로그램이 다른 인터프리터에서 중단될 수 있다.

7.4.1 런타임 에러 리포팅

표현식을 평가하는 도중에 런타임 에러가 발생하면 interpret()가 에러를 캐치한다. 덕분에 사용자에게 우아하게 에러를 리포트하고 다음으로 넘어갈 수 있다. 기존 에러 리포팅 코드는 모두 Lox 클래스에 있으니 이 메서드를 여기에 넣자.

lox/Lox.java ▶ error() 메서드 다음에 추가

```java
static void runtimeError(RuntimeError error) {
  System.err.println(error.getMessage() +
      "\n[line " + error.token.line + "]");
  hadRuntimeError = true;
}
```

RuntimeError에 연결된 토큰을 사용해서 몇 번째 코드 줄을 실행하다가 에러가 났는지 사용자에게 알린다. 전체 호출 스택을 표시하여 어느 경로를 거쳐 에러가 난 코드까지 실행됐는지 알려주면 더 좋겠지만, 아직 함수 호출을 구현하지 않았으니 이 부분은 일단 넘어가자.

runtimeError()는 에러 표시 후 hadRuntimeError 필드를 세팅한다.

lox/Lox.java ▶ Lox 클래스

```java
static boolean hadError = false;
static boolean hadRuntimeError = false;

public static void main(String[] args) throws IOException {
```

이 필드는 작지만 중요한 역할을 한다.

lox/Lox.java ▶ runFile() 메서드

```java
  run(new String(bytes, Charset.defaultCharset()));

  // 종료 코드로 에러를 식별한다
  if (hadError) System.exit(65);
  if (hadRuntimeError) System.exit(70);
}
```

사용자가 록스 스크립트 파일을 실행하다 런타임 에러가 나면 종료 코드를 세팅하고 호출자 프로세스에게 알린다. 모든 사람이 셸 에티 켓에 신경 쓰는 건 아니지만, 우리는 신경을 쓰자.

사용자가 REPL을 실행할 경우 굳이 런타임 에러를 추적할 이유는 없다. 에러가 리포트된 후, 다음 루프를 반복 시 새 코드를 입력받아 계속 실행하면 되기 때문이다.

7.4.2 인터프리터 실행

이제 인터프리터가 생겼으니 Lox 클래스를 가동할 수 있다.

lox/Lox.java ▶ Lox 클래스

```java
public class Lox {
  private static final Interpreter interpreter = new Interpreter();
  static boolean hadError = false;
```

REPL 세션 내부에서 run()을 연속적으로 호출해도 동일한 인터프리터를 재사용할 수 있도록 interpreter 를 정적 필드로 지정했다. 지금은 별 차이 없어도 나중에 인터프리터에 글로벌 변수를 저장하면 REPL 세션 이 끊길 때까지 존속돼야(persist) 하므로 얘기가 달라진다.

끝으로, 지난 장에서 구문 트리를 출력하려고 작성했던 임시 코드는 삭제하고 다음과 같이 교체한다.

lox/Lox.java ▶ run() 메서드 코드 1줄 교체

```java
    // 구문 에러 발생 시 멈춘다
    if (hadError) return;

    interpreter.interpret(expression);
  }
```

스캐닝 + 파싱 + 실행의 전체 언어 파이프라인 공사가 끝났다. 자축하자, 우리만의 산술 계산기가 만들어졌다!

아직 뼈대 밖에 없는 인터프리터지만, 이 장에서 확립한 Interpreter 클래스 및 비지터 패턴은 이후 장에서 변수, 함수처럼 재미난 것들을 가득 채울 든든한 기반이 될 것이다. 대단한 일을 하는 인터프리터는 아니지 만 그래도 살아 숨 쉬는 게 어딘가!

1. 숫자 이외의 타입의 비교를 허용하면 유용할 때가 있다. 연산 대상이 문자열이면 연산자는 합리적인 해석을 할 수 있다. 3 < "pancake"처럼 혼합된 타입 간의 비교는 물론, 이종 타입(heterogeneous type)의 컬렉션을 정렬하는 등의 작업도 간편하게 수행할 수 있다. 아니면 그냥 골치만 더 아프고 버그만 더 생길지도 모른다.

   여러분이 록스 개발자라면 다른 타입 간의 비교도 가능하도록 확장하겠는가? 만약 그렇다면 어떤 타입 쌍의 비교를 허용하고 정렬은 어떤 기준으로 할 것인가? 그렇게 선택한 근거를 밝히고 다른 언어는 어떻게 했는지 비교해보라.

2. 대부분의 언어는 + 연산자를 처리할 때 피연산자 중 한쪽이 문자열이면 다른 한쪽을 문자열로 변환한 다음 두 문자열을 연결한 결과를 리턴한다. 예를 들어, "scone" + 4는 scone4다. 결과가 이렇게 표시되도록 visitBinaryExpr() 코드를 확장하라.

3. 지금 숫자를 0으로 나누면 어떤 일이 벌어지는가? 여러분은 어떤 일이 일어나야 한다고 생각하는가? 그렇게 선택한 근거를 밝혀라. 여러분이 익숙한 다른 언어에서는 0으로 나누기를 어떻게 처리하는가? 그 언어를 디자인한 사람들이 그런 선택을 한 이유는 무엇일까?

   0으로 나눌 때 런타임 에러가 리포트되도록 visitBinaryExpr() 코드를 수정하라.

디자인 노트 | 정적 타이핑과 동적 타이핑   CRAFTING INTERPRETERS

자바 같은 정적 타입 언어에서는 코드를 실행하기 이전, 컴파일 타임에 타입 에러가 감지되어 리포트된다. 반면, 록스처럼 동적 타입 언어는 어떤 작업을 시도하기 직전, 즉 런타임까지 타입 체크를 미룬다(defer). 이를 모 아니면 도 식으로 생각하는 사람들이 많은데, 실제로 이 둘 사이에는 연속성(continuum)이 있다.

실은 정적 타입 언어도 런타임에 일부 타입 체크를 수행한다. 타입 시스템은 대부분의 타입 규칙을 정적 체크하지만, 생성된 코드 안에 런타임 체크 코드를 삽입하기도 한다.

예를 들어, 자바의 정적 타입 시스템은 표현식 캐스팅이 항상 안전하게 성공하리라 가정한다. 어떤 값을 캐스팅한 후에는 이를 목적지 타입(destination type)으로, 정적으로 처리할 수 있으며 컴파일 에러는 발생하지 않는다. 그러나 다운캐스팅[4]은 확실히 실패할 가능성이 있다. 정적 검사기(static checker)가 언어의 건전성

---

4 **옮긴이** downcasting, 부모 타입을 자식 타입으로 변환

보장에 위배되지 않고도 언제나 캐스팅이 성공하리라 가정할 수 있는 유일한 까닭은, 런타임에 캐스팅을 검사하고 실패 시 예외를 던지기 때문이다.

자바와 C#의 공변 배열(covariant array)[5]이 그런 묘한 사례다. 배열에 정적 서브타이핑(subtyping) 규칙을 적용하면 의도하지 않은 일이 일어날 수 있다. 다음 코드를 보자.

```
Object[] stuff = new Integer[1];
stuff[0] = "not an int!";
```

이 코드는 에러 없이 컴파일된다. 첫 번째 줄은 Integer 배열을 업캐스팅[6]한 다음 Object 배열 타입의 변수에 저장한다. 두 번째 줄은 첫 번째 원소에 문자열을 담는다. Object 배열 타입은 정적으로는 (문자열도 객체이므로) 이를 허용하지만, 런타임에 stuff의 원소가 문자열을 참조해서는 안 된다! JVM은 이런 참사가 일어나지 않도록 배열에 값을 저장할 때 런타임 체크를 함으로써 허용된 타입인지 다시 한번 확인하고, 허용된 타입이 아닐 경우 ArrayStoreException을 던진다.

자바가 첫 번째 줄에서 캐스팅 자체를 불허했다면 런타임에 이런 체크를 할 필요는 없었으리라. 즉, Integer 배열은 Object 배열이 될 수 없도록 배열을 불변화하는(invariant) 것이다. 정적 타이핑 관점에서는 그럴 듯하지만, 배열을 읽기만 하는 일반적이고 안전한 코드 패턴은 사용할 수가 없다. 공변성(covariance)은 배열에 아무것도 쓰지 않을 경우에 보장된다. 자바가 제네릭을 지원하기 전, 1.0 버전에서는 이런 패턴이 사용성 측면에서 특별히 중요했다. 제임스 고슬링(James Gosling)을 비롯한 자바 창시자들은 약간의 정적 안전과 성능을 맞교환하는 결단을 내렸다. 즉, 배열 창고를 체크하는 시간은 더 걸려도 그 대가로 어느 정도의 유연성을 얻은 셈이다.

현대 정적 타입 언어 중에서 어떤 경우에도 이런 트레이드오프가 없는 언어는 거의 없다. 심지어 하스켈에서도 완전히 일치하지 않는 코드를 실행할 수 있다. 정적 타입 언어를 디자인하는 사람은 이 말을 명심해야 한다. 어떤 타입 체크는 런타임까지 체크를 미뤄도 정적 안전성의 이점을 크게 희생하지 않고 사용자에게 더 많은 유연성을 제공할 수 있다.

한편, 사람들이 정적 타입 언어를 택하는 중요한 이유는, 그 언어로 짠 프로그램이 실행될 때 특정 부류의 에러는 절대로 발생하지 않을 거라는 언어 자체에 대한 신뢰 때문이다. 너무 많은 타입 체크를 런타임으로 미루면 이러한 신뢰가 약해진다.

---

5 https://en.wikipedia.org/wiki/Covariance_and_contravariance_(computer_science)#Covariant_arrays_in_Java_and_C.23
6 옮긴이 upcasting, 자식 타입을 부모 타입으로 변환

8장

문장과 상태

> 평생 동안 내 마음은 내가 감히 이름조차 부를 수 없는 것을 갈망해왔다.
>
> 앙드레 브르통(André Breton), 『The Crazy Love』

지금까지 살펴본 제이록스는 진짜 프로그래밍을 하는 느낌보다는 계산기 버튼을 누르는 것에 더 가까운 느낌을 준다. 나에게 '프로그래밍'이란 작은 조각들을 쌓아 올려 커다란 시스템을 구축하는 행위를 의미한다. 아직 록스에서는 데이터나 함수에 이름을 바인드할 방법이 없기 때문에 프로그래밍이 불가하다. 이런 조각들을 참조할 수 없다면 소프트웨어 자체를 구성할 수 없다.

바인딩을 지원하려면 인터프리터에 내부 상태가 필요하다. 처음 프로그램이 시작될 때 변수를 정의하고 사용하는 내내, 인터프리터는 어딘가에는 이 변숫값을 보관해야 한다. 이번 장에서는 처리뿐만 아니라 기억도 가능한 능력을 록스 인터프리터에 부여할 것이다.

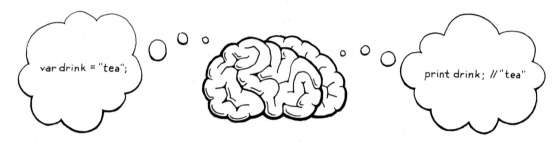

문장과 상태는 서로 맞물려 있다. 문장은 본질적으로 값으로 평가되지 않기 때문에 뭔가 다른 일을 해야 쓸모가 있다. 이 '뭔가 다른 일'을 **부수 효과**라고 한다. 사용자가 볼 수 있게 화면에 출력하는 것이나, 나중에 감지할 수 있도록 인터프리터의 상태를 바꾸는 등의 행위가 모두 부수 효과다. 이 중 후자는 변수나 다른 기명 엔티티(named entity)를 정의하는 데 제격이다.

> 바인딩을 생성하는 동시에 값을 만들어내는 표현식으로 변수 선언을 다루는 방법도 있다. 내가 아는 언어 중에 Tcl은 이렇게 작동되는 유일한 언어다. 스킴도 언뜻 보면 그럴 것 같지만, let 표현식이 평가된 후 바인드된 변수는 잊혀진다. define 구문은 표현식이 아니다.

이 모든 일을 이 장에서 다 해보겠다. 출력을 만들고(print) 상태를 생성하는(var) 문장을 정의하고 변수에 액세스 및 할당이 가능한 표현식을 추가할 것이다. 마지막으로 블록과 로컬 스코프를 추가할 것이다. 한 장에 다루기 벅찬 분량이지만, 한 번에 하나씩 차근차근 살펴보자.

문장

먼저, 록스 문법에 문장을 추가하겠다. 문장은 표현식과 크게 다르지 않다. 가장 간단한 문장 2개부터 시작하자.

1. **표현문(expression statement)**은 문장이 들어가야 할 곳에 표현식을 배치하는 것이다. 부수 효과를 지닌 표현식을 평가하려면 표현문이 필요하다. 매일 C, 자바 같은 언어를 사용하면서도 미처 실감하지 못한 독자들이 많겠지만, 함수나 메서드 호출 뒤에 붙는 ;이 바로 표현문이다.

> 파스칼은 특이하다. 이 언어는 프로시저(procedure)와 함수(function)를 구별한다. 함수는 값을 리턴하지만 프로시저는 리턴할 수 없다. 또 프로시저를 호출하는 문장 형식은 있지만, 함수는 표현식이 나와야 하는 곳에서만 호출할 수 있다. 파스칼에 표현문은 없다.

2. **print 문**은 표현식의 평가 결과를 사용자에게 표시한다. 이런 출력 기능을 라이브러리 함수에 넣지 않고 언어 안에 달아 넣은 모습이 좀 이상하다 싶을 수 있다. 이렇게 한 이유는, 이 책에서 록스 인터프리터에 한 장에 하나씩 기능을 구현하고 있고, 모든 작업을 다 끝내기 전에 계속 조금씩 돌려봐야 하기 때문이다.

> 실제 프로그래밍 언어인 베이직과 파이썬에도 전용(dedicated) print 문이 있다는 사실을 나의 방어 논리로 제시하고자 한다. 물론, 파이썬은 아예 3.0부터 print 문을 없애버렸다.

출력 기능까지 라이브러리 함수로 만들어버리면 함수를 정의하고 호출하는 메커니즘이 모두 갖춰질 때까지 부수 효과를 감상할 기회가 없을 것이다.

새로운 구문은 곧 새로운 문법 규칙을 의미한다. 이 장이 끝날 무렵이면 비로소 전체 록스 스크립트를 파싱할 수 있다. 동적 타입 명령형 언어인 록스에서 스크립트의 '최상위 레벨(top level)'은 단순히 문장 리스트일 뿐이다. 새로운 문법 규칙을 정의하면 다음과 같다.

```
program     → statement* EOF ;

statement   → exprStmt
            | printStmt ;

exprStmt    → expression ";" ;
printStmt   → "print" expression ";" ;
```

첫 번째 규칙 program은 전체 록스 스크립트 또는 REPL 엔트리를 나타낸다. 프로그램은 '파일 끝'을 나타내는 특별한 종료 토큰(EOF)이 뒤에 오는 문장 리스트다. 이 필수 종료 토큰은 파서가 전체 입력을 소비하고, 스크립트 끝에서 소비되지 않은 잘못된(erroneous unconsumed) 토큰을 조용히 무시하지 않도록 보장한다.

지금 statement에는 방금 전 기술한 두 문장의 케이스만 들어 있다. 이 장 뒷부분과 다음 장에서 여기에 더 많은 케이스를 채울 것이다. 이제 이 문법을 메모리에 저장할 수 있는 것, 즉 구문 트리로 바꿔보자.

8.1.1 문장 구문 트리

문법에서 표현식과 문장이 둘 다 허용되는 곳은 없다. 예를 들어, +의 피연산자는 반드시 표현식만 가능하며, 문장은 안 된다. 반대로 while 루프의 바디는 문장만 가능하다.

두 구문은 서로 떨어져 있기 때문에 하나의 베이스 클래스를 상속할 필요가 없다. 표현식과 문장을 별도의 클래스 계층으로 분리하면 표현식을 인수로 받기로 되어 있는 메서드에 문장을 전달하는 등의 멍청한 실수를 자바 컴파일러가 찾는 데 도움이 된다.

문장 전용 베이스 클래스를 새로 정의하자. 선배들의 뒤를 따라 "Stmt"라는 비밀스러운 이름을 사용하겠다. 나는 위대한(?) 선견지명으로 이를 예견하여 작은 AST 메타프로그래밍 스크립트를 디자인했다. 그래서 defineAst()의 인수를 "Expr"로 전달한 것이다. 이제 여기에 호출을 하나 더 추가해서 Stmt와 그 서브클래스를 정의한다.

> 선견지명은 무슨...! 이 책의 코드는 이미 장별로 쪼개기 전에 다 작성했다.

tool/GenerateAst.java ▶ main() 메서드

```
    "Unary    : Token operator, Expr right"
  ));

  defineAst(outputDir, "Stmt", Arrays.asList(
    "Expression : Expr expression",
    "Print      : Expr expression"
  ));
}
```

> 새로 추가한 노드에 해당하는 생성 코드는 부록 2를 참조하기 바란다.

AST 생성기 스크립트를 실행하고 생성된 Stmt.java 파일을 살펴보면 표현식과 print 문에 필요한 구문 트리 클래스가 있다. IDE 프로젝트나 makefile 같은 개발 도구에 이 파일을 잊지 말고 추가하라.

8.1.2 문장 파싱

단일식을 파싱해서 리턴하는 파서의 parse() 메서드는 지난 장에서 코드를 돌아가게 하려고 만든 임시 꼼수였다. 이제 올바른 시작 규칙인 program이 문법에 있으므로 parse()를 제대로 활용할 수 있다.

lox/Parser.java ▶ parse() 메서드 코드 7줄 교체

```
  List<Stmt> parse() {
    List<Stmt> statements = new ArrayList<>();
    while (!isAtEnd()) {
      statements.add(statement());
    }

    return statements;
  }
```

> ParseError 예외를 캐치하는 코드는 어디로 사라졌을까? 곧 더 나은 파싱 에러 처리 기능을 추가할 예정인데, 그때 추가되는 문장 타입에 대한 지원도 함께 추가하겠다.

이 메서드는 입력 끝까지 발견되는 모든 문장을 순서대로 파싱한다. program 규칙을 재귀 하향 스타일로 완전히 직역하는 것이다. ArrayList를 사용하기 때문에 수다(verbosity)를 관장하는 자바의 신께 잠깐 기도를 드리는 게 좋겠다.

lox/Parser.java

```
package com.craftinginterpreters.lox;

import java.util.ArrayList;
import java.util.List;
```

프로그램은 문장의 리스트라고 했다. 각 문장은 다음 메서드를 사용해서 파싱한다.

lox/Parser.java ▶ expression() 메서드 다음에 추가

```
  private Stmt statement() {
    if (match(PRINT)) return printStatement();

    return expressionStatement();
  }
```

지금은 뼈대만 있지만 앞으로 점점 더 많은 문장 타입으로 채울 것이다. 현재 토큰을 보고 어떤 문장 규칙이 해당되는지 결정한다. 가령, print 토큰이 나오면 누가 봐도 print 문이다.

그다음 토큰이 알려진 종류의 문장처럼 보이지 않으면 표현문이라고 가정한다. 이는 문장을 파싱할 때 발생하는 전형적인 폴스루[1]다. 첫 번째 토큰만 봐서는 표현식을 사전에 인식하기 어렵기 때문이다.

각 문장마다 고유한 메서드가 하나씩 있다. 먼저 print 문을 보자.

lox/Parser.java ▶ statement() 메서드 다음에 추가

```
  private Stmt printStatement() {
    Expr value = expression();
    consume(SEMICOLON, "Expect ';' after value.");
    return new Stmt.Print(value);
  }
```

print 토큰은 이미 자체로 매치되어 소비된 상태이기 때문에 딱히 할 일이 없다. 후속 표현식을 파싱하고, 종료 세미콜론을 소비한 다음, 구문 트리를 내보낸다.

print 문이 매치되지 않을 경우를 처리하는 메서드도 있어야 한다.

---

1 **옮긴이** fallthrough, switch 문에서 각 케이스마다 break 문으로 빠져나가지 않고 default 케이스까지 모든 케이스 문장을 실행하는 것

```java
private Stmt expressionStatement() {
  Expr expr = expression();
  consume(SEMICOLON, "Expect ';' after expression.");
  return new Stmt.Expression(expr);
}
```

printStatement() 메서드처럼 세미콜론으로 끝나는 표현식을 파싱한 다음, Expr을 올바른 타입의 Stmt로 래핑하고 리턴한다.

8.1.3 문장 실행

이전 장들을 거쳐 소우주(microcosm)를 항행하면서 우리는 프런트엔드 부문을 작업해왔다. 록스 파서는 이제 문장 구문 트리를 생성할 수 있으므로, 다음 단계이자 마지막 단계는 이 구문 트리를 인터프리트하는 작업이다. 표현식과 마찬가지로 비지터 패턴을 사용하지만, 문장은 자체 베이스 클래스를 따로 구현해야 하므로 Stmt.Visitor라는 새로운 비지터 인터페이스를 사용한다.

> 자바에서는 타입 소거(type erasure) 및 스택과 관련된 모호한 이유로 소문자 "void"를 제네릭 타입 인수로 사용할 수 없다. 대신 이런 용도에 알맞은 "Void" 타입이 있다. "Integer"가 "int"를 박싱한 것처럼 "박싱된 (boxed) void"인 셈이다.

implements 리스트에 Stmt.Visitor를 나란히 추가한다.

```java
class Interpreter implements Expr.Visitor<Object>,
                             Stmt.Visitor<Void> {
  void interpret(Expr expression) {
```

표현식과 다르게 문장은 값을 만들어내지 않기 때문에 비지트 메서드의 리턴 타입은 Object가 아닌 Void다. 문장 타입은 두 종류가 있으므로 비지트 메서드도 2개가 필요하다. 가장 쉬운 표현문부터 보자.

```java
  @Override
  public Void visitExpressionStmt(Stmt.Expression stmt) {
    evaluate(stmt.expression);
    return null;
  }
```

기존 evaluate() 메서드로 내부식을 평가한 다음 결괏값은 버리고 null을 리턴한다. 자바 스펙상 첫 글자가 대문자로 시작하는 Void라는 특수한 타입으로 리턴해야 한다. 뭐 좀 이상해도 별 수 있겠는가?

> 자바 표현문 안에 호출자를 넣음으로써 아주 적절하게 evaluate()가 리턴한 값을 버린다.

print 문의 비지트 메서드도 대동소이하다.

```java
@Override
public Void visitPrintStmt(Stmt.Print stmt) {
  Object value = evaluate(stmt.expression);
  System.out.println(stringify(value));
  return null;
}
```

표현식의 값을 버리기 전에 지난 장에서 나왔던 stringify() 메서드로 값을 문자열로 바꾼 다음 표준 출력으로 내보낸다.

록스 인터프리터는 이제 문장을 비지트할 수 있지만, 인터프리터에 문장을 먹잇감으로 던져주려면 아직 할일이 더 남았다. 먼저 Interpreter 클래스의 interpret() 메서드가 문장 리스트, 다른 말로 프로그램을 받도록 수정한다.

```java
void interpret(List<Stmt> statements) {
  try {
    for (Stmt statement : statements) {
      execute(statement);
    }
  } catch (RuntimeError error) {
    Lox.runtimeError(error);
  }
}
```

단일식만 받던 옛 코드를 고친 것이다. 새 코드는 작은 다음 헬퍼 메서드를 사용한다.

```java
private void execute(Stmt stmt) {
  stmt.accept(this);
}
```

표현식에 대한 evaluate() 메서드와 유사한 문장이다. 지금은 리스트를 사용하고 있으므로 java.util.List를 상단에 임포트한다.

```java
package com.craftinginterpreters.lox;

import java.util.List;

class Interpreter implements Expr.Visitor<Object>,
```

아직 메인 Lox 클래스는 단일식을 파싱해서 인터프리터에 전달하고 있다. 파싱하는 지점을 이렇게 수정한다.

lox/Interpreter.java ▶ run() 메서드 코드 1줄 교체

```
Parser parser = new Parser(tokens);
List<Stmt> statements = parser.parse();

// 구문 에러 발생 시 멈춘다
```

인터프리터를 호출하는 코드도 이렇게 바꾼다.

lox/Interpreter.java ▶ run() 메서드 코드 1줄 교체

```
if (hadError) return;

interpreter.interpret(statements);
}
```

새로운 구문으로 갈아탔으니 인터프리터를 켜고 시험해보라. 앞으로는 록스 프로그램을 스크립트로 실행할 수 있게 텍스트 파일로 저장하는 게 좋겠다.

```
print "one";
print true;
print 2 + 1;
```

와, 실제 프로그램과 거의 비슷하지 않은가? 이제부터는 REPL에서도 단순 표현식 대신 전체 문장을 입력해야 한다는 점을 기억하라. 세미콜론도 잊지 말라!

8.2 글로벌 변수

INTERPRETER

문장이 생겼으니 상태 작업도 착수하자. 렉시컬 스코핑의 온갖 복잡한 부분을 알아보기 전에 가장 쉬운 종류의 변수인 글로벌 변수부터 살펴보겠다. 우선 두 가지 구조가 필요하다.

1. 변수 선언문(variable declaration statement)은 새로운 변수를 낳는 문장이다.

```
var beverage = "espresso";
```

이렇게 선언해서 이름(beverage)과 값("espresso")이 연결된 새로운 바인딩이 생성된다.

2. 1번이 끝나면 **변수식(variable expression)**으로 바인딩에 액세스한다. 식별자 beverage를 표현식으로 사용하면 인터프리터는 이 이름으로 바인드된 값을 찾아 리턴한다.

```
print beverage; // "espresso"
```

할당 및 블록 스코프도 나중에 추가하겠지만, 일단 이 정도면 충분하다.

8.2.1 변수 구문

이번에도 구문부터 시작해서 프런트엔드에서 백엔드 방향으로 코딩 작업을 하겠다. 변수 선언은 문장이지만 다른 문장들과는 다르므로, 문장 문법

> 글로벌 상태(global state)는 평판이 좋지 않다. 물론, 글로벌 상태(특히, 가변 상태(mutable state))가 많으면 대규모 프로그램을 유지보수하기가 힘들어진다. 글로벌 상태는 최소한으로 사용하는 것이 바람직한 소프트웨어 엔지니어링이다.
>
> 그러나 간단한 프로그래밍 언어, 또는 심지어 프로그래밍 언어를 처음 배우는 경우에도 글로벌 변수의 평이함과 단순성은 여러모로 유용하다. 내가 배운 첫 번째 언어는 베이직인데, (결국, 이 언어는 내 욕구를 충족시키기에 그릇이 작아졌지만) 스코핑 규칙에 얽매여 머리를 싸매지 않아도 컴퓨터로 재미난 일들을 할 수 있어서 정말 좋았었다.

을 두 개로 나누어 처리할 것이다. 문법은 어느 곳에서 어떤 문장이 허용되는지 제한하기 때문이다.

if 문의 then ... else 분기나 while 바디 같은 제어문의 절은 각각 하나의 문장이다. 그러나 이 문장에는 어떤 이름을 선언해선 안 된다. 가령, 다음 코드는 문제가 없지만...

```
if (monday) print "Ugh, already?";
```

... 이렇게 쓰면 틀린다.

```
if (monday) var beverage = "espresso";
```

두 번째 코드를 허용할 수도 있지만 헷갈린다. 어디까지가 beverage 변수의 스코프인가? if 문이 끝나도 이 변수는 지속될까? 만약 그렇다면 월요일이 아닌 날 이 변수의 값은? 월요일이 아닌 날에도 이 변수는 존재할까?

이런 코드는 이상하기 때문에 C나 자바 계열의 언어 모두 불허한다. 문장에는 두 가지 레벨의 '우선순위'가 있다. 블록 내부 또는 최상위 레벨처럼 문장을 쓸 수 있는 곳에서는 선언을 비롯한 어떤 종류의 문장도 허용된다. 그 외에는 이름을 선언하지 않는, 우선순위가 '더 높은' 문장만 허용된다.

구분을 확실하게 하기 위해 다음과 같이 이름을 선언하는 종류의 문장에 대한 규칙을 추가한다.

> 블록문은 표현식에 대해 일종의 괄호 같은 역할을 한다. 블록 자체는 우선순위가 '더 높아' if 문의 절 내부 등 어디든 사용할 수 있다. 그러나 블록 안에 포함된 문장이 외려 우선순위가 더 낮을 가능성이 있다. 블록 안에 변수 및 다른 이름을 선언할 수는 있다. 문장만 허용된 곳에서 {}를 사용하면 전체 문장 문법으로 다시 빠져나갈 수 있다.

```
program        → declaration* EOF ;

declaration    → varDecl
               | statement ;

statement      → exprStmt
               | printStmt ;
```

선언문은 declaration이라는 새로운 규칙 밑으로 들어간다. 지금은 변수 하나뿐이지만, 곧 함수와 클래스 선언도 추가될 것이다. 선언이 허용된 곳에는 비선언(non-declaring) 문장도 허용되므로 declaration 규칙은 statement에도 적용된다. 당연히 스크립트 최상위 레벨에서도 뭔가를 선언할 수 있으므로 program은 새로운 declaration 규칙으로 나아간다.

다음은 변수를 선언하는 규칙이다.

```
varDecl        → "var" IDENTIFIER ( "=" expression )? ";" ;
```

여느 문장처럼 선행 키워드로 시작한다. 여기서는 var다. 그다음 변수명을 나타내는 식별자가 나오고 그 뒤에는 선택적으로 초기식(initializer expression)을 붙일 수 있다. 마지막은 세미콜론으로 장식한다.

변수에 액세스하기 위한 새로운 종류의 기본식도 정의한다.

```
primary        → "true" | "false" | "nil"
               | NUMBER | STRING
               | "(" expression ")"
               | IDENTIFIER ;
```

IDENTIFIER 절은 단일 식별자 토큰, 즉 액세스하려는 변수의 이름이라고 여겨지는 토큰과 매치된다.

문법 규칙을 새로 추가했으니 그에 따른 구문 트리가 필요하다. AST 생성기에 변수 선언과 관련된 새로운 문장 노드를 추가한다.

tool/GenerateAst.java ▶ main()에서 이전 줄에 "," 추가

```
    "Expression : Expr expression",
    "Print      : Expr expression",
    "Var        : Token name, Expr initializer"
));
```

> 새로 추가한 노드에 해당하는 생성 코드는 부록 2를 참조하기 바란다.

name 토큰이 저장되므로 초기식과 더불어 선언하는 내용을 알 수 있다. (초기자가 없으면 이 필드는 null이다)

그리고 변수 액세스에 필요한 표현식 노드를 추가한다.

```
      "Literal  : Object value",
      "Unary    : Token operator, Expr right",
      "Variable : Token name"
  ));
```

> 새로 추가한 노드에 해당하는 생성
> 코드는 부록 2를 참조하기 바란다.

이 노드는 그냥 name 토큰을 감싼 래퍼일 뿐이다. 자, 여기까지다. 이전처럼 AST 생성기 스크립트를 실행해서 만들어진 Expr.java와 Stmt.java 파일을 업데이트하라.

8.2.2 변수 파싱

변수 문장을 파싱하기 전에 문법에 새 규칙 declaration을 넣을 공간을 마련하려면 손봐야 할 코드가 있다. 이제 프로그램의 최상위 레벨은 선언 리스트이므로 파서에 진입하는 메서드가 달라진다.

```
  List<Stmt> parse() {
    List<Stmt> statements = new ArrayList<>();
    while (!isAtEnd()) {
      statements.add(declaration());
    }

    return statements;
  }
```

이 코드는 다음 declaration() 메서드를 호출한다.

```
  private Stmt declaration() {
    try {
      if (match(VAR)) return varDeclaration();

      return statement();
    } catch (ParseError error) {
      synchronize();
      return null;
    }
  }
```

자, 여기서 잠깐! 6장에서 에러 복구 인프라를 구축했던 걸 기억하는가? 이제 그때 만든 장치를 연결할 준비가 되었다.

declaration()은 블록 또는 스크립트에 있는 일련의 문장을 파싱할 때 반복 호출되는 메서드다. 따라서 파서가 패닉 모드로 진입할 때 동기화하기 적합한 장소다. 이 메서드의 전체 바디는 파서가 에러 복구를 시작할 때 던져지는 예외를 붙잡기 위해 try ... catch 블록으로 래핑한다. 이렇게 하면 예외가 발생해도 그다음 문장이나 선언의 시작부를 파싱하려고 시도할 것이다.

진짜 파싱은 try 블록 안에서 이루어진다. 일단 선행 키워드 var가 있는지 보고 지금 변수 선언을 파싱하고 있는지 확인한다. 만약 변수 선언문이 아니라면 statement() 메서드로 넘어가 print 문과 표현문을 파싱한다.

매치되는 다른 문장이 없을 경우, statement()가 어떻게 표현문을 파싱하려고 하는지 기억하는가? expression()은 현재 토큰에서 표현식을 파싱할 수 없으면 구문 에러를 낸다. 이러한 호출 체인 덕분에 올바른 선언 또는 문장이 파싱되지 않을 경우 반드시 에러가 리포트된다.

var 토큰이 매치되면 파서는 다음 코드로 분기한다.

lox/Parser.java ▶ printStatement() 메서드 다음에 추가

```java
  private Stmt varDeclaration() {
    Token name = consume(IDENTIFIER, "Expect variable name.");

    Expr initializer = null;
    if (match(EQUAL)) {
      initializer = expression();
    }

    consume(SEMICOLON, "Expect ';' after variable declaration.");
    return new Stmt.Var(name, initializer);
  }
```

늘 그렇듯, 재귀 하향 코드는 문법 규칙을 따라간다. var 토큰은 이미 매치되었기 때문에 파서는 그 변수 이름에 해당하는 식별자 토큰을 가져와 소비한다.

그런 다음 = 토큰이 나오면 초기식이 있다는 뜻이므로 파싱을 계속하고, 그렇지 않으면 초기자를 그냥 null로 놔둔다. 마지막으로, 문장 끝에 있어야 할 세미콜론을 소비한다. 이 모든 로직이 Stmt.Var 구문 트리에 담겨 있다. 근사하지 않은가?

변수식 파싱은 훨씬 쉽다. primary()에서 식별자 토큰을 찾는다.

lox/Parser.java ▶ primary() 메서드

```java
      return new Expr.Literal(previous().literal);
    }

    if (match(IDENTIFIER)) {
      return new Expr.Variable(previous());
    }

    if (match(LEFT_PAREN)) {
```

변수를 선언하고 사용하는 데 필요한 프런트엔드는 갖춰졌으니 이제 인터프리터에 변수를 먹잇감으로 잘 던 져주기만 하면 된다. 단, 그 전에 변수는 메모리 어딘가에서 사는지 이해할 필요가 있다.

8.3 / 환경
INTERPRETER

변수와 그 값을 연결하는 바인딩은 메모리 어딘가에 저장해야 한다. 리스프 사람들이 괄호를 발명한 이래로 이 자료 구조는 **환경(environment, 인바이런먼트)**이라고 불러왔다.

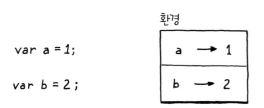

환경

```
var a = 1;        a ─→ 1

var b = 2;        b ─→ 2
```

> 글자 그대로 변수와 값들이 쾌활하 게 장난치는, 이상한 나라의 IT랜 드 같은 환경이 떠오르지 않는가?

환경은 키가 변수 이름, 값이 변숫값인 맵이라고 볼 수 있다. 실제로 나는 자바로 이렇게 구현할 것이다. 맵과 맵을 관리하는 코드를 인터프리터에 바로 넣어도 되지 만, 이 맵은 의미가 뚜렷한 개념이므로 별도의 클래스로 빼내도록 하겠다.

> 자바에서는 맵(map) 또는 해시맵(hashmap)이라고 하 지만, 다른 언어에서는 해시 테이블(hash table)이라고 도 한다. 파이썬과 C#은 딕셔너리(dictionary), 루비와 펄 은 해시(hash), 루아는 테이블(table), PHP는 연관 배열 (associative arrays)이라고 부른다. 예전에 스캐터 테이블 (scatter table)이라고 부른 적도 있었다.

새 파일을 만들어 추가하자.

lox/Environment.java ▶ 새 파일 생성

```java
package com.craftinginterpreters.lox;

import java.util.HashMap;
import java.util.Map;

class Environment {
  private final Map<String, Object> values = new HashMap<>();
}
```

이 클래스 안에 바인딩을 저장할 자바 맵이 있다. 키는 토큰 대신 원시 문자열(bare string)을 사용한다. 토큰 은 소스 코드의 특정 위치에 있는 코드 단위를 나타내지만, 변수를 조회할 때에는 이름이 같은 모든 식별자 토큰이 동일한 변수(일단 스코프는 무시)를 참조해야 한다. 원시 문자열을 사용하면 모든 토큰이 동일한 맵 의 키를 참조하게 된다.

구현할 작업은 두 가지다. 첫째, 변수 정의는 새 이름을 값에 바인드한다.

```java
  void define(String name, Object value) {
    values.put(name, value);
  }
}
```

골치 아프게 하려고 할 생각은 없지만, 여기서 재미있는 시맨틱 선택을 한 가지 했다. 키를 맵에 추가할 때 이미 맵에 존재하는 키인지 여부는 체크하지 않는다. 즉, 다음과 같이 써도 된다는 뜻이다.

```
var a = "before";
print a; // "before"
var a = "after";
print a; // "after"
```

변수문은 새로운 변수의 정의뿐만 아니라, 기존 변수를 재정의하는(redefine) 용도로도 쓸 수 있다. 대부분의 경우 사용자는 이렇게 기존 변수를 재정의할 생각은 아니었을 테니 (정말 그랬다면 var 대신 할당을 했을 것이다) 이를 에러로 처리할 수도 있다. 변수 재정의를 에러로 처리하면 분명 디버깅에 도움은 될 것이다.

그러나 REPL과의 상호작용(interaction, 인터랙션)이 매끄럽지 못할 것이다. REPL 세션 중에는 사용자가 이전에 어떤 변수를 정의했는지 일일이 따라갈 필요가 없게 하는 편이 낫다. 스크립트가 아닌 REPL에서 변수 재정의를 허용하면 사용자는 두 가지 규칙을 학습해야 하는 부담이 따르고, 한 포맷에서 다른 포맷으로 복사 후 붙여 넣은 코드가 작동되지 않을 수도 있다.

따라서 두 가지 모드 간에 일관성을 유지하기 위해 변수 재정의는 (적어도 글로벌 변수는) 허용하겠다. 이제 변수가 존재하니 변수를 조회할 수단이 필요하다.

> 변수와 스코핑에 관한 나의 지론은 이렇다. "뭔가 의구심이 들면 스킴처럼 처리하라." 스킴의 주요 목표 중 하나가 이 세상에 렉시컬 스코핑을 널리 알리는 것이었기 때문에 스킴 개발자는 다른 언어 개발자보다 변수 스코프에 대해 훨씬 더 많은 시간을 고민했을 것이다. 따라서 그들의 발자취를 그대로 따라간다면 일부러 잘못된 길로 빠지기도 어렵다.
>
> 스킴은 최상위 레벨에서 변수 재정의를 허용한다.

```java
class Environment {
  private final Map<String, Object> values = new HashMap<>();

  Object get(Token name) {
    if (values.containsKey(name.lexeme)) {
      return values.get(name.lexeme);
    }

    throw new RuntimeError(name,
        "Undefined variable '" + name.lexeme + "'.");
  }

  void define(String name, Object value) {
```

변수가 발견되면 해당 변수에 바인드된 값을 그냥 리턴한다. 하지만 변수를 찾지 못하면? 여기서 몇 가지 선택지가 있다.

- 구문 에러를 낸다.

- 런타임 에러를 낸다.

- 에러 없이 허용하고 디폴트 값(예: nil)을 리턴한다.

록스가 아무리 느슨한 언어라고 하지만, 세 번째 선택지는 너무 관대한 듯싶다. 구문 에러, 즉 컴파일 타임 에러를 내는 편이 영리한 선택이다. 정의되지 않은 변수를 사용하려는 버그는 가급적 빨리 발견할수록 좋다.

문제는 변수를 '사용하는 것(using)'과 '참조하는 것(referring)'이 같지 않다는 사실이다. 변수가 포함된 코드 뭉치가 함수 안에 래핑되어 있으면 변수를 바로 평가하지 않아도 코드 뭉치에서 참조할 수 있다. 변수를 선언하기 전에 언급하는 행위를 정적 에러로 취급하면 재귀 함수를 정의하기가 한층 더 힘들어진다.

함수의 바디를 조사하기 전에 함수 자신의 이름을 선언함으로써 단일 재귀(single recursion, 스스로를 호출하는 함수)를 적용하는 것도 방법이다. 하지만 두 함수가 서로 상대방을 호출하는 상호 재귀(mutually recursive) 관계라면 도움이 안 된다. 다음 코드를 보자.

```
fun isOdd(n) {
  if (n == 0) return false;
  return isEven(n - 1);
}

fun isEven(n) {
  if (n == 0) return true;
  return isOdd(n - 1);
}
```

이 코드가 당연히 (정수 아닌 숫자나 음수를 넘길 때 발생하는 나쁜 일은 말할 것도 없고) 홀수/짝수 여부를 구분하는 가장 효율적인 로직은 아니다. 조금만 참고 읽어보라.

isEven()은 isOdd()를 호출해서 isOdd() 함수의 바디를 바라보는 시점에 정의되지 않은 함수다. 두 함수의 순서를 바꾸면 isEven() 함수의 바디를 바라볼 때 isOdd()는 정의되지 않은 함수가 된다.

정적 에러를 내면 재귀 선언이 너무 어려워지기 때문에 에러를 런타임으로 미룬다. 참조를 평가하지 않는 한 변수가 정의되기 전에 참조하는 것은 괜찮다. 이렇게 하면 홀수/짝수 프로그램은 작동되겠지만, 다음과 같이 입력하면 런타임 에러가 날 것이다.

자바, C# 같은 정적 타입 언어는 프로그램의 최상위 레벨에 일련의 명령형 문장이 오지 못하게 하여 이 문제를 해결한다. 프로그램은 모두 동시에 실행되는 선언의 집합이다. 즉, 언어 구현체는 함수의 바디를 바라보기 전에 모든 이름을 선언한다.

C, 파스칼처럼 오래된 언어는 이런 식으로 동작하지 않는다. 대신, 이름이 완전히 정의되기 전에 명시적으로 전방 선언(forward declaration)[2]을 추가해서 이름을 선언해야 한다. 컴퓨팅 능력이 극히 한정된 당시에는 어쩔 수 없는 선택이었다. 소스 파일을 한 번에 죽 읽어 들여 컴파일을 할 수밖에 없었기 때문에 컴파일러가 함수 바디를 처리하기 전에 모든 선언을 모을 수가 없었다.

---

2 **옮긴이** https://en.wikipedia.org/wiki/Forward_declaration

```
print a;
var a = "too late!";
```

표현식 평가 코드에서 타입 에러를 처리할 때와 마찬가지로, 예외를 던져 런타임 에러를 리포트한다. 이 예외에는 변수의 토큰이 들어 있으므로 사용자는 코드 어디가 잘못됐는지 알 수 있다.

8.3.1 글로벌 변수의 인터프리팅

Interpreter 클래스는 Environment 인스턴스를 새로 만든다.

lox/Interpreter.java ▶ Interpreter 클래스

```java
class Interpreter implements Expr.Visitor<Object>,
                             Stmt.Visitor<Void> {
  private Environment environment = new Environment();

  void interpret(List<Stmt> statements) {
```

Interpreter 클래스의 필드에 직접 저장하므로 인터프리터가 실행되는 도중에도 메모리에 변수가 유지된다.

새로운 구문 트리가 2개 더 생겼으니 비지트 메서드도 2개 더 필요하다. 첫째, 선언문에 대한 비지트 메서드다.

lox/Interpreter.java ▶ visitVarStmt() 메서드 다음에 추가

```java
  @Override
  public Void visitVarStmt(Stmt.Var stmt) {
    Object value = null;
    if (stmt.initializer != null) {
      value = evaluate(stmt.initializer);
    }

    environment.define(stmt.name.lexeme, value);
    return null;
  }
```

변수에 초기자가 있으면 초기자를 평가하고, 없으면 다른 선택을 할 수 있다. 초기자를 필수로 요구함으로써 초기자가 없으면 구문 에러가 나게 할 수도 있지만, 다른 언어에서도 대부분 안 하는 짓을 록스에게 시키는 건 좀 가혹하게 느껴진다.

런타임 에러로 처리할 수도 있다. 초기화되지 않은 변수를 정의할 수 있지만 그 변수에 값을 할당하기 전에 액세스하려고 시도하면 런타임 에러를 내는 것이다. 나쁜 생각은 아니지만 대부분의 동적 타입 언어는 그렇게 하지 않는다. 좀 더 단순하게, 변수가 명시적으로 초기화되지 않을 경우에는 무조건 nil을 할당하자.

```
var a;
print a; // "nil"
```

즉, 변수의 초기자가 없으면 록스의 nil 값에 해당하는 자바의 null로 세팅한다. 그런 다음, 해당 변수를 이 값에 바인드하라고 환경에게 지시한다.

둘째, 변수식을 평가하는 비지트 메서드다.

lox/Interpreter.java ▸ visitUnaryExpr() 메서드 다음에 추가

```java
@Override
public Object visitVariableExpr(Expr.Variable expr) {
  return environment.get(expr.name);
}
```

그냥 환경에게 보내서 변수가 정의됐는지 확인하는 힘든 일을 시킨다. 이 정도면 기본적인 변수 메커니즘이 작동될 것이다. 다음 코드를 시험해보라.

```
var a = 1;
var b = 2;
print a + b;
```

아직 코드를 재사용하는 것은 안 되지만, 데이터를 재사용하는 프로그램은 구축할 준비가 됐다.

8.4 / 할당
INTERPRETER

변수는 있지만 그 값을 재할당하거나 **변경하지(mutate)** 못하는 언어로 만들 수 있다. 하스켈이 좋은 예다. SML은 가변 참조(mutable reference) 및 배열만 지원하므로 변숫값은 다시 할당할 수 없다. 러스트에서는 mut라는 수정자를 붙여야만 할당이 가능하므로 변숫값을 변경하지 않는 방향으로 사용자를 유도한다.

변수를 변경하는 것은 곧 부수 효과다. 일부 언어 사용자들은 부수 효과가 더럽고 우아하지 못하다고 생각한다. 코드는 마치 신이 만물을 창조하듯 맑고 투명하고 변하지 않는 값을 만들어내는 순수한 수학이어야 한다는 것이다. 데이터 뭉치를 한 번에 하나의 명령어를 실행시키며 두들겨 펴는 지저분한 자동화가 아니라는 말이다.

나는 참 재미난 사실 하나를 발견했다. 스스로 감정에 치우치지 않는 논리로 무장한 채 자부심을 가진 사람들이 종종 자신의 작품에 대해 감정이 잔뜩 실린 용어들(예: 순수한, 부수 효과, 게으른, 영속적인, 일급의, 고계의)을 한 치의 거부감도 느끼지 않은 채 감정적으로 사용한다.

록스는 그렇게까지 엄격하지는 않다. 록스는 명령형 언어이고 변경은 얼마든지 일어난다. 언어에 할당 기능을 추가하는 데 많은 작업이 필요한 것은 아니다. 글로벌 변수는 이미 재정의가 가능하므로 필요한 기능은 어느 정도 갖춰져 있지만, 명시적인 할당 표기법이 아직 마련되지 않았다.

8.4.1 할당 구문

= 구문은 작지만 생각보다 복잡하다. C에서 파생된 언어가 대부분 그렇듯이, 할당은 문장이 아닌 표현식이고, 우선순위가 가장 낮은 표현식 형식이다. 즉, 규칙 슬롯은 expression과 equality(우선순위가 그다음으로 낮은 표현식) 사이에 위치한다.

> 파스칼, 파이썬, 고 같은 언어에서는 할당이 문장이다.

```
expression      → assignment ;
assignment      → IDENTIFIER "=" assignment
                | equality ;
```

규칙에 따르면 assignment는 식별자 뒤에 =과 값을 나타내는 표현식, 또는 equality 식(아니면 다른 표현식) 둘 중 하나 다음에 나온다. assignment는 나중에 다음과 같이 객체에 프로퍼티 세터를 추가하면 좀 더 복잡해질 것이다.

```
instance.field = "value";
```

구문 트리 노드를 새로 추가하는 일은 쉽다.

tool/GenerateAst.java ▶ main() 메서드

```
defineAst(outputDir, "Expr", Arrays.asList(
  "Assign   : Token name, Expr value",
  "Binary   : Expr left, Token operator, Expr right",
```

> 새로 추가한 노드에 해당하는 생성 코드는 부록 2를 참조하기 바란다.

할당할 변수에 대한 토큰과 새로운 값을 나타내는 표현식이 있다. AstGenerator를 실행해서 새로운 Expr.Assign 클래스를 가져온 뒤, 파서의 기존 expression() 메서드 바디를 업데이트한 규칙에 맞게 완전히 바꾼다.

lox/Parser.java ▶ expression() 메서드 코드 1줄 교체

```
private Expr expression() {
  return assignment();
}
```

여기부터가 까다롭다. 토큰 하나를 룩어헤드하는 재귀 하향 파서로서는 좌변을 훑어 내려가며 =에 닿기 전까지는 할당문을 파싱하고 있는지 알 수 있을 만큼 충분히 멀리 내다볼 수 없다. 꼭 그래야 할 필요가 있는지 궁금할 수도 있다. 결국, 좌측 피연산자의 파싱을 마칠 때까지 + 식을 파싱하고 있다는 사실을 알 수가 없다.

여기서 차이점은, 할당문의 좌변이 어떤 값으로 평가되는 표현식이 아니라는 것이다. 할당 가능한 '것(thing)'으로 평가되는 일종의 의사 표현식(pseudo-expression)인 셈이다. 다음 코드를 보자.

```
var a = "before";
a = "value";
```

두 번째 줄에서 a는 평가(그래서 결국 문자열 "before"가 리턴)되는 것이 아니다. a라는 변수가 무엇을 참조하는지 파악해서 우변식의 값을 어디에 저장할지 알아 내는 것이다. 이 둘을 각각 고전적인 용어로 **l-value, r-value**라고 한다.[3] 지금까지 보았던 값을 만들어내는 표현식은 모두 r-value다. l-value는 값을 할당할 수 있는 저장소의 위치로 '평가'된다.

구문 트리에서 l-value가 여느 표현식처럼 평가되지 않도록 만들고 싶다. 그래서 Expr.Assign 노드가 Expr이 아닌, 좌변의 토큰을 갖고 있는 것이다. 문제는, l-value가 =에 닿기 전에는 파서는 자신이 l-value 를 파싱하고 있다는 사실을 모른다. 복잡한 l-value에서는 여러 토큰 이 생길 수도 있다.

> 이 명칭도 실은 할당식에 서 비롯된 것이다. 할당 식에서 l-value는 = 좌 측, r-value는 = 우측에 나온다.

> 필드 할당의 수신자(receiver) 자리엔 어 떤 표현식이라도 올 수 있고 표현식은 얼마 든지 길어질 수 있으므로 =을 찾는 데 무제 한(unbounded) 룩어헤드 토큰이 필요 하게 될 수도 있다.

```
makeList().head.next = node;
```

룩어헤드 토큰은 하나뿐인데... 어떻게 하면 좋을까? 그래서 다음과 같이 약간의 트릭을 가미한다.

lox/Parser.java ▶ expressionStatement() 메서드 다음에 추가

```
private Expr assignment() {
  Expr expr = equality();

  if (match(EQUAL)) {
    Token equals = previous();
    Expr value = assignment();

    if (expr instanceof Expr.Variable) {
      Token name = ((Expr.Variable)expr).name;
      return new Expr.Assign(name, value);
    }

    error(equals, "Invalid assignment target.");
  }

  return expr;
}
```

할당식을 파싱하는 코드는 대부분 + 같은 이항 연산자의 코드와 비 슷하게 생겼다. 우선순위가 더 높은 표현식이 올 수 있는 좌변을 파 싱한다. 그러다 =이 발견되면 우변을 파싱한 다음, 할당식 트리 노드 에 몽땅 래핑한다.

> 좌변이 올바른 할당 타깃이 아닐 경우에는 에러를 '리포트(report)'하지만, 파서가 패 닉 모드에 진입하여 동기화를 해야 할 정도 로 혼란스러운 상태는 아니므로 에러를 '던 지지(throw)' 않는다.

---

3 https://en.wikipedia.org/wiki/Value_(computer_science)#lrvalue

이항 연산자와 살짝 다르게, 루프를 반복하면서 동일한 연산자의 시퀀스를 만들지 않는다. 할당은 우측 결합 연산이므로 assignment()를 재귀 호출하여 우변을 파싱한다.

여기서 할당식 노드를 생성하기 직전에 좌변식을 바라보고 할당 타깃이 어떤 종류인지 알아내는 것이 트릭이다. r-value 표현식 노드를 l-value 표현식 노드로 변환한다.

올바른 할당 타깃이라면 어떤 표현식으로서도 올바른 구문임이 확실하기 때문에 이렇게 변환할 수 있다. 다음과 같이 복잡한 필드 할당은 어떨까?

> 할당 타깃이 잘못된 표현식인 경우에도 이 트릭을 사용할 수 있다. 커버 문법(cover grammar), 즉 모든 올바른 표현식과 할당 타깃 구문을 수용하는 느슨한 문법을 정의하는 것이다. =에 도달할 때 좌변이 올바른 할당 타깃 문법에 속하지 않으면 에러를 리포트한다. 반대로 =에 도달하지 않았을 때 좌변이 올바른 표현식이 아닌 경우에도 에러를 리포트한다.

```
newPoint(x + 2, 0).y = 3;
```

할당문의 좌변 역시 올바른 표현식으로 작동될 수 있다.

```
newPoint(x + 2, 0).y;
```

첫 번째 예제는 필드를 세팅하고, 두 번째 예제는 필드를 가져오는 코드다.

즉, 좌변을 마치 표현식인 것처럼 파싱하고 나중에 구문 트리를 생성하여 할당 타깃으로 바꾸는 것이다. 좌변식이 올바른 할당 타깃이 아니면 구문 에러가 발생하면서 실패한다. 가령, 다음 코드는 에러로 처리한다.

```
a + b = c;
```

지금 올바른 할당 타깃은 단순 변수식 하나뿐이지만, 앞으로 계속 필드를 추가할 것이다. 이 트릭의 최종 결과는, 어디에 할당되는지 알고 있고 할당되는 값의 표현식 서브트리를 갖고 있는 할당식 트리 노드다. 이 모든 일이 단 하나의 룩어헤드 토큰과 백트래킹[4] 없이 이루어진다.

> 6장에서 나는 나중에 필요하게 될 테니 괄호식을 구문 트리에 나타낸다고 했었다. 이제 그 이유를 알겠는가? 다음 두 케이스를 구분할 수 있어야 한다.
> ```
> a = 3;    // 맞음(O)
> (a) = 3;  // 틀림(X)
> ```

8.4.2 할당 시맨틱

새로운 구문 트리가 생겼으니 새로운 비지트 메서드도 필요하다.

---

4 [옮긴이] backtracking, 해를 찾아가는 도중 해가 아니라서 막히면 다시 되돌아가 해를 찾아가는 기법

```java
@Override
public Object visitAssignExpr(Expr.Assign expr) {
  Object value = evaluate(expr.value);
  environment.assign(expr.name, value);
  return value;
}
```

이 메서드는 당연히 변수 선언과 비슷하다. 우변을 평가해서 값을 구한 다음 변수 value에 저장한다. Environment에 있는 define() 대신, 다음 새 메서드를 호출한다.

```java
void assign(Token name, Object value) {
  if (values.containsKey(name.lexeme)) {
    values.put(name.lexeme, value);
    return;
  }

  throw new RuntimeError(name,
      "Undefined variable '" + name.lexeme + "'.");
}
```

할당은 새로운 변수를 생성할 수 없다. 이것이 할당과 정의의 가장 중요한 차이점이다. 구현체 관점에서 환경의 변수 맵에 키가 존재하지 않으면 런타임 에러다.

> 파이썬, 루비와 달리 록스는 암묵적 변수 선언을 하지 않는다. (이 장 '디자인 노트' 참고)

비지트 메서드가 하는 마지막 작업은 할당된 값을 리턴하는 일이다. 할당은 다른 표현식 인에 중첩 가능한 표현식이기 때문이다.

```
var a = 1;
print a = 2; // "2"
```

이제 록스 인터프리터는 변수를 생성하고, 읽고, 수정할 수 있다. 정교함으로 따지면 초기 베이직 정도는 된다. 글로벌 변수는 간단하지만 두 코드 뭉치가 서로 간섭을 일으킬 수 있으므로 큰 프로그램에서 사용하기는 적합하지 않다. 그렇다면 로컬 변수가 등판할 차례인데... 맞다, 스코프 이야기를 할 때가 됐다.

> 굳이 따지자면 베이직보단 조금 더 낫다. 록스는 두 글자 이상의 변수명도 거뜬히 처리하니까.

8.5 스코프

INTERPRETER

스코프(scope)는 특정 엔티티에 이름을 매핑한 영역이다. 다중 스코프(multiple scope)를 사용하면 같은 이름이라도 서로 다른 컨텍스트에서 서로 다른 대상을 참조할 수 있다. 가령, 우리 집에서 'Bob'은 보통 나를 가리키지만, 여러분이 사는 동네에서 'Bob'은 다른 이일 것이다. 같은 이름이라도 말하는 장소에 따라 지칭하는 사람이 달라진다.

렉시컬 스코프(lexical scope), 또는 이보다 덜 쓰이는 용어지만 정적 스코프(static scope)는 프로그램의 텍스트 자체로 스코프의 시작/종료 지점을 나타내는 스코핑 스타일이다. 록스도 대부분의 현대 언어처럼 변수를 렉시컬하게 스코핑한다(lexically scoped). 즉, 어떤 변수를 사용하는 표현식이 나오면 그 코드를 정적으로 읽기만 해도 어떤 변수 선언을 참조하는지 알 수 있다.

다음 코드를 보자.

> 'lexical'은 '단어와 연관된'이라는 뜻을 가진 그리스어 'lexikos'에서 유래됐다. 프로그래밍 언어에서 이 용어는 보통 아무것도 실행하지 않아도 소스 코드 자체에서 알아낼 수 있는 것을 의미한다.
>
> 렉시컬 스코프는 알골과 함께 등장했다. 초창기 언어는 보통 동적 스코핑 언어였는데, 당시 컴퓨터 과학자들은 동적 스코프 실행이 더 빠르다고 확신했다. 물론, 초기 스킴 해커들 덕분에 지금은 그렇지 않다는 사실이 밝혀졌다. 오히려 그 반대다.
>
> 변수에 대한 동적 스코핑은 아직도 흔적이 남아 있다. 이맥스 리스프(Emacs Lisp)는 기본적으로 변수에 동적 스코핑을 사용한다. 클로저의 `binding` 매크로도 그렇다. 자바스크립트에서 많은 이들이 혐오하는 with 문[5]을 사용하면 객체 프로퍼티가 동적 스코핑된 변수로 바뀐다.

```
{
  var a = "first";
  print a; // "first"
}

{
  var a = "second";
  print a; // "second"
}
```

a라는 변수를 위, 아래 블록에 각각 선언한다. 첫 번째 print 문의 a는 "first", 두 번째 print 문의 a는 "second"를 참조한다는 것은 코드만 봐도 알 수 있다.

첫 번째 블록

두 번째 블록

---

5 https://developer.mozilla.org/en-US/docs/Web/JavaScript/Reference/Statements/with

188　**2부** 트리 탐색 인터프리터

코드를 실행하기 전에는 이름이 무엇을 참조하는지 알 수 없는 **동적 스코프(dynamic scope)**와는 대조적이다. 록스에는 동적 스코핑된 변수가 없지만 객체의 메서드와 필드는 동적 스코핑된다.

```
class Saxophone {
  play() {
    print "Careless Whisper";
  }
}

class GolfClub {
  play() {
    print "Fore!";
  }
}

fun playIt(thing) {
  thing.play();
}
```

playIt()이 thing.play()를 호출하면 "Careless Whisper"가 재생될지, "Fore!"가 재생될지 알 수 없다. Saxophone과 GolfClub 중 어느 것을 이 함수의 인수로 넘기느냐에 따라 결과가 달라지며 런타임 전에는 절대로 알 도리가 없다.

스코프와 환경은 가까운 사촌뻘이다. 전자가 이론적 개념이라면, 후자는 이 개념을 구현한 장치다. 록스 인터프리터가 코드를 처리하면서 스코프에 영향을 미치는 구문 트리 노드는 환경을 변경할 것이다. 록스처럼 C 스타일의 구문을 지닌 언어에서 스코프는 {} 블록으로 제어된다. (그래서 **블록 스코프(block scope)**라고 한다)

```
{
  var a = "in block";
}
print a; // 에러! "a"는 더 이상 없다
```

블록이 시작되면 새로운 로컬 스코프가 시작되고 죽 실행하다 }에 닿으면 스코프는 종료된다. 블록 안에 선언됐던 변수들도 모두 사라진다.

8.5.1 중첩과 섀도잉

블록 스코프를 구현하는 첫 단추는 다음과 같다.

1. 블록 안에 있는 각 문장을 비지트하면서 선언된 변수를 모조리 추적한다.

2. 마지막 문장이 실행된 후, 이들 변수를 모두 삭제하라고 환경에게 지시한다.

방금 전 예제도 이런 식으로 작동된다. 로컬 스코프를 두는 이유가 캡슐화(encapsulation), 즉 프로그램 어느한 구석에 있는 코드 블록이 다른 구석에 있는 코드 블록을 간섭하면 안 되기 때문이라는 사실을 기억하라. 다음 코드를 보자.

```
// 얼마나 크게?
var volume = 11;

// 음소거
volume = 0;

// 3x4x5 직육면체의 부피 계산
{
  var volume = 3 * 4 * 5;
  print volume;
}
```

volume이라는 로컬 변수를 선언하고 직육면체의 부피를 구하는 블록이 나온다. 블록이 종료되면 인터프리터는 글로벌 변수 volume을 삭제할 것이다. 이건 옳지 않다. 블록이 종료될 때 그 안에 선언된 변수를 빠짐없이 삭제하는 건 맞지만, 블록 밖에 동일한 이름으로 선언된 변수까지 건드리면 안 된다.

로컬 변수와 이름이 같은 변수가 주변 스코프[6]에 존재하면, 로컬 변수는 바깥에 있는 변수를 **섀도우한다 (shadow, 가린다)**. 따라서 블록 안의 코드에서는 (안쪽에 있는 변수 때문에 가려져) 바깥에 있는 변수가 안 보이지만, 그래도 그 변수는 여전히 존재한다.

새로운 블록 스코프에 진입하면 외부 스코프에 정의된 변수들을 잘 보존해야 한다. 그래야 내부 블록이 종료돼도 그대로 남아 있을 것이다. 이를 위해 각 블록마다 외부 스코프에 정의된 변수만 포함된 새로운 환경을 정의한다. 블록이 종료되면 자기 블록의 환경을 버리고 이전 환경을 복원한다.

섀도우되지 않은 주변 변수도 처리해야 한다.

```
var global = "outside";
{
  var local = "inside";
  print global + local;
}
```

global 변수는 외부 글로벌 환경에 있고 local은 블록 환경 내부에 정의되어 있다. print 문에서 이 두 변수는 모두 스코프 내에 있다. 인터프리터는 두 변수를 찾기 위해 현재의 가장 내부 환경은 물론, 그 주변 환경까지 샅샅이 뒤진다.

---

6 <u>옮긴이</u> enclosing scope, 현재 스코프를 둘러싼 바로 바깥쪽 스코프

환경을 서로 체이닝[7]하여 구현하면 된다. 각 환경마다 자신을 바로 둘러싼 주변 스코프의 환경을 가리키는 참조를 두고, 가장 내부 환경부터 바깥쪽으로 변수가 발견될 때까지 체인을 따라 올라가는 것이다. 이렇게 내부 스코프부터 시작되므로 로컬 변수가 그 외부의 변수를 섀도우하게 되는 것이다.

인터프리터가 실행되는 동안 환경은 선형적인 객체 리스트 형태를 취하지만, 실행 도중 내내 생성되는 전체 환경 집합을 생각해보라. 외부 스코프에는 그 안에 여러 블록이 중첩되어 있을 수 있고 각 블록은 자신의 외부 블록을 가리키는 식으로 트리 비슷한 구조를 형성하지만, 트리를 통과하는 경로는 한 번에 하나만 존재한다.

이를 부모 포인터 트리(parent-pointer tree)라는 따분한 이름으로 부르기도 하지만, 나라면 머릿속에서 금방 연상되는 선인장 스택(cactus stack)이라고 부를 것이다.

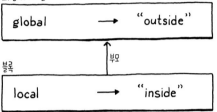

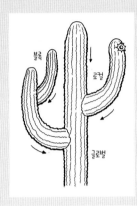

블록 구문을 문법에 추가하기 전에 중첩이 가능하도록 Environment 클래스를 수정하자.
먼저 각 환경마다 자신의 주변 환경을 가리키는 참조를 보관한다.

lox/Environment.java ▶ Environment 클래스

```
class Environment {
  final Environment enclosing;
  private final Map<String, Object> values = new HashMap<>();
```

이 필드는 초기화가 필요하므로 생성자를 2개 추가한다.

lox/Environment.java ▶ Environment 클래스

```
  Environment() {
    enclosing = null;
  }

  Environment(Environment enclosing) {
    this.enclosing = enclosing;
  }
```

무인수 생성자[8]는 글로벌 스코프의 환경에서 체인을 끝내려고 만든 것이다. enclosing을 받는 생성자는 주어진 외부 환경 안에 중첩된 새로운 로컬 스코프를 생성한다.

---

7 **옮긴이** chaining, 사슬을 엮듯이 하나씩 연결
8 **옮긴이** no-argument constructor, 인수를 받지 않는 생성자

새로운 변수는 반드시 가장 내부의 스코프에 선언되므로 define() 메서드는 고칠 필요가 없다. 하지만 변수 조회 및 할당은 기존 변수를 전제로 하므로 체인을 따라 찾아봐야 한다. 먼저 조회부터 보자.

lox/Environment.java ▸ get() 메서드

```
    return values.get(name.lexeme);
  }

  if (enclosing != null) return enclosing.get(name);

  throw new RuntimeError(name,
    "Undefined variable '" + name.lexeme + "'.");
```

이 환경에서 변수가 발견되지 않으면 주변 환경을 찾는다. 결국 재귀적으로 동일한 작업을 수행하면서 전체 체인을 수색하는 셈이다. 주변 스코프가 더 이상 없는 환경까지 뒤졌지만 변수를 찾지 못한 경우에는 이전처럼 깨끗이 포기하고 에러를 리포트한다.

> 루프로 반복하면서 체인을 뒤지는 게 더 빠를 것 같지만, 재귀를 사용하는 편이 더 깔끔하다고 생각한다. 3부에서 구현할 씨록스는 이 작업을 훨씬 더 빠르게 처리한다.

할당도 마찬가지다.

lox/Environment.java ▸ assign() 메서드

```
    values.put(name.lexeme, value);
    return;
  }

  if (enclosing != null) {
    enclosing.assign(name, value);
    return;
  }

  throw new RuntimeError(name,
```

여기서도 변수가 현재 환경에 없으면 주변 환경을 재귀적으로 탐색한다.

8.5.2 블록 구문과 시맨틱

자, 이제 환경 중첩이 가능하니 록스에 블록을 추가할 수 있다. 문법은 다음과 같다.

```
statement     → exprStmt
              | printStmt
              | block ;

block         → "{" declaration* "}" ;
```

블록은 (빈 블록까지 포함해) {}로 감싼 일련의 문장 또는 선언이다. 블록은 그 자체로 문장이며, 문장이 허용된 곳이라면 어디든 나타날 수 있다. 구문 트리 노드는 다음과 같다.

tool/GenerateAst.java ▶ main() 메서드

```
defineAst(outputDir, "Stmt", Arrays.asList(
  "Block      : List<Stmt> statements",
  "Expression : Expr expression",
```

> 새로 추가한 노드에 해당하는 생성 코드는 부록 2를 참조하기 바란다.

블록 안에 있는 문장 리스트가 들어 있다. 파싱은 간단하다. 다른 문장처럼 선행 토큰(블록은 {)을 보고 블록이 시작됨을 인지한다. statement() 메서드에 다음 코드를 추가한다.

> GenerateAst.java를 실행해야 한다는 걸 항상 잊지 말라.

lox/Parser.java ▶ statement() 메서드

```
if (match(PRINT)) return printStatement();
if (match(LEFT_BRACE)) return new Stmt.Block(block());

return expressionStatement();
```

모든 일은 다음 메서드에서 일어난다.

lox/Parser.java ▶ expressionStatement() 메서드 다음에 추가

```
private List<Stmt> block() {
  List<Stmt> statements = new ArrayList<>();

  while (!check(RIGHT_BRACE) && !isAtEnd()) {
    statements.add(declaration());
  }

  consume(RIGHT_BRACE, "Expect '}' after block.");
  return statements;
}
```

빈 리스트를 만들고 블록 끝(}로 표시)에 이를 때까지 문장을 파싱하며 리스트에 추가한다. while 루프문을 보면 isAtEnd()로 체크하는 부분이 있는데, 잘못된 코드를 파싱할 때에도 무한 루프에 빠지지 않도록 주의해야 한다. 사용자가 }를 깜빡 잊어버려도 파서가 멈춰서는 안 된다.

> block()이 문장 리스트를 있는 그대로 리턴하고 statement()가 Stmt.Block에 이 리스트를 래핑하는 모습이 다소 어색하게 느껴질 수 있다. 내가 이렇게 처리한 이유는, 나중에 함수 바디를 파싱할 때 block()을 재사용할 것이고, 해당 바디를 Stmt.Block에 래핑하고 싶지 않았기 때문이다.

구문은 다 됐다. 이제 시맨틱 차례다. 인터프리터에 비지트 메서드를 하나 더 추가한다.

```java
@Override
public Void visitBlockStmt(Stmt.Block stmt) {
  executeBlock(stmt.statements, new Environment(environment));
  return null;
}
```

블록을 실행하려면 블록 스코프에 해당하는 환경을 새로 만들어 다음 메서드에 전달해야 한다.

```java
void executeBlock(List<Stmt> statements,
                  Environment environment) {
  Environment previous = this.environment;
  try {
    this.environment = environment;

    for (Stmt statement : statements) {
      execute(statement);
    }
  } finally {
    this.environment = previous;
  }
}
```

executeBlock()은 주어진 환경의 컨텍스트에서 문장 리스트를 실행한다. 지금까지 Interpreter의 environment는 항상 동일한 환경(즉, 글로벌 환경)을 가리키는 필드였지만, 지금부터는 현재 환경을 가리키는 변수다. 즉, 실행할 코드가 들어 있는 가장 내부 스코프에 해당하는 환경이다.

주어진 스코프 안에서 코드를 실행하기 위해 이 메서드는 Interpreter의 environment 필드를 업데이트하고, 모든 문장을 비지트한 다음, 이전 값으로 돌려놓는다. finally 절을 이용해 이전 환경으로 복원하는 코드는 자바에서 권장되는 좋은 코딩 패턴이다. 이렇게 해야 예외가 발생하더라도 복구가 된다.

가변 필드인 environment를 수동으로 변경/복원하는 과정이 약간 지저분해 보일 수도 있다. 각 비지트 메서드마다 환경을 매개변수로 명시적으로 전달하는 고전적인 방법도 있긴 하다. 환경을 '변경'하기 위해 트리를 재귀적으로 따라 내려가면서 다른 환경을 전달하는 것이다. 새 환경은 자바 스택에 존재하고 인터프리터는 블록의 비지트 메서드에서 리턴될 때 암묵적으로 폐기되므로 이전 환경을 복원할 필요는 없다.

제이록스도 이렇게 구현할까 망설였지만, 모든 비지트 메서드마다 환경 매개변수를 추가하는 건 너무 지루하고 장황하다. 책을 최대한 간결하게 쓰고자 나는 가변 필드를 사용하기로 했다.

놀랍게도, 지금까지 작업한 것만 갖고도 로컬 변수, 중첩, 섀도잉이 완전히 지원된다. 다음 코드가 잘 실행되는지 시험해보라.

```
var a = "global a";
var b = "global b";
var c = "global c";
{
  var a = "outer a";
  var b = "outer b";
  {
    var a = "inner a";
    print a;
    print b;
    print c;
  }
  print a;
  print b;
  print c;
}
print a;
print b;
print c;
```

작은 인터프리터, 제이록스는 이제 뭔가 기억할 수 있다. 완전한 프로그래밍 언어에 한 걸음씩 다가가고 있다!

연습 문제

1. REPL은 더 이상 단일식을 입력하면 그 결괏값을 자동 출력하는 기능을 제공하지 않는다. 이건 좀 문제가 있다. 사용자가 REPL 프롬프트에 문장과 표현식을 모두 입력할 수 있도록 구현하라. 즉, 사용자가 문장을 입력하면 문장을 실행하고, 표현식을 입력하면 표현식의 평가 결과를 화면에 출력한다.

2. 록스가 변수 초기화를 좀 더 명시적으로 처리했으면 싶을 수도 있다. 변수를 암묵적으로 nil로 초기화하는 대신, 다음 코드처럼 아직 초기화되지 않았거나 값을 할당하지 않은 변수에 액세스할 경우 런타임 에러가 나도록 수정하라.

```
// 초기자 없음
var a;
var b;

a = "assigned";
print a; // 좋다, assign을 먼저 했다

print b; // 에러!
```

3. 다음 프로그램은 무슨 일을 할까?

```
var a = 1;
{
  var a = a + 2;
  print a;
}
```

어떤 결과를 예상했는가? 어떻게 실행되어야 한다고 생각하나? 여러분이 익숙한 다른 언어에서 비슷한 코드를 실행하면 어떤 결과가 출력되는가? 이런 코드를 짠 사용자는 과연 어떤 결과를 기대했을까?

디자인 노트 | 암묵적 변수 선언   CRAFTING INTERPRETERS

록스에는 변수를 새로 선언하거나 기존 변수에 값을 할당하는 전용 구문이 있지만, 이 모든 걸 할당 구문으로만 처리하는 언어도 있다. 즉, 존재하지 않는 변수에 값을 할당하면 변수가 자동으로 만들어지는 것이다. 파이썬, 루비, 커피스크립트 등의 언어가 그렇게 처리하는데, 이를 **암묵적 변수 선언(implicit variable declaration)**이라고 한다. 자바스크립트 역시 변수를 선언하는 명시적인 구문을 갖고 있지만 할당 시 변수를 새로 만들 수 있다. 비주얼 베이직은 암묵적 변수를 활성화/비활성화하는 옵션을 제공한다.[9]

동일한 구문으로 변수를 할당 또는 생성할 수 있다면, 언어 디자이너는 사용자의 의도가 불분명한 경우는 어떻게 처리할지 결정해야 한다. 특히, 암묵적 선언과 섀도잉이 서로 작용하는 방식과, 암묵적으로 선언된 변수가 포함될 스코프 등을 선택해야 한다.

- 파이썬은 할당 시 언제나 현재 함수의 스코프에 변수를 생성한다. 함수 바깥에 이름이 같은 변수가 선언되어 있어도 그렇게 처리한다.

- 루비는 로컬 변수와 글로벌 변수에 각기 다른 명명 규칙을 적용함으로써 모호함은 없앴지만, 그래도 (C의 '블록'보다 클로저에 더 가까운) 블록마다 별도의 스코프가 있기 때문에 문제가 된다. 루비에서 할당을 하면, 현재 블록의 바깥에 이름이 같은 변수가 있을 경우 그 변수에 할당하되, 그렇지 않을 경우에는 현재 블록의 스코프에 새 변수를 만든다.

- 여러모로 루비와 비슷한 커피스크립트도 사정은 비슷하다. 커피스크립트에서 할당은 항상 외부 스코프에 있는 (그런 변수가 있을 경우) 변수에 할당하거나, (그런 변수가 없을 경우) 가장 바깥의 글로벌 스코프까지 거슬러 올라가는 식으로 섀도잉을 명시적으로 불허한다. 변수를 찾지 못하면 그냥 현재 함수 스코프에 변수를 생성한다.

---

[9] https://docs.microsoft.com/en-us/previous-versions/visualstudio/visual-studio-2010/xe53dz5w(v=vs.100)?redirectedfrom=MSDN

- 자바스크립트에서 할당은 주변 스코프에 있는 변수를 (그런 변수가 있을 경우) 수정하되, 그런 변수가 없으면 글로벌 스코프에 암묵적으로 새 변수를 생성한다.

암묵적 선언의 가장 큰 장점은 단순성이다. 구문이 적고 '선언' 개념을 따로 배울 필요 없이 그냥 사용자가 뭔가 할당하면 언어가 알아서 처리해준다.

C 같은 오래된 정적 타입 언어에서는 명시적인 선언이 여러모로 이롭다. 각 변수가 어떤 타입이고 얼마나 많은 메모리를 할당할지 컴파일러에게 알려주기 때문이다. 가비지 수집을 실천하는 동적 타입 언어에서는 굳이 그렇게 할 이유가 없으니 암묵적 선언을 해도 무방하다. "대본에 씌어 있는 대로 읽을게"와 "말 안 해도 내가 무슨 말 하는지 알지?"의 차이랄까?

하지만 암묵적 선언이 무조건 좋은 걸까? 몇 가지 문제점이 있다.

- 사용자가 기존 변수에 어떤 값을 할당하려고 했는데 철자를 잘못 입력한 경우를 따져보자. 인터프리터는 오탈자를 알 수 없으니 조용히 새로운 변수를 자동 생성하고, 당초 사용자가 할당하려던 변수는 여전히 예전 값을 갖고 있을 것이다. 이것은 특히 자바스크립트에서 악명이 높은 문제로, 오탈자 때문에 글로벌 변수가 함부로 만들어져 다른 코드와 간섭을 일으킬 소지가 크다.

- 자바스크립트, 루비, 커피스크립트는 할당 시점에 새 변수를 만들지, 기존 변수에 값을 할당할지 결정하기 위해 기존에 이름이 같은 변수가 존재하는지 (외부 스코프에서도) 찾아본다. 따라서 주변 스코프에 새 변수를 추가하면 기존 코드의 의미가 달라질 수 있다. 한때 로컬 변수였던 것이 새로운 외부 스코프의 변수에 슬그머니 할당될 가능성이 있는 것이다.

- 파이썬에서는 현재 함수에 새 변수를 생성하지 않고 현재 함수의 외부에 있는 변수에 값을 할당하려고 해도 그럴 수가 없다.

내가 아는, 암묵적으로 변수를 선언하는 언어들은 시간이 흐를수록 이런 문제를 해결하고자 더 많은 기능과 복잡성을 얻었다.

- 현대 자바스크립트에서 글로벌 변수의 암묵적 선언은 실수라고 보는 것이 일반적이다. '엄격 모드(strict mode)'로 세팅하면 암묵적 선언을 끄고 컴파일 에러로 처리한다.

- 파이썬은 함수 안에서도 글로벌 변수에 명시적으로 할당을 할 수 있도록 global 문을 추가했다. 이후로 함수형 프로그래밍과 중첩 함수가 점점 인기를 끌면서 주변 함수에 있는 변수에도 할당할 수 있는 nonlocal 문이 추가되었다.

- 루비에서는 블록 구문을 확장해서 이름이 같은 변수가 외부 스코프에 있어도 그 변수를 명시적으로 블록의 로컬 변수로 선언할 수 있다.

이런 점들을 고려할 때 단순성 운운하는 건 거의 의미가 없는 것 같다. 암묵적 선언이 정당한 채무 불이행(right default)이라고 주장하는 이들도 있지만 내 개인적인 견해론 공허한 외침에 불과하다.

내 생각은 이렇다. 암묵적 선언은, 코드가 상당히 플랫하고 명령형 스크립트 언어가 지배하던 시절에는 분명 일리가 있었다. 그러나 프로그래머들이 깊은 중첩(deep nesting), 함수형 프로그래밍, 클로저에 더 익숙해질수록 외부 스코프의 변수에 액세스하는 행위가 점점 당연시되었다. 그로 인해, 할당을 할 때 사용자가 변수를 새로 만들려는 건지, 외부 스코프에 있는 변수를 재사용하려는 건지, 그 의도가 분명치 않아 어려움에 빠질 가능성이 더 커졌다.

이런 이유로 나는 변수를 명시적으로 선언하는 걸 좋아한다. 그래서 록스도 명시적인 변수 선언이 필수다.

9장

제어 흐름

> 논리란 꼭 위스키 같아서, 너무 많이 섭취하면 이로움이 줄어든다.
>
> 로드 던세이니(Lord Dunsany) (본명 : 에드워드 존 모톤 드랙스 플랜캣(Edward John Moreton Drax Plunkett))

지난 장이 눈물겨운 마라톤이라면 이 장은 국화꽃이 만발한 초원에서 가볍게 산책하는 기분이 들 것이다. 쉬운 작업이지만 보상은 의외로 크다.

현재 제이록스는 계산기보다 조금 더 나은 수준이다. 록스 프로그램은 정해진 양만큼의 일만 할 수 있다. 그래서 프로그램을 2번 실행하려면 소스 코드의 길이도 2배 늘려야 한다. 이 문제를 해결하자. 이 장에서 제이록스는 프로그래밍 언어의 메이저 리그, 즉 튜링 완전(Turing-completeness)[1]을 향한 위대한 한 걸음을 내딛는다.

9.1 튜링 기계(개요)

INTERPRETER

20세기 초, 수학자들은 그간 축적된 학문의 근간을 뒤흔들지 모를 혼란스러운 일련의 역설(paradox)로 휘청거렸다. 그들은 위기[2]를 타개하고자 다시 원점으로 돌아갔고, 몇 가지 공리와 논리, 집합론(set theory)부터 확고부동한 근간을 정립하여 수학을 재건하고자 했다.

수학자들은 다음 질문에 대한 답을 찾고자 했다.

> 가장 유명한 것은 러셀의 역설(Russell's paradox)이다. 원래 집합론에서는 어떤 종류의 집합이라도 정의할 수 있었다. 자기 참조(self-reference)를 선호하는 수학자들의 성향을 고려할 때 집합은 다른 집합을 포함할 수 있다. 그래서 장난기가 발동한 러셀은 다음과 같이 정의했다.
>
> R은 자기 자신을 포함하지 않는 전체 집합의 집합이다.
>
> 그럼, R은 스스로를 포함할까? 만약 그렇지 않다면 나머지 절반의 정의에 따라야 하겠지만, 또 그렇다면 더 이상 정의에 부합하지 않는다. 머리가 터질 것 같은 기분이다.

1. "모든 참인 문장은 증명 가능한가?"

2. "정의할 수 있는 함수는 모두 계산 가능한가?[3]"

3. 더 근본적으로 "어떤 함수가 '계산 가능(computable)'하다는 것은 무슨 의미인가?"

그들은 1, 2번 질문의 답을 "예"라고 추측했다. 이제 증명하는 일만 남았는데, 놀랍게도 답은 결국 "아니오"였고 이 두 질문은 서로 깊게 얽혀 있다는 사실이 밝혀졌다. 이것이 우리 두뇌가 뭘 할 수 있고 우주가 어떻게 작동되는지 등의 근본적인 질문을 다루는 수학의 매력적인 부분이다. 나도 더 이상은 잘 모른다.

어쨌든 내가 하고 싶은 말은, 1, 2번 질문에 대한 답이 "아니오"임을 증명하는 과정에서 앨런 튜링(Alan Turing)과 알론조 처치(Alonzo Church)가 3번 질문에 대한 정확한 답, 즉 어떤 종류의 함수가 계산 가능한지

---

1   **옮긴이** 어떤 프로그래밍 언어나 추상 기계가 튜링 기계와 동일한 계산 능력을 가진다는 의미다. 이것은 튜링 기계로 풀 수 있는 문제, 즉 계산적인 문제를 그 프로그래밍 언어나 추상 기계로 풀 수 있다는 의미다. (출처: 위키백과)

2   https://en.wikipedia.org/wiki/Foundations_of_mathematics#Foundational_crisis

3   https://en.wikipedia.org/wiki/Computable_function

정의를 제시했다는 사실이다. 두 사람은 각자 최소한의 기계 장치로 구성된 자그마한 시스템을 만들었는데, (아주) 큰 규모의 함수도 거뜬히 계산할 정도로 강력한 시스템이었다.

이들은 이제 '계산 가능한 함수(computable function)'라고 간주된다. 튜링이 만든 시스템은 **튜링 기계(Turing machine)**, 처치가 만든 시스템은 **람다 대수(lambda calculus)**라고 한다. 지금도 이 둘은 컴퓨팅 모델의 근간으로 널리 사용되고 있으며, 람다 대수는 실제로 많은 현대 함수형 프로그래밍 언어의 핵심이다.

튜링과 처치는 주어진 문장의 진릿값(truth value)을 리턴하는 함수가 계산 가능한 함수가 아님을 밝힘으로써 1번 질문에 대한 답이 "아니오"임을 증명했다.

튜링은 자신의 발명품을 '자동(automatic)'이란 뜻에서 'a-machines'라고 불렀다. 그는 자화자찬을 꺼리는 성격이라 자기 이름을 넣을 생각이 없었는데, 후배 수학자들이 그를 기리며 그렇게 명명한 것이다. 사람은 어느 정도 겸손해야 유명해지나 보다.

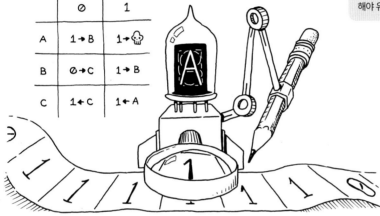

인지도는 아무래도 (알론조 처치에 관한 헐리우드 영화가 아직 없는 걸 보면) 튜링 기계가 한 수 위지만, 두 형식주의(formalism)의 파워는 동등하다.[4] 사실 최소한의 표현성을 갖춘 프로그래밍 언어라면 어떤 계산 가능한 함수라도 충분히 계산할 수 있을 정도로 강력하다.

여러분도 튜링 기계의 시뮬레이터를 여러분의 언어로 작성함으로써 이 사실을 증명할 수 있다. 튜링이 자신의 기계가 모든 계산 가능한 함수를 계산할 수 있다고 증명했으니 여러분의 언어라고 하지 말라는 법은 없다. 함수를 튜링 기계로 변환하여 여러분의 시뮬레이터에서 돌려보면 된다.

그렇게 해서 표현성이 충분하다고 입증된 언어라면 **튜링 완전(Turing complete)**한 것으로 본다. 튜링 기계는 정말 지독하리만치 단순해서 한 번 수행하는 데 많은 파워도 들지 않는다. 기본적인 산술, 약간의 제어 흐름(control flow), 메모리를 (이론적으로는) 임의로 할당해서 사용할 수 있는 능력 정도면 충분하다. 첫 번째(산술)는 제이록스도 이미 달성했다. 9장이 끝날 즈음이면 두 번째(제어 흐름)도 확보하게 될 것이다.

세 번째도 거의 달성한 것이나 다름없다. 임의 크기의 문자열을 생성하고 연결할 수 있으므로 무제한 메모리(unbounded memory)를 저장할 수 있다. 그러나 아직 문자열의 일부에 액세스할 수단이 없다.

---

4 https://en.wikipedia.org/wiki/Church–Turing_thesis

조건부 실행

역사 강의는 여기까지 하고 다시 록스 언어로 돌아가자. 제어 흐름은 크게 두 종류로 나뉜다.

- **조건부(conditional)** 또는 **분기 제어 흐름(branching control flow)**은 어떤 코드 조각을 실행하지 않는데 사용된다. 특정 코드 영역을 점프해서 그냥 넘어가라고 하는 것이다.

- **제어 흐름 루프(control flow loop)**는 어떤 코드 조각을 두 번 이상 실행한다. 같은 작업을 다시 하도록 되돌리는 것이다. 무한 루프에 빠지면 안 되므로 루프를 언제 빠져나가야 할지 알려주는 조건부 로직이 있다.

분기가 더 간단하니 이것부터 시작하자. C 계열 언어는 if 문과 (선견지명으로 이름을 참 잘 지은) '조건부' 연산자(conditional operator, ?:)라는 두 가지 주요 조건부 실행 기능을 제공한다. if 문은 문장을, 조건부 연산자는 표현식을 각각 조건부로 실행시킨다.

> 조건부 연산자를 '삼항' 연산자(ternary operator)라고도 한다. C에서 피연산자가 3개인 연산자는 이것이 유일하다.

편의상 록스는 조건부 연산자는 제공하지 않겠다. if 문을 문법에 넣기 위해 프로덕션을 새로 추가하자.

```
statement        → exprStmt
                 | ifStmt
                 | printStmt
                 | block ;

ifStmt           → "if" "(" expression ")" statement
                 ( "else" statement )? ;
```

> 문법 규칙에서 세미콜론은 따옴표로 감싸지 않는다. 이는 록스의 문법이 아니라, 문법 메타구문의 일부라는 뜻이다. 블록 끝에는 ;이 없다. if 문 역시 then 또는 else 문이 세미콜론으로 끝나지 않는 한 마찬가지다.

if 문은 조건식이 참이면 바로 다음 문장을 실행하고, 조건식이 거짓이면 실행할 문장을 else 키워드 다음에 옵션으로(optionally, 선택적으로) 배치할 수 있다. 이 세 조각에 해당하는 필드를 구문 트리 노드에 각각 추가한다.

tool/GenerateAst.java ▶ main() 메서드

```
    "Expression : Expr expression",
    "If         : Expr condition, Stmt thenBranch," +
                " Stmt elseBranch",
    "Print      : Expr expression",
```

> 새로 추가한 노드에 해당하는 생성 코드는 부록 2를 참조하기 바란다.

다른 문장과 마찬가지로 앞에 if 키워드가 나오면 if 문으로 인식한다.

lox/Parser.java ▶ statement() 메서드

```
  private Stmt statement() {
    if (match(IF)) return ifStatement();
    if (match(PRINT)) return printStatement();
```

if가 나오면 파서는 다음 메서드를 호출하여 나머지 코드를 파싱한다.

lox/Parser.java ▶ statement() 메서드 다음에 추가

```java
private Stmt ifStatement() {
  consume(LEFT_PAREN, "Expect '(' after 'if'.");
  Expr condition = expression();
  consume(RIGHT_PAREN, "Expect ')' after if condition.");

  Stmt thenBranch = statement();
  Stmt elseBranch = null;
  if (match(ELSE)) {
    elseBranch = statement();
  }

  return new Stmt.If(condition, thenBranch, elseBranch);
}
```

> 조건식을 감싼 괄호는 사실 절반만 쓸모가 있다. 조건식과 then 문 사이에는 구분자(delimiter) 같은 것이 필요하며, 안 그러면 파서가 조건식 끝에 닿았는지 알 수가 없다. 그러나 if 바로 다음의 (는 전혀 쓸모가 없다. 데니스 리치(Dennis Ritchie)는 종료 구분자(ending delimiter)로 사용한)와 괄호 짝을 맞추려고 이렇게 배치했다. 루아 계열의 언어와 일부 베이직은 then 같은 키워드를 종료 구분자로 사용하고 조건식 앞에 아무것도 안 붙인다. 고와 스위프트는 문장이 {}로 감싼 블록이어야 한다. 그래야 문장이 시작되는 지점의 {를 사용해서 조건식이 언제 끝나는지 알 수 있기 때문이다.

파싱은 당연히 문법을 정확히 준수하여 진행된다. else 키워드가 있으면 else 절로 인식하고, 없으면 구문 트리의 elseBranch 필드는 null이 된다.

겉보기엔 문제가 없을 것 같은 옵셔널 else는 사실 문법을 모호하게 만든다. 다음 코드를 보자.

```
if (first) if (second) whenTrue(); else whenFalse();
```

자, 수수께끼를 하나 내겠다. else 절은 어느 if 문에 속할까? 이는 문법을 표기하는 방법에 관한 이론적인 질문이 아니다. 실제로 코드가 실행되는 방식에 영향을 미친다.

- else 절이 첫 번째 if 문에 속한다면, second 값이 무엇이든 first가 거짓이면 whenFalse()가 실행된다.

- else 절이 두 번째 if 문에 속한다면, first가 참이고 second가 거짓인 경우에만 whenFalse()가 실행된다.

else 절은 옵션이고 if 문의 끝을 표시하는 명시적인 구분자가 없기 때문에 이렇게 if를 중첩하면 문법이 모호해진다. 이 고전적인 구문상의 난제를 **댕글링(dangling) else**[5]라고 한다.

```
if(first)
    if(second)
        whenTrue();
else
    whenFalse();
```

```
if(first)
    if(second)
        whenTrue();
else
    whenFalse();
```

> 이 그림과 같이 들여쓰기를 해보면 else를 두 가지 방법으로 파싱할 수 있음을 알 수 있다. 물론, 파서는 공백 문자를 무시하기 때문에 사람이 읽을 때만 도움이 된다.

---

5 옮긴이 대롱대롱 매달려 있는 else라는 뜻

컨텍스트 자유 문법을 정의하여 모호함을 직접적으로 없앨 수는 있지만, 대부분의 문장 규칙을 else 절이 있는 if를 허용하는 규칙과 그렇지 않은 규칙으로 나누어야 한다. 대단히 성가신 일이다.

그래서 대부분의 언어와 파서는 이 문제를 우회하는 한 가지 꼼수를 쓴다. 자세한 방법은 조금씩 다르지만, else가 자신과 가장 가까이에 앞서 있는 if에 속한다는 규칙은 동일하다.

록스 파서는 이미 그렇게 파싱한다. ifStatement()는 리턴하기 전에 일단 else를 찾는다. 따라서 중첩된 여러 if ... else에서 가장 내부의 호출은 그 외부의 if 문으로 리턴하기 전에 가장 가까운 곳에 있는 if 문에 else를 바인드한다.

구문이 준비됐으니 인터프리트할 차례다.

---

lox/Interpreter.java ▶ visitExpressionStmt() 메서드 다음에 추가

```java
@Override
public Void visitIfStmt(Stmt.If stmt) {
  if (isTruthy(evaluate(stmt.condition))) {
    execute(stmt.thenBranch);
  } else if (stmt.elseBranch != null) {
    execute(stmt.elseBranch);
  }
  return null;
}
```

인터프리터 구현체는 자체적으로 동일한 자바 코드를 감싼 얇은 래퍼다. 조건을 평가해서 참이면 then으로, 거짓이면 else로 각각 분기한다.

이 코드를 지금까지 구현한 인터프리터가 다른 구문을 처리하는 방법과 비교해보면, 제어 흐름을 특별하게 만드는 부분은 자바의 if 문이라는 사실을 알 수 있다. 대부분의 다른 구문 트리는 항상 자신의 서브트리를 평가한다. 여기서 then이나 else 문은 평가하지 않을 수도 있다. 둘 중 한쪽에 부수 효과가 있는 경우, 평가하지 않기로 선택한 결과가 사용자에게 드러날 것이다.

9.3 / 논리 연산자

INTERPRETER

조건부 연산자가 없으니 분기가 끝났다고 생각한다면 오산이다. 삼항 연산자가 아니어도 and/or 논리 연산자를 이용하면 제어 흐름을 절묘하게 구사할 수 있다.

이 두 연산자는 다른 이항 연산자와 달리 쇼트 서킷이다. 즉, 좌측 피연산자에 해당하는 논리식의 평가 결과를 알면 우측 피연산자는 굳이 평가할 필요가 없다. 예를 들어보자.

```
false and sideEffect();
```

이 and 식이 참이 되려면 두 피연산자 모두 참이어야 한다. 하지만 좌측 피연산자가 이미 false임을 알고 있으니 sideEffect()를 평가할 이유가 없어서 생략하는 것이다.

이 때문에 논리 연산자를 다른 이항 연산자와 함께 구현하지 않은 것이다. 이젠 준비됐다. 새로운 두 연산자는 우선순위표 중 아랫부분에 있고 C의 || 및 &&의 관계처럼 or는 and보다 우선순위가 낮다. 이 둘을 assignment 와 equality 사이에 끼워 넣자.

> 나는 왜 이 두 연산자가 다른 비교/ 동등 연산자처럼 우선순위가 같지 않을까, 늘 의아했다.

```
expression      → assignment ;
assignment      → IDENTIFIER "=" assignment
                | logic_or ;
logic_or        → logic_and ( "or" logic_and )* ;
logic_and       → equality ( "and" equality )* ;
```

이제 assignment는 equality 대신에 logic_or로 흘러간다. 새 규칙 logic_or, logic_and는 다른 이항 연산자와 비슷하다. logic_and는 피연산자에 equality를 들이대고 나머지 표현식 규칙으로 다시 이어진다.

> 구문은 쇼트 서킷 여부와 아무 상관 이 없다. 전적으로 시맨틱의 문제다.

동일한 필드를 갖고 있으므로 두 표현식에 기존 Expr.Binary 클래스를 재사용할 수도 있다. 하지만 그렇게 하면 visitBinaryExpr()는 연산자가 논리 연산자인지 확인해서 쇼트 서킷을 처리하는 다른 코드로 분기해야 할 것이다. 나는 연산자마다 클래스를 새로 정의해서 자체 비지트 메서드를 부여하는 것이 더 깔끔하다고 생각한다.

tool/GenerateAst.java ▶ main() 메서드

```
    "Literal  : Object value",
    "Logical  : Expr left, Token operator, Expr right",
    "Unary    : Token operator, Expr right",
```

> 새로 추가한 노드에 해당하는 생성 코드는 부록 2를 참조하기 바란다.

새 표현식을 파서에 짜 넣으려면 먼저 assignment()가 or()를 호출하도록 파싱 코드를 고친다.

lox/Parser.java ▶ assignment() 메서드 코드 1줄 교체

```
  private Expr assignment() {
    Expr expr = or();

    if (match(EQUAL)) {
```

파싱하는 코드는 다른 이항 연산자와 다를 바 없다.

```java
  private Expr or() {
    Expr expr = and();

    while (match(OR)) {
      Token operator = previous();
      Expr right = and();
      expr = new Expr.Logical(expr, operator, right);
    }

    return expr;
  }
```

and 식의 피연산자는 우선순위가 한 단계 위다.

```java
  private Expr and() {
    Expr expr = equality();

    while (match(AND)) {
      Token operator = previous();
      Expr right = equality();
      expr = new Expr.Logical(expr, operator, right);
    }

    return expr;
  }
```

그러면 피연산자에 대해 equality()를 호출하고 이로써 표현식 파서는 모두 다시 하나로 묶인다. 이제 인터프리트할 준비가 됐다.

```java
  @Override
  public Object visitLogicalExpr(Expr.Logical expr) {
    Object left = evaluate(expr.left);

    if (expr.operator.type == TokenType.OR) {
      if (isTruthy(left)) return left;
    } else {
      if (!isTruthy(left)) return left;
    }

    return evaluate(expr.right);
  }
```

8장의 visitBinaryExpr( )과 비교해보면 차이점이 눈에 띌 것이다. 여기서는 좌측 피연산자를 먼저 평가한다. 값을 보고 쇼트 서킷 여부를 결정하는 것이다. 쇼트 서킷이 아닌 경우[6]에만 우측 피연산자를 평가한다.

실제로 어떤 값을 리턴할 것인가 하는 문제도 흥미롭다. 록스는 동적 타입 언어라서 어떤 타입의 피연산자라도 허용되며, 진릿값을 이용해 각 피연산자가 나타내는 바를 결정할 수 있다. 결과에도 비슷한 추론을 적용하자. 논리 연산자는 단순히 true 아니면 false를 리턴하겠다고 약속하는 게 아니라, 적절한 진릿값을 리턴하겠다고 보장할 뿐이다.

다행히 이 적절한 진릿값, 즉 피연산자 자체의 평가 결과는 이미 갖고 있으니 잘 사용하면 된다. 가령, 이런 식이다.

```
print "hi" or 2; // "hi"
print nil or "yes"; // "yes"
```

첫 번째 줄의 "hi"는 참이므로 or 쇼트 서킷에 의해 true가 리턴되고, 두 번째 줄에서 nil은 거짓이므로 우측 피연산자 "yes"의 평가 결과가 리턴된다.

기본적인 록스의 분기 로직은 여기까지다. 다음은 루프로 뛰어 들어갈 차례다. 내가 뭐라고 말했지? 뛰어(Jump) 들어간다(Ahead). 꼭 뭔가 참조하는 듯한... 아, 아니다.

9.4 / while 루프

INTERPRETER

록스의 루프 제어문은 while, for 두 가지다. 둘 중 더 간단한 while 루프부터 살펴보자. 문법은 C와 동일하다.

```
statement      → exprStmt
               ¦ ifStmt
               ¦ printStmt
               ¦ whileStmt
               ¦ block ;

whileStmt      → "while" "(" expression ")" statement ;
```

문장 규칙에 새로운 while 규칙을 가리키는 절을 하나 추가한다. while 키워드, 괄호로 감싼 조건식, 루프 바디에 해당하는 문장을 받는다. 새로운 문법 규칙에 맞는 구문 트리 노드도 추가한다.

---

6 **옮긴이** 즉, 좌측 피연산자에 해당하는 논리식의 평가 결과가 참일 경우를 말한다.

```
    "Print      : Expr expression",
    "Var        : Token name, Expr initializer",
    "While      : Expr condition, Stmt body"
));
```

> 새로 추가한 노드에 해당하는 생성 코드는 부록 2를 참조하기 바란다.

조건 및 바디를 노드에 저장한다. 여기서 표현식과 문장에 각각 별도의 베이스 클래스를 두고 사용하는 게 얼마나 좋은지 알 수 있다. 필드 선언 덕분에 조건이 표현식이고 바디가 문장이라는 사실이 분명해진다.

파서로 넘어가 if 문에서 사용했던 것과 동일한 절차로 진행한다. 먼저 선행 키워드를 매치하기 위해 statement()에 케이스를 추가한다.

```
    if (match(PRINT)) return printStatement();
    if (match(WHILE)) return whileStatement();
    if (match(LEFT_BRACE)) return new Stmt.Block(block());
```

진짜 일은 다음 메서드가 수행한다.

```
  private Stmt whileStatement() {
    consume(LEFT_PAREN, "Expect '(' after 'while'.");
    Expr condition = expression();
    consume(RIGHT_PAREN, "Expect ')' after condition.");
    Stmt body = statement();

    return new Stmt.While(condition, body);
  }
```

문법이 너무 단순해서 이건 정말 자바로 직역한 코드나 다름없다. 다음은 새로운 구문을 실행하는 메서드다.

```
  @Override
  public Void visitWhileStmt(Stmt.While stmt) {
    while (isTruthy(evaluate(stmt.condition))) {
      execute(stmt.body);
    }
    return null;
  }
```

이 비지트 메서드도 visitIfStmt()처럼 해당 자바 기능을 활용한 것이다. 복잡하지는 않지만 록스를 한층 더 강력하게 만들어주는 메서드다. 드디어 실행 시간이 소스 코드 길이에 제약을 받지 않는 록스 프로그램을 작성할 수 있게 됐다.

9.5 / for 루프

마지막 제어문은 살아 있는 전설이라 할 만한, C 스타일의 for 루프다. 굳이 기억을 되살릴 필요도 없이 낯익은 구문이다.

```
for (var i = 0; i < 10; i = i + 1) print i;
```

문법은 다음과 같다.

```
statement      → exprStmt
               ¦ forStmt
               ¦ ifStmt
               ¦ printStmt
               ¦ whileStmt
               ¦ block ;

forStmt        → "for" "(" ( varDecl ¦ exprStmt ¦ ";" )
                 expression? ";"
                 expression? ")" statement ;
```

괄호 안에는 세미콜론으로 구분된 절(clause)이 3개 있다.

1. **첫 번째 절은 초기자(initializer)다.** 다른 것보다 먼저, 정확히 한 번 실행된다. 보통 표현식을 쓰지만, 편의상 변수 선언도 가능하다. 여기에 선언된 변수는 나머지 for 루프, 즉 다른 2개의 절과 바디에서만 유효하다.

2. **두 번째 절은 조건(condition)이다.** while 루프처럼 루프의 종료 조건을 명시한 표현식이다. 반복될 때마다 한 번씩 평가해서 결과가 참이면 루프 바디를 실행하고 거짓이면 루프에서 나간다.

3. **마지막 절은 증분(increment)이다.** 반복이 끝날 때마다 정해진 일을 수행하는 임의의 표현식이다. 표현식의 결과는 폐기되므로 부수 효과가 없으면 아무 소용이 없다. 대부분 어떤 변숫값을 증감하는 부수 효과를 일으킨다.

> 대부분의 현대 언어는 사용자가 정의한 임의의 시퀀스를 반복하는 하이레벨 루프문을 둔다. C#은 foreach, 자바는 '향상된(enhanced) for', C++ 역시 이제는 범위 기반의(range-based) for 문을 제공한다. 이들 모두 루프 대상 객체가 지원하는 반복 프로토콜을 암묵적으로 호출하는 형태로, 구문이 C의 for 문보다 깔끔하다.
>
> 나도 이런 구문을 선호하는 사람이다. 하지만 지금 록스 인터프리터는 한 장에 기능 하나씩 구축하고 있는 터라 한계가 있다. 아직 객체와 메서드조차 없으므로 for 루프가 사용할 반복 프로토콜을 정의할 도리가 없다. 어렸을 때 학교에서 배운 C의 for 루프가 '빈티지(vintage)' (제어문의 삼륜 자동차 정도랄까?)라고 생각하라.

이 3개의 절은 모두 생략할 수 있다.) 다음에는 보통 블록 형태의 루프 바디가 이어진다.

9.5.1 디슈가링

화려한 장비가 없어도 이미 우리가 만든 문장들로 못할 일은 하나도 없다. 가령, for 루프가 초기자 절을 지원하지 않는다면 그냥 for 문 앞에 초기식(initializer expression)을 넣으면 된다. 증분 절이 없다, 그럼 바디 끝부분에 증분식(increment expression)을 직접 넣으면 그만이다.

다시 말해, 록스에서 for 루프가 꼭 필요한 장치는 아니다. 단, 자주 등장하는 몇몇 코드 패턴을 작성하는 일을 조금 더 유쾌하게 만들어준다. 이런 기능을 구문 슈가라고 한다. 예를 들면, 앞서 예시한 for 루프는 이렇게 바꿔 쓸 수 있다.

1964년 피터 J. 랜딘(Peter J. Landid)이 처음 사용한 멋진 표현이다. 그는 알골 같은 언어가 지원하는 유려한 일부 표현식의 형식이 근본적인 (그러나 맛은 별로 없는) 람다 대수학에 뿌려진 인공 감미료와도 같다는 점을 나타내고자 이 말을 사용했다.

```
{
  var i = 0;
  while (i < 10) {
    print i;
    i = i + 1;
  }
}
```

for 루프와 정확히 시맨틱은 동일한 스크립트지만 눈에 잘 안 들어온다. 록스도 for 루프 같은 구문 슈가를 지원하면 개발자의 코딩 작업은 좀 더 즐거워지고 생산성도 증가할 것이다. 하지만 모든 언어 기능에는 백엔드 지원과 최적화가 필요하므로, 특히 정교한 언어 구현체라면 비용이 많이 든다.

케이크를 그냥 먹어도 되지만, **디슈가링[7]**해서 먹어도 맛있을 것 같다. 이 재미난 용어는 프런트엔드에서 구문 슈가를 사용한 코드를 가져와 백엔드가 이미 실행 방법을 알고 있는 더 원시적인 형태로 바꾸는 프로세스를 의미한다.

아, 이런 작업을 '캐러멜화(caramelization)' 같은 용어로 칭할 수 있으면! 비유를 하려고 맘먹었으면 끝장을 봐야 할 것 아닌가?

그럼, for 루프를 디슈가해서 이미 인터프리터가 처리 가능한 while 루프 같은 문장으로 바꿔보겠다. 제이록스는 너무 단순해서 디슈가링으로 많은 일이 줄어들지는 않지만, 여러분에게 이 기법을 선보일 좋은 계기가 될 것 같다. 이전 문장과 달리 구문 트리 노드는 따로 추가하지 않고 그냥 바로 구문 분석으로 넘어가자. 먼저 필요한 클래스를 임포트한다.

---

7 [옮긴이] desugaring, 원래는 설탕을 제거한다는 뜻으로, 여기서는 구문 슈가를 제거한다는 비유적인 의미를 가진 용어다.

```
import java.util.ArrayList;
import java.util.Arrays;
import java.util.List;
```

다른 문장과 마찬가지로, 선행 키워드를 매치하여 for 루프를 파싱한다.

```
  private Stmt statement() {
    if (match(FOR)) return forStatement();
    if (match(IF)) return ifStatement();
```

여기부터가 재밌다. 디슈가링이 바로 이 지점에서 일어나므로 이 메서드를 절 앞의 (부터 시작해서 하나씩 끊어서 빌드해보자.

```
  private Stmt forStatement() {
    consume(LEFT_PAREN, "Expect '(' after 'for'.");

    // 이하 코드 생략...
  }
```

그다음에 나오는 첫 번째 절은 초기자다.

```
    consume(LEFT_PAREN, "Expect '(' after 'for'.");

    Stmt initializer;
    if (match(SEMICOLON)) {
      initializer = null;
    } else if (match(VAR)) {
      initializer = varDeclaration();
    } else {
      initializer = expressionStatement();
    }
  }
```

(다음의 토큰이 세미콜론이면 초기자가 생략된 것이다. 그게 아니면 var 키워드가 있는지를 보고 변수 선언인지 확인한다. 둘 중 어느 쪽도 아니면 표현식이 틀림없다. 초기자가 항상 Stmt 타입이 되도록 표현식을 파싱하고 표현문으로 래핑한다.

지난 장에서 나는 표현식과 문장 구문 트리는 별도의 두 클래스로 분리할 수 없는 이유가 문법상 표현식과 문장을 둘 다 쓸 수 있는 곳은 없기 때문이라고 말했다. 그런데 이제 보니, 꼭 그렇지만도 않았다.

다음은 조건식이다.

```
    initializer = expressionStatement();
  }

  Expr condition = null;
  if (!check(SEMICOLON)) {
    condition = expression();
  }
  consume(SEMICOLON, "Expect ';' after loop condition.");
}
```

여기도 세미콜론 여부로 조건절이 생략됐는지 체크한다. 마지막 절은 증분이다.

```
  consume(SEMICOLON, "Expect ';' after loop condition.");

  Expr increment = null;
  if (!check(RIGHT_PAREN)) {
    increment = expression();
  }
  consume(RIGHT_PAREN, "Expect ')' after for clauses.");
}
```

)로 끝맺음을 한다는 것만 빼면 조건절과 비슷하다. 이제 바디만 남았다.

> 나만 그런 건가, 아니면 원래 무서운 말인가?
> "바디(몸)만 남았다?"

```
  consume(RIGHT_PAREN, "Expect ')' after for clauses.");
  Stmt body = statement();

  return body;
}
```

for 루프를 구석구석 전부 파싱했고 그 결과 생긴 AST 노드는 몇몇 자바 로컬 변수에 자리잡았다. 여기서 디슈가링이 일어난다. 좀 전에 수동으로 디슈가하는 예제처럼 이 자바 변수들을 사용해서 for 루프의 시맨틱을 나타내는 구문 트리 노드를 합성할 수 있다.

거꾸로 작업하면 코드가 조금 더 간단해지니 증분절부터 시작하자.

```
    Stmt body = statement();

    if (increment != null) {
      body = new Stmt.Block(
          Arrays.asList(
              body,
              new Stmt.Expression(increment)));
    }

    return body;
```

증분은 (절이 있는 경우) 루프가 반복될 때마다 바디 다음에 실행된다. 이를 위해 바디를 원래 바디가 포함된 작은 블록으로 대체하고 그 뒤에 증분을 평가하는 표현문을 넣는다.

```
    }

    if (condition == null) condition = new Expr.Literal(true);
    body = new Stmt.While(condition, body);

    return body;
```

그다음, 조건과 바디를 가져와서 원시 while 루프를 만든다. 조건이 없으면 while 조건에 true를 넣어 무한 루프로 만든다.

```
    body = new Stmt.While(condition, body);

    if (initializer != null) {
      body = new Stmt.Block(Arrays.asList(initializer, body));
    }

    return body;
```

마지막으로, 초기자가 있으면 전체 루프를 실행하기 전에 한번 실행한다. 여기서도 다시 한번 초기자를 실행한 다음 루프를 실행하는 블록으로 전체 문장을 교체하면 된다.

다 됐다. C 스타일의 for 루프도 이제 제이록스에서 지원된다. 인터프리터가 이미 비지트하는 방법을 알고 있는 노드로 디슈가했기 때문에 Interpreter 클래스는 더 이상 할 일이 없어서 전혀 건드릴 필요가 없다.

록스는 적어도 몇 분간은 우리 눈을 호강시켜줄 만큼 강력해졌다. 다음 코드는 피보나치 수열의 처음 21개 숫자를 출력하는 작은 록스 프로그램이다. 맘껏 향유하라!

```
var a = 0;
var temp;

for (var b = 1; a < 10000; b = temp + b) {
  print a;
  temp = a;
  a = b;
}
```

연습 문제

1. 지금부터 몇 장 이후에 록스에 일급 함수와 동적 디스패치 기능을 추가하면 언어에 내장된 문장 분기는 사실상 필요하지 않을 것이다. 이와 관련해 조건부 실행을 어떻게 구현할 수 있는지 의견을 제시하라. 이 기법을 제어 흐름에 활용하는 언어는 어떤 것들이 있는가?

2. 마찬가지로, 루프 역시 동일한 도구를 사용해서 구현할 수 있다. 단, 인터프리터가 중요한 최적화를 지원해야 가능하다. 이 최적화는 무엇이고, 왜 필요한 걸까? 이 기법을 반복에 활용하는 언어는 어떤 것들이 있는가?

3. 록스와 달리 C 스타일을 따르는 대부분의 언어는 루프 안에서 break와 continue를 사용할 수 있다. break 문을 록스 언어에 추가하라.

구문은 break 키워드 다음에 세미콜론이 나온다. break 문이 주변 루프 바깥에 나오면 구문 에러다. 런타임에 break 문이 나오면 가장 가까운 주변 루프의 끝으로 점프해서 거기부터 실행이 진행된다. break 문은 빠져나가야 할 다른 블록이나 if 문에 중첩될 수 있음에 주의하라.

언어를 디자인할 때에는 문법에 구문 슈가를 얼마나 부어 넣을지 결정해야 한다. 시맨틱을 지닌 작업마다 하나의 구문 단위로 매핑되는 무가당 건강식으로 할지, 아니면 동작 하나하나가 10가지 다른 방식으로 표현 가능한 퇴폐적인 디저트로 할지 고민이 필요하다. 지금까지 성공한 언어들은 이 둘 사이의 연속된 스펙트럼에 고루 분포한다.

한쪽 끝에는 리스프, 포스(Forth), 스몰토크처럼 무자비할 정도로 미니멀한 문법을 추구하는 언어들이 포진해 있다. 리스프 개발자는 언어에 "문법 따위는 없어야 한다"고 주장하는 한편, 스몰토크 개발자는 전체 문법을 인덱스 카드 한 장에 담을 수 있다고 자랑스럽게 말한다. 이 부류의 언어는 구문 슈가 같은 건 필요 없다는 기조하에, 라이브러리 코드조차 언어 자체의 일부처럼 표현할 수 있을 정도로 강력한, 미니멀한 구문과 시맨틱을 표방한다.

이 근처에 C, 루아, 고처럼 미니멀리즘보다는 단순성과 간결 명료를 추구하는 언어들이 있다. 고 같은 언어는 이전 세대 언어의 구문 확장성과 구문 슈가를 의도적으로 멀리한다. 구문을 시맨틱에서 들어내고 싶은 마음에 문법과 라이브러리 모두를 간소화하는 데 초점을 두는 것이다. 코드는 아름답기보다 명료해야 한다는 발상이다.

그 중간 어딘가에 자바, C#, 파이썬과 같은 언어들이 있다. 루비, C++, 펄, D 같은 언어는 문법에 구문을 너무 많이 욱여넣은 나머지 키보드의 문장 부호 문자가 모자랄 정도다.

스펙트럼상의 위치는 어느 정도 언어의 나이와 연관되어 있다. 다음 릴리스에 구문 슈가를 몇 덩이 추가하는 건 비교적 쉽다. 새 문법은 사람들을 들뜨게 하며 시맨틱을 뜯어고치는 것보다 기존 프로그램을 망가뜨릴 가능성이 적다. 한번 추가하면 다시는 뺄 수 없기 때문에 언어는 시간이 지날수록 달콤해지는 경향이 있다. 새 언어를 처음부터 만들면 가장 좋은 점은, 그동안 딱딱하게 굳은 퇴적층을 걷어내고 다시 새 출발할 기회가 생긴다는 것이다.

구문 슈가는 업계를 선도하는 지식인들 사이에서도 평판이 좋지 않다. 사람들은 미니멀리즘을 맹목적으로 숭배하는 경향이 있는데, 사실 그럴 만한 이유는 있다. 잘못 디자인된, 불필요한 구문은 그 무게를 감당할 정도로 충분한 표현성을 추가하지 못한 채 인지 부하(cognitive load)를 가중시킨다. 언어에 신기능을 쑤셔 넣어야 한다는 강박증은 항상 있기 마련이라서 부풀어 터지지 않도록 단순성과 원칙에 집중해야 한다. 어떤 구문이든 한번 추가하면 거기에 매일 수밖에 없는 터라 차라리 구문에 인색한 편이 현명하다.

성공한 언어는 대부분 적어도 그 언어가 널리 사용될 때까지는 문법이 꽤 복잡했다. 프로그래머는 자신이 택한 언어를 배우는 데 엄청난 시간을 쏟는데, 가끔씩 발견되는 멋진 언어 요소들이 작업의 편의성과 효율을 높이는 데 도움이 된다.

여러분의 언어를 얼마나 더 달콤하게 만들지, 그 균형을 맞추는 건 각자의 미적 감각에 달려 있다.

10장

함수

또한 이것이 인간의 마음이 움직이는 방식이기도 합니다. 오래된 아이디어를 새로운 구조로 조합하면, 그것이 다시 다른 아이디어의 구성 요소가 되는 새로운 아이디어로 거듭납니다. 이런 과정이 끊임없이 반복되면서 각 언어의 영토에 갇혀 상상력이 결핍된 모습에서 점점 더 멀어집니다.

더글러스 R. 호프스태터(Douglas R. Hofstadter), 『I Am a Strange Loop』

10장은 지금까지 해온 힘든 작업의 정점을 찍는 장이다. 지난 장까지 유용한 기능을 하나씩 퍼즐 조각처럼 덧붙였다면, 이 장에서는 이 조각들(표현식, 문장, 변수, 제어 흐름, 렉시컬 스코프)을 취합하고 여기에 몇 가지 기능을 더 얹어 진정한 사용자 정의 함수 및 함수 호출 기능까지 구현할 것이다.

10.1 / 함수 호출

INTERPRETER

여러분은 C 스타일의 함수 호출 구문에 아주 익숙하겠지만, 그 문법에는 의외로 미묘한 부분이 많이 숨겨져 있다. 함수 호출은 보통 다음과 같이 기명 함수[1]를 대상으로 한다.

```
average(1, 2);
```

하지만 호출되는 함수의 이름은 실제로 호출 구문의 일부가 아니다. 호출 대상, 즉 **피호출자(callee)**는 함수로 평가되는 어떤 표현식이라도 가능하다. (우선순위가 꽤 높은 표현식이어야 하겠지만 괄호로 처리할 수도 있다.) 다음 코드를 보자.

> 파스칼(Pascal)에서 함수 이름은 호출 구문의 일부다. 또 기명 함수나 변수에 직접 저장된 함수만 호출할 수 있다.

---

1 [옮긴이] named function, 이름을 붙인 함수

```
getCallback()();
```

여기에는 두 개의 호출식이 있다. 첫 번째 ()는 getCallback을 피호출자로 사용한다. 그러나 두 번째 ()는 getCallback() 전체 표현식을 피호출자로 사용한다. 함수 호출을 나타내는 것은 표현식 뒤에 붙은 괄호다. 즉, 호출은 (로 시작하는 일종의 후위 연산자와 비슷하다고 생각할 수 있다.

이 '연산자'의 우선순위는 다른 연산자, 심지어 단항 연산자보다도 높다. 따라서 단항 연산자가 새로운 call 규칙 안에 포함되도록 문법에 넣는다.

```
unary          →  ( "!" | "-" ) unary | call ;
call           →  primary ( "(" arguments? ")" )* ;
```

이 규칙은 0개 이상의 함수 호출 이 뒤따르는 기본식과 매치된다. 괄호가 없으면 기본식을 파싱하 고, 있으면 각 호출은 내부에 옵 셔널 인수 리스트가 포함된 한 쌍의 괄호로 인식된다. 인수 리 스트의 문법은 다음과 같다.

> 이 규칙은 *를 사용해서 fn(1)(2)(3) 같은 잇따른 호출을 매치시킬 수 있다. 이런 코드는 C 계열 언어에서는 일반적이지 않지만, ML에서 파생된 언어군에서는 지극히 일반적이다. ML 에서는 보통 여러 인수를 받는 함수를 일련의 중첩 함수로 정의한다. 즉, 각 함수가 하나의 인 수를 받고 새 함수를 리턴하는 것이다. 그럼 그 함수는 그다음 인수를 소비하고 또 다른 함수를 리턴하는 식으로 이어지며, 결국 모든 인수를 다 소비하면 마지막 함수가 연산을 마무리한다.
>
> 이와 같은 스타일을 하스켈 커리(Haskell Curry)의 이름을 따서 커링(currying)이라고 한다. (워낙 유명해서 이 사람의 퍼스트 네임(first name)이 잘 알려진 또 다른 함수형 언어(하스켈) 가 있을 정도다.) 커링은 언어 구문에 직접 녹아있기 때문에 여기처럼 이상하게 보이지 않는다.

```
arguments      →  expression ( "," expression )* ;
```

이 규칙에 따르면, 적어도 1개 이상의 인수식이 필요하고 그다음에 0개 이상의 (각각 앞에 쉼표가 붙은) 다 른 표현식이 필요하다. 무인수 호출을 처리하기 위해 call 규칙 자체는 전체 arguments 프로덕션을 옵션으 로 간주한다.

너무 일반적인 '0개 이상의 쉼표로 구분된 것' 패턴에 비하면 이 규칙이 문법적으로 대단히 어색하게 보인다 는 점은 인정한다. 이 문제를 더 잘 처리하는 정교한 메타구문도 있지만, 내가 지금까지 보았던 BNF와 많은 언어 스펙에서 이 정도는 번거롭다.

구문 트리 생성기에 새 노드를 추가한다.

tool/GenerateAst.java ▶ main() 메서드

```
    "Binary   : Expr left, Token operator, Expr right",
    "Call     : Expr callee, Token paren, List<Expr> arguments",
    "Grouping : Expr expression",
```

> 새로 추가한 노드에 해당하는 생성 코드는 부록 2를 참조하기 바란다.

피호출자식과 인수식 리스트를 저장한다. 또한 (에 대한 토큰도 함께 저장한다. 함수 호출 시 런타임 에러가 나면 이 토큰의 위치를 리포트할 것이다.

파서 코드를 열어보자. unary( ) 끝에서 바로 primary( )로 넘어가는 대신 call( )을 리턴하도록 고친다.

```
      return new Expr.Unary(operator, right);
  }


  return call();
}
```

call( ) 함수는 다음과 같이 정의한다.

```
  private Expr call() {
    Expr expr = primary();

    while (true) {
      if (match(LEFT_PAREN)) {
        expr = finishCall(expr);
      } else {
        break;
      }
    }

    return expr;
  }
```

이 코드는 문법 규칙에 잘 맞지 않는다. 나는 (손으로 작성한 파서에서 누릴 만한 사치 중 하나인) 생성된 코드를 더 깔끔하게 만들기 위해 몇몇 코드를 옮겼지만, 중위 연산자를 파싱하는 방법과 거의 비슷하다. 먼저 기본식, 즉 호출에 대한 '좌측 피연산자'를 파싱한다. 그런 다음, (가 나올 때마다 finishCall()을 호출해서

> 우둔한 while(true)이나 break 대신 while (match(LEFT_PAREN))로 쓰면 더 간단하지 않을까? 왜 이렇게 코딩했는지는 나중에 파서를 확장해서 객체 프로퍼티를 다루기 시작하면서 자연스레 이해가 될 것이다.

바로 앞서 파싱한 표현식을 피호출자로 사용하여 호출식을 파싱한다. 리턴된 표현식은 다시 새로운 expr이 되고 그 결과가 호출된 자신이 될 때까지 루프는 반복된다.

인수 리스트를 파싱하는 코드는 다음 헬퍼 메서드에 있다.

```
  private Expr finishCall(Expr callee) {
    List<Expr> arguments = new ArrayList<>();
    if (!check(RIGHT_PAREN)) {
      do {
        arguments.add(expression());
      } while (match(COMMA));
    }
```

```
    Token paren = consume(RIGHT_PAREN,
                           "Expect ')' after arguments.");

    return new Expr.Call(callee, paren, arguments);
  }
```

인수가 없는 경우도 처리한다는 점을 제외하면, arguments 문법 규칙을 코드로 직역한 셈이다. 제일 먼저 그다음 토큰이)인지 확인해서 그렇다면, 즉 무인수 호출이면 인수를 파싱하려고 하지 않는다.

그렇지 않다면, 즉 인수가 있다면 표현식을 파싱하고 그다음에 다른 인수가 있음을 예고하는 쉼표가 있는지 찾아본다. 각 표현식 뒤에 쉼표가 있는 한 이 작업을 계속한다. 더 이상 쉼표가 없으면 인수 리스트는 마무리하고 그다음에 당연히 나와야 할)를 소비한다. 마지막으로, 피호출자와 해당 인수를 호출 AST 노드로 래핑한다.

10.1.1 최대 인수 개수

지금은 인수를 파싱하는 루프에 제한이 없다. 함수 하나를 호출하면서 인수를 백만 개쯤 전달해도 파서는 아무 불평을 하지 않을 것이다. 하지만 인수 개수를 제한해야 하지 않을까?

언어마다 접근 방식은 제각각이다. C 표준에 따르면 언어 구현체는 최소 127개의 인수를 함수에 전달해야 하지만 최대 개수는 명시되어 있지 않다. 자바 스펙에는 메서드가 255개 이상의 인수를 받지 못하도록 규정되어 있다.

> 메서드가 인스턴스 메서드라면 최대 인수는 254개로 하나 빠진다. 메서드의 수신자, 즉 this가 메서드에 암묵적으로 전달되면서 인수 슬롯을 차지하기 때문이다.

제이록스는 군이 인수 개수를 제한할 필요까진 없지만, 그래야 3부에서 만들 바이트코드 인터프리터인 씨록스를 단순화할 수 있다. 두 인터프리터는 이러한 특이한 코너 케이스에서도 서로 호환이 되어야 하므로 다음과 같이 개수 제한 로직을 추가하겠다.

lox/Parser.java ▶ finishCall() 메서드

```
    do {
      if (arguments.size() >= 255) {
        error(peek(), "Can't have more than 255 arguments.");
      }
      arguments.add(expression());
```

인수 개수가 최대치를 초과해도 에러를 리포트하는(report) 것이지, 에러를 던지는(throw) 것은 아니다. 에러를 던지는 것은 지금 파서가 혼란스러운 상태이고 더 이상 문법 어디에 있는지 알지 못할 경우 패닉 모드에 진입하려는 행위다. 지금 상황은 인수가 너무 많이 발견됐을 뿐, 파서는 완벽하게 올바른 상태이므로 에러를 리포트하되 하던 일은 계속한다.

10.1.2 함수 호출 인터프리팅

호출 가능한 함수도 없는데 호출을 먼저 구현한다는 게 좀 이상하지만, 이 문제는 나중에 걱정하겠다. 먼저 Interpreter에 필요한 클래스를 임포트한다.

lox/Interpreter.java

```
import java.util.ArrayList;
import java.util.List;
```

늘 그렇듯 인터프리테이션의 시작은 새로운 호출식 노드에 대한 새로운 비지트 메서드다.

lox/Interpreter.java ▶ visitBinaryExpr() 메서드 다음에 추가

```
@Override
public Object visitCallExpr(Expr.Call expr) {
  Object callee = evaluate(expr.callee);

  List<Object> arguments = new ArrayList<>();
  for (Expr argument : expr.arguments) {
    arguments.add(evaluate(argument));
  }

  LoxCallable function = (LoxCallable)callee;
  return function.call(this, arguments);
}
```

먼저 피호출자식을 평가한다. 이 표현식은 대부분 이름으로 함수를 찾기 위한 식별자이겠지만, 사실 어떤 것이라도 가능하다. 그다음, 각 인수식을 차례로 평가한 뒤 결괏값을 리스트에 담는다.

피호출자, 인수 리스트가 준비됐으니 이제 호출을 수행하는 일만 남았다. 피호출자를 LoxCallable로 캐스팅한 다음 call() 메서드를 호출한다. 록스에서 함수처럼 호출 가능한 객체에 해당하는 자바 클래스는 모두 이 인터페이스를 구현해야 한다. 여기에는 사용자 정의 함수도 당연히 포함되지만, 클래스 역시 새 인스턴스를 구성하기 위해 '호출'되므로 클래스 객체도 포함된다. 이 인터페이스는 곧 다른 용도로도 사용하게 될 것이다.

> 이 또한 미묘한 시맨틱 선택 중 하나다. 인수식이 부수 효과를 일으킬 수 있으므로 평가 순서를 사용자가 볼 수 있게 한 것이다. 스킴이나 C 같은 언어는 순서를 지정하지 않는다. 따라서 컴파일러가 효율성을 위해 재량껏 자유롭게 순서를 변경할 수 있는 장점이 있지만, 인수가 기대한 순서대로 평가되지 않을 경우 사용자가 불쾌하게 느낄 수도 있다.

> 자바 표준 라이브러리 Callable 인터페이스와 구별하려고 앞에 'Lox'를 붙였다. 짧고 좋은 이름은 이미 누가 다 지어놨다!

새 인터페이스는 아직 별 내용이 없다.

lox/LoxCallable.java ▶ 새 파일 생성

```
package com.craftinginterpreters.lox;

import java.util.List;
```

```
interface LoxCallable {
  Object call(Interpreter interpreter, List<Object> arguments);
}
```

call()을 구현하는 클래스에서 필요로 할 수도 있으므로 interpreter를 전달한다. 평가를 마친 인숫값 리스트도 함께 실어 보낸다. 호출식이 만든 값을 리턴하는 일은 언어 구현자의 몫이다.

10.1.3 호출 타입 에러

LoxCallable을 구현하기 전에 비지트 메서드를 좀 더 빈틈없이 만들 필요가 있다. 현재 이 메서드는 앞으로 일어나지 않으리라고 장담할 수 없는 몇 가지 실패 모드를 무시한다. 첫째, 만약 피호출자가 실제로 호출 가능한 것이 아닌 경우다. 가령, 다음과 같이 호출하면 어떻게 될까?

```
"totally not a function"();
```

록스에서 문자열은 호출할 수 없다. 록스 문자열의 런타임 표현은 자바 String이므로 LoxCallable로 캐스팅할 때 JVM이 ClassCastException을 던질 것이다. 인터프리터가 지저분한 자바 스택 트레이스를 토해내지 않게 하려면 직접 타입을 체크해야 한다.

lox/Interpreter.java ▶ visitCallExpr() 메서드

```
    }

    if (!(callee instanceof LoxCallable)) {
      throw new RuntimeError(expr.paren,
          "Can only call functions and classes.");
    }

    LoxCallable function = (LoxCallable)callee;
```

예외를 던지는 건 여전하지만, 록스의 자체 예외 타입으로 바꾸어 던지기 때문에 인터프리터가 캐치해서 우아하게 리포트할 수 있다.

10.1.4 애리티 체크

둘째, 함수의 **애리티(arity, 항수)** 문제다. 애리티는 함수나 연산에 필요한 인수의 개수를 뜻하는 고급진 용어다. 단항 연산자는 애리티가 1, 이항 연산자는 애리티가 2다. 함수의 애리티는 함수에 선언된 매개변수의 개수로 결정된다.

```
fun add(a, b, c) {
  print a + b + c;
}
```

add 함수에는 a, b, c라는 3개의 매개변수가 선언되어 있으므로 애리티는 3이고 이 함수는 인수 3개가 전달될 것으로 기대한다. 그런데 만약 이렇게 호출하면 어떻게 될까?

```
add(1, 2, 3, 4); // 너무 많다
add(1, 2);       // 너무 적다
```

언어마다 이 문제에 접근하는 방식이 다르다. 대부분의 정적 타입 언어는 컴파일 타임에 함수 애리티가 인수 개수와 동일하지 않을 경우 컴파일을 거부한다. 자바스크립트는 사용자가 전달한 추가 인수(extra argument) 는 무시하고, 반대로 모자라게 전달하면 모자란 인수를 undefined라는 (null처럼 생겼으나 실제로 null이 아닌 마법의) 값으로 채운다. 파이썬은 훨씬 엄격해서 인수 리스트가 너무 짧거나 길면 런타임 에러를 낸다.

나는 후자가 더 낫다고 생각한다. 잘못된 개수의 인수를 전달하는 것은 거의 버그다. 나도 실제로 많이 저지르는 실수다. 구현체가 조금이라도 더 일찍 나의 주의를 환기시켜주는 편이 유리하다. 록스는 파이썬 방식대로 구현하겠다. LoxCallable을 호출하기 전에 전달한 인수 리스트의 크기가 애리티와 일치하는지 체크한다.

lox/Interpreter.java ▶ visitCallExpr() 메서드

```
    LoxCallable function = (LoxCallable)callee;
    if (arguments.size() != function.arity()) {
      throw new RuntimeError(expr.paren, "Expected " +
          function.arity() + " arguments but got " +
          arguments.size() + ".");
    }

    return function.call(this, arguments);
```

애리티를 물어보면 알려주는 메서드를 LoxCallable 인터페이스에 새로 추가하자.

lox/LoxCallable.java ▶ LoxCallable 인터페이스

```
interface LoxCallable {
  int arity();
  Object call(Interpreter interpreter, List<Object> arguments);
```

애리티를 체크하는 코드를 call()의 구현체 클래스에 넣을 수도 있지만, 그렇게 하면 LoxCallable을 구현한 클래스가 여럿 있을 테니 결국 일부 클래스에 애리티 체크 로직이 중복될 것이다. 비지트 메서드에 두면 한 곳에서 모두 수행할 수 있다.

10.2 네이티브 함수

함수를 이론적으로 호출할 수는 있지만, 아직 호출할 함수가 없다. 사용자 정의 함수를 살펴보기 전에 언어 구현에서 중요하지만 종종 간과되는 **네이티브 함수(native function)**를 소개하고자 한다. 네이티브 함수는 인터프리터가 사용자 코드에 표출하지만 구현할 언어(록스)가 아닌, 호스트 언어(host language, 여기서는 자바)로 구현되는 함수를 말한다.

프리미티브(primitive), **외부 함수(external function)**, **외계 함수(foreign function)**라고도 부르는 네이티브 함수는 사용자 프로그램이 실행되는 도중에 호출할 수 있으므로 구현체 런타임의 일부분을 구성한다. 많은 프로그래밍 언어 책이 개념상 그리 흥미롭지 않다는 이유로 이부분을 대충 얼버무리는 경향이 있다. 대부분 고단하고 지루한 작업이기 때문이다.

하지만 언어가 실제로 유용한 일을 능숙하게 잘 처리하려면 구현체가 제공하는 네이티브 함수가 핵심이다. 네이티브 함수는 모든 프로그램이 정의하는 근본적인 서비스에 대한 액세스를 제공한다. 가령, 파일 시스템에 액세스하는 네이티브 함수가 없다면, 파일을 읽어 내용물을 표시하는 프로그램을 작성하는 언어 사용자는 큰 어려움을 겪게 될 것이다.

많은 언어가 사용자가 네이티브 함수를 직접 만들어 쓸 수 있도록 허용하는 언어도 많다. 이런 메커니즘을 **외부 함수 인터페이스(FFI, Foreign Function Interface)**, **네이티브 확장(native extension)**, **네이티브 인터페이스(native interface)** 등으로 부른다. 이러한 기능은 언어 구현자가 하부 플랫폼이 지원하는 모든 기능에 대한 액세스를 제공하지 않아도 되므로 유용하다. 제이록스에 FFI를 정의하지는 않겠지만, 네이티브 함수를 하나 추가해보면서 네이티브 함수가 어떻게 작동되는지 알아보자.

흥미롭게도 이 함수를 가리키는 두 가지 명칭인 'native'와 'foreign'은 서로 반의어다. 용어를 선택하는 사람의 관점에 따라 달라지는 모양이다. 런타임 구현체(자바) 안에 '살고 있다(living)'라고 본다면 그 안에 작성된 함수는 모두 '토종(native)'이라 할 수 있다. 그러나 언어를 사용하는 사용자의 관점에서 보면, 런타임은 또 다른 '외래(foreign)' 언어로 구현된 것이다.

아니면 'native'가 하부 하드웨어의 기계어를 가리키는 말일 수도 있다. 자바에서 'native' 메서드는 C/C++으로 작성되어 네이티브 기계어로 컴파일된 메서드다.

텍스트를 stdout으로 출력하는 함수는 거의 모든 언어에 다 있는 전형적인 네이티브 함수다. 록스도 화면에 뭔가 표시하는 print 문장이 기본 내장되어 있다.

이제 함수가 생겼으니 오래된 print 문은 없애고 네이티브 함수로 대체하면 언어를 간소화할 수 있다. 하지만 그렇게 하면 이 책 앞부분의 예제들이 뒷부분에서 구축한 인터프리터에서 실행되지 않기 때문에 (또 그 반대도 마찬가지라서) 이 책에서는 그냥 놔두겠다.

나중에 여러분이 스스로 본인의 언어에 맞는 인터프리터를 개발할 때 이런 문제도 잘 고려해보기 바란다.

10.2.1 시간 측정

3부에서 록스를 훨씬 더 효율적인 구현체로 다듬는 작업에 착수하면 성능에 대해서도 깊이 고민하게 될 것이다. 성능을 높이려면 측정이 필요한데, 이는 곧 **벤치마크(benchmark)**를 의미한다. 벤치마크는 인터프리터의 특정 부분을 실행하는 데 걸린 시간을 측정하는 프로그램이다.

인터프리터를 시동하고, 벤치마크를 실행하고 종료하는 데 걸리는 시간을 측정할 수도 있지만, JVM 시동 시간, OS 수준에서 일어나는 작업 등 수많은 오버헤드가 추가된다. 이런 요소까지 고려해야 할 경우도 있겠지만, 인터프리터 어느 한 부분에 대한 최적화를 검증하려고 할 때 이런 오버헤드까지 결과에 뒤섞이면 곤란하다.

벤치마크 스크립트 자체에서 코드의 두 지점 사이에 경과한 시간을 측정하는 편이 더 낫다. 그러려면 록스 프로그램이 시간을 말할 수 있어야 하는데, 지금은 마땅한 수단이 없다. 컴퓨터에 내장된 시계에 액세스하지 않고서 '아무것도 없는 상태에서(from scratch)' 쓸 만한 시계를 구현할 방법은 없다.

정해진 시점 이후의 경과 시간(초)을 리턴하는 clock( )이라는 네이티브 함수를 추가하자. 연속된 두 호출 시점의 시간차를 계산하면 그것이 경과 시간이다. 이 함수는 글로벌 스코프에 정의되어 있어서 어디서건 인터프리터가 100% 액세스 가능하다.

lox/Interpreter.java ▶ Interpreter 클래스 코드 1줄 교체

```java
class Interpreter implements Expr.Visitor<Object>,
                             Stmt.Visitor<Void> {
  final Environment globals = new Environment();
  private Environment environment = globals;

  void interpret(List<Stmt> statements) {
```

인터프리터의 environment 필드는 로컬 스코프에 들어오고 나갈 때마다 변경된다. 이 필드는 현재 환경을 추적한다. 새 필드 globals는 가장 외부 글로벌 환경을 가리키는 고정된 참조를 보관한다.

Interpreter를 인스턴스화하면 이 글로벌 스코프를 네이티브 함수로 채운다.

lox/Interpreter.java ▶ Interpreter 클래스

```java
  private Environment environment = globals;

  Interpreter() {
    globals.define("clock", new LoxCallable() {
      @Override
      public int arity() { return 0; }

      @Override
      public Object call(Interpreter interpreter,
                         List<Object> arguments) {
        return (double)System.currentTimeMillis() / 1000.0;
      }
```

```
      @Override
      public String toString() { return "<native fn>"; }
    });
  }

  void interpret(List<Stmt> statements) {
```

"clock"이라는 변수를 정의한다. 변숫값은 LoxCallable을 구현한 자바 익명 클래스(anonymous class)다.[2] clock()은 무인수 함수라서 애리티가 0이다. call()을 구현한 메서드는 자바 메서드 System.currentTimeMillis()를 호출한 결괏값을 초 단위 double 값으로 바꾼다.

사용자 입력 읽기, 파일 작업 등의 일을 하는 다른 네이티브 함수를 추가하려면 LoxCallable을 구현한 익명 클래스로 각각 추가하면 된다. 이 책은 clock() 하나만 있으면 충분할 듯싶다.

자, 이제 함수를 정의하는 일에서 벗어나 사용자에게 그 일을 위임할 방법을 찾아보자.

> 록스에서 함수와 변수는 동일한 네임스페이스를 차지한다. 커먼 리스프(Common Lisp)에서 이 둘은 각자의 세계에 존재한다. 따라서 이름이 같은 함수와 변수가 충돌할 일이 없다. 이름을 호출하면 함수를 찾고, 이름을 참조하면 변수를 찾는다. 함수를 일급(first-class) 값으로 참조하려면 몇 가지 단계를 거쳐야 한다.
>
> 리처드 가브리엘(Richard P. Gabriel)과 켄트 피트먼(Kent Pitman)은 함수와 변수의 네임스페이스가 동일한, 스킴과 같은 언어를 '리스프-1', 둘을 각각 분리하는 커먼 리스프 같은 언어를 '리스프-2'라고 지칭했다. 애매하기 짝이 없는 용어지만 이후로 업계에 굳혀져 버렸다. 록스는 리스프-1 언어다.

10.3 / 함수 선언
INTERPRETER

마침내 변수를 추가할 때 도입했던 declaration 규칙에 새 프로덕션을 추가할 수 있게 됐다. 함수 선언은 변수 선언처럼 새 이름을 바인드한다. 즉, 선언이 허용된 곳에서만 함수를 선언할 수 있다는 뜻이다.

> 기명 함수 선언은 사실 한번으로 끝나는 기본 연산이 아니다. (1) 새로운 함수 객체를 생성하고, (2) 여기에 새 변수를 바인드하는 개별적인 두 단계를 함축한 구문 슈가다. 만약 록스가 다음과 같이 익명 함수 구문을 제공했다면, 함수 선언문은 따로 필요하지 않았을 것이다.
>
> ```
> var add = fun (a, b) {
>   print a + b;
> };
> ```
>
> 그러나 기명 함수가 더 일반적이므로 나는 록스에겐 깔끔한 기명 함수 구문을 선사하기로 했다.

```
declaration    → funDecl
               | varDecl
               | statement ;
```

---

2 **옮긴이** define() 메서드의 두 번째 인수로 전달한 new LoxCallable() {...} 부분

다음은 새 규칙을 참조하도록 수정한 declaration 규칙이다.

```
funDecl      → "fun" function ;
function     → IDENTIFIER "(" parameters? ")" block ;
```

메인 규칙 funDecl은 별도의 헬퍼 규칙인 function을 사용한다. 함수 선언
문은 fun 키워드 뒤에 함수스러운(function-y) 내용물이 나온다. function
규칙은 12장에서 메서드를 선언할 때 재사용할 것이다. 메서드는 함수 선언
과 형태는 비슷하나 앞에 fun 키워드가 없다.

> 메서드는 너무 클래시(classy)해
> 서 재미(fun)가 없다.[3]

함수 자체는 이름 뒤에 괄호로 감싼 매개변수 리스트, 그리고 바디가 연결된 모습이다. 바디는 언제나 {}로
싸인 블록이며, 블록문과 동일한 문법 규칙을 사용한다. 매개변수 리스트 규칙은 다음과 같다.

```
parameters   → IDENTIFIER ( "," IDENTIFIER )* ;
```

각 매개변수가 표현식이 아닌, 식별자인 점을 제외하면 이전의 arguments 규칙과 비슷하다. 파서가 씹어 삼
켜야 할 새로운 구문은 많이 늘었지만, 결과 AST 노드는 썩 나쁘지 않다.

tool/GenerateAst.java ▶ main() 메서드

```
      "Expression : Expr expression",
      "Function   : Token name, List<Token> params," +
                   " List<Stmt> body",
      "If         : Expr condition, Stmt thenBranch," +
```

> 새로 추가한 노드에 해당하는 생성
> 코드는 부록 2를 참조하기 바란다.

함수 노드는 함수 이름과 매개변수 리스트, 바디로 구성된다. 바디는 {} 내부의 문장 리스트로 저장된다.

파서에는 새로운 선언을 끼워 넣는다.

lox/Parser.java ▶ declaration() 메서드

```
    try {
      if (match(FUN)) return function("function");
      if (match(VAR)) return varDeclaration();
```

다른 문장처럼 함수도 선행 키워드로 인식된다. fun을 만나면 function인 것이다. fun 키워드는 이미 매치
되어 소비한 상태이므로 function 문법 규칙에 해당된다. 이것부터 시작해서 한 번에 하나씩 메서드를 쌓아
올려보자.

3　**옮긴이**　메서드가 클래스(class)의 일부로 등장하므로 fun 키워드를 붙이지 않는다는 점을 일종의 언어 유희로 언급한 것이다.

```java
  private Stmt.Function function(String kind) {
    Token name = consume(IDENTIFIER, "Expect " + kind + " name.");
  }
```

지금은 함수 이름에 해당하는 식별자 토큰을 소비하기만 한다. 여기서 귀엽게 생긴 kind에 대해 궁금할 것이다. 문법 규칙을 재사용하는 것처럼 클래스 안에 있는 메서드를 파싱하기 위해 나중에 이 function() 메서드를 다시 사용하게 될 것이다. 그 때 파싱 중인 선언의 종류(kind)에 따라 에러 메시지를 특정하기 위해 kind에 "method"를 전달할 예정이다.

다음으로 매개변수 리스트와 그 주변을 감싼 괄호 쌍을 파싱한다.

```java
    Token name = consume(IDENTIFIER, "Expect " + kind + " name.");
    consume(LEFT_PAREN, "Expect '(' after " + kind + " name.");
    List<Token> parameters = new ArrayList<>();
    if (!check(RIGHT_PAREN)) {
      do {
        if (parameters.size() >= 255) {
          error(peek(), "Can't have more than 255 parameters.");
        }

        parameters.add(
            consume(IDENTIFIER, "Expect parameter name."));
      } while (match(COMMA));
    }
    consume(RIGHT_PAREN, "Expect ')' after parameters.");
  }
```

호출에서 인수를 처리하는 코드와 유사하지만, 별도의 헬퍼 메서드로 빼내지는 않았다. 바깥쪽 if 문은 매개변수가 없는 케이스를 처리하고, 안쪽 do ... while 루프는 매개변수를 구분 짓는 쉼표가 더 이상 안 보일 때까지 매개변수를 계속 파싱한다. 그 결과, 각 매개변수의 이름이 포함된 토큰 리스트가 만들어진다.

함수 호출 시 인수를 전달할 때와 마찬가지로, 함수에 허용된 최대 매개변수 개수를 초과하지 않았는지 파싱할 때 체크한다.

끝으로, 바디를 파싱하고 함수 노드에 모두 래핑한다.

```java
    consume(RIGHT_PAREN, "Expect ')' after parameters.");

    consume(LEFT_BRACE, "Expect '{' before " + kind + " body.");
    List<Stmt> body = block();
    return new Stmt.Function(name, parameters, body);
  }
```

block()을 호출하기 전에 바디 시작부에서 {를 소비한다. block()은 { 토큰이 이미 매치됐다고 간주하기 때문이다. 여기서 {를 소비하면 함수 선언의 컨텍스트에 있다는 것을 알 수 있기 때문에 {가 발견되지 않을 경우 보다 정확한 에러 메시지를 리포트하는 데 도움이 된다.

10.4 함수 객체
INTERPRETER

이제 파싱이 완료됐으니 인터프리트할 준비는 됐지만, 그 전에 록스 함수를 자바로 어떻게 표현할지 생각해 볼 필요가 있다. 함수가 호출될 때 인숫값에 바인드할 수 있도록 매개변수를 추적해야 한다. 그리고 당연히 함수를 실행할 수 있도록 함수 바디를 구성하는 코드도 보관해야 한다.

이것이 기본적으로 Stmt.Function 클래스가 하는 일이다. 그럼, 이 클래스를 그냥 사용하면 될까? 거의 그렇다고 볼 수도 있지만, 정답은 아니다. 함수를 호출하려면 LoxCallable을 구현한 클래스가 필요하다. 인터 프리터의 런타임 단계가 프런트엔드의 구문 클래스로 삐져나오는 모습은 좋지 않으므로 Stmt.Function에 직접 로직을 구현하고 싶지는 않다. 대신 새로운 클래스에 래핑한다.

lox/LoxFunction.java ▶ 새 파일 생성

```java
package com.craftinginterpreters.lox;

import java.util.List;

class LoxFunction implements LoxCallable {
  private final Stmt.Function declaration;
  LoxFunction(Stmt.Function declaration) {
    this.declaration = declaration;
  }
}
```

LoxCallable의 call()은 다음과 같이 구현한다.

lox/LoxFunction.java ▶ LoxFunction() 생성자 다음에 추가

```java
  @Override
  public Object call(Interpreter interpreter,
                     List<Object> arguments) {
    Environment environment = new Environment(interpreter.globals);
    for (int i = 0; i < declaration.params.size(); i++) {
      environment.define(declaration.params.get(i).lexeme,
          arguments.get(i));
    }
```

```
    interpreter.executeBlock(declaration.body, environment);
    return null;
  }
```

이 한 줌의 코드가 제이록스에서 가장 근본적이면서 강력한 힘을 발휘한다. 8장에서 살펴본 것처럼 이름 환경을 관리하는 일은 언어 구현체의 심장부에 해당한다. 함수는 여기에 깊이 연관되어 있다.

> 환경은 11장에서 자세히 파헤칠 예정이다.

매개변수는 함수의 핵심이다. 특히, 함수는 자신의 매개변수를 캡슐화한다(즉, 다른 어떤 코드도 그 매개변수를 바라볼 수 없다)는 점에서 그렇다. 즉, 각 함수는 매개변수를 저장하는 고유한 환경을 갖게 된다.

그리고 이 환경은 동적으로 생성되어야 한다. 다시 말해, 함수 호출을 할 때마다 고유한 환경을 가져온다. 그렇지 않으면 재귀가 깨져버릴 것이다. 동일한 함수를 동시에 여러 번 호출해도 매번 호출할 때마다 각각 고유한 환경이 필요하다.

예를 들어, 다음은 셋까지 세는 로직을 복잡하게 표현한 코드다.

```
fun count(n) {
  if (n > 1) count(n - 1);
  print n;
}

count(3);
```

가장 내부에 중첩된 호출에서 1을 출력하려고 할 때 인터프리터를 일시 중단시킨다고 하자. 2와 3을 출력하는 외부 호출은 각자의 값을 아직 출력하지 않았으므로, n이 한 컨텍스트에는 3에, 다른 컨텍스트에는 2에, 그리고 가장 안쪽 컨텍스트에는 1에 바인드됐다는 사실을 메모리 어딘가에는 보관해야 한다.

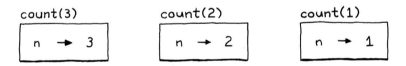

바로 이 때문에 함수를 '선언'할 때가 아니라, 함수를 '호출'할 때마다 새 환경을 만드는 것이다. 앞서 보았던 call() 메서드도 마찬가지다. 호출이 시작되면 새로운 환경을 생성한 다음, 매개변수와 인수 리스트를 순서대로 탐색한다. 각 쌍마다 매개변수의 이름으로 새 변수를 생성하고 여기에 인숫값을 바인드한다.

다음 프로그램을 보자.

```
fun add(a, b, c) {
  print a + b + c;
}

add(1, 2, 3);
```

add()를 호출할 때 인터프리터는 다음과 같이 바인드한다.

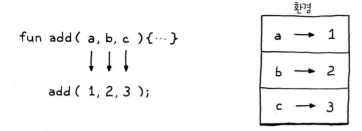

그러면 call()은 인터프리터에게 이 새로운 함수-로컬(function-local) 환경에서 바디를 실행하라고 지시한다. 여태까지는 함수가 호출되는 지점이 바로 현재 환경이었지만, 앞으로는 함수를 따라 생성된 새로운 매개변수의 공간으로 순간 이동한다.

이것이 데이터를 함수에 전달하는 데 필요한 전부다. 바디를 실행할 때 상이한 환경을 사용하면 동일한 코드에 동일한 함수를 호출해도 결과는 달라질 수 있다.

함수 바디 실행이 끝나면 executeBlock()은 해당 함수-로컬 환경을 폐기하고 자신의 호출지[4]에서 활성화됐던 이전 환경을 복원한다. 마지막으로 call()이 null을 리턴하면 호출지에 nil이 리턴된다. (값을 리턴하는 코드는 나중에 추가하겠다.)

코드는 정말 심플하다. 리스트를 탐색한다. 새 변수를 바인드한다. 메서드를 호출한다. 하지만 이렇게 단순한 프로세스가 함수 선언이라는 맑고 투명한 코드에 생기를 불어넣어 호출을 일으킨다. 이 책 전체를 통틀어 내가 가장 좋아하는 부분이다. 괜찮다면 잠시 시간을 내어 코드를 감상하기 바란다.

다 했는가? 좋다. 우리는 매개변수를 바인드할 때 매개변수와 인수 리스트는 길이가 동일하다고 가정한다. visitCallExpr()은 call()을 호출하기 전에 애리티를 체크하므로 이는 안전한 가정이다. 다음은 애리티를 리턴하는 메서드다.

lox/LoxFunction.java ▶ LoxFunction() 생성자 다음에 추가

```java
@Override
public int arity() {
  return declaration.params.size();
}
```

LoxFunction 객체의 toString()은 다음과 같이 오버라이드한다.

lox/LoxFunction.java ▶ LoxFunction() 생성자 다음에 추가

```java
@Override
public String toString() {
  return "<fn " + declaration.name.lexeme + ">";
}
```

---

4 **옮긴이** callsite, 함수를 호출한 코드

이렇게 해야 사용자가 함수의 값을 출력할 때 보기 편하다.

```
fun add(a, b) {
  print a + b;
}

print add; // "<fn add>"
```

10.4.1 함수 선언 인터프리팅

LoxFunction은 곧 다시 한번 손을 봐야 하지만, 일단 지금은 이 정도면 충분하다. 다음은 함수 선언을 비지트하는 메서드다.

lox/Interpreter.java ▶ visitExpressionStmt() 메서드 다음에 추가

```
@Override
public Void visitFunctionStmt(Stmt.Function stmt) {
  LoxFunction function = new LoxFunction(stmt);
  environment.define(stmt.name.lexeme, function);
  return null;
}
```

다른 리터럴식을 인터프리트하는 방법과 비슷하다. 함수 구문 노드, 즉 함수의 컴파일 타임 표현을 가져와서 런타임 표현으로 변환한다. 이 런타임 표현이 바로 구문 노드를 래핑한 LoxFunction이다.

함수 선언은 결과 객체를 새 변수에 바인드한다는 점에서 다른 리터럴 노드와 다르다. 따라서 LoxFunction을 생성한 후 현재 환경에 새로운 바인딩을 생성하고 여기에 참조를 저장한다.

자, 이제 록스에서 마음껏 함수를 정의하고 호출할 수 있다. 한번 시험해보라.

```
fun sayHi(first, last) {
  print "Hi, " + first + " " + last + "!";
}

sayHi("Dear", "Reader");
```

여러분은 어떨지 몰라도, 내겐 이 정도만으로도 진짜 쌈박한 프로그래밍 언어처럼 느껴진다.

리턴문

인수를 전달함으로써 함수 안에 데이터를 넣을 수는 있지만, 아직 함수의 결과를 밖으로 끄집어낼 방법이 없다. 록스가 루비나 스킴처럼 표현 지향 언어(expression-oriented language)였다면 바디가 암묵적으로 함수의 결괏값에 해당하는 표현식이었을 것이다. 하지만 록스의 함수 바디는 값을 내지 않는 문장 리스트이므로 결과를 내보낼 전용 구문, 즉 return 문이 필요하다. 문법은 벌써 여러분의 머릿속에 떠올랐을 것이다.

> 데이터의 호텔 캘리포니아
> (Hotel California)랄까?

```
statement        → exprStmt
                 | forStmt
                 | ifStmt
                 | printStmt
                 | returnStmt
                 | whileStmt
                 | block ;

returnStmt       → "return" expression? ";" ;
```

유서 깊은 statement 규칙 밑으로 프로덕션을 하나 더(사실 이게 마지막이다) 추가한다. return 문은 그 뒤에 선택적으로 표현식이 오고 세미콜론으로 끝난다.

return 문은 어떤 의미 있는 값을 리턴하지 않는 함수에서 일찍 빠져나가는 용도로도 쓰이기 때문에 리턴값은 옵션이다. 정적 타입 언어에서 void 함수는 값을 리턴하지 않고 void 아닌 함수는 값을 리턴한다. 동적 타입 언어인 록스에서는 진정한 void 함수가 없다. 컴파일러는 return 문이 없는 함수에 대한 호출 결괏값을 가져오지 못하게 막을 도리가 없다.

```
fun procedure() {
  print "don't return anything";
}

var result = procedure();
print result; // ?
```

즉, 모든 록스 함수는 return 문이 없어도 반드시 뭔가를 리턴해야만 한다. 그래서 nil을 사용한다. LoxFunction에서 call() 메서드가 마지막에 null을 리턴하는 것도 이 때문이다. 같은 맥락으로 return 문에서 값을 생략하면 다음 코드를 실행하는 것과 같다.

```
return nil;
```

새 노드를 AST 생성기에 추가한다.

tool/GenerateAst.java ▶ main() 메서드

```
    "Print      : Expr expression",
    "Return     : Token keyword, Expr value",
    "Var        : Token name, Expr initializer",
```

> 새로 추가한 노드에 해당하는 생성
> 코드는 부록 2를 참조하기 바란다.

return 키워드 토큰을 유지하므로 에러를 리포팅할 때 발생 지점과 리턴값(있는 경우)을 갖다 쓸 수 있다. 다른 문장과 마찬가지로 파싱은 초기 키워드를 식별하는 것에서 시작된다.

lox/Parser.java ▶ statement() 메서드

```
    if (match(PRINT)) return printStatement();
    if (match(RETURN)) return returnStatement();
    if (match(WHILE)) return whileStatement();
```

키워드가 식별되면 다음 메서드로 분기된다.

lox/Parser.java ▶ printStatement() 메서드

```
  private Stmt returnStatement() {
    Token keyword = previous();
    Expr value = null;
    if (!check(SEMICOLON)) {
      value = expression();
    }

    consume(SEMICOLON, "Expect ';' after return value.");
    return new Stmt.Return(keyword, value);
  }
```

이전에 소비한 return 키워드를 낚아챈 후, 값 표현식을 찾아본다. 다양한 토큰이 표현식으로 시작될 수 있기 때문에 리턴값이 있는지 확인하기는 쉽지 않다. 그래서 대신 리턴값이 없는지를 체크한다. 세미콜론으로 표현식을 시작할 수는 없으니 다음 토큰이 세미콜론이면 값이 없다는 증거다.

10.5.1 호출에서 리턴

return 문을 인터프리트하기란 까다롭다. 함수 바디 내부 어디서건, 심지어 다른 문장 안에 깊숙이 중첩된 곳에서도 리턴될 수 있다. 리턴이 실행되면 인터프리터는 마치 잭[5]으로 제어 흐름 구조를 들어올리듯이 리턴 문이 현재 위치한 컨텍스트를 완전히 건너뛰어 함수 호출을 완료해야 한다.

예를 들어, 다음과 같이 프로그램 도중에 return 문을 실행한다고 하자.

---

5 **옮긴이** jack, 차량 정비소에서 자동차를 위로 올리는 기구

```
fun count(n) {
  while (n < 100) {
    if (n == 3) return n;
    print n;
    n = n + 1;
  }
}

count(1);
```

자바 호출 스택은 대략 이런 모습일 것이다.

```
Interpreter.visitReturnStmt()
Interpreter.visitIfStmt()
Interpreter.executeBlock()
Interpreter.visitBlockStmt()
Interpreter.visitWhileStmt()
Interpreter.executeBlock()
LoxFunction.call()
Interpreter.visitCallExpr()
```

스택 맨 위에서 call()까지 되돌아가야 한다. 여러분은 어떻지 모르겠지만, 나에게는 이 말이 예외 (exception)처럼 들린다. return 문이 실행될 때 예외를 활용하면 인터프리터의 태엽을 풀어 모든 문장의 비지트 메서드를 지나 바디를 실행하기 시작한 코드로 돌아갈 수 있다.

새로운 AST 노드의 비지트 메서드는 다음과 같다.

lox/Interpreter.java ▶ visitPrintStmt() 메서드 다음에 추가

```java
@Override
public Void visitReturnStmt(Stmt.Return stmt) {
  Object value = null;
  if (stmt.value != null) value = evaluate(stmt.value);

  throw new Return(value);
}
```

리턴값이 있으면 평가하고, 없으면 nil을 사용한다. 이 값을 가져와서 커스텀 예외 클래스로 감싸 던진다.

lox/Return.java ▶ 새 파일 생성

```java
package com.craftinginterpreters.lox;

class Return extends RuntimeException {
  final Object value;

  Return(Object value) {
```

```
    super(null, null, false, false);
    this.value = value;
  }
}
```

이 클래스는 자바가 런타임 예외 클래스를 던질 때 사용하는 배낭 안에 리턴값을 넣는다. null과 false를 인수로 전달한 요상한 수퍼 생성자 호출은 불필요한 일부 JVM 메커니즘을 비활성화한다.[6] 실제 에러 처리가 아닌 제어 흐름에 예외 클래스를 사용하기 때문에 스택 트레이스 같은 오버헤드는 필요하지 않다.

함수 호출이 시작된 곳, 즉 LoxFunction의 call() 메서드까지 죽 태엽을 풀어야 한다.

> 참고로, 나는 제어 흐름에 예외를 적용하는 걸 대체로 좋아하지 않는다. 하지만 재귀성이 강한 트리 탐색 인터프리터 내부에서는 이 방법이 나쁘지 않다. 자체 구문 트리 평가 로직이 자바 호출 스택과 매우 밀접하게 연관되어 있어서 이따금 무거운 호출 스택 조작을 해야 하는 부담이 따르는데, 바로 이럴 때 예외는 편리한 도구다.

lox/LoxFunction.java ▶ call() 메서드 코드 1줄 교체

```
        arguments.get(i));
  }

  try {
    interpreter.executeBlock(declaration.body, environment);
  } catch (Return returnValue) {
    return returnValue.value;
  }
  return null;
```

executeBlock()에 대한 호출을 try ... catch 블록으로 래핑한다. 리턴 예외가 캐치되면 값을 가져와 call()의 리턴값으로 만든다. 예외가 하나도 캐치되지 않으면 함수가 return 문을 만나지 않고 바디 끝까지 도달했다는 뜻이다. 이런 경우에는 암묵적으로 nil을 리턴한다.

한번 테스트해보자. 이제 록스는 피보나치 수를 계산하는 고전적 재귀 함수도 구사할 정도로 강력해졌다.

```
fun fib(n) {
  if (n <= 1) return n;
  return fib(n - 2) + fib(n - 1);
}

for (var i = 0; i < 20; i = i + 1) {
  print fib(i);
}
```

---

6 **옮긴이** super(null, null, false, false);에 해당하는 RuntimeException 생성자의 시그니처는 protected RuntimeException(String message, Throwable cause, boolean enableSuppression, boolean writableStackTrace)다.

이 몇 줄 안 되는 프로그램으로 지금까지 구현한 표현식, 산술, 분기, 루핑, 변수, 함수, 함수 호출, 매개변수 바인딩, 리턴 등 거의 모든 언어 기능을 구사할 수 있다.

실행해보면 알겠지만 속도가 꽤 느리다. 재귀가 피보나치 수를 계산하는 가장 효율적인 알고리즘은 아니지만, 마이크로벤치마크(microbenchmark)로서 인터프리터가 함수 호출을 얼마나 빨리 구현하는지 스트레스 테스팅을 수행하는 데 효과적인 방법이다.

아무리 돌려봐도 "그리 빠르지 않다." 괜찮다, C 인터프리터는 훨씬 더 빠르게 만들 테니까...

10.6 로컬 함수와 클로저

함수는 이 정도면 꽤 완전한 기능을 갖춘 셈이지만, 메워야 할 구멍이 하나 더 있다. 솔직히 다음 장의 대부분을 바쳐야 겨우 메울 만큼 큰 구멍이지만, 밑작업은 지금 시작하는 게 좋겠다.

LoxFunction에서 call()을 구현한 메서드는 함수의 매개변수를 바인드한 새로운 환경을 생성한다. 나는 여러분에게 코드를 보이면서 한 가지 요점을 대충 얼버무렸다. 그 환경의 '부모(parent)'는 무엇일까?

현재는 항상 부모가 globals, 즉 최상위 글로벌 환경이다. 따라서 함수 바디 안에 정의되지 않은 식별자가 있으면 인터프리터는 함수 외부의 글로벌 스코프를 수색한다. 피보나치 예제에서 인터프리터가 함수 자신의 바디 안에 있는 fib의 재귀 호출을 조회할 수 있는 것도 이 변수가 글로벌 변수이기 때문이다.

그러나 록스에서 함수 선언은 이름을 바인드할 수 있는 어디라도 허용된다. 록스 스크립트의 최상위 레벨은 물론, 블록이나 다른 함수의 내부 역시 예외가 아니다. 록스는 다른 함수 안에 정의되어 있거나 블록 안에 중첩된 **로컬 함수(local function)**를 지원한다.

고전적인 예를 하나 들어보겠다.

```
fun makeCounter() {
  var i = 0;
  fun count() {
    i = i + 1;
    print i;
  }

  return count;
}

var counter = makeCounter();
counter(); // "1"
counter(); // "2"
```

count()는 자신을 품은 makeCounter() 함수 안에서 자신의 외부에 선언된 변수 i를 사용한다. makeCounter()는 count() 함수를 가리키는 참조를 리턴한 다음 자신의 바디 실행을 완료한다.

한편, 최상위 코드는 리턴된 count( ) 함수를 호출한다. 그러면 i가 정의되어 있던 함수는 이미 종료되었음에도 불구하고 i를 할당하고 읽는 count( )의 바디가 실행된다.

중첩 함수를 지원하는 언어를 한 번도 접해본 적이 없다면 이상하게 보이겠지만, 아무튼 사용자는 이 함수가 작동되리라 기대한다. 그런데 웬걸? counter( )를 호출하면 count( ) 바디가 i를 조회할 때 정의되지 않은 변수라고 에러를 낸다. 환경 체인이 실제로 다음과 같은 모양이기 때문이다.

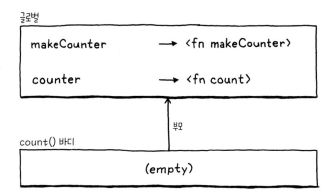

그래서 (counter에 저장된 참조를 통해) count( )를 호출하면 이 함수의 바디에 대한 새로운 빈 환경을 만든다. 이 환경의 부모가 글로벌 환경이다. i가 바인드된 makeCounter( ) 환경이 사라지는 것이다.

시간을 조금 거슬러 올라가보자. makeCounter( ) 바디 안에서 count( )를 선언한 시점의 환경 체인은 이런 모습이었을 것이다.

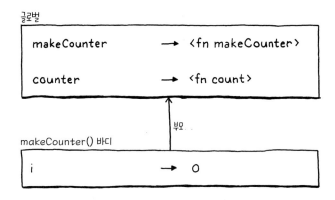

따라서 함수가 선언된 지점에서 i를 바라볼 수 있다. 하지만 makeCounter( )에서 리턴되고 함수 바디가 종료되면 인터프리터는 해당 환경을 폐기한다. 인터프리터가 count( )를 둘러싼 환경을 유지하지 않기 때문에 함수 객체 자신이 알아서 환경을 갖고 있어야 하는 것이다.

이 자료 구조를 **클로저(closure)**라고 한다. 글자 그대로 함수가 선언된 지점의 주변 변수를 '클로즈 오버'하여 유지한다. 클로저는 리스프의 초기 시절부터 있었는데, 언어 괴짜들은 클로저를 구현하려고 다양한 방법을 고안해냈다. 제이록스는 그중 가장

'클로저'는 피터 J. 랜딘(Peter J. Landin)이 만들어낸 또 다른 용어다. 그가 혜성처럼 등장하기 이전의 컴퓨터 과학자들은 아마 원시적으로 툴툴거리거나 손짓, 발짓을 해가며 서로 의사소통을 했던 모양이다.

간단한 방법을 사용하겠다. 환경을 보관할 필드를 LoxFunction에 추가한다.

```java
  private final Stmt.Function declaration;
  private final Environment closure;

  LoxFunction(Stmt.Function declaration) {
```

생성자에서 이 필드를 초기화한다.

```java
    LoxFunction(Stmt.Function declaration, Environment closure) {
    this.closure = closure;
    this.declaration = declaration;
```

LoxFunction이 생성되는 시점의 환경을 캡처한다.

```java
  public Void visitFunctionStmt(Stmt.Function stmt) {
    LoxFunction function = new LoxFunction(stmt, environment);
    environment.define(stmt.name.lexeme, function);
```

이것은 우리의 바람대로 함수가 호출되는(called) 시점이 아닌, 함수가 선언되는(declared) 시점에 활성화된 환경이다. 이는 함수 선언을 둘러싼 렉시컬 스코프를 나타낸다. 이제 함수를 호출할 때 globals로 곧장 이동하는 게 아니라, 이 환경을 호출의 부모로 사용한다.

```java
                      List<Object> arguments) {
    Environment environment = new Environment(closure);
    for (int i = 0; i < declaration.params.size(); i++) {
```

그러면 함수 바디부터 시작해, 함수가 선언된 지점의 환경들을 차례로 훑고 지나가, 글로벌 스코프까지 죽 이어지는 환경 체인이 형성된다. 이제 비로소 소스 코드의 텍스트적인 중첩과 매치되는 런타임 환경 체인이 만들어진 셈이다. 이 함수를 호출한 최종 결과는 다음과 같다.

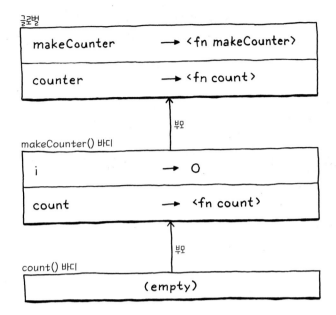

이제 i는 보다시피 환경 체인의 중간 지점에 있기 때문에 인터프리터는 필요하면 언제든지 i를 찾을 수 있다. makeCounter() 예제를 다시 실행해보라. 잘 작동할 것이다!

함수를 사용하면 코드를 추상화하고, 재사용하고, 조합할 수 있다. 록스는 과거의 기초적인 산술 계산기보다 훨씬 강력해졌다. 아, 그런데 클로저를 너무 급하게 욱여넣는 바람에 약간 동적 스코핑 릭(dynamic scoping leak)이 생겼다. 11장에서는 이 문제를 보완하면서 렉시컬 스코프를 좀 더 깊숙이 살펴보겠다.

연습 문제

1. 록스 인터프리터는 함수에 전달된 인수 개수와 함수가 기대하는 매개변수 개수가 동일한지 꼼꼼히 체크한다. 그런데 매번 호출할 때마다 이런 체크를 하므로 성능 비용이 발생한다. 스몰토크 구현체에는 이런 문제가 없는데, 왜 그럴까?

2. 록스의 함수 선언은 함수를 생성하고 이름에 바인드하는 두 가지 독립적인 일을 한다. 이렇게 하면 이름과 함수를 연관 짓는 일반적인 경우에는 유용하지만, 함수형 프로그래밍에서는 함수를 만들어 다른 함수에 바로 전달하거나 함수 자체를 리턴하는 일이 많다. 그럴 경우에는 이름이 필요가 없다.

   함수형을 추구하는 언어는 보통 **익명 함수(anonymous function)**나 **람다(lambda)**를 지원한다. 함수와 이름을 바인드하지 않고 함수를 생성하는 표현식 구문이다. 다음과 같은 코드를 록스에서도 실행할 수 있도록 익명 함수 구문을 추가하라.

```
fun thrice(fn) {
  for (var i = 1; i <= 3; i = i + 1) {
    fn(i);
  }
}

thrice(fun (a) {
  print a;
});
// "1"
// "2"
// "3"
```

다음과 같이 표현문에 익명 함수식이 들어가는 까다로운 경우는 어떻게 처리해야 할까?

```
fun () {};
```

3. 다음 프로그램은 유효할까?

```
fun scope(a) {
  var a = "local";
}
```

즉, 이 함수의 매개변수는 자신의 로컬 변수와 동일한 스코프에 있나, 아니면 그 바깥 스코프에 있나? 록스는 무슨 일을 할까? 여러분이 익숙한 다른 언어는 어떻게 처리하는가? 여러분은 언어가 어떻게 작동되어야 한다고 생각하는가?

11장

리졸빙과 바인딩

> 당신은 가끔 자신이 기묘한 상황에 처했다는 사실을 깨닫는다. 아주 조금씩, 더없이 자연스럽게 그런 상황으로 흘러가다 막상 그 한가운데 이르면 소스라치게 놀라며 이 모든 일이 갑자기 어찌 된 것인지 자문한다.
>
> 토르 헤위에르달(Thor Heyerdahl), 『콘티키호(Kon-Tiki)』

오, 안돼! 록스 언어 구현체에 문제가 생겼다! 8장에서 변수와 블록을 추가했을 때만 해도 스코핑은 엄격하고 견고했다. 그러나 이후 10장에서 클로저를 추가하면서 방수 처리됐던 인터프리터에 구멍이 뚫렸다. 실제 프로그램이 이 구멍으로 샐 일은 거의 없겠지만, 언어 구현자로서 우리는 이미 시맨틱의 깊고 깊은 구석까지 정확하게 시공하기로 맹세한 몸이다.

이 한 장을 온전히 바쳐 어떤 부분에서 누수가 되었는지 철저히 점검하고 조심스레 보수할 생각이다. 여러분은 그 과정에서 록스와 다른 C 계열의 언어에서 사용 중인 렉시컬 스코핑을 좀 더 확실히 이해하게 될 것이다. 또 사용자 소스 코드를 실행하지 않고도 의미를 추출하는 강력한 기술인 시맨틱 분석(semantic analysis)에 대해 배울 것이다.

11.1 / 정적 스코프

다른 많은 현대 언어와 마찬가지로 록스는 렉시컬 스코핑을 사용한다고 했었다. 즉, 프로그램의 텍스트만 읽어봐도 변수 이름이 어느 선언을 참조하는지 파악할 수 있다. 다음 코드를 보자.

```
var a = "outer";
{
  var a = "inner";
  print a;
}
```

이 코드에서 값을 출력하는 a는 글로벌 변수가 아니라, 바로 앞줄에 선언된 변수라는 사실은 자명하다. 프로그램을 실행해도 이 사실은 영향을 받지 않는다. (그럴 수도 없다.) 스코핑 규칙은 언어의 정적 시맨틱의 일부이므로 정적 스코프(static scope)라고도 한다.

지금까지 스코핑 규칙은 대충 넘어갔는데, 이제 정확하게 설명할 때가 됐다.

> 그렇다고 아직 실제 언어 스펙만큼 정확한 것은 아니다. 스펙 문서는 화성인이나 노골적인 악의를 가진 프로그래머라도 거기에 적힌 글자를 그대로 따른다면 올바른 시맨틱을 구현할 수밖에 없을 정도로 명확해야 한다.
>
> 이러한 엄격함은 자사 플랫폼에 고객들을 묶어둘 의도로 다른 경쟁사 제품과 호환되지 않게 언어를 구현하려는 회사라면 특히 중요할 것이다. 하지만 이 책에서는 이런 음흉한 속임수는 가볍게 무시해도 좋다.

변수 사용(variable usage)은 변수가 사용된 곳의 표현식을 둘러싼, 가장 안쪽 스코프에서 같은 이름을 가진 앞의 선언을 참조한다.

아, 풀어야 할 짐이 한 보따리다.

- 변수식과 할당을 모두 커버하기 위해 '변수식(variable expression)' 대신 '변수 사용(variable usage)'이라는 말을 사용하겠다. '변수가 사용된 곳의 표현식'이란 뜻이다.
- '앞에 있는, 이전의(preceding)'란 말은 프로그램 텍스트상으로 앞에 나온다는 의미다.

```
var a = "outer";
{
  print a;
  var a = "inner";
}
```

여기서 값이 출력되는 a는 이 변수를 사용하는 print 문 앞에 나오므로 외부 변수다. 보통의 경우에는 한 줄로 죽 늘어선 코드에서 '텍스트상(in text)' 앞에 있는 선언이 '시간적으로(in time)' 그것을 사용하는 코드보다 앞에 나오지만, 항상 그런 것은 아니다. 곧 살펴보겠지만, 함수는 동적인 임시 실행(dynamic temporal execution)이 더 이상 정적인 텍스트 순서(static textual ordering)를 반영하지 않도록 코드 뭉치의 실행을 미룰 수 있다.

- '가장 안쪽(innermost)'은 섀도잉 때문에 존재하는 개념이다. 다음과 같이 주변 스코프에 주어진 이름을 가진 변수가 둘 이상 있는 경우도 있다.

> 자바스크립트에서 var를 사용해서 선언한 변수는 블록이 시작되는 부분으로 암묵적인 '호이스팅(hoisting)'이 발생한다. 즉, 블록에서 해당 이름을 사용하면 선언 앞에 나오더라도 변수를 참조하게 된다. 이를테면, 다음 자바스크립트 코드는...
>
> ```
> {
>   console.log(a);
>   var a = "value";
> }
> ```
>
> ... 실제로는 이와 같이 실행된다.
>
> ```
> {
>   var a; // 호이스팅
>   console.log(a);
>   a = "value";
> }
> ```
>
> 그래서 경우에 따라 초기자가 실행되기 전에 변수를 읽을 수도 있는데, 이는 무척 성가신 버그의 원인이 될 때가 많다. var 대신 나중에 추가[1]된 let 키워드로 변수를 선언하면 깔끔하게 문제가 해결된다.

```
var a = "outer";
{
  var a = "inner";
  print a;
}
```

록스에서는 가장 안쪽 스코프가 반드시 승리하므로 규칙은 명확하다.

---

1 **옮긴이** 2015년 ECMAScript 6 스펙에 추가됐다.

이 규칙은 런타임 동작에 대해서 아무 언급도 없기 때문에 변수식은 프로그램의 전체 실행 과정에서 항상 동일한 선언을 참조한다. 록스 인터프리터는 지금까지 대부분 규칙을 잘 지켜왔다. 그러나 클로저를 추가하면서 에러가 스며들었다.

```
var a = "global";
{
  fun showA() {
    print a;
  }

  showA();
  var a = "block";
  showA();
}
```

이 코드를 입력해서 실행하기 전에 생각해보라. 어떤 결과가 출력되어야 맞을까?

감이 오는가? 다른 언어의 클로저에 익숙한 독자라면 "global"이 2번 출력될 거라고 짐작했을 것이다. 첫 번째 showA() 호출은 아직 a 선언에 도달하지 않았으므로 당연

> 나도 안다. 이건 완전히 병적인, 억지로 꾸며낸 프로그램이다. 그냥 괴상하다. 제정신이라면 이렇게 코딩할 사람은 없으리라. 아, 그런데 여러분도 프로그래밍 언어를 만드는 게임을 오래 하다 보면 이런 기괴한 코드 조각에 점점 더 인생의 많은 시간을 쏟게 될 것이다.

히 "global"을 출력한다. 그리고 변수식은 항상 동일한 변수로 리졸브된다는 규칙에 따라 두 번째 showA() 호출 역시 "global"을 출력할 것 같다.

그런데 실제로 이렇게 출력된다.

```
global
block
```

두 눈을 크게 뜨고 봐도 이 프로그램은 어떤 변수도 재할당하지 않으며 하나의 print 문만 있을 뿐이다. 그런데 한 번도 할당한 적이 없는 변수에 대해 print 문은 상이한 시점에 상이한 값을 출력하고 있다. 분명 어딘가 망가진 것이다.

11.1.1 스코프와 가변 환경

록스 인터프리터에서 환경은 정적 스코프의 동적 표현이다. 새 스코프에 진입하면 새 환경을 만들고, 스코프를 벗어나면 해당 환경을 폐기하는 식으로 이 둘은 대부분 서로 동기화된다. 그런데 환경에 대해 수행하는 작업이 하나 더 있다. 변수를 환경에 바인드하는 일인데, 바로 여기에 버그가 숨어 있다.

버그가 있는 예제를 단계별로 살펴보면서 각 단계마다 환경이 어떤 모습인지 잘 살펴보기 바란다. 먼저 글로벌 스코프에 a를 선언한다.

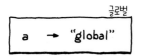

그러면 하나의 변수가 포함된 하나의 환경이 생성된다. 다음으로 블록 안에서 showA( ) 선언을 실행한다.

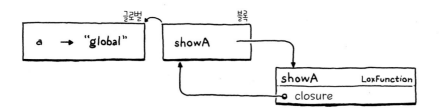

블록에 대한 새로운 환경이 생성된다. 여기에서 함수를 나타내고자 생성한 LoxFunction 객체에 바인드되는 showA라는 이름을 선언한다. 이 객체는 함수가 선언됐던 환경을 캡처한 closure 필드를 갖고 있기 때문에 블록의 환경을 다시 참조할 수 있다.

이제 showA( )를 호출한다.

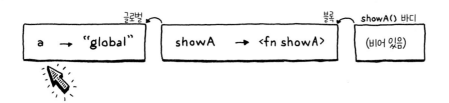

인터프리터는 showA( )의 함수 바디에 대한 새로운 환경을 동적 생성한다. 이 함수는 아무 변수도 선언하지 않기 때문에 비어 있다. 이 환경의 부모는 함수의 클로저, 즉 외부 블록 환경이다.

자, showA( ) 바디 안에서 a 값을 출력한다. 인터프리터는 환경 체인을 따라가며 이 값을 찾는다. 글로벌 환경을 뒤져보니 a 값이 발견되어 "global"을 출력한다. 아주 좋다!

이번에는 블록 안에서 두 번째 a를 선언하는 장면이다.

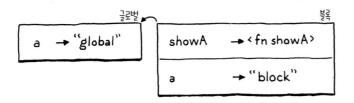

showA( )와 동일한 블록, 즉 동일한 스코프에 있기 때문에 동일한 환경에 진입한다. showA( )의 클로저가 참조하는 바로 그 환경이기도 하다. 여기부터가 재밌다. showA( )를 한 번 더 호출한다.

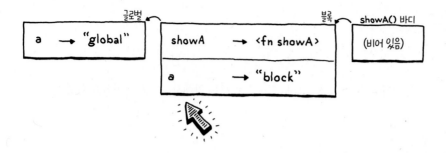

showA( )의 바디에 대한 빈 환경을 생성하고, closure 필드에 연결한 다음, 바디를 실행한다. 인터프리터는 환경 체인을 따라가며 a를 찾는데, 블록 환경에서 새로운 a를 발견한다. 이런!

나는 스코프에 관한 한 여러분도 수긍할 만한 번득이는 직관에 따라 환경을 구현하기로 결정했다. 블록 안에 있는 코드는 모두 동일한 스코프에 있다고 볼 수 있다. 따라서 록스 인터프리터는 블록을 하나의 환경으로 표현한다. 각 환경은 변경 가능한 해시 테이블이다. 로컬 변수를 새로 선언하면 해당 스코프의 기존 환경에 추가된다.

인생사가 대개 그러하듯, 직관이 항상 옳지만은 않다. 사실 하나의 블록이 모두 동일한 스코프에 있으라는 법은 없다. 다음 코드를 보자.

```
{
  var a;
  // 1
  var b;
  // 2
}
```

// 1까지는 변수 a만 스코프 안에 있다. // 2에서는 변수 a, b 둘 다 스코프에 있다. '스코프'를 선언의 집합으로 정의한다면 두 변수는 동일한 선언을 포함하지 않으므로 스코프는 분명히 동일하지 않다. 마치 각 var 문이 블록을 2개의 개별 스코프, 즉 변수가 선언되기 이전의 스코프와 새 변수를 포함하는 선언 후의 스코프로 분할하는 것과 같다.

> 어떤 언어는 이런 분할을 명시적으로 만든다. 스킴과 ML에서는 let으로 로컬 변수를 선언할 때 새 변수가 스코프 내에 있는 후속 코드도 명시한다. 암묵적인 '블록의 나머지 부분(rest of the block)'은 없다.

그러나 록스 구현체에서 환경은 꼭 전체 블록이 하나의 스코프, 시간에 따라 변하는 스코프처럼 작동된다. 클로저는 다르다. 함수가 선언되면 현재 환경을 가리키는 참조를 캡처한다. 함수가 선언됐던 그 순간에 있던 환경이 고스란히 담긴 스냅샷을 캡처해야 한다. 하지만 대신 자바에는 실제 가변 환경 객체를 가리키는 참조가 있다. 나중에 환경에 해당하는 스코프에서 변수가 선언되면, 선언이 함수 앞에 오지 않더라도 클로저는 새 변수를 바라볼 수 있다.

11.1.2 영속적 환경

영속 자료 구조(persistent data structure)라는 장치를 이용하는 프로그래밍 스타일도 있다. 명령형 프로그래밍에서 여러분이 익숙한 물렁물렁한 자료 구조와 달리, 영속 자료 구조는 직접 수정하는 것이 불가능하다. 대신 기존 구조를 '수정'하면 원본 데이터와 수정한 데이터가 모두 포함된 완전히 새로운 객체가 생성된다. 원본은 불변 상태로 남아 있다.

> 이렇게 말하면 작업마다 구조를 복사하느라 엄청난 메모리와 시간을 낭비하는 것처럼 들리지만, 실제로 영속 자료 구조는 상이한 '사본' 간에 데이터를 대부분 공유한다.

이 기법을 Environment에 적용하면 변수 선언을 할 때마다 앞서 선언된 모든 변수와 새로운 변수 이름이 전부 포함된 새로운 환경이 리턴된다. 변수를 선언할 때마다 그 전후의 환경이 보존된 암묵적인 '분할'이 이루어지는 셈이다.

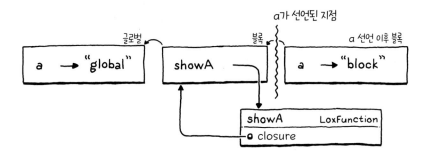

클로저는 함수가 선언될 때 사용 중인 Environment 인스턴스를 가리키는 참조를 보관한다. 나중에 그 블록에서 어떤 변수를 선언해도 새로운 환경 객체를 생성하므로 클로저는 새 변수를 볼 수 없고 그러면 버그도 조치될 것이다.

이것이 문제를 해결하는 힙리적인 방법이다. 스킴 인터프리터에서 오래 전부터 환경을 구현한 고전적인 기법이기도 하다. 록스에서도 그렇게 할 수 있지만, 지금까지 작성된 코드를 하나씩 들춰가며 고쳐야 한다.

길게 설명하진 않겠다. 환경을 표현하는 방법은 동일하게 가져가련다. 데이터를 더 정적으로 구조화하는 대신, 액세스하는 작업 자체에 정적인 레졸루션을 달아 넣을 작정이다.

시맨틱 분석

록스 인터프리터는 변수식이 평가될 때마다 변수를 **리졸브**(resolve, 변수가 참조하는 선언을 추적)한다. 가령, 어떤 변수가 1,000회 실행되는 루프 안에 있다면 그 변수는 1,000회 재리졸브(re-resolve)된다.

정적 스코프란 변수 사용이 항상 동일한 선언으로 리졸브된다는 뜻이며, 사실 텍스트를 보기만 해도 알 수 있다고 했다. 그렇다면 왜 매번 동적으로 리졸빙을 하는 걸까? 귀찮은 버그가 생길 가능성만 커지고 쓸데없이 느려지기만 할 텐데?

각 변수 사용을 한 번만 리졸브하는 것이 더 나은 해결책이다. 사용자 프로그램에 등장한 모든 변수를 찾아내 각각 어느 선언을 참조하는지 파악하는 검사 코드를 작성하는 것이다. 이것이 **시맨틱 분석(semantic analysis)** 프로세스의 일례다. 파서가 어떤 프로그램이 문법상 올바른지만 알려주는(구문 분석) 장치라면, 시맨틱 분석은 한발 더 나아가 프로그램의 어떤 부분이 실제로 무엇을 의미하는지 알아내는 것이다. 이 과정에서 변수 바인딩을 리졸브하기 때문에 표현식이 변수라는 것뿐만 아니라 어떤 변수인지도 알 수 있다.

변수와 선언 간의 바인딩은 다양한 방법으로 저장할 수 있다. 3부에서 씨록스를 구현할 때 로컬 변수를(에) 저장/액세스하는 훨씬 더 효율적인 방법을 배우겠지만, 제이록스에서는 기존 코드베이스를 어지럽히는 부수적 피해를 최소화하고 싶다. 정갈하게 잘 만들어 놓은 코드를 그냥 내다 버리기는 싫다.

그래서 기존 Environment 클래스를 최대한 활용하는 방식으로 레졸루션을 저장하겠다. 앞서 예시한 버그 있는 코드에서 a로의 액세스가 어떤 과정으로 인터프리트되는지 되짚어보자.

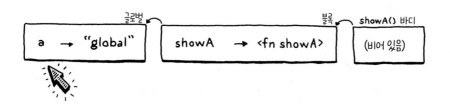

첫 번째 (올바른) 평가에서 a의 글로벌 선언을 찾기 전에 체인 안에서 세 가지 환경을 살펴본다. 그런 다음 나중에 안에 있는 a가 블록 스코프에 선언되면 글로벌 선언을 섀도잉 처리한다(가린다).

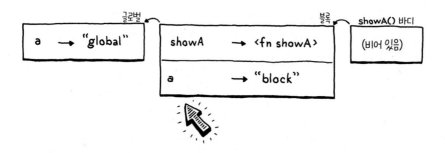

그다음 조회는 체인을 따라가다 두 번째 환경에서 a를 발견하고 멈춘다. 각 환경은 변수가 선언된 하나의 렉시컬 스코프에 대응된다. 변수를 조회할 때 환경 체인에서 항상 동일한 개수의 링크를 탐색할 수만 있으면 매번 동일한 스코프에서 동일한 변수를 찾게 될 것이다.

변수 사용을 '리졸브'하려면 선언된 변수가 해당 환경 체인에서 몇 '홉(hop)'만큼 떨어져 있는지 계산하기만 하면 된다. 문제는 '이 계산을 언제 하느냐'이다. 다시 말해, 이 계산을 수행하는 코드를 록스 인터프리터 구현체 어느 곳에 넣어야 할까?

소스 코드의 구조를 기반으로 정적 프로퍼티를 계산하고 있으므로 정답은 당연히 파서다. 예로부터 여기가 그리운 나의 집이었고 3부에서 씨록스를 구현할 때에도 여기에 코드를 넣을 것이다. 제이록스도 이렇게 하면 잘 작동은 하겠지만 나는 이걸 핑계로 다른 기법을 여러분에게 선보이겠다. 리졸버를 별도의 패스로 작성하는 것이다.

11.2.1 변수 레졸루션 패스

파서가 구문 트리를 만든 후, 하지만 아직 인터프리터가 트리를 받아 실행하기 전에, 트리에 포함된 모든 변수를 리졸브하기 위해 트리를 한 번 살펴볼 것이다. 이처럼 파싱과 실행 사이에 패스를 한 번 더 거치는 것이 일반적이다. 록스가 정적 타입 언어라면 타입 검사기(type checker)를 이 사이에 살짝 밀어 넣을 수도 있다. 최적화는 보통 이렇게 별도의 패스에 구현하는 경우가 많다. 기본적으로 런타임에만 사용 가능한 상태에 의존하지 않는 모든 작업은 이런 방식으로 수행할 수 있다.

록스의 변수 레졸루션 패스는 일종의 미니 인터프리터처럼 가동된다. 트리를 탐색하며 각 노드를 방문하지만, 정적 분석은 동적 실행과는 분명히 다른 점이 있다.

- **부수 효과가 없다.** 정적 분석이 print 문을 방문해도 실제로 뭔가 출력하지 않는다. 네이티브 함수를 호출하거나 외부 세계에 손을 뻗치는 다른 작업은 모두 잘려 나가 아무 효과도 일으키지 않는다.

- **제어 흐름이 없다.** 루프는 한 번만 방문한다. if 문에서 두 분기[2]는 모두 방문한다. 논리 연산자는 쇼트 서킷되지 않는다.

> 변수 레졸루션은 각 노드를 한 번씩만 건드리므로 성능은 O(n)이다. (n은 구문 트리 노드의 개수) 분석을 더 정교하게 할수록 복잡도는 더 커질 수 있지만, 대부분 선형적이거나 너무 복잡해지지 않도록 신중하게 디자인한다. 프로그램이 커질수록 컴파일러가 기하급수적으로 느려진다면 사용자가 얼마나 어이 없겠는가?

11.3 / 리졸버 클래스
INTERPRETER

록스의 변수 레졸루션 패스도 다음과 같이 자바 클래스로 구현한다.

lox/Resolver.java ▶ 새 파일 생성

```
package com.craftinginterpreters.lox;

import java.util.HashMap;
import java.util.List;
import java.util.Map;
```

---

2 [옮긴이] 조건식이 참일 경우와 거짓일 경우에 실행되는 문장

```
import java.util.Stack;

class Resolver implements Expr.Visitor<Void>, Stmt.Visitor<Void> {
  private final Interpreter interpreter;

  Resolver(Interpreter interpreter) {
    this.interpreter = interpreter;
  }
}
```

리졸버는 구문 트리에 있는 노드를 하나씩 방문해야 하므로 앞에서 작성한 비지터 추상화를 구현한다. 변수 리졸빙에서 눈여겨봐야 할 노드는 다음과 같다.

- 블록문은 자신이 포함한 문장들에 해당하는 새로운 스코프를 시작한다.

- 함수 선언은 자신의 바디에 대한 새로운 스코프를 시작하고 이 스코프에 매개변수를 바인드한다.

- 변수 선언은 현재 스코프에 새로운 변수를 추가한다.

- 변수식과 할당식은 해당 변수를 리졸브해야 한다.

나머지 노드는 특별히 수행하는 작업은 없지만, 서브트리를 탐색하는 비지트 메서드를 구현해야 한다. + 표현식 자신은 리졸브할 변수가 하나도 없더라도 피연산자 중 하나는 그런 변수가 있을지 모른다.

11.3.1 블록 리졸빙

모든 마법은 블록이 로컬 스코프를 생성하면서 시작되니 블록부터 살펴보자.

lox/Resolver.java ▶ Resolver() 생성자 다음에 추가

```
@Override
public Void visitBlockStmt(Stmt.Block stmt) {
  beginScope();
  resolve(stmt.statements);
  endScope();
  return null;
}
```

이 메서드는 새 스코프를 열고 블록 안 문장을 죽 순회한 다음 스코프를 폐기한다. 재미있는 로직은 이 메서드가 호출하는 헬퍼 메서드에 있다. 간단한 것부터 살펴보자.

lox/Resolver.java ▶ Resolver() 생성자 다음에 추가

```
void resolve(List<Stmt> statements) {
  for (Stmt statement : statements) {
    resolve(statement);
  }
}
```

문장 리스트를 탐색하며 하나씩 리졸브한다. 이 메서드는 동명의 다음 메서드를 호출한다.

lox/Resolver.java ▶ visitBlockStmt() 메서드 다음에 추가

```java
private void resolve(Stmt stmt) {
  stmt.accept(this);
}
```

이왕 하는 김에 나중에 표현식을 리졸브할 때 사용할 메서드도 오버로드하자.

lox/Resolver.java ▶ resolve(Stmt stmt) 메서드 다음에 추가

```java
private void resolve(Expr expr) {
  expr.accept(this);
}
```

이들 메서드는 Interpreter 클래스의 evaluate( ) 및 execute( ) 메서드와 마찬가지로 주어진 구문 트리 노드에 비지터 패턴을 적용한다.

스코프와 관련된 부분이 정말 흥미롭다. 새로운 블록 스코프는 다음과 같이 생성된다.

lox/Resolver.java ▶ resolve() 메서드 다음에 추가

```java
private void beginScope() {
  scopes.push(new HashMap<String, Boolean>());
}
```

렉시컬 스코프는 인터프리터와 리졸버 두 곳 모두 둥지를 틀고 스택처럼 작동된다. 인터프리터는 이 스택을 연결 리스트(linked list), 즉 Environment 객체의 체인을 이용하여 구현한다. 리졸버에서는 실제 자바 Stack 을 사용한다.

lox/Resolver.java ▶ Resolver 클래스

```java
private final Interpreter interpreter;
private final Stack<Map<String, Boolean>> scopes = new Stack<>();

Resolver(Interpreter interpreter) {
```

이 필드는 현재 스코프에 있는 스코프의 스택을 추적한다. 스택의 원소는 각각 하나의 블록 스코프를 나타내는 Map이다. Environment처럼 키는 변수 이름이다. 값은 불리언인데 이유는 곧 설명하겠다.

스코프 스택은 로컬 블록 스코프에만 쓰인다. 글로벌 스코프의 최상위 레벨에 선언된 변수는 록스에서 더 동적이기 때문에 리졸버가 추적하지 않는다. 변수를 리졸빙할 때 로컬 스코프 스택에서 해당 변수가 없으면 글로벌 스코프에 있다고 보는 것이다.

스코프는 명시적인 스택에 저장되어 있으므로 빠져나가는 일은 간단하다.

```
  private void endScope() {
    scopes.pop();
  }
```

이제 빈 스코프를 스택에 푸시/팝할 수 있다. 그럼, 스택에 뭐라도 한번 넣어보자.

11.3.2 변수 선언 리졸빙

변수 선언을 리졸브하면 현재 가장 안쪽에 위치한 스코프의 맵에 새로운 엔트리가 추가된다. 간단해 보이지만 이 작업을 하려면 약간의 율동이 필요하다.

```
  @Override
  public Void visitVarStmt(Stmt.Var stmt) {
    declare(stmt.name);
    if (stmt.initializer != null) {
      resolve(stmt.initializer);
    }
    define(stmt.name);
    return null;
  }
```

바인딩을 선언 후 정의하는 두 단계로 나누어 처리한다. 다음 코드처럼 별별 케이스가 다 있기 때문이다.

```
var a = "outer";
{
  var a = a;
}
```

로컬 변수의 초기자가 선언되는 변수와 이름이 같은 변수를 참조하는 경우는 어떻게 처리할까? 몇 가지 옵션이 있다.

1. **초기자를 실행한 다음, 새 변수를 스코프에 넣는다.** 새로운 로컬 변수 a는 "outer", 즉 글로벌 변숫값으로 초기화된다. 다음 코드와 같은 의미다.

```
var temp = a; // 초기자를 실행한다
var a;        // 변수를 선언한다
a = temp;     // 변수를 초기화한다
```

2. 새 변수를 스코프에 넣은 다음, 초기자를 실행한다. 이렇게 하면 변수를 초기화하기 전에 바라볼 수 있으므로 당시 변수가 어떤 값을 갖게 될지 알아내야 한다. 아마 nil일 것이다. 즉, 새 로컬 변수 a는 자신의 암묵적인 초기화 값인 nil로 다시 초기화된다(re-initialized). 다음 코드와 같은 의미다.

```
var a; // 변수를 정의한다
a = a; // 초기자를 실행한다
```

3. 초기자에서 변수를 참조하면 에러로 처리한다. 초기자가 초기화할 변수를 가리키면 인터프리터에서 컴파일 타임 또는 런타임 에러로 처리한다.

1, 2번 둘 중 어느 것이 사용자가 실제로 원하는 바와 가까울까? 섀도잉은 드물고 거의 에러나 마찬가지라서, 섀도잉 변수를 섀도우된 변숫값에 따라 초기화하는 것까지 고려할 필요는 없을 듯하다.

2번은 훨씬 더 쓸모가 없다. 새 변수는 항상 nil 값을 가질 것이다. 이름으로 이 변수를 가리키는 것은 아무 의미도 없다. 차라리 명시적으로 nil을 사용할 수 있다.

1, 2번은 사용자 에러를 덮어버릴 공산이 크므로 3번을 택하겠다. 또 런타임 대신 컴파일 에러로 처리하겠다. 그래야 코드를 실행하기 전에 사용자에게 문제가 있다고 알릴 수 있을 것이다.

이렇게 처리하려면 우선 표현식을 비지트하면서 어느 변수의 초기자 안에 있는지 알아야 한다. 바인딩을 두 단계로 나누어 수행하면 된다. 첫 번째 단계는 **선언(declare)**이다.

lox/Resolver.java ▶ endScope() 메서드 다음에 추가

```java
private void declare(Token name) {
  if (scopes.isEmpty()) return;

  Map<String, Boolean> scope = scopes.peek();
  scope.put(name.lexeme, false);
}
```

선언은 변수를 가장 내부 스코프에 추가하므로 외부 스코프는 섀도우되고 변수가 존재한다는 것을 알 수 있다. 스코프 맵에서 이름을 false로 바인드하여 '아직 준비 중(not ready yet)'이라고 표시한다. 스코프에서 맵의 키에 연결된 값이 그 변수 초기자의 리졸빙이 완료됐는지 여부를 나타낸다.

변수를 선언한 후, 새 변수가 현재 존재하지만 사용할 수 없는, 바로 그 스코프에서 초기식을 리졸브한다. 초기식이 완료되면 변수는 바야흐로 꽃을 피울 준비가 된다. 두 번째 단계는 **정의(define)**다.

lox/Resolver.java ▶ declare() 메서드 다음에 추가

```java
private void define(Token name) {
  if (scopes.isEmpty()) return;
  scopes.peek().put(name.lexeme, true);
}
```

스코프 맵에서 변수의 값을 true로 세팅하면 비로소 초기화를 끝내고 사용 가능한 변수로 표시된다. 이제 살아 숨 쉬는 것이다!

11.3.3 변수식 리졸빙

변수 선언과 곧 살펴볼 함수 선언은 스코프 맵에 기록된다. 이 맵은 변수식을 리졸브할 때 읽는다.

lox/Resolver.java ▶ visitVarStmt() 메서드 다음에 추가

```java
@Override
public Void visitVariableExpr(Expr.Variable expr) {
  if (!scopes.isEmpty() &&
      scopes.peek().get(expr.name.lexeme) == Boolean.FALSE) {
    Lox.error(expr.name,
        "Can't read local variable in its own initializer.");
  }

  resolveLocal(expr, expr.name);
  return null;
}
```

일단, 변수가 자신의 초기자 내에서 액세스되고 있는지 체크한다. 이때 스코프 맵에 있는 값이 중요한 역할을 한다. 변수가 현재 스코프에 존재하지만 값이 false면 변수가 선언은 되었지만 정의는 되지 않았다는 뜻이므로 에러로 처리한다.

이 체크를 통과하면 다음 헬퍼 메서드로 변수 자체를 리졸브한다.

lox/Resolver.java ▶ define() 메서드 다음에 추가

```java
private void resolveLocal(Expr expr, Token name) {
  for (int i = scopes.size() - 1; i >= 0; i--) {
    if (scopes.get(i).containsKey(name.lexeme)) {
      interpreter.resolve(expr, scopes.size() - 1 - i);
      return;
    }
  }
}
```

이 코드는 변수를 평가하는 Environment 코드와 상당히 비슷한데, 그럴 만한 이유가 있다. 가장 안쪽 스코프부터 시작해 바깥쪽으로 나가면서 각 맵에서 이름이 매치되는 변수를 찾는다. 변수가 발견되면 현재 가장 안쪽 스코프와 변수가 발견된 스코프 사이의 스코프 수를 전달하면서 변수를 리졸브한다. 예를 들어, 현재 스코프에서 변수가 발견되면 0, 현재 스코프의 바로 바깥 스코프에서 발견되면 1을 전달하는 식이다.

블록 스코프를 샅샅이 뒤졌으나 변수를 못 찾은 경우, 리졸브되지 않은(unresolved) 상태로 두고 글로벌 변수로 간주한다. 이 resolve() 메서드의 구현은 잠시 후 작업하기로 하고, 지금은 다른 구문 노드를 계속 살펴보자.

11.3.4 할당식 리졸빙

변수를 참조하는 또 다른 표현식은 할당식이다. 할당식은 다음과 같이 리졸브한다.

lox/Resolver.java ▶ visitVarStmt() 메서드 다음에 추가

```java
@Override
public Void visitAssignExpr(Expr.Assign expr) {
  resolve(expr.value);
  resolveLocal(expr, expr.name);
  return null;
}
```

할당된 값에 다른 변수에 대한 참조가 포함되어 있는 경우 그 표현식을 먼저 리졸브한다. 그런 다음, 기존 resolveLocal() 메서드를 사용해서 할당되는 변수를 리졸브한다.

11.3.5 함수 선언 리졸빙

마지막으로 함수다. 함수는 이름을 바인드하는 동시에 스코프를 시작한다. 함수 자체의 이름은 함수가 선언된 주변 스코프에 바인드된다. 함수의 바디에 진입하면 매개변수도 더 안쪽 함수 스코프에 바인드된다.

lox/Resolver.java ▶ visitBlockStmt() 메서드 다음에 추가

```java
@Override
public Void visitFunctionStmt(Stmt.Function stmt) {
  declare(stmt.name);
  define(stmt.name);

  resolveFunction(stmt);
  return null;
}
```

visitVariableStmt()처럼 현재 스코프에 함수 이름을 선언하고 정의한다. 그러나 변수와 달리 함수 바디를 리졸브하기 전에 이름을 먼저 정의한다. 이로써 함수가 바디 안에서도 자기 스스로를 재귀 참조할 수 있는 것이다.

그리고 다음 함수로 함수 바디를 리졸브한다.

lox/Resolver.java ▶ resolve() 메서드 다음에 추가

```java
private void resolveFunction(Stmt.Function function) {
  beginScope();
  for (Token param : function.params) {
    declare(param);
    define(param);
  }
```

```
      resolve(function.body);
      endScope();
   }
```

나중에 클래스를 추가할 때 록스의 메서드를 리졸브하는 용도로도 쓰이므로 별도의 메서드로 빼냈다. 바디에 대한 새로운 스코프를 생성한 다음, 각 함수의 매개변수를 변수에 바인드한다.

여기까지 준비되면 해당 스코프에서 함수 바디를 리졸브한다. 이는 인터프리터가 함수 선언을 처리하는 방식과는 다르다. 런타임에는 함수를 선언해도 함수 바디에 아무 작업도 하지 않는다. 언젠가 함수가 호출될 때까지 바디는 일체 건드리지 않는다. 정적 분석에서는 즉시 바디 안으로 들어간다.

11.3.6 기타 구문 트리 노드의 리졸빙

변수가 선언되고 읽히고 쓰여지는 곳, 그리고 스코프가 생성/폐기되는 모든 곳을 살펴보겠다. 변수 레졸루션의 영향은 받지 않지만 서브트리로 재귀하려면 다른 모든 구문 트리 노드에도 비지트 메서드가 필요하다. 약간 지루한 내용이긴 하지만 조금만 인내하기 바란다. '하향식(top-down)' 방식에 따라 문장부터 시작하겠다.

> 나는 인터프리터를 구현한 코드를 한 줄도 빠짐없이 이 책에서 설명하겠다고 말한 적은 있어도 모든 내용이 전부 흥미진진할 거라 얘기한 적은 없다!

표현문에는 탐색할 하나의 표현식이 담겨 있다.

lox/Resolver.java ▸ visitBlockStmt() 메서드 다음에 추가

```java
  @Override
  public Void visitExpressionStmt(Stmt.Expression stmt) {
    resolve(stmt.expression);
    return null;
  }
```

if 문에는 조건식과 한두 개의 분기문이 있다.

lox/Resolver.java ▸ visitFunctionStmt() 메서드 다음에 추가

```java
  @Override
  public Void visitIfStmt(Stmt.If stmt) {
    resolve(stmt.condition);
    resolve(stmt.thenBranch);
    if (stmt.elseBranch != null) resolve(stmt.elseBranch);
    return null;
  }
```

여기서 레졸루션(resolution)과 인터프리테이션(interpretation)의 차이점을 알 수 있다. if 문을 리졸브할 때에는 제어 흐름이 없다. 조건과 두 분기[3]를 모두 리졸브한다. 동적 실행이 '실행이 된(is run)' 분기로만 진입하는 반면, 정적 분석은 '실행이 될 수 있는(could be run)' 모든 분기를 분석하는 보수적인 방식으로 작동된다. 어느 쪽이든 어차피 런타임에는 도달하게 될 테니 둘 다 리졸브한다.

print 문은 표현문과 마찬가지로 하나의 서브식을 포함한다.

lox/Resolver.java ▶ visitIfStmt() 메서드 다음에 추가

```java
@Override
public Void visitPrintStmt(Stmt.Print stmt) {
  resolve(stmt.expression);
  return null;
}
```

return 문도 똑같다.

lox/Resolver.java ▶ visitPrintStmt() 메서드 다음에 추가

```java
@Override
public Void visitReturnStmt(Stmt.Return stmt) {
  if (stmt.value != null) {
    resolve(stmt.value);
  }

  return null;
}
```

while 문 역시 if 문처럼 조건을 리졸브하고 바디를 정확히 한 번만 리졸브한다.

lox/Resolver.java ▶ visitVarStmt() 메서드 다음에 추가

```java
@Override
public Void visitWhileStmt(Stmt.While stmt) {
  resolve(stmt.condition);
  resolve(stmt.body);
  return null;
}
```

문장은 다 끝났고 이제 표현식으로 넘어가자.

언제나 반가운 우리의 친구, 이항식이다. 두 피연산자를 찾아 리졸브한다.

---

3 옮긴이 thenBranch와 elseBranch

```java
@Override
public Void visitBinaryExpr(Expr.Binary expr) {
  resolve(expr.left);
  resolve(expr.right);
  return null;
}
```

호출도 비슷하다. 인수 리스트를 훑어가며 모두 리졸브한다. 호출되는 것 역시 표현식(보통 변수식)이므로 이것도 리졸브한다.

```java
@Override
public Void visitCallExpr(Expr.Call expr) {
  resolve(expr.callee);

  for (Expr argument : expr.arguments) {
    resolve(argument);
  }

  return null;
}
```

괄호는 쉽다.

```java
@Override
public Void visitGroupingExpr(Expr.Grouping expr) {
  resolve(expr.expression);
  return null;
}
```

리터럴이 제일 쉽다.

```java
@Override
public Void visitLiteralExpr(Expr.Literal expr) {
  return null;
}
```

리터럴식은 어떤 변수도 가리키지 않고 어떤 서브식도 포함하지 않기 때문에 사실 할 일이 없다.

정적 분석은 제어 흐름이나 쇼트 서킷이 없으므로 논리식은 여느 이항 연산자와 다를 바 없다.

```java
@Override
public Void visitLogicalExpr(Expr.Logical expr) {
  resolve(expr.left);
  resolve(expr.right);
  return null;
}
```

드디어 마지막 노드인 단항식이다. 외로운 피연산자 하나를 리졸브한다.

```java
@Override
public Void visitUnaryExpr(Expr.Unary expr) {
  resolve(expr.right);
  return null;
}
```

이 모든 비지트 메서드를 갖고 Resolver가 Stmt.Visitor와 Expr.Visitor를 완전히 구현해야 자바 컴파일러가 흡족해할 것 같다. 눈꺼풀이 슬슬 무거워질 시간이다. 간식을 먹고 눈 좀 붙이자!

11.4 / 리졸브된 변수의 인터프리팅
INTERPRETER

리졸버는 어떤 쓸모가 있을까? 변수를 비지트할 때마다 리졸버는 현재 스코프와 변수가 정의된 스코프 사이에 스코프가 몇 개 있는지 인터프리터에게 알린다. 런타임에 이 수치는 인터프리터가 변숫값을 찾을 수 있는 현재 환경과 그 주변 환경 사이에 존재하는 환경 개수와 정확히 일치한다. 리졸버는 다음 메서드를 호출하여 이 개수를 인터프리터에 전달한다.

```java
void resolve(Expr expr, int depth) {
  locals.put(expr, depth);
}
```

나중에 변수식 또는 할당식이 실행될 때 사용할 수 있도록 레졸루션 정보를 어딘가 보관해두면 좋겠는데, 어디가 적당할까? 한 군데 확실한 장소는 구문 트리 노드 자체다. 나쁘지 않은 방법이다. 실제로 많은 컴파일러가 여기에 분석 결과를 저장한다.

록스도 그렇게 할 수 있지만 구문 트리 생성기를 여러 곳 손봐야 하는 문제가 있다. 그래서 또 다른 일반적인 접근 방식인, 각 구문 트리 노드를 리졸브된 데이터와 연관시킨 맵에 저장하는 방법을 사용하겠다.

이 맵을 '사이드 테이블(side table)'이라고 하는 것을 본 기억이 난다. 데이터를 그와 연관된 객체와 완전히 분리해서 저장하는 테이블 형식의 (tabular) 자료 구조이기 때문이다. 그런데 이 용어를 구글링하면 무슨 가구 관련 페이지가 뜬다.

IDE 같은 대화형 도구는 보통 사용자 프로그램의 일부를 점진적으로 재파싱, 재리졸브한다. 하지만 재계산이 필요한 상태 비트가 구문 트리의 잎사귀에 숨어 있으면 일일이 다 찾아내기가 상당히 힘들 것이다. 이 데이터를 노드 외부에 저장하면 단순히 맵을 비우기만 해도 손쉽게 폐기할 수 있다.

lox/Interpreter.java ▶ Interpreter 클래스

```java
  private Environment environment = globals;
  private final Map<Expr, Integer> locals = new HashMap<>();

  Interpreter() {
```

동일한 변수를 참조하는 표현식이 여럿 있을 때 헷갈리지 않으려면 일종의 중첩된 트리 구조가 필요할 거라고 생각할 수도 있지만, 모든 표현식 노드는 각자 정체성(identity)을 지닌 고유한 자바 객체다. 모놀리식한 맵 하나만 있어도 이들을 분리하는 데 아무 문제가 없다.

맵을 사용하기 위해 HashMap 클래스를 임포트한다.

lox/Interpreter.java

```java
import java.util.ArrayList;
import java.util.HashMap;
import java.util.List;
```

Map 인터페이스도 임포트가 필요하다.

lox/Interpreter.java

```java
import java.util.List;
import java.util.Map;

class Interpreter implements Expr.Visitor<Object>,
```

11.4.1 리졸브된 변수 액세스

록스 인터프리터는 각 변수의 리졸브된 위치에 액세스할 수 있다. 이제 잘 활용하는 일만 남았다. 변수식에 해당하는 비지트 메서드를 다음과 같이 바꾼다.

```java
public Object visitVariableExpr(Expr.Variable expr) {
  return lookUpVariable(expr.name, expr);
}
```

lookUpVariable() 메서드는 다음과 같다.

```java
private Object lookUpVariable(Token name, Expr expr) {
  Integer distance = locals.get(expr);
  if (distance != null) {
    return environment.getAt(distance, name.lexeme);
  } else {
    return globals.get(name);
  }
}
```

몇 가지 일들이 여기서 진행된다. 먼저, 맵에서 리졸브된 거리(resolved distance)를 조회한다. 로컬 변수만 리졸브됐다는 사실을 기억하라. 글로벌 변수는 특별히 취급하기 때문에 맵에는 포함되지 않는다. (그래서 이름도 locals다.) 따라서 맵에서 거리를 찾지 못하면 글로벌 변수라는 뜻이다. 이때에는 글로벌 환경에서 직접 동적으로 조회한다. 변수가 정의되지 않았다면 런타임 에러로 처리한다.

거리가 계산되면 로컬 변수를 확보된 셈이고 정적 분석 결과를 활용할 수 있다. get() 대신 Environment에 있는 다음 새 메서드를 호출한다.

```java
Object getAt(int distance, String name) {
  return ancestor(distance).values.get(name);
}
```

기존 get() 메서드는 주변 환경 체인을 동적으로 돌아다니며 변수가 어딘가에 숨어 있는지 샅샅이 뒤졌지만, 이제 체인상의 어느 환경에 변수가 있는지 다음 헬퍼 메서드를 호출해서 정확히 알 수 있다.

```java
Environment ancestor(int distance) {
  Environment environment = this;
  for (int i = 0; i < distance; i++) {
    environment = environment.enclosing;
  }

  return environment;
}
```

이 메서드는 부모 체인을 정해진 홉수만큼 따라가 그 지점의 환경을 리턴한다. getAt()은 손에 넣은 환경의 맵에서 변수의 값을 찾아 그대로 리턴한다. 변수가 있는지 확인할 필요조차 없다. 리졸버가 이전에 이미 변수를 찾았기 때문에 변수가 있으리란 사실을 알고 있다.

> 변수가 맵에 있으리라고 인터프리터가 가정하는 방식이 꼭 눈을 감고 비행하는 것처럼 느껴진다. 인터프리터 코드는 리졸버가 일처리를 잘 해서 정확하게 변수를 리졸브했다고 믿는다. 그 결과 두 클래스 간에 끈끈한 커플링이 발생한다. 리졸버에서 스코프에 손을 뻗치는 코드는 환경을 수정하는 인터프리터 코드와 줄 단위까지 정확하게 맞아 떨어져야 한다.
>
> 나는 이 책을 쓰려고 코드를 작성하던 중, 리졸버와 인터프리터가 살짝 궁합이 안 맞는 버그가 있어서 커플링을 몸소 실감했다. 버그를 추적하기가 꽤 어려웠다. 자바의 asset 문 또는 다른 검증 도구를 사용해 인터프리터에 명시적으로 어설션(assertion)을 넣으면, 즉 리졸버가 이미 확정한 계약을 충실히 따르는지 검사하면 디버깅이 한결 쉬워질 것이다.

11.4.2 리졸브된 변수 할당

변수에 값을 할당할 때 할당식을 비지트하는 메서드 역시 변경 사항은 비슷하다.

lox/Interpreter.java ▸ visitAssignExpr() 메서드 코드 1줄 교체

```java
public Object visitAssignExpr(Expr.Assign expr) {
  Object value = evaluate(expr.value);

  Integer distance = locals.get(expr);
  if (distance != null) {
    environment.assignAt(distance, expr.name, value);
  } else {
    globals.assign(expr.name, value);
  }

  return value;
```

여기서도 변수의 스코프 거리를 조회한다. 값이 있으면 다음 새 메서드를 호출하고, 값이 없으면 글로벌 변수로 간주하여 이전과 동일하게 처리한다.

lox/Environment.java ▸ getAt() 메서드 다음에 추가

```java
void assignAt(int distance, Token name, Object value) {
  ancestor(distance).values.put(name.lexeme, value);
}
```

getAt()을 get()으로 대체했듯이 assignAt()을 assign()으로 바꾼다. 정해진 수만큼 환경을 탐색한 다음, 해당 맵에 새 값을 채워 넣는다.

이것이 인터프리터의 유일한 변경 사항이다. 내가 리졸브된 데이터에 대해 최소한의 침습적인[4] 표현을 선택한 이유도 이 때문이다. 나머지 노드는 모두 이전과 다름없이 작동된다. 환경을 수정하는 코드도 전혀 변경되지 않았다.

---

4 **옮긴이** invasive, 다른 코드를 함께 고쳐야 하는 영향도를 최소화했다는 의미다.

11.4.3 리졸버 실행

그럼, 실제로 리졸버를 실행해보자. 새로운 패스를 파서가 마법을 부린 이후에 삽입한다.

lox/Lox.java ▶ run() 메서드

```
// 구문 에러 발생 시 멈춘다
if (hadError) return;

Resolver resolver = new Resolver(interpreter);
resolver.resolve(statements);

interpreter.interpret(statements);
```

파싱 에러가 발생하면 리졸버는 실행하지 않는다. 당연히 구문에 에러가 있는 코드는 실행하면 안 되며 리졸브할 가치도 없다. 구문이 깨끗하면 리졸버에게 작업을 수행하라고 지시한다. 리졸버는 인터프리터에 대한 참조를 갖고 있으며, 변수를 살펴보면서 리졸브된 데이터를 인터프리터에 직접 찔러 넣는다. 인터프리터는 이 다음에 실행될 즈음, 필요한 모든 정보를 손에 넣게 된다.

적어도 리졸버가 성공하는 경우에는 그렇다. 그렇다면 리졸빙 도중 에러가 나면 어떻게 될까?

11.5 레졸루션 에러

INTERPRETER

아직은 시맨틱 분석을 하는 과정이기 때문에 록스의 시맨틱을 좀 더 정확하게 만들어 사용자가 코드를 실행하기 전에 조금이라도 일찍 버그를 발견할 수 있도록 도움을 줄 기회가 있다. 심술 맞은 코드를 하나 보자.

```
fun bad() {
  var a = "first";
  var a = "second";
}
```

이름이 같은 변수를 글로벌 스코프에 여럿 선언하는 것은 허용되지만, 로컬 스코프에서 그렇게 하는 것은 십중팔구 사용자 실수다. 변수가 이미 존재한다는 걸 알았다면 var 대신 그냥 값을 할당했으리라. 변수가 존재하는지도 몰랐다면 적어도 이전 변수를 덮어쓸 의도는 아니었을 것이다.

이런 어처구니없는 실수는 리졸빙 중에 정적으로 감지할 수 있다.

```
    Map<String, Boolean> scope = scopes.peek();
    if (scope.containsKey(name.lexeme)) {
      Lox.error(name,
          "Already a variable with this name in this scope.");
    }

    scope.put(name.lexeme, false);
```

로컬 스코프에 변수를 선언할 때 해당 스코프에 이미 선언된 변수의 이름을 모두 알고 있다. 충돌이 발생하면 에러를 리포트한다.

11.5.1 잘못된 리턴 에러

고약한 스크립트 2탄이다.

```
return "at top level";
```

return 문을 실행하는 코드인데 함수 안에 있지도 않다. 최상위 레벨의 코드다. 사용자가 무슨 생각으로 이런 코드를 짰는지는 모르겠지만, 이런 코드까지 록스에서 관대하게 받아주면 안 될 것 같다.

이런 코드도 정적으로 감지할 수 있도록 리졸버를 확장할 수 있다. 트리를 탐색하면서 스코프를 추적하는 것처럼 현재 방문 중인 코드가 함수 선언 안에 있는지 확인하면 된다.

```
  private final Stack<Map<String, Boolean>> scopes = new Stack<>();
  private FunctionType currentFunction = FunctionType.NONE;

  Resolver(Interpreter interpreter) {
```

불리언 대신 열거체를 따로 만들자.

```
  private enum FunctionType {
    NONE,
    FUNCTION
  }
```

지금은 좀 둔탁해 보이지만, 나중에 상수를 추가해서 의미 있는 열거체로 만들 것이다. 함수 선언을 리졸브할 때 이 열거체를 전달한다.

```
    define(stmt.name);

    resolveFunction(stmt, FunctionType.FUNCTION);
    return null;
```

resolveFunction()은 이 열거체를 받아 바디를 리졸브하기 전에 currentFunction 필드에 저장한다.

```
  private void resolveFunction(
      Stmt.Function function, FunctionType type) {
    FunctionType enclosingFunction = currentFunction;
    currentFunction = type;

    beginScope();
```

필드의 이전 값을 로컬 변수에 잠시 쟁여둔다. 록스는 로컬 함수를 지원하므로 함수 선언은 얼마든지 깊숙이 중첩할 수 있다는 점을 기억하라. 단지 어떤 함수에 있다는 정보뿐만 아니라, 얼마나 많은 함수 안에 있는지도 추적해야 한다.

명시적으로 FunctionType 타입의 스택을 정의해서 사용할 수도 있지만, JVM에 맡기고 넘어가는 게 좋겠다. 이전 값을 자바 스택의 로컬 변수에 저장한다. 함수 바디가 전부 리졸브되면 이 필드를 해당 변숫값으로 되돌린다.

```
    endScope();
    currentFunction = enclosingFunction;
  }
```

이제 현재 함수 선언 안에 있는지 언제든지 알 수 있기 때문에 return 문을 리졸브할 때 currentFunction을 체크하면 된다.

```
  public Void visitReturnStmt(Stmt.Return stmt) {
    if (currentFunction == FunctionType.NONE) {
      Lox.error(stmt.keyword, "Can't return from top-level code.");
    }

    if (stmt.value != null) {
```

정말 깔끔하지 않은가?

한 가지 더 남았다. 만사를 엮는 Lox 메인 클래스로 다시 돌아가, 파싱 에러가 발생하면 인터프리터가 실행되지 않도록 막아야 한다. 구문이 틀린 코드를 리졸브하려고 헛수고하지 않도록 리졸버보다 먼저 체크한다.

하지만 레졸루션 에러가 발생하면 인터프리터 자체도 건너뛰어야 하므로 조건문을 하나 더 추가한다.

```
resolver.resolve(statements);

// 레졸루션 에러 발생 시 멈춘다
if (hadError) return;

interpreter.interpret(statements);
```

이것 말고 다른 분석도 가능하지 않을까? 가령, 록스에 break 문을 추가한다면 break 문이 루프 안에서만 사용되도록 만들 수 있을 것이다.

틀리지는 않았지만 쓸모가 없는 코드에 대해서도 자세한 경고 문구를 띄울 수 있을 것이다. 실제로 많은 IDE에서 return 문 다음에 도달 불가한 코드가 있거나, 한 번도 읽지 않은 로컬 변수가 있으면 경고 메시지를 표시한다. 이 모든 것을 록스의 정적 비지트 패스나 별도의 패스로 추가하는 것은 아주 쉽다.

> 얼마나 많은 갖가지 분석을 하나의 패스로 묶으면 좋을지 선택하기는 쉽지 않다. 각자 책임이 뚜렷한, 작고 분리된 여러 패스를 두는 편이 구현 및 유지보수 관점에서는 편하지만, 실제로 구문 트리 자체를 순회하는 런타임 비용이 만만찮기 때문에 여러 분석을 단일 패스로 묶는 것이 대개 속도는 빠르다.

하지만 지금은 한정된 분량의 분석만 생각하자. 어쨌든 이상하고 짜증스러운 엣지 케이스 버그를 해결했다는 사실이 중요하다. 버그 하나를 고치려고 이렇게 많은 품삯이 들 줄은 꿈에도 몰랐지만!

연습 문제

1. 다른 변수는 초기화될 때까지 기다려야 사용할 수 있는데 함수의 이름에 변수를 즉시 바인드하는 것이 안전한 이유는 무엇일까?

2. 다음 코드처럼 초기자에서 동일한 이름을 참조하는 로컬 변수를 여러분이 아는 다른 언어에서는 어떻게 처리하는가?

```
var a = "outer";
{
  var a = a;
}
```

이것은 런타임 에러인가, 아니면 컴파일 에러인가? 허용이 되는가? 글로벌 변수는 다르게 취급하는가? 여러분은 언어 디자이너의 선택에 동의하는가? 그렇게 대답한 근거를 제시하라.

3. 로컬 변수가 한 번도 사용되지 않는 경우 에러를 리포트하도록 리졸버를 확장하라.

4. 록스의 리졸버는 변수가 어느 환경에서 발견되는지 계산하지만, 어디까지나 맵에서 이름으로 찾는다. 더 효율적으로 환경을 표현하는 방법은 로컬 변수를 배열에 저장해서 인덱스로 참조하는 것이다.

어떤 스코프에 선언된 각 로컬 변수마다 고유한 인덱스를 부여하도록 리졸버를 확장하라. 변수 액세스를 리졸브할 때, 해당 변수가 속한 스코프와 인덱스를 모두 찾아 저장한다. 이처럼 맵 대신 인덱스를 사용하여 변수에 빠르게 액세스하는 인터프리터를 구현하라.

12장

클래스

어떤 것이라도 그 본성을 철저하게 알지 못하는 자에게 그것을 사랑하거나 미워할 권리는 없다. 위대한 사랑은 사랑하는 대상을 많이 앎으로써 샘솟는 것이다. 알기는 하나 조금밖에 알지 못한다면 조금만 사랑할 수 있든지, 아니면 아예 사랑할 수 없으리라.

레오나르도 다 빈치(Leonardo da Vinci)

지금까지 11개 장을 거치면서 여러분 PC에 구현된 인터프리터는 거의 완전한 스크립트 언어로 발전했다. 리스트, 맵 같은 몇 가지 기본 자료 구조를 사용할 수 있으며, 아직 파일 I/O, 사용자 입력 등을 처리하는 코어 라이브러리는 없지만 언어 자체로는 지금도 충분하다. 베이직, Tcl, 스킴, 그리고 파이썬과 루아의 초기 버전과 같은 맥락에서 약간의 절차적인 언어가 탄생했다.

지금이 1980년이었으면 딱 여기서 멈췄으리라. 그러나 요즘 인기 있는 프로그래밍 언어는 '객체 지향 프로그래밍'을 지원하며, 록스에도 이 기능을 추가하면 사용자에게 더 큰 프로그램을 작성할 수 있는 익숙한 도구 세트를 제공할 수 있다. 개인적으로 OOP를 선호하지 않는 독자라도 12~13장을 잘 읽어보면 다른 사람들이 객체 시스템을 어떻게 디자인하고 구축하는지 알게 될 것이다.

> 그래도 클래스를 너무나 혐오하는 독자라면 12, 13장은 넘어가도 좋다. 사실 이 두 장은 이 책의 나머지 부분과는 내용상 동떨어져 있다. 나는 개인적으로 본인이 싫어하는 것을 더 많이 알수록 이롭다고 생각한다. 멀찍이 보면 단순해 보여도 가까이 다가가 살펴보면 디테일이 드러나면서 미묘한 차이를 분간할 줄 아는 안목이 생긴다.

12.1 INTERPRETER / OOP와 클래스

객체 지향 프로그래밍에는 클래스(class), 프로토타입(prototype)[1], 멀티메서드(multimethod)[2]라는 세 갈래 큰 길이 있다. 그중 제일 먼저 등장한 클래스가 가장 널리 알려진 스타일이다. 자바스크립트가 뜨면서 (이보다는 못하지만 루아[3]가 등장하면서) 프로토타입은 예전보다 훨씬 더 널리 보급됐다. 록스는 그냥 고전적인 방법으로 접근하겠다.

> 셋 중 가장 생소한 길은 멀티메서드일 것이다. 이것 또한 할 말이 참 많은 주제지만 페이지를 너무 많이 차지하는 터라... 예전에 나는 취미로 멀티메서드를 사용하는 언어를 디자인한 적이 있는데, 정말 끝내준다. 더 자세한 내용이 궁금한 독자는 CLOS[4](커먼 리스프의 객체 시스템), 딜런(Dylan), 줄리아(Julia), 라쿠(Raku)[5] 등을 참고하기 바란다.

---

1 http://gameprogrammingpatterns.com/prototype.html
2 https://en.wikipedia.org/wiki/Multiple_dispatch
3 https://www.lua.org/pil/13.4.1.html
4 https://en.wikipedia.org/wiki/Common_Lisp_Object_System
5 https://docs.raku.org/language/functions#Multi-dispatch

여러분은 이미 자바 코드를 수천 줄 작성해봤을 테니 객체 지향을 다시 자세히 소개할 필요는 없을 것이다. 클래스의 핵심 목표는 데이터와 데이터에 어떤 일을 하는 코드를 함께 묶는 것이다. 사용자는 다음과 같은 방법으로 클래스를 선언한다.

1. 클래스의 새 **인스턴스(instance)**를 만들고 초기화하는 **생성자(constructor)**를 표출한다.

2. 인스턴스의 **필드(field)**에 저장/액세스 가능한 수단을 제공한다.

3. 각 인스턴스의 상태를 조작하는, 그 클래스의 모든 인스턴스가 공유하는 **메서드(method)** 집합을 정의한다.

이 정도가 최소한의 기능이다. 객체 지향 언어는 (시뮬라(Simula)까지 거슬러 올라가면) 대부분 클래스 간의 동작(behavior)을 재사용할 목적으로 상속을 한다. 상속은 13장에서 추가하겠다. 이 부분을 제외하더라도 얘깃거리가 상당히 많으니 일단 넘어가자. 이 장은 제법 방대한 편이라 퍼즐 조각을 모두 맞춰보기 전까지는 전체 그림이 머릿속에 안 그려질 수도 있다. 자, 기력을 모아 조금만 더 집중하자!

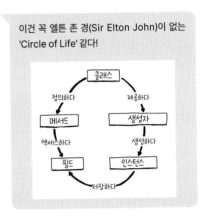

이건 꼭 엘튼 존 경(Sir Elton John)이 없는 'Circle of Life' 같다!

12.2 / 클래스 선언

INTERPRETER

시작점은 항상 구문이다. class 문은 새로운 구문이니 declaration 문법 규칙에 추가한다.

```
declaration    → classDecl
               | funDecl
               | varDecl
               | statement ;

classDecl      → "class" IDENTIFIER "{" function* "}" ;
```

새로운 classDecl 규칙은 앞서 정의한 function 규칙에 의존한다. 다음을 상기하라.

```
function       → IDENTIFIER "(" parameters? ")" block ;
parameters     → IDENTIFIER ( "," IDENTIFIER )* ;
```

쉽게 풀이하면 이렇다. 클래스 선언은 class 키워드, 클래스 이름, {}로 감싼 바디로 구성된다. 바디 안에는 메서드 선언의 리스트가 있다. 메서드는 함수 선언과 달리 앞에 fun 키워드가 없다. 메서드는 이름, 매개변수 리스트, 바디로 이루어져 있다. 다음 예제를 보자.

```
class Breakfast {
  cook() {
    print "Eggs a-fryin'!";
  }

  serve(who) {
    print "Enjoy your breakfast, " + who + ".";
  }
}
```

대부분의 동적 타입 언어와 마찬가지로 필드는 클래스 선언에 명시적으로 나열하지 않는다. 인스턴스는 데이터를 담은 느슨한 봉지 같아서, 일반적인 명령형 코드를 사용해서 자유롭게 필드를 추가할 수 있다.

AST 생성기에 자신의 문장 노드를 가져오는 classDecl 문법 규칙을 추가한다.

tool/GenerateAst.java ▶ main() 메서드

```
    "Block      : List<Stmt> statements",
    "Class      : Token name, List<Stmt.Function> methods",
    "Expression : Expr expression",
```

새로 추가한 노드에 해당하는 생성 코드는 부록 2를 참조하기 바란다.

클래스 이름과 메서드 리스트를 바디 안에 저장한다. 메서드는 함수를 선언할 때 AST 노드에 사용했던 기존 Stmt.Function 클래스로 나타낸다. 이로써 이름, 매개변수 리스트, 바디 등 메서드에 필요한 모든 상태 정보를 얻을 수 있다.

클래스는 class 키워드를 붙여 기명 선언(named declaration)이 허용된 곳이면 어디서건 사용할 수 있다.

lox/Parser.java ▶ declaration() 메서드

```
    try {
      if (match(CLASS)) return classDeclaration();
      if (match(FUN)) return function("function");
```

다음은 classDeclaration() 메서드다.

---

[6] **옮긴이** 앞에 fun 키워드를 안 붙인다고 해서 메서드가 재미(fun) 없다는 건 아니라는 의미다.

```
private Stmt classDeclaration() {
  Token name = consume(IDENTIFIER, "Expect class name.");
  consume(LEFT_BRACE, "Expect '{' before class body.");

  List<Stmt.Function> methods = new ArrayList<>();
  while (!check(RIGHT_BRACE) && !isAtEnd()) {
    methods.add(function("method"));
  }

  consume(RIGHT_BRACE, "Expect '}' after class body.");

  return new Stmt.Class(name, methods);
}
```

다른 파싱 메서드보다 내용은 많지만 대체로 문법을 그대로 따른다. class 키워드는 이미 소비했으니 그다음에 나오는 클래스 이름을 찾고 그 뒤에 바디를 여는 {가 나온다. 바디로 들어가면 }로 끝날 때까지 메서드 선언이 나올 때마다 (10장에서 함수를 소개할 때 정의했던) function()을 호출하면서 계속 파싱한다.

파서의 모든 개방형 루프와 마찬가지로 파일 끝에 도달했는지 체크한다. 클래스의 끝에는 }가 있어야 하므로 사용자가 (코딩을 정확히 했으면 그럴 일은 없겠지만) 실수로 클래스 바디를 정확하게 닫지 않아 구문 에러가 나도 파서가 무한 루프의 늪에 빠지지 않게 해야 한다.

클래스 이름과 메서드 리스트를 Stmt.Class 노드 안에 래핑하면 작업이 끝난다. 이전에는 인터프리터로 바로 점프했지만, 이제는 리졸버를 통해 노드를 먼저 연결해야 한다.

```
@Override
public Void visitClassStmt(Stmt.Class stmt) {
  declare(stmt.name);
  define(stmt.name);
  return null;
}
```

메서드 자체를 리졸브하는 문제는 아직 고민하지 말고 지금은 일단 주어진 이름으로 클래스를 잘 선언하면 된다. 클래스를 로컬 변수로 선언하는 경우는 일반적이지 않지만 록스는 이를 허용하므로 정확하게 처리할 필요가 있다.

이제 클래스 선언을 인터프리트한다.

```
@Override
public Void visitClassStmt(Stmt.Class stmt) {
  environment.define(stmt.name.lexeme, null);
  LoxClass klass = new LoxClass(stmt.name.lexeme);
```

```
    environment.assign(stmt.name, klass);
    return null;
  }
```

함수 선언을 실행하는 방법과 비슷해 보인다. 현재 환경에 클래스 이름을 선언하고 클래스 구문 노드를 클래스의 런타임 표현인 LoxClass로 변환한다. 다시 돌아가 클래스 객체를 이전에 선언한 변수에 저장하는 것이다. 이 두 단계 변수 바인딩 프로세스를 통해 클래스 자신의 메서드 안에서도 클래스를 참조할 수 있다.

앞으로 조금씩 다듬어가겠지만, LoxClass의 초안은 이런 모습이다.

lox/LoxClass.java ▶ 새 파일 생성

```java
package com.craftinginterpreters.lox;

import java.util.List;
import java.util.Map;

class LoxClass {
  final String name;

  LoxClass(String name) {
    this.name = name;
  }

  @Override
  public String toString() {
    return name;
  }
}
```

그야말로 name을 감싼 래퍼다. 메서드조차 저장하지 않는다. 아직은 별로 쓸모가 없지만 toString() 메서드가 있으니 간단한 스크립트를 작성해서 클래스 객체가 실제로 파싱/실행되는지 테스트해보자.

```
class DevonshireCream {
  serveOn() {
    return "Scones";
  }
}

print DevonshireCream; // "DevonshireCream" 출력
```

인스턴스 생성

클래스는 있지만 하는 일이 없다. 아직 록스는 클래스 자체에서 바로 호출 가능한 '정적' 메서드(static method)가 없다. 실제 인스턴스가 없으면 클래스는 무용지물이니 다음 단계는 인스턴스다.

OOP 언어의 구문과 시맨틱은 어느 정도 표준으로 정착된 것들이 많지만, 새 인스턴스를 만드는 방법은 제각각이다. 루비는 스몰토크처럼 클래스 객체에 대해 메서드를 호출하는 방식으로 인스턴스를 생성하는데, 이는 재귀적으로 우아한 접근 방식이다. C++와 자바 같은 언어는 새 객체를 낳는 new 키워드를 제공한다. 파이썬은 클래스 자체를 함수처럼 '호출'한다. (신기하게도 자바스크립트는 이 두 가지를 모두 다 한다.)

> 스몰토크에서는 클래스도 예외 없이 기존 객체, 즉 대개 원하는 상위 클래스의 메서드를 호출해서 생성한다. 마치 거북이 등껍질부터 죽 안으로 타고 내려가는(turtles-all-the-way-down) 묘기다. 결국 런타임이 무에서 유를 창조하는 Object와 Metaclass 같은 몇몇 마법 클래스까지 도달하게 된다.

나는 록스에서 미니멀리즘을 추구하겠다. 클래스 객체가 있고 함수 호출이 준비됐으니 클래스 객체에 대한 호출식을 사용해서 새 인스턴스를 생성한다. 클래스가 자기 인스턴스를 찍어내는 일종의 팩터리 함수(factory function) 역할을 하는 셈이다. 내겐 이 방식이 고상하게 느껴진다. new 같은 새 구문을 따로 도입할 필요도 없다. 덕분에 프런트엔드를 건너뛰고 런타임으로 직행할 수 있다.

다음 코드를 실행하면 지금은 런타임 에러가 난다.

```
class Bagel {}
Bagel();
```

visitCallExpr()은 호출된 객체가 LoxCallable을 구현한 객체인지 체크한다. LoxClass는 LoxCallable을 구현한 클래스가 아니므로 당연히 에러가 난다. 아직은 그렇단 말이다.

lox/LoxClass.java ▶ 코드 1줄 교체

```
import java.util.Map;

class LoxClass implements LoxCallable {
  final String name;
```

LoxCallable 인터페이스에는 다음 두 메서드가 있다.

lox/LoxClass.java ▶ toString() 메서드 다음에 추가

```
  @Override
  public Object call(Interpreter interpreter,
                     List<Object> arguments) {
    LoxInstance instance = new LoxInstance(this);
    return instance;
```

```
  }

  @Override
  public int arity() {
    return 0;
  }
}
```

둘 중 call()이 재미있다. 클래스를 '호출(call)'하면 이 메서드는 호출된 클래스에 대해 새로운 LoxInstance 인스턴스를 만들어 리턴한다. arity() 메서드는 LoxCallable에 올바른 개수의 인수가 전달됐는지 인터프리터가 검사할 때 사용한다. 편의상 지금은 아무것도 전달할 수 없다고 가정하자. 이 부분은 나중에 사용자 정의 생성자를 다룰 때 다시 이야기할 것이다.

이제 LoxClass 인스턴스의 런타임 표현인 LoxInstance로 가자. 여기도 일단 최소한의 기능만으로 시작한다.

lox/LoxInstance.java ▶ 새 파일 생성

```java
package com.craftinginterpreters.lox;

import java.util.HashMap;
import java.util.Map;

class LoxInstance {
  private LoxClass klass;

  LoxInstance(LoxClass klass) {
    this.klass = klass;
  }

  @Override
  public String toString() {
    return klass.name + " instance";
  }
}
```

LoxClass처럼 이 클래스도 뼈대뿐이다. 아직 시작 단계니 당연하다. 지금 뭔가 테스트해보고 싶다면 다음 스크립트를 실행하라.

```
class Bagel {}
var bagel = Bagel();
print bagel; // "Bagel instance" 출력
```

대단한 일은 아니지만, 뭔가 그래도 일을 하기 시작한다!

인스턴스 프로퍼티

인스턴스가 있으니 유용하게 만들어야 한다. 여기서 동작(메서드)을 먼저 추가하는 것과 상태(프로퍼티)를 먼저 시작하는 것, 두 갈래 길이 있다. 나는 후자를 택하겠다. 나중에 여러분도 알게 되겠지만, 이 두 가지 방법은 서로 묘하게 엮여 있으며, 프로퍼티를 먼저 작동시키는 편이 더 이해가 쉽고 빠르다.

록스가 상태를 처리하는 방식은 자바스크립트와 파이썬과 비슷하다. 모든 인스턴스는 기명 값들(named values)의 공개된 컬렉션이다. 인스턴스의 클래스에 있는 메서드는 프로퍼티에(를) 액세스/수정할 수 있으며, 외부 코드도 마찬가지다. 프로퍼티는 . 구문으로 액세스한다.

> 클래스의 외부 코드가 객체 필드를 직접 수정할 수 있도록 허용하는 것은 클래스의 상태를 캡슐화한다는 객체 지향의 취지에 어긋난다. 그래서 어떤 언어는 더 원칙적인 입장을 고수하기도 한다. 스몰토크에서 필드는 간단한 식별자, 즉 클래스의 메서드 내부 스코프에만 있는 변수를 사용하여 액세스한다. 루비는 @ 뒤에 이름을 붙여 객체 필드에 액세스한다. 이 구문은 메서드 내에서만 의미가 있고 항상 현재 객체의 상태를 가져온다.
>
> 록스는 좋은 건지, 나쁜 건지 잘 모르겠지만, OOP 신앙에 그다지 독실한 편은 아니다.

```
someObject.someProperty
```

표현식 다음에 .과 식별자를 붙여 표현식이 평가하는 객체에서 해당 이름을 가진 프로퍼티를 읽는다. 이 닷(.)은 함수 호출식에서 괄호와 동일한 우선순위를 가지므로 기존 call 규칙을 다음과 같이 대체하여 문법에 삽입한다.

```
call        → primary ( "(" arguments? ")" | "." IDENTIFIER )* ;
```

기본식 뒤에는 괄호로 감싼 호출과 .을 사용한 프로퍼티 액세스의 어떤 조합이라도 허용된다. '프로퍼티 액세스(property access)'는 너무 길어 보이니 앞으로는 간단히 '겟 표현식(get expression)'이라고 부르겠다.

12.4.1 겟 표현식

구문 트리 노드는 다음과 같다.

tool/GenerateAst.java ▶ main() 메서드

```
    "Call     : Expr callee, Token paren, List<Expr> arguments",
    "Get      : Expr object, Token name",
    "Grouping : Expr expression",
```

> 새로 추가한 노드에 해당하는 생성 코드는 부록 2를 참조하기 바란다.

```
  while (true) {
    if (match(LEFT_PAREN)) {
      expr = finishCall(expr);
    } else if (match(DOT)) {
      Token name = consume(IDENTIFIER,
          "Expect property name after '.'.");
      expr = new Expr.Get(expr, name);
    } else {
      break;
    }
  }
```

바깥쪽 while 루프는 문법 규칙의 *에 대응된다. 괄호와 닷이 나오면 다음과 같이 토큰을 따라 괄호로 묶어 호출 체인을 만들어간다.

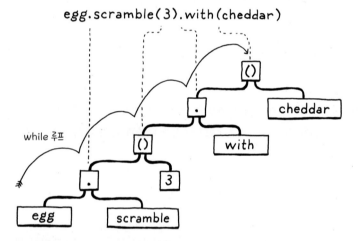

Expr.Get 노드의 새 인스턴스를 리졸버에 넣는다.

```
  @Override
  public Void visitGetExpr(Expr.Get expr) {
    resolve(expr.object);
    return null;
  }
```

아직 별 내용은 없다. 프로퍼티는 동적으로 조회되므로 리졸브되지 않는다. 리졸빙하는 동안 . 좌측 표현식으로만 재귀하며, 실제 프로퍼티 액세스는 인터프리터에서 일어난다.

> 정적 레졸루션 패스 중에는 프로퍼티 이름을 처리하지 않기 때문에 록스의 프로퍼티 디스패치는 말 그대로 동적이라는 사실을 알 수 있다.

```java
@Override
public Object visitGetExpr(Expr.Get expr) {
  Object object = evaluate(expr.object);
  if (object instanceof LoxInstance) {
    return ((LoxInstance) object).get(expr.name);
  }

  throw new RuntimeError(expr.name,
      "Only instances have properties.");
}
```

먼저 프로퍼티에 액세스하는 표현식을 평가한다. 록스에서는 클래스의 인스턴스만 프로퍼티를 가진다. 숫자 같은 다른 타입의 객체에 게터를 호출하면 런타임 에러가 난다.

객체가 LoxInstance이면 프로퍼티를 조회하라고 요청한다. 지금이 LoxInstance에 진짜 상태를 제공할 절호의 기회다. 맵 하나면 충분하다.

```java
private LoxClass klass;
private final Map<String, Object> fields = new HashMap<>();

LoxInstance(LoxClass klass) {
```

이 맵의 키는 프로퍼티 이름, 값은 프로퍼티 값이다. 인스턴스에서 프로퍼티를 조회하는 코드는 다음과 같다.

```java
Object get(Token name) {
  if (fields.containsKey(name.lexeme)) {
    return fields.get(name.lexeme);
  }

  throw new RuntimeError(name,
      "Undefined property '" + name.lexeme + "'.");
}
```

> 필드에 액세스할 때마다 해시 테이블을 조회하는 것은 많은 언어 구현체에서 꽤 빠르긴 하지만 최적이라고 볼 수는 없다. 자바스크립트 같은 고성능 VM은 이런 오버헤드를 방지하고자 히든 클래스(hidden class)[7] 등의 정교한 최적화 기법을 사용한다.
>
> 하지만 역설적이게도, 동적 언어를 더 빠르게 만들려고 고안된 최적화 기법은 (그런 언어에서조차) 대부분의 코드가 다루는 객체와 필드의 타입이 상당히 정적이라는 관찰에서 비롯됐다.

인스턴스에 주어진 이름의 프로퍼티가 없는 경우는 어떻게 처리할까? nil 같은 더미값을 자동으로 리턴할 수도 있지만, 자바스크립트 같은 언어를 사용한 내 경험을 돌이켜보건대 이런 동작이 유용할 때도 있지만 버그가 가려져 속 썩이는 경우가 더 많다. 록스는 그냥 런타임 에러를 내겠다.

---

[7] http://richardartoul.github.io/jekyll/update/2015/04/26/hidden-classes.html

가장 먼저 할 일은, 주어진 이름의 필드가 실제로 인스턴스에 있는지 확인하는 것이다. 필드가 있으면 인스턴스를 리턴하지만, 필드가 없으면 에러가 발생한다.

잠깐, 그런데 내가 '프로퍼티(property)' 어쩌고 하다가 갑자기 '필드(field)'라고 말을 바꿨다. 이 두 용어는 미묘한 차이가 있다. 필드는 인스턴스에 직접 저장되는 상태 정보에 이름을 붙인 것이다. 프로퍼티는, 음... 말하자면 겟 표현식이 리턴할 수 있는 뭔가에 이름을 붙인 것이다. 나중에 다시 얘기하겠지만, 모든 필드는 프로퍼티이지만, 모든 프로퍼티가 필드인 것은 아니다.

> 오, 예고편이다.
> 으스스하네!

이론적으로는 이제 객체에 있는 프로퍼티를 읽을 수 있다. 그러나 아직 인스턴스에 상태를 채울 방법이 없으므로 액세스할 필드도 없다. 읽기 시험을 보려면 먼저 쓰기부터 가능해야 한다.

12.4.2 셋 표현식

세터는 할당 좌변에 등장한다는 점을 제외하면 게터와 동일한 구문을 사용한다.

```
someObject.someProperty = value;
```

문법 나라에서는 좌변에 .을 붙인 식별자가 허용되도록 할당 규칙을 확장한다.

```
assignment      → ( call "." )? IDENTIFIER "=" assignment
                | logic_or ;
```

게터와 달리 세터는 체이닝을 하지 않는다. 그러나 call을 가리키는 참조 덕분에 다음과 같이 마지막 . 앞의 우선순위가 높은 표현식과 게터는 몇 개라도 허용된다.

여기서 마지막 부분인 .meat만 세터라는 점에 주의하라. .omellette과 .filling은 둘 다 표현식이다. 변수 액세스와 변수 할당에 각각 두 개의 개별 AST 노드가 있는 것처럼 두 번째 세터 노드가 필요하다.

```
    "Logical  : Expr left, Token operator, Expr right",
    "Set      : Expr object, Token name, Expr value",
    "Unary    : Token operator, Expr right",
```

새로 추가한 노드에 해당하는 생성
코드는 부록 2를 참조하기 바란다.

기억이 가물가물할 수도 있겠지만, 파서가 할당을 처리하는 방법이 흥미롭다. =에 닿기 전에는 일련의 토큰이 할당의 좌변인지 쉽게 분간할 수 없다. 이제 할당 문법 규칙상 call이 좌변에 있고 임의의 긴 표현식으로 확장이 가능하므로, 마지막 =은 현재 할당을 파싱 중임을 알아야 하는 지점에서 여러 토큰 떨어져 있을 수 있다.

그래서 좌변을 일반 표현식으로 파싱하는 트릭을 사용한다. 그런 다음 그 뒤에 =이 발부리에 채이면 이미 파싱한 표현식을 가져와 할당에 맞는 올바른 구문 트리 노드로 변환한다.

조건절을 추가해 좌변의 Expr.Get 표현식을 이에 상응하는 Expr.Set으로 변환한다.

```
      return new Expr.Assign(name, value);
    } else if (expr instanceof Expr.Get) {
      Expr.Get get = (Expr.Get)expr;
      return new Expr.Set(get.object, get.name, value);
    }
```

구문을 파싱하는 메서드는 다음과 같다. 이 노드를 리졸버로 푸시한다.

```
  @Override
  public Void visitSetExpr(Expr.Set expr) {
    resolve(expr.value);
    resolve(expr.object);
    return null;
  }
```

여기서도 Expr.Get과 마찬가지로, 프로퍼티 자체는 동적으로 평가되므로 리졸브할 것이 하나도 없다. Expr.Set의 두 서브식, 즉 프로퍼티가 세팅되는 객체와 세팅할 값으로 재귀하면 그만이다.

다음으로 인터프리터를 보자.

```
  @Override
  public Object visitSetExpr(Expr.Set expr) {
    Object object = evaluate(expr.object);

    if (!(object instanceof LoxInstance)) {
      throw new RuntimeError(expr.name,
                             "Only instances have fields.");
```

```
    }

    Object value = evaluate(expr.value);
    ((LoxInstance)object).set(expr.name, value);
    return value;
  }
```

프로퍼티가 세팅되는 객체를 평가하고 그 객체가 LoxInstance 타입인지 체크한다. LoxInstance가 아니면 런타임 에러다. 그렇지 않으면 세팅 중인 값을 평가하여 인스턴스에 저장한다. 이 일은 LoxInstance의 새로운 메서드가 담당한다.

> 이것도 또 다른 시맨틱 엣지 케이스다. 다음 세 가지 작업을 수행하는 것과 같다.
>
> 1. 객체를 평가한다.
> 2. 객체가 클래스의 인스턴스가 아니면 런타임 에러를 낸다.
> 3. 값을 평가한다.
>
> 이 작업 순서는 사용자도 볼 수 있으므로 신중하게 결정해야 하며, 구현체에도 이와 동일한 순서로 작업을 수행해야 한다.

lox/LoxInstance.java ▶ get() 메서드 다음에 추가

```
  void set(Token name, Object value) {
    fields.put(name.lexeme, value);
  }
```

마법 따위는 없다. 필드가 있는 자바 맵에 바로 값을 채우면 된다. 록스에서는 인스턴스에 새로운 필드를 마음껏 생성할 수 있으므로 키가 이미 존재하는지 확인할 필요가 없다.

12.5 / 클래스 메서드
INTERPRETER

클래스의 인스턴스를 만들고 그 안에 데이터를 채울 수 있지만, 정작 클래스 자신은 실제로 하는 일이 하나도 없다. 인스턴스는 단지 맵에 불과하며 모든 인스턴스는 거의 똑같다. 클래스의 인스턴스라는 느낌을 주려면 어떤 동작, 즉 메서드가 필요하다.

우리의 충실한 파서가 이미 메서드 선언을 파싱하고 있으니 준비는 돼 있다. .(게터) 및 ( )(함수 호출)이 있어서 메서드 호출을 위한 새로운 파서 기능을 추가할 필요도 없다. '메서드 호출'은 단순히 이들을 서로 연결만 시켜주면 된다.

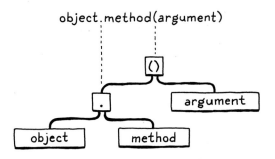

문득, 한 가지 궁금해진다. 만약 두 표현식을 분리하면 어떻게 될까? 이 예제에서 method가 인스턴스에 있는 필드가 아니라, object 클래스에 있는 메서드라면, 다음 코드 조각은 어떻게 동작해야 할까?

```
var m = object.method;
m(argument);
```

이 프로그램은 메서드를 '조회하고' 그 결과를 (무엇이든 간에) 변수에 저장한 뒤 나중에 객체를 호출한다. 과연 이게 가능할까? 메서드를 인스턴스의 함수처럼 취급할 수 있을까?

그 반대 방향은 어떨까?

```
class Box {}

fun notMethod(argument) {
  print "called function with " + argument;
}

var box = Box();
box.function = notMethod;
box.function("argument");
```

이 프로그램은 인스턴스를 생성하고 그 인스턴스의 필드에 함수를 저장한 다음, 메서드 호출과 동일한 구문을 사용해 함수를 호출한다. 잘 작동될까?

언어마다 두 질문에 대한 대답은 천차만별이고, 이 주제만으로도 논문 한편을 쓸 수 있다. 록스의 경우, 이 두 질문에 대한 대답은 모두 "예"라고 말할 수 있다. 여기에는 몇 가지 타당한 이유가 있다. 두 번째 예제처럼 필드에 저장된 함수 호출의 경우, 일급 함수는 유용하며 필드에 일급 함수를 저장하는 것 또한 지극히 정상적인 일이기 때문에 마땅히 지원을 하는 것이 맞다.

첫 번째 예제는 약간 모호하다. 일반적으로 사용자는 프로그램의 시맨틱을 변경하지 않은 상태에서 서브식을 로컬 변수로 호이스트할 수 있길 기대하기 때문에 일리는 있다. 가령, 다음 코드를...

```
breakfast(omelette.filledWith(cheese), sausage);
```

... 이렇게 바꾸는 것이다.

```
var eggs = omelette.filledWith(cheese);
breakfast(eggs, sausage);
```

하는 일은 같다. 마찬가지로, 메서드 호출에서 .과 ()는 두 개의 개별 표현식이므로 조회 부분을 변수로 호이스트한 다음 나중에 호출할 수 있어야 할 것 같다. 메서드를 조회할 때 무엇을 얻게 될지, 그리고 다음과 같이 이상한 경우에도 어떻게 동작해야 할지 신중하게 숙고할 필요가 있다.

> 콜백이 바로 이런 용도로 만든 장치다. 종종 어떤 객체의 메서드를 호출하는 콜백을 전달해야 할 때가 있다. 메서드를 조회하고 직접 전달할 수 있다면 래핑할 함수를 일일이 손으로 선언하는 번거로움이 줄어들 것이다. 다음 코드를...
>
> ```
> fun callback(a, b, c) {
>   object.method(a, b, c);
> }
>
> takeCallback(callback);
> ```
>
> ... 이 코드와 비교해보라.
>
> ```
> takeCallback(object.method);
> ```

```
class Person {
  sayName() {
    print this.name;
  }
}

var jane = Person();
jane.name = "Jane";

var method = jane.sayName;
method(); // ?
```

어떤 인스턴스에서 메서드 핸들을 쥐고 있다가 나중에 호출하면, 메서드 핸들은 자신의 출처가 어느 인스턴스인지 '기억'할까? 메서드 내부에서 this는 여전히 원래 객체를 참조할까?

다음은 여러분의 편두통을 도지게 할 또 다른 예제다.

```
class Person {
  sayName() {
    print this.name;
  }
}

var jane = Person();
jane.name = "Jane";
```

```
var bill = Person();
bill.name = "Bill";

bill.sayName = jane.sayName;
bill.sayName(); // ?
```

마지막 줄에서 무엇이 출력될까? sayName() 메서드가 bill 인스턴스를 통해 호출되기 때문에 "Bill"일까?
아니면, 이 메서드를 처음 가져온 인스턴스는 jane이니 "Jane"일까?

같은 코드를 루아와 자바스크립트에서 실행하면 "Bill"이 출력될 것이다. 이런 언어는 실제로 '메서드'란
개념이 없다. 말하자면 모든 것이 일종의 필드 내 함수(functions-in-fields)이기 때문에 jane이 bill보다
sayName을 더 많이 '소유'한다고 보기가 어렵다.

하지만 록스는 진짜 클래스 구문을 갖고 있는 언어이므로 어떤 것이 메서드인지, 어떤 것이 함수인지 구별
할 수 있다. 따라서 파이썬, C# 등의 언어처럼 메서드를 처음 가져올 때
this를 원래 인스턴스에 '바인드'하게 될 것이다. 파이썬에서는 이것을 **바**
운드(바인드된) 메서드(bound method)라고 한다.

> 정말 상상력이 담뿍 담긴 명칭 아닌가!

실제로도 그렇게 처리해야 할 때가 많다. 어떤 객체의 메서드를 가리키는 참조를 갖고 있으면 나중에 콜백으
로 사용할 수 있으므로, 그 콜백이 어쩌다 다른 객체의 필드에 저장되어 있더라도 해당 메서드가 속해 있던
인스턴스를 기억하고 싶을 것이다.

아, 여러분의 머릿속에 입력해야 할 시맨틱이 너무 많다. 엣지 케이스는 잠시 잊기 바란다. 나중에 다시 얘기
할 기회가 있을 것이다. 지금은 기본적인 메서드 호출부터 작동시켜보겠다. 클래스 바디 안에서 메서드 선언
을 파싱하고 있으니, 다음은 메서드 선언을 리졸브할 차례다.

lox/Resolver.java ▶ visitClassStmt() 메서드

```
    define(stmt.name);

    for (Stmt.Function method : stmt.methods) {
      FunctionType declaration = FunctionType.METHOD;
      resolveFunction(method, declaration);
    }

    return null;
```

> 당장은 함수 타입을 로컬 변수에 저장하
> 는 것이 무의미하지만, 머지 않아 이 코
> 드를 확장하면 의미를 갖게 될 것이다.

클래스 바디에 있는 메서드들을 반복하면서 함수 선언을 처리하기 위해 앞서 작성했던 resolveFunction()
메서드를 호출한다. 유일한 차이점은 새로운 FunctionType 열거체 값을 전달한다는 점이다.

lox/Resolver.java ▶ FunctionType 열거체의 이전 줄에 "," 추가

```
    NONE,
    FUNCTION,
    METHOD
  }
```

이 부분은 나중에 this 표현식을 리졸브할 때 중요한데, 지금은 일단 걱정하지 말고 재미있는 인터프리터 파트로 넘어가자.

```java
    environment.define(stmt.name.lexeme, null);

    Map<String, LoxFunction> methods = new HashMap<>();
    for (Stmt.Function method : stmt.methods) {
      LoxFunction function = new LoxFunction(method, environment);
      methods.put(method.name.lexeme, function);
    }

    LoxClass klass = new LoxClass(stmt.name.lexeme, methods);
    environment.assign(stmt.name, klass);
```

클래스 선언문을 인터프리트할 때 클래스의 구문 표현(해당 AST 노드)을 런타임 표현으로 변환한다. 이제 클래스에 포함된 메서드에 대해서도 이 작업을 해야 한다. 각 메서드 선언이 LoxFunction 객체로 꽃을 피우는 것이다.

이 모든 것을 가져와 메서드 이름으로 키가 배정된 하나의 맵으로 래핑한다. 이 맵은 LoxClass에 저장된다.

```java
  final String name;
  private final Map<String, LoxFunction> methods;

  LoxClass(String name, Map<String, LoxFunction> methods) {
    this.name = name;
    this.methods = methods;
  }

  @Override
  public String toString() {
```

인스턴스는 상태, 클래스는 동작을 각각 저장한다. LoxInstance에는 필드의 맵이 있고 LoxClass에는 메서드의 맵이 있다. 메서드는 클래스가 소유하지만, 그 클래스의 인스턴스를 통하여 액세스한다.

```java
  Object get(Token name) {
    if (fields.containsKey(name.lexeme)) {
      return fields.get(name.lexeme);
    }

    LoxFunction method = klass.findMethod(name.lexeme);
    if (method != null) return method;
```

```
    throw new RuntimeError(name,
        "Undefined property '" + name.lexeme + "'.");
```

인스턴스에서 프로퍼티를 조회할 때 매치되는 필드가 없으면 그 인스턴스의 클래스에서 해당 이름의 메서드를 찾아본다. 메서드가 있으면 그대로 리턴한다. 이런 점에서 '필드'와 '프로퍼티'의 구별이 의미가 있다. 프로퍼티에 액세스할 때 필드(인스턴스에 저장된 상태 정보)를 가져올 수도 있고, 인스턴스의 클래스에 정의된 메서드를 호출할 수도 있는 것이다.

> 필드를 먼저 찾아본다는 것은 필드가 메서드를 섀도우한다는 뜻이다. 아주 미묘하지만 중요한 시맨틱 포인트다.

다음은 메서드를 조회하는 메서드다.

lox/LoxClass.java ▶ LoxClass() 생성자 다음에 추가

```java
LoxFunction findMethod(String name) {
  if (methods.containsKey(name)) {
    return methods.get(name);
  }

  return null;
}
```

이 메서드는 책장을 넘길수록 점점 재밌어질 테니 기대해도 좋다. 자, 지금은 클래스의 메서드 테이블에서 간단히 맵을 한번 조회하는 일부터 시작해보자.

```
class Bacon {
  eat() {
    print "Crunch crunch crunch!";
  }
}

Bacon().eat(); // "Crunch crunch crunch!" 출력
```

> 바삭바삭한(crunch) 베이컨보다 쫄깃한 베이컨을 선호한다면 미안! 스크립트는 각자 기호에 맞게 얼마든지 바꿔도 좋다.

12.6 / this

INTERPRETER

동작과 상태 모두 객체에 정의할 수 있지만, 아직 이 둘은 서로 연결되어 있지 않은 상태다. 메서드 내부에서 '현재' 객체(메서드가 호출된 인스턴스)의 필드에 액세스할 방법이 없고, 같은 객체에 있는 다른 메서드를 호출할 방법도 없다.

이 인스턴스에 도달하려면 어떤 이름이 필요하다. 스몰토크, 루비, 스위프트는 self를 사용한다. 시뮬라, C++, 자바 계열의 언어는 this를 사용한다. 파이썬은 관용적으로 self를 사용하지만, 기술적으로는 마음대로 정할 수 있다.

록스는 대체로 자바 스타일을 따르기 때문에 this를 사용하겠다. 메서드 바디 안에서 this 표현식은 메서드가 호출된 인스턴스로 평가된다. 더 구체적으로 말하면, 메서드에 액세스한 다음에 호출하는 두 단계로 진행되므로 메서드를 액세스한 객체를 참조하게 된다.

언어를 구현하는 직업은 이래서 고달프다. 다음 코드를 보자.

```
class Egotist {
  speak() {
    print this;
  }
}

var method = Egotist().speak;
method();
```

끝에서 두 번째 줄을 보면 Egotist 클래스의 인스턴스에서 speak() 메서드를 가리키는 참조를 가져온다. 이 메서드는 함수를 리턴하고, 이 함수는 나중에 마지막 줄에서 함수가 호출될 때 해당 함수를 찾을 수 있도록 가져온 인스턴스를 기억해야 한다.

메서드에 액세스하는 시점에 this를 가져와 어떻게든 함수에 연결시켜 필요한 만큼 오래 유지되도록 만들어야 한다. 흠... 함수 주변에 매달려 있는 여분의 데이터를 저장하는 방법이라... 이건 바로 클로저가 하는 일 아닐까?

이 this를, 메서드를 조회할 때 리턴되는 함수를 둘러싼 환경에 일종의 숨겨진 변수로 정의하면 어떨까? 그러면 나중에 바디에서 this를 이용해서 찾을 수 있을 것이다. LoxFunction은 이미 주변 환경을 유지할 수 있는 기능을 갖고 있으므로 필요한 장치는 이미 갖춘 셈이다.

예제를 보며 차근차근 작동 원리를 살펴보자.

```
class Cake {
  taste() {
    var adjective = "delicious";
    print "The " + this.flavor + " cake is " + adjective + "!";
  }
}

var cake = Cake();
cake.flavor = "German chocolate";
cake.taste(); // "The German chocolate cake is delicious!" 출력
```

처음 클래스 정의를 평가할 때 taste( )에 대한 LoxFunction을 생성한다. 클로저는 이 클래스를 둘러싼 주변 환경, 즉 여기서는 글로벌 환경이다. 따라서 클래스의 메서드 맵에 저장되는 LoxFunction은 다음과 같다.

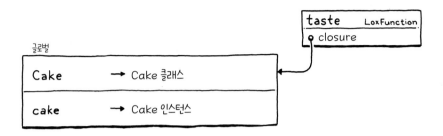

cake.taste라는 겟 표현식을 평가하면 메서드에 액세스하는 객체(cake)에 this를 바인드한 새로운 환경이 만들어진다. 그런 다음 원래 코드와 동일하지만 새로운 환경을 클로저로 사용하는 새 LoxFunction을 생성한다.

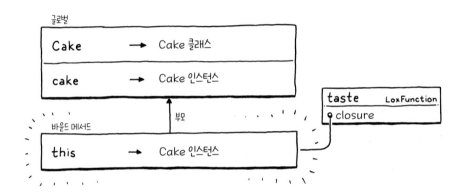

이것이 메서드 이름에 대한 겟 표현식을 평가할 때 리턴되는 LoxFunction이다. 이 함수를 ( ) 표현식으로 호출하면 평소와 다름없이 메서드 바디에 대한 환경이 생성된다.

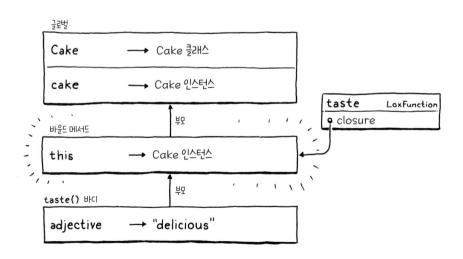

바디 환경의 부모는 앞서 현재 객체에 this를 바인드하기 위해 만든 환경이다. 따라서 바디 안에서 this를 사용하면 언제든지 해당 인스턴스로 리졸브된다.

this를 구현할 때 환경 코드를 재사용하면 다음과 같이 메서드와 함수가 상호작용하는 흥미로운 케이스도 처리할 수 있다.

```
class Thing {
  getCallback() {
    fun localFunction() {
      print this;
    }

    return localFunction;
  }
}

var callback = Thing().getCallback();
callback();
```

가령, 자바스크립트에서는 보통 메서드 내부에서 콜백을 만들어 리턴한다. 이 콜백은 메서드가 연결된 원본 객체(this 값)를 붙잡아 계속 액세스를 유지하려고 할 수도 있다. 기존의 클로저와 환경 체인 기능도 이 모든 것을 올바르게 수행해야 한다.

코딩을 시작하자. 첫 번째 단계는 this 구문을 새로 추가하는 일이다.

tool/GenerateAst.java ▶ main() 메서드

```
    "Set        : Expr object, Token name, Expr value",
    "This       : Token keyword",
    "Unary      : Token operator, Expr right",
```

> 새로 추가한 노드에 해당하는 생성 코드는 부록 2를 참조하기 바란다.

this는 이미 렉서가 예약어로 인식하고 있으므로 파싱은 간단하다.

lox/Parser.java ▶ primary() 메서드

```
    return new Expr.Literal(previous().literal);
  }

  if (match(THIS)) return new Expr.This(previous());

  if (match(IDENTIFIER)) {
```

리졸버까지 가보면 this가 어떻게 변수처럼 작동되는지 알 수 있다.

```java
@Override
public Void visitThisExpr(Expr.This expr) {
  resolveLocal(expr, expr.keyword);
  return null;
}
```

"this"를 '변수' 이름으로 사용하여 다른 로컬 변수와 똑같이 리졸브한다. 물론 "this"는 어느 스코프에도 선언되지 않았기 때문에 아직은 작동되지 않는다. visitClassStmt()에서 이 문제를 해결하자.

```java
    define(stmt.name);

    beginScope();
    scopes.peek().put("this", true);

    for (Stmt.Function method : stmt.methods) {
```

메서드 바디를 리졸브하기 전에 새 스코프를 푸시하고 그 안에 "this"를 변수처럼 선언한다. 그런 다음 작업이 끝나면 주변 스코프는 폐기한다.

```java
    }

    endScope();

    return null;
```

이제 this 표현식이 (적어도 메서드 내부에서) 나올 때마다 this는 메서드 바디 블록의 바로 바깥에 있는, 암묵적인 스코프에 정의된 '로컬 변수'로 리졸브된다.

this를 위한 새로운 스코프가 리졸버에 생겼으니 인터프리터도 이에 해당하는 환경을 생성해야 한다. 이때 리졸버의 스코프 체인과 인터프리터의 연결된 환경은 항상 서로 동기화 상태를 유지해야 한다는 사실을 기억하라. 런타임에 인스턴스에서 메서드를 찾은 뒤 환경을 생성한다. 메서드의 LoxFunction을 그냥 리턴했던 이전 코드를 다음과 같이 고친다.

```java
    LoxFunction method = klass.findMethod(name.lexeme);
    if (method != null) return method.bind(this);

    throw new RuntimeError(name,
        "Undefined property '" + name.lexeme + "'.");
```

호출되는 bind( ) 메서드는 다음과 같다.

lox/LoxFunction.java / LoxFunction() 생성자 다음에 추가

```java
LoxFunction bind(LoxInstance instance) {
  Environment environment = new Environment(closure);
  environment.define("this", instance);
  return new LoxFunction(declaration, environment);
}
```

별로 어렵지 않다. 메서드의 원래 클로저 안에 새 둥지(환경)를 트는 것이다. 클로저 안의 클로저(closure-within-a-closure)라고나 할까? 메서드가 호출되면 이 환경이 메서드 바디 환경의 부모가 될 것이다.

이 환경에서 "this"를 변수로 선언하고 주어진 인스턴스, 즉 메서드를 액세스하고 있는 인스턴스에 바인드한다. 짜잔! 리턴된 LoxFunction은 이제 "this"가 객체에 바인드된 작은 영속적(persistent) 세상을 갖고 다닐 것이다.

끝으로, this 표현식을 인터프리트하는 일만 남았다. 리졸버와 마찬가지로, 변수식을 인터프리트하는 코드와 동일하다.

lox/Interpreter.java ▶ visitSetExpr() 메서드 다음에 추가

```java
@Override
public Object visitThisExpr(Expr.This expr) {
  return lookUpVariable(expr.keyword, expr);
}
```

이전에 예시한 케이크 코드를 다시 한번 실행해보라. 20줄도 안 되는 코드로 록스 인터프리터는 중첩 클래스, 메서드 내부의 함수, 메서드 핸들 등과 신통방통하게 상호작용하며 메서드 내부에서 this를 빈틈없이 처리한다.

12.6.1 잘못된 this 용례

잠깐, 그런데 만일 메서드 바깥에서 this를 사용하면 어떻게 될까? 예를 들어...

```
print this;
```

... 아니면 이런 식으로 말이다.

```
fun notAMethod() {
  print this;
}
```

메서드 내부가 아니라면 this가 가리키는 인스턴스가 있을 리 없다. nil 같은 디폴트 값을 지정하거나, 런 타임 에러를 낼 수도 있지만, 어쨌든 사용자의 실수라는 점은 명백하다. 실수를 더 빨리 깨닫고 고칠 수 있으면 사용자는 더 행복해지리라.

레졸루션 패스는 이 에러를 정적으로 감지하기 좋은 곳이다. 이미 함수 외부에서 return 문을 잡아낸 적도 있으니 this도 비슷하게 처리하면 될 듯싶다. FunctionType 열거체와 같은 맥락으로 ClassType이라는 새로운 열거체 타입을 정의한다.

lox/Resolver.java ▶ FunctionType 열거체 다음에 추가

```
  }

private enum ClassType {
  NONE,
  CLASS
}

private ClassType currentClass = ClassType.NONE;

void resolve(List<Stmt> statements) {
```

왜 불리언이 아니냐고? 그렇게 해도 되지만 13장에서 세 번째 값이 나올 예정이라 처음부터 열거체로 정했다. currentClass 필드도 추가한다. 이 필드는 구문 트리를 순회하는 동안 어떤 클래스 선언의 내부에 있는지를 알려준다. 처음에는 클래스 선언 내부에 있지 않기 때문에 초깃값이 NONE이다.

클래스 선언을 리졸브하기 시작하면 CLASS로 바뀐다.

lox/Resolver.java ▶ visitClassStmt() 메서드

```
public Void visitClassStmt(Stmt.Class stmt) {
  ClassType enclosingClass = currentClass;
  currentClass = ClassType.CLASS;

  declare(stmt.name);
```

currentFunction과 마찬가지로, 필드의 이전 값을 로컬 변수에 저장한다. 이렇게 하면 JVM의 도움을 받아 currentFunction 값의 스택을 유지할 수 있다. 이제 한 클래스가 다른 클래스 내부에 중첩돼도 이전 값을 잃어버릴 일은 없을 것이다.

메서드 리졸빙이 끝나면 스택에서 팝해 이전 값을 복원한다.

lox/Resolver.java ▶ visitClassStmt() 메서드

```
  endScope();

  currentClass = enclosingClass;
  return null;
```

this 표현식을 리졸브할 때 currentClass 필드는 표현식이 메서드 바디 내부에 중첩되어 있지 않은 경우 에러를 리포트하기 위해 필요한 정보를 제공한다.

lox/Resolver.java ▶ visitThisExpr() 메서드

```java
public Void visitThisExpr(Expr.This expr) {
  if (currentClass == ClassType.NONE) {
    Lox.error(expr.keyword,
        "Can't use 'this' outside of a class.");
    return null;
  }

  resolveLocal(expr, expr.keyword);
```

덕분에 사용자는 this를 올바르게 사용할 수 있고, 언어 구현자는 런타임 오용 케이스를 인터프리터에서 처리하느라 진땀을 뺄 필요가 없을 것이다.

12.7 / 생성자와 초기자

INTERPRETER

이제 클래스로 거의 모든 일들을 할 수 있게 됐는데, 이 장의 끝부분으로 갈수록 이상하게 이 장의 시작 부분에 집중하고 있는 것 같다. 메서드와 필드를 사용하면 상태와 동작을 객체에 함께 캡슐화하여 객체가 항상 올바른 구성을 유지하도록 만들 수 있다. 하지만 새로운 객체가 올바른 상태에서 출발하도록 하려면 어떻게 해야 할까?

그래서 생성자가 필요하다. 나는 생성자야말로 언어를 디자인할 때 무척 까다로운 부분 중의 하나라고 생각한다. 대부분의 다른 언어도 잘 들여다보면 디자인 이음새가 완벽하게 잘 맞물리지 않아 객체 생성 부분이 어긋나 있는 경우가 많다. 어쩌면 출생의 순간은 본질적으로 뭔가 지저분하기 마련인가 싶다.

> 예를 들면, 자바에서는 반드시 final 필드를 초기화해야 하지만, 초기화를 하기 전에도 필드를 읽는 것은 가능하다. 예외(거대하고 복잡한 기능이다)는 주로 생성자에서 에러를 내보내기 위한 수단으로 C++에 추가된 기능이다.

객체의 '생성'은 실제로 다음 두 가지 연산의 결과다.

1. 런타임이 새 인스턴스에 필요한 메모리를 할당한다. 대부분의 언어에서 이 작업은 사용자 코드가 액세스할 수 있는 것보다 낮은 레벨에서 일어난다.

   > C++의 "placement new[8]"처럼 할당의 실체를 프로그래머가 재현할 수 있도록 드러낸 드문 사례도 있긴 하다.

2. 그런 다음, 사용자가 제공한 코드 뭉치를 호출하여 비정형 객체(unformed object)를 초기화한다.

---

8 https://www.google.com/search?client=safari&rls=en&q=C%2B%2B+placement+new&ie=UTF-8&oe=UTF-8

'생성자'라고 하면 보통 2번을 떠올리기 쉽지만, 언어 자체는 우리가 여기까지 도달하기 전에 이미 어느 정도 기초 공사는 끝낸다. 사실, 록스 인터프리터도 LoxInstance 객체를 생성할 때 이러한 작업을 수행한다.

다음은 사용자 정의 초기화(user-defined initialization)다. 클래스의 새 객체를 셋업하는 코드 뭉치는 언어마다 표기법이 다양하다. C++, 자바, C#은 클래스와 이름이 똑같은 메서드를 사용한다. 루비와 파이썬은 init()이라고 부른다. 록스는 짧고 멋져 보이는 init()으로 하겠다.

LoxClass의 LoxCallable 구현체에 다음 코드를 추가한다.

lox/LoxClass.java ▶ call() 메서드

```
                      List<Object> arguments) {
    LoxInstance instance = new LoxInstance(this);
    LoxFunction initializer = findMethod("init");
    if (initializer != null) {
      initializer.bind(instance).call(interpreter, arguments);
    }

    return instance;
```

LoxInstance가 생성된 이후 클래스가 호출되면 init() 메서드를 찾는다. 이 메서드가 1개 발견되면 일반 메서드처럼 즉시 바인딩하고 호출한다. 이때 인수 리스트도 함께 전달된다.

이 인수 리스트 때문에 클래스가 애리티를 선언하는 방법을 조정할 필요가 있다.

lox/LoxClass.java ▶ arity() 메서드 코드 1줄 교체

```
  public int arity() {
    LoxFunction initializer = findMethod("init");
    if (initializer == null) return 0;
    return initializer.arity();
  }
```

초기자가 있으면 클래스를 호출할 때 몇 개의 인수를 전달해야 하는지 메서드의 애리티로 결정된다. 하지만 편의상 클래스에 반드시 초기자를 정의해야 하는 것은 아니다. 초기자가 없으면 그냥 애리티는 0이다.

기본적인 내용은 여기까지다. init() 메서드는 호출하기 전에 바인드되므로 바디 안에서 이 메서드는 this에 액세스할 수 있다. 이제 클래스에 전달된 인수와 함께 새 인스턴스를 입맛에 맞게 셋업하는 데 필요한 모든 것을 손에 넣었다.

12.7.1 init() 직접 호출

세상일이 늘 그렇듯이, 새로운 시맨틱 영역을 탐험하다 보면 기괴한 생명체를 목격하게 된다. 다음 코드를 보자.

```
class Foo {
  init() {
    print this;
  }
}

var foo = Foo();
print foo.init();
```

객체의 init( ) 메서드를 직접 호출해서 그 객체를 '재초기화(re-initialize)'할 수 있을까? 그렇게 하면 무엇이 리턴될까? 정답은 nil이다. 바디가 리턴하는 것이 바로 nil 이기 때문이다.

그러나 (대체로 나는 구현체를 충족시키고자 뭔가 타협하는 것을 싫어한다) init( ) 메서드를 직접 호출해도 이 메서드가 항상 this를 리턴하도록 구현하면 씨록스의 생성자 구현 코드가 훨씬 더 쉬워질 것이다. 제이록스도 이와 보조를 맞추기 위해 약간 특별한 케이스 코드를 LoxFunction에 추가했다.

> '싫다'는 말이 너무 고집센 표현일지도 모르겠다. 구현체의 제약 조건과 리소스가 언어 디자인에 영향을 미치는 것은 당연하다. 하루에 일할 시간은 정해져 있는데 여기저기 흩어져 있는 낭비 요소를 절약해서 사용자에게 더 적은 시간에 더 많은 기능을 제공할 수 있다면 그들의 행복과 생산성 측면에서 이로울 것이다. 그러려면 사용자와 미래의 내가 스스로를 근시안적이라고 탓하지 않도록 어느 모난 부분을 잘라내야 할지 알아내는 것이 중요하다.

lox/LoxFunction.java ▶ call() 메서드

```
    return returnValue.value;
  }

  if (isInitializer) return closure.getAt(0, "this");
  return null;
```

함수가 초기자면 실제 리턴값을 오버라이드(override, 재정의)하여 this를 강제로 리턴한다. 이 판단은 isInitializer라는 새 필드값으로 한다.

lox/LoxFunction.java ▶ LoxFunction 클래스 코드 1줄 교체

```
  private final Environment closure;

  private final boolean isInitializer;

  LoxFunction(Stmt.Function declaration, Environment closure,
              boolean isInitializer) {
    this.isInitializer = isInitializer;
    this.closure = closure;
    this.declaration = declaration;
```

사용자가 실수로 함수 이름을 init으로 명명할 수도 있으므로 단순히 LoxFunction 이름이 init인지만 봐서는 안 된다. 리턴할 this가 없는 이런 이상한 엣지 케이스를 방지하기 위해 LoxFunction이 초기자 메서드를 나타내는지 여부를 직접 저장하겠다. 앞으로 돌아가 LoxFunction을 생성하는 코드 몇 군데를 다음과 같이 수정한다.

```java
public Void visitFunctionStmt(Stmt.Function stmt) {
  LoxFunction function = new LoxFunction(stmt, environment,
                                         false);
  environment.define(stmt.name.lexeme, function);
```

실제 함수 선언일 경우 isInitializer는 항상 false다. 메서드는 이름을 체크한다.

```java
for (Stmt.Function method : stmt.methods) {
  LoxFunction function = new LoxFunction(method, environment,
      method.name.lexeme.equals("init"));
  methods.put(method.name.lexeme, function);
```

그런 다음 bind()에서 this를 메서드에 바인드한 클로저를 생성한 뒤 원래 메서드의 값을 전달한다.

```java
    environment.define("this", instance);
    return new LoxFunction(declaration, environment,
                           isInitializer);
  }
```

12.7.2 init()에서 리턴

아직 숲에서 빗어난 게 아니다. 생성자는 내부분 값을 리턴하지 않기 때문에 사용자가 작성한 초기자는 명시적으로 어떤 값을 리턴하지 않는다고 가정해왔다. 만약 사용자가 그런 시도를 한다면 어떻게 될까?

```
class Foo {
  init() {
    return "something else";
  }
}
```

이런 코드가 제대로 작동할 리 없으므로 정적 에러로 처리하는 것이 좋겠다. 리졸버로 되돌아가서 FunctionType에 케이스를 하나 더 추가한다.

```java
    FUNCTION,
    INITIALIZER,
    METHOD
```

초기자를 리졸브하려는 것인지 아닌지는 비지트한 메서드의 이름을 보면 알 수 있다.

lox/Resolver.java ▶ visitClassStmt() 메서드

```java
      FunctionType declaration = FunctionType.METHOD;
      if (method.name.lexeme.equals("init")) {
        declaration = FunctionType.INITIALIZER;
      }

      resolveFunction(method, declaration);
```

나중에 return 문으로 이동할 때 이 필드를 체크해서 init() 메서드 내부에서 값을 리턴하는 경우 에러로 만든다.

lox/Resolver.java ▶ visitReturnStmt() 메서드

```java
    if (stmt.value != null) {
      if (currentFunction == FunctionType.INITIALIZER) {
        Lox.error(stmt.keyword,
            "Can't return a value from an initializer.");
      }

      resolve(stmt.value);
```

아직 안 끝났다. 초기자에서 값을 리턴하는 행위는 정적으로 차단했지만, 빈 return을 사용해 리턴할 가능성도 있다.

```
class Foo {
  init() {
    return;
  }
}
```

그러나 일찌감치 리턴하는 행위가 실제로 유용한 경우도 있으므로 이것까지 틀어막을 이유는 없어 보인다. 단, nil 대신 this를 리턴하자. LoxFunction에 코드 한 줄 넣으면 쉽게 해결된다.

lox/LoxFunction.java ▶ call() 메서드

```java
    } catch (Return returnValue) {
      if (isInitializer) return closure.getAt(0, "this");

      return returnValue.value;
```

초기자에서 return 문을 실행하면 어떤 값(항상 nil일 것이다) 대신 this를 리턴한다.

휴! 정말 할 일 많은 고된 여정이었지만, 그 덕에 작고 귀여운 록스 인터프리터는 클래스, 메서드, 필드, this, 생성자까지 갖춘, 제법 완전한 프로그래밍 패러다임으로 발전했다. 애기였던 언어가 꽤 어른스러워졌다.

연습 문제

1. 인스턴스에 메서드는 있지만 클래스 객체에 직접 호출 가능한 '정적' 메서드는 정의할 방법이 없다. 이 기능을 추가하라. 메서드 앞에 class 키워드를 붙여 클래스 객체와 떨어져 있는 정적 메서드임을 표시하라.

```
class Math {
  class square(n) {
    return n * n;
  }
}

print Math.square(3); // 9 출력
```

이 문제는 기호에 따라 원하는 대로 풀 수 있지만, 스몰토크와 루비에서 쓰인 '메타클래스(metaclass)'[9]는 아주 우아한 방법이다. (힌트: LoxClass가 LoxInstance를 상속하게 만들고 거기서부터 시작하라.)

2. 최신 언어는 대부분 필드 읽기/쓰기처럼 보이지만 실제로는 사용자 정의 코드를 실행하는 클래스 멤버인 '게터'와 '세터'를 지원한다. 록스도 게터 메서드를 지원하도록 확장하라. 이 메서드는 매개변수 리스트 없이 선언한다. 게터 메서드의 바디는 주어진 이름의 프로퍼티에 액세스할 때 실행된다.

```
class Circle {
  init(radius) {
    this.radius = radius;
  }

  area {
    return 3.141592653 * this.radius * this.radius;
  }
}

var circle = Circle(4);
print circle.area; // 50.2655 출력
```

---

9 https://en.wikipedia.org/wiki/Metaclass

3. 파이썬과 자바스크립트에서는 객체의 필드를 그 객체의 메서드 밖에서도 자유롭게 액세스할 수 있다. 루비와 스몰토크는 인스턴스 상태를 캡슐화한다. 클래스의 메서드만 원시 필드에 액세스할 수 있으며, 어떤 상태를 표출할지는 클래스마다 달라진다. 대부분의 정적 타입 언어는 private, public 같은, 클래스의 어느 부분이 멤버 단위로(per-member basis) 외부에서 액세스 가능한지 제어하는 수정자(modifier)를 제공한다.

이러한 다양한 액세스 방식에는 어떤 트레이드오프가 있을까? 어떤 언어가 특정한 액세스 방식을 선호한다면 그 이유는 무엇일까?

디자인 노트 | 프로토타입과 파워

이 장에서는 LoxClass와 LoxInstance라는 두 가지 런타임 엔티티를 선보였다. LoxClass는 객체의 행위를 담은 그릇, LoxInstance는 상태를 보관하는 금고다. 만약 LoxInstance 내부에서 어떤 단일 객체에 바로 메서드를 정의할 수 있다면 어떨까? 이게 가능하다면 사실 LoxClass는 필요가 없고 LoxInstance는 객체의 동작과 상태를 모두 정의할 수 있는 완벽한 패키지가 될 것이다.

그래도 다수의 인스턴스에 걸쳐 클래스 없이 동작을 재사용할 수 있는 수단이 필요하다. 일종의 상속 (inheritance)처럼 LoxInstance가 자신의 필드와 메서드를 재사용할 수 있게, 또 다른 LoxInstance에게 직접 '위임(delegate)'하는 것이다.

사용자는 프로그램을 수많은 객체들로 모델링하지만, 그중 일부는 서로 위임을 하는 형태로 공통성 (commonality)을 드러낸다. 위임자 객체는 다른 객체가 더 정교하게 다듬어야 할 '정규적(canonical)', '원형적(prototypical)' 객체 역할을 한다. 그 결과, 하나의 내부 요소인 LoxInstance만 존재하는 런타임으로 단순화할 수 있다.

프로토타입(prototype)이라는 명칭도 이런 패러다임에서 유래됐다. 원래 프로토타입은 데이비드 웅가(David Ungar)와 랜달 스미스(Randall Smith)가 셀프(Self)라는 언어에서 만들었다. 그들은 스몰토크부터 시작해서 언어를 얼마나 더 줄일 수 있는지 알아보고자 멘탈 훈련을 거듭하던 중 프로토타입을 떠올렸다.

프로토타입은 오랜 세월 학계의 관심사였고 다양한 연구가 이루어졌지만 더 넓은 프로그래밍의 세계에 큰 영향을 미치지는 못했다. 그러다 브렌던 아이크(Brendan Eich)가 프로토타입을 자바스크립트에 밀어 넣자 비로소 프로토타입이 빠른 속도로 세상을 점령하기 시작했고, 자바스크립트의 프로토타입을 주제로 한 많은 단어가 쏟아져 나왔다. 프로토타입이 정말 놀라운 기술인지, 혼란스러운 기술인지(아니면 둘 다 인지)는 아직도 논란이 분분하다.

> 프로그래머 쪽에서 쏟아져 나온, 한 웅큼 정도 되는 단어들까지 포함해서[10]

---

[10] http://gameprogrammingpatterns.com/prototype.html

프로토타입이 언어 디자인에 좋은 생각인지 아닌지를 논하려는 건 아니다. 나는 프로토타입 기반의 언어와 클래스 기반의 언어를 둘 다 만들어보았는데, 내 생각엔 둘 다 복잡하다. 내가 얘기하고 싶은 것은 언어에서 단순성(simplicity)이 어떤 비중을 차지하는가, 이다.

프로토타입은 클래스보다 단순하다. 언어 구현자가 작성할 코드도 적고 사용자가 학습하고 이해해야 할 개념도 적다. 그럼 프로토타입이 더 나은 걸까? 언어 괴짜들은 미니멀리즘을 숭배하는 경향이 있는데, 나는 개인적으로 단순성은 방정식의 일부에 지나지 않는다고 생각한다. 우리가 정말 사용자에게 제공하고 싶은 것은 파워(power)다. 나는 파워를 다음 수식으로 정의한다.

$$파워(power) = 폭(breadth) \times 용이성(ease) \div 복잡성(complexity)$$

세 가지 팩터 중 어느 것도 정확한 측정 기준은 없다. 비유적으로 수식화한 것일 뿐, 실제로 정량화할 의도는 없다.

- **폭(breadth)**은 언어에서 표현하려는 다양성의 범위다. C는 폭이 아주 넓다. 운영 체제부터 사용자 애플리케이션, 게임에 이르기까지 거의 모든 분야에서 아직도 맹활약 중이다. 애플스크립트(AppleScript), 매트랩(Matlab) 같은 도메인 특화 언어(DSL)는 폭이 좁다.

- **용이성(ease)**은 얼마나 적은 노력으로 언어를 사용해서 원하는 바를 성취하는가다. '사용성(usability)'이라고 표현하기도 하지만, 이 용어는 내가 나타내고 싶은 것보다 더 많은 의미를 내포한다. '더 하이레벨인(higher-level)' 언어는 대부분 '더 로우레벨인(lower-level)' 언어보다 배우기 쉽다. 대부분의 언어는 다른 언어보다 뭔가 더 표현하기 쉽다는 느낌을 주는 '기질(grain)'이 있다.

- **복잡성(complexity)**은 단순성의 반의어로 (런타임, 코어 라이브러리, 도구, 생태계 등을 포함한) 언어의 규모를 말한다. 사람들은 어떤 언어익 스펙이 몇 페이지인지, 키워드가 몇 개나 되는지 이야기한다. 언어를 시스템에서 생산적으로 사용하기 전에 사용자 스스로 머릿속에 얼마나 많은 정보를 집어넣어야 하는지를 의미한다.

복잡성을 줄이면 파워가 증가한다. 분모가 작을수록 결괏값이 커질 테니 단순한 게 좋다는 직감이 딱 들어맞는다. 그러나 복잡성을 줄일 때 프로세스의 폭이나 용이성이 희생되지 않도록 유의해야 한다. 자바에서 문자열을 제거하면 당연히 더 단순한 언어가 되겠지만, 텍스트 하나도 제대로 조작하지 못하는 언어, 뭐 하나 쉬운 것도 처리할 수 없는 언어라면 곤란할 것이다.

기술은 생략 가능한 우발적 복잡성(accidental complexity), 즉 언어 사용의 폭을 넓히고 더 용이하게 만듦으로써 그 중요성이 떨어지지 않는 언어의 기능과 상호작용을 찾는 과정이다.

사용자가 객체의 범주로 프로그램을 표현하고 싶다면 언어에 클래스를 달여 넣는 편이 용이성을 증대시키는 동시에 그만큼 늘어난 복잡성을 상쇄하고도 남을 만큼의 충분한 보상을 제공할 것이다. 그러나 앞으로 사람들이 여러분의 언어를 그렇게 사용하지 않을 거라면 과감하게 클래스를 도려내는 것이 맞다.

13장

상속

한때 바다 속의 물방울이었던 우리는 물고기가 되었고, 다음엔 도마뱀, 쥐, 원숭이, 그리고 그 사이에 수백 가지 동물들로 진화해왔다. 이 손도 한때는 지느러미였고, 날카로운 발톱도 달려 있었을 것이다! 인간인 나의 입 안에는 늑대의 뾰족한 송곳니와 토끼의 앞니, 소의 어금니가 있다! 우리 피는 우리가 기거했던 바다만큼이나 짜다! 두려움을 느끼면 몸에 털이 수북했던 시절처럼 피부의 털이 곤두선다. 우리는 역사다! 지금의 우리가 되기까지 거쳐온 모든 것들이 그렇고 지금도 마찬가지다.

테리 프래쳇(Terry Pratchett), 『A Hat Full of Sky』

놀랍지 않은가? 벌써 2부 마지막 장이다. 첫 번째 인터프리터는 거의 완성 단계다. 이전 장은 갖가지 객체 지향 기능이 서로 얽혀 복잡했고 기능을 하나씩 분리하진 못했지만, 그럭저럭 한 조각은 잘 풀어냈다고 본다. 이 장은 상속을 추가하여 록스의 클래스 기능을 마무리하겠다.

상속은 최초의 객체 지향 프로그래밍인 시뮬라[1] 시절부터 등장한 오래된 OOP 개념이다. 크리스텐 니가드(Kristen Nygaard)와 올레-요한 달(Ole-Johan Dahl)은 일찍이 자신이 작성한 시뮬레이션 프로그램에서 여러 클래스의 공통성을 발견했다. 상속은 유사한 부분에 코드를 재사용하는 방법으로 활용되었다.

> 이 모든 언어들이 시뮬라에게 상속을 '상속'받은 셈이다.

13.1 / 수퍼클래스와 서브클래스

INTERPRETER

'상속'의 개념을 '부모', '자식' 클래스라는 일관된 비유를 통해 설명할 수는 있지만, 이는 너무 단순하다. 토니 호어(Tony Hoare)는 다른 타입의 레코드를 세분화한 레코드 타입을 '서브클래스(subclass)'라는 용어로 지칭했고, 시뮬라는 이 용어를 차용하여 다른 클래스로부터 상속받는 클래스를 가리켰다. 스몰토크가 등장하기 전까지는 누군가 이 관계의 반대편을 나타내려고 라틴어 접두어를 뒤집어 '수퍼클래스(superclass)'라는 말을 사용한 것 같지는 않다. C++에서는 '베이스(base)' 클래스, '파생(derived)' 클래스라는 용어도 사용한다. 나는 이 책에서 '수퍼클래스'와 '서브클래스' 두 가지만 사용하겠다.

> '수퍼-(super-)'와 '서브-(sub-)'는 각각 라틴어로 '위(above)'와 '아래(below)'라는 뜻이다. 상속 트리를 제일 위에 있는 뿌리에서 가지처럼 뻗어나온 가족 관계라고 생각해보라. 이 그림에서 서브클래스는 자기 수퍼클래스 바로 아래에 위치한다. 일반적으로 '서브-'는 더 일반적인 개념을 구체화하거나 그 개념에 포함된 것을 의미한다. 동물학에서 서브클래스는 더 큰 생물군을 세분화한 카테고리다.
>
> 집합론(set theory)에서 부분 집합(subset)은 부분 집합의 모든 원소와 그 이상을 포함하는 더 큰 상위 집합(superset)에 포함된다. 집합론과 프로그래밍 언어는 타입 이론에서 서로 맞물린다. '수퍼타입(supertype)', '서브타입(subtype)'도 여기서 나온 말이다.
>
> 정적 타입 객체 지향 언어에서는 서브클래스가 대부분 그 수퍼클래스의 서브타입이다. 가령, Doughnut 수퍼클래스와 BostonCream 서브클래스가 있다고 하자. 모든 BostonCream은 Doughnut의 한 종류지만, Cruller[2]처럼 BostonCream이 아닌 Doughnut 객체도 있을 것이다.

---

1 https://en.wikipedia.org/wiki/Simula

2 옮긴이 크룰러, 꽈배기처럼 생긴 도넛

록스에 상속 능력을 부여하는 첫 단추는 클래스 선언 시 수
퍼클래스를 지정하는 방법이다. 언어마다 구문이 다양하다.
C++, C#은 서브클래스 이름 뒤에 :을 붙이고 그 뒤에 수퍼
클래스 이름을 지정한다. 자바는 콜론 대신 extends를 사용
한다. 파이썬은 클래스 이름 뒤의 괄호 안에 수퍼클래스를
지정한다. 시뮬라는 class 키워드 앞에 수퍼클래스 이름을
쓴다.

이 게임의 후발 주자인 나는 렉서에 새로운 예약어나 토큰을
추가하고 싶지 않다. extends나 : 대신, 다음과 같이 루비
방식으로 〈 기호를 사용하겠다.

타입을 그 타입의 모든 값들을 모아놓은 집합이라고
생각하면 된다. 모든 Doughnut 인스턴스의 집합은 모
든 BostonCream 인스턴스의 집합을 포함한다. 모든
BostonCream은 Doughnut이기 때문이다. 따라서
BostonCream은 서브클래스이자 서브타입이며, 그
인스턴스는 부분 집합이다. 만사가 잘 맞아 떨어진다.

```
class Doughnut {
  // 일반 도넛에 관한 코드...
}

class BostonCream < Doughnut {
  // 보스턴 크림에 특정한 코드...
}
```

기존 classDecl 문법 규칙에 새로운 옵션 절을 추가한다.

```
classDecl       → "class" IDENTIFIER ( "<" IDENTIFIER )?
                  "{" function* "}" ;
```

클래스 이름 뒤에 〈가 오고 그 뒤에 수퍼클래스 이름이 나온다. 수퍼클래스가 꼭 있어야 하는 것은 아니므로
이 절은 옵션이다. 자바 같은 객체 지향 언어와 달리 록스에는 만물의 근원인 Object 같은 클래스가 없다.
따라서 수퍼클래스 절이 없는 클래스는 명시적으로나 암묵적으로나 수퍼클래스가 존재하지 않는 진짜 원조
클래스다.

이 새로운 구문을 캡처해서 클래스 선언의 AST 노드에 넣는다.

tool/GenerateAst.java ▶ main() 메서드 코드 1줄 교체

```
    "Block      : List<Stmt> statements",
    "Class      : Token name, Expr.Variable superclass," +
                 " List<Stmt.Function> methods",
    "Expression : Expr expression",
```

수퍼클래스의 이름을 왜 Token이 아닌, Expr.Variable로 저장하는지 궁금할 수도 있다. 문법상 수퍼클래스
절은 단일 식별자로 한정되지만, 런타임에는 이 식별자가 변수 액세스로 평가된다. 파서에서 처음부터 이름
을 Expr.Variable로 래핑하면 리졸버가 레졸루션 정보를 매달 수 있는 객체를 얻을 수 있다.

새로운 파서 코드는 이 문법을 그대로 따른다.

```java
Token name = consume(IDENTIFIER, "Expect class name.");

Expr.Variable superclass = null;
if (match(LESS)) {
  consume(IDENTIFIER, "Expect superclass name.");
  superclass = new Expr.Variable(previous());
}

consume(LEFT_BRACE, "Expect '{' before class body.");
```

수퍼클래스 선언을 파싱한 다음 AST에 저장한다.

```java
consume(RIGHT_BRACE, "Expect '}' after class body.");

return new Stmt.Class(name, superclass, methods);
}
```

수퍼클래스 절을 파싱하지 않았다면 수퍼클래스 표현식은 null일 것이다. 후속 패스에서 이 null 체크는 꼭 해야 한다. 그중 첫 번째가 리졸버다.

```java
define(stmt.name);

if (stmt.superclass != null) {
  resolve(stmt.superclass);
}

beginScope();
```

클래스 선언 AST 노드에는 새로운 서브식이 있으므로 그 안에 들어가 리졸브한다. 클래스는 일반적으로 최상위 레벨에 선언되고 수퍼클래스 이름은 보통 글로벌 변수일 가능성이 높기 때문에 이 방법은 실용성이 떨어진다. 하지만 록스는 블록 안에서도 클래스를 선언할 수 있으므로 수퍼클래스 이름으로 로컬 변수를 참조할 수 있다. 이 경우, 수퍼클래스 이름이 리졸브됐는지 확인해야 한다.

의도가 분명한 프로그래머도 가끔 자기도 모르게 이상한 코드를 작성할 때가 있다. 다음 코드처럼 프로그래머가 바보짓을 하는 엣지 케이스도 고려해야 한다.

```
class Oops < Oops {}
```

이렇게 전혀 쓸모없는 코드를 런타임에 실행되도록 방치하면 상속 체인에 순환 참조가 발생하지 않으리란 인터프리터의 예상이 보기 좋게 빗나갈 것이다. 이런 케이스는 정적으로 찾아내 에러로 처리하는 편이 가장 안전하다.

---

lox/Resolver.java ▶ visitClassStmt() 메서드

```
    define(stmt.name);

    if (stmt.superclass != null &&
        stmt.name.lexeme.equals(stmt.superclass.name.lexeme)) {
      Lox.error(stmt.superclass.name,
          "A class can't inherit from itself.");
    }

    if (stmt.superclass != null) {
```

코드가 에러 없이 리졸브되면 AST는 인터프리터로 이동한다.

---

lox/Interpreter.java ▶ visitClassStmt() 메서드

```
  public Void visitClassStmt(Stmt.Class stmt) {
    Object superclass = null;
    if (stmt.superclass != null) {
      superclass = evaluate(stmt.superclass);
      if (!(superclass instanceof LoxClass)) {
        throw new RuntimeError(stmt.superclass.name,
            "Superclass must be a class.");
      }
    }

    environment.define(stmt.name.lexeme, null);
```

클래스에 수퍼클래스 표현식이 있으면 이를 평가한다. 자칫 타입이 다른 객체를 평가할 가능성도 있으니 수퍼클래스가 되고자 하는 객체가 진짜 클래스인지 체크해야 한다. 가령, 다음과 같은 코드가 허용되면 상당히 난감해질 것이다.

```
var NotAClass = "I am totally not a class";

class Subclass < NotAClass {} // ?!
```

체크해서 문제가 없으면 계속 진행한다. 클래스 선언을 실행하면 클래스의 구문 표현(AST 노드)이 런타임 표현인 LoxClass 객체로 변환된다. 수퍼클래스도 여기에 연결해야 한다. 생성자에 수퍼클래스를 함께 전달하자.

```
        methods.put(method.name.lexeme, function);
    }

    LoxClass klass = new LoxClass(stmt.name.lexeme,
        (LoxClass)superclass, methods);

    environment.assign(stmt.name, klass);
```

생성자는 전달받은 수퍼클래스를 superclass 필드에 저장한다.

```
    LoxClass(String name, LoxClass superclass,
            Map<String, LoxFunction> methods) {
      this.superclass = superclass;
      this.name = name;
```

이 필드는 다음과 같이 선언한다.

```
    final String name;
    final LoxClass superclass;
    private final Map<String, LoxFunction> methods;
```

이제 다른 클래스의 서브클래스를 정의할 수 있다. 그럼 수퍼클래스는 실제로 어떤 역할을 할까?

13.2 / 메서드 상속
INTERPRETER

다른 클래스를 상속한다는 것은, 수퍼클래스에서 참인 것은 모두 서브클래스에서도 어느 정도 참이어야 한다는 뜻이다. 정적 타입 언어에서 이 말은 많은 의미를 내포한다. 서브'클래스'는 서브'타입'이기도 하므로 수퍼클래스를 기대하는 함수에 서브클래스의 인스턴스를 전달해도 여전히 상속된 필드에 올바르게 액세스할 수 있도록 메모리 레이아웃이 제어된다.

> 이 말장난 같은 가이드라인을 조금 더 화려하게 표현한 것이 리스코프 치환 원칙 (Liskov substitution principle)이다. 바바라 리스코프(Barbara Liskov)는 객체 지향 프로그래밍이 뿌리를 내리는 초창기 시절에 이 원칙을 소개했다.

록스는 동적 타입 언어라서 이 요건이 훨씬 간단하다. 기본적으로 수퍼클래스의 인스턴스에서 호출 가능한 메서드라면 당연히 서브클래스의 인스턴스에서도 해당 메서드를 호출할 수 있어야 한다는 뜻이다. 다시 말해, 메서드는 수퍼클래스로부터 상속된다.

이는 클래스 간의 코드 재사용이라는 상속의 목표와도 일치한다. 록스 인터프리터에서 상속을 구현하는 방법은 놀라울 정도로 쉽다.

lox/LoxClass.java ▶ findMethod() 메서드

```
    return methods.get(name);
  }

  if (superclass != null) {
    return superclass.findMethod(name);
  }

  return null;
```

말 그대로 이게 전부다. 인스턴스에서 메서드를 찾아보고 없으면 수퍼클래스 체인을 따라 재귀적으로 탐색한다. 다음 코드를 실행해보라.

```
class Doughnut {
  cook() {
    print "Fry until golden brown.";
  }
}

class BostonCream < Doughnut {}

BostonCream().cook();
```

짜잔, 상속 기능의 절반이 단 세 줄의 자바 코드로 끝났다.

13.3 수퍼클래스 메서드 호출

INTERPRETER

findMethod()는 수퍼클래스 체인을 거슬러 올라가기 전에 현재 클래스에서 메서드를 찾는다. 이름이 같은 메서드가 서브클래스와 수퍼클래스 양쪽 모두 존재하면 서브클래스 메서드를 우선 적용한다. 다시 말해, 수퍼클래스 메서드를 **오버라이드**한다. 내부 스코프에 있는 변수가 외부 스코프에 있는 변수를 섀도우하는 것과 같은 이치다.

이런 방식은 서브클래스가 수퍼클래스의 동작을 완전히 대체(replace)하는 것이 목적일 때 가장 좋다. 하지만 실제로는 서브클래스가 수퍼클래스의 동작을 세분화하려는 경우가 더 많다. 원래 수퍼클래스의 동작도 실행하면서 서브클래스에서 조금 더 특화된 작업을 곁들이는 것이다.

그러나 서브클래스가 수퍼클래스의 메서드를 오버라이드하면 원래 메서드를 참조할 방법이 없다. 서브클래스의 메서드가 이름으로 호출하려고 해도 자신이 오버라이드한 메서드로 재귀할 뿐이다. "이 메서드를 호출하되, 내 수퍼클래스에서 바로 찾아보고 내가 오버라이드한 것은 무시하라"는 의사를 밝힐 수단이 필요하다. 이럴 때 자바는 super 키워드를 사용하는데, 록스도 동일한 구문을 사용하겠다. 다음 코드를 보자.

```
class Doughnut {
  cook() {
    print "Fry until golden brown.";
  }
}

class BostonCream < Doughnut {
  cook() {
    super.cook();
    print "Pipe full of custard and coat with chocolate.";
  }
}

BostonCream().cook();
```

코드를 실행하면 다음과 같이 출력된다.

```
Fry until golden brown.
Pipe full of custard and coat with chocolate.
```

자, 새로운 표현식 형식이 생겼다. super 키워드는 점과 식별자 앞에 붙이고, 해당 이름을 가진 메서드를 찾는다. 이렇게 하면 this와 반대로 수퍼클래스부터 찾기 시작한다.

13.3.1 구문

this와 더불어 super는 마법의 변수처럼 작동되는 키워드다. 표현식도 달랑 토큰 하나뿐이다. 그러나 super 다음에 나오는 .과 프로퍼티 이름을 이 표현식에서 분리할 수는 없다. super 토큰을 단독으로 사용할 수 없다는 뜻이다.

```
print super; // 구문 에러
```

그래서 primary 문법 규칙에도 새로 추가한 super 절에 프로퍼티 액세스가 포함되어 있다.

```
primary      → "true" | "false" | "nil" | "this"
             | NUMBER | STRING | IDENTIFIER | "(" expression ")"
             | "super" "." IDENTIFIER ;
```

super 표현식은 거의 대부분 메서드 호출에 사용된다. 하지만 여느 메서드처럼 인수 리스트는 표현식의 일부가 아니다. 수퍼 '호출(call)'은 함수 호출 다음에 이어지는 수퍼 '액세스(access)'이다. 다른 메서드 호출처럼 수퍼클래스 메서드의 핸들을 가져와 별도로 실행할 수 있다.

```
var method = super.cook;
method();
```

따라서 super 표현식 자체에는 super 키워드에 해당하는 토큰과 조회하려는 메서드의 이름만 포함된다. 구문 트리 노드는 다음과 같다.

tool/GenerateAst.java ▶ main() 메서드

```
    "Set      : Expr object, Token name, Expr value",
    "Super    : Token keyword, Token method",
    "This     : Token keyword",
```

> 새로 추가한 노드에 해당하는 생성 코드는 부록 2를 참조하기 바란다.

문법에 따라 새로운 파싱 코드는 기존 primary() 메서드 안에 들어간다.

lox/Parser.java ▶ primary() 메서드

```
      return new Expr.Literal(previous().literal);
    }

    if (match(SUPER)) {
      Token keyword = previous();
      consume(DOT, "Expect '.' after 'super'.");
      Token method = consume(IDENTIFIER,
          "Expect superclass method name.");
      return new Expr.Super(keyword, method);
    }

    if (match(THIS)) return new Expr.This(previous());
```

앞에 super 키워드가 있으면 super 표현식이 나왔다는 소리다. 그 뒤에 등장할 .과 메서드 이름을 차례로 소비한다.

13.3.2 시맨틱

방금 전, 나는 super 표현식이 수퍼클래스에서 메서드 조회를 시작한다고 했는데, 어느 수퍼클래스를 말하는 걸까? this의 수퍼클래스, 즉 주변 메서드가 호출된 객체라고 말한다면 너무 순진한 대답이다. 그러한 경우가 대부분인 것은 사실이지만, 정답은 아니다. 다음 코드를 보자.

```
class A {
  method() {
    print "A method";
  }
}

class B < A {
  method() {
    print "B method";
  }

  test() {
    super.method();
  }
}

class C < B {}

C().test();
```

이 프로그램을 자바, C#, C++로 실행하면 "A method"가 출력된다. 록스에서도 이렇게 출력되는 게 맞다. 프로그램이 실행되면 test() 바디 안의 this는 C의 인스턴스다. B는 C의 수퍼클래스지만 조회가 시작되는 지점은 아니다. 만약 그랬다면 B의 method()에 당도했을 것이다.

대신, 메서드 조회는 super 표현식을 포함한 클래스의 수퍼클래스부터 시작해야 한다. test()는 B에 정의되어 있으므로 그 안의 수퍼 표현식은 B의 수퍼클래스인 A부터 조회를 시작해야 맞다.

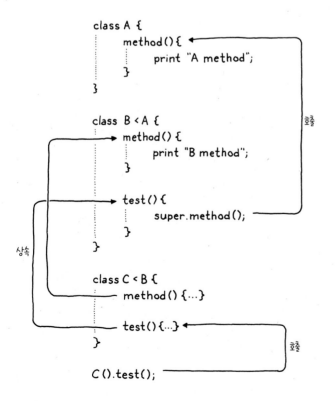

실행 흐름을 정리하면 이렇다.
1. C의 인스턴스에서 test()를 호출한다.
2. B로부터 상속받은 test() 메서드에 진입한다. 여기서 super.method()를 호출한다.
3. B의 수퍼클래스는 A이므로 A의 method()로 연결되고 프로그램은 "A method"를 출력한다.

그러므로 super 표현식을 평가하려면 호출을 둘러싼 클래스의 수퍼클래스에 액세스해야 한다. 하지만 안타깝게도 인터프리터에서 super 표현식을 실행하는 시점에서 수퍼클래스에 액세스하기가 결코 쉽지 않다.

LoxFunction에 필드를 추가하여 해당 메서드를 소유한 LoxClass를 가리키는 참조를 저장할 수는 있다. 인터프리터가 현재 실행 중인 LoxFunction의 참조를 갖고 있다가 나중에 super 표현식이 나오면 찾아보는 것이다. 그러면 메서드의 LoxClass를 가져올 수 있고 그 수퍼클래스도 가져올 수 있다.

그런데 12장에서 this를 추가할 때도 그랬듯이 작업 분량이 적지 않다. 그때는 기존 환경과 클로저 메커니즘을 활용해서 현재 객체를 가리키는 참조를 저장했다. 수퍼클래스도 이와 비슷하게 처리할 수 있을까? 음, 이 질문의 대답이 '아니오'였으면 얘기를 꺼내지도 않았을 것이다. 맞다, 가능하다!

> 혹시 수사 의문문(rhetorical question)을 좋아하시는 분 계신가요?

한 가지 중요한 차이점은, 메서드가 액세스됐을 때 this를 바인드했다는 사실이다. 여러 인스턴스가 동일한 메서드를 호출할 수 있으므로 각자 자신만의 this가 필요하다. super 표현식을 사용할 경우, 수퍼클래스는 클래스 선언 자체의 고정된 프로퍼티다. 어떤 super 표현식을 평가하더라도 매번 수퍼클래스는 항상 동일하다.

즉, 수퍼클래스에 대한 환경은 딱 한 번, 클래스 정의가 실행되는 시점에 생성할 수 있다. 메서드를 정의하기 직전에 클래스의 수퍼클래스를 super라는 이름에 바인드하기 위해 새 환경을 만든다.

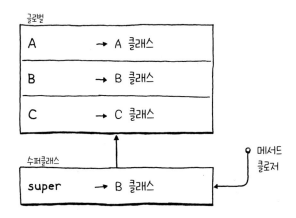

각 메서드마다 LoxFunction 런타임 표현이 생성될 때 이 환경이 바로 각자의 클로저가 캡처할 환경이다. 나중에 메서드가 호출되고 this가 바인드되면, 다음과 같이 수퍼클래스 환경은 메서드 환경의 부모가 된다.

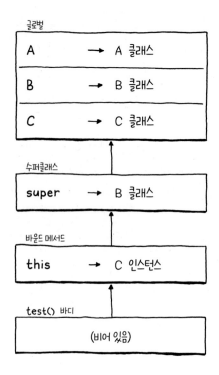

복잡한 과정이니 하나씩 살펴보자. 런타임에 환경을 생성하기 전에 먼저 리졸버에서 해당 스코프 체인을 처리해야 한다.

lox/Resolver.java ▶ visitClassStmt() 메서드

```
    resolve(stmt.superclass);
  }

  if (stmt.superclass != null) {
    beginScope();
    scopes.peek().put("super", true);
  }

  beginScope();
```

클래스 선언에 수퍼클래스가 있으면 그 수퍼클래스의 모든 메서드를 감싼 새로운 스코프를 만든다. 이 스코프에서 "super"라는 이름을 정의한다. 클래스의 메서드가 모두 리졸브되면 이 스코프는 폐기한다.

lox/Resolver.java ▶ visitClassStmt() 메서드

```
  endScope();

  if (stmt.superclass != null) endScope();

  currentClass = enclosingClass;
```

사소한 최적화이지만 수퍼클래스 환경은 수퍼클래스가 정말 있는 경우에만 생성하는 것이 좋다. 수퍼클래스가 없으면 어차피 저장할 수퍼클래스가 없으므로 만들어봐야 의미가 없다.

스코프 체인에 정의된 "super"를 사용하면 super 표현식 자체를 리졸브할 수 있다.

lox/Resolver.java ▶ visitSetExpr() 메서드 다음에 추가

```java
@Override
public Void visitSuperExpr(Expr.Super expr) {
  resolveLocal(expr, expr.keyword);
  return null;
}
```

마치 super 토큰이 변수인 것처럼 리졸브한다. 이 레졸루션 과정에서 수퍼클래스가 저장된 환경을 찾기 위해 인터프리터가 밟아야 할 환경 체인의 홉 수를 저장한다.

이 코드는 인터프리터에 그대로 반영된다. 서브클래스 정의를 평가할 때 새로운 환경을 만든다.

lox/Interpreter.java ▶ visitClassStmt() 메서드

```java
      throw new RuntimeError(stmt.superclass.name,
          "Superclass must be a class.");
    }
  }

  environment.define(stmt.name.lexeme, null);

  if (stmt.superclass != null) {
    environment = new Environment(environment);
    environment.define("super", superclass);
  }

  Map<String, LoxFunction> methods = new HashMap<>();
```

이 환경 안에서 수퍼클래스에 대한 참조, 즉 런타임에 있는 수퍼클래스에 대한 실제 LoxClass 객체를 저장한다. 그런 다음 각 메서드마다 LoxFunction을 생성한다. 이들은 현재 환경(이제 막 "super"를 바인드한 환경)을 각자의 클로저로 캡처할 것이다. 이 작업이 끝나면 환경을 스택에서 팝한다.

lox/Interpreter.java ▶ visitClassStmt() 메서드

```java
  LoxClass klass = new LoxClass(stmt.name.lexeme,
      (LoxClass)superclass, methods);

  if (superclass != null) {
    environment = environment.enclosing;
  }

  environment.assign(stmt.name, klass);
```

super 표현식을 인터프리트할 준비는 다 됐다. 이 메서드는 몇 가지 구성 요소별로 나누어 구축하겠다.

```java
@Override
public Object visitSuperExpr(Expr.Super expr) {
  int distance = locals.get(expr);
  LoxClass superclass = (LoxClass)environment.getAt(
      distance, "super");
}
```

먼저 우리가 줄곧 해왔던 작업이다. 적절한 환경에 "super"가 있는지 주변 클래스의 수퍼클래스를 찾아본다.

메서드에 액세스할 때에는 메서드가 액세스되는 객체에도 this를 바인드해야 한다. doughnut.cook 같은 표현식에서 doughnut을 평가하여 얻게 되는 객체 말이다. super.cook 같은 super 표현식에서 현재 객체는 암묵적으로 현재 사용 중인 것과 동일한 객체, 즉 this다. 수퍼클래스에서 메서드를 조회하고 있지만 아직 인스턴스는 this다.

아쉽게도 super 표현식 내부에는 리졸버가 this까지 걸리는 홉 수를 잠깐 보관할 노드가 마땅치 않다. 하지만 다행히 환경 체인의 배치는 마음대로 조종할 수 있다. this가 바인드된 환경은 언제나 "super"를 저장하는 환경 바로 안에 있다.

```java
    LoxClass superclass = (LoxClass)environment.getAt(
        distance, "super");

    LoxInstance object = (LoxInstance)environment.getAt(
        distance - 1, "this");
  }
```

한 겹 더 안쪽 환경에서 "this"를 찾을 때마다 거리가 1만큼 오프셋된다. 그리 우아한 코드가 아니라는 점은 인정하지만, 그래도 잘 작동된다.

자, 이제 수퍼클래스부터 시작해서 메서드를 찾아 바인드할 수 있게됐다.

> 프로그램이 한줄 한줄 모두 포함된 책을 쓴다는 건, 핵(hack)을 '독자를 위한 연습문제'로 남겨두는 식으로 숨길 수가 없다는 뜻이다.

```java
    LoxInstance object = (LoxInstance)environment.getAt(
        distance - 1, "this");

    LoxFunction method = superclass.findMethod(expr.method.lexeme);
    return method.bind(object);
  }
```

현재 객체의 클래스가 아닌, 수퍼클래스에서 findMethod()를 호출한다는 점을 제외하면 겟 표현식의 메서드를 찾는 코드와 거의 동일하다.

기본 로직은 여기까지다. 물론, 메서드를 찾다가 실패할 수도 있다. 이것도 체크하는 로직을 하나 더 추가하자.

lox/Interpreter.java ▶ visitSuperExpr() 메서드

```java
LoxFunction method = superclass.findMethod(expr.method.lexeme);

if (method == null) {
  throw new RuntimeError(expr.method,
      "Undefined property '" + expr.method.lexeme + "'.");
}

return method.bind(object);
}
```

다 됐다! 앞서 예로 든 BostonCream 코드를 실행해보라. 코딩을 제대로 했다면 먼저 튀겨낸 다음 크림을 잘 채워 넣을 것이다.

13.3.3 잘못된 super 용례

지금까지 설명한 언어 기능과 마찬가지로, 록스 구현체는 사용자가 올바른 코드를 작성하면 올바르게 동작하지만, 잘못된 코드에 대해서도 몸을 날려 인터프리터를 보호하진 않는다. 다음 코드를 보자.

```
class Eclair {
  cook() {
    super.cook();
    print "Pipe full of crème pâtissière.";
  }
}
```

이 클래스는 super 표현식을 사용했지만 수퍼클래스가 없다. 런타임에 super 표현식을 평가하는 코드는 super가 성공적으로 리졸브되어 환경에서 발견되리라 가정한다. 이 코드는 실제로 수퍼클래스가 없기 때문에 수퍼클래스의 주변 환경이 없고 결국 실패할 것이다. JVM은 예외를 던지고 록스 인터프리터는 무릎을 꿇게 될 것이다.

맙소사, 훨씬 더 단순한 super 오용 사례도 있다.

```
super.notEvenInAClass();
```

런타임에 super 조회가 성공했는지 체크하면 이런 에러는 런타임에 super를 제대로 조회하는지만 체크해도 처리할 수 있다. 하지만 그냥 소스 코드를 눈으로 훑어보기만 해도 Eclair에는 수퍼클래스가 없으므로 super 표현식은 작동되지 않을 거란 사실을 알 수 있다. 마찬가지로, 두 번째 예제를 잘 보면 super 표현식이 메서드 바디 안에 있지도 않다.

록스가 동적 타입 언어라고 해서 만사를 런타임으로 미루려는 것은 아니다. 사용자가 실수를 했다면 그들이 조기에 실수를 발견해서 조치하도록 도와주는 게 옳다. 이런 에러는 리졸버에서 정적으로 리포트하도록 만들자.

먼저, 현재 비지트 중인 코드를 어떤 타입의 클래스가 둘러싸고 있는지 추적하기 위해 기존 열거체에 새 케이스를 추가한다.

lox/Resolver.java ▶ ClassType 열거체의 이전 줄에 "," 추가

```
    NONE,
    CLASS,
    SUBCLASS
  }
```

이로써 수퍼클래스가 있는 클래스인지, 아니면 수퍼클래스가 없는 클래스인지 구분할 수 있다. 클래스 선언을 리졸브할 때 해당 클래스가 서브클래스면 SUBCLASS 값으로 세팅한다.

lox/Resolver.java ▶ visitClassStmt() 메서드

```
    if (stmt.superclass != null) {
      currentClass = ClassType.SUBCLASS;
      resolve(stmt.superclass);
```

그런 다음, super 표현식을 리졸브할 때 현재 이 표현식이 허용되는 스코프 안에 있는지 확인한다.

lox/Resolver.java ▶ visitSuperExpr() 메서드

```
  public Void visitSuperExpr(Expr.Super expr) {
    if (currentClass == ClassType.NONE) {
      Lox.error(expr.keyword,
          "Can't use 'super' outside of a class.");
    } else if (currentClass != ClassType.SUBCLASS) {
      Lox.error(expr.keyword,
          "Can't use 'super' in a class with no superclass.");
    }

    resolveLocal(expr, expr.keyword);
```

그렇지 않은 경우라면... 에구머니나! "사용자님, 실수하셨네요!" 하고 알려준다.

13.4 마무리

와, 드디어 해냈다! 방금 전 에러 처리하는 코드가 록스 자바 구현체에 필요한 마지막 코드 조각이었다. 여기까지 잘 따라온 여러분, 정말 대단한 일을 해냈고 한껏 자축해도 좋다! 지금까지 십수 개에 달하는 장과 수천 줄의 코드를 보면서 여러분은 다음 내용을 배우고 구현했다.

- 토큰과 렉싱(4장)

- 추상 구문 트리(5장)

- 재귀 하향 파싱(6장)

- 전위/중위 표현식

- 객체의 런타임 표현

- 비지터 패턴을 응용한 코드 인터프리팅(7장)

- 렉시컬 스코프(8장)

- 변수를 저장하기 위한 환경 체인

- 제어 흐름(9장)

- 매개변수를 받는 함수(10장)

- 클로저

- 정적 변수 레졸루션 및 에러 감지(11장)

- 클래스(12장)

- 생성자

- 필드

- 메서드 그리고 마지막으로,

- 상속!

여러분!

이 모든 복잡한 것들을 일체의 외부 라이브러리나 마법 상자의 도움 없이 맨땅에서 일궈냈다. 사용한 것이라곤 텍스트 편집기와 JVM 런타임, 자바 표준 라이브러리에 있는 일부 컬렉션 클래스가 전부다.

이상으로 2부를 마치겠다. 하지만 아직 책이 끝난 건 아니다. 잠깐 동안 휴식을 즐기면서 재미난 록스 프로그램을 몇 개 작성하여 인터프리터에서 돌려보기 바란다. (그러다 보면 사용자 입력을 읽는 것처럼 좀 더 네이티브한 메서드를 추가하고픈 욕구가 솟구칠 수도 있다.) 원기를 회복한 다음 3부로 여행을 떠날 준비가 되면 책장을 넘기자.

연습 문제

1. 록스는 단일 상속(single inheritance)만 지원한다. 클래스는 하나의 수퍼클래스만 가질 수 있고, 이것이 클래스 간에 메서드를 재사용하는 유일한 방법이다. 믹스인(mixin), 트레이트(trait), 다중 상속(multiple inheritance), 가상 상속(virtual inheritance), 확장 메서드(extension method) 등 클래스 간에 메서드를 더 자유롭게 재사용하거나 공유하는 방법은 다른 언어에서 꾸준히 모색되어 왔다.

   여러분도 대세를 따라 이런 기능을 추가한다면 어떤 기능을 선택하겠는가? 또 그렇게 선택한 이유는 무엇인가? 해볼 만하다면(그리고 지금쯤이면 그런 자신감이 생겨야 한다) 지금 바로 기능을 추가하라.

2. 다른 대부분의 객체 지향 언어처럼 록스 역시 클래스 계층의 맨 아래부터 위로 올라오면서 메서드를 찾는다. 서브클래스 메서드가 수퍼클래스 메서드보다 항상 더 우선한다. 오버라이드한 메서드에서 수퍼클래스에 있는 메서드를 호출하려면 super 키워드를 사용한다.

   베타(BETA)라는 언어는 정반대로 접근한다. 메서드를 호출하면 클래스 계층의 맨 위부터 맨 아래로 내려가며, 수퍼클래스 메서드는 언제나 서브클래스 메서드보다 우선한다. 수퍼클래스 메서드에서 서브클래스의 메서드를 호출하려면 inner를 호출하는데, super를 뒤집어 놓은 키워드다. 이런 식으로 체인을 따라 아랫쪽에 있는 다음 메서드로 연결된다.

   서브클래스의 동작을 오버라이드하는 시기와 위치는 전적으로 수퍼클래스 메서드에 달려 있다. 수퍼클래스의 메서드가 inner를 호출하지 않는 한, 서브클래스는 수퍼클래스의 동작을 오버라이드하거나 수정할 방법이 없다.

   현재 록스의 오버라이드 및 super 부분을 들어내고 위와 같은 베타의 시맨틱으로 교체하라. 정리하면 다음과 같다.

   - 클래스에 있는 메서드를 호출하면 클래스의 상속 체인상 가장 위에 있는 메서드가 무조건 우선이다.

   - 메서드 바디 안에서 inner를 호출하면 inner를 포함하는 클래스와 this에 해당하는 클래스 사이의 상속 체인을 따라 내려가며 가장 가까운 서브클래스에서 이름이 같은 메서드를 찾는다. 그런 메서드가 없으면 inner 호출은 아무 일도 하지 않는다.

예를 들어, 다음 코드를 보자.

```
class Doughnut {
  cook() {
    print "Fry until golden brown.";
    inner();
    print "Place in a nice box.";
  }
}

class BostonCream < Doughnut {
  cook() {
    print "Pipe full of custard and coat with chocolate.";
  }
}

BostonCream().cook();
```

이 코드를 실행하면 다음과 같이 출력된다.

```
Fry until golden brown.
Pipe full of custard and coat with chocolate.
Place in a nice box.
```

3. 내가 여러분에게 록스를 처음 소개할 때 록스에 빠져 있다고 생각되는 기능 몇 가지를 떠올려보라고 한 적이 있다(3장 연습 문제). 이제 인터프리터를 만드는 법을 배웠으니 그런 기능 중 하나를 구현하라.

3부

바이트코드
가상 머신

자바로 만든 인터프리터, 제이록스를 통해 여러분은 프로그래밍 언어에서 많은 근본적인 것들을 배웠지만 아직 갈 길이 멀다. 우선, 제이록스에서 뭔가 재미난 일을 하는 록스 프로그램을 작성해서 실행해보면 알겠지만 속도가 끔찍할 정도로 느리다. AST를 직접 탐색하는 인터프리테이션 방식은 일부 실제 용도로는 그럭저럭 괜찮을지 몰라도, 범용 스크립트 언어로는 개선해야 할 부분이 많다.

게다가 JVM 자체의 런타임 기능에 암묵적으로 의존하고 있다. 자바의 instanceof 같은 기능이 어떻게든 해주겠지 여기고 당연하게 갖다 쓴다. 메모리 관리는 JVM에 내장된 가비지 수집기가 대신해주니까 아무 신경도 쓰지 않는다.

하이레벨의 개념만 집중할 때는 이런 것들을 대충 얼버무려도 괜찮았다. 하지만 이제 여러분은 인터프리터에 대해 잘 알게 되었으니, 하위 계층으로 내려가 처음부터 오직 C 표준 라이브러리만 사용하여 가상 머신을 직접 구축해보자.

14장

바이트코드 청크

> 자신의 거의 모든 시간을 이론에만 할애하고 있다면 실용적인 것에도 관심을 가져보세요. 그래야 여러분의 이론도 함께 발전할 것입니다. 반대로 거의 모든 시간을 실무에만 쏟아붓고 있다면, 이론적인 것들에도 관심을 가져보세요. 그래야 여러분의 실무 능력도 함께 향상될 것입니다.
>
> 도널드 커누스(Donald Knuth)

이미 제이록스라는 완전한 록스 인터프리터 구현체가 있는데 왜 이 책은 아직 절반도 안 끝났을까? 부분적으로는 제이록스가 하는 많은 일들이 JVM에 의존하기 때문이다. 인터프리터가 어떻게 저 머신까지 내려가 동작하는지 이해하려면, 하부를 떠받치는 기초 공사까지 직접 수행해야 한다.

제이록스가 만족스럽지 못한 더 근본적인 이유는 너무 느리기 때문이다. 트리 탐색 인터프리터는 일부 하이레벨 선언형 언어로는 적합할지 몰라도, 범용 명령형 언어, 심지어 록스 같은 '스크립팅' 언어조차 제 기량을 발휘하기 어렵다. 다음 스크립트를 예로 들어보자.

> 물론, 두 번째 인터프리터인 씨록스에서 메모리 할당 같은 기본 작업은 C 표준 라이브러리에 의존한다. 또 록스 프로그램을 실행하는 하부 기계어의 복잡한 디테일은 C 컴파일러가 대신 처리한다. 기계어는 당연히 칩 제조사의 마이크로코드(microcode)로 구현되어 있고 C 런타임은 운영 체제의 영도하에 메모리 페이지를 관리할 것이다. 그러니 이 책이 여러분의 서재에 꽂히려면 어디선가 멈춰야 한다.

```
fun fib(n) {
  if (n < 2) return n;
  return fib(n - 1) + fib(n - 2);
}

var before = clock();
print fib(40);
var after = clock();
print after - before;
```

> 피보나치 수를 정말 우스꽝스러울 정도로 비효율적으로 계산하는 스크립트다. 우리의 목표는 인터프리터가 얼마나 빨리 실행되는지 알아보는 것이지, 프로그램의 실행 속도가 얼마나 빠른지 확인하려는 게 아니다. 의미가 있든 없든 간에 이런 테스트는 일을 많이 하는 느린 프로그램이 좋은 케이스다.

이 스크립트를 내 노트북에서 제이록스로 돌려보니 72초가 걸렸다. 동일한 로직의 C 프로그램으로 바꾸어 실행하면 0.5초밖에 안 걸린다! 동적 타입 스크립팅 언어인 제이록스가 수동으로 메모리를 관리하는 정적 타입 언어만큼 빠를 수는 없겠지만, 두 자릿수 이상이나 느린 건 말이 안 된다.

제이록스 프로그램을 실행하며 자바 프로파일러(profiler)에서 모니터링하고 부하가 집중되는 지점을 튜닝하면 개선 포인트를 찾을 수 있겠지만, AST를 탐색하는 실행 모델은 근본적으로 잘못된 디자인이므로 결국 제자리만 맴돌 뿐이다. AMC 그렘린(Gremlin)[1]을 SR-71 블랙버드(Blackbird)[2]로 개조하는 것 이상으로 성능을 제고하려면 마이크로 최적화(micro-optimize)로는 어림도 없다.

코어 모델을 다시 생각해볼 필요가 있다. 이 장에서는 바이트코드 모델을 소개하고 새로운 인터프리터, 씨록스를 시작하겠다.

---

1 [옮긴이] https://namu.wiki/w/AMC%20그렘린
2 [옮긴이] https://namu.wiki/w/SR-71

바이트코드란?

엔지니어링에서 트레이드오프가 없는 선택은 거의 없다. 바이트코드를 사용하는 이유를 몇 가지 다른 대안들과 견주어보자.

14.1.1 AST 탐색의 문제점은?

2부에서 만든 제이록스 인터프리터도 몇 가지 장점은 있다.

- 무엇보다 제이록스는 이미 다 구현했다. 작업을 끝냈다. 이런 스타일의 인터프리터는 구현하기가 아주 쉽다. 코드의 런타임 표현은 구문에 직접 매핑된다. 파서에서 런타임에 필요한 자료 구조로 이동하는 데에도 사실 별 어려움이 없다.

- 이식성이 좋다. 제이록스 인터프리터는 자바로 작성됐기 때문에 자바 사용이 가능한 모든 플랫폼에서 실행된다. 이와 동일한 방식으로 새로운 구현체 역시 C로 작성하면 지구상에 있는 거의 모든 플랫폼에서 록스 언어를 컴파일하고 실행할 수 있다.

이 두 가지는 정말 큰 장점이다. 반면, 메모리 측면에서는 비효율적이다. 실제로 구문 조각 하나하나가 AST 노드가 되므로 1 + 2 같은 조그마한 록스 표현식조차도 다음 그림과 같이 그 사이에 수많은 포인터가 있는 다수의 객체로 변환된다.

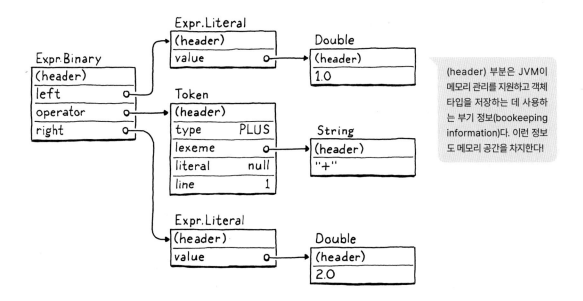

> (header) 부분은 JVM이 메모리 관리를 지원하고 객체 타입을 저장하는 데 사용하는 부기 정보(bookeeping information)다. 이런 정보도 메모리 공간을 차지한다!

이 각각의 포인터가 객체에 32비트 또는 64비트의 오버헤드를 가중시킨다. 설상가상으로, 느슨하게 연결된 객체가 얽힌 거미줄이 힙 곳곳에 흩뿌려져 공간 로컬리티(spatial locality)도 나빠진다.

최신 CPU는 RAM에서 데이터를 가져오는 것보다 훨씬 더 빠른 속도로 데이터를 처리한다. 칩에도 겹겹이 캐싱 레이어를 두어 성능을 높인다. 필요한 메모리 조각이 캐시에 있으면 더 빨리 로드하는 식이다. 100배 이상 더 빨리 말을 하는 셈이다.

이 문제를 자세히 알고 싶은 독자는 나의 전작인 『게임 프로그래밍 패턴(Game Programming Patterns)』에서 한 장[3]을 온전히 바쳐 다루었으니 읽어보기 바란다.

데이터는 어떻게 캐시에 저장될까? 여러분의 PC가 알아서 잘 판단하여 채워 넣는다. 휴리스틱(heuristic)은 아주 간단하다. CPU가 RAM에서 데이터를 읽을 때마다 인접한 바이트(adjacent bytes) 뭉치를 조금씩 가져와 캐시에 채운다.

프로그램이 캐시 라인 내부와 충분히 가까운 곳에 있는 데이터를 요청하면 CPU는 마치 기름칠이 잘 되어 있는 공장 컨베이어 벨트처럼 움직인다. 나도 이 캐시 메커니즘을 십분 활용하고 싶다. 캐시를 효과적으로 사용하려면 메모리에 코드를 나타내는 방식이 데이터를 읽는 것처럼 조밀하고 정렬되어 있어야 한다.

자, 이제 트리를 탐색한다. 서브 객체는 어디에나 나타날 수 있다. 트리 탐색기가 서브 노드를 가리키는 참조를 따라가는 모든 단계마다 캐시의 범위를 벗어나 새로운 데이터 뭉치를 RAM에서 가져올 수 있을 때까지 CPU가 멎을 가능성이 있다. 갖가지 포인터 필드와 객체 헤더가 난무한 트리 노드의 오버헤드만으로도 객체들은 서로가 서로를 캐시 밖으로 멀리 밀어 보내는 경향이 있다.

설령 파서가 처음 객체를 만들 때 객체가 메모리에 순차적으로 할당되었다 해도 메모리에서 객체를 옮기는 가비지 컬렉션이 몇 차례 수행되고 나면 그것들이 어디에 있을지 알 수가 없다.

제이록스의 AST 탐색기는 인터페이스 디스패치 및 비지터 패턴 때문에도 오버헤드가 수반되지만, 일단 로컬리티 문제 하나만 보더라도 더 나은 코드 표현이 절실하다.

14.1.2 그냥 네이티브 코드로 컴파일하면?

정말 **빠른** 속도를 원한다면 모든 간접 참조 레이어를 걷어내면 된다. 저 깊숙한 곳, 기계어까지 말이다. 기계어... 용어만 들어도 엄청 빨라질 것 같지 않은가?

칩이 지원하는 네이티브 명령어 집합으로 직접 컴파일하는 것보다 더 빠를 수는 없다. 네이티브 코드를 타깃팅하는 것은 실제로 엔지니어들이 직접 기계어로 프로그램을 짰던 초창기부터 가장 효율적인 옵션이었다.

그렇다, 정말 기계어를 손으로 짰다. 펀치 카드에 일일이 하나씩. 아마 짐작컨대 자기 주먹으로 펀치한 사람도 있었겠지만...

기계어 또는 이보다 약간은 더 사람에게 친근한 어셈블리 코드를 모르는 독자를 위해 최대한 부드럽게 소개하겠다. 네이티브 코드는 이진수로 직접 인코드된 빽빽한 작업 리스트다. 명령어당 길이는 1~수 바이트 정도 되며, 사람을 바보로 만들 정도로 로우레벨이다. "이 주소에 있는 값을 저 레지스터로 옮겨라.", "이들 두 레지스터에 있는 정수를 더하라." 하는 식이다.

---

3 http://gameprogrammingpatterns.com/data-locality.html

CPU는 수많은 명령어를 하나씩 들춰보며 순서대로 디코딩하고 실행한다. AST 같은 트리 구조는 없다. 제어 흐름은 코드의 한 지점에서 다른 지점까지 직접 점프해서 처리한다. 간접 참조도, 오버헤드도, 불필요한 건너뛰기나 포인터 추적 같은 것도 없다.

번개처럼 빠르지만 성능에는 대가가 따른다. 우선, 네이티브 코드로 컴파일하기가 쉽지 않다. 오늘날 널리 쓰이는 대부분의 칩은 수십 년간 축적된 명령어 더미로 이루어진 비잔틴 아키텍처(Byzantine architecture)에 기반한다. 정교한 레지스터 할당, 파이프라이닝(pipelining), 명령어 스케줄링(instruction scheduling)이 필요하다.

이식성은 당연히 포기다. 한 사람이 수년간 어떤 아키텍처를 섭렵하느라 인생을 바쳐도 그저 인기 있는 여러 명령어 집합 중 하나를 익힌 것에 불과할 것이다. 한 언어를 모든 명령어 집합에서 실행되게 하려면 모든 명령어 집합을 다 학습해서 각각 별도의 백엔드를 작성해야 한다.

> 완전히 절망적인 건 아니다. 컴파일러 아키텍처를 잘 설계하면 지원하려는 여러 아키텍처에서 프런트엔드 및 대부분의 중간 레이어 최적화 패스를 공유할 수 있다. 매번 새로 작성해야 하는 부분은 주로 코드 생성 및 일부 명령어 선택에 관한 세부 사항일 것이다.
>
> LLVM 프로젝트[4]를 활용하면 필요한 기능을 바로 꺼내 쓸 수 있다. 컴파일러가 LLVM의 중간 언어(IL)를 출력하도록 만들면 수많은 아키텍처에 사용 가능한 네이티브 코드로 컴파일할 수 있다.

14.1.3 바이트코드란?

일단 두 가지만 마음에 새겨두자. 첫째, 트리 탐색 인터프리터는 간단하고 이식성이 좋지만 너무 느리다. 둘째, 네이티브 코드는 복잡하고 플랫폼마다 제각각이지만 엄청 빠르다. 바이트코드는 이 중간 어디쯤에 있다. 트리 탐색기의 이식성을 간직하고 있으면서, 어셈블리 코드를 만지작거리며 손을 더럽히지 않아도 된다. 완전한 네이티브만큼 빠르지는 않지만 약간의 단순성을 희생하는 대가로 성능 향상을 얻을 수 있다.

구조적으로 바이트코드는 기계어와 닮았다. 빽빽하게 한 줄로 늘어선 이진 명령어다. 오버헤드는 낮고 캐시와 잘 어울리며, 실제 칩에 비하면 훨씬 간단한 하이레벨 명령어 집합이다. (많은 바이트코드 포맷에서 명령어 하나의 길이가 1바이트이므로 '바이트코드'라 한다.)

어떤 소스 언어로 네이티브 컴파일러를 작성할 때 가장 쉽게 타깃팅할 수 있는 아키텍처를 선정할 권한이 여러분에게 주어진다면 바이트코드가 현명한 선택이 될 것이다. 컴파일러 작성자의 삶의 질을 높여주는, 이상적인 판타지 명령어 집합이다.

문제는, 그런 판타지 아키텍처가 실제로 존재하지 않는다는 점이다. 그래서 에뮬레이터(emulator)를 만들어 문제를 해결한다. 에뮬레이터는 한 번에 하나의 바이트코드 명령어를 인터프리트하는, 소프트웨어로 작성된 일종의 시뮬레이션 칩이다. 말 그대로 가상 머신(VM, Virtual Machine)이다.

---

4 **옮긴이** https://llvm.org

에뮬레이션 레이어는 추가 오버헤드를 수반한다. 이것이 바이트코드가 네이티브 코드보다 느릴 수밖에 없는 핵심 원인이다. 그러나 그 대가로 이식성을 얻는다. 이 세상에 존재하는 거의 모든 머신이 지원하는 C 언어로 VM을 작성하면 어떤 하드웨어 기반의 머신에서도 에뮬레이터를 실행할 수 있다.

이 책의 새로운 인터프리터인 씨록스도 파이썬, 루비, 루아, OCaml, 얼랭 등의 주요 구현체를 계승하고자 한다. 씨록스 VM은 여러 면에서 제이록스 인터프리터와 구조가 비슷하다.

니클라우스 비르트(Niklaus Wirth)가 파스칼 언어를 위해 개발한 P-코드(p-code)[5]는 초창기 바이트코드 포맷 중 하나였다. 15MHz로 작동되는 PDP-11이 가상 머신을 에뮬레이트하는 데 필요한 오버헤드를 감당할 수 없다고 생각하는 독자도 있겠지만, 당시는 컴퓨터 업계의 캄브리아기 대폭발(Cambrian explosion) 시대여서 거의 매일 새로운 아키텍처가 쏟아져 나왔다. 기존 칩에서 성능을 쥐어짜내는 것보다 최신 칩이 나오면 갈아타는 게 더 가치가 있던 때였다. 그래서 P-코드의 'P'도 'Pascal'이 아닌, 'Portable(이식 가능한)'의 약자다.

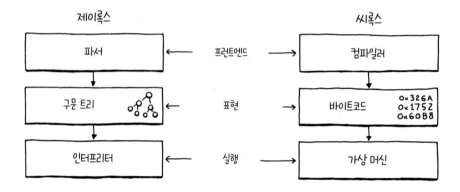

물론, 엄격하게 순서를 지켜가며 구현하지는 않겠다. 제이록스처럼 한 번에 하나씩 언어 기능을 구축하면서 왔다갔다 할 것이다. 우선 이 장에서는 애플리케이션의 뼈대를 잡고 바이트코드 청크를 저장/표현하기 위해 필요한 자료 구조를 만들겠다.

14.2 시작하기
INTERPRETER

main() 말고 달리 시작할 만한 데가 또 있을까? 각자 즐겨 쓰는 텍스트 편집기를 열고 타이핑 준비를 하자.

> 손가락 관절이 뻐근해질 수 있으니 미리 스트레칭해두기 바란다. 신나는 음악을 곁들이면 더 좋다.

main.c ▶ 새 파일 생성

```c
#include "common.h"

int main(int argc, const char* argv[]) {
  return 0;
}
```

---

5 https://en.wikipedia.org/wiki/P-code_machine

이 작은 씨앗이 훗날 울창한 VM 숲으로 우거질 것이다. C는 그냥 주는 것이 별로 없는 언어라서 터파기부터 하려면 꽤 시간이 필요하다. 먼저 그중 일부를 다음 헤더 파일에 넣는다.

common.h ▶ 새 파일 생성

```
#ifndef clox_common_h
#define clox_common_h

#include <stdbool.h>
#include <stddef.h>
#include <stdint.h>

#endif
```

헤더 파일은 인터프리터에서 고루 쓰이는 몇 가지 타입과 상수를 두기 좋은 곳이다. 지금은 유서 깊은 NULL, size_t, 멋진 C99 불리언 bool, 크기가 지정된(explicit-sized) 정수 타입 uint8_t 계열 정도면 충분하다.

14.3 / 명령어 청크
INTERPRETER

다음으로 코드 표현을 정의할 모듈이 필요하다. 일련의 바이트코드를 '청크(chunk)'라고 부르기로 했으니, 공식적인 모듈명도 chunk라고 정하겠다.

chunk.h ▶ 새 파일 생성

```
#ifndef clox_chunk_h
#define clox_chunk_h

#include "common.h"

#endif
```

바이트코드 포맷에서 각 명령어는 1바이트짜리 **오퍼레이션 코드**(operation code, 보통 줄여서 **옵코드**(opcode)라고 한다)로 구성된다. 이 숫자는 덧셈, 뺄셈, 변수 조회 등 앞으로 다룰 명령어의 종류를 나타낸다. 씨록스의 옵코드는 다음과 같이 정의한다.

```
#include "common.h"

typedef enum {
  OP_RETURN,
} OpCode;

#endif
```

지금은 OP_RETURN 명령어 하나뿐이다. 나중에 완전한 기능을 갖춘 VM이 완성되면 이 명령어는 '현재 함수로부터 복귀함'을 뜻하게 될 것이다. 당장은 그리 쓸모가 없지만, 어딘가에서 시작은 해야 하니, 그리고 나중에 설명할 이유 때문에 아주 간단한 명령어부터 시작하는 것이다.

14.3.1 동적 명령어 배열

바이트코드는 일련의 명령어다. 명령어는 결국 다른 데이터와 함께 저장해야 하므로, 모든 데이터를 담을 구조체를 정의하자.

chunk.h ▶ OpCode 열거체 다음에 추가

```
} OpCode;

typedef struct {
  uint8_t* code;
} Chunk;

#endif
```

지금은 단순히 바이트 배열을 감싼 래퍼다. 청크 컴파일을 시작하기 전에는 배열이 얼마나 큰지 알 수가 없으므로 동적 배열이어야 한다. 동적 배열은 내가 무척 좋아하는 자료 구조 중 하나다. "바닐라는 제가 제일 좋아하는 아이스크림 맛이랍니다." 하는 말처럼 들리겠지만, 잘 들어보라. 동적 배열은 다음과 같은 기능을 제공한다.

> 버터 피칸(butter pecan)은 내가 진짜 좋아하는 음식이다.

- 캐시 친화적인, 고밀도 스토리지
- 상수 시간에 인덱스된 원소 조회
- 상수 시간에 원소를 배열 끝에 추가

제이록스도 바로 이런 기능이 아쉬워 자바 *ArrayList* 클래스를 차용하여 동적 배열을 구현했다. 지금은 C 코딩을 하고 있으니 동적 배열을 직접 만들어야 한다. 원리는 아주 간단하다. 배열 자신 외에 배열에 할당한 원소 개수(capacity), 할당된 원소 중 실제 사용 중인 원소 개수(count), 이렇게 두 가지 숫자를 저장하면 된다.

```
typedef struct {
  int count;
  int capacity;
  uint8_t* code;
} Chunk;
```

원소를 하나 추가할 때 count가 capacity보다 작으면 배열에 사용 가능한 공간이 있다는 뜻이다. 새 원소를 그곳에 찔러 넣고 count를 하나 증가시킨다.

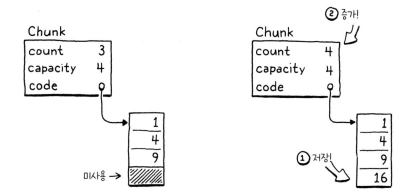

남은 공간이 없는 경우에는 프로세스가 약간 더 복잡하다.

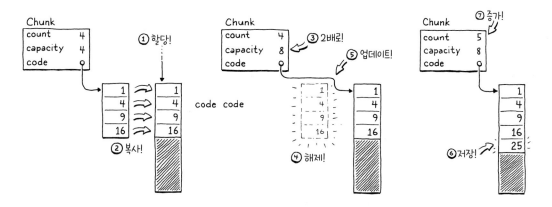

1. 현재 capacity보다 공간이 더 큰 배열을 새로 할당한다.

2. 기존 원소들을 옛 배열에서 새 배열로 복사한다.

3. 새 capacity를 저장한다.

4. 옛 배열을 삭제한다.

배열을 늘릴 때 기존 원소를 복사하는 것은 O(1)이 아닌, O(n)으로 원소를 추가하는 것처럼 보인다. 하지만 이 복사 단계는 새 배열의 끝에 일부 원소를 어펜드(append)할 때만 수행한다. 대부분의 경우, 이미 여분의 capacity가 있기 때문에 복사할 필요가 없다.

이 작동 원리를 이해하려면 분할상환분석(amortized analysis)[6]이 필요하다. 이 분석을 해보면 배열을 현재 크기의 배수만큼 늘리는 한, 새로 어펜드하는 시퀀스 비용의 평균은 O(1)이라는 계산이 나온다.

---

6 https://en.wikipedia.org/wiki/Amortized_analysis

5. code가 새 배열을 가리키도록 업데이트한다.

6. 원소를 새 배열의 사용 가능한 공간에 저장한다.

7. count를 업데이트한다.

이제 이 구조체로 뭔가 일을 하는 함수를 작성해보자. C에는 생성자가 없으므로 새 청크를 초기화하는 함수를 선언한다.

chunk.h ▶ Chunk 구조체 다음에 추가

```
} Chunk;

void initChunk(Chunk* chunk);

#endif
```

그리고 다음과 같이 구현한다.

chunk.c ▶ 새 파일 생성

```
#include <stdlib.h>

#include "chunk.h"

void initChunk(Chunk* chunk) {
  chunk->count = 0;
  chunk->capacity = 0;
  chunk->code = NULL;
}
```

동적 배열은 완전히 빈 상태로 시작된다. 원시 배열조차 할당되지 않은 상태다. 청크 끝에 한 바이트를 어펜드하는 새로운 함수를 선언한다.

chunk.h ▶ initChunk() 함수 다음에 추가

```
void initChunk(Chunk* chunk);
void writeChunk(Chunk* chunk, uint8_t byte);

#endif
```

재미난 일은 이 함수에서 일어난다.

chunk.c ▶ initChunk() 함수 다음에 추가

```
void writeChunk(Chunk* chunk, uint8_t byte) {
  if (chunk->capacity < chunk->count + 1) {
    int oldCapacity = chunk->capacity;
    chunk->capacity = GROW_CAPACITY(oldCapacity);
    chunk->code = GROW_ARRAY(uint8_t, chunk->code,
```

```
        oldCapacity, chunk->capacity);
  }

  chunk->code[chunk->count] = byte;
  chunk->count++;
}
```

가장 먼저 현재 배열이 새 바이트를 수용 가능한지 확인해야 한다. 수용할 수 없으면 배열을 늘려 공간을 넓혀야 한다. (배열이 NULL이고 capacity가 0인, 바이트를 처음 써넣을 때에도 마찬가지다.)

배열을 늘리려면 새 capacity를 가늠하여 이 크기로 확장시켜야 한다. 이 두 가지 로우레벨의 메모리 작업은 새로운 헤더 파일에 작성하자.

chunk.c

```
#include "chunk.h"
#include "memory.h"

void initChunk(Chunk* chunk) {
```

매크로는 다음과 같이 선언한다.

memory.h ▶ 새 파일 생성

```
#ifndef clox_memory_h
#define clox_memory_h

#include "common.h"

#define GROW_CAPACITY(capacity) \
    ((capacity) < 8 ? 8 : (capacity) * 2)

#endif
```

현재 capacity를 기준으로 새 capacity를 계산하는 매크로다. 원하는 성능을 얻으려면 옛 배열의 크기를 기준으로 확장된다는 사실을 이해하는 것이 중요하다. 이 매크로는 2배씩 크기를 늘리는, 지극히 전형적인 로직이다. 1.5배로 잡는 경우도 흔하다.

현재 capacity가 0인 경우에는 1이 아니라, 바로 8로 확 늘린다. 이렇게 하면 배열이 아주 작을 때 약간의 추가 메모리 이탈(memory churn)을 방지할 수 있지만, 아주 작은 청크에서 몇 바이트를 낭비하는 비용은 지불해야 한다.

GROW_ARRAY()를 사용해서 원하는 용량만큼 배열을 생성하거나 크기를 늘린다.

> 8은 그냥 내가 임의로 정한 수치다. 동적 배열 구현체에는 대부분 이와 같은 최소 임계값(minimum threshold)이 정해져 있다. 이 값을 선택하는 올바른 방법은, 실제 사용량을 프로파일링하고 크기 증가 대 공간 낭비 사이의 트레이드오프가 최적인 상수를 찾아내는 것이다.

```
#define GROW_CAPACITY(capacity) \
    ((capacity) < 8 ? 8 : (capacity) * 2)

#define GROW_ARRAY(type, pointer, oldCount, newCount) \
    (type*)reallocate(pointer, sizeof(type) * (oldCount), \
        sizeof(type) * (newCount))

void* reallocate(void* pointer, size_t oldSize, size_t newSize);

#endif
```

이 매크로는 실제 작업을 담당하는 reallocate( ) 함수의 호출을 예쁘게 단장한다. 매크로 자체는 배열의 원소 타입 크기를 가져오고 그 결과인 void*를 올바른 타입의 포인터로 다시 캐스팅한다.

reallocate( )는 씨록스의 전체 동적 메모리 관리, 즉 메모리 할당/해제 및 기존 할당 크기 변경 등의 작업을 수행하는 함수다. 이런 모든 작업을 단일 함수를 통해 라우팅하는 것은 나중에 사용 중인 메모리량을 추적하는 가비지 컬렉션 기능을 추가할 때 중요하다.

어떤 작업을 수행할지는 reallocate( ) 함수에 전달하는 다음 두 인수로 결정된다.

oldSize	newSize	작업
0	0 아닌 값	새 블록을 할당
0 아닌 값	0	할당 해제
0 아닌 값	oldSize보다 작은 값	기존 할당 축소
0 아닌 값	oldSize보다 큰 값	기존 할당 확장

신경 써야 할 케이스가 제법 많아 보이지만, 구현체 코드는 의외로 간단하다.

```
#include <stdlib.h>

#include "memory.h"

void* reallocate(void* pointer, size_t oldSize, size_t newSize) {
  if (newSize == 0) {
    free(pointer);
    return NULL;
  }

  void* result = realloc(pointer, newSize);
  return result;
}
```

newSize가 0이면 free()를 호출해서 메모리 해제를 직접 처리하고, 0이 아니면 C 표준 라이브러리에 있는 realloc() 함수를 호출한다. realloc() 함수는 우리가 정한 정책의 세 가지 측면을 편리하게 지원한다. oldSize가 0일 때 realloc()은 malloc()을 호출하는 것과 동일하다.

oldSize, newSize 모두 0이 아닌 경우가 흥미롭다. 이럴 때에는 이전에 할당된 블록의 크기를 재조정(resize)하라고 realloc()에게 지시한다. newSize가 기존 메모리 블록보다 작으면 단순히 블록 크기를 업데이트하고 사용자가 제공한 포인터를 그대로 리턴한다. 반대로 newSize가 기존 메모리 블록보다 크면 기존 메모리 블록을 늘리려고 시도한다.

기존 메모리 블록을 늘리는 것은 그 블록 다음에 있는 메모리가 아직 사용 중이지 않은 경우에만 가능하다. 블록을 늘릴 공간이 부족하면 realloc()은 적당한 크기의 메모리 블록을 새로 할당하고 그 안에 옛 바이트를 복사한 다음, 옛 블록을 해제하고 새 블록을 가리키는 포인터를 리턴한다. 이것이 바로 동적 배열에서 우리가 원하는 동작이다.

컴퓨터는 유한한 물질의 덩어리이며 CS 이론에서 주장하는 그럴싸한 수학적 추상화 역시 완벽한 것은 아니기 때문에 메모리가 부족하면 할당이 실패하여 realloc()이 NULL을 리턴할 수도 있다. 이 케이스도 처리해야 한다.

memory.c ▸ reallocate() 함수

```
void* result = realloc(pointer, newSize);
if (result == NULL) exit(1);
return result;
```

필요한 메모리를 확보하지 못하는 상황에서 씨록스 VM은 사실상 할 수 있는 일이 거의 없다. 하지만 나중에 NULL 포인터를 리턴해서 열차를 탈선시키는 것보다는 그럴 조짐이 보일 때 미리 알아채서 프로세스를 즉시 중단시키는 편이 바람직하다.

좋다, 이제 청크를 새로 만들어 여기에 명령어를 작성할 수 있다. 다 된 건가? 아니! 우린 지금 C 코딩을 하는 중이다. '라떼는 말이야' 시절로 돌아가 메모리를 직접 관리해야 한다. 할당을 했으면 해제까지 손수 챙겨야 한다!

> 전달한 것은 모두 메모리의 첫 번째 바이트를 가리키는 원시 포인터뿐인데, 블록 크기를 '업데이트'한다는 건 무엇을 의미할까? 메모리 할당기(memory allocator)는 내부적으로 힙에 할당된 메모리 각 블록마다 크기를 비롯한 추가 부기 정보를 관리한다.
>
> 이전에 할당된 메모리를 가리키는 포인터만 있으면 이 부기 정보를 찾을 수 있으므로 메모리에서 깔끔하게 해제할 수 있다. realloc()이 업데이트하는 것이 바로 이 크기 메타데이터(size metadata)다.
>
> malloc() 구현체는 대부분 리턴된 주소 바로 앞에 할당된 크기를 메모리에 저장한다.

chunk.h ▸ initChunk() 함수 다음에 추가

```
void initChunk(Chunk* chunk);
void freeChunk(Chunk* chunk);
void writeChunk(Chunk* chunk, uint8_t byte);
```

구현체는 다음과 같다.

```
void freeChunk(Chunk* chunk) {
  FREE_ARRAY(uint8_t, chunk->code, chunk->capacity);
  initChunk(chunk);
}
```

메모리를 몽땅 해제하고 initChunk()로 청크를 0으로 꽉 채워 텅 빈 상태로 정리한다. 메모리를 해제하려면 매크로가 하나 더 필요하다.

memory.h

```
#define GROW_ARRAY(type, pointer, oldCount, newCount) \
    (type*)reallocate(pointer, sizeof(type) * (oldCount), \
        sizeof(type) * (newCount))

#define FREE_ARRAY(type, pointer, oldCount) \
    reallocate(pointer, sizeof(type) * (oldCount), 0)

void* reallocate(void* pointer, size_t oldSize, size_t newSize);
```

이 매크로 역시 GROW_ARRAY()처럼 reallocate() 호출을 감싼 래퍼다. 0을 전달해서 주어진 메모리를 깨끗이 비운다. 정말 지루하기 짝이 없는 로우레벨 작업이지만, 이런 것들 하나하나가 피가 되고 살이 되어 나중에 뒷장에서 좀 더 하이레벨 프로그램을 다룰 때 요긴하게 쓰일 것이다. 어쨌든 그 전까지는 기본기를 탄탄하게 다져야 한다.

14.4 청크 디셈블링

바이트코드 청크를 생성하는 작은 모듈이 마련됐으니 시험 삼아 샘플 청크를 만들어 사용해보자.

main.c ▶ main() 함수

```
int main(int argc, const char* argv[]) {
  Chunk chunk;
  initChunk(&chunk);
  writeChunk(&chunk, OP_RETURN);
  freeChunk(&chunk);
  return 0;
}
```

헤더 파일을 잊지 말라.

```
#include "common.h"
#include "chunk.h"

int main(int argc, const char* argv[]) {
```

한번 실행해보라. 잘 작동되는가? 어... 사실 어찌 알겠는가? 그저 메모리에 몇 바이트를 넣었을 뿐. 생성된 청크 안에 실제로 뭐가 있는지 사람이 쉽게 확인할 방법이 없다.

그래서 **디셈블러(disassembler)**가 필요하다. **어셈블러(assembler)**는 CPU 명령어(예: ADD, MULT)를 사람이 읽을 수 있는 니모닉으로 표기한 파일을 가져와 기계어로 변환하는 아주 오래된 프로그램이다. 디셈블러는 이와 정반대로 변환한다. 즉, 기계어를 가져와 해당되는 명령어를 텍스트 리스트로 보여준다.

록스에도 기계어 청크를 받아 그 안에 있는 명령어를 출력하는 디셈블러를 장만하자. 록스 '사용자'가 직접 디셈블러를 사용할 일은 없겠지만, 록스 '관리자'는 인터프리터의 내부 코드 표현을 들여다볼 수 있으니 큰 도움이 될 것이다.

> 제이록스에서 이와 유사한 도구는 AstPrinter 클래스(5.4절)다.

main()에서 청크를 만든 다음, 디셈블러에 전달한다.

main.c ▶ main() 함수

```
  initChunk(&chunk);
  writeChunk(&chunk, OP_RETURN);

  disassembleChunk(&chunk, "test chunk");
  freeChunk(&chunk);
```

여기도 모듈을 새로 만들어 분리하자.

> 다음 장부터 이처럼 새 파일은 많이 만들지 않겠노라 여러분에게 약속한다!

main.c

```
#include "chunk.h"
#include "debug.h"

int main(int argc, const char* argv[]) {
```

debug.h 파일은 다음과 같다.

debug.h ▶ 새 파일 생성

```
#ifndef clox_debug_h
#define clox_debug_h

#include "chunk.h"
```

```
void disassembleChunk(Chunk* chunk, const char* name);
int disassembleInstruction(Chunk* chunk, int offset);

#endif
```

main()에서 disassembleChunk()를 호출하여 전체 청크 명령어를 남김없이 디셈블한다. 이 함수는 하나의 명령어를 디셈블하는 또 다른 함수로 구현한다. 이 함수는 이후 장에서 VM이 호출할 함수이므로 이 헤더에 함께 넣었다.

구현 코드는 다음과 같이 시작한다.

debug.c ▶ 새 파일 생성

```
#include <stdio.h>

#include "debug.h"

void disassembleChunk(Chunk* chunk, const char* name) {
  printf("== %s ==\n", name);

  for (int offset = 0; offset < chunk->count;) {
    offset = disassembleInstruction(chunk, offset);
  }
}
```

청크를 디셈블하기 위해 짤막한 헤더를 출력하고 (그래야 지금 어느 청크를 보고 있는지 알 수 있다) 바이트코드를 죽 따라가며 각 명령어를 디셈블한다. 잘 보면 코드를 반복하는 루프가 조금 이상하다. 루프에서 offset을 하나씩 증가시키는 대신 이 일을 disassembleInstruction()에게 넘긴다. 이 함수는 주어진 오프셋의 명령어를 디셈블하고 다음 명령어의 오프셋을 리턴한다. 이렇게 하는 까닭은 나중에 알게 되겠지만, 명령어마다 크기가 제각각이기 때문이다.

debug 모듈의 핵심은 바로 이 함수다.

debug.c ▶ disassembleChunk() 함수 다음에 추가

```
int disassembleInstruction(Chunk* chunk, int offset) {
  printf("%04d ", offset);

  uint8_t instruction = chunk->code[offset];
  switch (instruction) {
    case OP_RETURN:
      return simpleInstruction("OP_RETURN", offset);
    default:
      printf("Unknown opcode %d\n", instruction);
      return offset + 1;
  }
}
```

주어진 명령어의 바이트 오프셋을 출력한다. (그래야 이 명령어가 청크 어디에 있는지 알 수 있다.) 덕분에 제어 흐름을 시작하고 바이트코드를 여기저기 넘나들 때 유용한 이정표가 될 것이다.

그런 다음, 바이트코드의 주어진 오프셋에서 한 바이트를 읽는다. 이것이 옵코드다. 옵코드에 해당하는 명령어 종류마다 그것을 표시하는 작은 유틸리티 함수로 디스패치한다. 설령 명령어처럼 보이지 않는 바이트가 나와도(컴파일러 버그다) 명령어는 출력한다. 지금 유일한 명령어인 OP_RETURN은 다음 함수를 호출해서 디셈블링 정보를 출력한다.

> 지금은 명령어가 하나뿐이지만, 이후 장을 거치면서 이 switch 문은 점점 살이 붙게 될 것이다.

debug.c ▶ disassembleChunk() 함수 다음에 추가

```c
static int simpleInstruction(const char* name, int offset) {
  printf("%s\n", name);
  return offset + 1;
}
```

리턴 명령어는 별 내용이 없다. 옵코드 이름을 출력하고 이 명령어 바로 다음 오프셋을 리턴하는 일이 전부다. 다른 명령어는 당연히 이것보다 하는 일이 많다.

이제 걸음마를 시작한 씨록스 인터프리터를 실행하면 다음과 같은 문자열이 출력된다.

```
== test chunk ==
0000 OP_RETURN
```

잘 된다! "Hello, world!"를 찍어본 셈이다. 청크를 생성하고, 거기에 명령어를 쓰고, 그 명령어를 다시 밖으로 끄집어냈다. 이진 바이트코드의 인코딩/디코딩은 잘 작동된다.

14.5 / 상수
INTERPRETER

내부 청크 인프라는 잘 작동되니 이제 조금씩 쓸모 있게 다듬어보자. '코드'는 청크에 담을 수 있는데, '데이터'는 어떨까? 인터프리터가 런타임에 다루는 값은 대부분 어떤 작업을 수행한 결과로써 생성된다.

```
1 + 2;
```

3이란 값은 코드 어디에도 없지만, 1과 2라는 리터럴은 등장한다. 이 문장을 바이트코드로 컴파일하려면 '상수를 생성하라'는 명령어가 필요한데, 이 리터럴 값을 어딘가에 저장해두어야 한다. 제이록스에서는 Expr. Literal이라는 AST 노드에 저장했지만, 씨록스에는 구문 트리가 없으니 다른 방안을 강구해야 한다.

14.5.1 값 표현

이 장에서는 어떤 코드도 실행하지 않을 것이다. 하지만 상수는 씨록스 인터프리터의 정적 세상과 동적 세상에 양다리를 걸치고 있으므로 VM이 값을 표현하는 방식에 대해 조금은 짚고 넘어가지 않을 수 없다.

일단 가능한 한 가장 단순하게 시작하여, 숫자는 배정도 부동 소수점만 지원하겠다. 시간이 갈수록 계속 확장될 테니, 새 모듈을 만들어 성장할 공간을 미리 확보하자.

value.h ▶ 새 파일 생성

```
#ifndef clox_value_h
#define clox_value_h

#include "common.h"

typedef double Value;

#endif
```

typedef는 록스의 값이 C에서 구체적으로 어떻게 표현되는지를 추상화한다. 덕분에 나중에 표현을 변경하더라도 기존 코드로 돌아가 값을 전달하는 코드를 고칠 필요가 없다.

다시 상수를 청크 안 어디에 보관할 것인가, 문제로 돌아가자. 대다수 명령어 집합은 정수처럼 작은 고정 크기 값을 옵코드 바로 뒤의 코드 스트림에 저장한다. 값을 나타내는 비트가 옵코드 바로 뒤에 나오기 때문에 **즉시 명령어(immediate instruction)**라고 한다.

즉시 명령어는 문자열처럼 크거나 크기가 제각각인 상수에는 적합하지 않다. 기계어를 내는 네이티브 컴파일러에서 이렇게 덩치 큰 상수는 바이너리 실행 파일의 '상수 데이터(constant data)'라는 영역에 따로 보관한다. 상수를 로드하는 명령어는 값이 이 영역에 저장된 위치, 즉 주소 또는 오프셋을 갖고 있다.

대부분의 가상 머신이 하는 일도 비슷하다. 예를 들어, 자바 가상 머신(JVM)은 **상수 풀(constant pool)**을 각 컴파일된 클래스에 연결한다. 씨록스도 이 정도면 충분할 듯싶다. 프로그램에서 리터럴처럼 보이는 값의 리스트를 청크마다 갖고 다니는 것이다. 일을 더 간소화하기 위해 간단한 정수를 포함한 모든 상수를 여기에 넣겠다.

> 두 가지 상수 명령어, 즉 즉시값[7]을 다루는 명령어와 상수 테이블에 있는 상수를 다루는 명령어 외에도, 상수는 정렬(alignment), 패딩(padding), 엔디언(endianness)까지 신경 써야 한다. 어떤 아키텍처는 홀수 주소에 4바이트 정수를 채우려고 하면 못마땅하게 생각한다.

---

7 **옮긴이** immediate value, 프로그램에 하드코딩한 값

14.5.2 값 배열

상수 풀은 값의 배열이다. 상수를 로드하는 명령어는 이 배열에서 값을 인덱스로 조회한다. 바이트코드 배열과 마찬가지로, 컴파일러는 배열이 얼마나 커질지 미리 알 수가 없기 때문에 여기서도 뭔가 동적인 게 필요하다. C에는 제네릭[8]한 자료 구조가 없으므로 Value에 적합한 동적 배열 자료 구조를 작성하겠다.

타입이 상이한 동적 배열이 필요할 때마다 새로운 구조체 및 조작 함수를 정의하기란 매우 성가시다. 전처리 매크로(preprocessor macro)를 잘 버무려 제네릭한 자료 구조인 척하는 방법은 있지만, 씨록스에 적용하기는 지나친 감이 있다. 그런 함수는 대부분 필요하지 않을 것이다.

value.h

```
typedef double Value;

typedef struct {
  int capacity;
  int count;
  Value* values;
} ValueArray;

#endif
```

Chunk의 바이트코드 배열과 마찬가지로, ValueArray 구조체는 할당된 용량 및 사용 중인 원소 개수, 그리고 배열을 가리키는 포인터를 래핑한다. 값 배열을 가지고 어떤 작업을 하려면 다음 세 함수가 필요하다.

value.h ▶ ValueArray 구조체 다음에 추가

```
} ValueArray;

void initValueArray(ValueArray* array);
void writeValueArray(ValueArray* array, Value value);
void freeValueArray(ValueArray* array);

#endif
```

코드를 보니 기시감(déjà vu)이 들지 않는가? 먼저 새 파일을 작성하자.

value.c ▶ 새 파일 생성

```
#include <stdio.h>

#include "memory.h"
#include "value.h"
```

---

8 **옮긴이** generic, 맵, 배열, 리스트처럼 일반적으로 많이 쓰이는 것

```c
void initValueArray(ValueArray* array) {
  array->values = NULL;
  array->capacity = 0;
  array->count = 0;
}
```

배열을 초기화했으니 값을 배열에 추가하는 함수가 필요하다.

> 다행히 삽입, 삭제 등의
> 다른 작업은 필요 없다.

value.c ▶ initValueArray() 함수 다음에 추가

```c
void writeValueArray(ValueArray* array, Value value) {
  if (array->capacity < array->count + 1) {
    int oldCapacity = array->capacity;
    array->capacity = GROW_CAPACITY(oldCapacity);
    array->values = GROW_ARRAY(Value, array->values,
                               oldCapacity, array->capacity);
  }

  array->values[array->count] = value;
  array->count++;
}
```

이전에 작성한 메모리 관리 매크로를 사용하면 코드 배열 로직의 일부를 재활용할 수 있다. 다음은 배열에 사용된 메모리를 모두 해제하는 함수다.

value.c ▶ writeValueArray() 함수 다음에 추가

```c
void freeValueArray(ValueArray* array) {
  FREE_ARRAY(Value, array->values, array->capacity);
  initValueArray(array);
}
```

이제 확장 가능한 값 배열이 생겼다. 청크의 상수들을 저장하기 위해 Chunk에 값 배열을 추가한다.

chunk.h ▶ Chunk 구조체

```c
  uint8_t* code;
  ValueArray constants;
} Chunk;
```

헤더 파일 인클루드를 잊지 말라.

chunk.h

```c
#include "common.h"
#include "value.h"

typedef enum {
```

아, C 언어의 석기 시절이 떠오르는구나! 어디까지 했더라? 맞다, 새 청크를 초기화하면 상수 리스트도 함께 초기화된다.

```
  chunk->code = NULL;
  initValueArray(&chunk->constants);
}
```

마찬가지로 청크를 해제하면 상수 역시 해제된다.

```
  FREE_ARRAY(uint8_t, chunk->code, chunk->capacity);
  freeValueArray(&chunk->constants);
  initChunk(chunk);
```

다음으로, 청크에 새 상수를 추가하는 유틸 메서드를 정의하자. 아직 미완성인 씨록스 컴파일러는 (C에 프라이빗 필드 같은 건 없는 터라) Chunk 안에 있는 상수 배열에 직접 쓸 수 있지만, 이 일을 하는 함수를 명시적으로 추가하는 편이 더 낫겠다.

```
void writeChunk(Chunk* chunk, uint8_t byte);
int addConstant(Chunk* chunk, Value value);

#endif
```

구현 코드는 다음과 같다.

```
int addConstant(Chunk* chunk, Value value) {
  writeValueArray(&chunk->constants, value);
  return chunk->constants.count - 1;
}
```

상수를 추가한 후 나중에 해당 상수를 쉽게 찾을 수 있도록 상수가 추가된 인덱스를 리턴한다.

14.5.3 상수 명령어

상수는 청크에 저장할 수 있으나 상수를 실행해야 할 때도 있다. 다음 코드 조각을 보자.

```
print 1;
print 2;
```

컴파일된 청크는 1과 2 두 값을 담는 것은 물론, 언제 값을 생산해야 하는지 알아야 두 값을 올바른 순서로 출력할 수 있다. 따라서 특정 상수를 생산하는 명령어가 필요하다.

---

chunk.h ▸ OpCode 열거체

```
typedef enum {
  OP_CONSTANT,
  OP_RETURN,
```

VM이 OP_CONSTANT 명령어를 실행하면 사용할 상수를 '로드'한다. 이 명령어는 OP_RETURN보다 약간 더 복잡하다. 상이한 두 상수를 로드하는 이 예제만 보더라도 옵코드 하나만으로는 어떤 상수를 로드할지 알 수 없다.

> 가상 머신이 실제로 런타임에 코드를 어떻게 실행하는지 아직 설명하지 않았기 때문에 지금은 상수를 '로드(load)'하거나 '생성(produce)'한다는 말이 무슨 뜻인지 모호할 것이다. 15장을 읽어야 이해가 될 텐데, 성미가 급한 독자는 15장을 먼저 보고 돌아와도 좋다.

이런 케이스를 처리하고자 대부분의 바이트코드는 명령어가 피연산자(operand)를 가질 수 있도록 허용한다. 피연산자는 명령어 스트림에서 옵코드 바로 뒤에 이진 데이터로 저장된다. 명령어가 수행하는 작업을 매개변수화(parameterize)하는 것이다.

> 바이트코드 명령어의 피연산자는 산술 연산자에 전달하는 피연산자와는 다르다. 산술 피연산자의 값이 별도로 추적되는 표현식을 보면 알 수 있다. 명령어 피연산자는 바이트코드 명령어 자체의 작동 방식을 수정하는 로우 레벨 개념이다.

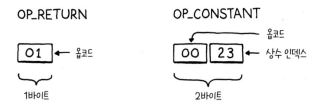

피연산자의 개수와 의미는 각 옵코드마다 다르다. 예를 들어, 리턴처럼 단순한 연산은 피연산자가 없어도 되는 반면, '로컬 변수를 로드하라'는 명령어는 어떤 변수를 로드할지 피연산자로 알려줘야 한다. 이런 식으로 씨록스에 새 옵코드를 추가할 때마다 피연산자의 형태를 지정해야 하는데, 이것이 **명령어 포맷**(instruction format)이다.

OP_CONSTANT는 1바이트 피연산자를 받는다. 청크의 상수 배열에서 어느 상수를 로드할지 지정하는 것이다. 컴파일러가 아직 없으니 테스트 청크에서 명령어를 '직접 손으로 컴파일(hand-compile)'한다.

---

main.c ▸ main() 함수

```
initChunk(&chunk);

int constant = addConstant(&chunk, 1.2);
writeChunk(&chunk, OP_CONSTANT);
writeChunk(&chunk, constant);

writeChunk(&chunk, OP_RETURN);
```

상수 값 자체를 청크의 상수 풀에 추가하면 이 상수의 배열 인덱스가 리턴된다. 그리고 OP_CONSTANT 옵코드를 청크에 쓴 다음, 앞서 리턴된 1바이트 상수 인덱스 피연산자를 작성한다. writeChunk()는 옵코드도 쓸 수 있고 피연산자도 쓸 수 있다. 이 함수에 관한 한 모두 원시 바이트일 뿐이다.

지금 이 코드를 실행하면 새 명령어를 어떻게 디코딩하는지 모르는 디셈블러가 고함을 지를 것이다. 다음과 같이 고치자.

debug.c ▶ disassembleInstruction() 함수

```
  switch (instruction) {
    case OP_CONSTANT:
      return constantInstruction("OP_CONSTANT", chunk, offset);
    case OP_RETURN:
```

이 명령어는 명령어 포맷이 다르므로 별도의 디셈블링 헬퍼 함수가 필요하다.

debug.c ▶ disassembleChunk() 함수 다음에 추가

```
static int constantInstruction(const char* name, Chunk* chunk,
                               int offset) {
  uint8_t constant = chunk->code[offset + 1];
  printf("%-16s %4d '", name, constant);
  printValue(chunk->constants.values[constant]);
  printf("'\n");
}
```

확실히 뭔가 내용이 더 많다. 옵코드 이름을 출력하는 것은 OP_RETURN과 같다. 청크의 다음 바이트에서 상수 인덱스를 가져온다. 이때 인덱스만 출력하면 사람이 알아보는 데 별로 도움이 안 되니 실제 상수 값(어쨌거나 상수는 컴파일 타임에 알 수 있다)도 함께 조회해서 값 자체도 출력하는 게 좋겠다.

그러려면 씨록스 Value를 출력할 수단이 필요하다. 이 함수는 value 모듈에 두기로 하고 헤더 파일을 인클루드한다.

debug.c

```
#include "debug.h"
#include "value.h"

void disassembleChunk(Chunk* chunk, const char* name) {
```

헤더 파일에는 다음과 같이 선언한다.

value.h ▶ freeValueArray() 함수 다음에 추가

```
void freeValueArray(ValueArray* array);
void printValue(Value value);

#endif
```

구현 코드는 다음과 같다.

---

value.c ▶ freeValueArray() 함수 다음에 추가

```c
void printValue(Value value) {
  printf("%g", value);
}
```

정말 멋지지 않은가? 여러분도 예상하다시피, 록스에 동적 타이핑을 추가하고 다른 타입의 값을 넣기 시작하면 점점 더 복잡해질 것이다.

constantInstruction()으로 되돌아가 값을 리턴하는 코드로 마무리한다.

---

debug.c ▶ constantInstruction() 함수

```c
  printf("'\n");
  return offset + 2;
}
```

---

disassembleInstruction()이 그다음 명령어가 시작되는 지점의 오프셋을 리턴한다는 사실을 기억하라. OP_RETURN은 1바이트에 불과했지만, OP_CONSTANT는 2바이트(옵코드 1바이트 + 피연산자 1바이트)다.

14.6 / 줄 정보

청크에는 런타임이 사용자의 소스 코드에서 필요로 하는 거의 모든 정보가 들어 있다. 제이록스에서 생성했던 갖가지 AST 클래스를 바이트 배열과 상수 배열로 축약할 수 있다는 말이 정신 나간 소리처럼 들릴지도 모르겠다. 자, 그런데 데이터 조각 하나가 빠졌다. 사용자가 절대 안 보고 싶어 해도 우리에겐 이 데이터가 필요하다.

런타임 에러가 발생하면 문제를 일으킨 소스 코드의 줄 번호를 표시한다. 제이록스에서 줄 번호 숫자는 토큰에 저장되고 이 토큰은 다시 AST 노드에 저장된다. 씨록스는 구문 트리를 버리고 바이트코드를 선택했으니 다른 해결책이 필요하다. 어떤 바이트코드 명령어가 주어지면 그 명령어가 컴파일된 출처에 해당하는 사용자의 소스 프로그램 줄 번호를 확인할 수 있으면 된다.

줄 번호를 영리하게 인코드하는 방법은 다양하다. 나는 메모리 효율은 비참할 정도로 낮지만 내가 생각해낼 수 있는 가장 단순한 접근 방식을 택했다. 바이트코드에 대응되는 별도의 정수 배열을 청크에 저장하는 것이다. 배열의 정수 원소는 각

> '별 생각 없어 보이는' 인코딩이지만 한 가지 일은 똑 부러지게 한다. 줄 정보를 바이트코드 자체에 끼워 넣지 않고 별도의 배열에 보관하는 것이다. 줄 정보는 런타임 에러가 발생하는 경우에만 사용되므로 명령어 사이에 보관하면 금쪽 같은 CPU 캐시 공간을 차지하는 데다, 인터프리터가 자신에게 중요한 옵코드와 피연산자로 이동하는 과정에서 상당한 캐시 미스가 발생할 수 있기 때문에 바람직하지 않다.

각 바이트코드의 바이트에 해당하는 줄 번호다. 런타임 에러 발생 시 코드 배열에서 현재 명령어의 오프셋과 동일한 인덱스를 찾아 줄 번호를 조회하는 것이다.

이를 위해 청크에 줄 정보 배열을 추가한다.

chunk.h ▶ Chunk 구조체

```
uint8_t* code;
int* lines;
ValueArray constants;
```

바이트코드 배열과 정확히 대응되는 배열이므로 count나 capacity는 따로 필요 없다. 배열을 초기화하고 코드 배열을 건드릴 때마다 변경된 내용을 줄 번호 배열에 반영한다.

chunk.c ▶ initChunk() 함수

```
chunk->code = NULL;
chunk->lines = NULL;
initValueArray(&chunk->constants);
```

메모리에서 해제하는 코드도 비슷하다.

chunk.c ▶ freeChunk() 함수

```
FREE_ARRAY(uint8_t, chunk->code, chunk->capacity);
FREE_ARRAY(int, chunk->lines, chunk->capacity);
freeValueArray(&chunk->constants);
```

코드 한 바이트를 청크에 써넣을 때 어느 줄의 소스 코드에서 왔는지 알아야 하므로 writeChunk() 선언부에 매개변수를 추가한다.

chunk.h ▶ writeChunk() 함수 코드 1줄 교체

```
void freeChunk(Chunk* chunk);
void writeChunk(Chunk* chunk, uint8_t byte, int line);
int addConstant(Chunk* chunk, Value value);
```

구현 코드는 다음과 같다.

chunk.c ▶ writeChunk() 함수 코드 1줄 교체

```
void writeChunk(Chunk* chunk, uint8_t byte, int line) {
  if (chunk->capacity < chunk->count + 1) {
```

코드 배열을 할당하거나 몸집을 키울 때, 줄 정보 배열에도 같은 작업을 해준다.

```
    chunk->code = GROW_ARRAY(uint8_t, chunk->code,
        oldCapacity, chunk->capacity);
    chunk->lines = GROW_ARRAY(int, chunk->lines,
        oldCapacity, chunk->capacity);
}
```

끝으로 줄 번호를 배열에 저장한다.

```
    chunk->code[chunk->count] = byte;
    chunk->lines[chunk->count] = line;
    chunk->count++;
```

14.6.1 줄 정보 디셈블링

그럼, 공들여 만든 청크를 시험해보자. writeChunk()에 매개변수를 새로 추가했으므로 이 함수를 호출할 때 줄 번호를 전달하도록 수정한다. (지금은 아무 숫자나 대충 넣자.)

```
    int constant = addConstant(&chunk, 1.2);
    writeChunk(&chunk, OP_CONSTANT, 123);
    writeChunk(&chunk, constant, 123);

    writeChunk(&chunk, OP_RETURN, 123);

    disassembleChunk(&chunk, "test chunk");
```

프런트엔드가 있으니 컴파일러는 당연히 파싱을 하면서 현재 줄 정보를 추적하고 줄 번호를 전달할 것이다.

각 명령어마다 줄 번호를 알 수 있으니 요긴하게 잘 사용하면 된다. 씨록스 디셈블러의 경우 각 명령어가 어느 소스 줄에서 컴파일된 것인지 표시되면 코드 작성에 큰 도움이 될 것이다. 어느 바이트코드 뭉치가 무슨 일을 하는지 파악할 때 줄 번호는 소스 코드로 다시 연결해주는 중요한 수단이다. 명령어의 오프셋(청크의 처음부터 떨어진 바이트 수)을 출력한 다음 소스 줄을 표시한다.

```
int disassembleInstruction(Chunk* chunk, int offset) {
  printf("%04d ", offset);
  if (offset > 0 &&
      chunk->lines[offset] == chunk->lines[offset - 1]) {
    printf("   | ");
  } else {
    printf("%4d ", chunk->lines[offset]);
  }

  uint8_t instruction = chunk->code[offset];
```

바이트코드 명령어는 매우 세분화되어 있는(fine-grained) 편이다. 보통 소스 코드 한 줄이 일련의 여러 명령어로 컴파일된다. 좀 더 시각적으로 명료하게 나타내려면 다음과 같이 바로 이전과 소스 줄이 동일한 명령어는 |로 구분해서 출력하는 게 좋다.

```
== test chunk ==
0000  123 OP_CONSTANT         0 '1.2'
0002    | OP_RETURN
```

3바이트 청크를 출력한 결과다. 처음 두 바이트는 청크의 상수 풀에서 1.2를 로드하는 상수 명령어다. 첫 번째 바이트는 OP_CONST 옵코드, 두 번째 바이트는 상수 풀의 인덱스다. 세 번째 바이트(오프셋 2)는 1바이트 리턴 명령어다.

지금부터 여기에 명령어를 하나씩 추가하면서 살을 붙일 것이다. 하지만 기본 구조는 그대로다. 이제 가상 머신이 런타임에 실행 가능한 코드 조각을 완벽하게 표현하는 데 필요한 준비물이 모두 구비됐다. 제이록스를 만들 때 정의했던 AST 클래스들을 기억하는가? 씨록스에서는 코드의 바이트, 상수 값, 디버깅을 위한 줄 정보, 이렇게 세 가지 배열로 축약했다.

씨록스가 제이록스보다 더 빠를 수밖에 없는 주된 이유가 바로 이 축약이다. 바이트코드는 AST를 아주 컴팩트하게 직렬화한 장치라고 볼 수 있다. 인터프리터가 실행할 때 필요한 순서대로 역직렬화하기 알맞게 최적화한 결과물인 것이다. 가상 머신의 정확한 작동 원리는 다음 장에서 살펴보겠다.

연습 문제

1. 록스의 줄 정보를 인코드하는 부분은 메모리 낭비가 심하다. 일련의 명령어는 대부분 동일한 소스 줄에 속하므로 줄 번호의 런 렝스 인코딩(RLE, Run-Length Encoding)[9] 같은 해결책이 더 어울린다.

   같은 줄에 있는 일련의 명령어에 대한 줄 정보를 압축하는 인코딩 장치를 고안하라. 이 압축된 포맷을 쓰도록 writeChunk()를 수정하고, 명령어 인덱스가 주어지면 그 명령어가 실행된 소스 줄을 리턴하는 getLine() 함수를 구현하라.

   힌트 : getLine()을 특별히 효율적으로 만들려고 애쓸 필요는 없다. 이 함수는 런타임 에러가 날 때에만 호출되므로 성능에 미치는 영향이 미미하다.

2. OP_CONSTANT는 1바이트 피연산자 하나만 사용하므로 한 청크에 최대 256개의 상수까지 담을 수 있는데, 이는 실제 코드를 작성하기에 너무 적은 개수다. 그렇다고 피연산자에 2바이트 또는 그 이상을 할당하면 모든 상수 명령어가 더 많은 공간을 차지하게 될 것이다. 대부분의 청크는 그렇게 고유한 상수가 많이 필요하지는 않기 때문에 아주 드문 경우를 대비하려고 공간을 낭비하고 일반적인 경우의 로컬리티를 희생하는 건 어리석다.

   이 두 가지 상충되는 목표의 균형을 맞추기 위해 동일한 연산을 수행하지만 피연산자 크기는 다른 여러 명령어가 포함된 명령어 집합이 많다. 가령, 기존 1바이트짜리 OP_CONSTANT 명령어는 그대로 두고 OP_CONSTANT_LONG이라는 두 번째 명령어를 정의하는 식이다. 이 새로운 명령어는 피연산자를 24비트 숫자로 저장하기 때문에 다소 여유가 있다.

   다음 함수를 구현하라.

   ```
   void writeConstant(Chunk* chunk, Value value, int line) {
     // 구현하라
   }
   ```

   chunk의 상수 배열에 value를 추가한 다음, 상수를 로드하는 적절한 명령어를 작성하라. 또 OP_CONSTANT_LONG 명령어의 디셈블링 기능도 추가하라.

   이렇게 명령어를 2개 정의하는 것이 가장 좋은 방법인 듯싶다. 여기서 만약 희생을 감수해야 할 부분이 있다면 어떤 것일까?

3. reallocate() 함수는 동적 메모리를 할당/해제할 때 C 표준 라이브러리에 의존한다. malloc()과 free()도 무슨 대단한 마법은 아니다. 이 두 함수의 오픈 소스 구현체를 찾아 그 작동 원리를 설명하라. 어느 바이트가 할당됐고 해제됐는지를 어떻게 추적하는가? 메모리 블록을 할당 또는 해제하기 위해 필요

---

[9] https://en.wikipedia.org/wiki/Run-length_encoding

한 것은 무엇인가? 이런 작업을 어떻게 효율적으로 만들었는가? 메모리 단편화(fragmentation)에 대해서는 어떤 조치를 했는가?

심화 문제 : realloc(), malloc(), free()를 호출하지 않는 reallocate()를 구현하라. 인터프리터 실행이 시작될 때 malloc()을 한번 호출하여 하나의 큰 메모리 블록을 할당하고 reallocate() 함수가 이 메모리 블록에 액세스하면 된다. 이 함수는 해당 단일 영역에서 메모리 뭉치, 즉 각자의 개인적인 힙을 소분한다. 이 방법을 정의하는 것이 여러분이 할 일이다.

디자인 노트 | 개발 중인 언어를 테스트

어느덧 책이 거의 절반이 지났는데도 언어 구현체의 테스팅에 대해서는 아직 언급조차 하지 않았다. 테스팅이 중요하지 않아서가 아니다. 개발 중인 언어를 시험할 좋은, 포괄적인 테스트 스위트(test suite)를 마련하는 일은 아무리 강조해도 지나치지 않을 정도로 중요하다.

나는 이 책의 첫 글자를 쓰기 전에 이미 록스용 테스트 스위트[10]를 작성했다. (이 테스트 스위트는 여러분이 직접 록스 개발을 할 때 얼마든지 가져다 써도 좋다.) 이 테스트 덕분에 나는 수많은 버그를 찾아 고칠 수 있었다.

모든 소프트웨어에서 테스트는 중요하다. 하지만 프로그래밍 언어는 적어도 다음과 같은 이유에서 훨씬 더 중요하다.

- **사용자는 자신이 사용하는 프로그래밍 언어가 절대적으로 완벽하리라 기대한다.** 성숙하고 안정적인 컴파일러와 인터프리터에 너무 익숙해진 나머지 "그건 컴파일러가 아니라, 당신 코드가 문제야." 하고 말하는 사고 방식이 소프트웨어 문화 전반에 자리 잡았다. 그러나 언어 구현체에 버그가 있을 경우, 사용자는 그 원인을 알아내기까지 분노의 5단계[11]를 온전히 경험하게 될 것이다. 자기가 만드는 언어의 사용자가 그러한 일을 겪는 것을 바랄 사람은 없을 것이다.

- **언어 구현체는 깊숙이 상호 연결된 소프트웨어다.** 어떤 코드베이스는 범위가 넓고 깊이가 얕다. 가령, 텍스트 편집기에서 파일을 로딩하는 코드가 깨져도 (다행히!) 화면에 텍스트를 렌더링하는 기능에 오류를 일으키진 않는다. 언어 구현체, 특히 언어의 실제 시맨틱을 처리하는 인터프리터 코어의 경우에는 이보다 훨씬 더 범위가 좁고 깊다. 그래서 시스템의 다양한 파트 간의 이상한 상호작용 때문에 생기는 묘한 버그가 스며들기 쉽다. 이런 버그를 사전에 차단하려면 좋은 테스트가 필수다.

---

10 https://github.com/munificent/craftinginterpreters/tree/master/test
11 [옮긴이] 1단계 부정(denial) → 2단계 분노(anger) → 3단계 타협(bargaining) → 4단계 우울(depression) → 5단계 수용(acceptance)

- **언어 구현체의 입력은 디자인에 따라 조합적이다(combinatorial).** 사용자가 작성할 수 있는 프로그램의 가짓수는 무한하며, 언어 구현체는 어떤 프로그램이라도 올바르게 실행해야 한다. 모조리 완벽하게 테스트할 수는 없어도 최대한 많은 입력 공간을 커버하기 위해 노력해야 한다.

- **언어 구현체는 복잡하고 계속 바뀌며, 온갖 최적화로 가득 차 있다.** 이 때문에 버그가 기생하기 좋은 코드 음지가 곳곳에 널려 있다.

결론은, 많은 테스트가 필요하다는 뜻이다. 그럼 어떤 테스트를 해야 할까? 내가 참여한 프로젝트는 대부분 점대점(end-to-end) 언어 테스트에 초점을 두었다. 각 테스트는 결과로 예상되는 출력이나 에러를 해당 언어로 작성해 넣은 프로그램이고, 이 프로그램을 언어 구현체 속으로 밀어 넣어 제대로 동작하는지 검증하는 테스트 러너(test runner, 테스트 실행기)가 있다. 테스트를 해당 언어로 작성하면 몇 가지 장점이 있다.

- 테스트가 구현체의 특정 API 또는 내부 아키텍처 결정과 엮이지 않는다. 덕분에 수많은 테스트를 업데이트하지 않아도 인터프리터나 컴파일러 일부를 자유롭게 구조 조정하거나 재작성할 수 있다.

- 다수의 언어 구현체에 동일한 테스트를 사용할 수 있다.

- 테스트는 그 언어로 쓰인 스크립트이므로 대개 간단하고 읽기 쉬우며 관리하기도 편하다.

장점만 있는 것은 아니다.

- 점대점 테스트는 버그가 있는지 판단하는 데 유용하지만 버그가 어디에 있는지는 밝혀내지 못한다. 테스트를 해도 올바르게 출력된 것처럼 보이지 않기 때문에 구현체의 어느 코드가 에러인지 잡아내기가 더욱 곤란해진다.

- 구현체의 모호한 부분을 건드리는 프로그램을 올바르게 작성하는 일이 꽤 어려울 수 있다. 특히 버그가 있을지도 모를 최적화 경로에 도달할 요량으로 복잡한 코드를 잔뜩 작성해야 할지 모를, 고도로 최적화된 컴파일러라면 더 더욱 그렇다.

- 각 테스트 스크립트를 실행, 파싱, 컴파일, 실행하는 오버헤드가 매우 커질 수 있다. 욕심을 내서 테스트 스위트를 너무 크게 만들면 테스트가 다 끝날 때까지 상당히 오랜 시간 기다려야 할 수도 있다.

이밖에도 하고 싶은 말은 많지만, 교장 선생님 훈화처럼 떠들고 싶지 않고 또 내가 언어 테스팅의 전문가인 척하고 싶지도 않다. 나는 그저 여러분이 언어를 테스트하는 일의 중요성을 뼛속까지 절절히 깨닫기 바란다. 정말이다, 여러분의 언어를 테스트하라. 언젠가 내게 한턱 내고 싶어질 것이다!

15장

가상 머신

지난 장에서 프로그램을 일련의 바이트코드 명령어로 나타내는 방법을 설명하느라 많은 시간을 할애했지만, 아마 꼭 박제시킨 죽은 동물만 보면서 생물학을 배운 느낌이 들었을 것이다. 이론적으로 명령어가 무엇인지 알고는 있지만 그 실체를 본 적은 없으니 정확히 무슨 일을 하는지 머릿속에 그림이 그려지지 않는 것은 당연하다. 바이트코드의 작동 원리를 제대로 이해하지 못하면 바이트코드를 출력하는 컴파일러를 작성하기가 어렵다.

이 장에서는 새로운 인터프리터의 프런트엔드를 구축하기 전에 백엔드 부분, 즉 명령어를 실행하는 가상 머신부터 설명하고자 한다. 가상 머신은 바이트코드에 생명을 불어넣는 장치다. 명령어가 흘러가는 과정을 살펴보면서 소스 코드를 어떻게 일련의 명령어로 변환하는지 이해하자.

15.1 / 명령어 실행 머신
INTERPRETER

가상 머신은 코드 청크(글자 그대로 Chunk)를 전달하면 그대로 실행하는 장치로, 씨록스 인터프리터의 내부 아키텍처 중 한 부분이다. VM과 관련된 코드 및 자료 구조는 새로운 모듈에 담겠다.

vm.h ▶ 새 파일 생성

```c
#ifndef clox_vm_h
#define clox_vm_h

#include "chunk.h"

typedef struct {
  Chunk* chunk;
} VM;

void initVM();
void freeVM();

#endif
```

늘 그렇듯 시작은 단순하다. VM이 추적해야 할 상태 정보는 앞으로 점점 커질 테니 이 모든 데이터를 담을 구조체를 정의한다. 지금은 VM이 실행하는 청크만 보관한다.

앞서 생성한 대부분의 자료 구조와 마찬가지로, VM을 생성/해제하는 함수를 정의하자. 구현체는 다음과 같다.

vm.c ▶ 새 파일 생성

```
#include "common.h"
#include "vm.h"

VM vm;

void initVM() {
}

void freeVM() {
}
```

안다, 이런 함수를 '구현체'라고 부르는 건 무리다. 아직 초기화하거나 해제할 상태가 하나도 없는 그냥 빈 함수다. 곧 채워 넣을 테니 나를 믿고 따라오라.

여기서 vm을 선언한 줄이 흥미롭다. 이 모듈은 나

정적 VM 인스턴스를 선택한 것은 이 책을 집필하려고 한발 양보한 행위다. 하지만 실제 언어 구현체라면 올바른 엔지니어링 결정이라고 보기 어렵다. 다른 호스트 애플리케이션에 임베드할 용도로 VM을 구축할 경우, 명시적으로 VM 포인터를 가져와 전달하면 호스트를 더 유연하게 만들 수 있다.

이렇게 하면 호스트 앱은 VM의 메모리가 할당되는 시기와 장소를 제어하고 여러 VM을 병렬 실행하는 등의 작업을 수행할 수 있다.

지금까지 여러분이 글로벌 변수에 대해 들어온 나쁜 얘기들[1]은 대체로 맞다. 글로벌 변수는 프로그래밍에 가급적 사용하지 않는 편이 바람직하지만, 나로선 책을 조금이라도 얇게 만들려면 어쩔 수 없는...

중에 수많은 함수를 포함하게 될 텐데, VM을 가리키는 포인터를 이 모든 함수에 일일이 전달하기란 너무 번거로울 것 같아 하나의 글로벌 VM 객체를 선언한 것이다. 이렇게 하나만 두면 이 책에 수록된 예제 코드를 가볍게 만들 수 있다.

VM에 뭔가 재미난 코드를 넣기 전에 인터프리터의 메인 진입점에 코드를 연결하자.

main.c ▶ main() 함수

```
int main(int argc, const char* argv[]) {
  initVM();

  Chunk chunk;
```

인터프리터가 가동되면 제일 먼저 VM을 시작하고 종료되면 VM을 해제한다.

main.c ▶ main() 함수

```
  disassembleChunk(&chunk, "test chunk");
  freeVM();
  freeChunk(&chunk);
```

---

1 http://gameprogrammingpatterns.com/singleton.html

마지막으로 국민의례를 잊지 말자.

main.c

```c
#include "debug.h"
#include "vm.h"

int main(int argc, const char* argv[]) {
```

이제 씨록스를 실행하면 손으로 작성한 청크(14장)가 생성되기 전에 VM이 먼저 가동된다. VM이 똬리를 틀고 명령어를 기다리고 있으니 해야 할 일을 지시해보자.

15.1.1 명령어 실행

바이트코드 청크를 인터프리트하라고 지령을 내리면 VM은 즉시 착수한다.

main.c ▶ main() 함수

```c
  disassembleChunk(&chunk, "test chunk");
  interpret(&chunk);
  freeVM();
```

이 함수가 VM으로 향하는 메인 진입점이다. 선언은 다음과 같다.

vm.h ▶ freeVM() 함수 다음에 추가

```c
void freeVM();
InterpretResult interpret(Chunk* chunk);

#endif
```

VM은 청크를 실행한 후, 다음 열거체 값 중 하나를 응답한다.

vm.h ▶ VM 구조체 다음에 추가

```c
} VM;

typedef enum {
  INTERPRET_OK,
  INTERPRET_COMPILE_ERROR,
  INTERPRET_RUNTIME_ERROR
} InterpretResult;

void initVM();
void freeVM();
```

이 결괏값은 아직 사용하고 있지 않지만, 정적 에러를 리포트하는 컴파일러와 런타임 에러를 감지하는 VM을 이용해 인터프리터는 프로세스의 종료 코드를 세팅할 것이다.

자, 조금씩 실제 구현체에 다가가고 있다.

vm.c ▶ freeVM() 함수 다음에 추가

```
InterpretResult interpret(Chunk* chunk) {
  vm.chunk = chunk;
  vm.ip = vm.chunk->code;
  return run();
}
```

먼저 실행 중인 청크를 VM에 저장한다. 그리고 실제로 바이트코드 명령어를 실행하는 내부 헬퍼 함수 run()을 호출한다. 이 두 액션 사이에 흥미로운 부분이 있다. ip의 역할은 무엇일까?

VM은 바이트코드를 처리하면서 현재 실행 중인 명령어의 위치를 ip에 보관한다. 이 정보는 어차피 다른 함수도 필요로 하기 때문에 run() 내부의 로컬 변수 대신 VM의 필드에 저장하는 것이다.

> 우리는 바이트코드 인터프리터에서 성능을 최대한 짜내려고 하는 중이니 로컬 변수에 ip를 저장한다. 단, 이 변수는 실행 중에 너무 자주 값이 수정되기 때문에 C 컴파일러가 레지스터에 보관하도록 만드는 게 좋겠다.

vm.h ▶ VM 구조체

```
typedef struct {
  Chunk* chunk;
  uint8_t* ip;
} VM;
```

타입은 바이트 포인터다. 인덱스로 배열 원소를 조회하는 것보다 포인터를 역참조하는 것이 더 빠르기 때문에 정수 인덱스 같은 자료 구조 대신 바이트코드 배열을 직접 가리키는 실제 C 포인터를 사용한다.

'IP'라는 명칭은 일종의 관습이다. CS의 다른 많은 전통적 명칭과는 달리 이 용어는 **명령어 포인터(instruction pointer)**라는 실질적인 의미를 갖고 있다. 실제와 가상을 막론하고 세상의 거의 모든 명령어 집합에는 이러한 레지스터 또는 변수가 있다.

> x86, x64, CLR[2]에서는 'IP'라고 하고, 68k, PowerPC, ARM, p-code, JVM에서는 'PC', 즉 프로그램 카운터(program counter)라고 한다.

ip가 청크의 첫 번째 코드 바이트를 가리키도록 초기화한다. 아직 명령어는 한 번도 실행한 적이 없으므로 ip는 곧 실행될 명령어를 가리킨다. VM 실행 도중 내내 그렇다. ip는 항상 현재 처리 중인 명령어가 아니라, 다음에 실행할 명령어를 가리킨다.

재미있는 일은 run()에서 벌어진다.

2　**옮긴이**　Common Language Runtime, 공통 언어 런타임

```c
static InterpretResult run() {
#define READ_BYTE() (*vm.ip++)

  for (;;) {
    uint8_t instruction;
    switch (instruction = READ_BYTE()) {
      case OP_RETURN: {
        return INTERPRET_OK;
      }
    }
  }

#undef READ_BYTE
}
```

이 함수가 모든 씨록스를 통틀어 가장 중요한 단일 함수다. 인터프리터는 사용자 프로그램을 실행하면서 약 90%의 시간을 이 run()에서 보낸다. 그야말로 VM을 펌프질하는 심장이다.

> 당장은 경이로운 소프트웨어 마법이라 할 만한 기능은 아니지만, 앞으로 펼쳐질 몇 개 장에서 이 함수가 얼마나 유용하게 쓰이는지 알게 될 것이다.

소개는 드라마틱하게 했지만 개념 자체는 정말 간단하다. 바깥쪽 루프에서 반복될 때마다 하나의 바이트코드 명령어를 읽어 실행하는 일을 계속하는 것이다.

명령어를 처리하려면 우선 어떤 종류의 명령어를 다루고 있는지 알아야 한다. READ_BYTE 매크로는 ip가 현재 가리키는 바이트를 읽고 명령어 포인터를 전진시킨다. 모든 명령어의 첫 번째 바이트는 옵코드다. 숫자 옵코드가 주어지면 해당 명령어의 시맨틱이 구현된 올바른 C 코드로 이동해야 한다. 이 과정을 명령어 **디코딩(decoding)** 또는 **디스패치(dispatch)**라고 한다.

> 명령어를 실행하기 전에 옵코드를 읽기가 무섭게 ip를 전진시킨다는 사실을 기억하라. 다시 한번 말하지만, ip는 항상 다음에 사용할 코드 바이트를 가리킨다.

모든 명령어를 한 번에 하나씩 실행할 때마다 이 프로세스를 수행하므로 여기가 바로 전체 가상 머신에서 가장 성능이 중요한 부분이다. 프로그래밍 언어의 역사는 효율적인 바이트코드 디스패치에 관한 온갖 영리한 기법들로 가득 차 있으며, 이는 컴퓨터 초창기 시절까지 거슬러 올라간다.

> 더 많은 기법이 궁금하다면 인터넷에서 '직접 스레디드 코드(direct threaded code)', '점프 테이블(jump table)', '계산된(computed) goto'를 찾아보라.

뭐니뭐니 해도 가장 빠른 수단은 C를 비표준 확장(non-standard extension)하거나 손으로 직접 어셈블리 코드를 작성하는 것이다. 씨록스는 단순하게 가겠다. 디셈블러에서 했듯이 옵코드마다 케이스가 하나씩 준비된 거대한 단일 switch 문을 두자. 옵코드별 동작을 각 케이스 바디에 구현하는 것이다.

지금까진 OP_RETURN 명령어 하나뿐이었다. 이 명령어는 루프를 완전히 빠져나가는 일만 한다. 결국, 이 명령어도 현재 Lox 함수에서 리턴하는 데 쓰이긴 하겠지만, 아직 씨록스에 함수가 없으니 실행을 임시 종료하는 용도로 변경하겠다.

케이스 바디를 추가해 OP_CONSTANT 명령어를 구현한다.

vm.c ▶ run() 함수

```
    switch (instruction = READ_BYTE()) {
      case OP_CONSTANT: {
        Value constant = READ_CONSTANT();
        printValue(constant);
        printf("\n");
        break;
      }
      case OP_RETURN: {
```

상수를 가지고 뭔가 유용한 일을 할 수 있는 장치가 아직 부실하다. 일단 VM 내부에서 벌어지는 일들을 인터프리터 해커인 우리 눈으로 확인할 수 있도록 출력하는 데 만족하자. printf 문을 호출하려면 표준 헤더가 필요하다.

vm.c ▶ 파일 맨 위에 추가

```
#include <stdio.h>

#include "common.h"
```

새로운 매크로도 정의한다.

vm.c ▶ run() 함수

```
#define READ_BYTE() (*vm.ip++)
#define READ_CONSTANT() (vm.chunk->constants.values[READ_BYTE()])

  for (;;) {
```

READ_CONSTANT()는 바이트코드의 다음 바이트를 읽고, 그 결과 숫자를 인덱스로 간주하여 청크의 상수 테이블에서 Value를 가져온다. 이후 장에서 상수를 참조하는 피연산자가 있는 명령어를 몇 개 더 추가할 예정이므로 이 헬퍼 매크로를 지금 설정하겠다.

이전 READ_BYTE 매크로처럼 READ_CONSTANT도 run() 내부에서만 쓰인다. 스코프를 좀 더 분명하게 지정하고자 매크로 정의 자체를 해당 함수에 국한시켰다. 이 두 매크로를 시작부에 정의(#define)하고 종료부에서 제거(#undefine)한다.

> 두 매크로를 명시적으로 undefine하는 일이 지나치게 까다롭게 보일지도 모르지만, C는 엄벙덤벙 코딩하는 사용자를 엄히 꾸짖는 경향이 있으며 C 전처리기는 2배는 더 불이익을 안겨준다.

vm.c ▶ run() 함수

```
#undef READ_BYTE
#undef READ_CONSTANT
}
```

15.1.2 실행 추적

지금 씨록스를 실행하면 지난 장에서 손으로 작성했던 청크가 실행되면서 1.2가 터미널에 표시될 것이다. 뭔가 작동된다는 사실은 알 수 있지만, 이는 OP_CONSTANT 케이스에 값을 로깅하는 임시 코드가 있기 때문이다. 이 명령어가 임무를 완수하고 상수를 소비하려는 다른 명령어에 연결되면 VM은 블랙박스가 될 것이다. VM 구현자의 인생도 피곤해지리라.

우리 스스로를 구원하기 위해서라도 VM에 진단 로깅 기능을 추가해야 할 때다. 사실, 앞서 청크에서 사용했던 동일한 코드를 재사용할 수도 있지만, 록스 사용자가 아닌, VM 해커에게만 필요한 기능이므로 항상 켜두고 싶지 않다. 로그를 숨길 수 있는 플래그를 만들자.

common.h

```
#include <stdint.h>

#define DEBUG_TRACE_EXECUTION

#endif
```

이 플래그가 켜지면 VM은 각 명령어를 실행하기 직전에 디셈블한 결과를 출력한다. 이전에 만든 디셈블러가 전체 청크를 정적으로 한번 처리했다면, 이 디셈블러는 명령어를 그때그때 동적으로 디셈블한다.

vm.c ▶ run() 함수

```
  for (;;) {
#ifdef DEBUG_TRACE_EXECUTION
    disassembleInstruction(vm.chunk,
                           (int)(vm.ip - vm.chunk->code));
#endif

    uint8_t instruction;
```

disassembleInstruction()은 정수 바이트 오프셋을 가져와 현재 명령어 레퍼런스를 직접 포인터로 저장하므로, 먼저 약간의 포인터 계산을 하여 ip를 바이트코드 시작부에 대한 상대 오프셋으로 변환한다. 그런 다음 그 바이트에서 시작되는 명령어를 디셈블한다.

늘 그렇듯, 함수는 호출하기 전에 반드시 선언해야 한다는 사실을 잊지 말라.

vm.c

```
#include "common.h"
#include "debug.h"
#include "vm.h"
```

이 코드가 하나의 for 루프 안에 래핑한 switch 문에 불과하기 때문에 아직은 그리 큰 감명을 주진 못한다. 하지만 믿거나 말거나, 이 코드가 씨록스 VM을 떠받치는 양대 주요 컴포넌트 중 하나다. 명령어를 명령형 스타일로 실행 가능한 것도 다 이 코드 덕분이다. 단순성이 곧 미덕이다. 하는 일이 적을수록 더 빨리 실행된다. 비지터 패턴으로 AST를 탐색하던 제이록스의 복잡성 및 오버헤드와 한번 비교해보라.

15.2 값 스택 조작기

명령형 특유의 부수 효과 외에도 록스에는 값을 생산, 수정, 소비하는 표현식이 있다. 따라서 컴파일한 바이트코드에 값을 필요로 하는 서로 다른 명령어끼리 값을 주고받을 수단이 필요하다. 다음 코드를 보자.

```
print 3 - 2;
```

누가 봐도 이 코드에서 필요한 것은 상수 3과 2, print 문, 그리고 뺄셈 명령어다. 그런데 뺄셈 명령어는 3이 피감수(minuend), 2가 감수(subtrahend)라는 사실을 어떻게 알 수 있을까? print 명령어는 이 뺄셈 결과를 출력하는 방법을 어떻게 알까?

> 음, 호기심에 영어 사전에서 'subtrahend(감수)'와 'minuend(피감수)'를 찾아봤다. 왠지 유쾌하게 들리지 않는가? 'minuend(미뉴엔드)'는 엘리자베스 여왕 시절의 춤, 'subtrahend(섭터헨드)'는 지하에 방치된 구석기 시대 유물을 가리키는 용어 같다.

다음 코드를 보면서 좀 더 구체적으로 살펴보자.

```
fun echo(n) {
  print n;
  return n;
}

print echo(echo(1) + echo(2)) + echo(echo(4) + echo(5));
```

인수를 출력하고 리턴하는 echo( ) 호출로 각 서브식을 래핑했다. 이 코드는 연산 순서에 따라 실행 결과가 달라지므로 부수 효과가 있다.

잠시 VM은 머릿속에서 지우고 록스 자체의 시맨틱만 생각해보자. 산술 연산자의 피연산자는 반드시 연산 자체를 수행하기 전에 평가되어야 한다. (a와 b가 무엇인지 모르는데, a + b를 할 수 있겠는가?) 또 우리는 제이록스에서 표현식을 구현할 때, 좌측 피연산자를 우측 피연산자보다 먼저 평가하기로 결정했었다.

> 평가 순서를 지정하지 않은 채 각 구현체가 알아서 결정하게 놔둘 수도 있었다. 산술식의 순서를 재정렬해서 (심지어 피연산자들이 가시적인 부수 효과를 지니고 있는 경우에도) 컴파일러를 최적화할 여지를 남겨두는 것이다. C와 스킴은 평가 순서를 따로 지정하지 않는다. 자바는 록스처럼 좌에서 우로 평가하도록 지정한다.
>
> 개인적으로 나는 사용자 입장에서 이런 문제를 정확히 정의하는 게 바람직하다고 본다. 당연히 그러리라 생각하는 바와 다른 순서로 표현식이 평가되면 (어쩌면 구현체마다 평가 순서가 제각각일 수도 있으니) 사용자는 물 밑에서 무슨 일이 벌어졌는지 파악하느라 지옥 불을 경험하게 될 것이다.

다음은 print 문의 구문 트리다.

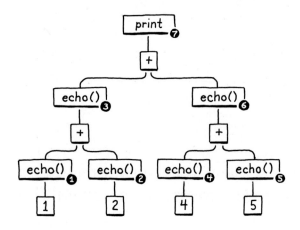

좌에서 우로 평가하고 표현식이 중첩되는 방식을 고려할 때 올바른 록스 구현체라면 다음 순서대로 출력할 것이다.

```
1  // from echo(1)
2  // from echo(2)
3  // from echo(1 + 2)
4  // from echo(4)
5  // from echo(5)
9  // from echo(4 + 5)
12 // from print 3 + 9
```

기존 제이록스 인터프리터는 AST를 재귀 탐색하는 방식으로, 즉 후위 탐색을 수행한다. 좌측 피연산자 분기를 탐색한 다음 우측 피연산자를 탐색하는 식으로, 결국 마지막에는 노드 자신을 평가한다.

좌측 피연산자를 평가한 후 우측 피연산자 트리를 타고 내려가는 동안 중간 결과는 어딘가에 임시로 저장해야 한다. 그래서 제이록스는 자바의 로컬 변수를 사용했다. 이 재귀 트리 탐색 인터프리터는 평가하는 각 노드마다 고유한 자바 호출 프레임을 생성하므로 이런 로컬 변수를 필요한 만큼 가질 수 있다.

씨록스의 run() 함수는 중첩된 표현식 트리를 길게 한 줄로 세운 명령어로 플랫화한다(flatten). 즉 재귀적으로 움직이지 않는다. C 로컬 변수를 사용하는 사치는 부릴 여유가 없는데, 그럼 대체 이런 임시 값은 어디에, 어떻게 보관해야 할까? 이미 정답을 맞힌 독자도 있겠지만, 이 문제는 그동안 우리가 너무 당연시해왔으나 컴퓨터가 왜 이런 식으로 디자인됐는지는 아는 사람이 거의 없는 프로그래밍 주제이므로 조금 심도 있게 다뤄보고자 한다.

> 이 절의 이름이 힌트다. 이것이 자바와 C 함수의 재귀 호출을 관리하는 방법이다.

그럼, 다소 요상한 예제를 들어보자. 이 프로그램의 실행을 한 번에 한 단계씩 차근차근 살펴보겠다.

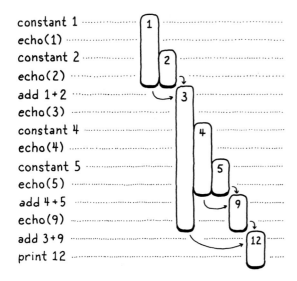

```
constant 1 ......... 1
echo(1)
constant 2 .........   2
echo(2)
add 1+2 ...........     3
echo(3)
constant 4 .........      4
echo(4)
constant 5 .........       5
echo(5)
add 4+5 ...........         9
echo(9)
add 3+9 ...........          12
print 12
```

좌측은 코드의 각 실행 단계, 우측은 우리가 추적하는 값들이다. 각 막대는 숫자를 나타낸다. 처음 값이 (상수든 덧셈 결과든 간에) 생성될 때 시작된다. 막대의 길이는 이전에 만들어진 값을 유지해야 하는 시점을 표시한 것이다. 이 막대는 결국 값이 연산을 통해 소비되면 끊어진다.

단계를 죽 따라가면 값들이 나타났다가 나중에 잡아먹히는 꼴이다. 가장 오래 유지되는 값은 덧셈 좌변에서 생산되는 것들이다. 이들은 우측 피연산식을 진행하는 내내 계속 유지된다.

나는 이 다이어그램에서 눈에 보이는 칼럼에 각각 고유한 번호를 매겼다. 좀 더 간결하게 그릴 수는 없을까? 어떤 번호가 소비되면 해당 칼럼을 나중에 다른 값으로 재사용할 수 있게 허용하면 된다. 다시 말해, 우측부터 번호를 밀어 넣으면서 빈 곳을 모두 채우는 것이다.

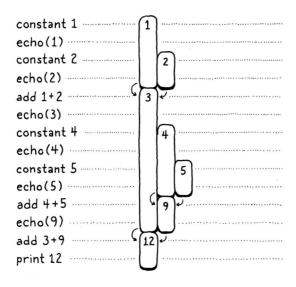

```
constant 1 ......... 1
echo(1)
constant 2 .........   2
echo(2)
add 1+2 ...........  3
echo(3)
constant 4 .........    4
echo(4)
constant 5 .........     5
echo(5)
add 4+5 ...........   9
echo(9)
add 3+9 ...........  12
print 12
```

다시 그려놓고 보니 아주 흥미롭다. 막대 위치를 조정했더니 각 번호는 자신의 일생 동안 오직 하나의 칼럼에만 머무르고 빈 곳이 하나도 없다. 즉, 번호 A가 번호 B보다 먼저 나타나면 그때마다 번호 A는 번호 B보다 오래 살아남는 구조다. 가장 먼저 나온 번호가 가장 마지막에 소비되는 후입선출(LIFO, Last-In/First-Out)... 와, 스택이다!

이 팬케이크도 일종의 스택이다.

두 번째 그림을 다시 잘 보면 번호가 새로 매겨질 때마다 우측부터 스택에 번호를 푸시한다. 번호가 소비되면 항상 가장 우측에서 좌측으로 튀어나온다.

이와 같이 추적해야 할 임시 값은 스택과 비슷한 방식으로 작동되므로 VM은 스택을 사용하여 임시 값들을 관리한다. VM은 명령어가 값을 '생산'하면 값을 스택에 푸시하고, 하나 이상의 값을 소비해야 할 때는 스택에서 값을 팝한다.

15.2.1 VM의 스택

하늘의 계시랄 것까진 없지만, 나는 스택 기반의 VM이 정말 좋다. 처음 보면 마치 마술사가 마술을 하는 듯한 느낌이다. 물론, 작동 원리(대개 기계 장치로 속임수를 쓰거나 관객의 시선을 분산시킨다)를 알고 나면 경이로움은 이내 곧 사라진다. 컴퓨터 과학 분야에는 내가 일일이 분해해서 모든 내용을 속속들이 다 알고 난 후에도 처음 반짝이던 영롱한 모습이 남아 있는 아이디어가 몇 가지 있다. 스택 기반 VM도 그중 하나다.

> 메모리 관리 도구[3]가 아닌, 자료 구조[4]로서의 힙(heap)은 또 다른 주제다. 본 프렛(Vaughn Pratt)의 하향식(top-down) 연산자 우선순위 파싱 체계는 17장에서 자세히 알아보겠다.

스택 기반 VM에서 명령어를 실행하는 것은 아주 간단하다. 이후 장에서 계속 배우겠지만, 소스 언어를 스택 기반의 명령어 집합으로 컴파일하는 일은 식은 죽 먹기다. 더욱이 이 아키텍처는 프로덕션 언어 구현체로도 사용할 수 있을 정도로 빠르다. 프로그래밍 언어 경진 대회에서 부정 행위를 하는 듯한 느낌이랄까?

> 그렇다고 스택 기반 인터프리터가 은제 탄환[5]은 아니다. 대부분의 용도에 이 정도면 쓸 만하다고 할 수 있지만, 요즘 JVM, CLR, 자바스크립트 구현체는 모두 정교한 적시 컴파일(Just-In-Time compilation)[6] 파이프라인을 통해 훨씬 더 빠른 네이티브 코드를 즉시 생성한다.

자, 이제 코딩 타임이다! 스택은 다음과 같다.

vm.h ▶ VM 구조체

```
typedef struct {
  Chunk* chunk;
  uint8_t* ip;
```

---

3 https://en.wikipedia.org/wiki/Memory_management#HEAP
4 https://en.wikipedia.org/wiki/Heap_(data_structure)
5 옮긴이 silver bullet, 만병통치약
6 https://en.wikipedia.org/wiki/Just-in-time_compilation

```
    Value stack[STACK_MAX];
    Value* stackTop;
} VM;
```

원시 C 배열을 토대로 스택의 시맨틱을 손수 구현하겠다. 스택 맨 아랫값(첫 번째로 푸시한 값이자, 가장 마지막에 팝할 값)은 배열 0번 원소에 있고 그 이후 푸시한 값들이 뒤를 잇는다. 다음 C 배열은 내가 아침 식사로 즐겨 먹는 "크레페(crepe)"의 알파벳 5개를 순서대로 스택에 푸시한 결과다.

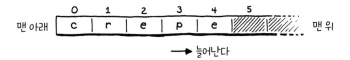

스택에 값을 푸시/팝하면 크기가 증가/감소하므로 배열에서 스택 맨 위가 어디인지 추적해야 한다. 그래서 ip와 마찬가지로 정수 인덱스 대신 직접 포인터를 사용한다. 필요할 때마다 인덱스에서 떨어진 오프셋을 계산하는 것보다 포인터를 역참조(dereference)하는 편이 훨씬 더 빠르기 때문이다.

이 포인터는 스택 맨 위 값이 있는 원소의 바로 다음 원소를 가리킨다. 조금 이상해 보일지도 모르지만, 거의 모든 구현체가 이렇게 한다. 이 포인터가 배열 원소 0을 가리키고 있으면 스택이 비어 있다는 뜻이다.

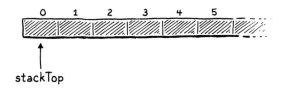

만약 맨 위 원소를 가리킨다면 빈 스택일 경우 원소 −1을 가리켜야 맞지만, C에 그런 원소는 정의가 되어 있지 않다. 그래서 스택에 값을 푸시하면...

> 스택이 꽉 차면 어떻게 될까? C 표준은 여러분보다 한 발 앞서 있다. 배열 끝 다음 원소를 가리키는 배열 포인터를 쓸 수 있도록 잘 정의되어 있다.

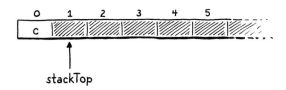

... stackTop은 언제나 마지막 값 바로 다음 원소를 가리킨다.

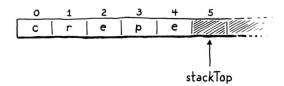

"stackTop은 다음에 푸시할 값이 들어갈 자리야!" 나는 이런 식으로 기억했다. 스택에 저장 가능한 값의 최대 개수는 일단 이렇게 정하자.

```
vm.h

#include "chunk.h"

#define STACK_MAX 256

typedef struct {
```

VM의 스택 크기를 고정시킨다 함은, 어떤 명령어 시퀀스는 실행 도중 너무 값이 많이 들어가 스택 공간이 부족해질 수도 있다는 뜻이다. 이것이 그 유명한 '스택 오버플로(stack overflow)'다. 스택은 필요한 만큼 동적으로 늘어나게 할 수 있지만, 일단 편의상 단순하게 가져가자. VM은 Value를 사용하므로 헤더 파일을 인클루드한다.

```
vm.h

#include "chunk.h"
#include "value.h"

#define STACK_MAX 256
```

VM에 흥미로운 상태가 생겼으니 초기화할 차례다.

```
vm.c ▶ initVM() 함수

void initVM() {
  resetStack();
}
```

헬퍼 함수 resetStack은 다음과 같다.

```
vm.c ▶ vm 변수 다음에 추가

static void resetStack() {
  vm.stackTop = vm.stack;
}
```

스택 배열은 VM 구조체에 직접 인라인으로(inline) 선언되므로[7] 굳이 할당할 필요는 없다. 배열에서 사용하지 않는 셀을 지울 필요도 없다. 어차피 배열에 값이 저장되기 전까지 액세스하지 않기 때문이다. stackTop이 배열의 시작 지점을 가리키도록 세팅함으로써 스택이 비어 있음을 나타내면 초기화는 완료된다.

스택은 푸시/팝 두 가지 작업을 지원한다.

---

7   옮긴이 해당 코드가 직접 구조체 안에 들어가기 때문이다.

```
InterpretResult interpret(Chunk* chunk);
void push(Value value);
Value pop();

#endif
```

push()는 스택 맨 위에 새로운 값을 푸시하는 함수, pop()은 최근에 푸시된 값을 도로 팝하는 함수다. 먼저 push() 함수다.

```
void push(Value value) {
  *vm.stackTop = value;
  vm.stackTop++;
}
```

C 포인터 구문과 연산이 익숙하지 않다면 이 예제가 좋은 준비 운동이 될 것이다. 첫 번째 줄은 스택 맨 위에 있는 배열 원소에 value를 저장한다. stackTop은 가장 마지막에 사용된 원소를 지나 그다음에 사용 가능한 원소를 가리킨다는 사실을 꼭 기억하기 바란다. 이전 슬롯에 값이 채워졌으니 stackTop 포인터는 그다음에 있는 미사용 슬롯을 가리키도록 일보 전진시킨다.

팝은 정확히 푸시의 반대다.

```
Value pop() {
  vm.stackTop--;
  return *vm.stackTop;
}
```

배열에서 가장 최근에 사용한 슬롯을 바라보도록 stackTop을 일보 후퇴시킨 다음 그 인덱스에 해당하는 값을 찾아 리턴한다. stackTop을 뒤로 이동시키는 것만으로도 해당 슬롯을 미사용 상태로 나타내기에 충분하므로 애써 배열에서 지울 필요는 없다.

15.2.2 스택 트레이스

스택의 작동 과정은 눈으로 보기가 힘들다. 이보다 복잡한 명령어를 구현하고 거대한 코드 조각을 컴파일/실행하기 시작하면 엄청나게 많은 값이 배열 속으로 들어갈 것이다. 스택 안을 들여다볼 수 있다면 VM 해커로서 우리 삶이 한층 풍요로워지리라.

실행을 추적할 때마다 각 명령어를 인터프리트하기 직전에 스택의 현재 내용물을 보여주면 된다.

```
#ifdef DEBUG_TRACE_EXECUTION
    printf("           ");
    for (Value* slot = vm.stack; slot < vm.stackTop; slot++) {
      printf("[ ");
      printValue(*slot);
      printf(" ]");
    }
    printf("\n");
    disassembleInstruction(vm.chunk,
```

루프를 반복하면서 배열 안에 있는 값을 하나씩 출력한다. 스택 맨 아래부터 시작해 스택 맨 위에 이르면 끝난다. 이로써 각 명령어가 스택에 어떤 영향을 미치는지 엿볼 수 있다. 출력은 꽤나 장황하지만 인터프리터의 중심부에서 고약한 버그를 적출하는 데 유용한 도구다.

스택 푸시/팝 두 명령어로 돌아가자. 먼저 push()다.

```
    case OP_CONSTANT: {
      Value constant = READ_CONSTANT();
      push(constant);
      break;
```

지난 장에서 OP_CONSTANT 명령어가 상수를 로드하는 방법을 자세히 설명하지 않았다. 이제 스택이 생겼으니 값을 실제로 생성한다는 것이 어떤 의미인지 짐작될 것이다. 그렇다, 바로 스택에 값을 푸시하는 행위다.

```
    case OP_RETURN: {
      printValue(pop());
      printf("\n");
      return INTERPRET_OK;
```

그런 다음 OP_RETURN은 호출자로 돌아가기 전에 스택 맨 위 값을 팝해 출력한다. 이 코드는 나중에 씨록스에 진짜 함수를 추가할 때 한번 더 변경할 것이다. 어쨌든 VM이 간단한 명령어 시퀀스를 실행한 후 그 결과를 표시하는 수단이 마련됐다.

산술 계산기

바야흐로 VM의 마음과 영혼이 제자리를 찾았다. 바이트코드 루프는 명령어를 디스패치하고 실행한다. 스택은 값이 흘러가며 계속 커졌다 작아졌다 한다. 두 반쪽 모두 잘 작동하지만, 지금까지 예로 든 초보적인 명령어만으로 얼마나 영리하게 상호작용하는지 파악하기는 어려운 감이 있다. 그래서 씨록스에게 산수를 한번 가르쳐보겠다.

가장 간단한 산술 연산인 단항 음수화부터 시작하자.

```
var a = 1.2;
print -a; // -1.2
```

전위 연산자 –는 음수화할 값 1개를 피연산자로 받고 단일한 결과를 낸다. 아직 파서는 신경을 쓰고 있지 않지만, 위 구문이 컴파일될 바이트코드 명령어를 미리 추가해도 나쁠 건 없겠다.

chunk.h ▶ Opcode 열거체

```
  OP_CONSTANT,
  OP_NEGATE,
  OP_RETURN,
```

실행은 다음과 같다.

vm.c ▶ run() 함수

```
      }
      case OP_NEGATE:   push(-pop()); break;
      case OP_RETURN: {
```

이 명령어는 연산할 값을 필요로 하는데, 이 값은 스택에서 팝해 가져온다. 그리고 값을 음수로 바꾼 다음 이후 명령어도 사용할 수 있도록 다시 스택에 푸시한다. 이보다 더 쉬운 연산이 있을까? 디셈블링도 가능하다.

debug.c ▶ disassembleInstruction() 함수

```
    case OP_CONSTANT:
      return constantInstruction("OP_CONSTANT", chunk, offset);
    case OP_NEGATE:
      return simpleInstruction("OP_NEGATE", offset);
    case OP_RETURN:
```

테스트 청크로 시험해보자.

```
  writeChunk(&chunk, constant, 123);
  writeChunk(&chunk, OP_NEGATE, 123);

  writeChunk(&chunk, OP_RETURN, 123);
```

상수를 로드한 후 리턴하기 전에 음수화 명령어가 실행된다. 스택의 상수는 이 음수화 명령어의 결괏값으로 대체된다. 리턴 명령어는 이를 다음과 같이 출력한다.

```
-1.2
```

멋지다!

15.3.1 이항 연산자

단항 연산자는 너무 쉽다. 값 하나를 스택에 넣었다 다시 빼는 동작이 전부다. 좀 더 깊이 있는 결과를 얻으려면 이항 연산자가 필요하다. 록스에는 덧셈, 뺄셈, 곱셈, 나눗셈을 하는 네 가지 이항 연산자가 있다. 한꺼번에 죽 구현해보자.

> 다른 이항 연산자(예: 비교 연산자, 동등 연산자)도 있지만, 숫자를 결괏값으로 내는 연산자가 아니므로 아직 여기서 논할 때는 아니다.

```
  OP_CONSTANT,
  OP_ADD,
  OP_SUBTRACT,
  OP_MULTIPLY,
  OP_DIVIDE,
  OP_NEGATE,
```

바이트코드 루프로 돌아가면 다음과 같이 실행된다.

```
    }
    case OP_ADD:      BINARY_OP(+); break;
    case OP_SUBTRACT: BINARY_OP(-); break;
    case OP_MULTIPLY: BINARY_OP(*); break;
    case OP_DIVIDE:   BINARY_OP(/); break;
    case OP_NEGATE:   push(-pop()); break;
```

네 명령어의 유일한 차이점은, 결국 '내부적으로 어떤 C 연산자를 사용해서 피연산자 2개를 결합하는가'이다. 코어 산술식은 스택에서 값을 추출하고 결과를 푸시하는 보일러플레이트 코드로 도배되어 있다. 나중에 동적 타이핑을 추가하면 이 보일러플레이트 코드는 점점 늘어날 것이다. 같은 코드를 네 번이나 반복하는 건 따분해서 매크로로 감쌌다.

vm.c ▶ run() 함수

```
#define READ_CONSTANT() (vm.chunk->constants.values[READ_BYTE()])
#define BINARY_OP(op) \
    do { \
      double b = pop(); \
      double a = pop(); \
      push(a op b); \
    } while (false)

  for (;;) {
```

C 전처리기를 꽤나 대담하게 사용한 코드다. 이렇게까지 짜고 싶진 않았지만 뒷장에서 피연산자별 타입 체크 로직을 추가할 때 아마 나한테 감사하게 될 것이다. 동일한 코드를 네 번 작성하는 삽질은 안 해도 되니까.

이 트릭이 아직 낯설어 보인다면 do while 루프로 감싼 부분이 정말 어색할 것이다. 이 매크로는 일련의 문장으로 확장되

> 매크로에 연산자를 인수로 전달할 수 있다는 사실을 알고 있었는가? 가능하다. C에서 전처리기는 연산자가 일급이든 아니든 신경도 안 쓴다. 전처리기 관점에서 연산자는 그저 텍스트 토큰에 불과하다.
>
> 이 즈음에서 슬슬 이런 헛점을 악용하고픈 욕망이 고개를 쳐들지 않는가?

어야 한다. 세심한 매크로 개발자라면 매크로가 확장될 때 모든 문장들을 반드시 동일한 스코프에 넣고 싶을 것이다. 가령, 이런 매크로가 있다고 하자.

```
#define WAKE_UP() makeCoffee(); drinkCoffee();
```

사용은 이렇게 한다.

```
if (morning) WAKE_UP();
```

morning이 참일 경우에만 매크로 바디의 두 문장을 실행하겠다는 뜻이다. 하지만 실제로는 다음과 같이 확장된다.

```
if (morning) makeCoffee(); drinkCoffee();;
```

헉! if 문이 첫 번째 문장에만 적용된다. 블록으로 감싸면 문제가 해결될까?

```
#define WAKE_UP() { makeCoffee(); drinkCoffee(); }
```

좀 나아지긴 했지만, 아직도 위험하다.

```
if (morning)
  WAKE_UP();
else
  sleepIn();
```

매크로 블록 다음에 나오는 종결자 ; 때문에 else 절에서 컴파일 에러가 난다. 매크로에 do while 루프를 집어넣는 모양새가 다소 엉뚱해 보여도, 이렇게 해야 세미콜론으로 끝나는 여러 문장을 블록 안에 문제없이 집어넣을 수 있다.

그런데 어디까지 했더라? 맞다, 여하튼 매크로 바디가 하는 일은 참 우직하다. 이항 연산자는 2개의 피연산자를 취하므로 스택에서 2번 팝한다. 그리고 두 값을 연산한 결과를 스택에 다시 푸시한다.

두 차례 팝이 어떤 순서로 실행되는지 주목하기 바란다. 첫 번째 팝한 피연산자는 a가 아닌 b에 할당된다. 거꾸로 바라보는 것이다. 피연산자 자체를 계산할 때에는 좌측 피연산자가 먼저 평가되고 그다음에 우측 피연산자가 평가된다. 즉, 좌측 피연산자가 우측 피연산자보다 먼저 푸시된다. 따라서 우측 피연산자가 스택 맨 위에 오게 된다. 결국 첫 번째로 팝하는 값은 b가 된다.

예를 들어, 3 - 1을 컴파일하면 명령어 간에 데이터가 다음과 같이 흘러간다.

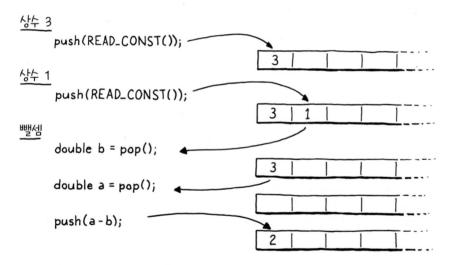

run() 내부의 다른 매크로와 마찬가지로, 이 함수는 끝부분에서 스스로를 정리한다.

vm.c ▶ run() 함수

```
#undef READ_CONSTANT
#undef BINARY_OP
}
```

마지막으로 디셈블러 기능이다.

```
    case OP_CONSTANT:
      return constantInstruction("OP_CONSTANT", chunk, offset);
    case OP_ADD:
      return simpleInstruction("OP_ADD", offset);
    case OP_SUBTRACT:
      return simpleInstruction("OP_SUBTRACT", offset);
    case OP_MULTIPLY:
      return simpleInstruction("OP_MULTIPLY", offset);
    case OP_DIVIDE:
      return simpleInstruction("OP_DIVIDE", offset);
    case OP_NEGATE:
```

산술 명령어의 포맷은 OP_RETURN처럼 단순하다. 산술 연산자는 스택에서 찾은 피연산자를 취하지만, 산술 바이트코드 명령어는 그렇지 않다.

새로 추가한 명령어가 제대로 작동되는지 더 큰 표현식을 만들어 평가해보자.

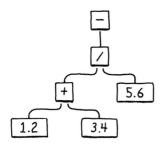

다음은 기존 예제 청크를 기반으로 AST를 바이트코드로 수동 컴파일하기 위해 필요한 추가 명령어다.

```
  int constant = addConstant(&chunk, 1.2);
  writeChunk(&chunk, OP_CONSTANT, 123);
  writeChunk(&chunk, constant, 123);

  constant = addConstant(&chunk, 3.4);
  writeChunk(&chunk, OP_CONSTANT, 123);
  writeChunk(&chunk, constant, 123);

  writeChunk(&chunk, OP_ADD, 123);

  constant = addConstant(&chunk, 5.6);
  writeChunk(&chunk, OP_CONSTANT, 123);
  writeChunk(&chunk, constant, 123);
```

```
writeChunk(&chunk, OP_DIVIDE, 123);
writeChunk(&chunk, OP_NEGATE, 123);

writeChunk(&chunk, OP_RETURN, 123);
```

덧셈이 먼저 진행된다. 좌측 상수 1.2에 대한 명령어가 이미 있으므로 3.4에 대한 명령어를 하나 더 추가한다. 두 상수를 OP_ADD로 더한 후 결괏값을 스택에 남긴다. 이렇게 하면 나눗셈 좌변이 채워진다. 다음으로, 5.6을 푸시하고 덧셈 결과를 이 값으로 나눈다. 끝으로 이 결괏값을 음수화한다.

어떤 명령어도 서로 직접 연결되지 않은 채 OP_ADD의 출력이 암묵적으로 OP_DIVIDE의 피연산자가 되는 광경을 보라. 이것이 스택의 마법이다. 스택을 사용하면 데이터 흐름이 아무리 복잡해도 자유롭게 명령어를 조합할 수 있다. 스택은 모두가 읽고 쓰는 일종의 공유 작업 공간 역할을 한다.

이 예제는 청크가 워낙 작아서 스택에 값이 2개뿐이지만, 록스 소스 코드를 바이트코드로 컴파일하면 훨씬 더 많은 스택을 사용하는 청크가 계속 생길 것이다. 일단 이렇게 손으로 작성한 청크를 갖고 놀면서 중첩된 산술식도 계산해보고 값들이 명령어와 스택을 통해 어떻게 흘러가는지 학습하라.

손으로 만드는 청크는 이게 마지막이다. 다 갖고 놀았으면 지워도 좋다. 다음에 바이트코드를 다시 살펴볼 때에는 컴파일러가 바이트코드를 대신 만들도록 할 것이다.

연습 문제

1. 다음 표현식은 어떤 바이트코드 명령어 시퀀스를 생성할까?

```
1 * 2 + 3
1 + 2 * 3
3 - 2 - 1
1 + 2 * 3 - 4 / -5
```

(록스는 음수 리터럴 구문이 따로 없다. 따라서 -5는 숫자 5를 음수화한 값이다.)

2. 정말 미니멀한 명령어 집합을 만들자면 OP_NEGATE, OP_SUBTRACT 중 하나를 지우면 된다. 다음 표현식은 어떤 바이트코드 명령어 시퀀스를 생성하는가?

```
4 - 3 * -2
```

먼저, OP_NEGATE를 사용하지 않는 경우를 따져보라. 그다음, OP_SUBTRACT를 사용하지 않는 경우를 검토하라.

자, 이 두 명령어가 모두 있는 게 타당하다고 생각하는가? 그렇게 생각한 이유는? 중복된 다른 명령어는 또 없을까?

3. 록스 VM의 스택은 크기가 고정되어 있어서 값을 푸시할 때 오버플로가 발생하는지 체크하지 않는다. 따라서 잘못된 명령어 시퀀스가 인터프리터에 크래시를 유발하거나 의도하지 않은 동작을 일으킬 소지가 있다. 필요에 따라 스택을 동적으로 확장시켜 이 문제를 해결하라.

스택을 동적 확장하면 어떤 비용이 들고 장점은 무엇인가?

4. OP_NEGATE는 피연산자를 팝하고 그 값을 음수화한 결과를 다시 스택에 푸시한다. 구현은 간단하지만 이렇게 하면 결국 스택은 동일한 높이로 끝나는데 stackTop을 불필요하게 증가/감소시키는 꼴이다. 그냥 스택에 있는 값을 부정하고 stackTop은 내버려두는 게 더 빠르지 않을까? 이렇게 해보고 유의미한 성능 차이가 있는지 확인하라.

이런 식으로 최적화할 수 있는 명령어는 또 어떤 것들이 있는가?

디자인 노트 | **레지스터 기반의 바이트코드**   CRAFTING INTERPRETERS

이 책의 나머지 부분은 스택 기반 바이트코드 명령어 집합으로 움직이는 인터프리터를 정성껏 구현하는 내용으로 채워질 것이다. 그런데 레지스터 기반(register-based) 바이트코드라는, 또 다른 종류의 아키텍처도 있다. 레지스터 기반의 바이트코드 명령어로 x64 같은 실제 칩에 장착된 레지스터를 다루는 일은 그리 어렵지 않다. 실제 하드웨어 레지스터는 전체 프로그램에 몇 개 안 되기 때문에 레지스터를 오가면서 최대한 효율적으로 사용하도록 많은 노력을 기울여야 한다.[8]

> 레지스터 기반 바이트코드는 SPARC 칩에서 지원되는 레지스터 윈도우(register windows)와 조금 더 가깝다.

레지스터 기반 VM에서도 스택은 여전히 있다. 임시 값을 스택에 푸시하고 필요가 없을 때 팝하는 것도 똑같다. 그러나 명령어가 스택 어디서건 입력을 읽을 수 있고 특정 스택 슬롯에 출력을 보관할 수 있다는 중요한 차이점이 있다.

다음 록스 스크립트를 보자.

```
var a = 1;
var b = 2;
var c = a + b;
```

---

8 https://en.wikipedia.org/wiki/Register_allocation

스택 기반 VM에서는 마지막 문장이 다음과 같이 컴파일될 것이다.

```
load <a>   // 로컬 변수 a를 읽어 스택에 푸시한다
load <b>   // 로컬 변수 b를 읽어 스택에 푸시한다
add        // 두 값을 팝하고, 더해서, 결과를 푸시한다
store <c>  // 값을 팝해 로컬 변수 c에 저장한다
```

(load, store 명령어가 뭔지 몰라도 21장에서 변수를 구현하면서 아주 자세히 설명할 테니 걱정 말라.) 여기에 4개의 독립적인 명령어가 있다. 즉, 바이트코드 인터프리트 루프를 4회 반복하며 4개 명령어를 디코드, 디스패치한다. 코드 바이트 크기는 적어도 7바이트다. 4바이트는 옵코드, 나머지 3바이트는 피연산자에 배정해서 어느 로컬 변수를 로드/저장할지 구별한다. 그리고 푸시와 팝은 각각 세 번 일어난다. 하는 일이 꽤 많다!

레지스터 기반 명령어 집합으로는 명령어를 직접 로컬 변수에(서) 읽고 저장할 수 있다. 마지막 문장의 바이트코드를 바꾸면 다음과 같다.

```
add <a> <b> <c>  // a와 b에서 값을 읽어 c에 저장한다
```

add 명령어가 커졌다. 피연산자가 3개로 구성되어 있다. 스택 어디에서 입력을 읽고 결과를 쓸지 지정해야 하므로 어쩔 수 없다. 하지만 로컬 변수는 스택에 있으니 a와 b에서 직접 값을 읽고 덧셈 결과를 바로 c에 저장할 수 있다.

디코드/디스패치를 명령어 하나로 처리하고 모든 걸 4바이트에 욱여넣는다. 피연산자가 추가되어 디코딩은 복잡해져도 남는 장사다. 스택에 푸시했다 팝하면서 법석을 떨 필요도 없다.

루아는 원래 스택 기반으로 구현된 언어였다. 그런데 이 언어 개발자들이 루아 5.0부터 레지스터 명령어 집합으로 전환했고 실제로 속도가 빨라졌다. 얼마나 개선됐는가는 언어 시맨틱, 세부 명령어 집합, 컴파일러의 정교함 같은 디테일에 따라 크게 달라지지만 주목할 필요가 있다.

그런데 나는 왜 이 책의 나머지 지면을 스택 기반 바이트코드에 할애하려는 걸까? 레지스터 VM은 깔끔하지만 컴파일러를 작성하기가 상당히 어렵다. 이전에 컴파일러를 제작한 경험이 없을 여러분에겐 쉽게 만들고 쉽게 실행할 수 있는 명령어 집합을 고수하고 싶었다. 스택 기반 바이트코드는 놀라울 만치 단순하다.

> 호베르투 이에루잘림스시(Roberto Ierusalimschy), 발데마르 셀레스(Waldemar Celes), 루이스 엔리케 데피게이레두(Luiz Henrique de Figuiredo) 등 루아 개발진은 이에 관한 환상적인 논문 한 편을 썼는데, 내가 개인적으로 가장 좋아하는 CS 논문 중 하나다. 『The Implementation of Lua 5.0』 (PDF 파일)[9]

또한, 이런 일은 문학과 공동체에서 더 잘 알려져 있다. 결국 언젠가 더 발전된 것으로 옮아갈 수도 있지만, 여러분 주변의 동료 해커들과 뭔가 공유할 수 있는 훌륭한 기반이 될 것이다.

---

9 https://www.lua.org/doc/jucs05.pdf

16장

온 디맨드 스캐닝

> 문학은 26개의 발음 기호, 10개의 아라비아 숫자, 8개가량의 문장 부호가 독특하게 나란히 배열된 집합 체다.
>
> 커트 보니것(Kurt Vonnegut), 『Like Shaking Hands With God: A Conversation about Writing』

우리의 두 번째 인터프리터, 씨록스는 스캐너, 컴파일러, 가상 머신의 세 부분으로 구성된다. 토큰은 스캐너에서 컴파일러, 바이트코드 청크는 컴파일러에서 VM으로 흘러간다. 구현 작업은 청크(14장)와 VM(15장)의 끝부분부터 시작했는데, 이제 다시 처음으로 되돌아가 토큰을 생성하는 스캐너를 구축하겠다. 바이트코드 컴파일러의 두 끝은 다음 장에서 하나로 연결시킬 것이다.

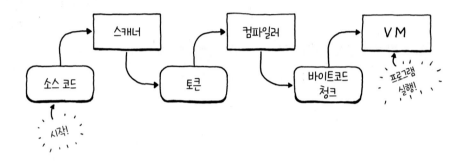

이 장이 그리 흥미진진한 장이 아니라는 점은 인정한다. 록스라는 동일한 언어를 서로 다른 두 가지 방식으로 구현하다 보니 어느 정도 중복은 불가피하다. 그래도 제이록스의 스캐너와 비교하면 몇 가지 흥미로운 차이점을 발견할 수 있다. 자, 책장을 넘기며 잘 찾아보기 바란다.

16.1 인터프리터 시동 걸기
INTERPRETER

프런트엔드가 구축됐으니 이제 씨록스를 실제 인터프리터처럼 실행할 수 있다. 손으로 만든 바이트코드 청크는 더 이상 필요 없다. REPL을 켜고 스크립트를 로드하자. main() 코드를 대부분 뜯어내고 다음과 같이 교체한다.

main.c ▶ main() 함수 코드 26줄 교체

```c
int main(int argc, const char* argv[]) {
  initVM();

  if (argc == 1) {
    repl();
  } else if (argc == 2) {
    runFile(argv[1]);
```

```
  } else {
    fprintf(stderr, "Usage: clox [path]\n");
    exit(64);
  }

  freeVM();
  return 0;
}
```

실행 파일에 전달된 인수가 없으면 REPL을 시작하고, 명령줄에서 1개의 인수를 입력하면 실행할 스크립트의 경로로 간주한다.

> 인수는 0, 1개가 아니라, 1, 2개를 받는다. argv의 첫 번째 인수는 항상 실행 파일의 이름이다.

몇 가지 시스템 헤더도 필요하다.

main.c ▶ 파일 맨 위에 추가

```
#include <stdio.h>
#include <stdlib.h>
#include <string.h>

#include "common.h"
```

REPL을 켜고 레플링(REPL-ing, REPL 프롬프트에서 명령어를 입력하여 실행)하라.

main.c

```
#include "vm.h"

static void repl() {
  char line[1024];
  for (;;) {
    printf("> ");

    if (!fgets(line, sizeof(line), stdin)) {
      printf("\n");
      break;
    }

    interpret(line);
  }
}
```

고급 REPL이면 줄 길이 제한을 하드코딩하지 않아도 여러 줄에 걸친 입력을 척척 알아서 처리하겠지만, 이렇게 금욕주의를 몸소 실천하는 REPL도 학습 목적으로는 나쁘지 않다.

실제로 모든 일은 interpret()에서 일어난다. 이 부분은 나중에 살펴보기로 하고 일단 스크립트를 로딩하는 코드를 보자.

```c
static void runFile(const char* path) {
  char* source = readFile(path);
  InterpretResult result = interpret(source);
  free(source);

  if (result == INTERPRET_COMPILE_ERROR) exit(65);
  if (result == INTERPRET_RUNTIME_ERROR) exit(70);
}
```

주어진 파일을 읽고 록스 소스 코드의 결과 문자열을 실행한다. 그러고 나서 그 결과에 따라 종료 코드를 적절히 세팅한다. 여러분은 꼼꼼한 도구 제작자로서 이렇게 사소한 부분까지 챙겨야 한다.

> C는 프로그래머가 메모리를 명시적으로 (explicitly) 관리하는 것은 물론, 정신적으로도 (mentally) 관리할 것을 요구한다. 프로그래머는 소유권 규칙을 잘 기억해서 프로그램 곳곳을 손으로 구현해야 한다. 자바는 이런 일을 대신 해준다. C++는 컴파일러가 검증을 대행하도록 정책을 직접 인코드할 수 있는 도구를 제공한다.

소스 코드를 메모리에서 해제해야 한다. readFile()이 소스 코드의 문자열을 메모리에 동적 할당한 뒤 그 소유권을 호출자에 넘겨주기 때문이다. 다음은 readFile() 함수의 코드다.

나는 C의 단순성이 좋지만 그 대가는 만만치 않다. C는 프로그래머에게 매사 치밀하게 살피라고 요구하는 듯하다.

```c
static char* readFile(const char* path) {
  FILE* file = fopen(path, "rb");

  fseek(file, 0L, SEEK_END);
  size_t fileSize = ftell(file);
  rewind(file);

  char* buffer = (char*)malloc(fileSize + 1);
  size_t bytesRead = fread(buffer, sizeof(char), fileSize, file);
  buffer[bytesRead] = '\0';

  fclose(file);
  return buffer;
}
```

많은 C 코드가 그렇듯, 보기보다 훨씬 많은 노력이 든다. 운영 체제 용도로 특별히 디자인된 언어라서 더욱 그렇다.[1] 그냥 전체 파일을 읽기에 충분히 큰 문자열을 할당하고 싶지만, 파일을 읽어보기 전에는 파일 크기를 알 수 없다는 점이 문제다.

---

1 **옮긴이** C는 데니스 리치와 켄 톰슨이 AT&T 벨 연구소에서 유닉스 운영 체제에서 사용하기 위해 개발된 언어다.

그래서 나는 고전적인 트릭을 구사했다. 파일을 열지만 읽기 전에 fseek()으로 파일 끝을 찾는다. 그리고 ftell()을 호출해서 파일 시작부에서 몇 바이트나 떨어져 있는지 알아낸다. 끝까지 가봤으니 이 값이 바로 파일 크기다. 시작부로 다시 돌아가 이 크기만큼 문자열을 할당하고 전체 파일을 한 번에 읽어 들인다.

> 정확히는 크기에 1을 더한 값이다. 널 바이트 공간을 잊어선 안 된다.

그럼 끝난 건가? 아직이다. 이 함수 호출은 다른 많은 C 표준 라이브러리의 호출처럼 실패할 가능성이 있다. 자바라면 실패를 해도 예외를 던져 스택을 자동으로 풀어주기 때문에 손에 먼지를 묻힐 필요가 없다. C는 프로그래머가 손수 체크하지 않으면 조용히 무시된다.

이 책의 주제가 '바람직한 C 프로그래밍 프랙티스'는 아니지만, 고약한 프로그래밍 스타일을 퍼뜨리고 싶지는 않으니 깔끔하게 에러를 처리하자. 채소를 먹거나 치실을 사용하는 것처럼 몸에 이로울지니...

다행히 실패를 해도 뭔가 특별히 영리하게 처리할 필요는 없다. 어떤 사정 때문에 사용자 스크립트를 올바르게 읽을 수 없다면, 할 수 있는 일은 그 사실을 사용자에게 알리고 인터프리터를 우아하게 마치는 일이 전부다. 우선 파일을 열다가 실패할 가능성이 있다.

main.c ▶ readFile() 함수

```c
FILE* file = fopen(path, "rb");
if (file == NULL) {
  fprintf(stderr, "Could not open file \"%s\".\n", path);
  exit(74);
}

fseek(file, 0L, SEEK_END);
```

이런 에러는 파일이 시스템에 존재하지 않거나 사용자가 파일에 액세스할 권한이 없을 때 발생한다. 아주 흔하디 흔한 일이다. 파일 경로를 잘못 타이핑하는 사람들도 많다.

드물긴 하나 메모리가 부족해서 실패할 수도 있다.

main.c ▶ readFile() 함수

```c
char* buffer = (char*)malloc(fileSize + 1);
if (buffer == NULL) {
  fprintf(stderr, "Not enough memory to read \"%s\".\n", path);
  exit(74);
}

size_t bytesRead = fread(buffer, sizeof(char), fileSize, file);
```

록스 스크립트를 읽을 메모리조차 없다면 사용자는 더 큰 문제로 인해 골머리를 앓을 공산이 크다. 사용자에게 미리 귀띔을 해주는 게 최선이다.

읽기 자체가 실패하는 경우도 있다.

```
  size_t bytesRead = fread(buffer, sizeof(char), fileSize, file);
  if (bytesRead < fileSize) {
    fprintf(stderr, "Could not read file \"%s\".\n", path);
    exit(74);
  }

  buffer[bytesRead] = '\0';
```

이 또한 드문 일이다. 이론적으로는 fseek(), ftell(), rewind() 호출도 실패할 수 있지만, 곁길로 너무 빠져 잡초 더미를 뒹굴지 말자.

> 오랜 친구 printf()도 실패할 수 있다. 여러분은 지금까지 이 에러를 몇 번이나 처리해봤는가?

16.1.1 컴파일 파이프라인 열기

록스 소스 코드의 문자열을 확보했으니 스캔, 컴파일, 실행하는 파이프라인을 셋업할 준비가 됐다. 이 파이프라인은 interpret()에 의해 가동된다. 이 함수는 이전에는 손으로 코딩했던 테스트 청크를 실행했지만, 이제 최종 모습에 가깝게 바꿀 때다.

```
void freeVM();
InterpretResult interpret(const char* source);
void push(Value value);
```

전에는 Chunk를 전달했지만 지금부터는 소스 코드 문자열을 넘긴다. 새로운 구현체는 다음과 같다.

```
InterpretResult interpret(const char* source) {
  compile(source);
  return INTERPRET_OK;
}
```

이 장은 실제 컴파일러를 구축하지는 않지만, 컴파일러 구조의 틀을 하나씩 잡아볼 수 있다. 컴파일러는 새로운 모듈에 담겠다.

```
#include "common.h"
#include "compiler.h"
#include "debug.h"
```

이 헤더 파일에는 함수 하나만 선언되어 있다.

```
#ifndef clox_compiler_h
#define clox_compiler_h

void compile(const char* source);

#endif
```

시그니처는 바뀌겠지만 일단 이 정도면 됐다.

첫 번째 컴파일 단계는 이 장의 제목인 스캐닝이다. 스캐너를 세팅하는 일부터 시작해보자.

```
#include <stdio.h>

#include "common.h"
#include "compiler.h"
#include "scanner.h"

void compile(const char* source) {
  initScanner(source);
}
```

코드는 앞으로 점점 갈수록 커질 것이다.

16.1.2 스캐너의 스캐닝

유용한 코드를 작성하려면 딛고 올라갈 발판을 더 쌓아 올려야 한다. 먼저 새로운 헤더 파일과...

```
#ifndef clox_scanner_h
#define clox_scanner_h

void initScanner(const char* source);

#endif
```

... 이를 구현한 코드다.

```
#include <stdio.h>
#include <string.h>

#include "common.h"
#include "scanner.h"
```

```
typedef struct {
  const char* start;
  const char* current;
  int line;
} Scanner;

Scanner scanner;
```

스캐너는 사용자가 작성한 소스 코드를 씹어 먹으며 어디까지 진행됐는지 추적한다. VM에서 했던 것처럼 이 상태를 구조체에 래핑한 다음, 여러 함수에 일일이 상태를 전달할 필요가 없도록 해당 타입의 최상위 모듈 변수를 하나 만든다.

의외로 필드는 몇 개 안 된다. start는 스캔 중인 현재 렉심의 시작부를 표시하며, current는 현재 바라보고 있는 문자를 가리킨다.

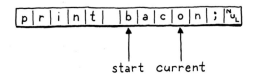

이 그림은 bacon이라는 식별자를 스캐닝하는 중이다. 현재 문자는 o, 가장 최근에 소비된 문자는 c다.

line 필드는 현재 렉심이 몇 번째 줄에 있는지 나타내며 에러를 리포트하는 데 쓰인다. 이게 전부다! 소스 코드 문자열의 시작부를 가리키는 포인터조차 없다. 스캐너는 코드를 한번 훑고 가면 그 즉시 작업을 완료한다.

모든 상태 정보는 처음에 초기화를 해야 한다.

scanner.c ▶ scanner 변수 다음에 추가

```
void initScanner(const char* source) {
  scanner.start = source;
  scanner.current = source;
  scanner.line = 1;
}
```

출발선에 쪼그려 앉은 육상 선수처럼 맨 첫 번째 줄, 맨 첫 번째 문자부터 시작한다.

한 번에 토큰 하나씩

제이록스에서는 출발 신호가 올리면 제일 먼저 스캐너가 달려가 전체 프로그램을 열심히 스캔해서 토큰 리스트를 리턴했다. 씨록스는 그렇게 하기가 쉽지 않다. 토큰을 보관할 확장 가능한 배열이나 리스트 같은 용기가 필요하고, 토큰과 컬렉션 자체를 메모리에 할당/해제하는 작업도 직접 처리해야 한다. 코드도 많고 메모리도 많이 차지한다.

사실 컴파일러 입장에서는 임의의 시점에 한두 개의 토큰만 필요하다. 록스 문법에 따라 하나의 룩어헤드 토큰만 필요하기 때문에 모든 토큰을 동시에 갖고 다닐 이유가 없다. 가장 간단한 해결책은 컴파일러가 필요로 하는 시점까지 토큰을 스캔하지 않는 것이다. 스캐너가 토큰을 제공하면 토큰을 값으로 리턴한다. 동적으로 할당할 필요 없이 C 스택에 토큰을 전달하면 그만이다.

하지만 아직 스캐너에게 토큰을 요청할 컴파일러가 없기 때문에 스캐너는 아무 일도 안 하고 가만히 앉아 있을 것이다. 임시로 코드를 만들어 스캐너에게 일을 시켜보자.

compiler.c ▶ compile() 함수

```
initScanner(source);
int line = -1;
for (;;) {
  Token token = scanToken();
  if (token.line != line) {
    printf("%4d ", token.line);
    line = token.line;
  } else {
    printf("   | ");
  }
  printf("%2d '%.*s'\n", token.type, token.length, token.start);

  if (token.type == TOKEN_EOF) break;
  }
}
```

> 포맷 문자열 중 %.*s는 쌈박한 기능이다. 대개 포맷 문자열 안에 숫자를 넣어 출력 정밀도(표시할 문자 수)를 설정하는데, 숫자 대신 *를 사용하면 정밀도를 인수로 넘길 수 있다. printf() 호출은 token.start에 있는 문자열의 첫 번째 token.length개만큼의 문자를 출력한다. 렉심은 원본 소스 문자열을 가리키고 마지막에 종결자가 없기 때문에 이렇게 길이를 제한할 필요가 있다.

이 루프는 무한 반복된다. 매번 반복될 때마다 하나의 토큰을 스캔하여 출력한다. 그러다가 EOF 같은 특별한 토큰을 만나거나 에러가 나면 멈춘다. 예를 들어, 인터프리터에서 다음 코드를 실행하면...

```
print 1 + 2;
```

... 이렇게 출력된다.

```
1 31 'print'
| 21 '1'
|  7 '+'
| 21 '2'
|  8 ';'
2 39 ''
```

첫 번째 칼럼은 줄 번호, 두 번째 칼럼은 토큰 타입을 나타내는 숫자, 마지막 칼럼은 렉심이다. 2번 줄에서 마지막 빈 렉심은 EOF 토큰이다.

> 토큰 타입의 원시 인덱스(raw index)는 사람이 읽기에 적합하진 않지만 C에서는 이게 최선이다.

이 장의 나머지 부분은 핵심 함수 scanToken()을 작성하여 코드 뭉치를 작동시키는 것이 목표다.

scanner.h ▶ initScanner() 함수 다음에 추가

```c
void initScanner(const char* source);
Token scanToken();

#endif
```

이 함수가 호출될 때마다 소스 코드에서 다음 토큰을 스캔하여 리턴한다. 토큰은 이렇게 생겼다.

scanner.h

```c
#define clox_scanner_h

typedef struct {
  TokenType type;
  const char* start;
  int length;
  int line;
} Token;

void initScanner(const char* source);
```

제이록스의 Token 클래스와 상당히 비슷하다. 토큰 타입(숫자, 식별자, + 연산자 등)을 식별하는 TokenType 열거체는 제이록스에 있는 것과 사실상 동일하므로 전부 그대로 가져온다.

scanner.h

```c
#ifndef clox_scanner_h
#define clox_scanner_h

typedef enum {
  // 단일 문자 토큰
  TOKEN_LEFT_PAREN, TOKEN_RIGHT_PAREN,
  TOKEN_LEFT_BRACE, TOKEN_RIGHT_BRACE,
  TOKEN_COMMA, TOKEN_DOT, TOKEN_MINUS, TOKEN_PLUS,
```

```
  TOKEN_SEMICOLON, TOKEN_SLASH, TOKEN_STAR,
  // 문자 1개 또는 2개짜리 토큰
  TOKEN_BANG, TOKEN_BANG_EQUAL,
  TOKEN_EQUAL, TOKEN_EQUAL_EQUAL,
  TOKEN_GREATER, TOKEN_GREATER_EQUAL,
  TOKEN_LESS, TOKEN_LESS_EQUAL,
  // 리터럴
  TOKEN_IDENTIFIER, TOKEN_STRING, TOKEN_NUMBER,
  // 키워드
  TOKEN_AND, TOKEN_CLASS, TOKEN_ELSE, TOKEN_FALSE,
  TOKEN_FOR, TOKEN_FUN, TOKEN_IF, TOKEN_NIL, TOKEN_OR,
  TOKEN_PRINT, TOKEN_RETURN, TOKEN_SUPER, TOKEN_THIS,
  TOKEN_TRUE, TOKEN_VAR, TOKEN_WHILE,

  TOKEN_ERROR, TOKEN_EOF
} TokenType;

typedef struct {
```

모든 토큰 이름 앞에 `TOKEN_`을 붙이는 것(C는 열거체 이름을 최상위 네임스페이스에 던지므로)을 제외하면 유일한 차이점은 `TOKEN_ERROR` 타입을 추가한 것이다. 이 타입의 용도는 무엇일까?

스캐닝 도중 발생 가능한 에러는 종료되지 않은 문자열(unterminated strings), 인식 불가 문자(unrecognized characters) 등 몇 가지 안 된다. 제이록스는 스캐너가 직접 에러를 리포트하지만, 씨록스는 스캐너가 에러에 대해 합성 '에러' 토큰을 만들어 컴파일러에 전달한다. 이로써 컴파일러는 에러가 발생했음을 알 수 있고 에러를 리포트하기 전에 복구에 착수할 수 있다.

씨록스의 TokenType에서 참신한 부분은 렉심을 나타내는 방법이다. 제이록스는 각 토큰마다 렉심을 고유한 작은 자바 문자열로 저장했다. 씨록스에서 이렇게 하려면 문자열 메모리를 어떻게 관리할지 고민해야 하고 토큰을 값으로 전달하기 때문에 특히 더 어렵다. 여러 토큰이 동일한 렉심 문자열을 가리키지 말라는 법이 없기 때문이다. 소유권도 이상해진다.

그래서 원본 소스 문자열을 문자 저장소로 사용한다. 렉심은 첫 번째 문자와 그 안에 포함된 문자 개수를 가리키는 포인터로 나타낸다. 덕분에 렉심의 메모리 관리를 전혀 신경 쓸 필요가 없고 토큰 역시 자유롭게 복사할 수 있다. 메인 소스 코드 문자열이 다른 모든 토큰보다 더 오래 살아남는 한 만사가 정상적으로 작동된다.

> 경솔하게 들리겠지만 사실이다. '메인' 모듈에서 한참 떨어진 곳에서 생성된 소스 문자열은 충분히 긴 수명을 가진다. 이 때문에 `interpret()`가 코드 실행을 마치고 리턴할 때까지 `runFile()`이 문자열을 메모리에서 해제하지 않는 것이다.

16.2.1 토큰 스캐닝

토큰을 스캔할 준비가 됐다. 팔을 걷어붙이고 완전한 구현체를 향해 달려가자.

```c
Token scanToken() {
  scanner.start = scanner.current;

  if (isAtEnd()) return makeToken(TOKEN_EOF);

  return errorToken("Unexpected character.");
}
```

이 함수를 호출할 때마다 전체 토큰을 스캔하므로, 함수에 진입할 때 새 토큰의 시작부에 있다는 사실을 알 수 있다. 따라서 앞으로 스캔하려는 렉심이 어디에서 시작됐는지 기억할 수 있게 scanner.start가 현재 문자를 가리키도록 세팅한다.

그런 다음 소스 코드 끝에 왔는지 체크하고, 만약 그렇다면 EOF 토큰을 리턴 후 멈춘다. 더 이상 토큰을 요청하지 말라고 컴파일러에게 보내는 일종의 신호 값이다.

아직 끝이 아니라면 다음 토큰을 스캔하기 위해... 어떤 일을... 수행한다. 음, 아직 이 일을 하는 코드는 작성하지 않았다. 곧, 곧 작성할 것이다. 어쨌든 이 미래의 코드가 성공적으로 토큰을 스캔하고 리턴하지 못하면 함수의 끝에 도달한 셈이다. 스캐너가 인식할 수 없는 문자를 만났다는 뜻이니 에러 토큰을 리턴한다.

이 함수는 다음 헬퍼 함수 isAtEnd()를 호출한다. 제이록스에서도 본 적이 있어서 익숙하다.

```c
static bool isAtEnd() {
  return *scanner.current == '\0';
}
```

소스 문자열은 정상적으로 널 종료된(null-terminated) C 문자열이어야 한다. 현재 문자가 \0면 끝에 닿은 것이다.

토큰 생성은 다음과 같은 유사 생성자(constructor-like) 함수가 담당한다.

```c
static Token makeToken(TokenType type) {
  Token token;
  token.type = type;
  token.start = scanner.start;
  token.length = (int)(scanner.current - scanner.start);
  token.line = scanner.line;
  return token;
}
```

스캐너의 start와 current 포인터로 토큰의 렉심을 캡처한다. 다른 필드도 세팅한 다음 토큰을 리턴한다. 다음은 에러 토큰을 리턴하는 자매 함수 errorToken()이다.

```
static Token errorToken(const char* message) {
  Token token;
  token.type = TOKEN_ERROR;
  token.start = message;
  token.length = (int)strlen(message);
  token.line = scanner.line;
  return token;
}
```

렉심이 사용자 소스 코드 대신, 에러 메시지 문자열을 가리키는 것이 유일한 차이점이다. 다시 말하지만, 에러 메시지는 컴파일러가 읽을 수 있을 만큼 충분히 오래 유지되어야 한다. 실제로 이 함수는 C 문자열 리터럴로만 호출한다. 문자열 리터럴은 늘 한결 같고 영원하니 괜찮다.

자, 여기까지 해서 빈 렉시컬 문법을 가진, 그야말로 기본 동작만 하는 언어 스캐너가 준비됐다. 하지만 문법에 프로덕션이 하나도 없기 때문에 모든 문자가 에러다. 규칙을 하나씩 채워보자.

이 장에서 이 부분이 무미건조한 편이라 아홀로틀[2] 그림을 하나 넣겠다.

16.3 / 록스의 렉시컬 문법
INTERPRETER

가장 단순한 토큰은 단일 문자 토큰이다. 다음 코드를 보자.

```
  if (isAtEnd()) return makeToken(TOKEN_EOF);

  char c = advance();

  switch (c) {
    case '(': return makeToken(TOKEN_LEFT_PAREN);
    case ')': return makeToken(TOKEN_RIGHT_PAREN);
    case '{': return makeToken(TOKEN_LEFT_BRACE);
    case '}': return makeToken(TOKEN_RIGHT_BRACE);
    case ';': return makeToken(TOKEN_SEMICOLON);
    case ',': return makeToken(TOKEN_COMMA);
    case '.': return makeToken(TOKEN_DOT);
```

2　**옮긴이**　axolotl, 멕시코가 원산지인 도롱뇽

```
  case '-': return makeToken(TOKEN_MINUS);
  case '+': return makeToken(TOKEN_PLUS);
  case '/': return makeToken(TOKEN_SLASH);
  case '*': return makeToken(TOKEN_STAR);
  }

  return errorToken("Unexpected character.");
```

소스 코드에서 하나씩 문자를 읽고 록스의 단일 문자 렉심 중 매치되는 게 있는지 switch 문에서 확인한다. 현재 문자를 소비하고 리턴하는 헬퍼 함수는 씨록스용으로 새로 만든다.

scanner.c ▶ isAtEnd() 함수 다음에 추가

```
static char advance() {
  scanner.current++;
  return scanner.current[-1];
}
```

!=, >=처럼 문자 2개로 구성된 문장 부호 토큰은 각자 자신에게 해당되는 단일 문자 토큰을 갖고 있다. 가령, ! 같은 문자가 나오면 그다음 문자를 확인하기 전에는 ! 토큰인지 != 토큰인지 알 수가 없다. 다음과 같이 케이스를 추가해서 처리한다.

scanner.c ▶ scanToken() 함수

```
    case '*': return makeToken(TOKEN_STAR);
    case '!':
      return makeToken(
          match('=') ? TOKEN_BANG_EQUAL : TOKEN_BANG);
    case '=':
      return makeToken(
          match('=') ? TOKEN_EQUAL_EQUAL : TOKEN_EQUAL);
    case '<':
      return makeToken(
          match('=') ? TOKEN_LESS_EQUAL : TOKEN_LESS);
    case '>':
      return makeToken(
          match('=') ? TOKEN_GREATER_EQUAL : TOKEN_GREATER);
  }
```

첫 번째 문자를 소비한 후 =을 찾아보고 =이 있으면 소비 후 그에 맞는 문자 2개짜리 토큰을 리턴한다. 반대로 =이 없으면 현재 문자를 놔두고(따라서 그다음 토큰의 일부가 될 수 있다) 적절한 단일 문자 토큰을 리턴한다.

두 번째 문자를 조건부로 소비하는 로직은 match() 함수에 있다.

```c
static bool match(char expected) {
  if (isAtEnd()) return false;
  if (*scanner.current != expected) return false;
  scanner.current++;
  return true;
}
```

현재 문자가 찾던 문자이면 전진해서(advance) true를 리턴하고, 그렇지 않으면 false를 리턴해서 매치가 안 됐다고 알린다.

문장 부호와 비슷한 토큰은 모두 끝났고 더 긴 토큰을 다루기 전에 토큰의 일부가 아닌 문자는 어떻게 처리할지 잠시 살펴보자.

16.3.1 공백 문자

스캐너는 공백, 탭, 개행 문자도 처리해야 하지만, 이런 문자는 토큰 렉심의 일부가 되지 않는다. scanToken()의 메인 switch 문에서 이런 문자를 체크할 수는 있지만, 함수를 호출할 때 공백 다음의 토큰을 정확하게 찾으려면 약간 까다로워진다. 함수 바디를 전체를 루프 같은 것으로 감싸야 한다.

그래서 토큰을 시작하기 전에 별도의 함수로 보낸다.

```c
Token scanToken() {
  skipWhitespace();
  scanner.start = scanner.current;
```

skipWhitespace() 함수는 앞에 있는 공백을 모두 지나치도록 스캐너를 전진시킨다. 이 함수 호출이 끝나면 그다음 문자가 의미 있는 문자임(또는 소스 코드 끝에 다다랐음)을 알 수 있다.

```c
static void skipWhitespace() {
  for (;;) {
    char c = peek();
    switch (c) {
      case ' ':
      case '\r':
      case '\t':
        advance();
        break;
      default:
        return;
    }
  }
}
```

미니 스캐너를 따로 하나 두는 셈이다. 루프를 반복하며 발견된 공백을 모두 소비한다. 단, 비공백 문자 (non-whitespace)를 소비하지 않도록 주의해야 한다. 그래서 다음 peek() 함수를 사용한다.

scanner.c ▶ advance() 함수 다음에 추가

```c
static char peek() {
  return *scanner.current;
}
```

이 함수는 현재 문자를 소비하지 않고 리턴만 한다. 이전 코드는 개행 문자를 제외한 모든 공백 문자를 처리했다.

scanner.c ▶ skipWhitespace() 함수

```c
        break;
      case '\n':
        scanner.line++;
        advance();
        break;
      default:
        return;
```

이런 문자 중 하나를 소비하면 현재 줄 번호도 변경된다.

16.3.2 주석

주석은 엄밀히 말해 (용어의 정확한 의미를 따진다면) 공백이 아니지만, 록스에서는 공백이 될 수도 있으므로 이 역시 생략한다.

scanner.c ▶ skipWhitespace() 함수

```c
        break;
      case '/':
        if (peekNext() == '/') {
          // 주석은 줄 끝까지 이어진다
          while (peek() != '\n' && !isAtEnd()) advance();
        } else {
          return;
        }
        break;
      default:
        return;
```

록스 언어의 코멘트는 //로 시작하므로 != 및 그 친구들처럼 두 번째 룩어헤드 문자가 필요하다. 하지만 !=의 경우 =을 찾지 못해도 !를 소비했었다. 주석은 다르다. skipWhitespace()는 두 번째 /가 없으면 첫 번째 /도 소비하지 말아야 한다.

그래서 다음 코드를 추가한다.

scanner.c ▸ peek() 함수 다음에 추가

```c
static char peekNext() {
  if (isAtEnd()) return '\0';
  return scanner.current[1];
}
```

peek()와 비슷하지만 이 함수는 현재 문자 바로 다음 문자를 피크한다. 현재 문자와 다음 문자 둘 다 /면 그 다음 개행 문자나 소스 코드 끝까지 다른 모든 문자들을 죽 소비한다.

개행 문자는 peek()로 체크는 하지만 소비는 하지 않는다. 이런 식으로 skipWhitespace() 외부 루프에서 다음 차례가 되면 개행 문자가 현재 문자가 되며, 이를 인식하여 scanner.line을 하나 늘린다.

16.3.3 리터럴 토큰

숫자 토큰과 문자열 토큰은 런타임 값과 연관되어 있기 때문에 특별하다. 항상 큰따옴표로 시작하는 문자열이 알아보기 더 쉬우니 이것부터 살펴보자.

scanner.c ▸ scanToken() 함수

```c
        match('=') ? TOKEN_GREATER_EQUAL : TOKEN_GREATER);
  case '"': return string();
  }
```

여기서 호출되는 string() 함수는 다음과 같다.

scanner.c ▸ skipWhitespace() 함수 다음에 추가

```c
static Token string() {
  while (peek() != '"' && !isAtEnd()) {
    if (peek() == '\n') scanner.line++;
    advance();
  }

  if (isAtEnd()) return errorToken("Unterminated string.");

  // 닫는 큰따옴표
  advance();
  return makeToken(TOKEN_STRING);
}
```

제이록스와 마찬가지로 닫는 큰따옴표가 나올 때까지 문자를 소비한다. 또 문자열 리터럴 내부에서 개행 문자를 추적한다. (록스는 여러 줄 문자열을 지원한다.) 심지어 닫는 큰따옴표가 나오기 전에 소스 코드가 모자라는 경우도 우아하게 잘 처리한다.

씨록스의 주요 변경 사항은 기존에 없던 기능이다. 다시 말하지만, 메모리 관리와 관련된 기능이다. 제이록스는 리터럴 토큰의 렉심에서 변환된 런타임 값을 저장하기 위해 Token 클래스에 Object 타입의 필드를 뒀었다.

C로 그렇게 구현하려면 작업량이 만만찮다. 토큰에 문자열이 들어 있는지, 아니면 double 값이 있는지 식별하려면 공용체(union) 또는 타입 태그 같은 장치가 필요하다. 문자열이라면 그 문자 배열의 메모리를 어떤 식으로든 관리해야 한다.

그래서 스캐너를 복잡하게 만드는 대신, 리터럴 렉심을 런타임 값으로 바꾸는 일을 나중으로 미루겠다. 씨록스에서 토큰은 렉심, 즉 사용자의 소스 코드에 표시된 그대로의 문자 시퀀스만 저장한다. 나중에 컴파일러에서 청크의 상수 테이블에 저장할 준비가 되면 바로 해당 렉심을 런타임 값으로 변환한다.

> 컴파일러에서 렉심을 값으로 변환하는 것은 사실 약간 중복이다. 숫자 리터럴을 스캔하는 작업은 숫자 문자의 시퀀스를 어떤 숫자로 변환하는 데 필요한 작업과 매우 비슷하다. 하지만 그리 많은 중복이 발생하는 것은 아니고, 성능에 중대한 영향을 끼치는 것도 아니며, 스캐너는 더 단순하게 유지된다.

다음은 숫자다. 10개 숫자 일일이 switch 케이스를 추가하는 대신 다음과 같이 처리한다.

scanner.c ▶ scanToken() 함수

```c
char c = advance();
if (isDigit(c)) return number();

switch (c) {
```

유틸리티 함수 isDigit()는 다음과 같다.

scanner.c ▶ initScanner 함수 다음에 추가

```c
static bool isDigit(char c) {
  return c >= '0' && c <= '9';
}
```

숫자 스캐닝은 다음 함수로 마무리한다.

scanner.c ▶ skipWhitespace() 함수 다음에 추가

```c
static Token number() {
  while (isDigit(peek())) advance();

  // 소수부를 피크한다
  if (peek() == '.' && isDigit(peekNext())) {
    // "."을 소비한다
    advance();
```

```
    while (isDigit(peek())) advance();
  }

  return makeToken(TOKEN_NUMBER);
}
```

아직 렉심을 double로 변환하지 않은 점만 제외하고 사실상 제이록스 버전과 동일하다.

16.4 식별자와 키워드

마지막 토큰은 식별자로, 사용자 정의 식별자와 예약어가 있다. 씨록스는 키워드를 인식하는 방법이 제이록스와 사뭇 다르다. 이 절은 몇 가지 중요한 자료 구조에 대해서도 소개하므로 재미있을 것이다.

먼저 렉심을 스캔해야 한다. 이름은 글자나 언더스코어로 시작한다.

scanner.c ▶ scanToken() 함수

```
  char c = advance();
  if (isAlpha(c)) return identifier();
  if (isDigit(c)) return number();
```

다음은 헬퍼 함수 isAlpha() 코드다.

scanner.c ▶ initScanner 함수 다음에 추가

```
static bool isAlpha(char c) {
  return (c >= 'a' && c <= 'z') ||
         (c >= 'A' && c <= 'Z') ||
          c == '_';
}
```

식별자가 발견되면 그 나머지는 다음과 같이 스캐닝한다.

scanner.c ▶ skipWhitespace() 함수 다음에 추가

```
static Token identifier() {
  while (isAlpha(peek()) || isDigit(peek())) advance();
  return makeToken(identifierType());
}
```

첫 글자 뒤에는 숫자도 허용되며, 영숫자가 다 떨어질 때까지 소비한다. 그런 다음 적절한 타입의 토큰을 생성한다. 이 '적절한' 타입을 어떻게 결정하는지가 이 장의 고유한 주제다.

scanner.c ▶ skipWhitespace() 함수 다음에 추가

```
static TokenType identifierType() {
  return TOKEN_IDENTIFIER;
}
```

좋다, 아직까진 별로 흥미로울 게 없다. 예약어가 하나도 없으면 정말 그럴 것 같다. 키워드는 어떻게 인식해야 할까? 제이록스는 몽땅 자바 맵에 넣고 이름으로 조회했다. 씨록스는, 적어도 지금까지는 해시 테이블 구조체 같은 자료 구조가 없다.

해시 테이블은 어차피 과하다. 해시 테이블에서 문자열을 조회하려면 문자열을 이용해 해시 코드를 계산하고, 해시 테이블에서 해당 버킷을 찾은 다음, 문자 하나하나가 동일한지 비교하는 복잡한 절차를 수행해야 한다.

> 이 부분이 낯설게 느껴지더라도 걱정하지 말라. 20장에서 해시 테이블을 처음부터 만들어보며 우아한 디테일을 모두 배울 것이다.

예를 들어, 'gorgonzola'라는 식별자를 스캔했다고 하자. 이것이 예약어인지 판단하려면 얼마나 많은 작업이 필요할까? 록스 키워드 중에 'g'로 시작하는 것은 하나도 없기 때문에 첫 번째 문자만 봐도 '아니오'라고 대답하기 충분하다. 해시 테이블 조회보다 훨씬 간단하다.

'cardigan'은 어떤가? 록스에는 c로 시작하는 키워드 class가 있지만, 'cardigan'의 두 번째 문자 'a'를 보면 키워드일 가능성은 없다. 'forest'는? 'for'가 키워드이므로 예약어가 아니라는 결론을 내리려면 문자열을 한참 더 탐색해야 한다. 물론, 대부분 한두 문자만 보면 사용자가 정의한 이름인지 알 수 있다. 이 사실을 가급적 빠르고 정확하게 알아낼 방법이 필요하다.

다음은 문자 검사 로직을 시각적으로 나타낸 그림이다.

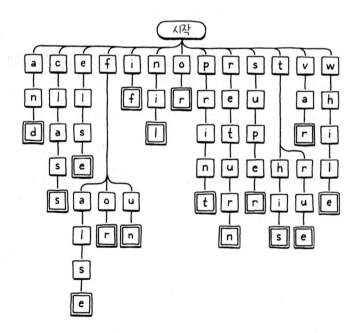

> 각 노드 체인을 읽어 내려가면 록스의 키워드를 확인할 수 있다.

탐색은 루트 노드부터 시작한다. 글자가 렉심의 첫 번째 문자와 일치하는 자식 노드가 있으면 그 노드로 이동한다. 그런 다음 그 렉심의 다음 글자에 대해 같은 작업을 반복하는 식으로 진행된다. 어느 지점이건 렉심의 다음 글자가 자식 노드와 매치되지 않으면 그 식별자는 키워드가 아니므로 멈춘다. 렉심의 마지막 문자를 체크하는데 테두리를 두 줄로 표시한 박스까지 닿았다면 키워드를 찾은 것이다.

16.4.1 트라이와 상태 기계

이 트리 다이어그램은 **트라이(trie)**의 일례다. 트라이는 문자열 집합을 저장한다. 문자열을 보관하는 다른 자료 구조는 대부분 원시 문자 배열(raw character array)이 포함되어 있고, 더 빨리 검색할 수 있도록 더 큰 구조체 안에 배열을 래핑한다. 트라이는 다르다. 내부 어디에도 전체 문자열은 찾아볼 수 없다.

대신, 트라이에 '포함'된 각 문자열은 방금 전의 록스 키워드 사례처럼 문자 노드 트리를 통과하는 경로로 표시된다. 문자열의 마지막 문자와 매치되는 노드에는 (그림에서 테두리를 두 줄로 표시한) 특별한 마커가 있다. 가령, 트라이에 'banquet'과 'ban'이 있다면 'banque'는 'e' 노드에는 해당되는 마커가 없기 때문에 트라이에 포함되지 않는다고 말할 수 있다.

> 에드워드 프레드킨(Edward Fredkin)이 'retrieval'의 중간에 있는 글자를 가져와 명명한 '트라이(trie)'는 CS에서 가장 혼동을 일으키는 명칭이다. 'retrieval' 안에 있는 'trie'는 'tree'와 발음이 같다. 그런데 문제는 '트리(tree)' 역시 아주 중요한 자료 구조 중 하나고, 사실 '트라이'는 '트리'의 특수한 케이스라고 볼 수 있다. 따라서 여러분이 또박또박 큰 소리로 말하지 않으면, 상대방은 둘 중 어느 것을 말하는지 알아듣지 못할 것이다. 그래서 요즘은 편두통을 피하고자 'try'처럼 발음하는 사람들이 많다.

트라이는 **결정적 유한 자동화(DFA, Deterministic Finite Automation)**[3]라는 보다 근본적인 자료 구조의 특수한 경우다. **유한 상태 기계(finite state machine)** 또는 **상태 기계**라는 명칭으로 들어본 독자도 있을 것이다. 상태 기계는 정말 유용하다. 게임 프로그래밍[4]에서 네트워킹 프로토콜 구현까지 두루두루 활용된다.

DFA에서는 그래프를 형성하는 상태 간의 전이에 관한 상태 집합이 있다. 어느 시점에서든 기계는 정확히 한 가지 상태에 '있고', 전이를 통해 다른 상태로 이동한다. 렉시컬 분석에 DFA를 적용하면, 각 전이는 문자열에서 매치된 문자, 각 상태는 허용된 문자 집합을 각각 나타낸다.

우리 키워드 트리가 바로 록스 키워드를 인식하는 DFA다. 하지만 DFA는 임의적(arbitary) 그래프가 될 수 있으므로 단순 트리보다 훨씬 강력하다. 전이는 상태 간에 사이클을 형성할 수 있기 때문에 임의의 긴 문자열도 인식할 수 있다. 예를 들어, 숫자 리터럴을 인식하는 DFA는 다음과 같다.

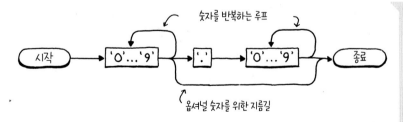

> 이런 스타일의 다이어그램을 구문 다이어그램(syntax diagram) 또는 레일로드 다이어그램(railroad diagram)이라고 한다. 후자는 갈아타는 기차역처럼 생겼다고 해서 붙여진 멋진 이름이다.
>
> 베커스-나우르 표기법(Backus-Naur Form) 이전에는 보통 언어의 문법을 이런 식으로 문서화했다. 요즘은 주로 텍스트를 사용하지만 텍스트 언어의 공식 사양을 이미지로 표기한다는 것이 흥미로운 일이다.

---

3 https://en.wikipedia.org/wiki/Deterministic_finite_automaton

4 http://gameprogrammingpatterns.com/state.html

가독성을 높이기 위해 10자리 숫자로 노드를 한정했지만 기본적인 프로세스는 동일하다. 경로를 따라가다 렉심에서 해당 문자를 소비할 때마다 노드에 진입한다. 록스의 모든 렉시컬 분석이 가능한 하나의 거대한 DFA, 즉 우리가 필요로 하는 모든 토큰을 인식하고 뱉어내는 단일 상태 기계를 구축할 수도 있다.

그러나 거대한 DFA를 수작업만으로 제작하기는 꽤 어렵다. 그래서 렉스[5]가 탄생한 것이다. 렉시컬 문법에 대한 간단한 텍스트 설명(정규식 묶음)을 전달하면 렉스는 DFA를 자동 생성하고 그것을 구현한 C 코드 더미를 생산한다.

> 이것이 프로그래밍 언어와 텍스트 편집기에 있는 대부분의 정규식 엔진이 물밑에서 작동되는 방식이기도 하다. 여러분이 입력한 정규식 문자열을 DFA로 변환하고 이 DFA를 이용해서 문자열 매칭을 하는 것이다.
>
> 정규식을 DFA로 바꾸는 알고리즘을 알고 싶은 독자는 드래곤 북[6]을 참고하기 바란다.

하지만 이미 완벽하게 서비스 가능한 수동식 스캐너 덕분에 우린 그 길로 가진 않을 것이다. 키워드를 인식할 수 있는 작은 트라이만 있으면 된다. 이 트라이는 어떻게 코드로 매핑해야 할까?

가장 간단한 방법은, 각 노드마다 switch 문을 사용하고 각 분기를 case 절로 죽 나열하는 것이다. 루트 노드부터 시작해 쉬운 키워드를 먼저 작성하겠다.

> 간단한 것이 멍청하다는 뜻은 아니다. 현재까지 세상에서 가장 정교하고 빠른 언어 구현체인 V8도 근본적인 접근 방식은 이와 동일하다.[7]

scanner.c ▶ identifierType() 함수

```c
static TokenType identifierType() {
  switch (scanner.start[0]) {
    case 'a': return checkKeyword(1, 2, "nd", TOKEN_AND);
    case 'c': return checkKeyword(1, 4, "lass", TOKEN_CLASS);
    case 'e': return checkKeyword(1, 3, "lse", TOKEN_ELSE);
    case 'i': return checkKeyword(1, 1, "f", TOKEN_IF);
    case 'n': return checkKeyword(1, 2, "il", TOKEN_NIL);
    case 'o': return checkKeyword(1, 1, "r", TOKEN_OR);
    case 'p': return checkKeyword(1, 4, "rint", TOKEN_PRINT);
    case 'r': return checkKeyword(1, 5, "eturn", TOKEN_RETURN);
    case 's': return checkKeyword(1, 4, "uper", TOKEN_SUPER);
    case 'v': return checkKeyword(1, 2, "ar", TOKEN_VAR);
    case 'w': return checkKeyword(1, 4, "hile", TOKEN_WHILE);
  }

  return TOKEN_IDENTIFIER;
}
```

보다시피 각 키워드의 첫 글자가 나열되어 있다. 가령, "s"가 나오면 식별자가 super인 경우에만 키워드가 된다. 키워드가 아닐 수도 있으므로 남은 글자도 체크해야 한다. 트리 다이어그램에서 "s"에 매달려 있는 직선 경로 말이다.

각 노드마다 switch를 돌려보는 대신, 잠재적 키워드의 나머지 렉심을 테스트하는 유틸리티 함수를 만들어 사용한다.

---

5 https://en.wikipedia.org/wiki/Lex_(software)

6 https://en.wikipedia.org/wiki/Compilers:_Principles,_Techniques,_and_Tools

7 https://github.com/v8/v8/blob/e77eebfe3b747fb315bd3baad09bec0953e53e68/src/parsing/scanner.cc#L1643

```
static TokenType checkKeyword(int start, int length,
    const char* rest, TokenType type) {
  if (scanner.current - scanner.start == start + length &&
      memcmp(scanner.start + start, rest, length) == 0) {
    return type;
  }

  return TOKEN_IDENTIFIER;
}
```

트리에서 분기되지 않은 모든 경로에 이 함수를 사용한다. 하나의 예약어가 됨직한 접두어가 발견되면 두 가지 사항을 체크해야 한다. 첫째, 렉심의 길이가 키워드의 길이와 똑같아야 한다. 첫 번째 글자가 "s"면, 렉심은 "sup"나 "superb"일 수 있다. 둘째, 나머지 문자도 정확히 매치돼야 한다. "supar"는 키워드가 아니다.

문자 개수가 정확히 일치하고 원하는 문자면 키워드를 찾은 것이니 해당 토큰 타입을 리턴하면 된다. 그 외에는 일반 식별자다.

첫 글자 뒤에 다시 트리 분기를 태우는 키워드도 몇 가지 있다. 가령, 렉심이 "f"로 시작되면 false, for, fun 중 하나일 수 있으므로 "f" 노드는 또 다시 다른 switch로 스위치된다.

```
    case 'e': return checkKeyword(1, 3, "lse", TOKEN_ELSE);
    case 'f':
      if (scanner.current - scanner.start > 1) {
        switch (scanner.start[1]) {
          case 'a': return checkKeyword(2, 3, "lse", TOKEN_FALSE);
          case 'o': return checkKeyword(2, 1, "r", TOKEN_FOR);
          case 'u': return checkKeyword(2, 1, "n", TOKEN_FUN);
        }
      }
      break;
    case 'i': return checkKeyword(1, 1, "f", TOKEN_IF);
```

스위치를 하기 전에 두 번째 글자 유무도 확인해야 한다. 사실 "f" 자체도 유효한 식별자다. "t" 역시 마찬가지다.

```
    case 's': return checkKeyword(1, 4, "uper", TOKEN_SUPER);
    case 't':
      if (scanner.current - scanner.start > 1) {
        switch (scanner.start[1]) {
          case 'h': return checkKeyword(2, 2, "is", TOKEN_THIS);
          case 'r': return checkKeyword(2, 2, "ue", TOKEN_TRUE);
        }
```

```
    }
    break;
  case 'v': return checkKeyword(1, 2, "ar", TOKEN_VAR);
```

여기까지다. 중첩된 switch 문은 전부 2개다. 이 코드는 짧기도 짧지만 아주, 아주 빠르다. 키워드를 감지하는 데 최소한의 필요한 작업만 수행하고, 식별자가 예약된 키워드가 아니라는 사실을 즉시 알린다.

이것으로 스캐너는 완성되었다!

> 복잡한 데이터 구조, 캐싱 레이어, 그밖의 고급 최적화를 해야 성능이 나온다고 착각하는 사람들이 많다. 하지만 작업 자체를 줄이는 것만으로도 성능을 개선할 수 있는 의외로 경우가 많다. 나 역시 코드를 가능한 한 간단하게 작성하는 것만으로도 충분할 때가 많았다.

연습 문제

1. 비교적 최신 언어에는 대부분 **문자열 보간(string interpolation)**[8] 기능이 있다. 문자열 리터럴 안에 일종의 특수한 구분자를 두는 것이다. (대개 ${로 시작해서 }로 끝난다.) 이 구분자 사이에는 어떤 표현식이든 다 올 수 있다. 문자열 리터럴이 실행되면 그 내부 표현식이 평가되어 문자열로 변환된 다음, 주변 문자열 리터럴과 병합된다.

   가령, 만약 록스가 문자열 보간을 지원한다면 다음 코드를 실행할 경우...

```
var drink = "Tea";
var steep = 4;
var cool = 2;
print "${drink} will be ready in ${steep + cool} minutes.";
```

   ... 이렇게 출력될 것이다.

```
Tea will be ready in 6 minutes.
```

   여러분은 문자열 보간을 지원하는 스캐너를 구현하기 위해 어떤 토큰 타입을 정의하겠는가? 위의 문자열 리터럴에 대해서는 어떤 토큰 시퀀스를 내보낼 것인가?

---

8 https://en.wikipedia.org/wiki/String_interpolation

다음 문자열이라면 어떤 토큰인가?

```
"Nested ${"interpolation?! Are you ${"mad?!"}"}"
```

문자열 보간을 지원하는 다른 언어 구현체를 참고하여 처리 방법을 고민하라.

2. 일부 언어는 제네릭을 꺾쇠 괄호로 표기하고 >>를 우측 시프트 연산자로 사용한다. 실제로 이 때문에 초기 버전의 C++에서 아주 고질적인 문제가 있었다.

```
vector<vector<string>> nestedVectors;
```

>>가 > 토큰 2개가 아니라, 하나의 우측 시프트 토큰으로 처리되어 컴파일 에러가 발생했다. 프로그래머는 닫는 꺾쇠 사이에 공백 문자를 넣는 식으로 우회할 수밖에 없었다.

후속 버전의 C++는 더 똑똑해져 이런 코드를 모두 처리할 수 있다. 자바와 C#은 이런 문제가 전혀 없었는데, 이 두 언어는 이 부분을 어떻게 구현했을까?

3. 많은 언어, 특히 나중에 발전을 거듭한 언어에는 보통 '컨텍스트 키워드(contextual keyword)'라는 것이 있다. 컨텍스트에 따라 예약어처럼 동작하다가도, 사용자가 정의한 일반 식별자처럼 동작하기도 하는 식별자다.

예를 들어, C#에서 await는 async 메서드 안에서는 키워드지만, 다른 메서드에 있을 때에는 await를 고유한 식별자로 사용할 수 있다.

다른 언어에는 어떤 컨텍스트 키워드가 있는가? 또 그 키워드가 의미를 지니는 컨텍스트는 무엇인가? 컨텍스트 키워드의 장단점은 무엇일까? 만약 필요하다면 여러분 언어의 프런트엔드에서는 컨텍스트 키워드를 어떻게 구현하겠는가?

17장

표현식 컴파일

> 우리 인생길 반 고비에
>
> 올바른 길을 잃고서 난
>
> 어두운 숲에 처했었네.
>
> 단테 알리기에리(Dante Alighieri), 『신곡, 지옥편』

이 장은 하나도, 둘도 아닌, 세 가지 이유로 흥미가 철철 넘친다. 첫째, VM 실행 파이프라인의 마지막 부품을 끼워 넣는다. 이 작업이 끝나면 비로소 사용자의 소스 코드를 스캐닝부터 실행까지 모든 과정을 흘려볼 수 있다.

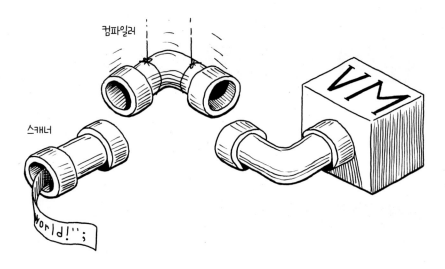

둘째, 순도 100%의 실제 컴파일러를 작성한다. 소스 코드를 파싱하고 로우레벨의 바이너리 명령어를 출력하는 컴파일러 말이다. 물론, 칩의 네이티브 명령어 집합이 아닌 바이트코드지만, 제이록스보다는 훨씬 기계와 가깝다고 할 수 있다. 여러분은 진짜 언어 해커가 되는 것이다!

셋째, 내가 가장 좋아하는 알고리즘 중 하나인 본 프랫(Vaughan Pratt)의 '하향식 연산자 우선순위 파싱(top-down operator precedence parsing)' 알고리즘을 배운다. 이 알고리즘은 내가 아는 한 가장 우아하게 표현식을 파싱하는 수단이다. 전위(prefix) 연산자, 후위(postfix) 연산자, 중위(infix) 연산자, 혼위(mixfix) 연산자 등 어떤 '~위(fix)' 연산자도 멋지게 처리한다. 우선순위와 결합성을 힘들이지 않고 척척 잘 다룬다. 정말 마음에 든다.

니클라우스 비르트[1]에게 바이트코드는 충분했고 그의 명성에 의문을 제기하는 사람은 아무도 없었다.

프랫 파서는 일종의 IT 업계에서 대대로 구전된 전통(oral tradition)이다. 내가 읽은 컴파일러나 언어 전문서 중에 프랫 파서를 제대로 설명한 책은 없다. 학계는 주로 생성된 파서(generated parser)에 집중하는 듯하고 프랫 파서는 수작업 파서(handwritten parser)를 위한 테크닉이라 주목을 끌지 못한 것 같다.

하지만 수작업 파서가 흔하디 흔한 상용 컴파일러 분야에서 이 파서를 아는 사람이 얼마나 많은지 알면 여러분은 아마 깜짝 놀랄 것이다. 그들에게 어디서 그런 기술을 배웠는지 물어보면, "아, 이 컴파일러 내가 몇 년 전에 사용했는데, 내 동료 말이 오래된 프런트엔드에서 가져왔다고 하더군요." 하는 대답을 듣게 되리라.

---

1 [옮긴이] Niklaus Wirth, 파스칼을 창시한 저명한 스위스의 컴퓨터 과학자

디저트를 먹기 전에 채소를 먹어야 하듯이 재미난 일을 하려면 준비가 필요하다. 우선 이전에 스캐너를 테스트하려고 작성했던 임시 코드를 좀 더 유용한 코드로 교체하자.

vm.c ▶ interpret() 함수 코드 2줄 교체

```
InterpretResult interpret(const char* source) {
  Chunk chunk;
  initChunk(&chunk);

  if (!compile(source, &chunk)) {
    freeChunk(&chunk);
    return INTERPRET_COMPILE_ERROR;
  }

  vm.chunk = &chunk;
  vm.ip = vm.chunk->code;

  InterpretResult result = run();

  freeChunk(&chunk);
  return result;
}
```

빈 청크를 만들어 컴파일러에 전달한다. 컴파일러는 사용자 프로그램을 가져와 청크를 바이트코드로 채운다. 적어도 프로그램에 컴파일 에러가 없으면 그렇게 한다. 컴파일 에러가 나면 compile()은 false를 리턴하고 쓸모없는 청크를 폐기한다.

꽉 채운 청크는 VM으로 보내 실행시킨다. VM이 실행을 끝내고 청크를 해제하면 모든 작업은 끝난다. 잘 보면 compile() 함수의 시그니처가 달라졌다.

compiler.h ▶ 코드 1줄 교체

```
#define clox_compiler_h

#include "vm.h"

bool compile(const char* source, Chunk* chunk);

#endif
```

컴파일러가 코드를 써넣을 청크를 전달하면 compile()은 컴파일의 성공 여부를 리턴한다. 구현체의 시그니처도 똑같이 바꿔준다.

compiler.c ▶ compile() 함수 코드 1줄 교체

```
#include "scanner.h"

bool compile(const char* source, Chunk* chunk) {
  initScanner(source);
```

initScanner() 함수의 호출자는 이 장에서도 존속되는 유일한 코드다. 스캐너를 테스트하려고 작성했던 임시 코드는 다음 세 줄로 변경된다.

---

compiler.c ▶ compile() 함수 코드 13줄 교체

```
  initScanner(source);
  advance();
  expression();
  consume(TOKEN_EOF, "Expect end of expression.");
}
```

---

advance()를 호출하면 스캐너에 "마중물을 붓는다(prime the pump)". 그런 다음 단일식을 파싱한다. 문장은 지금 처리할 대상이 아니므로 아직은 단일식이 유일하게 지원되는 문법의 하위 집합(subset)이다. (이 부분은 21장에서 다시 살펴보겠다.) 표현식을 컴파일한 후에는 소스 코드 끝부분에 있을 테니 EOF 신호 토큰을 확인한다.

이 장의 나머지 부분은 expression() 함수를 호출하는 데에 집중하겠다. 보통은 함수 정의로 바로 들어가 구현체를 위에서 아래로 훑어 내려가지만 이 장은 다르다.

프랫의 파싱 테크닉은 머릿속에 다 넣고 돌아보면 놀라울 정도로 간단하지만, 한 입 크기의 조각들로 나누기가 약간 까다롭다. 재귀적이라서 그렇기도 하지만, 방대한 데이터 테이블에 의존하기 때문이다. 알고리즘을 구축함에 따라 이 테이블의 칼럼도 늘어난다.

나는 테이블을 늘릴 때마다 40줄이 넘는 코드를 다시 들여다보고 싶진 않다. 파서의 내부로 조금씩 파고들어가며 둘레를 모두 살펴본 다음, 육즙이 풍부한 중심에 도달할 것이다. 다른 장보다 더 많은 인내심과 정신적인 스크래치를 요하지만, 이게 내가 할 수 있는 최선이다.

> 이 장이 왠지 여러분과 잘 안 맞을 것 같아 개념을 먼저 깨치고자 한다면 내가 쓴 게시글("Pratt Parsing: Expression Parsing Made Easy(프랫 파싱 : 표현식 파싱을 쉽게 하는 방법)」)[2]을 먼저 읽어보기 바란다. 같은 알고리즘이지만 자바와 객체 지향 스타일로 설명해서 읽기가 조금 쉬울 것이다.

17.1 INTERPRETER 싱글 패스 컴파일

컴파일러는 대략 두 가지 일을 한다. 첫째, 사용자의 소스 코드를 파싱하여 그 의미를 파악한다. 둘째, 이렇게 얻은 지식을 근거로 이와 시맨틱이 동일한 로우레벨의 명령어를 출력한다. 대부분의 언어 구현체는 이 두 가지 역할을 두 번의 개별 패스로 나누어 실행한다. 파서가 (제이록스처럼) AST를 생산하면

> 실제로 대부분의 정교하고 최적화된 컴파일러는 두 번 이상의 패스를 사용한다. 최적화 패스는 복잡한 방식으로 상호작용하는 경우가 많기 때문에 컴파일러의 성능을 극대화하려면 어떤 최적화 패스를 거쳐야 하는지는 물론, 그 패스들을 어떤 순서로 실행할지도 결정해야 한다. 이 주제는 '공개 연구 분야(open area of research)'와 '흑마술(dark art)'의 중간쯤에 있다.

---

2 https://craftinginterpreters.com/pratt

코드 생성기는 AST를 순회하며 타깃 코드를 출력한다.

씨록스는 예전 접근 방식에 따라 이 두 패스를 하나로 합할 것이다. 전체 소스 파일의 AST를 담기에 메모리가 턱없이 모자랐던 시절에 언어 해커들은 그렇게 했다. 록스 컴파일러도 C 프로그래밍의 진정한 유지를 받들어 단순하게 만들겠다.

지금부터 개발할 싱글 패스 컴파일러가 모든 언어에 다 적합한 것은 아니다. 컴파일러는 코드를 생성하는 동안 사용자 프로그램을 핍홀[3]을 통해 살짝만 엿볼 수 있기 때문에 구문을 이해할 때 그 주변 컨텍스트가 너무 많이 필요하지 않도록 언어를 디자인해야 한다. 다행히 록스는 작고 귀여운 타입 언어라 잘 맞는 편이다.

별로 놀라운 일도 아니다. 록스는 내가 이 책을 쓰려고 특별히 디자인한 언어니까.

이 말은 곧 록스 '컴파일러'의 C 모듈에 (토큰을 소비하고, 예상 토큰 타입을 매치하는 등) 파싱에 관한 한 제이록스에서 알아볼 수 있는 기능이 있다는 뜻이다. 또 대상 청크에 바이트코드를 생성하고 상수를 추가하는 코드 생성 함수도 있다. (그래서 앞으로 이 장 이후로는 '파싱'과 '컴파일'을 같은 의미로 사용하겠다.)

먼저 파싱과 코드 생성을 절반씩 만든 다음, 중간에 프랫의 테크닉을 활용하여 록스의 특정 문법을 파싱하고 올바른 바이트코드를 출력하는 코드와 엮을 생각이다.

17.2 토큰 파싱

일단 컴파일러의 프런트엔드 쪽이다. 익숙한 함수명이 눈에 띈다.

compiler.c

```c
#include "scanner.h"

static void advance() {
  parser.previous = parser.current;

  for (;;) {
    parser.current = scanToken();
    if (parser.current.type != TOKEN_ERROR) break;

    errorAtCurrent(parser.current.start);
  }
}
```

---

3   옮긴이 peephole, 내부를 들여다보는 조그마한 구멍

토큰 스트림을 뚫고 한 걸음씩 전진하는 모습이 제이록스와 똑같다. 다음 토큰을 스캐너에게 요청하고 나중에 사용할 수 있도록 보관한다. 그 전에 옛 current 토큰을 previous 필드에 잠깐 담아둔다. 그래야 나중에 토큰을 매치한 후 렉심을 찾을 때 편할 것이다.

다음 토큰을 읽는 코드를 루프로 감싼다. 씨록스의 스캐너는 렉시컬 에러를 리포트하는 게 아니라, 특수한 에러 토큰을 생성해 파서가 그것을 리포트하도록 위임한다는 사실을 기억하기 바란다. 이 일을 여기서 하는 것이다.

에러가 없는 토큰을 찾거나 끝부분에 닿을 때까지 계속 루프를 돌며 토큰을 읽고 에러를 리포트한다. 이렇게 하면 파서의 나머지 코드는 유효한 토큰만 볼 수 있다. 현재 토큰과 이전 토큰은 다음 구조체에 보관한다.

compiler.c

```
#include "scanner.h"

typedef struct {
  Token current;
  Token previous;
} Parser;

Parser parser;

static void advance() {
```

다른 모듈과 마찬가지로, 컴파일러에는 이 구조체 타입의 글로벌 변수가 있기 때문에 함수 사이를 오가며 일일이 상태를 전달할 필요가 없다.

17.2.1 구문 에러 처리

스캐너가 에러 토큰을 전달하면 실제로 사용자에게 알려야 한다. 이 일은 다음 함수가 맡는다.

compiler.c ▶ parser 변수 다음에 추가

```
static void errorAtCurrent(const char* message) {
  errorAt(&parser.current, message);
}
```

어디서 에러가 났는지 현재 토큰에서 위치 정보를 추출해 사용자에게 알리고 errorAt()으로 포워드한다. 방금 소비한 토큰의 위치에서 에러를 리포트하는 경우가 대부분이기 때문에 다음 함수는 이름을 더 짧게 명명하고...

compiler.c ▶ parser 변수 다음에 추가

```
static void error(const char* message) {
  errorAt(&parser.previous, message);
}
```

... 실제 처리는 이름이 더 긴 errorAt() 함수에게 맡긴다.

compiler.c ▶ parser 변수 다음에 추가

```
static void errorAt(Token* token, const char* message) {
  fprintf(stderr, "[line %d] Error", token->line);

  if (token->type == TOKEN_EOF) {
    fprintf(stderr, " at end");
  } else if (token->type == TOKEN_ERROR) {
    // 코드 없음
  } else {
    fprintf(stderr, " at '%.*s'", token->length, token->start);
  }

  fprintf(stderr, ": %s\n", message);
  parser.hadError = true;
}
```

먼저, 에러가 발생한 줄 번호를 출력한다. 사람이 읽을 수 있는 렉심은 표시될 것이다. 그리고 에러 메시지 자체를 출력한 다음 (파서 구조체에 있는) hadError 플래그를 true로 세팅하여 컴파일 도중 에러가 발생한 사실을 기록한다.

compiler.c ▶ Parser 구조체

```
  Token previous;
  bool hadError;
} Parser;
```

나는 앞서 에러가 나면 compile()이 false를 리턴해야 한다고 말했다. 이 로직을 다음과 같이 넣자.

compiler.c ▶ compile() 함수

```
  consume(TOKEN_EOF, "Expect end of expression.");
  return !parser.hadError;
}
```

에러 처리를 할 때 추가해야 할 플래그가 하나 더 있다. 에러 전파(error cascade) 방지용 플래그다. 사용자가 코딩 실수를 했는데 파서가 이 실수가 문법 어디에 있는지 혼동을 일으킬 경우, 첫 번째 에러 뒤에 의미 없는 에러들이 무더기로 튀어나오는 현상은 바람직하지 않다.

제이록스는 이 문제를 패닉 모드로 해결했다. 토큰을 건너뛰고 재동 기화 가능한 지점까지 모든 파서 코드를 풀기 위해 자바 예외를 던 졌다. 그러나 C에는 예외가 없으니 약간의 묘기를 부려야 한다. 플래그를 하나 추가해서 현재 패닉 모드에 빠졌는지 여부를 추적하는 것이다.

> setjmp(), longjmp() 같은 함수도 있지만 안 쓰는 게 좋다. 메모리 릭(memory leak)이 너무 쉽게 발생하거나 불변성(invariant) 관리를 잊어버리기 십상이기 때문이다. 아니면 다른 이유로 아주 일진이 사나운 하루를 보낼 가능성이 높다.

```
  bool hadError;
  bool panicMode;
} Parser;
```

에러가 발생하면 panicMode 플래그를 true로 세팅한다.

```
static void errorAt(Token* token, const char* message) {
  parser.panicMode = true;
  fprintf(stderr, "[line %d] Error", token->line);
```

이후로는 마치 처음부터 에러가 나지 않았던 것처럼 계속 컴파일한다. 바이트코드가 실행될 일은 없으니 계속 진행해도 해로울 건 없다. 패닉 모드 플래그가 세팅되면 다른 에러가 나도 그냥 무시되기 때문이다.

```
static void errorAt(Token* token, const char* message) {
  if (parser.panicMode) return;
  parser.panicMode = true;
```

파서가 잡초 더미에 파묻혀 작동될 가능성이 높지만, 에러는 모두 씹히기 때문에 사용자는 알 길이 없다. 이러한 패닉 모드는 파서가 동기화 지점에 종료된다. 록스에는 문장 경계(statement boundary)가 있기 때문에 panicMode 플래그는 나중에 컴파일러에 문장 경계를 추가할 때 지울 것이다.

두 필드를 먼저 초기화하자.

```
  initScanner(source);

  parser.hadError = false;
  parser.panicMode = false;

  advance();
```

에러를 표시하려면 표준 헤더가 필요하다.

```
#include <stdio.h>
#include <stdlib.h>

#include "common.h"
```

파싱 함수는 제이록스 시절부터 함께 한 오랜 친구다.

compiler.c ▶ advance() 함수 다음에 추가

```
static void consume(TokenType type, const char* message) {
  if (parser.current.type == type) {
    advance();
    return;
  }

  errorAtCurrent(message);
}
```

다음 토큰을 읽는 로직은 advance()와 비슷하지만, 이 함수는 해당 토큰이 올바른 타입인지 확인한다. 타입이 안 맞으면 에러를 리포트한다. 이 함수는 록스 컴파일러에 있는 거의 모든 구문 에러의 근원이다.

좋다, 프런트엔드는 일단 이 정도면 충분하다.

17.3 바이트코드 내보내기

INTERPRETER

사용자 프로그램을 한 조각씩 파싱하여 이해했다면, 다음 단계는 일련의 바이트코드 명령어로 변환할 차례다. 청크에 1바이트를 추가하는 가장 쉬운 것부터 시작하자.

compiler.c ▶ consume() 함수 다음에 추가

```
static void emitByte(uint8_t byte) {
  writeChunk(currentChunk(), byte, parser.previous.line);
}
```

이렇게 단순한 함수에서 그토록 엄청난 것들이 비롯된다는 사실이 놀랍지 않은가? emitByte()는 주어진 바이트(옵코드 또는 피연산자)를 명령어에 그대로 쓴다. 또 이전 토큰의 줄 정보를 전달하여 런타임 에러를 해당 줄과 연관 짓는다.

작성 중인 청크는 compile()로 전달되지만, 이 청크는 emitByte()로도 함께 전달되어야 한다. 그래서 다음과 같이 중개 함수를 만든다.

compiler.c ▶ parser 변수 다음에 추가

```
Parser parser;
Chunk* compilingChunk;

static Chunk* currentChunk() {
```

```
  return compilingChunk;
}

static void errorAt(Token* token, const char* message) {
```

현재 청크 포인터는 다른 글로벌 상태를 저장하는 것처럼 모듈 레벨의 변수에 저장되지만, 나중에 사용자 정의 함수를 컴파일하기 시작하면 '현재 청크(current chunk)'의 개념이 점차 복잡해진다. 다시 뒤로 돌아가 많은 코드를 변경할 필요가 없도록 해당 로직을 currentChunk() 함수에 캡슐화하겠다.

바이트코드를 쓰기 전에 이 새로운 모듈 변수를 초기화한다.

compiler.c ▶ compile() 함수

```
bool compile(const char* source, Chunk* chunk) {
  initScanner(source);
  compilingChunk = chunk;

  parser.hadError = false;
```

맨 나중에 청크 컴파일이 다 끝나면 작업을 마무리한다.

compiler.c ▶ compile() 함수

```
  consume(TOKEN_EOF, "Expect end of expression.");
  endCompiler();
  return !parser.hadError;
```

endCompiler() 함수는 다음과 같다.

compiler.c ▶ emitByte() 함수 다음에 추가

```
static void endCompiler() {
  emitReturn();
}
```

이 장에서 록스 VM은 표현식만 처리한다. 씨록스를 실행하면 단일식을 파싱, 컴파일, 실행한 후 결과를 출력한다. 이 값을 출력하기 위해 임시로 OP_RETURN 명령어를 사용하자. 컴파일러가 청크의 끝에 이 명령어 중 하나를 추가하도록 코딩한다.

compiler.c ▶ emitByte() 함수 다음에 추가

```
static void emitReturn() {
  emitByte(OP_RETURN);
}
```

emitByte() 함수는 다음과 같다.

compiler.c ▶ emitByte() 함수 다음에 추가

```c
static void emitBytes(uint8_t byte1, uint8_t byte2) {
  emitByte(byte1);
  emitByte(byte2);
}
```

조금 더 책장을 넘기면 1바이트짜리 연산자 다음에 옵코드를 써야 하는 장면에서 이 간편 함수를 정의한 진가가 발휘될 것이다.

17.4 / 전위식 파싱
INTERPRETER

지금까지 파싱 및 코드 생성 유틸리티 함수를 구성했다. 이제 이들을 중앙에서 연결 짓는 코드를 작성할 차례다.

compile()의 단계 중 남은 함수는 expression()뿐이다.

compiler.c ▶ endCompiler() 함수 다음에 추가

```c
static void expression() {
  // 여기에 무슨 코드가 들어갈까?
}
```

아직 록스에 있는 모든 종류의 표현식을 구현할 준비가 안 됐다. 이런, 불리언조차 없다! 이 장에서는 우선 다음 네 가지 표현식만 다루겠다.

- 숫자 리터럴 : 123

- 괄호로 감싼 숫자 : (123)

- 단항 음수화 : -123

- 산술 사칙사 : +, -, *, /

각 표현식을 컴파일하는 함수를 살펴보면서 함수를 호출하는 테이블 기반의 파서(table-driven parser)의 요건도 함께 정리해보자.

17.4.1 토큰 파서

지금은 각각 단일 토큰에 불과한 록스 표현식에 집중하자. 이 장은 숫자 리터럴만 다루지만, 대상은 점점 다양해질 것이다. 컴파일하는 방법은 다음과 같다.

각 토큰 타입을 저마다 다른 종류의 표현식에 매핑한다. 각 표현식에 해당하는 바이트코드 출력 함수를 정의한다. 그런 다음, 함수 포인터 배열을 구축한다. 이 배열의 인덱스는 TokenType 열거체의 값에 대응되고, 각 인덱스에 있는 함수는 해당 토큰 타입의 표현식을 컴파일하는 코드다.

숫자 리터럴을 컴파일하기 위해 배열의 TOKEN_NUMBER 인덱스에 다음 함수를 가리키는 포인터를 저장한다.

compiler.c ▶ endCompiler() 함수 다음에 추가

```
static void number() {
  double value = strtod(parser.previous.start, NULL);
  emitConstant(value);
}
```

숫자 리터럴에 대한 토큰은 이미 소비되어 previous에 저장됐다고 본다. 렉심을 가져와 C 표준 라이브러리를 사용해 double 값으로 변환하고, 이 값을 로드하는 코드를 다음 함수를 호출하여 생성한다.

compiler.c ▶ emitReturn() 함수 다음에 추가

```
static void emitConstant(Value value) {
  emitBytes(OP_CONSTANT, makeConstant(value));
}
```

먼저 상수 테이블에 값을 추가한 다음, 런타임에 값을 스택에 푸시하는 OP_CONSTANT 명령어를 내보낸다. 다음은 상수 테이블에 엔트리를 추가하는 함수다.

compiler.c ▶ emitReturn() 함수 다음에 추가

```
static uint8_t makeConstant(Value value) {
  int constant = addConstant(currentChunk(), value);
  if (constant > UINT8_MAX) {
    error("Too many constants in one chunk.");
    return 0;
  }

  return (uint8_t)constant;
}
```

대부분의 로직은 이미 16장에서 정의한 addConstant()에 있다. 이 함수는 주어진 값을 청크의 상수 테이블 끝에 추가한 뒤 그 인덱스를 리턴한다. makeConstant()의 임무는 상수가 너무 많은지 확인하는 일이 거의 전부다. OP_CONSTANT 명령어는 인덱스 피연산자로 1바이트를 사용하므로 청크 하나로 최대 256개 상수까지 저장/로드할 수 있다.

기본 로직은 여기까지다. TOKEN_NUMBER 토큰을 소비하고 함수 포인터 배열에서 number()를 조회한 다음, 이를 호출하는 적절한 코드가 있다면 숫자 리터럴이 바이트코드로 정상 컴파일될 것이다.

> 맞다, 한계치가 꽤 낮은 편이다. 록스가 풀사이즈 언어 구현체라면 인덱스를 2바이트 피연산자로 저장하는, 이를테면 OP_CONSTANT_16 같은 명령어를 추가해서 필요할 만큼 상수를 더 처리하고 싶을 것이다.
>
> 하지만 이런 기능까지 지원하는 코드를 넣어도 이 책에서 의도한 교육 효과는 별로 높지 않으므로 생략하겠다. 원한다면 더 큰 프로그램도 처리할 수 있도록 VM을 확장해보라.

17.4.2 괄호로 그룹핑

우리가 작성 중인 파싱 함수의 포인터 배열 입장에서는 모든 표현식이 단일 토큰 길이라면 딱 좋겠지만, 아쉽게도 대부분의 표현식은 이보다 길다. 그러나 많은 표현식이 특정 토큰으로 시작하는데, 이를 전위식 (prefix expression)이라고 한다. 예를 들어, 어떤 표현식을 파싱할 때 현재 토큰이 (이면, 괄호식을 보고 있음을 알 수 있다.

함수 포인터 배열도 이렇게 처리할 수 있다. 표현식 타입별로 파싱 함수는 일반 재귀 하향 파서처럼 원하는 만큼의 추가 토큰을 소비할 수 있다. 괄호는 다음과 같이 작동된다.

compiler.c ▶ endCompiler() 함수 다음에 추가

```
static void grouping() {
  expression();
  consume(TOKEN_RIGHT_PAREN, "Expect ')' after expression.");
}
```

다시 말하지만, 처음에 나온 (는 이미 소비됐다고 가정한다. expression() 을 재귀 호출해서 괄호 사이의 표현식을 컴파일한 다음, 마지막에 닫는)를 파싱한다.

> 프랫 파서는 재귀 하향 파서가 아니지만 여전히 재귀적이다. 문법 자체가 재귀적이니 당연한 결과다.

백엔드에 관한 한 그룹핑 표현식은 그야말로 아무 일도 하지 않고 오직 구문적인 역할에 충실할 뿐이다. 괄호 덕분에 우선순위가 높은 표현식이 나와야 할 곳에 우선순위가 낮은 표현식을 끼워 넣을 수 있다. 괄호 자체는 런타임 시맨틱이 전혀 없으므로 어떤 바이트코드도 내보내지 않는다. 내부에서 expression()을 호출하면 괄호 내부의 표현식에 해당하는 바이트코드가 생성된다.

17.4.3 단항 음수화

단항 -도 전위식이므로 방금 전 모델을 적용할 수 있다.

```c
static void unary() {
  TokenType operatorType = parser.previous.type;

  // 피연산자를 컴파일한다
  expression();

  // 연산자 명령어를 내보낸다
  switch (operatorType) {
    case TOKEN_MINUS: emitByte(OP_NEGATE); break;
    default: return; // 실행되지 않는 코드
  }
}
```

선행 토큰 –를 소비하면 이 토큰은 parser.previous에 있다. 여기서 토큰 타입을 가져와 어떤 단항 연산자를 상대하고 있는지 기록한다. 사실 지금은 불필요한 작업이지만, 18장에서 이와 동일한 함수를 사용하여 ! 연산자를 컴파일할 때 맥락이 연결될 것이다.

grouping()에서와 마찬가지로 expression()을 재귀 호출하여 피연산자를 컴파일한다. 그런 다음, 음수로 바꾸는 바이트코드를 내보낸다. 좌측에 –가 있는데 부정 명령어를 피연산자의 바이트코드 뒤에 사용하는 모습이 조금 이상하게 보일 수 있지만 실행 순서를 따져보면 말이 된다.

1. 피연산자를 먼저 평가해서 스택에 값을 남긴다.

2. 그리고 그 값을 스택에서 팝해 음수화한 다음 다시 결과를 스택에 푸시한다.

그래서 OP_NEGATE 명령어가 제일 나중에 등장하는 것이다. 이처럼 소스 코드에 나타나는 순서대로 프로그램을 파싱하고 실행 순서에 맞게 재정렬하는 일도 컴파일러가 하는 작업의 일부다.

하지만 이 코드에는 한 가지 문제점이 있다. expression() 함수가 호출되면 우선순위와 상관없이 피연산자에 대한 어떤 표현식이라도 파싱되지만, 이항 연산자와 다른 구문을 추가하면 잘못된 결과를 낼 것이다. 다음 코드를 보자.

> 피연산자 뒤에 OP_NEGATE 명령어를 내보낸다는 것은 바이트코드가 기록될 때 현재 토큰이 – 토큰이 아니라는 뜻이다. 해당 명령어와 줄 번호에 해당 토큰을 사용한다는 점을 제외하면 거의 문제될 일은 없다.
>
> 가령, 다음과 같이 음수화 표현식이 여러 줄에 걸쳐 있는 경우를 생각해보자.
>
> ```
> print -
>     true;
> ```
>
> 코드를 실행하면 엉뚱한 줄에 런타임 에러가 리포트될 것이다. 즉, –는 1번째 줄에 있지만 에러는 2번째 줄에 발생한 것으로 표시된다. 좀 더 철저하게 만들자면 피연산자를 컴파일하기 전에 토큰 줄 번호를 어딘가에 보관해서 exportByte()로 전달하면 되지만, 나는 이 책에서 최대한 간단하게 처리했다.

```
-a.b + c;
```

여기서 –의 피연산자는 전체 표현식 a.b + c가 아닌 a.b 표현식이어야 한다. 그러나 unary()가 expression()을 호출하면 expression()은 +가 포함된 나머지 코드를 한입에 삼켜버릴 것이다. –가 +보다 우선순위가 낮으므로 때문에 잘못 처리하는 것이다.

단항 -의 피연산자를 파싱할 때는 어떤 우선순위 이상의 표현식들만 컴파일해야 한다. 제이록스의 재귀 하향 파서의 경우, 허용하려는 우선순위가 가장 낮은 표현식에 대한 파싱 메서드(이 경우 call())를 호출하는 방식으로 처리했었다. 어떤 표현식을 파싱하는 메서드는 우선순위가 더 높은 표현식도 함께 파싱을 하므로 우선순위 테이블의 나머지 부분도 함께 포함됐던 것이다.

하지만 씨록스에서 number()와 unary() 같은 파싱 함수는 작동 방식이 다르다. 각자 한 가지 타입의 표현식만 파싱할 뿐, 우선순위가 더 높은 타입의 표현식까지 계단식으로 파싱하진 않는다. 따라서 다음과 같이 다른 방법을 강구해야 한다.

compiler.c ▶ unary() 함수 다음에 추가

```
static void parsePrecedence(Precedence precedence) {
  // 여기에 무슨 코드가 들어갈까?
}
```

이 함수는 (나중에 구현을 하면) 현재 토큰부터 시작해 주어진 우선순위 이상의 모든 표현식을 파싱한다. 이 함수의 바디를 작성하려면 먼저 몇 가지 설정 작업을 해야 하는데, 여러분도 짐작하다시피 지금까지 내가 얘기한 파싱 함수 테이블을 사용한다. 당장 자세한 내용은 신경 쓰지 말자. '우선순위'를 매개 변수로 사용하기 위해 이를 숫자로 정의한다.

compiler.c ▶ Parser 구조체 다음에 추가

```
} Parser;

typedef enum {
  PREC_NONE,
  PREC_ASSIGNMENT,  // =
  PREC_OR,          // or
  PREC_AND,         // and
  PREC_EQUALITY,    // == !=
  PREC_COMPARISON,  // < > <= >=
  PREC_TERM,        // + -
  PREC_FACTOR,      // * /
  PREC_UNARY,       // ! -
  PREC_CALL,        // . ()
  PREC_PRIMARY
} Precedence;

Parser parser;
```

록스 연산자를 우선순위가 낮은 것부터 높은 것 순서로 정의한 열거체다. C에서 열거체는 암묵적으로 연속적으로 점점 큰 숫자를 부여한다. 그래서 PREC_CALL이 PREC_UNARY보다 숫자가 더 크다. 가령, 컴파일러가 이런 코드 청크를 만났다고 하자.

```
-a.b + c
```

parsePrecedence(PREC_ASSIGNMENT)를 호출하면 +가 할당보다 우선순위가 높기 때문에 컴파일러는 전체 표현식을 파싱한다. parsePrecedence(PREC_UNARY)를 대신 호출하면, -a.b를 컴파일한 후 바로 멈춘다. +가 단항 연산자 -보다 우선순위가 낮아 더 이상 진행을 안 하는 것이다.

이제 expression()의 바디에서 빠진 부분을 이 함수로 채운다.

compiler.c ▶ expression() 함수 코드 1줄 교체

```
static void expression() {
  parsePrecedence(PREC_ASSIGNMENT);
}
```

이제 우선순위가 가장 낮은 표현식을 파싱하면 이보다 우선순위가 높은 나머지 표현식도 모두 함께 포함될 것이다. 단항식의 피연산자를 컴파일하려면 다음과 같이 새 함수에 적절한 우선순위를 넣어 호출하면 된다.

compiler.c ▶ unary() 함수 코드 1줄 교체

```
  // 피연산자를 컴파일한다
  parsePrecedence(PREC_UNARY);

  // 연산자 명령어를 내보낸다
```

!!double-Negative 같은 중첩된 단항식도 허용하기 위해 단항 연산자 자신의 PREC_UNARY 우선순위를 사용한 것이다. 단항 연산자는 우선순위가 꽤 높기 때문에 이항 연산자 같은 것들은 빠짐없이 걸러진다.

> 중첩된 단항식에 록스에서 특별히 유용한 것은 아니다. 하지만 다른 언어도 다 제공하는 기능이라 나도 넣었다.

17.5 / 중위식 파싱
INTERPRETER

이항 연산자는 중위(infix)에 있기 때문에 이전 표현식과는 처리 방법이 다르다. 다른 표현식은 제일 처음 토큰을 보고 무엇을 파싱하는지 알 수 있지만, 중위식은 좌측 피연산자를 파싱한 다음 중간에 있는 연산자 토큰을 발견하기 전에는 이항 연산자의 중간에 있는지조차 알 길이 없다.

예를 하나 들어보자.

```
1 + 2
```

지금까지 배운 내용으로 이 코드를 컴파일하는 과정을 살펴보자.

1. expression()을 호출한다. 이 함수는 다시 parsePrecedence(PREC_ASSIGNMENT)를 호출한다.

2. parsePrecedence 함수는 (구현은 나중에 한다) 선행 숫자 토큰을 보고 숫자 리터럴을 파싱 중임을 인지한다. 제어권을 number()에게 넘긴다.

3. number()는 상수를 생성하고 OP_CONSTANT 명령어를 내보낸 다음 parsePrecedence()로 리턴한다.

이제 다음은? parsePrecedence()를 호출하면 전체 덧셈식을 소비해야 하므로 어떻게든 계속 앞으로 나아가야 한다. 다행히 파서는 있어야 할 지점에 있다. 선형 숫자 표현식은 컴파일이 끝났으니 그다음 토큰은 +다. 이것은 지금 parsePrecedence()가 중위식의 중간 지점에 있고 이전에 컴파일한 표현식이 실제로 그 피연산자라는 사실을 인식하는 데 필요한 토큰이다.

따라서 이 가상의 함수 포인터 배열은 주어진 토큰으로 시작하는 표현식을 파싱하는 함수를 그냥 나열만 해놓은 것이 아니라, 말하자면 함수 포인터의 테이블이다. 첫 번째 칼럼은 전위 파서 함수를 토큰 타입과 연결한다. 두 번째 칼럼은 중위 파서 함수를 토큰 타입과 연결한다.

TOKEN_PLUS, TOKEN_MINUS, TOKEN_STAR, TOKEN_SLASH에 대해 중위 파서로 사용할 함수는 다음과 같다.

compiler.c ▶ endCompiler() 함수 다음에 추가

```
static void binary() {
  TokenType operatorType = parser.previous.type;
  ParseRule* rule = getRule(operatorType);
  parsePrecedence((Precedence)(rule->precedence + 1));

  switch (operatorType) {
    case TOKEN_PLUS:          emitByte(OP_ADD); break;
    case TOKEN_MINUS:         emitByte(OP_SUBTRACT); break;
    case TOKEN_STAR:          emitByte(OP_MULTIPLY); break;
    case TOKEN_SLASH:         emitByte(OP_DIVIDE); break;
    default: return; // 실행되지 않는 코드
  }
}
```

전위 파서 함수가 호출될 때 선행 토큰은 이미 소비된 상태다. 중위 파서 함수는 무대 중심에서 스포트라이트를 받고 있는 중이다. 전체 좌측 피연산식은 이미 컴파일됐고 후속 중위 연산자는 소비되었다.

좌측 피연산자가 먼저 컴파일된다는 사실에는 문제가 없다. 즉, 런타임에 해당 코드가 먼저 실행된다는 뜻이다. 코드가 실행될 때 코드가 생성한 값은 스택에 쌓일 것이다. 바로 여기가 중위 연산자가 필요한 지점이다.

그리고 나서 나머지 산술 연산자를 처리하기 위해 binary()로 이동한다. 이 함수는 unary()가 자신의 후행 피연산자를 컴파일하는 방식과 마찬가지로 우측 피연산자를 컴파일한다. 결국, 이 함수는 이항 연산을 수행하는 바이트코드 명령어를 내보낸다.

코드가 실행될 때 VM은 좌측, 우측 피연산자 코드를 순서대로 실행하고 값을 스택에 넣은 다음, 연산자에 해당하는 명령어를 실행한다. 두 값을 팝해, 연산을 수행하고, 다시 결괏값을 스택에 푸시한다.

getRule()이 위치한 줄에 있는 코드가 눈에 띈다. 여기서도 우측 피연산자를 파싱할 때 우선순위를 신경 써야 한다. 다음 표현식을 보자.

```
2 * 3 + 4
```

---

* 식의 우측 피연산자를 파싱할 때, +는 *보다 우선순위가 낮기 때문에 3 + 4 대신 3만 캡처하면 된다. 각 이항 연산자마다 함수를 별도로 정의할 수 있다. 각 함수가 parsePrecedence()를 호출하고 피연산자에 대한 올바른 우선순위 레벨을 전달하는 것이다.

하지만 이런 작업은 상당히 지루하다. 각 이항 연산자의 우측 피연산자 우선순위는 연산자 자신의 우선순위보다 한 레벨 더 높다. 곧이어 설명할 getRule()을 이용하면 우선순위를 동적으로 조회할 수 있고, 이를 통해 연산자 자신보다 한 레벨 높은 parsePrecedence()를 호출하게 된다.

이로써 우선순위가 제각각인 모든 이항 연산자를 binary() 함수 하나로 다 처리할 수 있다.

> 이항 연산자는 좌측 결합법칙을 따르기 때문에 우측 피연산자에 대해 한 레벨 더 높은 우선순위를 적용한다. 예를 들어, 다음과 같이 일련의 동일한 연산자를 사용한 연산은...
>
> ```
> 1 + 2 + 3 + 4
> ```
>
> ... 이렇게 파싱하는 게 맞다.
>
> ```
> ((1 + 2) + 3) + 4
> ```
>
> 그러려면 우측 피연산자를 첫 번째 +로 파싱할 때 2만 소비하고 나머지는 소비하지 말아야 한다. 그러므로 +의 우선순위보다 한 레벨 더 높은 우선순위를 적용한다. 그러나 우측 결합법칙을 따르는 연산자는 이렇게 처리하면 틀린다. 다음 코드를 보자.
>
> ```
> a = b = c = d
> ```
>
> 할당은 우측 결합법칙을 따르기 때문에 다음과 같이 파싱해야 맞다.
>
> ```
> a = (b = (c = d))
> ```
>
> 이렇게 파싱하려면 현재 연산자와 동일한 우선순위를 parsePrecedence()에 전달해야 한다.

17.6 / 프랫 파서

INTERPRETER

이제 컴파일러의 모든 조각과 부속품이 배치됐다. 각 문법 프로덕션별로 number(), grouping(), unary(), binary() 함수가 마련됐다. parsePrecedence()와 getRule() 함수는 아직 구현을 안 했다. 또한 주어진 토큰 타입에 따라 다음 정보를 조회할 테이블이 필요하다.

- 해당 타입의 토큰으로 시작하는 전위식을 컴파일하는 함수
- 해당 타입의 토큰 뒤에 좌측 피연산자가 나오는 중위식을 컴파일하는 함수
- 해당 토큰을 연산자로 사용하는 중위식의 우선순위

> 록스의 전위 연산자는 모두 우선순위가 같기 때문에 주어진 토큰으로 시작하는 전위식의 우선순위는 추적할 필요가 없다.

이 세 가지 속성을 작은 구조체로 감싸 파서 테이블의 한 행으로 나타낸다.

```
} Precedence;

typedef struct {
  ParseFn prefix;
  ParseFn infix;
  Precedence precedence;
} ParseRule;

Parser parser;
```

ParseFn은 인수가 없고 아무것도 리턴하지 않는 함수 타입을 나타 낸 단순 typedef다.

> C의 함수 포인터 타입 구문은 너무 조악해서 나는 습관적으로 typedef 안에 감춘다. 이 구문 속에 내포된 "선언은 곧 사용을 반영한다 (declaration reflects use)."는 의도는 이 해하지만, 내 생각엔 실패한 구문 실험이 아닌 가 싶다.

```
} Precedence;

typedef void (*ParseFn)();

typedef struct {
```

전체 파서를 구동하는 테이블은 ParseRules 배열이다. 지금까지 내가 계속 얘기해온 것의 실체가 마침내 모 습을 드러내는 순간이다!

```
ParseRule rules[] = {
  [TOKEN_LEFT_PAREN]    = {grouping, NULL,   PREC_NONE},
  [TOKEN_RIGHT_PAREN]   = {NULL,     NULL,   PREC_NONE},
  [TOKEN_LEFT_BRACE]    = {NULL,     NULL,   PREC_NONE},
  [TOKEN_RIGHT_BRACE]   = {NULL,     NULL,   PREC_NONE},
  [TOKEN_COMMA]         = {NULL,     NULL,   PREC_NONE},
  [TOKEN_DOT]           = {NULL,     NULL,   PREC_NONE},
  [TOKEN_MINUS]         = {unary,    binary, PREC_TERM},
  [TOKEN_PLUS]          = {NULL,     binary, PREC_TERM},
  [TOKEN_SEMICOLON]     = {NULL,     NULL,   PREC_NONE},
  [TOKEN_SLASH]         = {NULL,     binary, PREC_FACTOR},
  [TOKEN_STAR]          = {NULL,     binary, PREC_FACTOR},
  [TOKEN_BANG]          = {NULL,     NULL,   PREC_NONE},
  [TOKEN_BANG_EQUAL]    = {NULL,     NULL,   PREC_NONE},
  [TOKEN_EQUAL]         = {NULL,     NULL,   PREC_NONE},
  [TOKEN_EQUAL_EQUAL]   = {NULL,     NULL,   PREC_NONE},
  [TOKEN_GREATER]       = {NULL,     NULL,   PREC_NONE},
  [TOKEN_GREATER_EQUAL] = {NULL,     NULL,   PREC_NONE},
  [TOKEN_LESS]          = {NULL,     NULL,   PREC_NONE},
  [TOKEN_LESS_EQUAL]    = {NULL,     NULL,   PREC_NONE},
  [TOKEN_IDENTIFIER]    = {NULL,     NULL,   PREC_NONE},
  [TOKEN_STRING]        = {NULL,     NULL,   PREC_NONE},
```

> 새 칼럼이 필요할 때마다 테이블을 재방 문하고 싶지 않다던 말이 무슨 의미인지 알겠는가? 정말 괴물 같다.
>
> C 배열 리터럴에서 [TOKEN_DOT] = 구 문을 본 적이 없다면, 그 이유는 C99에 서 지정된 초기자 구문이기 때문이다. 배 열 인덱스를 손으로 세는 것보다 훨씬 명 료하다.

```
  [TOKEN_NUMBER]        = {number,    NULL,    PREC_NONE},
  [TOKEN_AND]           = {NULL,      NULL,    PREC_NONE},
  [TOKEN_CLASS]         = {NULL,      NULL,    PREC_NONE},
  [TOKEN_ELSE]          = {NULL,      NULL,    PREC_NONE},
  [TOKEN_FALSE]         = {NULL,      NULL,    PREC_NONE},
  [TOKEN_FOR]           = {NULL,      NULL,    PREC_NONE},
  [TOKEN_FUN]           = {NULL,      NULL,    PREC_NONE},
  [TOKEN_IF]            = {NULL,      NULL,    PREC_NONE},
  [TOKEN_NIL]           = {NULL,      NULL,    PREC_NONE},
  [TOKEN_OR]            = {NULL,      NULL,    PREC_NONE},
  [TOKEN_PRINT]         = {NULL,      NULL,    PREC_NONE},
  [TOKEN_RETURN]        = {NULL,      NULL,    PREC_NONE},
  [TOKEN_SUPER]         = {NULL,      NULL,    PREC_NONE},
  [TOKEN_THIS]          = {NULL,      NULL,    PREC_NONE},
  [TOKEN_TRUE]          = {NULL,      NULL,    PREC_NONE},
  [TOKEN_VAR]           = {NULL,      NULL,    PREC_NONE},
  [TOKEN_WHILE]         = {NULL,      NULL,    PREC_NONE},
  [TOKEN_ERROR]         = {NULL,      NULL,    PREC_NONE},
  [TOKEN_EOF]           = {NULL,      NULL,    PREC_NONE},
};
```

grouping과 unary가 각 토큰 타입의 전위 파서 칼럼에 어떻게 삽입되는지 확인할 수 있다. 두 번째 칼럼에서 binary는 4개의 산술 중위 연산자와 연결된다. 이러한 중위 연산자는 세 번째 칼럼에 자신의 우선순위 집합도 설정되어 있다.

이들을 제외한 테이블의 나머지 부분은 NULL과 PREC_NONE으로 가득 차 있다. 이렇게 빈 셀이 대부분인 까닭은, 해당 토큰과 연관된 표현식이 없기 때문이다. 가령, else나 }로 시작하는 표현식은 없다. 그런 표현식이 있으면 꽤 혼란스러운 중위 연산자일 것이다.

그러나 아직 문법이 다 채워진 것이 아니다. 18장 이후로 새로운 표현식 타입을 추가할 때마다 이 테이블의 빈 셀 중 일부가 함수로 채워질 것이다. 이 파싱 접근 방식이 마음에 드는 이유 중 하나는, 어느 문법이 어떤 토큰을 사용 중이고 어떤 토큰이 사용 가능한지 아주 쉽게 확인할 수 있다는 점이다.

테이블이 마련됐으니 드디어 이 테이블을 사용하는 코드를 작성할 수 있게 됐다. 바로 여기가 프랫 파서에 생명을 불어넣는 장면이다. 가장 정의하기 쉬운 getRule() 함수부터 시작하겠다.

compiler.c ▶ parsePrecedence() 함수 다음에 추가

```
static ParseRule* getRule(TokenType type) {
  return &rules[type];
}
```

이 함수는 단순히 주어진 인덱스에 있는 규칙을 리턴한다. binary()는 현재 연산자의 우선순위를 조회하기 위해 이 함수를 호출한다. 이 함수는 오직 C 코드에서 선언 사이클을 처리할 용도로만 쓰인다. binary()는 규칙 테이블 앞에 정의되어 있기 때문에 테이블에 이 함수를 가리키는 포인터를 저장할 수 있다. 즉, binary() 바디는 테이블에 직접 액세스할 수 없다.

대신 조회를 함수로 래핑한다. 이렇게 하면 binary() 정의 앞에 getRule() 선언을 포워드한 다음, 테이블 뒤에 getRule()을 정의할 수 있다. 록스 문법이 재귀적이라는 사실을 반영하려면 다른 포워드 선언도 몇 가지 필요하니 모두 한번에 정의하자.

C는 PDP-11에서 컴파일하도록 디자인된 언어라서 이 언어로 VM을 작성하려면 어쩔 수 없는 부분이다.

compiler.c ▶ endCompiler() 함수 다음에 추가

```
  emitReturn();
}

static void expression();
static ParseRule* getRule(TokenType type);
static void parsePrecedence(Precedence precedence);

static void binary() {
```

여러분이 이 책을 읽으면서 직접 씨록스를 구현하고 있다면, 이런 코드 조각을 어디에 넣을지 알려주는 작은 주석에 주의를 기울이기 바란다. 물론, 혹시라도 길을 잘못 들어도 C 컴파일러가 친절하게 알려줄 테니 너무 걱정할 필요는 없다.

17.6.1 우선순위에 따라 파싱

지금부터가 재미있다. parsePrecedence()는 지금까지 정의한 모든 파싱 함수를 지휘하는 마에스트로(maestro, 명지휘자/거장)다. 전위식부터 파싱을 시작하자.

compiler.c ▶ parsePrecendence() 함수 코드 1줄 교체

```
static void parsePrecedence(Precedence precedence) {
  advance();
  ParseFn prefixRule = getRule(parser.previous.type)->prefix;
  if (prefixRule == NULL) {
    error("Expect expression.");
    return;
  }

  prefixRule();
}
```

다음 토큰을 읽고 그에 해당되는 ParseRule을 조회한다. 전위 파서가 없다면 구문 에러가 난 것이 틀림없으니 호출자에 리포트하고 리턴한다.

전위 파서를 찾았으면 함수를 호출하여 일을 시킨다. 이 전위 파서는 전위식의 나머지를 컴파일하고 필요로 하는 다른 토큰을 모두 소비한 다음 다시 여기로 복귀한다. 중위식은 우선순위가 작용하기 때문에 재미가 쏠쏠한 부분이다. 구현 코드는 무진장 간단하다.

```
  prefixRule();

  while (precedence <= getRule(parser.current.type)->precedence) {
    advance();
    ParseFn infixRule = getRule(parser.previous.type)->infix;
    infixRule();
  }
}
```

이게 전부다. 정말이다. 모든 함수가 다 이렇게 작동되는 것이다. parsePrecedence() 시작부에서 현재 토큰에 대한 전위 파서를 찾는다. 첫 번째 토큰은 정의에 따라 항상 어느 전위식에는 속한다. 하나 이상의 중위식 안에 피연산자로서 중첩되어 있을 수는 있지만, 코드를 좌측에서 우측 방향으로 읽을 때 가장 먼저 닿은 토큰은 항상 전위식에 속한다.

토큰을 더 많이 소비할 수 있는 파싱이 끝나면 전위식도 완료된다. 이제 다음 토큰에 대한 중위 파서를 찾는다. 중위 파서가 발견되면 이미 컴파일을 마친 전위식이 이 파서의 피연산자가 될 수 있다는 뜻이다. 그러나 parsePrecedence() 호출의 precedence가 이 중위 연산자를 허용할 만큼 우선순위가 낮은 경우에만 가능하다.

다음 토큰의 우선순위가 너무 낮거나 중위 연산자가 아니면 작업은 끝난다. 가능한 한 많은 토큰을 파싱한 셈이다. 그렇지 않을 경우, 연산자를 소비하고 발견한 중위 파서에게 제어권을 넘긴다. 그럼 이 파서는 자신에게 필요한 다른 토큰(보통, 우측 피연산자)을 모조리 소비하고 다시 parsePrecedence()로 돌아간다. 그리고 다시 루프를 반복하며 그다음 토큰이 선행식 전체를 피연산자로 사용할 수 있는 유효한 중위 연산자인지 확인한다. 이런 식으로 계속 반복하면서 중위 연산자와 그 피연산자를 씹어 먹다가, 토큰이 중위 연산자가 아니거나 우선순위가 너무 낮은 토큰에 도달하면 멈춘다.

이야기가 장황하다. 그러나 본 프랫의 머릿속에 들어가 그의 알고리즘을 완전히 이해하고 싶다면, 디버거에서 파서를 통해 표현식을 하나씩 흘려보며 작동 원리를 살펴보기 바란다. 다음 그림 한 장이 도움이 될지 모르겠다. 함수는 많지 않지만 상당히 복잡하게 얽혀 있다.

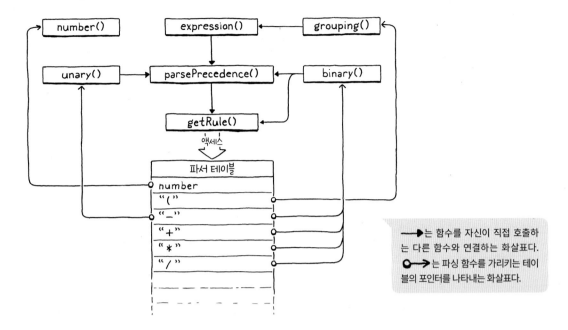

나중에 할당을 처리하려면 이 장의 코드를 조금 고쳐야 한다. 하지만 이 정도만 해도 이 책의 나머지 부분에서 필요한 모든 표현식의 컴파일 요건이 충족된다. 앞으로 새로운 종류의 표현식을 추가할 때마다 테이블에 파싱 함수를 하나씩 추가하겠지만, 어쨌든 parsePrecedence()는 완료됐다.

17.7 / 청크 덤프

컴파일러의 코어에 있는 동안 몇 가지 계측 장비를 탑재하는 것이 좋겠다. 생성된 바이트코드를 디버그할 수 있게 컴파일러가 작업을 마치면 청크를 덤프하는 기능을 추가할 것이다. 앞서 청크를 직접 손으로 작성할 때에도 임시 로깅을 사용했는데, 이제 필요할 때마다 언제든지 활성화할 수 있도록 실제 코드를 넣겠다.

최종 사용자에게 보여줄 기능은 아니니 플래그로 숨긴다.

common.h

```
#include <stdint.h>

#define DEBUG_PRINT_CODE
#define DEBUG_TRACE_EXECUTION
```

이 플래그가 켜지면 기존 debug 모듈을 사용하여 청크의 바이트코드를 출력한다.

```
  emitReturn();
#ifdef DEBUG_PRINT_CODE
  if (!parser.hadError) {
    disassembleChunk(currentChunk(), "code");
  }
#endif
}
```

코드에 에러가 없는 경우에만 이 작업을 수행한다. 구문 에러가 나도 컴파일러는 계속 실행되지만 이상하고 망가진 코드가 생성될 공산이 크다. 어차피 실행은 되지 않을 테니 해롭지는 않지만 사람이 코드를 읽어보려고 할 때 혼란만 가중될 것이다.

disassembleChunk()에 액세스하려면 헤더를 인클루드해야 한다.

```
#include "scanner.h"

#ifdef DEBUG_PRINT_CODE
#include "debug.h"
#endif

typedef struct {
```

다 됐다! 이 책에서 VM 컴파일과 실행 파이프라인을 설치하는 마지막 주요 섹션을 살펴보았다. 씨록스가 별 대수롭지 않게 보여도 스캐닝, 파싱, 바이트코드로 컴파일, 실행하는 기능을 두루 갖춘 인터프리터다.

VM을 가동시켜 표현식을 넣어보라. 만사가 제대로 구현됐다면 올바른 결과가 출력될 것이다. 솔직히 이 산술 계산기는 오버 엔지니어링[4]이다. 하지만 덕분에 다음 장부터 추가할 많은 언어 기능의 기초가 잘 닦여졌다.

---

4 옮긴이 over-engineering, 엔지니어링으로 제품을 설계하거나 어떤 문제를 해결할 때 지나치게 복잡하거나 너무 과도한 기술을 적용하는 행위

1. 파서를 제대로 이해하려면 흥미로운 파싱 함수 parsePrecedence( )와 테이블에 저장된 파싱 함수들을 통해 실행 스레드가 어떻게 진행되는지 살펴볼 필요가 있다. 다음과 같은 (이상한) 표현식이 있다고 하자.

```
(-1 + 2) * 3 - -4
```

파서 함수들이 어떻게 호출되는지 추적하라. 함수가 호출되는 순서, 누가 누구를 호출하는지, 어떤 인수를 주고받는지 등을 살펴보라.

2. TOKEN_MINUS의 ParseRule 행에는 전위 함수 포인터, 중위 함수 포인터 둘 다 있다. 그 이유는 -가 전위 연산자(단항 음수화)인 동시에 중위 연산자(뺄셈)이기 때문이다.

록스 언어 전체적으로 이와 같이 전위, 중위 모두 사용 가능한 다른 토큰은 무엇인가? C 또는 여러분이 선택한 다른 언어는 어떠한가?

3. 2개 이상의 피연산자를 가진 '혼위식(mixfix expression)'에 대해 궁금할지도 모르겠다. C에서 조건부 연산자 또는 '삼항' 연산자라고 부르는 ?:이 널리 알려진 혼위식이다.

혼위 연산자 기능을 컴파일러에 추가하라. 바이트코드까지 생성할 필요 없이 파서에 연결하고 피연산자를 처리하는 방법을 제시하면 된다.

이쯤해서 일부 컴파일러 및 언어 사용자에게는 절대 환영받지 못할 발언을 하나 하겠다. 동의하지 않아도 괜찮다. 나는 개인적으로 몇 페이지에 걸친 장황하고 모호한 말들이나 주장보다 내가 동의하지 않는 강력한 의견으로부터 배우는 게 더 많다. 내가 하고 싶은 말은, 파싱이 중요하지 않다는 것이다.

수년에 걸쳐, 많은 프로그래밍 언어 사용자, 특히 학계에 있는 사람들이 파서에 심취했고 진지하게 파고들었다. 처음에는 컴파일러용 컴파일러(compiler-compiler), LALR 등을 연구하는 컴파일러 전문가들이 파서에 관심을 가졌다. 용이 나오는 책의 전반부는 파서 생성기의 경이로움에 헌정한 긴 러브 레터로 채워져 있다.

우리 모두 "망치만 들고 있으면 모든 게 다 못처럼 보인다"는 악습에 시달리고 있지만, 컴파일러에 빠진 사람들처럼 이 말을 제대로 실천하는 사람들이 또 있을까? 컴파일러 해커에게 도움을 요청할 때마다 그들의 해결책에 새로운 작은 언어가 필요한 것처럼 느껴지는 경이로운 소프트웨어 문제가 얼마나 광대한지 혀를 내두를 지경이다.

Yacc를 비롯한 컴파일러용 컴파일러는 가장 유쾌한 재귀 사례(resursive example)다. "와, 컴파일러 작성은 정말 잡일이야. 그래, 컴파일러를 작성해주는 컴파일러를 만들어보자고!"

분명히 밝히건대, 나는 이 고통에 대해 면책권을 주장하는 게 아니다.

훗날 함수형 프로그래머들은 파서 콤비네이터(parser combinator), 팩랫 파서(packrat parser) 등에 몰두했다. 그들에게 어떤 문제를 제시하면 제일 먼저 고계 함수(higher-order function)를 잔뜩 만들어내는 일부터 시작하기 일쑤였다.

수학과 알고리즘 분석 분야에는 다양한 파싱 기법의 시간 및 메모리 사용량을 검증하고, 파싱 문제를 다른 문제들로 변환하거나 다시 파싱 문제로 역변환하고, 다양한 문법에 복잡도 등급을 매기는 등의 오랜 연구 유산이 남아 있다.

어떤 레벨에선 이런 것들이 중요하다. 만약 여러분이 언어를 구현하고 있다면, 파서가 정상 궤도를 기하급수적으로 벗어나 문법에 있는 어떤 특이한 엣지 케이스를 파싱하는 데에 7,000년이 걸리는 일 따위는 없으리란 확신을 갖고 싶으리라. 파서 이론은 그러한 경계를 제공한다. 파싱 테크닉을 배우는 것은 지적 활동으로서 재미도 있지만 보람도 있다.

하지만 단지 언어를 구현해서 사용자 앞에 갖다 바치는 게 목표라면 이런 것들은 거의 중요하지 않다. 이 분야에 미친 사람들의 열정에 휩쓸리면 콤비네이터-파서-팩터리(combinator-parser-factory)처럼 번쩍번쩍하게 만든 것이 프런트엔드에 필요하다고 착각하기 쉽다. 실제로 내 주변에도 요즘 핫한 라이브러리나 테크닉을 총동원해서 파서를 다시 작성하느라 엄청난 시간을 바치는 이들이 있다.

그러나 사용자의 삶에 가치를 더하지 못하는 시간은 낭비다. 그냥 파서를 완성하는 게 목적이라면 흔한 표준 테크닉 중 하나를 택하여 적용하고 다음 단계로 넘어가라. 재귀 하향, 프랫 파싱, 아니면 ANTLR 또는 바이슨(Bison)처럼 유명한 파서 생성기면 족하다.

파싱 코드를 재작성하지 않고 절약한 시간을 컴파일러가 사용자에게 표시하는 컴파일 에러 메시지를 개선하는 데 사용하라. 올바른 에러 처리와 리포팅 기능은 사용자 관점에서 프런트엔드에 시간을 투자할 그 어떤 작업보다도 가치가 크다.

18장

값 타입

네가 아주 작은 두뇌를 가진 곰이고 사물을 생각하게 된다면, 네 안에서는 정말 사물스럽게 보였던 그것이 밖으로 나와 다른 사람들이 바라보면 아주 달라진다는 걸 종종 느끼게 될 거야.

A. A. 밀른(Milne), 『곰돌이 푸(Winnie-the-Pooh)』

지난 몇 장은 복잡한 테크닉과 코드 페이지로 가득했다. 이 장에서 배울 새로운 개념은 한 가지 뿐이고 코드도 별로 어렵지 않다. 조금 쉬어가자.

록스는 동적 타입 언어다. 하나의 변수가 서로 다른 시점에 불리언, 숫자, 문자열을 담을 수 있다. 아직 씨록스에서 모든 값은 숫자지만 이 장이 끝날 무렵이면 불리언과 nil도 지원된다. 그리 흥미로운 주제는 아니지만 어떻게 하면 값 표현으로 다양한 타입을 동적으로 처리할 수 있을까 궁리해야 한다.

> 정적 입력 언어, 동적 입력 언어 외에 세 번째 범주인 단일 타입(unityped) 언어라는 게 있다. 이 패러다임은 모든 변수가 대부분 기계 레지스터 정수(machine register integer)인 단일 타입이다. 요즘은 단일 타입 언어가 드물지만 C에 영향을 미친 포스(Forth)[1]와 BCPL은 이런 식으로 작동했다.
>
> 씨록스도 아직은 단일 타입 언어다.

18.1 / 태그 있는 공용체

INTERPRETER

C는 원시 비트(raw bit)에서 원하는 자료 구조를 얼마든지 만들어낼 수 있는 장점이 있다. 문제는 그 일을 프로그래머가 알아서 해야 한다는 점이다. C는 컴파일 타임에 공짜로 주는 게 많지 않다. 그나마 런타임에는 더 적다. C 세상에서는 만사가 획일적인(undifferentiated) 바이트 배열이다. 바이트를 얼마나 많이 사용할지, 그 의미가 무엇인지는 여러분 스스로 정해야 한다.

프로그래머는 값 표현을 선택하기 위해 다음 두 가지 핵심 질문에 답해야 한다.

1. **값의 타입을 어떻게 표현할 것인가?** 가령, 어떤 숫자에 true를 곱하려고 시도할 경우 런타임에 에러를 발견하여 리포트해야 한다. 그러려면 값의 타입을 알 수 있어야 한다.

2. **값 자체를 어떻게 저장할 것인가?** 3이 숫자라는 것뿐만 아니라, 3과 4가 다르다는 사실도 알 수 있어야 한다. 너무 당연한 얘기 같은가? 하지만 우리는 이런 것들을 정확하게 철자로 표현해야 할 레벨까지 와 있다.

언어를 디자인만 하는 게 아닌, 실제로 구현까지 해야 하므로 위 두 질문에 대답을 할 때에는 구현자의 영원한 숙제, 즉 효율적으로 만들어야 한다는 사명감을 늘 간직해야 한다.

---

1 **옮긴이** https://en.wikipedia.org/wiki/Forth_(programming_language)

언어 해커들은 오랜 세월 위의 정보를 가능한 한 적은 비트에 담을 수 있는 영리한 방법을 고안해냈다. 지금은 그중 가장 단순하고 고전적인 해결책인 **태그 있는 공용체(tagged union)**부터 소개하겠다. 값은 타입 '태그'와 실제 값을 나타내는 페이로드 두 부분으로 구성된다. 값의 타입을 저장하기 위해 VM에서 지원되는 다양한 값의 종류가 나열된 열거체를 정의하자.

---

value.h

```
#include "common.h"

typedef enum {
  VAL_BOOL,
  VAL_NIL,
  VAL_NUMBER,
} ValueType;

typedef double Value;
```

> 여기서는 VM에서 기본 지원되는 각 값의 종류를 다룬다. 록스 언어에 클래스를 추가할 때 사용자가 정의하는 각 클래스를 이 열거체에 고유한 엔트리로 넣을 필요는 없다. VM 입장에서 어떤 클래스의 인스턴스는 모두 '인스턴스'라는 동일한 타입이다.
> 다시 말해, 이것은 사용자가 바라보는 '타입'의 개념이 아니라, VM이 바라보는 '타입'의 개념이다.

지금은 가짓수가 몇 개 안 되지만 앞으로 이 열거체는 문자열, 함수, 클래스를 추가하면서 점점 커질 것이다. 타입 외에 값의 데이터 역시 저장해야 한다. (예: 숫자는 double, 불리언은 true/false)

구조체

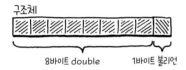

8바이트 double · 1바이트 불리언

그러나 이건 메모리 낭비가 심하다. 어떤 값도 동시에 숫자도 되고 불리언이 될 수는 없다. 따라서 임의의 시점에서 두 필드 중 하나만 사용하게 될 것이다. C의 공용체를 사용하면 이를 최적화할 수 있다. 공용체는 구조체와 비슷하나 모든 필드가 메모리에 겹쳐지는 (overlap) 차이점이 있다.

> ML 계열의 언어에 익숙한 독자라면 C의 구조체와 공용체가 곱(product)과 합(sum) 타입, 튜플(tuple)과 대수적 데이터 타입(algebraic data type)[2]의 차이점을 반영한 결과물이라는 사실을 알 수 있다.

공용체

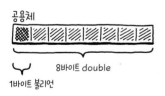

8바이트 double · 1바이트 불리언

공용체의 크기는 곧 가장 큰 필드의 크기다. 공용체의 필드는 모두 동일한 비트를 재사용하기 때문에 특별히 아주 조심해서 다루어야 한다. 어느 한 필드로 데이터를 저장한 이후 다른 필드로 액세스할 때 내부의 비트가 의미하는 바가 달라질 수 있기 때문이다.

> 비트를 다른 타입으로 해석하기 위해 공용체를 사용하는 것이 C의 정수(quintessence)다. 공용체를 사용하면 여러 가지 영리한 최적화가 가능하고 메모리 안전한(memory-safe) 언어에서는 허용하지 않는 방법으로 각 메모리 바이트를 잘게 쪼개어 사용할 수 있다. 그러나 이런 작업은 안전성이 상당히 떨어지는 터라, 조심하지 않으면 손가락이 잘려 나갈지도 모른다.

---

2 **[옮긴이]** 다른 자료형의 값을 가지는 자료형이다. 대체로 다른 자료형을 생성자로 감싸고 있다. 어떤 값도 대수적 자료형의 생성자의 인자가 될 수 있다. 반면에 다른 자료형은 생성자를 실행할 수 없으며 패턴 매칭(Pattern matching) 과정을 통해 생성자를 얻을 수 있다. (출처: 위키백과)

'태그 있는 공용체'라는 이름에서 알 수 있듯이, 새로운 값 표현은 구조체와 공용체 두 부분을 하나의 구조체로 합한 것이다.

value.h ▶ ValueType 열거체 다음에 추가, 코드 1줄 교체

```
} ValueType;

typedef struct {
  ValueType type;
  union {
    bool boolean;
    double number;
  } as;
} Value;

typedef struct {
```

> 공용체 필드를 'as'로 명명한 것은 어느 똑똑한 언어 해커가 내게 알려준 팁이다. 다양한 값을 끄집어낼 때 마치 캐스팅처럼 자연스럽게 읽혀서 좋다.

먼저 타입 태그 필드가 나오고, 그다음 두 번째 필드에 모든 내부 값의 공용체를 담는다. 64비트 시스템의 일반적인 C 컴파일러에서 태그 있는 공용체의 레이아웃은 다음과 같다.

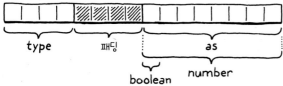

4바이트 타입 태그 뒤에 공용체가 나온다. 대부분의 아키텍처는 값이 크기에 따라 정렬되는 것을 선호한다. 공용체 필드에는 8바이트 double이 포함되어 있으므로 컴파일러는 타입 필드 뒤에 4바이트의 패딩을 추가해서 double을 가장 가까운 8바이트 경계에 유지한다. 이는 0에서 3 사이의 숫자만 나타내면 그만인 8바이트 타입 태그를 효율적으로 사용하는 방법이다. 열거형을 더 작은 크기로 채울 수도 있지만 그렇게 하면 결국 패딩만 늘어날 뿐이다.

> 태그 필드를 공용체 뒤로 옮길 수도 있지만 별로 도움은 안 된다. Value 배열을 생성할 때마다, 즉 Value에 대한 대부분의 메모리 사용이 발생하는 곳에서 C 컴파일러는 각 Value 사이에 동일한 패딩을 삽입해서 double을 정렬된 상태로 유지한다.

여기서 Value는 16바이트라서 조금 큰 편이다. 이 문제는 30장에서 개선할 것이다. 하지만 당분간은 C 스택에 저장해서 값으로 전달하기에 충분히 작은 크기다. 록스의 시맨틱상 지금까지 지원되는 타입이 **불변(immutable)**이기 때문에 가능한 일이다. 가령, 숫자 3이 포함된 Value 사본을 어떤 함수로 전달해도 호출자는 이 값이 변경되는 모습을 바라볼까 봐 걱정할 필요가 없다. 3을 '변경(modify)'하는 것은 불가능하다. 3은 그냥 영원히 3이다.

록스의 값과 C의 값

이것이 우리의 새로운 값 표현이지만 아직 끝나지 않았다. 현재 나머지 씨록스에서는 Value가 double의 앨리어스(alias, 별칭)라고 가정한다. 지금 씨록스 코드는 한 타입을 다른 타입으로 직접 C 캐스팅을 하고 있지만, 이제 슬프게도 이 모든 것이 깨져버렸다.

방금 전 정의한 새 표현에 따르면 Value는 double을 '포함'할 수 있으나 double과 '동등'한 것은 아니다. 한 타입에서 다른 타입으로 바꾸려면 반드시 거쳐야 하는 필수 변환 단계가 있다. 코드를 살펴보고 이 변환 로직을 제대로 삽입해야 씨록스가 다시 정상 동작할 것이다.

이 변환 로직은 타입과 연산별로 하나씩, 몇 가지 매크로를 사용하여 구현하겠다. 먼저 네이티브 C 값을 씨록스 Value로 승격하는(promote) 매크로다.

value.h ▶ Value 구조체 다음에 추가

```
} Value;

#define BOOL_VAL(value)   ((Value){VAL_BOOL, {.boolean = value}})
#define NIL_VAL           ((Value){VAL_NIL, {.number = 0}})
#define NUMBER_VAL(value) ((Value){VAL_NUMBER, {.number = value}})

typedef struct {
```

각각 적절한 타입의 C 값을 가져와 올바른 타입 태그와 하부 값이 포함된 Value를 생성한다. 이렇게 하면 정적 타입 값이 씨록스의 동적 타입 세상으로 승천하지만, Value로 어떤 작업을 수행하려면 포장지를 풀고 도로 C 값을 꺼내야 한다.

value.h ▶ Value 구조체 다음에 추가

```
} Value;

#define AS_BOOL(value)    ((value).as.boolean)
#define AS_NUMBER(value)  ((value).as.number)

#define BOOL_VAL(value)   ((Value){VAL_BOOL, {.boolean = value}})
```

두 매크로는 서로 진행 방향이 반대다. 올바른 타입의 Value가 주어지면 언래핑해서 원시 C 값을 리턴한다. 이때 '올바른 타입'이라는 부분이 중요하다! 이들 매크로는 공용체 필드에 직접 액세스한다. 만약 다음과 같은 일을 꾀한다면…

> nil 값은 하나뿐이므로 AS_NIL 매크로는 없다. 따라서 VAL_NIL 타입의 Value는 추가 데이터를 전달하지 않는다.

```
Value value = BOOL_VAL(true);
double number = AS_NUMBER(value);
```

... 암흑의 왕국으로 향하는 판도라의 상자가 열리리라. Value에 적절한 타입의 값이 포함되어 있는지 제대로 확인하지 않으면 AS_ 매크로를 사용하는 것은 위험할 수 있다. 그래서 마지막으로 Value 타입을 체크하는 매크로가 필요하다.

value.h ▶ Value 구조체 다음에 추가

```
} Value;

#define IS_BOOL(value)    ((value).type == VAL_BOOL)
#define IS_NIL(value)     ((value).type == VAL_NIL)
#define IS_NUMBER(value)  ((value).type == VAL_NUMBER)

#define AS_BOOL(value)    ((value).as.boolean)
```

Value에 주어진 타입의 값이 있으면 true를 리턴하는 매크로다. AS_ 매크로 중 하나를 호출할 때마다 먼저 IS_ 매크로 중 하나를 호출하여 타입을 확인해야 한다. 지금까지 설명한 8개 매크로를 활용하면 록스의 동적 세상과 C의 정적 세상 사이에서 데이터를 안전하게 주고받을 수 있다.

VAL 매크로는 C 값을 천국으로 승천시키고, AS 매크로는 다시 이승으로 돌려보낸다.

18.3 동적 타입 숫자

INTERPRETER

값을 표현할 수 있고 변환 도구까지 마련됐으니 이제 코드를 꼼꼼히 잘 따라가며 데이터가 경계를 넘나들며 이동하는 곳을 수정하는 일만 남았다. 어쩌면 이 절이 이 책에서 가장 재미없는 부분일 것이다. 어쨌든 나는 당초 모든 코드를 여러분에게 다 보이겠다고 약속했으니 이를 끝까지 실천하련다.

첫 번째로 만들 값은 숫자 리터럴 컴파일 시 생성되는 상수다. 렉심을 C double로 변환한 후 상수 테이블에 저장하기 전에 Value로 래핑한다.

compiler.c ▶ number() 함수 코드 1줄 교체

```
  double value = strtod(parser.previous.start, NULL);
  emitConstant(NUMBER_VAL(value));
}
```

런타임에는 값을 출력하는 코드를 넣는다.

```
void printValue(Value value) {
  printf("%g", AS_NUMBER(value));
}
```

Value를 printf()로 보내기 직전에 Value를 언래핑하여 double 값을 추출한다. 이 함수는 곧이어 다른 타입을 추가할 때 다시 손을 보겠지만, 지금은 일단 기존 코드가 작동되도록 만들자.

18.3.1 단항 부정과 런타임 에러

그다음으로 간단한 연산은 단항 음수화다. 스택에서 값을 팝해 음수화한 결괏값을 다시 스택에 푸시하는 단순한 동작이다. 이제 타입이 다른 값들도 존재하므로 피연산자가 숫자라는 가정은 더 이상 맞지 않는다. 다음과 같이 코딩하는 사용자도 있을지 모르겠다.

```
print -false; // 어랏!
```

이처럼 런타임 에러를 유발하는 코드 역시 우아하게 처리할 필요가 있다. 특정 타입이 필요한 작업을 수행하려면 먼저 Value가 바로 그 타입인지 확인해야 한다.

단항 음수화는 다음과 같이 체크한다.

vm.c ▶ run() 함수 코드 1줄 교체

```
        case OP_DIVIDE:     BINARY_OP(/); break;
        case OP_NEGATE:
          if (!IS_NUMBER(peek(0))) {
            runtimeError("Operand must be a number.");
            return INTERPRET_RUNTIME_ERROR;
          }
          push(NUMBER_VAL(-AS_NUMBER(pop())));
          break;
        case OP_RETURN: {
```

먼저 스택 맨 위의 Value가 숫자인지 체크한다. 숫자가 아니면 런타임 에러를 리포트하고 인터프리터를 멈춘다. 숫자가 맞으면 그대로 진행한다. 이렇게 확인 작업이 끝난 후에 피연산자를 언래핑하고 음수화한 다음, 결괏값을 래핑하여 스택에 푸시한다.

다음은 Value에 액세스하는 작은 함수다.

> 록스의 에러 처리 방식은 뭐랄까... 자린고비에 가깝다. 모든 에러는 치명적인 것으로 간주하여 즉시 인터프리터를 중단시킨다. 사용자 코드는 에러를 복구할 수 있는 방법이 없다. 록스가 상용 언어라면 아마 여기가 내가 제일 먼저 고치고 싶은 부분일 것이다.

```
static Value peek(int distance) {
  return vm.stackTop[-1 - distance];
}
```

스택에 있는 값을 리턴하지만 팝하지는 않는다. distance는 스택 맨 위에서 얼마나 아래쪽으로 떨어져 있는지를 나타내는 인수다. 0은 맨 위, 1은 한 슬롯 아래다.

이 책의 나머지 부분에서도 최대한 마일리지를 챙길 수 있도록 새 함수를 적극 활용해서 런타임 에러를 리포트하자.

> 그냥 피연산자를 팝한 다음에 검사하면 안 될까? 가능하다. 이후 장에서는 연산 도중 가비지 수집이 트리거되면 가비지 수집기가 찾을 수 있게 피연산자를 스택에 남겨두는 일이 중요해질 것이다. 이 때문에 여기서도 습관적으로 꺼내지는 않고 들여다보기만 하는 것이다.

```
static void runtimeError(const char* format, ...) {
  va_list args;
  va_start(args, format);
  vfprintf(stderr, format, args);
  va_end(args);
  fputs("\n", stderr);

  size_t instruction = vm.ip - vm.chunk->code - 1;
  int line = vm.chunk->lines[instruction];
  fprintf(stderr, "[line %d] in script\n", line);
  resetStack();
}
```

여러분은 C에서 가변 인수 함수(variadic function, 인수 개수가 다양한 함수)를 호출해본 경험이 있을 것이다. printf()도 그중 하나다. 하지만 이런 함수를 직접 정의해본 적은 없을 것이다. 이 책은 C 튜토리얼이 아니므로 간략히만 설명하겠다. 기본적으로 가변 인수 함수는 ...과 va_list를 통해 개수가 랜덤한 인수를 runtimeError()에 전달한다. 그러면 이 함수는 명시적으로 va_list를 취하는 printf()의 변형인 vfprintf()에 인수(들)를 전달한다.

> C 튜토리얼을 찾고 있다면 『The C Programming Language』를 추천한다. 두 지은이를 기리는 의미에서 보통 'K&R'이라고도 부른다. 비록 최신 내용은 아니지만 문장의 질을 생각하면 읽을 가치가 충분하다.

호출자는 마치 printf()를 직접 호출하는 것처럼 포맷 문자열과 여러 인수를 runtimeError()에 전달한다. 그러면 runtimeError()는 전달받은 인수의 포맷을 지정하고 출력한다. 이 장에서는 이 기능을 활용하지 않지만, 이후 장에서 다른 데이터가 포함된 런타임 에러 메시지를 생성할 것이다.

사용자에게 도움이 될 만한 에러 메시지를 표시한 다음, 에러가 발생한 시점에 어느 코드 줄을 실행 중이었는지 알린다. 토큰을 컴파일러에 남겨두었기 때문에 청크로 컴파일된 디버그 정보에서 해당 줄을 찾을 수 있다. 컴파일러가 제대로 작동된다면 바이트코드가 컴파일된 소스 코드의 줄을 정확히 가리킬 것이다.

현재 바이트코드 명령어의 인덱스에서 1을 뺀 값으로 청크의 디버그 줄 배열을 조회하는 까닭은, 인터프리터가 각 명령어를 실행하기 전에 이미 한 발짝 전진했기 때문이다. 따라서 runtimeError()를 호출하는 시점에서 실패한 명령어는 바로 이전 명령어다.

va_list와 관련 매크로를 사용하려면 표준 헤더가 필요하다.

> 에러가 발생한 바로 그 줄만 보여주면 전후 맥락을 파악하기 어렵다. 풀 스택 트레이스(full stack trace)가 더 나은 방법이지만, 아직 호출할 함수조차 없기 때문에 트레이스할 호출 스택이 없다.

vm.c ▶ 파일 맨 처음에 추가

```
#include <stdarg.h>
#include <stdio.h>
```

자, 이제 씨록스 VM은 숫자를 음수화하는 작업은 물론이고 (아직은 없지만) 다른 타입을 음수화하려는 바보짓까지 우아하게 처리하는 능력까지 겸비했다.

18.3.2 이항 산술 연산자

런타임 에러 장치가 생겨서 더 복잡한 이항 연산자도 문제없다. 현재 씨록스는 가감승제(+, -, *, /) 이항 연산자를 지원한다. 네 연산자는 각자 사용하는 내부의 기본 C 연산자만 다르다. 중복 코드를 최소화하기 위해 연산자 토큰을 매개변수로 사용하는, 긴 전처리기 매크로를 사용하여 공통적인 부분을 묶었다.

15장에서는 이 매크로가 조금 과하다 싶었는데, 지금은 그 덕을 톡톡히 보고 있다. 필요한 타입 체크 및 변환 로직을 모두 한 곳에서 추가할 수 있다.

vm.c ▶ run() 함수 코드 6줄 교체

```
#define READ_CONSTANT() (vm.chunk->constants.values[READ_BYTE()])
#define BINARY_OP(valueType, op) \
    do { \
      if (!IS_NUMBER(peek(0)) || !IS_NUMBER(peek(1))) { \
        runtimeError("Operands must be numbers."); \
        return INTERPRET_RUNTIME_ERROR; \
      } \
      double b = AS_NUMBER(pop()); \
      double a = AS_NUMBER(pop()); \
      push(valueType(a op b)); \
    } while (false)

  for (;;) {
```

아, 정말 괴물처럼 생긴 매크로다. 평소 내가 생각해온 바람직한 C 코딩은 아니다. 그래도 일단 해보자. 변경 사항은 단항 음수화에서 했던 것과 비슷하다. 먼저 두 피연산자가 모두 숫자인지 확인한다. 둘 중 하나라도 숫자가 아니면 런타임 에러를 리포트하고 비상 탈출 레버를 확 잡아당긴다.

피연산자가 정상이면 둘 다 팝해 언래핑한다. 그런 다음 해당 연산을 적용하고 결괏값을 래핑한 다음 도로 스택에 푸시한다. NUMBER_VAL()을 직접 사용해서 결괏값을 래핑하는 게 아니라, 사용할 래퍼를 매크로 매개변수로 전달받는다는 사실에 유의하라. 기존 산술 연산자는 결과가 숫자라서 NUMBER_VAL 매크로를 전달한다.

> 매크로에 매크로를 매개변수로 전달한다? 그렇다, 가능하다!

---

vm.c ▶ run() 함수 코드 4줄 교체

```
    }
    case OP_ADD:      BINARY_OP(NUMBER_VAL, +); break;
    case OP_SUBTRACT: BINARY_OP(NUMBER_VAL, -); break;
    case OP_MULTIPLY: BINARY_OP(NUMBER_VAL, *); break;
    case OP_DIVIDE:   BINARY_OP(NUMBER_VAL, /); break;
    case OP_NEGATE:
```

래핑 매크로를 인수로 전달하는 이유는 잠시 후 설명하겠다.

18.4 INTERPRETER / 두 가지 새로운 타입

기존 씨록스 코드는 모두 다시 정상 작동될 것이다. 마지막으로 새로운 타입을 몇 가지 추가하자. 지금 숫자 계산기를 실행하면 편집증 환자처럼 시도 때도 없이 런타임 타입을 체크할 것이다. 내부적으로 다른 타입을 표현할 수는 있지만 사용자 프로그램에서 이런 타입의 Value를 생성할 수 있는 방법은 아직 없다.

적어도 지금까진 그렇다. 컴파일러가 true, false, nil 세 가지 새 리터럴을 지원하도록 기능을 추가하겠다. 아주 간단해서 한방에 처리할 수 있다.

숫자 리터럴의 경우 수십억 개의 가능한 숫자 값이 존재하기 때문에 리터럴 값을 청크의 상수 테이블에 저장하고 이 상수를 그냥 로드하는 바이트코드 명령어를 내보냈다. 새로운 타입에 대해서도 똑같이 처리하면 된다. 가령, true를 상수 테이블에 저장하고 OP_CONSTANT를 사용해서 읽는 것이다.

하지만 이 새로운 타입에서 신경 써야 할 값은 말 그대로 3개뿐이다. 고작 이 세 가지 값 때문에 2바이트 명령어와 상수 테이블을 낭비할 이유는 없다. (게다가 느리다!) 대신 이런 리터럴을 각각 스택에 푸시하는 전용 명령어를 정의하는 편이 바람직하다.

> 특정 상숫값을 빨리 처리하려고 전용 명령어를 두는 것은 정말 효과가 있다. 바이트코드 VM은 명령어를 읽고 디코딩하는 데에 대부분의 실행 시간을 소비하기 때문에 주어진 동작 하나하나에 필요한 명령어가 적고 간단할수록 속도가 빨라진다. 흔한 작업에 짧고 간단한 전용 명령어를 만들어 쓰는 것은 아주 고전적인 최적화 기법이다.
>
> 자바의 바이트코드 명령어 집합에도 0.0, 1.0, 2.0, 그리고 -1부터 5까지의 정숫값을 로드하는 전용 명령어가 있다. (성숙한 JVM이 이제 대부분 실행 전에 바이트코드를 기계어로 JIT 컴파일하는 점을 고려하면 이 또한 지금은 빛바랜 최적화다.)

```
OP_CONSTANT,
OP_NIL,
OP_TRUE,
OP_FALSE,
OP_ADD,
```

스캐너는 이미 true, false, nil을 키워드로 취급하므로 곧바로 파서로 넘어갈 수 있다. 테이블 기반의 프 랫 파서를 사용하면 해당 키워드 토큰 타입과 연결된 행에 파서 함수를 슬롯에 끼워 넣기만 하면 된다. 다음 과 같이 세 슬롯 모두 사용하는 함수는 동일하다.

compiler.c ▶ 코드 1줄 교체

```
[TOKEN_ELSE]      = {NULL,     NULL,   PREC_NONE},
[TOKEN_FALSE]     = {literal,  NULL,   PREC_NONE},
[TOKEN_FOR]       = {NULL,     NULL,   PREC_NONE},
```

compiler.c ▶ 코드 1줄 교체

```
[TOKEN_THIS]      = {NULL,     NULL,   PREC_NONE},
[TOKEN_TRUE]      = {literal,  NULL,   PREC_NONE},
[TOKEN_VAR]       = {NULL,     NULL,   PREC_NONE},
```

compiler.c ▶ 코드 1줄 교체

```
[TOKEN_IF]        = {NULL,     NULL,   PREC_NONE},
[TOKEN_NIL]       = {literal,  NULL,   PREC_NONE},
[TOKEN_OR]        = {NULL,     NULL,   PREC_NONE},
```

true, false, nil을 발견한 파서는 새로운 파서 함수 literal()을 호출한다.

compiler.c ▶ binary() 함수 다음에 추가

```
static void literal() {
  switch (parser.previous.type) {
    case TOKEN_FALSE: emitByte(OP_FALSE); break;
    case TOKEN_NIL: emitByte(OP_NIL); break;
    case TOKEN_TRUE: emitByte(OP_TRUE); break;
    default: return; // 실행되지 않는 코드
  }
}
```

parsePrecedence()가 이미 키워드 토큰을 소비했기 때문에 적절한 명령어를 출력하기만 하면 된다. 파싱한 토큰 타입에 따라 이를 알아낼 수 있다. 이제 프런트엔드에서 불리언과 nil 리터럴을 바이트코드로 컴파일할 수 있다. 실행 파이프라인을 따라 내려가면 인터프리터에 도달한다.

> 각 리터럴마다 별도의 파서 함수를 두면 switch 문을 절약할 수 있지만, 그렇게까지 장황하게 할 필요까진 없다고 생각한다. 이는 어디까지나 개인적인 취향 문제인 듯싶다.

```
    case OP_CONSTANT: {
      Value constant = READ_CONSTANT();
      push(constant);
      break;
    }
    case OP_NIL: push(NIL_VAL); break;
    case OP_TRUE: push(BOOL_VAL(true)); break;
    case OP_FALSE: push(BOOL_VAL(false)); break;
    case OP_ADD:       BINARY_OP(NUMBER_VAL, +); break;
```

매우 자기 기술적인(self-explanatory, 코드 자체에 로직이 그대로 드러나 있는) 코드다. 각 명령어마다 적절한 값을 소환해 스택에 푸시한다. 디셈블러 코드도 잊지 말자.

```
    case OP_CONSTANT:
      return constantInstruction("OP_CONSTANT", chunk, offset);
    case OP_NIL:
      return simpleInstruction("OP_NIL", offset);
    case OP_TRUE:
      return simpleInstruction("OP_TRUE", offset);
    case OP_FALSE:
      return simpleInstruction("OP_FALSE", offset);
    case OP_ADD:
```

자, 이제 다음과 같이 기발한 프로그램도 실행할 수 있다.

```
true
```

인터프리터가 결과를 출력하려고 할 때 엉망이 되겠지만 말이다. 새로운 타입을 처리하려면 printValue()도 같이 확장해야 한다.

```
void printValue(Value value) {
  switch (value.type) {
    case VAL_BOOL:
      printf(AS_BOOL(value) ? "true" : "false");
      break;
    case VAL_NIL: printf("nil"); break;
    case VAL_NUMBER: printf("%g", AS_NUMBER(value)); break;
  }
}
```

다 됐다! 몇 가지 새로운 타입을 추가했다. 아직은 그다지 쓸모가 없다. 리터럴을 제외하면 실제로 할 수 있는 일이 없다. nil을 사용하기까진 시간이 좀 걸리겠지만, 어쨌든 논리 연산자에서 불리언을 사용할 수 있게 됐다.

18.4.1 논리 not과 거짓

가장 간단한 논리 연산자는 우리의 오랜 친구 not이다.

```
print !true; // "false"
```

새 연산에는 새 명령어가 필요한 법!

chunk.h ▶ OpCode 열거체

```
  OP_DIVIDE,
  OP_NOT,
  OP_NEGATE,
```

---

not 식의 컴파일은 단항 음수화 용도로 작성했던 unary() 파서 함수를 재사용하면 된다. 파싱 테이블에 끼워 넣자.

compiler.c ▶ 코드 1줄 교체

```
  [TOKEN_STAR]        = {NULL,     binary, PREC_FACTOR},
  [TOKEN_BANG]        = {unary,    NULL,   PREC_NONE},
  [TOKEN_BANG_EQUAL]  = {NULL,     NULL,   PREC_NONE},
```

나는 이 작업을 언젠가 하게 될 거란 사실을 알고 있었으므로 토큰 타입에 따라 출력할 바이트코드 명령어를 알아내는 switch 문을 이미 unary() 함수에 준비해뒀다. 여기에 case 절을 추가하면 된다.

compiler.c ▶ unary() 함수

```
  switch (operatorType) {
    case TOKEN_BANG: emitByte(OP_NOT); break;
    case TOKEN_MINUS: emitByte(OP_NEGATE); break;
    default: return; // 실행되지 않는 코드
  }
```

프런트엔드는 여기까지다. VM으로 넘어가 이 명령어에 생명을 불어넣자.

```
    case OP_DIVIDE:    BINARY_OP(NUMBER_VAL, /); break;
    case OP_NOT:
      push(BOOL_VAL(isFalsey(pop())));
      break;
    case OP_NEGATE:
```

좀 전의 단항 연산자와 마찬가지로 피연산자 하나를 팝해 주어진 연산을 수행한 다음, 결괏값을 스택에 다시 푸시한다. 여기도 동적 타이핑을 잘 처리해야 한다. true에 논리 not을 적용하는 것은 쉽지만, 성격이 괴팍한 프로그래머가 다음과 같이 코딩하는 것을 막을 방법은 없다.

```
print !nil;
```

단항 -는 숫자 아닌 피연산자를 음수화하려고 하면 에러로 처리했다. 하지만 록스는 대부분의 스크립트 언어처럼 ! 및 불리언이 예상되는 다른 컨텍스트에서 더 관대하다. 이렇게 다른 타입을 처리하는 규칙을 '거짓 같음(falseness)'이라고 하며, 이 규칙은 다음과 같이 구현한다.

> 다른 타입의 값을 음수화한다는 게 대체 무슨 뜻일까? nil은 기괴한 의사 영(pseudo-zero)처럼 그 자신이 음수일 것이다. 문자열을 음수화하면... 음, 글자 순서가 뒤바뀌는 것일까?

```
static bool isFalsey(Value value) {
  return IS_NIL(value) || (IS_BOOL(value) && !AS_BOOL(value));
}
```

록스는 루비 규칙에 따라 0과 false가 거짓이고 그 외 다른 값은 모두 true로 취급한다. 생성할 명령어가 생겼으니 디셈블러에도 잊지 말고 추가하자.

```
    case OP_DIVIDE:
      return simpleInstruction("OP_DIVIDE", offset);
    case OP_NOT:
      return simpleInstruction("OP_NOT", offset);
    case OP_NEGATE:
```

18.4.2 동등/비교 연산자

여세를 몰아 동등/비교 연산자 ==, !=, <, >, <=, >, >=을 살펴보자. 논리 연산자 and와 or를 제외한, 불리언 결괏값을 리턴하는 모든 연산자가 대상이다. 이들 연산자는 (가급적 제어 흐름을 덜 태울 목적으로) 쇼트 서킷을 수행하기 때문에 아직 준비가 되지 않았다.

다음은 이 연산자들을 위한 새로운 세 가지 명령어다.

```
  OP_FALSE,
  OP_EQUAL,
  OP_GREATER,
  OP_LESS,
  OP_ADD,
```

어랏, 그런데 3개밖에 없다? !=, <=, >= 명령어는 어디 있을까? 이 세 연산자도 명령어를 만들 수 있다. 솔직히 그렇게 하면 VM이 더 빨라지기 때문에 목표가 성능이라면 당연히 그렇게 해야 한다.

하지만 나의 궁극적인 목표는 여러분에게 바이트코드 컴파일러를 가르치는 것이다. 바이트코드 명령어가 사용자의 소스 코드를 무조건 가깝게 따를 필요는 없다는 생각을 마음속에 새겨두기 바란다. 사용자에게 올바른 동작을 보여주는 한 어떤 명령어 집합과 코드 시퀀스를 사용하든 그건 VM의 자유다.

> a <= b는 항상 !(a > b)와 동일할까? IEEE 754[3]에 따르면, 피연산자가 NaN일 때 모든 비교 연산자는 false를 리턴한다. 즉, NaN <= 1도 false, NaN > 1도 false다. 그러나 록스의 디슈가링에 따르면 후자는 언제나 전자의 부정이라고 가정한다.
>
> 이 문제는 이 책에서 더 이상 깊게 파고들지 않겠다. 하지만 여러분이 실제 언어를 구현한다면 이런 종류의 디테일이 중요하게 느껴질 것이다.

a != b와 !(a == b)는 시맨틱이 동일하므로 전자는 마치 후자인 양 자유롭게 컴파일할 수 있다. 그래서 전용 명령어 OP_NOT_EQ 대신 OP_EQUAL, OP_NOT 두 명령어를 실행해도 결과는 같다. 같은 이유로 a <= b는 !(a > b), a >= b는 !(a < b)와 각각 동일하므로 명령어 3개로도 충분하다.

그러나 파서에서 파서 테이블에 끼워 넣을 새로운 연산자는 6개다. binary() 파서 함수는 이전과 동일한 것을 사용한다. 먼저 != 행이다.

```
  [TOKEN_BANG]        = {unary,   NULL,   PREC_NONE},
  [TOKEN_BANG_EQUAL]  = {NULL,    binary, PREC_EQUALITY},
  [TOKEN_EQUAL]       = {NULL,    NULL,   PREC_NONE},
```

나머지 5개는 테이블 조금 아래쪽에 있다.

```
  [TOKEN_EQUAL]         = {NULL,   NULL,   PREC_NONE},
  [TOKEN_EQUAL_EQUAL]   = {NULL,   binary, PREC_EQUALITY},
  [TOKEN_GREATER]       = {NULL,   binary, PREC_COMPARISON},
  [TOKEN_GREATER_EQUAL] = {NULL,   binary, PREC_COMPARISON},
  [TOKEN_LESS]          = {NULL,   binary, PREC_COMPARISON},
  [TOKEN_LESS_EQUAL]    = {NULL,   binary, PREC_COMPARISON},
  [TOKEN_IDENTIFIER]    = {NULL,   NULL,   PREC_NONE},
```

---

[3] https://en.wikipedia.org/wiki/IEEE_754

binary() 안에 토큰 타입별로 바이트코드를 생성하는 switch 문이 준비되어 있다. 6개 연산자를 처리할 case 절을 추가한다.

compiler.c ▶ binary() 함수

```
switch (operatorType) {
  case TOKEN_BANG_EQUAL:    emitBytes(OP_EQUAL, OP_NOT); break;
  case TOKEN_EQUAL_EQUAL:   emitByte(OP_EQUAL); break;
  case TOKEN_GREATER:       emitByte(OP_GREATER); break;
  case TOKEN_GREATER_EQUAL: emitBytes(OP_LESS, OP_NOT); break;
  case TOKEN_LESS:          emitByte(OP_LESS); break;
  case TOKEN_LESS_EQUAL:    emitBytes(OP_GREATER, OP_NOT); break;
  case TOKEN_PLUS:          emitByte(OP_ADD); break;
```

==, 〈, 〉 연산자는 단일 명령어를 출력한다. 다른 연산자는 역연산(inverse operation)을 평가하는 명령어와 결과를 뒤바꾸는 OP_NOT 명령어가 조합된 한 쌍의 명령어를 출력한다. 3개 명령어로 6개 연산자를 커버하는 셈이다!

덕분에 VM에서는 작업이 한결 간소하다. 먼저 가장 일반적인 동등 연산이다.

vm.c ▶ run() 함수

```
    case OP_FALSE: push(BOOL_VAL(false)); break;
    case OP_EQUAL: {
      Value b = pop();
      Value a = pop();
      push(BOOL_VAL(valuesEqual(a, b)));
      break;
    }
    case OP_ADD:      BINARY_OP(NUMBER_VAL, +); break;
```

==은 모든 객체 쌍에 대해, 심지어 타입이 다른 두 객체에 대해서도 평가할 수 있다. 이 로직은 꽤 복잡하기 때문에 별도의 함수로 빼내는 게 타당하다. 이 함수는 항상 C 불리언을 리턴하므로 결과를 BOOL_VAL로 안전하게 래핑할 수 있다. Value와 연관된 함수이므로 value 모듈에 두자.

value.h ▶ ValueArray 구조체 다음에 추가

```
} ValueArray;

bool valuesEqual(Value a, Value b);
void initValueArray(ValueArray* array);
```

구현 코드는 다음과 같다.

```c
bool valuesEqual(Value a, Value b) {
  if (a.type != b.type) return false;
  switch (a.type) {
    case VAL_BOOL:   return AS_BOOL(a) == AS_BOOL(b);
    case VAL_NIL:    return true;
    case VAL_NUMBER: return AS_NUMBER(a) == AS_NUMBER(b);
    default:         return false; // 실행되지 않는 코드
  }
}
```

먼저 타입을 체크한다. Value 타입이 다르면 동등하지 않은 것이 확실하다. 타입이 동등하면 두 Value의 값을 언래핑하여 직접 비교한다.

각 값 타입마다 값 자체를 비교하는 별도의 케이스가 존재한다. 케이스가 비슷한데 두 Value 구조체를 그냥 memcmp( )해서 비교하면 안 되나, 싶을 수도 있다. 문제는 패딩과 크기가 가변적인 공용체 필드 때문에 Value에 사용하지 않는 비트가 포함된다는 점이다. C는 그 안에 뭐가 있는지 보장하지 않으므로 실제로 값이 동일한 두 Value의 메모리가 서로 다를 가능성이 있다.

일부 언어는 '암묵적 변환(implicit conversion)'을 한다. 어떤 타입의 값을 다른 타입의 값으로 변환할 수 있을 경우 타입이 다른 값이라도 서로 동등한 것으로 간주하는 것이다. 예를 들어, 자바스크립트에서 숫자 0은 문자열 "0"과 같다. 이러한 느슨함(looseness) 탓에 결국 '엄격한 동등성 (strict equality)' 연산자 ===을 자바스크립트에 따로 추가하는 고통을 감내해야 했다.

PHP는 문자열 "1"과 "01"이 값이 동일한 숫자로 변환될 수 있기 때문에 동등하다고 간주한다. 그러나 이렇게 처리하는 진짜 이유는, 영혼을 파괴하기 위해 러브크래프트식[4] 엘드리치(Eldritch)[5] 신이 디자인한 언어가 바로 PHP이기 때문이다.

정수와 부동 소수점 타입을 구분한 대부분의 동적 타입 언어는 값의 타입이 달라도 숫자가 같으면 동등하다고 본다. (예: 1.0과 1은 동등하다.) 하지만 이렇게 언뜻 보면 무해한 편리함이 부주의한 프로그래머들에게는 독이 될 수 있다.

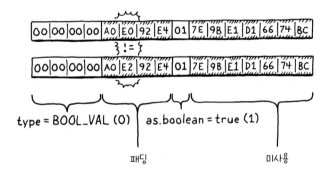

(이 사실을 깨닫기까지 내가 얼마나 많은 고초를 겪었는지 여러분은 감히 상상조차 못하리라.)

어쨌든 씨록스에 타입을 더 많이 추가할수록, 이 함수는 케이스가 늘어나며 점점 커질 것이다. 지금은 3개면 족하다. 다른 비교 연산자는 숫자만 상대하므로 알기 쉽다.

```c
        push(BOOL_VAL(valuesEqual(a, b)));
        break;
      }
```

---

4 **옮긴이** Lovecraftian, 공포, 고어, 충격 등과는 차원이 다른 이상한 공포를 강조하는 소설 등의 부류를 가리키는 용어

5 **옮긴이** https://store.steampowered.com/app/252630/Eldritch

```
case OP_GREATER:    BINARY_OP(BOOL_VAL, >); break;
case OP_LESS:       BINARY_OP(BOOL_VAL, <); break;
case OP_ADD:        BINARY_OP(NUMBER_VAL, +); break;
```

숫자 아닌 타입을 리턴하는 연산자를 처리하기 위해 이미 BINARY_OP 매크로를 확장했다. 이제 이 매크로를 사용하자. 결괏값은 불리언 타입이므로 BOOL_VAL을 전달한다. 그밖의 경우는 +, -와 다를 게 없다.

늘 그렇듯, 오늘 아리아의 코다(coda)는 새로운 명령어를 디셈블하는 작업이다.

debug.c ▶ disassembleInstruction() 함수

```
case OP_FALSE:
  return simpleInstruction("OP_FALSE", offset);
case OP_EQUAL:
  return simpleInstruction("OP_EQUAL", offset);
case OP_GREATER:
  return simpleInstruction("OP_GREATER", offset);
case OP_LESS:
  return simpleInstruction("OP_LESS", offset);
case OP_ADD:
```

마침내 록스 계산기는 일반 표현식을 평가하는 수준으로 진보했다. 씨록스를 실행해서 다음 코드를 입력해 보라.

```
!(5 - 4 > 3 * 2 == !nil)
```

나도 안다, 별로 쓸모 있는 표현식은 아니지만 조금씩 발전을 하고 있다. 리터럴 형식으로 나타내는 내장 타입인 문자열이 빠졌다. 문자열은 크기가 변화무쌍하여 한층 더 복잡하다. 이 작은 차이가 의미하는 바가 너무 크기에 다음 한 장을 고스란히 바쳐 설명하겠다.

연습 문제

1. 이항 연산자를 이 장에서 설명한 것보다 더 작게 만들 수 있다. 어떤 다른 명령어를 없앴을 수 있을까? 그리고 컴파일러는 그렇게 없앤 명령어의 빈자리를 어떻게 메울 수 있을까?

2. 반대로, 상위 수준의 연산에 해당하는 더 구체적인 명령어를 추가해서 바이트코드 VM의 속도를 향상시키는 방법도 있다. 이 장에서 지원을 추가한 사용자 코드를 더 빨리 실행시키려면 어떤 명령어를 정의해야 할까?

19장

문자열

"어라, 천한 노동은 싫다는 겐가?" 의사는 미간을 찌푸렸다. "이해는 가, 하지만 잘못 짚었네. 이렇게 지루한 일이라도 몸은 구속받을지언정 마음을 자유롭게 해주니 소중히 여겨야지."

태드 윌리엄스(Ted Williams), 『The Dragonbone Chair』

지금 우리의 작고 아담한 록스 VM은 숫자, 불리언, nil 세 가지 타입의 값을 나타낼 수 있다. 이들 타입은 두 가지 중요한 공통점을 갖고 있는데, 바로 불변이라는 것과 작다는 점이다. 숫자가 가장 크지만 64비트 워드 2개에 다 들어간다. 이 정도면 많은 공간이 필요하지 않은 불리언과 nil을 포함한 모든 값에 대해 기꺼이 지불해도 좋을 만큼 작은 비용이다.

그러나 문자열은 아쉽게도 크기가 작지 않고 최대 길이도 따로 없다. 설령, 인위적으로 제한을 두더라도(예: 255 글자) 모든 값을 처리하기에 너무 많은 메모리가 든다.

크기가 매우 다양한 문자열을 지원할 수단이 필요하다. 힙에 동적 할당을 하도록 설계된 이유도 이 때문이다. 힙에는 필요한 만큼 바이트를 할당할 수 있다. 또 VM을 통해 흐르는 값을 추적하는 데 필요한 포인터를 리턴받는다.

> 파스칼의 첫 번째 구현체 중 하나인 UCSD 파스칼도 이렇게 문자열 길이에 제한을 걸었다. 파스칼 문자열은 C처럼 문자열의 끝에 널 바이트를 넣어 표시하는 대신, 길이 값을 갖고 시작한다. UCSD는 길이를 저장하는 데 1바이트를 사용했는데, 이 때문에 문자열은 255 글자를 초과할 수 없었다.
>
>
>
> 길이 바이트

19.1 / 값과 객체

INTERPRETER

덩치가 크고, 크기가 가변적인 값은 힙을 사용하고, 작고 원자적인 값은 스택을 사용하면 2단계로 값을 표현할 수 있다. 변수에 저장하거나 표현식에서 리턴되는 록스 값은 모두 Value다. 숫자처럼 작고 크기가 고정된 타입의 경우, 페이로드가 Value 구조체 내부에 직접 저장된다.

객체가 더 커지면 그 데이터는 힙에 저장한다. Value의 페이로드는 메모리 뭉치를 가리키는 포인터다. 결국 문자열, 인스턴스, 함수 등 힙에 할당되는 타입을 씨록스에서 사용하게 될 것이다. 각 타입마다 고유한 데이터가 있지만 향후 가비지 수집기(26장)가 메모리를 관리하는 데 사용할 공유 상태도 있다.

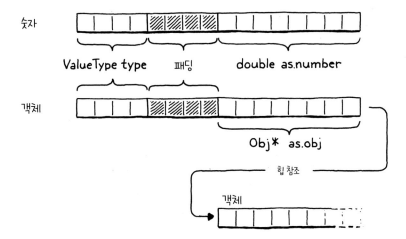

숫자

ValueType type   패딩   double as.number

객체

Obj* as.obj

힙 참조

객체

이를 뭉뚱그려 'Obj'라고 표현하겠다. 즉, 상태가 힙에 존재하는 모든 록스 값은 Obj다. 모든 힙 할당 타입(heap-allocated type)을 참조하려면 새로운 ValueType 케이스를 하나 더 추가해야 한다.

> 물론 'Obj'는 '객체(object)'의 줄임말이다.

value.h ▶ ValueType 열거체 다음에 추가

```
  VAL_NUMBER,
  VAL_OBJ
} ValueType;
```

어떤 Value의 타입이 VAL_OBJ라면 페이로드는 힙 메모리를 가리키는 포인터다. 따라서 태그 있는 공용체에도 다음과 같이 Obj 포인터를 추가한다.

value.h ▶ Value 구조체

```
    double number;
    Obj* obj;
  } as;
```

다른 Value 타입에서 했던 것과 마찬가지로, Obj 값을 다루는 데 유용한 매크로를 만들어 넣는다.

value.h ▶ Value 구조체 다음에 추가

```
#define IS_NUMBER(value)  ((value).type == VAL_NUMBER)
#define IS_OBJ(value)     ((value).type == VAL_OBJ)

#define AS_BOOL(value)    ((value).as.boolean)
```

주어진 Value가 Obj면 true가 리턴된다. 다음은 AS_OBJ 매크로다.

```
value.h

#define IS_OBJ(value)       ((value).type == VAL_OBJ)

#define AS_OBJ(value)       ((value).as.obj)
#define AS_BOOL(value)      ((value).as.boolean)
```

value에서 Obj 포인터를 추출한다. 그 반대도 필요하다.

```
value.h

#define NUMBER_VAL(value) ((Value){VAL_NUMBER, {.number = value}})
#define OBJ_VAL(object)   ((Value){VAL_OBJ, {.obj = (Obj*)object}})

typedef struct {
```

원시 Obj 포인터를 가져와 완전한 Value로 래핑한다.

19.2 / 구조체 상속
INTERPRETER

힙에 할당되는 모든 값은 Obj지만, 모든 Obj가 동일한 것은 아니다. 문자열은 문자의 배열이 필요하다. 인스턴스는 데이터 필드, 함수 객체는 바이트코드 청크가 필요할 것이다. 이렇게 다양한 페이로드와 크기는 어떻게 처리할까? 크기가 제각각이라 Value에서 했던 것처럼 또 다른 공용체를 사용할 수는 없다.

그래서 다른 기법을 사용하고자 한다. C 스펙에 구체적으로 기능이 명시되어 있을 정도로 오래전부터 사용되어 왔지만 공식적인 명칭이 있는지는 모르겠다. 사실 이 기법은 일종의 타입 퍼닝[1]이지만 이 용어는 의미가 광범위하다. 그렇다고 딱히 떠오르는 명칭도 없다. 구조체에 의존하고 객체 지향 언어에서 상태의 단일 상속 원리를 대략 따르니 나는 그냥 **구조체 상속(struct inheritance)**이라고 부르겠다.

각 Obj는 태그 있는 공용체처럼 객체의 종류(예: 문자열, 인스턴스 등)를 나타내는 태그 필드로 시작하고 그 다음에 페이로드 필드가 나온다. 타입마다 케이스가 있는 공용체가 아니라, 각 타입이 고유한 개별 구조체다. C는 상속, 다형성(polymorphism) 같은 개념이 없기 때문에 이러한 구조체를 일관성 있게 처리하는 일이 까다롭다. 이 문제는 곧 다시 설명하기로 하고 우선 미리 챙겨야 할 준비물을 정리해보자.

---

1   옮긴이 type punning, 어떤 변수의 실제 값을 무시하고 타입 변환 없이 다른 타입으로 변환하는 기법

Obj라는 이름 자체는 모든 객체 타입에서 공유되는 상태가 담긴 구조체를 가리킨다. 말하자면 객체의 '베이스 클래스(base class)' 같은 것이다. 값과 객체 사이의 순환 디펜던시(cyclic dependency) 때문에 value 모듈에 Obj를 포워드 선언[2]한다.

value.h
```
#include "common.h"

typedef struct Obj Obj;

typedef enum {
```

실제 정의는 새 모듈 object에 있다.

object.h ▶ 새 파일 생성
```
#ifndef clox_object_h
#define clox_object_h

#include "common.h"
#include "value.h"

struct Obj {
  ObjType type;
};

#endif
```

지금은 type 태그뿐이지만 곧 메모리 관리용 부기 정보를 추가할 것이다. 열거체 ObjType은 다음과 같다.

object.h
```
#include "value.h"

typedef enum {
  OBJ_STRING,
} ObjType;

struct Obj {
```

이 열거체는 뒷 장에서 힙 할당 타입을 더 추가한 후 더 유용하게 쓰일 것이다. 이러한 태그 타입은 워낙 자주 액세스하기 때문에 주어진 Value에서 객체 타입 태그를 추출하는 작은 매크로를 만들어두는 것이 좋겠다.

---

2 **옮긴이** forward-declare, 식별자를 실제로 정의하기 전에 컴파일러에게 미리 알리는 것

```
#include "value.h"

#define OBJ_TYPE(value)        (AS_OBJ(value)->type)

typedef enum {
```

기초 공사는 이만하면 됐다. 이제 문자열을 구축하자. 문자열의 페이로드는 별도 구조체에 정의한다. 이 또한 포워드 선언을 한다.

```
typedef struct Obj Obj;
typedef struct ObjString ObjString;

typedef enum {
```

이 정의도 Obj와 더불어 존재한다.

```
};

struct ObjString {
  Obj obj;
  int length;
  char* chars;
};

#endif
```

문자열 객체는 문자 배열을 포함한다. 이들 문자는 힙에 할당된 별도의 배열에 저장되므로 각 문자열에 필요한 만큼의 공간만 따로 확보할 수 있다. 또한 배열에 바이트 수도 저장하는데, 이는 필수는 아니지만 해당 문자열에 할당된 메모리 양을 알면 널 종료자가 나올 때까지 일일이 문자 배열을 뒤질 필요가 없다.

ObjString은 Obj이므로 모든 Obj가 공유하는 상태가 필요하다. 첫 번째 필드를 Obj로 만들면 된다. C는 필드 선언 순서대로 구조체를 메모리에 가지런히 배열한다. 또한 구조체를 중첩하면 내부 구조체의 필드가 그 자리에서 즉시 확장된다. Obj와 ObjString의 메모리는 다음과 같은 모습이다.

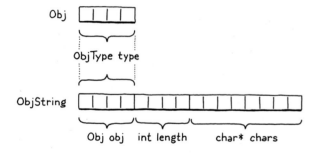

ObjString의 첫 번째 바이트가 Obj와 정확히 들어맞는 모습을 눈여겨보라. 이는 우연이 아니라 C가 그렇게 지정한 것이다. 이러한 디자인 덕분에 영리한 패턴을 적용할 수 있다. 즉, 구조체를 가리키는 포인터를 가져와 첫 번째 필드를 가리키는 포인터로 안전하게 변환했다가 다시 가져올 수 있다.

ObjString*이 주어지면 안전하게 Obj*로 캐스팅한 후 type 필드에 액세스할 수 있다. 모든 ObjString은 객체 지향 프로그래밍의 'is' 의미 그대로의 'is an Obj'다.[3] 나중에 다른 객체

다음은 C 스펙에서 발췌한 단락이다.

§ 6.7.2.1 13 - 구조체 객체 내에서 비트 필드가 아닌 (non-bit-field) 멤버와 비트 필드(bit-field)가 위치한 유닛은 선언된 순서대로 증가되는 주소를 가진다. 적절하게 변환된 구조체 객체를 가리키는 포인터는 초기 멤버(또는 이 멤버가 비트 필드인 경우 해당 멤버가 위치한 유닛)를 가리키며, 그 반대의 경우도 마찬가지다. 구조체 객체 내에는 이름이 없는(unnamed) 패딩이 있을 수 있지만 그 시작부는 아니다.

타입을 추가할 때 각 구조체는 Obj를 첫 번째 필드로 갖게 된다. 어떤 코드가 어떤 객체를 상대하더라도 그 객체를 베이스인 Obj*로 객체를 취급하되 그 뒤에 오는 다른 필드는 무시하면 된다.

정반대 방향도 가능하다. 즉, Obj*가 주어지면 이를 ObjString*으로 '다운캐스팅(downcasting)'할 수 있다. 물론 손에 넣은 Obj* 포인터가 진짜 ObjString의 Obj 필드를 가리키고 있는지 확인해야 한다. 그렇지 않으면 자칫 임의의 메모리 비트를 안전하지 않은 방향으로 재해석하게 될 우려가 있다. 다운캐스팅의 안전 여부를 체크하는 매크로를 추가한다.

object.h

```
#define OBJ_TYPE(value)        (AS_OBJ(value)->type)

#define IS_STRING(value)       isObjType(value, OBJ_STRING)

typedef enum {
```

VM에 있는 코드는 대부분 Value를 상대하므로 원시 Obj*가 아닌 Value를 사용한다. IS_STRING 매크로는 다음 인라인 함수 isObjType()을 호출한다.

object.h ▶ ObjString 구조체 다음에 추가

```
};

static inline bool isObjType(Value value, ObjType type) {
  return IS_OBJ(value) && AS_OBJ(value)->type == type;
}

#endif
```

여기서 깜짝 퀴즈를 하나 내겠다! 이 함수의 바디를 매크로 속으로 집어넣지 않는 이유는 무엇일까? 다른 함수와 비교해서 어떤 차이점이 있을까? 그렇다, 바디에서 value를 두 번 사용하고 있다. 매크로는 바디에서 매개변수 이름이 들어가는 곳마다 인수식을 삽입하여 확장된다. 매크로에 동일한 매개변수를 두 번 이상 사용하면 해당 표현식이 여러 번 평가될 것이다.

---

3 옮긴이 즉, ObjString은 Obj의 서브 객체다.

표현식에 부수 효과가 있으면 좋지 않다. 예를 들어, isObjType()의 바디를 매크로 정의에 넣으면...

```
IS_STRING(POP())
```

... 스택에서 값 2개가 팝될 것이다! 함수를 쓰면 해결된다.

특정 타입의 Obj를 생성할 때마다 타입 태그를 올바르게 잘 설정하는 한, 이 매크로는 값을 주어진 객체 타입으로 캐스팅해도 안전한 시점을 알려줄 것이다. 다음과 같은 매크로도 있다.

---

object.h

```
#define IS_STRING(value)        isObjType(value, OBJ_STRING)

#define AS_STRING(value)        ((ObjString*)AS_OBJ(value))
#define AS_CSTRING(value)       (((ObjString*)AS_OBJ(value))->chars)

typedef enum {
```

두 매크로는 힙에 올바른 ObjString 포인터를 포함하리라 예상되는 Value를 받는다. 첫 번째 매크로는 ObjString* 포인터를 리턴한다. 두 번째 매크로는 이 과정을 거쳐 문자 배열 자체를 리턴하는데, 실제로 이렇게 문자 배열까지 필요한 경우가 많다.

19.3 INTERPRETER / 문자열

씨록스 VM이 문자열 값을 표현할 수 있으니 이제 언어 자체에 문자열을 추가할 차례다. 늘 하던 대로 프런트엔드부터 시작하겠다. 렉서가 문자열 리터럴을 토큰화했으니 다음은 파서가 바통을 이어받는다.

---

compiler.c ▶ 코드 1줄 교체

```
    [TOKEN_IDENTIFIER]    = {NULL,     NULL,   PREC_NONE},
    [TOKEN_STRING]        = {string,   NULL,   PREC_NONE},
    [TOKEN_NUMBER]        = {number,   NULL,   PREC_NONE},
```

파서는 문자열 토큰을 만나면 파싱 함수 string()을 호출한다.

---

compiler.c ▶ number() 함수 다음에 추가

```
static void string() {
  emitConstant(OBJ_VAL(copyString(parser.previous.start + 1,
                                  parser.previous.length - 2)));
}
```

이 함수는 렉심에서 바로 문자열의 문자들을 가져온다. + 1과 − 2는 전후 따옴표를 잘라내려는 의도다. 문자열 객체를 생성하고 Value로 래핑한 다음, 상수 테이블에 채워 넣는다.

문자열은 object.h에 선언된 copyString() 함수로 생성한다.

object.h ▶ ObjString 구조체 다음에 추가

```
};

ObjString* copyString(const char* chars, int length);

static inline bool isObjType(Value value, ObjType type) {
```

compiler 모듈에 헤더 파일을 인클루드한다.

compiler.h

```
#define clox_compiler_h

#include "object.h"
#include "vm.h"
```

object 모듈은 새 함수가 정의된 구현 파일을 가져온다.

object.c ▶ 새 파일 생성

```
#include <stdio.h>
#include <string.h>

#include "memory.h"
#include "object.h"
#include "value.h"
#include "vm.h"

ObjString* copyString(const char* chars, int length) {
  char* heapChars = ALLOCATE(char, length + 1);
  memcpy(heapChars, chars, length);
  heapChars[length] = '\0';
  return allocateString(heapChars, length);
}
```

우선 새로운 배열을 힙에 할당한다. 문자열에 있는 문자들과 널 종료자까지 담을 수 있을 정도로 큰 배열이면 된다. 다음은 원소 타입과 개수가 주어지면 배열을 할당하는 로우레벨 매크로다.

문자열은 반드시 직접 종결시켜야 한다. 렉심은 모놀리식 소스 문자열 내부에서 문자의 범위만 가리킬 뿐 종결되지 않기 때문이다.

ObjString은 문자열의 길이를 명시적으로 보관하므로 문자 배열을 종결시키지 않아도 상관은 없지만, 문자열 끝에 종결자를 넣으면 1바이트라는 작은 대가로 종결된 문자열을 기대하는 C 표준 라이브러리 함수에 문자 배열을 자신 있게 전달할 수 있다.

```
#include "common.h"

#define ALLOCATE(type, count) \
    (type*)reallocate(NULL, 0, sizeof(type) * (count))

#define GROW_CAPACITY(capacity) \
```

배열이 생기면 렉심에 있는 문자를 복사하고 문자열을 종결시킨다.

그런데 왜 ObjString이 다시 소스 문자열의 원래 문자들을 가리킬 수 없는지 궁금하지 않은가? ObjString 중에는 문자열 연결(string concatenation) 같은 연산의 결과로 런타임에 동적으로 생성되는 것들이 있다. 이런 문자열의 경우, 문자를 담을 메모리가 동적으로 할당되어야 한다. 즉, 문자열이 더 이상 필요 없을 때 메모리에서 해제해야 한다.

문자열 리터럴에 대한 ObjString이 있는데 원래 소스 코드 문자열을 가리켰던 문자 배열을 해제하려고 하면 좋지 못한 결과를 가져올 수 있다. 따라서 리터럴의 경우 문자를 선제적으로(preemptively) 힙에 복사한다. 이렇게 하면 모든 ObjString이 자신의 문자 배열을 안정적으로 소유하고 해제할 수 있다.

문자열 객체를 생성하는 실질적인 작업은 allocateString() 함수가 수행한다.

```
#include "vm.h"

static ObjString* allocateString(char* chars, int length) {
  ObjString* string = ALLOCATE_OBJ(ObjString, OBJ_STRING);
  string->length = length;
  string->chars = chars;
  return string;
}
```

이 함수는 새로운 ObjString을 힙에 만든 후, 그 필드를 초기화한다. 객체 지향 언어의 생성자와 비슷하다. 따라서 먼저 '베이스 클래스' 생성자를 호출하고 새 매크로를 사용해 Obj 상태를 초기화한다.

```
#include "vm.h"

#define ALLOCATE_OBJ(type, objectType) \
    (type*)allocateObject(sizeof(type), objectType)

static ObjString* allocateString(char* chars, int length) {
```

이전 매크로처럼 이 매크로 역시 void*를 원하는 타입으로 중복 캐스팅할 필요가 없도록 하려는 의도다. 실제 로직은 다음 함수에 있다.

object.c

```
#define ALLOCATE_OBJ(type, objectType) \
    (type*)allocateObject(sizeof(type), objectType)

static Obj* allocateObject(size_t size, ObjType type) {
  Obj* object = (Obj*)reallocate(NULL, 0, size);
  object->type = type;
  return object;
}

static ObjString* allocateString(char* chars, int length) {
```

주어진 크기의 객체를 힙에 할당한다. 이때 크기는 Obj 자체의 크기가 아니라는 점에 유의하라. 호출자는 해당 타입의 객체 생성에 필요한 추가 페이로드 필드용 공간을 확보할 목적으로 바이트 수를 전달한다.

그런 다음 Obj 상태를 초기화한다. 지금은 초기화할 대상이 타입 태그뿐이다. 이 함수는 allocateString()으로 리턴되고, 여기서 ObjString 필드의 초기화가 끝난다. 여보시게,[4] 우린 이제 문자열 리터럴을 컴파일하고 실행할 수 있게 됐다네!

'Voilà(봘라)'와 'viola(비올라)'를 헷갈리지 말라. 전자는 '여기 있소'라는 뜻의 프랑스어고, 후자는 바이올린과 첼로의 자식 정도 되는 현악기다. 이 한마디 언급하려고 비올라를 그리는 데 2시간이나 걸렸다.

19.4 / 문자열 연산
INTERPRETER

멋진 문자열이 생겼지만 아직 별다른 기능은 없다. 우선, 기존 출력 코드가 새로운 값 타입을 토해내지 않도록 만드는 게 좋겠다.

value.c ▶ printValue() 함수

```
    case VAL_NUMBER: printf("%g", AS_NUMBER(value)); break;
    case VAL_OBJ: printObject(value); break;
  }
```

---

4 **옮긴이** Voilà, 대개 놀라움 또는 만족을 표현하거나 상대방의 주의를 끌기 위해 쓰는 프랑스어 감탄사로 현악기 비올라와 발음이 비슷하다.

값이 힙에 할당된 객체면 object 모듈에 있는 헬퍼 함수에게 넘긴다.

```
ObjString* copyString(const char* chars, int length);
void printObject(Value value);

static inline bool isObjType(Value value, ObjType type) {
```

실제 구현 코드는 다음과 같다.

```
void printObject(Value value) {
  switch (OBJ_TYPE(value)) {
    case OBJ_STRING:
      printf("%s", AS_CSTRING(value));
      break;
  }
}
```

지금은 객체 타입이 한 가지뿐이지만, 이후 장에서 이 함수의 switch 문에 case 꽃들이 만발할 것이다. 문자열 객체는 그냥 문자 배열을 C 문자열로 출력한다.

> 문자열을 종결시키면 편리할 거라고 말했었다.

동등 연산자도 문자열을 우아하게 다룰 필요가 있다. 다음 코드를 보자.

```
"string" == "string"
```

두 "string"은 각각 독립적인 문자열 리터럴이다. 컴파일러는 copyString()을 두 번 따로 호출하여 두 개의 ObjString 객체를 만들고 청크에 2개의 상수로 저장한다. 이들은 힙에서 서로 다른 객체지만 사용자(그리고 우리)는 두 문자열이 동등할 거라 기대한다. 이 표현식은 true로 평가되어야 맞다. 그런데 이렇게 처리하려면 약간 특별한 로직이 필요하다.

```
    case VAL_NUMBER: return AS_NUMBER(a) == AS_NUMBER(b);
    case VAL_OBJ: {
      ObjString* aString = AS_STRING(a);
      ObjString* bString = AS_STRING(b);
      return aString->length == bString->length &&
          memcmp(aString->chars, bString->chars,
                 aString->length) == 0;
    }
    default:         return false; // 실행되지 않는 코드
```

두 값이 모두 문자열이면 서로 다른 객체든, 완전히 동일한 두 객체든 상관없이 문자 배열에 동일한 문자가 포함되어 있으면 동등한 값이다. 즉, 문자열 동등성 체크는 이렇게 전체 문자열을 탐색해야 하므로 다른 타입의 동등성 체크보다 느릴 수밖에 없다. 느린 속도는 20장에서 개선하겠지만 시맨틱 자체는 올바르다.

끝으로 memcmp()와 object 모듈에 새로운 기능을 추가하려면 몇 군데 인클루드가 필요하다. 여기와...

value.c

```c
#include <stdio.h>
#include <string.h>

#include "memory.h"
```

... 그리고 이 곳이다.

value.c

```c
#include <string.h>

#include "object.h"
#include "memory.h"
```

19.4.1 문자열 연결

완전한 프로그래밍 언어는 개별 문자 액세스, 문자열 길이 조회, 대소문자 변경, 분할, 결합, 검색 등 다양한 문자열 연산 기능을 제공한다. 언어를 구현하는 사람으로서 모든 기능을 다 갖추고 싶지만 이 책에선 최소한의 필요한 기능만 구현하겠다.

문자열을 다루는 연산에서 유일하게 흥미로운 것은 +다. 두 문자열 객체에 이 연산자를 적용하면 두 피연산자가 연결된 새 문자열이 생성된다. 록스는 동적 타입 언어라서 런타임 이전에는 피연산자의 타입을 모르기 때문에 컴파일 타임에는 어떤 동작이 필요할지 알 수가 없다. 따라서 OP_ADD 명령어는 피연산자를 동적으로 검사하여 올바른 연산을 선택한다.

vm.c ▶ run() 함수 코드 1줄 교체

```c
      case OP_LESS:     BINARY_OP(BOOL_VAL, <); break;
      case OP_ADD: {
        if (IS_STRING(peek(0)) && IS_STRING(peek(1))) {
          concatenate();
        } else if (IS_NUMBER(peek(0)) && IS_NUMBER(peek(1))) {
          double b = AS_NUMBER(pop());
          double a = AS_NUMBER(pop());
          push(NUMBER_VAL(a + b));
        } else {
          runtimeError(
              "Operands must be two numbers or two strings.");
```

```
      return INTERPRET_RUNTIME_ERROR;
    }
    break;
  }
  case OP_SUBTRACT: BINARY_OP(NUMBER_VAL, -); break;
```

즉, 두 피연산자 모두 문자열이면 연결하고 숫자면 덧셈을 한다. 이외의 피연산자 타입을 조합하면 런타임 에러다.

문자열을 연결하는 새 함수를 정의한다.

> 이런 점에서 록스는 상당히 보수적이다. 대부분의 다른 언어에서는 한쪽 피연산자가 문자열이면 다른 피연산자는 어떤 타입이라도 가능하고, 두 피연산자는 연결되기 전에 암묵적으로 문자열로 변환된다.
>
> 나도 처음엔 이렇게 하려고 생각했다. 하지만 각 타입마다 지루한 '문자열 변환' 코드를 계속 작성해야 하는 귀차니즘 때문에 생략했다.

vm.c ▶ isFalsey() 함수 다음에 추가

```
static void concatenate() {
  ObjString* b = AS_STRING(pop());
  ObjString* a = AS_STRING(pop());

  int length = a->length + b->length;
  char* chars = ALLOCATE(char, length + 1);
  memcpy(chars, a->chars, a->length);
  memcpy(chars + a->length, b->chars, b->length);
  chars[length] = '\0';

  ObjString* result = takeString(chars, length);
  push(OBJ_VAL(result));
}
```

문자열 작업을 하는 C 코드는 보통 이렇게 장황한 편이다. 먼저 피연산자의 길이에 따라 결과 문자열의 길이를 계산하고 결과 문자열을 담기 위한 문자 배열을 할당한 뒤 두 반쪽을 복사해 넣는다. 항상 문자열 종결자를 잊지 않도록 주의해야 한다.

memcpy()를 호출하려면 표준 헤더 파일을 인클루드해야 한다.

vm.c

```
#include <stdio.h>
#include <string.h>

#include "common.h"
```

끝으로 이들 문자를 담을 ObjString을 만든다. 이번에는 새로운 함수 takeString()을 사용한다.

object.h ▶ ObjString 구조체 다음에 추가

```
};

ObjString* takeString(char* chars, int length);
ObjString* copyString(const char* chars, int length);
```

구현 코드는 다음과 같다.

```
ObjString* takeString(char* chars, int length) {
  return allocateString(chars, length);
}
```

이전 copyString() 함수는 사용자가 전달한 문자의 소유권을 가져올 수 없다고 가정한다. 대신 이 함수는 ObjString이 소유할 수 있는 문자의 사본을 힙에 보수적으로 생성한다. 이는 전달된 문자가 소스 문자열의 중간에 위치한 문자열 리터럴에 적합한 처리 방식이다.

하지만 문자열 연결은 이미 힙에 문자 배열을 동적 할당한 상태이기 때문에 사본을 하나 더 만드는 것은 중복일 것이다. (그리고 concatenate()가 이 사본을 메모리에서 해제해야 한다는 사실도 기억해야 한다는 뜻이다.) 대신, 이 함수는 사용자가 전달한 문자열의 소유권을 요구한다.

이런 기능들을 함께 엮어 넣기 위해 다음과 같이 헤더 파일 2개를 인클루드한다.

vm.c

```
#include "debug.h"
#include "object.h"
#include "memory.h"
#include "vm.h"
```

19.5 / 객체 해제
INTERPRETER

무해한 것처럼 보이는 다음 표현식을 보자.

```
"st" + "ri" + "ng"
```

이 코드를 만난 컴파일러는 세 문자열 리터럴에 각각 ObjString을 할당하고 청크의 상수 테이블에 저장한다. 그리고 다음과 같은 바이트코드를 생성한다.

각 명령어가 실행된 이후, 스택은 다음 그림과 같은 모습이리라.

```
OP_CONSTANT 0
    "st"
OP_CONSTANT 1
    "st"   "ri"
OP_ADD
    "stri"
OP_CONSTANT 2
    "stri"   "ng"
OP_ADD
    "string"
```

```
0000    OP_CONSTANT         0 "st"
0002    OP_CONSTANT         1 "ri"
0004    OP_ADD
0005    OP_CONSTANT         2 "ng"
0007    OP_ADD
0008    OP_RETURN
```

처음 두 명령어는 "st"와 "ri"를 스택에 푸시하고, OP_ADD는 이 둘을 팝해 연결한다. 그러면 "stri"라는 새 문자열이 힙에 동적 할당된다. VM은 "stri"를 푸시한 다음 "ng" 상수를 푸시한다. 두 번째 OP_ADD는 "stri"와 "ng"를 팝해 연결한 뒤, 결과 문자열 "string"을 다시 스택에 푸시한다. 좋다, 원하는 대로 처리됐다.

그런데, 잠깐! "stri" 문자열은 어떻게 됐을까? 이 문자열은 동적 할당됐고 VM이 "ng"와 연결시킨 후 폐기했다. 스택에서 이 문자열을 팝했고 더 이상 참조할 수 없게 됐지만 메모리에서 해제한 것은 아니다. 전형적인 메모리 릭(memory leak)이 발생한 것이다!

물론, 록스에서 중간 문자열을 메모리에서 해제하는 것을 잊어버려도 전혀 문제될 건 없다. 록스가 사용자 대신 메모리를 자동으로 관리하기 때문이다. 하지만 그렇다고 메모리를 관리할 책임이 사라지는 것은 아니다. 결국 VM 구현자의 어깨가 무거워질 수밖에 없다.

완전한 해결책은 프로그램 실행 도중 미사용 메모리를 회수하는 가비지 수집기(26장)다. 이 프로젝트에 뛰어들려면 그 전에 몇 가지 준비해야 할 것들이 있다. 그때까지 우리는 시간을 빌려서 사는 셈이다. 수집기를 나중에 추가해야지 하고 계속 미루면 미룰수록 정작 나중에 작업하기는 점점 어려워질 것이다.

요즘 같은 세상에서 최소한의 조치는 취해야 한다. 록스 프로그램 자체가 더 이상 참조하지 않더라도 VM이 할당된 모든 객체를 찾을 수 있도록 만들어 메모리 릭을 방지해야 한다. 고급 메모리 관리자가 객체에 메모리를 할당하고 추적하는 데 사용하는 정교한 기술은 다양하다. 나는 그중 가장 단순하면서 실용적인 방식을 취하겠다.

모든 Obj를 저장하는 연결 리스트를 생성한다. 이 리스트만 뒤져보면 VM은 사용자 프로그램이나 VM 스택에 Obj를 가리키는 참조가 존재하든, 존재하지 않든 간에 힙에 할당된 모든 객체를 찾을 수 있다.

> GC에 착수하기 전에 이미 자신의 언어를 상당 부분 구현한 사람들을 많이 봤다. 언어 개발 단계에서 간단히 돌려보는 모형 프로그램(toy program)은 프로그램이 종료될 때까지 메모리 부족 현상이 발생할 일은 없을 테니 꽤 오랫동안 잘 써먹을 수 있다.
>
> 그러나 나중에 가비지 수집기를 추가하는 일이 얼마나 어려운지 과소평가해서는 안 된다. 가비지 수집기는 라이브 데이터를 수집하지 않도록 아직 사용 중인 메모리를 철저히 찾아내야 한다. 언어 구현체가 어떤 객체의 참조를 숨겨둘 만한 장소는 수백 군데에 달한다. 모조리 다 찾아내지 못하면 악몽 같은 버그가 밤새 괴롭힐 것이다.
>
> 그래서 결국 나중에 GC를 장착하기가 너무 어려운 나머지 사장되는 언어 구현체도 의외로 많다. 여러분이 만드는 언어에 GC가 필요하고 느끼면 가능한 한 빨리 구현하기 바란다. GC는 전체 코드베이스에 지대한 영향을 미치는 횡단 관심사(cross-cutting concern)다.

별도의 연결 리스트 노드 구조체를 정의해도 되지만 그러면 이 구조체도 할당해야 한다. 대신, Obj 구조체 자체가 연결 리스트 노드가 되는 **침입형 리스트(intrusive list)**[5]를 사용하자. 즉, 각 Obj에 체인상의 그다음 Obj를 가리키는 포인터를 두는 것이다.

object.h ▶ Obj 구조체

```
struct Obj {
  ObjType type;
  struct Obj* next;
};
```

리스트의 헤드를 가리키는 포인터는 VM에 저장한다.

vm.h ▶ VM 구조체

```
  Value* stackTop;
  Obj* objects;
} VM;
```

처음 VM을 초기화할 때에는 할당된 객체가 없다.

vm.c ▶ initVM() 함수

```
  resetStack();
  vm.objects = NULL;
}
```

이후 Obj를 할당할 때마다 리스트에 삽입한다.

object.c ▶ allocateObject() 함수

```
  object->type = type;

  object->next = vm.objects;
  vm.objects = object;
  return object;
```

이 리스트는 단일 연결 리스트(singly linked list)이므로 삽입하기 가장 쉬운 곳은 바로 헤드다. 이렇게 하면 테일을 가리키는 포인터를 계속 업데이트하며 보관할 필요가 없다.

object 모듈은 vm 모듈의 글로벌 변수 vm을 직접 사용하므로 이를 외부에 표출해야 한다.

---

5 **옮긴이** https://www.data-structures-in-practice.com/intrusive-linked-lists

```
} InterpretResult;

extern VM vm;

void initVM();
```

언젠가 가비지 수집기는 VM이 계속 실행되는 도중에 메모리를 비울 것이다. 하지만 사용자 프로그램이 완료된 후에도 미사용 객체는 메모리 어딘가에 남아 있을 것이다. 이런 객체도 정리해야 한다.

정교한 로직은 필요 없다. 프로그램이 완료되면 모든 객체를 메모리에서 해제하면 된다. 지금 당장 구현할 수 있고, 또 그래야 후회가 없을 것이다.

```
void freeVM() {
  freeObjects();
}
```

15.1절에서 정의만 해두었던 빈 함수가 freeObject()를 호출하며 이제 뭔가 제구실을 한다!

```
void* reallocate(void* pointer, size_t oldSize, size_t newSize);
void freeObjects();

#endif
```

객체를 메모리에서 놓아주는 함수는 다음과 같다.

```
void freeObjects() {
  Obj* object = vm.objects;
  while (object != NULL) {
    Obj* next = object->next;
    freeObject(object);
    object = next;
  }
}
```

연결 리스트를 탐색하면서 해당 노드를 메모리에서 해제하는 코드다. CS 101 교과서에서 본 것 같다. 각 노드마다 다음 함수를 호출한다.

```c
static void freeObject(Obj* object) {
  switch (object->type) {
    case OBJ_STRING: {
      ObjString* string = (ObjString*)object;
      FREE_ARRAY(char, string->chars, string->length + 1);
      FREE(ObjString, object);
      break;
    }
  }
}
```

Obj 자체만 해제하는 게 아니다. 어떤 객체 타입은 자신이 소유한 다른 메모리도 할당하기 때문에 각 타입별 요건에 맞게 처리하는 로직이 필요하다. 여기서는 문자 배열을 해제한 뒤 ObjString을 해제하는 것을 의미한다. 이 두 작업 모두 마지막 메모리 관리 매크로를 사용한다.

```c
    (type*)reallocate(NULL, 0, sizeof(type) * (count))

#define FREE(type, pointer) reallocate(pointer, sizeof(type), 0)

#define GROW_CAPACITY(capacity) \
```

reallocate()를 래핑한 이 매크로는 할당량을 0바이트로 '크기를 재조정'한다.

늘 그렇듯, 모든 것이 조화를 이루려면 인클루드가 필요하다.

> 왜 쓸데없이 reallocate()로 메모리를 확보하려는 걸까? 그냥 free()를 호출하면 안 되나? 나중에 VM이 여전히 사용 중인 메모리 양을 추적하는 데 도움이 되기 때문이다. 모든 할당/해제가 reallocate()를 통해 이루어지면 할당된 메모리 바이트 수를 계속 세기가 쉽다.

```c
#include "common.h"
#include "object.h"

#define ALLOCATE(type, count) \
```

구현 파일에도 넣는다.

```c
#include "memory.h"
#include "vm.h"

void* reallocate(void* pointer, size_t oldSize, size_t newSize) {
```

이로써 더 이상 VM에 메모리 릭은 없다. 정상적인 C 프로그램처럼 종료 전에 엉망진창이 된 메모리를 깨끗이 치운다. VM이 실행되는 동안에는 아무 객체도 해제하지 않는다. 나중에 실행 시간이 긴 록스 프로그램을 작성할 수 있게 되면 VM은 전체 프로그램이 끝날 때까지 단 한 바이트도 포기하지 않고 점점 더 많은 메모리를 먹어치울 것이다.

26장에서 진짜 가비지 수집기를 추가하기 전까지 이 문제를 다시 언급하지는 않겠지만 그래도 큰 걸음을 내딛었다. 동적 할당되는 다양한 객체가 지원되는 탄탄한 인프라를 구축했고, 이를 기반으로 대부분의 프로그래밍 언어에서 가장 많이 사용되는 타입인 문자열을 씨록스에 추가했다. 문자열이 지원되니 동적 타입 언어에서 또 하나의 근본적이고 유서 깊은 데이터 타입, 해시 테이블을 구축할 수 있다. 이것이 다음 장의 주제다.

연습 문제

1. 모든 문자열은 두 번의 동적 할당이 필요하다. 한 번은 ObjString에, 또 한 번은 문자 배열에 할당해야 한다. 따라서 어떤 값에서 문자에 액세스하려면 2개의 포인터가 필요한데, 이 때문에 성능이 저하될 수 있다. 가변 길이 구조체(flexible array member)라는 기법으로 좀 더 효율적으로 해결하는 방법이 있다. 이 기법을 사용해서 하나의 연속적인 할당에 ObjString과 해당 문자 배열을 저장하라.

2. 각 문자열 리터럴마다 ObjString을 생성하면 문자를 힙에 복사하게 된다. 이렇게 해야 나중에 문자열이 힙에서 해제될 때 문자도 함께 해제되어 안전하다.

이는 더 간단한 접근법이지만 메모리가 낭비되므로 리소스 제약이 아주 심한 기기에선 문제가 될 공산이 크다. 대신 어떤 ObjString이 문자 배열을 소유하는지, 원래 소스 문자열이나 다른 해제 불가한(non-freeable) 위치를 다시 가리키는 '상수 문자열'인지 추적할 수 있다. 이러한 기능을 추가하라.

3. 여러분이 록스 언어의 디자이너라면, 문자열 피연산자와 다른 타입의 피연산자에 +를 적용하려는 사용자 코드에 대해 어떻게 대처하겠는가? 또 그렇게 선택한 이유를 밝혀라. 다른 언어는 어떻게 처리하나?

나는 이 책에서 여러분이 실제 언어 구현에서 맞닥뜨리게 될 지저분한 문제들을 피하려고 하지 않았다. 입문서에 불과한 이 책이 항상 가장 세련된 해결책을 제시하진 못하겠지만, 그렇다고 아예 문제가 존재하지 않는 것처럼 말하는 것은 정직하지 않다고 본다. 그럼에도 불구하고 정말로 고약한 난제 하나는 피해갔다. 바로 문자열을 표현하는 방법이다.

문자열 인코딩에는 두 가지 측면이 있다.

- 문자열에서 하나의 '문자(character)'란 무엇인가? 상이한 값들은 얼마나 많고 그들이 나타내는 바는 무엇일까? ASCII[6]는 이에 대한 해답으로 가장 먼저 널리 채택된 표준이다. 127개의 서로 다른 문자 값을 정하고 각각 무엇을 뜻하는지 정했다. 세상에 영어만 있다면 이보다 더 좋은 표준이 있을까? 이상하게도 '레코드 구분자[7]'나 '동기 유휴[8]'처럼 지금은 대부분 잊혀진 문자도 있지만, 움라우트(Umlaut), 양음 부호[9], 억음 부호[10]는 없다. 이 때문에 'jalapeño(할라피뇨)', 'naïve(순진한)', 'Gruyère[11]', 'Mötley Crüe[12]' 같은 단어는 ASCII로 표현할 수가 없다.

> Gruyère나 Mötley Crüe를 쓰지 못하는 언어라면 두말할 나위도 없이 사용 가치가 없다.

  그다음에 유니코드[13]가 나왔다. 처음에는 16,384개 문자(**코드 포인트(code point)**)를 지원했는데, 16비트에 몇 비트 여분이 있어 잘 맞았다. 이후 그 수가 점점 늘어나 지금은 💩(유니코드 문자 '똥 더미 에모지(PILE OF POO)', U+1F4A9) 같은 인간 커뮤니케이션의 필수 도구를 비롯해 10만 개를 훌쩍 넘는 다양한 코드 포인트가 탄생했다.

  그러나 코드 포인트가 아무리 늘어나도 언어가 지원하는 모든 가시적인 자체(字體, glyph)를 나타내기엔 부족하다. 그래서 유니코드에는 선행 코드 포인트를 수정하는 **결합 문자(combining character)**라는 것이 있다. 가령, 'a' 뒤에 ' ¨ '가 결합되면 'ä'가 되는 식이다. ('ä'처럼 보이는 단일 코드 포인트도 유니코드에 있기 때문에 무척 헷갈린다.)

  그럼 사용자가 'naïve'의 네 번째 '문자'에 액세스하면, 'v'를 얻을까, 아니면 ' ¨ '를 얻을까? 전자는 각 코드 포인트와 결합 문자를 하나의 단위(유니코드에서는 확장 그래프 클러스터(extended grapheme cluster)라고 한다)로 보는 관점이고, 후자는 개별적인 코드 포인트로 보는 관점이다. 사용자는 둘 중 어느 쪽을 기대할까?

---

6 https://en.wikipedia.org/wiki/ASCII
7 옮긴이 Record Separator, ASCII 0×1E(RS)
8 옮긴이 Synchronous Idle, ASCII 0×16(SYN)
9 옮긴이 acute accent, 유니코드 U+0301(´)
10 옮긴이 grave accent, 유니코드 U+0300(`)
11 옮긴이 그뤼에르, 치즈 이름
12 옮긴이 뫼틀리 크뤼, 미국 LA 출신의 헤비메탈 밴드
13 https://en.wikipedia.org/wiki/Unicode

- 메모리에 단일 단위는 어떻게 표현되는가? ASCII를 사용하는 시스템은 대부분 문자당 1바이트를 부여하고 상위 비트(high bit)는 사용하지 않았다. 유니코드에는 몇 가지 대표적인 인코딩 방식이 있다. UTF-16은 대부분의 코드 포인트를 16비트에 집어넣은 것이다. 모든 코드 포인트가 이 크기에 들어맞던 시절에는 훌륭한 방법이었지만, 코드 포인트가 넘쳐 흐르자 하나의 코드 포인트를 여러 16비트 코드 단위로 사용하는 써로게이트 페어(surrogate pairs)[14]를 추가했다. UTF-32는 UTF-16 이후 발전된 버전으로, 각 코드 포인트마다 32비트를 전부 다 쓴다.

  UTF-16, UTF-32보다 복잡한 UTF-8은 가변 바이트 수를 이용해 코드 포인트를 인코드한다. 코드 포인트 값이 낮은 문자들은 적은 바이트에 들어간다. 문자마다 차지하는 바이트 수가 다를 수 있기 때문에 문자열을 직접 인덱싱해서 어떤 코드 포인트를 찾기란 불가능하다. 예를 들어 10번째 코드 포인트를 찾을 경우, 앞에 나온 코드 포인트를 모두 찾아보고 디코딩해보지 않고서는 문자열에 몇 바이트가 있는지 알 길이 없다.

문자 표현과 인코딩을 선택하는 문제는 근본적인 트레이드오프가 수반된다. 엔지니어링의 많은 것들이 그렇듯이 여기서도 완벽한 정답은 없다.

> 이 문제가 얼마나 어려운지는 파이썬만 봐도 알 수 있다. 파이썬 2에서 파이썬 3로 전환하는 과정이 길고 고통스러웠던 이유는 대부분 문자열 인코딩과 관련된 변경 사항 때문이었다.

- ASCII는 메모리를 효율적으로 사용하며 빠르지만 비라틴(non-Latin) 언어를 푸대접한다.

- UTF-32는 빠르고 모든 유니코드 범위를 커버하지만, 대부분의 코드 포인트는 32비트를 전부 다 필요로 하지 않는 낮은 범위에 있기 때문에 메모리 낭비가 심하다.

- UTF-8은 메모리 효율이 높고 전체 유니코드 범위를 커버하지만, 가변 길이 인코딩으로 인해 랜덤하게 코드 포인트에 액세스하는 속도가 느리다.

- UTF-16은 나머지 둘보다 더 나쁜데, 이는 유니코드가 이전 16비트 범위를 넘어서면서 생긴 추악한 결과다. UTF-8보다 메모리 효율성이 떨어지고 써로게이트 페어 탓에 여전히 가변 길이 인코딩이다. UTF-16은 가급적 쓰지 말라. 여러분의 언어가 브라우저, JVM, CLR에서 실행되거나 상호 운용되어야 한다면, 이들 모두 문자열에 UTF-16을 사용하므로 문자열을 하부 시스템에 전달할 때마다 변환할 필요가 없다.

'가장 많은' 문자를 지원하면서 '가장 올바른' 작업을 수행하는 길을 택하라. 모든 유니코드 코드 포인트를 지원하라. 내부적으로 각 문자열의 내용에 따라 인코딩을 선택하면 된다. 가령, 모든 코드 포인트가 1바이트로 해결되면 ASCII, 써로게이트 페어가 없으면 UTF-16을 사용하는 식이다. 사용자가 코드 포인트와 확장 그래프 클러스터 모두 반복할 수 있도록 API를 제공하라.

배경 지식은 이 정도면 충분하지만 막상 실체는 복잡하고 구현, 디버깅, 최적화 등 해야 할 일이 너무 많다. 문자열을 직렬화하거나 다른 시스템과 상호 운용할 경우에는 모든 인코딩을 처리해야 한다. 사용자는 두 가지 인덱싱 API를 이해하고 어느 것을 어떤 경우에 사용해야 하는지 숙지해야 한다. 라쿠(Raku)나 스위프트(Swift)처럼 비교적 최근에 나온 대규모 언어도 이런 식으로 접근한다.

---

14 옮긴이 https://learn.microsoft.com/en-us/globalization/encoding/surrogate-pairs

조금 더 간단한 절충안은 항상 UTF-8을 사용해서 인코드하고 코드 포인트로 작동되는 API만 표출하는 것이다. 그래프 클러스터로 작업하려는 사용자는 서드파티 라이브러리를 사용하라. ASCII보다는 덜 라틴어 중심적이지만 엄청 더 복잡한 것은 아니다. 코드 포인트별로 직접 인덱싱하는 속도는 느려지지만, 일반적으로 이 기능 없이 사용해도 되며 O(1) 대신 O(n)으로 만들어도 괜찮다.

내가 만약 대형 애플리케이션을 구축하는 프로그래머를 위해 거대한 프로그래밍 언어를 디자인한다면 아마도 가장 많은 문자를 지원하는 방식으로 접근할 것이다. 내가 만든 작은 임베디드 스크립트 언어인 렌 (Wren)도 UTF-8과 코드 포인트를 적용했다.

20장

해시 테이블

해시

x. 이 단어의 정의는 없다. 해시가 무엇인지는 아무도 모른다.[1]

암브로스 비어스(Ambrose Bierce), 『악마의 사전(The Unabridged Devil's Dictionary)』

한창 발전 중인 씨록스 VM에 변수를 추가하려면 먼저 변수의 이름으로 값을 조회할 수단이 필요하다. 나중에 클래스를 추가할 때 인스턴스의 필드를 담을 방법도 필요하다. 이런 부류의 문제의 해결사로는 역시 해시 테이블(hash table)이 제격이다.

해시 테이블이라는 이름은 몰라도 해시 테이블이 무엇인지는 이미 알고 있을 것이다. 자바 프로그래머는 '해시맵(HashMap)', C#과 파이썬 사용자들은 '딕셔너리(dictionary)'라고 부른다. C++에서는 '정렬되지 않은 맵(unordered map)'이라고 한다. 자바스크립트의 '객체(object)'와 루아의 '테이블(table)'도 사실 내부적으로는 해시 테이블이라서 구조가 유연하다.

뭐라고 부르든 간에, 해시 테이블은 **키(key)**의 집합을 **값(value)**의 집합과 연관 짓는다. 각각의 키/값 쌍이 해시 테이블의 **엔트리(entry)**다. 키만 있으면 해당하는 값을 조회할 수 있다. 새로운 키/값 쌍을 추가하고 키로 엔트리를 삭제할 수 있다. 기존 키에 새 값을 추가하면 이전 엔트리는 교체된다.

해시 테이블은 아주 강력해서 많은 언어에 자주 등장하는 단골 손님이다. 해시 테이블은 키가 주어지면 테이블에 포함된 키의 개수와 상관없이 O(1)에 해당 값을 리턴한다는 점에서 강력한 성능을 자랑한다.

> 좀 더 구체적으로 말하면, 평균적인 케이스의 조회 시간이 일정하다. 최악의 경우는 성능이 더 나빠질 수 있지만, 실제로 더 나빠지지 않고 정상 경로에 머무르는 경우가 더 많다.

생각해보면 아주 놀라운 일이다. 지금 여러분 책상에 명함 더미가 한가득 쌓여 있다고 하자. 누가 그중 어떤 사람의 명함을 찾아달라고 부탁한다. 명함 더미가 클수록 찾는 시간은 오래 걸릴 것이다. 명함이 분류별로 잘 정리되어 있고 손재주가 탁월한 사람이 뒤져도 손으로 이진 검색을 하면 O(log n)만큼 걸린다. 그러나 해시 테이블을 사용하면 명함이 100만 개라도 똑같은 시간에 원하는 명함을 찾을 수 있다.

> 모든 명함을 알파벳 글자별로 칸막이로 나뉘어져 있는 롤로덱스(Rolodex, 요즘도 이런 장치가 있었는지 기억하는 사람들이 있을까?)에 꽂으면 찾는 속도가 비약적으로 빨라진다. 사실 해시 테이블이 사용하는 트릭도 이와 크게 다르지 않다.

---

1 옮긴이 https://dd.pangyre.org/h/hash.html

20.1 버킷 배열

INTERPRETER

완전하고 빠른 해시 테이블에는 몇 가지 구동 요소가 있다. 작은 예제와 그 해결책을 통해 한 번에 하나씩 소개하겠다. 결국에는 모든 이름 집합을 그 값과 연결 가능한 자료 구조로 만들 것이다.

지금 록스가 변수 이름에 훨씬 더 많은 제약이 있다고 상상해보자. 예컨대, 소문자 하나로만 변수를 명명해야 한다면 어떨까? 이런 경우에도 변수 이름과 그 값의 집합을 효율적으로 나타낼 수 있을까?

터무니없는 제약은 아니다. 다트머스 베이직(Dartmouth BASIC) 초기 버전은 문자 1개와 그 뒤에 옵셔널 숫자 1개를 결합해서 변수를 명명해야 했다.[2]

가능한 변수 이름을 다 합해도 26개(언더스코어까지 '문자'로 보면 27개)밖에 없으니 답은 간단하다. 26개 원소를 가진 고정 크기 배열을 선언하면 된다. 이 배열의 각 원소는 관례에 따라 **버킷(bucket)**이라 부르겠다. 각 버킷마다 인덱스 0에 있는 a부터 시작되는 변수 이름을 죽 담는다. 어떤 문자의 인덱스에 값이 있으면 그 값에 해당하는 키가 존재한다는 뜻이고, 그렇지 않으면 버킷은 비어 있고 해당 키/값 쌍은 자료 구조에 없는 것이다.

적당한 크기의 배열 하나면 충분하기에 메모리 사용률이 아주 우수하다. 빈 버킷 탓에 일부 낭비는 있지만 그리 크지는 않다. 노드 포인터, 패딩처럼 연결 리스트나 트리 같은 자료 구조에 수반되는 오버헤드도 없다.

성능은 정말 좋다. 변수 이름(해당 문자)이 주어지면 a의 ASCII 값을 뺀 값을 사용해서 배열에 직접 인덱싱할 수 있다. 그런 다음 기존 값을 조회하거나 해당 슬롯에 바로 새 값을 저장하는 것이다. 이보다 더 빠를 수 있을까?

플라톤도 탄복할 만한 이상적인 자료 구조다. 번개처럼 빠르고, 미친 듯이 단순하며, 메모리도 컴팩트하다. 더 복잡한 키를 지원할수록 약간의 양보도 필요하겠지만, 이것이 바로 우리가 지향하는 목표다. 해시 함수, 동적 크기 조정, 충돌 해결 기능을 추가해도 결국 모든 해시 테이블의 핵심은 직접 인덱싱하는 연속된 버킷 배열이다.

다시 말하지만, 이런 제약이 전혀 말이 안 되는 것이 아니다. 초기 C 링커는 외부 식별자의 처음 6자만 유효한 것으로 취급하고 그 뒤에 나오는 문자는 모두 무시했다. C 표준 라이브러리가 그토록 약어에 집착했던 (strncmp()만 봐도 그렇지 않은가!) 이유가 비단 당시 작은 모니터 화면(또는 텔레타이프!) 때문만은 아니다.

20.1.1 로드 팩터 및 래핑된 키

변수 이름을 문자 1개로 제한하면 구현자가 할 일은 팍 줄어들겠지만, 26개 저장 위치만 제공하는 언어로 프로그래밍하는 것이 재미가 있을까? 이 제한을 조금 풀어 최대 8자 문자까지 허용하면 어떨까?

---

2 옮긴이 변수 이름은 총 286가지만 사용할 수 있다.

이는 8개 문자를 모두 64비트 정수로 묶고 문자열을 쉽게 숫자로 바꿀 수 있을 정도로 충분히 작은 크기다. 그리고 이 숫자를 배열 인덱스로 사용하는 것이다. 아니면 적어도 295,148페타바이트의 배열을 할당할 수 있으면 가능하다. 메모리 가격은 시간이 흐르면서 점점 하락하지만 그렇다고 껌 값은 아니다. 설령 그 정도로 큰 배열을 만들 수 있어도 극악무도한 낭비다. 사용자의 예상보다 훨씬 더 큰 록스 프로그램을 작성하지 않는 한 거의 모든 버킷은 빈 상태이리라.

변수의 키가 전체 64비트 숫자 범위를 차지하더라도 이 정도로 큰 배열이 필요하지 않은 것은 분명하다. 대신, 필요한 엔트리를 담을 만큼 크지만 지나치게 크진 않은 배열을 할당한다. 그리고 값을 배열 크기로 나눈 나머지를 계산해 전체 64비트 키를 더 작은 범위에 매핑한다. 이렇게 하면 더 작은 범위의 배열 원소에 맞을 때까지 큰 범위의 숫자를 접는(fold) 것이다.

예를 들어, 'bagel'을 저장한다고 하자. 나중에도 부족함이 없도록 원소가 8개인 배열을 할당한다. 키 문자열은 64비트 정수로 취급한다. 인텔 계열의 리틀 엔디안(little-endian) 머신에서 이런 문자를 64비트 워드로 묶으면 최하위 바이트(least-significant byte)에 첫 번째 문자 'b'(ASCII 값 98)가 배치된다. 경계를 벗어나지 않게 이 정수를 배열 크기(8)로 나눈 나머지를 계산하여 버킷 인덱스 2를 얻은 다음 평소처럼 값을 저장한다.

> 여기서는 배열 크기에 2의 거듭제곱을 적용했지만, 꼭 그럴 필요는 없다. 이 책에서 만드는 해시 테이블은 2의 거듭제곱으로 해야 가장 잘 작동된다. 소수 배열 크기 또는 다른 규칙을 사용하는 형태의 해시 테이블도 있다.

배열 크기를 나눗셈의 분모로 사용하면 어떤 크기의 배열도 키의 숫자 범위를 알맞게 맞출 수 있고 키 범위와 독립적으로 버킷 수를 제어할 수 있다. 이렇게 하면 메모리 낭비 문제는 해결되지만 새로운 문제가 대두된다. 배열 크기로 나눈 나머지와 키가 동일한 두 변수는 동일한 버킷으로 들어가게 된다. 즉, 키가 **충돌 (collide)**하는 것이다. 예를 들어, 'jam'을 추가하면 버킷 2로 들어가 충돌된다.

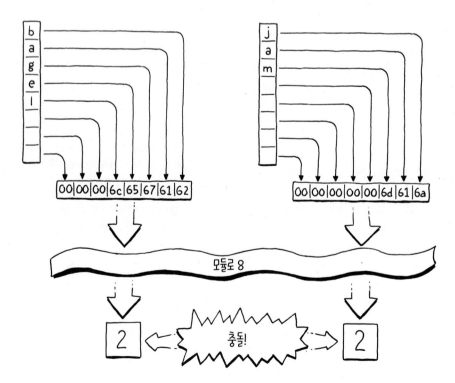

이 문제는 배열 크기를 조정해서 어느 정도 해소할 수 있다. 배열이 클수록 동일한 버킷에 매핑되는 인덱스 수가 줄어들고 충돌 가능성은 감소한다. 해시 테이블의 구현자는 테이블의 **로드 팩터(load factor, 적재율)**를 계산하여 충돌 가능성을 추적한다. 로드 팩터는 엔트리 수를 버킷 수로 나눈 값이다. 가령, 엔트리가 5개인 해시 테이블과 원소가 16개인 배열이 있으면 로드 팩터는 0.3125다. 로드 팩터가 커질수록 충돌 가능성은 증가한다.

해시 충돌 가능성을 낮추는 한 가지 방법은 배열의 크기를 재조정하는 것이다. 앞서 구현한 동적 배열과 마찬가지로 해시 테이블의 배열이 가득 차면 배열의 몸집을 키워 다시 할당한다. 하지만 배열이 가득 찰 때까지 기다리는 게 아니라, 원하는 로드 팩터를 지정하고 그 값을 초과하는 배열의 몸집을 키우는 것이 여느 동적 배열과의 차이점이다.

20.2 / 충돌 해결

로드 팩터가 아무 낮아도 충돌 가능성은 존재한다. 생일 역설(birthday paradox)[3]에 따르면, 해시 테이블의 엔트리가 증가할수록 충돌 가능성은 급격히 증가한다. 처음부터 배열 크기를 크게 잡으면 충돌 가능성은 낮아지지만 그것은 지는 게임이다. 예를 들어, 어느 해시 테이블에 100개의 엔트리를 저장한다고 하자. 충돌 가능성을 (여전히 꽤 높은) 10% 이하로 유지하려면 원소가 적어도 47,015개인 배열이 필요하다. 1% 미만으로 낮추려면 원소가 492,555개인 배열이 필요한데, 엔트리 하나당 4,000개 이상의 빈 버킷을 사용하는 셈이다.

로드 팩터를 낮추면 충돌 역시 드물게 발생하지만, 비둘기집 원리(pigeonhole principle)[4]에 따라 충돌 가능성을 완전히 제거할 수는 없다. 비둘기가 다섯 마리 있고 그들을 집어넣을 구멍이 4개밖에 없으면 적어도 1개의 구멍에는 한 마리 이상의 비둘기가 들어갈 수밖에 없다. 마찬가지로, 18,446,744,073,709,551,616개의 변수 이름을 가진 적당한 크기의 배열이 있다 해도 결국 동일한 버킷에 다수의 키가 포함될 가능성은 존재한다.

그러므로 해시 테이블에서 충돌이 발생하더라도 우아하게 처리하는 방안을 강구해야 한다. 사용자는 여러분이 만든 프로그래밍 언어가 그저 대부분의 시간에만 정확하게 변수를 조회하는 정도로는 만족하지 않을 것이다.

우스꽝스러운 이름의 두 가지 수학 공식을 조합하면 이런 결론을 내릴 수 있다. 구멍이 365개인 비둘기집을 구입해서 각 비둘기의 생일에 따라 계산된 구멍에 각자 집어넣는다. 임의로 선택한 비둘기가 대략 26마리만 있어도 같은 구멍에 두 마리 비둘기가 들어가게 될 확률은 50%가 넘는다.

---

3 https://en.wikipedia.org/wiki/Birthday_problem
4 https://en.wikipedia.org/wiki/Pigeonhole_principle

20.2.1 개별 체이닝

충돌 해결 기법은 크게 두 가지 범주로 나뉜다. 첫째, **개별 체이닝(separate chaining)**이다. 각 버킷에 하나의 엔트리가 아닌, 다수의 엔트리를 채우는 방법이다. 일반적으로 각 버킷이 엔트리의 연결 리스트를 바라보도록 구현한다. 엔트리를 조회하려면 해당 버킷을 찾은 다음 키가 매치되는 엔트리가 나올 때까지 리스트를 탐색한다.

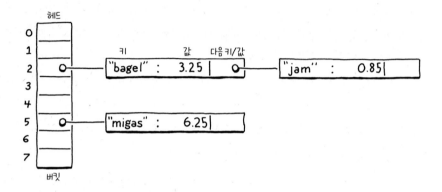

모든 엔트리가 동일한 버킷에서 충돌하는 최악의 경우, O(n) 조회를 하는 정렬되지 않은(unsorted) 단일 연결 리스트의 자료 구조가 된다. 실제로 이러한 경우는 로드 팩터를 조정하고 버킷에 엔트리를 흩뿌리는 방식으로 제어하여 쉽게 해결할 수 있다. 일반적인 개별 체이닝된(separate-chained) 해시 테이블에서 버킷 하나에 엔트리가 여럿 있는 경우는 거의 없다.

개별 체이닝의 개념은 간단하다. 글자 그대로 연결 리스트의 배열이다. 대부분의 작업은 간단하게 구현할 수 있다. 나중에 살펴보겠지만 삭제하는 작업도 간단하다. 그러나 이 기법은 최신 CPU에는 그리 적합하지 않다. 포인터로 인한 오버헤드가 많고 작은 연결 리스트 노드가 메모리 곳곳에 분산되는 경향이 있어서 캐시 용도로 적절하지 않다.

> 이를 최적화하는 몇 가지 트릭이 있다. 많은 구현체가 첫 번째 엔트리를 버킷에 바로 저장하므로 엔트리가 하나밖에 없는 일반적인 경우에는 부가적인 포인터 간접 참조가 필요하지 않다. 또한 각 연결 리스트 노드가 엔트리를 몇 개씩 저장하도록 만들어 포인터 오버헤드를 줄이는 방법도 있다.

20.2.2 오픈 어드레싱

둘째, **오픈 어드레싱(open addressing)** 또는 (좀 헷갈리지만) **클로즈드 해싱(closed hashing)**이라는 기법이다. 모든 엔트리를 버킷당 하나씩, 버킷 배열에 직접 저장하는 방법이다. 두 엔트리가 동일한 버킷에서 충돌하면 대신 사용할 다른 빈 버킷을 찾는다.

> 엔트리가 자신이 원하는 주소가 아닌 다른 주소(버킷)에 들어가게 될 수 있으므로 '오픈 어드레싱'이라는 이름이 붙었다. 또 모든 엔트리가 버킷 배열 내부에 있기 때문에 '클로즈드 해싱'이라고 한다.

모든 엔트리를 하나의 연속된 큰 배열에 저장하면 메모리 표현을 간단하고 빠르게 유지할 수 있어 좋다. 하지만 해시 테이블의 모든 작업이 한층 더 복잡해진다. 엔트리를 삽입할 때 해당 버킷이 차 있으면 다른 버킷을 찾아봐야 할 수도 있고, 그렇게 해서 찾은 버킷도 차 있으면 또 다른 버킷을 찾아보는 식으로 계속 작업이 필요하다. 이렇게 가용 버킷을 찾는 과정을 **프로빙(probing)**, 버킷을 찾는 순서를 **프로브 시퀀스(probe sequence)**라고 한다.

어느 버킷을 프로브할지, 그리고 어느 엔트리를 어느 버킷에 넣을지 결정하는 알고리즘은 다양하다. 약간만 조정을 가해도 성능은 크게 달라지기 때문에 지금까지 수많은 연구가 진행되어 왔다. 해시 테이블처럼 자주 쓰이는 자료 구조의 경우, 갖가지 하드웨어에 배포된 엄청나게 많은 실세계 프로그램의 성능에 지대한 영향을 미친다.

> 더 자세한 내용이 궁금한 독자는 (개중에 정말 멋진 기법도 있으니 꼭 찾아보길!), '이중 해싱(double hashing)', '쿠쿠 해싱(cuckoo hashing)', '로빈 후드 해싱(Robin Hood hashing)' 등을 찾아보기 바란다.

나는 지금까지 이 책에서 견지한 방침에 따라 소기의 목적을 가장 효율적으로 달성하는 수단을 택하겠다. 그것이 바로 오래된 **선형 프로빙(linear probing)**이다. 이 알고리즘에 따르면, 엔트리를 찾을 때 첫 번째 버킷에서 키가 매핑되는 엔트리가 있는지 찾아보고 없으면 배열의 그다음 원소를 찾는 식으로 작업을 이어간다. 끝 부분에 도달하면 다시 처음으로 돌아간다.

선형 프로빙은 캐시 친화적(cache friendly)이라는 장점이 있다. 메모리에 있는 순서대로 배열을 직접 탐색하기 때문에 CPU 캐시 라인이 만족스럽게 가득 찬 상태로 유지된다. 반면 **클러스터링(clustering)**이 발생하기 쉬운 단점이 있다. 키의 숫자 값이 비슷한 엔트리가 많은 경우, 바로 다음에 있는 것들과 서로 충돌하는 사태가 걷잡을 수 없이 발생할 가능성이 있다.

개별 체이닝에 비해 오픈 어드레싱은 이해하기가 더 힘들 수 있다. 솔직히 나는 노드의 '리스트'가 버킷 배열 자체를 통해 스레드된다는 점을 제외하면 오픈 어드레싱이 개별 체이닝과 비슷하다고 생각한다. 노드 간 링크를 포인터에 저장하는 대신, 버킷을 살펴보는 순서에 따라 암묵적으로 연결이 계산되는 것이다.

까다로운 부분은, 이러한 암묵적 리스트 중에서 서로 인터리브된 것들이 존재할 수 있다는 점이다. 흥미로운 케이스를 모두 커버하는 예제 하나를 보며 설명하겠다. 값은 일단 무시하고 키 집합에만 신경 쓰자. 자, 다음 그림과 같이 버킷 8개로 구성된 빈 배열이 있다.

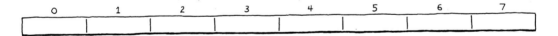

여기에 "bagel"을 삽입한다. 첫 번째 문자 "b"(ASCII 값 98)는 배열 크기(8)로 나눈 나머지가 2이므로 버킷 2에 넣는다.

다음으로 "jam"을 삽입한다. 이것도 106 mod 8 = 2이므로 버킷 2로 가야 하지만, 이 버킷은 이미 임자("bagel")가 있으니 그다음에 있는 버킷 3을 프로브한다. 다행히 비어 있으니 여기에 넣는다.

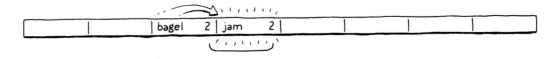

"fruit"를 삽입한다. 별 문제없이 버킷 6에 안착한다.

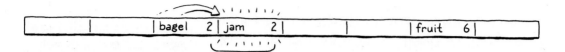

"migas"도 원하는 대로 버킷 5로 간다.

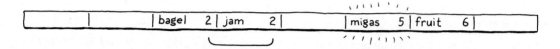

자, 이제 "eggs"를 삽입한다. 나머지가 5이므로 버킷 5로 보내고 싶지만, 이미 임자("migas")가 있으니 버킷 6으로 넘어간다. 그런데 버킷 6도 임자("fruit")가 있다. 이 버킷 6에 있는 엔트리는 동일한 프로브 시퀀스의 일부가 아니다. "fruit"는 자신이 원하는 버킷 6에 있으니 5와 6 시퀀스가 충돌하여 인터리브된다. 결국 "eggs"는 여기도 건너뛰어 버킷 7로 향한다.

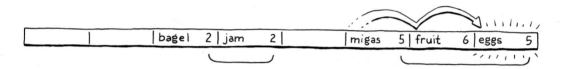

다음에 "nuts"를 삽입할 때에도 비슷하다. 원하는 버킷 6에 둥지를 틀 수가 없고 그다음 버킷 7도 마찬가지다. 계속 찾아보지만 배열 끝부분에 도달하여 다시 0으로 돌아가 그곳에 배치된다.

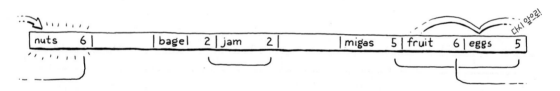

실제로 인터리빙은 큰 문제가 되지 않는 것으로 밝혀졌다. 개별 체이닝에서도 여러 키가 동일한 버킷에 모일 수 있기 때문에 각 엔트리의 키를 체크하기 위해 리스트를 살펴봐야 한다. 오픈 어드레싱에서도 이와 동일한 체크를 해야 하며, 다른 원본 버킷에 '속한' 엔트리를 밟고 넘어가는 경우도 마찬가지다.

20.3 해시 함수

이제 최대 8자까지 변수 이름을 저장할 수 있는 상당히 효율적인 테이블을 직접 만들 수 있게 됐다. 하지만 이 길이 제약은 여전히 성가시다. 어떤 길이의 문자열이라도 고정 크기의 정수로 변환할 방법은 없을까?

있다. 이것이 바로 '해시 테이블'의 '해시'다. **해시 함수(hash function)** 는 큰 데이터 뭉치를 가져와 글자 그대로 '해시(hash)'한다. 즉, 원본 데이터의 모든 비트에 따라 값이 달라지는 고정 크기의 정수 **해시 코드(hash code)** 를 생성한다. '좋은(good)' 해시 함수는 다음 세 가지 요건을 만족한다.

> 해시 함수는 암호학에서도 쓰인다. 이 분야에서 '좋은'은 해시한 데이터의 세부 정보가 노출되지 않도록 훨씬 더 엄격하게 정의된다. 다행히 이 책에서는 그렇게까지 신경 쓸 필요가 없다.

- **결정적이어야(deterministic) 한다.** 동일한 입력은 항상 동일한 숫자로 해시되어야 한다. 동일한 변수인데도 그때그때 다른 버킷에 저장되면 찾기가 정말 어려울 것이다.

- **균일해야(uniform) 한다.** 어떤 입력 값이 주어지더라도 가능한 한 덩어리지지 않고 패턴이 거의 없이, 넓고 고르게 분포된 범위의 숫자를 내야 한다. 충돌과 클러스터링을 최소화하려면 값을 전체 숫자 범위에 고르게 분산시키는 게 좋다.

> 해시 테이블을 '스캐터 테이블(scatter table)'이라고 부르던 시절도 있었다. 엔트리를 가져와 배열 전체에 골고루 흩뿌리기 때문에 붙여진 이름이다. '해시(hash)'라는 단어는, 해시 함수가 입력 데이터를 가져와 잘게 쪼개고 그 모든 비트를 한데 모아 하나의 숫자를 만들어낸다는 아이디어에서 유래됐다.

- **빨라야(fast) 한다.** 해시 테이블의 모든 연산은 먼저 키를 해시해야 하는데, 해싱 자체가 느리면 배열이 저장된 내부 스토리지가 아무리 빨라도 그 효과가 반감된다.

해시 함수는 정말 정말 다양하다. 그중에는 더 이상 아무도 사용하지 않는 아키텍처에 최적화된 낡은 함수도 있다. 속도에 최적화된 함수도 있고 암호학적으로 안전한 함수도 있다. 또 특정 칩의 벡터 명령어와 캐시 크기를 활용하는 함수도 있고 이식성을 극대화하는 것이 목표인 함수도 있다.

식도락을 즐기듯 해시 함수를 디자인하고 평가하는 것이 취미인 사람도 있다. 아쉽게도 나는 그분들처럼 수학적으로 뛰어난 두뇌를 갖고 있지 않기 때문에 씨록스에는 FNV-1a라는 단순하고 오래된 해시 함수를 적용하겠다. 수년 동안 나는 이 함수를 잘 사용해왔다. 여러분도 각자 다른 해시 함수를 적용해보고 차이점이 무엇인지 확인하기 바란다.

> 누가 알겠는가? 그 해시 함수가 여러분의 오랜 벗이 될지...

좋다! 지금부터 버킷, 로드 팩터, 오픈 어드레싱, 충돌 해결, 해시 함수를 빠르게 살펴보겠다. 글귀는 무진장 많은데 정작 코드는 별로 없다. 모호하게 느껴져도 걱정 말라. 코딩이 다 끝나면 모든 아귀가 딱딱 들어맞을 테니...

해시 테이블은 균형 탐색 트리(balanced search tree) 같은 다른 고전적인 기법에 비해 실제 데이터 구조가 매우 간단하다는 장점이 있다. 해시 테이블은 새로운 모듈에 작성하겠다.

---

table.h ▶ 새 파일 생성

```
#ifndef clox_table_h
#define clox_table_h

#include "common.h"
#include "value.h"

typedef struct {
  int count;
  int capacity;
  Entry* entries;
} Table;

#endif
```

해시 테이블은 엔트리의 배열이다. 앞서 동적 배열과 마찬가지로, 할당된 배열 크기(capacity)와 배열에 현재 저장된 키/값 쌍의 개수(count)를 모두 추적한다. capacity 대비 count의 비율이 곧 해시 테이블의 로드 팩터다.

다음은 엔트리의 구조체다.

---

table.h

```
#include "value.h"

typedef struct {
  ObjString* key;
  Value value;
} Entry;

typedef struct {
```

단순 키/값 쌍이다. 키는 항상 문자열이기 때문에 Value로 래핑하는 대신 ObjString 포인터를 직접 저장한다. 이렇게 해야 조금이라도 더 빠르고 크기가 작아진다.

빈 해시 테이블을 새로 만들기 위해 유사 생성자 함수를 선언한다.

> 씨록스는 문자열 키만 지원하면 된다. 다른 타입의 키를 처리한다고 해서 많이 더 복잡해지는 건 아니다. 두 객체가 동등한지 비교하고 비트 시퀀스로 줄일 수만 있으면 해시 키로 사용하는 일은 어렵지 않다.

```
} Table;

void initTable(Table* table);

#endif
```

initTable() 함수를 정의하려면 새로운 구현 파일이 필요하다. 기왕 시작한 김에 번거로운 인클루드부터 한 번에 해결하자.

table.c ▶ 새 파일 생성

```
#include <stdlib.h>
#include <string.h>

#include "memory.h"
#include "object.h"
#include "table.h"
#include "value.h"

void initTable(Table* table) {
  table->count = 0;
  table->capacity = 0;
  table->entries = NULL;
}
```

동적 값 배열 타입과 마찬가지로, 해시 테이블도 처음에는 용량이 0인 NULL 배열로 시작한다. 필요할 때까지 아무것도 할당하지 않는다. 결국 언젠가는 할당하게 될 테니 메모리에서 해제할 장치도 필요하다.

```
void initTable(Table* table);
void freeTable(Table* table);

#endif
```

영광스러운 구현 코드는 다음과 같다.

table.c ▶ initTable() 함수 다음에 추가

```
void freeTable(Table* table) {
  FREE_ARRAY(Entry, table->entries, table->capacity);
  initTable(table);
}
```

다시 봐도 동적 배열처럼 보인다. 사실 해시 테이블은 기본적으로 엔트리를 삽입하는 정책이 퍽 유별난 동적 배열이라고 볼 수 있다. NULL 체크는 FREE_ARRAY()가 이미 우아하게 처리하므로 여기서는 따로 신경 쓸 필요가 없다.

20.4.1 문자열 해싱

테이블에 엔트리를 넣으려면 먼저 해시를 해야 한다. 엔트리를 배열 곳곳에 고루 퍼뜨릴, 키 문자열의 모든 비트를 살펴보는 좋은 해시 함수가 필요하다. 예를 들어, 처음 몇 문자만 들여다보는 해시 함수를 사용하면 키 문자열이 모두 동일한 접두어를 갖고 있는 경우, 동일한 버킷에서 빈번한 충돌이 발생할 것이다.

반면에 해시를 계산하기 위해 전체 문자열을 탐색하면 속도는 기대하기 어렵다. 테이블에서 키를 찾을 때마다 문자열을 탐색하면 해시 테이블의 미덕인 우수한 성능이 빛을 보지 못할 것이다. 마땅히 캐시라는 확실한 처방이 필요하다.

ObjString이 있는 object 모듈에 다음 한 줄을 추가한다.

object.h ▶ ObjString 구조체

```
  char* chars;
  uint32_t hash;
};
```

각 ObjString마다 자기 문자열의 해시 코드를 저장한다. 록스에서 문자열은 불변이므로 해시 코드를 한 번 계산하면 절대 무효화될 일은 없다. 여기서 해시 코드를 즉시 캐시하는 것이다. 문자열을 할당하고 해당 문자를 복사하는 작업은 O(n)이므로 문자열의 해시를 O(n) 복잡도로 계산하기에 적절한 타이밍이다.

문자열을 할당하는 내부 함수를 호출할 때마다 다음과 같이 해시 코드를 전달한다.

object.c ▶ allocateString() 함수 코드 1줄 교체

```
static ObjString* allocateString(char* chars, int length,
                                 uint32_t hash) {
  ObjString* string = ALLOCATE_OBJ(ObjString, OBJ_STRING);
```

allocateString() 함수는 그냥 해시를 구조체에 저장한다.

object.c ▶ allocateString() 함수

```
  string->chars = chars;
  string->hash = hash;
  return string;
}
```

재미난 일은 호출자에서 일어난다. allocateString()은 두 군데서 호출된다. 하나는 문자열을 복사하는 함수, 또 하나는 기존에 동적 할당된 문자열의 소유권을 가져오는 함수다. 첫 번째 함수부터 살펴보자.

object.c ▶ copyString() 함수

```
ObjString* copyString(const char* chars, int length) {
  uint32_t hash = hashString(chars, length);
  char* heapChars = ALLOCATE(char, length + 1);
```

마법 따위는 없다. 해시 코드를 계산해서 전달한다.

object.c ▶ copyString() 함수 코드 1줄 교체

```
  memcpy(heapChars, chars, length);
  heapChars[length] = '\0';
  return allocateString(heapChars, length, hash);
}
```

두 번째 함수도 비슷하다.

object.c ▶ takeString() 함수 코드 1줄 교체

```
ObjString* takeString(char* chars, int length) {
  uint32_t hash = hashString(chars, length);
  return allocateString(chars, length, hash);
}
```

눈여겨봐야 할 부분은 다음 함수다.

object.c ▶ allocateString() 함수 다음에 추가

```
static uint32_t hashString(const char* key, int length) {
  uint32_t hash = 2166136261u;
  for (int i = 0; i < length; i++) {
    hash ^= (uint8_t)key[i];
    hash *= 16777619;
  }
  return hash;
}
```

이 함수가 씨록스의 실제 '해시 함수'다. 'FNV-1a'라는 알고리즘을 사용한 해시 함수로, 내가 아는 가장 간결한 해시 함수다. 간결함은 독자에게 모든 코드 줄을 보여주어야 하는 이 책에서 확실한 강점이다.

기본 개념은 매우 단순하며, 많은 해시 함수가 이와 동일한 패턴을 따른다. 일반적으로 신중하게 선택한 어떤 수학적 속성을 가진 상수를 초기 해시 값으로 시작하고 해시할 데이터를 하나씩 탐색한다. 각 바이트(또는 워드)마다 해시 값에 비트를 믹스한(mix) 다음, 결과 비트를 해시 값에 스크램블한다(scramble).

여기서 '믹스'와 '스크램블'의 의미가 상당히 복잡해질 수 있다. 어쨌든 궁극적인 목표는 바로 균일성 (uniformity)이다. 가능한 한 해시 값을 넓은 숫자 범위에 흩뿌려 충돌과 클러스터링을 방지하는 것이다.

20.4.2 엔트리 삽입

이제 문자열 객체의 해시 코드가 있으니 해시 테이블에 넣는다.

```
void freeTable(Table* table);
bool tableSet(Table* table, ObjString* key, Value value);

#endif
```

이 함수는 주어진 키/값 쌍을 해시 테이블에 추가한다. 해당 키로 매핑된 엔트리가 존재하면 새 값으로 이전 값을 덮어쓴다. 새 엔트리가 추가되면 true를 리턴한다. 구현 코드는 다음과 같다.

table.c ▸ freeTable() 함수 다음에 추가

```
bool tableSet(Table* table, ObjString* key, Value value) {
  Entry* entry = findEntry(table->entries, table->capacity, key);
  bool isNewKey = entry->key == NULL;
  if (isNewKey) table->count++;

  entry->key = key;
  entry->value = value;
  return isNewKey;
}
```

가장 흥미로운 부분은 곧이어 설명할 findEntry()다. 이 함수는 키를 받아 배열의 어느 버킷에 넣어야 하는지 결정한다. 그리고 해당 버킷(배열에 있는 엔트리의 주소)을 가리키는 포인터를 리턴한다.

버킷이 결정되면 삽입은 간단하다. 이미 존재하는 키의 값을 덮어쓰면 count가 늘어날 수 있으니 주의하여 해시 테이블의 크기를 업데이트한다. 그런 다음 키/값을 Entry의 해당 필드로 복사한다.

어, 그런데 뭔가 한 가지 놓친 느낌이다. 아직 Entry 배열을 할당조차 하지 않았다. 이런! 배열에 뭘 삽입하든 간에 그 배열이 존재하는지, 그리고 크기가 넉넉한지 확인해야 한다.

table.c ▸ tableSet() 함수

```
bool tableSet(Table* table, ObjString* key, Value value) {
  if (table->count + 1 > table->capacity * TABLE_MAX_LOAD) {
    int capacity = GROW_CAPACITY(table->capacity);
    adjustCapacity(table, capacity);
  }

  Entry* entry = findEntry(table->entries, table->capacity, key);
```

앞서 설명한 동적 배열의 크기를 키우는 코드와 비슷하다. 엔트리를 삽입할 용량이 모자라면 배열을 재할당하고 몸집을 늘린다. GROW_CAPACITY() 매크로는 기존 capacity를 받아 그 배수만큼 크기를 늘려 여러 번 삽입이 발생해도 일정한 성능을 유지할 수 있도록 한다.

여기서 흥미로운 차이점은 TABLE_MAX_LOAD 상수다.

table.c

```
#include "value.h"

#define TABLE_MAX_LOAD 0.75

void initTable(Table* table) {
```

테이블의 로드 팩터는 이 상수로 관리하는 것이다. 용량이 꽉 차면 늘리는 대신, 75% 이상 찰 무렵에 배열 크기를 늘린다.

곧 adjustCapacity() 구현 코드에 도착할 텐데, 그 전에 여러분이 궁금해 할 findEntry() 함수부터 살펴보자.

> 이상적인 최대 로드 팩터는 해시 함수, 충돌 해결 전략, 일반적인 키 집합(keyset)에 따라 달라진다. 록스처럼 작은 언어는 '실제' 데이터 집합이 없기 때문에 최적화하기 어렵다. 75%는 내가 대충 잡은 수치다. 여러분이 자체 해시 테이블을 구축할 때에는 벤치마킹을 통해 튜닝하기 바란다.

table.c ▶ freeTable() 함수 다음에 추가

```
static Entry* findEntry(Entry* entries, int capacity,
                        ObjString* key) {
  uint32_t index = key->hash % capacity;
  for (;;) {
    Entry* entry = &entries[index];
    if (entry->key == key || entry->key == NULL) {
      return entry;
    }

    index = (index + 1) % capacity;
  }
}
```

키와 버킷 배열을 가져와 엔트리가 어느 버킷에 속하는지 알아내는 이 함수는 해시 테이블의 진정한 코어에 해당된다. 또 선형 프로빙과 충돌 해결이 이루어지는 곳이기도 하다. 앞으로 해시 테이블에 있는 기존 엔트리를 조회하고 새 엔트리를 어디에 삽입할지 결정하는 데 이 함수를 사용할 것이다.

말은 거창하지만 내용은 많지 않다. 먼저 % 연산자로 키의 해시 코드를 배열 경계 내부의 인덱스에 매핑한다. 그러면 이상적인 조건에서 엔트리를 찾거나 배치할 수 있는 버킷 인덱스가 계산된다.

이때 몇 가지 확인해야 할 케이스가 있다.

- 해당 배열 인덱스에 있는 Entry의 키가 NULL이면 그 버킷은 비어 있다는 뜻이다. 해시 테이블에서 뭔가 조회하기 위해 findEntry()를 사용하면 엔트리 자체가 없다는 말이고, 엔트리를 삽입하는 용도로 이 함수를 사용할 경우에는 새 엔트리를 추가할 위치를 찾았음을 의미한다.

- 버킷에 있는 키가 찾고 있는 키와 같으면 해당 키가 이미 테이블에 있다는 증거다. 조회를 하는 중이라면 원하던 키를 찾았다는 뜻이다. 삽입을 하는 경우에는 새 엔트리를 추가하는 대신 찾은 키의 값을 바꿀 것이다.

> 문자열이 같은지 == 연산자로 확인하면 될 것 같지만, 메모리의 다른 위치에 동일한 문자열 사본이 2개 있을 가능성 때문에 안 된다. 영민한 독자들이여, 두려워 말라. 이 문제는 나중에 해결할 텐데, 그때 필요한 도구가 묘하게도 바로 이 해시 테이블이다.

- 그밖에 버킷에 엔트리가 있지만 키가 달라 해시 충돌이 일어나는 경우다. 즉시 프로빙을 시작한다. 이 것이 for 루프가 하는 일이다. 엔트리가 이상적으로 들어갈 버킷부터 시작해, 버킷이 비어 있거나 키 가 동일하면 작업을 마치고, 그렇지 않으면 그다음 원소로 이동해('선형 프로빙'에서 '선형'에 해당하는 부분) 계속 체크한다. 배열 끝을 넘어가면 두 번째 나머지 연산자가 처음으로 되돌린다.

빈 버킷이 나오거나 찾고 있는 키와 키가 같은 버킷이 발견되면 루프를 나간다. 그렇다면 무한 루프에 빠질 가능성은 없을까? 즉, 모든 버킷과 충돌하면 어떻게 될까? 다행히 로드 팩터 덕분에 그런 일은 일어나지 않는다. 배열이 가득 차면 곧바로 배열 사이를 늘리므로 항상 빈 버킷은 있다.

루프 내에서 직접 찾은 Entry를 가리키는 포인터를 리턴하므로, 호출자는 여기에 뭔가 삽입하거나 읽을 수 있다. 이 작업을 처음 일으킨 tableSet() 함수로 돌아가 리턴된 버킷에 새 엔트리를 저장하면 모든 작업이 끝난다.

20.4.3 할당 및 크기 조정

해시 테이블에 엔트리를 넣으려면 실제로 저장 공간을 확보해야 한다. 다음은 버킷 배열을 할당하는 함수다.

table.c ▶ findEntry() 함수 다음에 추가

```c
static void adjustCapacity(Table* table, int capacity) {
  Entry* entries = ALLOCATE(Entry, capacity);
  for (int i = 0; i < capacity; i++) {
    entries[i].key = NULL;
    entries[i].value = NIL_VAL;
  }

  table->entries = entries;
  table->capacity = capacity;
}
```

capacity개만큼의 엔트리를 저장할 버킷 배열을 생성한다. 배열을 할당한 뒤 모든 원소를 빈 버킷으로 초기화한 다음, 배열(및 그 용량)을 해시 테이블의 메인 구조체에 담는다. 테이블에 첫 번째 엔트리를 삽입할 때 배열의 첫 번째 할당이 필요한 경우에는 문제가 없을 것이다. 하지만 이미 배열이 있는 상태에서 그 크기를 늘려야 하는 경우는 어떨까?

동적 배열을 사용하던 시절에는 realloc() 함수로 C 표준 라이브러리가 모든 걸 복사하도록 만들 수 있었다. 그러나 해시 테이블에서는 그렇게 할 수 없다. 엔트리별 버킷을 선택하기 위해 엔트리의 해시 키를 배열 크기로 나눈 나머지를 계산하므로, 배열 크기가 변경되면 엔트리가 다른 버킷에 들어가게 될 수 있다.

이처럼 새로운 버킷은 새로운 충돌을 야기할 수 있다. 모든 엔트리를 원래 속한 위치로 가져오는 가장 단순한 로직은, 처음부터 배열을 다시 만들어 엔트리를 전부 하나씩 새로운 빈 배열에 삽입하는 것이다.

table.c ▶ adjustCapacity() 함수

```
    entries[i].value = NIL_VAL;
  }

  for (int i = 0; i < table->capacity; i++) {
    Entry* entry = &table->entries[i];
    if (entry->key == NULL) continue;

    Entry* dest = findEntry(entries, capacity, entry->key);
    dest->key = entry->key;
    dest->value = entry->value;
  }

  table->entries = entries;
```

이전 배열을 앞에서부터 죽 탐색하면서 비어 있지 않은 버킷이 나올 때마다 해당 엔트리를 새 배열에 삽입한다. 이때 findEntry()에는 현재 테이블에 저장된 배열 대신, 새로운 배열을 넘겨 호출한다. (그래서 findEntry()가 전체 Table 구조체가 아닌, Entry 배열을 직접 가리키는 포인터를 받는 것이다. 그래야 구조체에 저장하기 전에 새 배열과 용량을 전달할 수 있다.)

작업이 끝나면 이전 배열을 메모리에서 해제한다.

table.c ▶ adjustCapacity() 함수

```
    dest->value = entry->value;
  }

  FREE_ARRAY(Entry, table->entries, table->capacity);
  table->entries = entries;
```

이제 원하는 수만큼 엔트리를 채워 넣을 수 있는 해시 테이블이 준비됐다. 이 테이블은 기존 키는 덮어쓰고 더 많은 엔트리를 채워야 할 경우 스스로 크기를 늘린다.

내친 김에 어느 한 해시 테이블의 모든 엔트리를 다른 해시 테이블로 복사하는 헬퍼 함수도 정의하자.

```
bool tableSet(Table* table, ObjString* key, Value value);
void tableAddAll(Table* from, Table* to);

#endif
```

메서드 상속을 지원하기 전에는 이 함수가 필요하지 않겠지만, 해시 테이블에 관한 모든 내용이 아직 머릿속에 선명할 때 구현하는 게 좋겠다.

table.c ▶ tableSet() 함수 다음에 추가

```
void tableAddAll(Table* from, Table* to) {
  for (int i = 0; i < from->capacity; i++) {
    Entry* entry = &from->entries[i];
    if (entry->key != NULL) {
      tableSet(to, entry->key, entry->value);
    }
  }
}
```

별말이 필요 없는 함수다. 소스 해시 테이블의 버킷 배열을 탐색하며 비어 있지 않은 버킷이 나올 때마다 방금 전 정의한 tableSet() 함수로 엔트리를 목적지 해시 테이블에 추가한다.

20.4.4 값 조회

해시 테이블에 뭔가 넣었으니 다시 꺼낼 방법도 필요하다. 다음은 주어진 키에 해당하는 값을 해시 테이블에서 찾는 함수다.

```
void freeTable(Table* table);
bool tableGet(Table* table, ObjString* key, Value* value);
bool tableSet(Table* table, ObjString* key, Value value);
```

테이블과 키를 인수로 받아 그 키를 가진 엔트리가 있으면 true, 없으면 false를 리턴한다. 엔트리가 있는 경우 출력 매개변수인 value는 그 결괏값을 가리킨다.

힘든 작업은 findEntry()가 도맡아 하므로 구현 코드는 그렇게 지저분하지 않다.

table.c ▶ findEntry() 함수 다음에 추가

```
bool tableGet(Table* table, ObjString* key, Value* value) {
  if (table->count == 0) return false;

  Entry* entry = findEntry(table->entries, table->capacity, key);
  if (entry->key == NULL) return false;

  *value = entry->value;
  return true;
}
```

테이블이 텅텅 비어 있으면 엔트리가 있을 리 만무하니 이것부터 확인한다. 간단한 최적화이면서 동시에 배열이 NULL일 때 버킷 배열에 액세스하지 않도록 만드는 효과도 있다. 테이블에 뭔가 있으면 findEntry()는 마법을 써서 버킷을 가리키는 포인터를 리턴한다. 버킷이 비어 있으면(키가 NULL인지 확인하면 알 수 있다)

키에 해당하는 Entry를 못 찾은 것이고, 이 함수가 비어 있지 않은 Entry를 리턴하면 매치되는 Entry를 찾은 것이다. 호출자가 값을 가져가도록 Entry의 값을 출력 매개변수에 복사한다. 식은 죽 먹기다.

20.4.5 엔트리 삭제

완전한 기능을 갖춘 해시 테이블이라면 응당 지원해야 할 기본 연산이 하나 더 있다. 엔트리를 삭제하는 기능이다. 엔트리를 추가했으면 당연히 안 추가(un-add)하는 작업도 가능해야 한다. 하지만 이 부분에 관한 내용이 얼마나 많은 해시 테이블 튜토리얼에서 빠져 있는지 알면 깜짝 놀랄 것이다.

나도 그런 전철을 밟을 수 있었다. 사실 씨록스 VM에서 몇 안 되는 엣지 케이스에서만 이 삭제 기능을 사용한다. 그러나 그냥 넘어가고픈 욕망이 솟구쳐도 해시 테이블을 완전히 구현하는 방법을 이해하려면 이 기능도 중요하다. 곧 살펴보겠지만 오픈 어드레싱을 사용하는 해시 테이블은 엔트리를 삭제하는 작업이 의외로 까다롭다.

> 개별 체이닝을 사용하면 연결 리스트에서 그냥 노드를 제거하는 식으로 쉽게 엔트리를 삭제할 수 있다.

선언부는 간단하다.

table.h ▶ tableSet() 함수 다음에 추가

```
bool tableSet(Table* table, ObjString* key, Value value);
bool tableDelete(Table* table, ObjString* key);
void tableAddAll(Table* from, Table* to);
```

가장 확실한 방법은 삽입을 거꾸로 하는 것이다. findEntry()로 엔트리의 버킷을 조회한 다음 버킷을 깨끗이 비운다. 끝!

충돌이 없는 경우에는 잘 작동된다. 그러나 충돌이 일어나면 엔트리가 있는 버킷은 하나 이상의 암묵적인 프로브 시퀀스의 일부가 될 수 있다. 예를 들어, 다음은 3개의 키가 모두 동일한 버킷 2로 들어가려고 하는 해시 테이블이다.

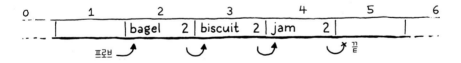

엔트리를 찾으려고 프로브 시퀀스를 탐색할 때 빈 버킷에 도달했다면 시퀀스 끝까지 왔고 해당 엔트리가 존재하지 않는다는 것을 알 수 있다. 프로브 시퀀스가 엔트리의 리스트이고 빈 엔트리는 해당 리스트를 종료하는 것과 같다.

그냥 Entry를 지워 'biscuit'을 삭제하면 프로브 시퀀스가 중간에서 끊겨 후행 엔트리는 졸지에 고아가 되고 연결할 수 없게 된다. 연결 리스트에서 어떤 노드를 삭제했는데 그 포인터를 이전 노드에서 다음 노드로 연결시키지 않은 것과 같은 이치다.

나중에 "jam"을 찾으려 해도 "bagel"에서 시작해 그다음 빈 Entry에서 탐색이 중단되기 때문에 절대로 찾을 수 없다.

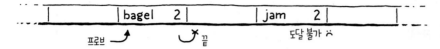

이 문제를 해결하기 위해 대부분의 구현체는 툼스톤[5]이라는 트릭을 사용한다. 엔트리를 삭제할 때 엔트리 자체를 삭제하는 게 아니라, '툼스톤'이라는 특별한 신호 엔트리(sentinel entry)로 대체하는 것이다. 조회 도중 프로브 시퀀스를 탐색하면서 툼스톤을 만나면 빈 슬롯처럼 취급하거나 반복을 중단하지 않는다. 덕분에 엔트리를 삭제해도 암묵적인 충돌 체인이 끊어지지 않고 그 뒤에 있는 엔트리를 계속 탐색할 수 있다.

구현 코드는 다음과 같다.

table.c ▶ tableSet() 함수 다음에 추가

```
bool tableDelete(Table* table, ObjString* key) {
  if (table->count == 0) return false;

  // 엔트리를 찾는다
  Entry* entry = findEntry(table->entries, table->capacity, key);
  if (entry->key == NULL) return false;

  // 엔트리에 툼스톤을 넣는다
  entry->key = NULL;
  entry->value = BOOL_VAL(true);
  return true;
}
```

먼저 삭제할 엔트리가 포함된 버킷을 찾는다. (찾지 못하면 삭제할 엔트리가 없는 셈이니 손을 뗀다!) 그리고 엔트리를 툼스톤으로 대체한다. 씨록스에서는 NULL 키와 true 값을 사용해서 툼스톤을 표시하는데, 빈 버킷이나 유효한 버킷과 헷갈리지 않을 기호를 사용해도 된다.

엔트리를 삭제하기 위해 필요한 작업은 이것뿐이다. 간단하고 빠르다. 하지만 다른 모든 작업도 툼스톤을 올바르게 처리해야 한다. 툼스톤은 말하자면 '반쪽짜리(half)' 엔트리다. 현재 엔트리의 일부 특성과 빈 엔트리의 특성을 모두 갖고 있다.

---

5 **옮긴이** tombstone, 비석/묘비

프로브 시퀀스를 따라가며 툼스톤을 만나면 메모지에 적어놓고 계속 진행한다.

table.c ▸ findEntry() 함수 코드 3줄 교체

```
for (;;) {
  Entry* entry = &entries[index];
  if (entry->key == NULL) {
    if (IS_NIL(entry->value)) {
      // 엔트리를 비운다
      return tombstone != NULL ? tombstone : entry;
    } else {
      // 툼스톤을 찾았다
      if (tombstone == NULL) tombstone = entry;
    }
  } else if (entry->key == key) {
    // 키를 찾았다
    return entry;
  }

  index = (index + 1) % capacity;
```

처음 툼스톤을 만나면 다음 로컬 변수에 저장한다.

table.c ▸ findEntry() 함수

```
uint32_t index = key->hash % capacity;
Entry* tombstone = NULL;

for (;;) {
```

진짜 빈 엔트리에 도달하면 키는 존재하지 않는다. 이 경우 만일 툼스톤을 지나쳤다면 그 이후에 나온 빈 버킷 대신 해당 버킷을 리턴한다. findEntry()를 호출해서 노드를 삽입하는 경우, 툼스톤 버킷은 비어 있다고 보고 새 엔트리를 저장할 버킷으로 재사용한다.

이런 식으로 툼스톤 슬롯을 자동으로 재사용하면 버킷 배열에서 공간을 낭비하는 툼스톤 수를 줄이는 데 도움이 된다. 일반적으로는 삽입과 삭제가 뒤섞여 일어나므로 툼스톤 수는 한동안 증가하다가 안정화되는 경향이 있다.

그렇다 해도 삭제가 수없이 많이 일어나면 배열이 툼스톤 천국이 되지 않으리란 법이 없다. 최악의 경우, 빈 버킷이 하나도 남아 있지 않게 될 수도 있다. 결국 findEntry()에서 무한 루프를 방지하는 유일한 방법은 결국 언젠가는 빈 버킷에 도달하고 말 거라는 가정뿐이므로 그리 바람직하지 않다.

따라서 툼스톤이 테이블의 로드 팩터 및 크기 재조정과 어떻게 상호 작용하는지 숙고할 필요가 있다. 핵심 질문은 이렇다. 로드 팩터를 계산할 때 툼스톤을 가득 찬 버킷처럼 취급할 것인가, 아니면 빈 버킷으로 취급할 것인가?

20.4.6 툼스톤 개수 세기

툼스톤을 가득 찬 버킷처럼 취급하면 로드 팩터가 인위적으로 부풀려지기 때문에 배열 크기가 필요 이상으로 커질 수 있다. 재사용 가능한 툼스톤이 있는데도 미사용 버킷으로 취급하지 않아 배열이 조기에 비대해지는 것이다.

하지만 툼스톤을 빈 버킷으로 보고 로드 팩터 계산에서 배제할 경우, 조회를 종료할 진짜 빈 버킷이 하나도 남게 되지 않을 위험성이 있다. 무한 루프는 배열에 슬롯 몇 개를 추가하는 것보다 훨씬 더 심각한 문제다. 따라서 로드 팩터를 구할 때에는 툼스톤을 가득 찬 버킷으로 간주한다.

이런 까닭에 방금 전 코드에서도 엔트리를 삭제할 때 count를 줄이지 않았다. 이제 앞으로 count는 해시 테이블에 있는 엔트리 수가 아니라, 엔트리 수에 툼스톤 수를 더한 값이다. 즉, 완전히 빈 버킷에 새 엔트리가 들어갈 때에만 count를 하나씩 늘린다.

> **table.c ▶ tableSet() 함수 코드 1줄 교체**
>
> ```c
> bool isNewKey = entry->key == NULL;
> if (isNewKey && IS_NIL(entry->value)) table->count++;
>
> entry->key = key;
> ```

툼스톤을 새 엔트리로 교체하는 경우에도 해당 버킷은 로드 팩터에 이미 반영되어 있으니 count 값은 변하지 않는다.

배열의 크기를 재조정할 때에는 새 배열을 할당하고 기존 엔트리를 모두 다시 삽입한다. 이 과정에서 툼스톤은 복사하지 않는다. 어차피 프로브 시퀀스를 재구축해야 하는데 조회 속도만 떨어뜨릴 뿐 가치가 없기 때문이다. 즉, 크기 재조정 중에는 count가 바뀔 수도 있으니 재계산이 필요하다. 따라서 먼저 초기화한 다음...

> **table.c ▶ adjustCapacity() 함수**
>
> ```c
>   }
>
>   table->count = 0;
>   for (int i = 0; i < table->capacity; i++) {
> ```

... 툼스톤이 아닌 엔트리가 나올 때마다 하나씩 늘린다.

> **table.c ▶ adjustCapacity() 함수**
>
> ```c
>     dest->value = entry->value;
>     table->count++;
>   }
> ```

결과적으로, 배열을 늘리면 모든 툼스톤은 폐기되므로 배열은 더 커졌지만 그 안에 포함된 엔트리는 줄어들 수밖에 없다. 이것은 약간 낭비지만 실제로 큰 문제를 일으키진 않는다.

엔트리를 삭제하는 작업을 대부분 findEntry()와 adjustCapacity()가 처리하는 모습이 흥미롭지 않은가? 실제로 삭제 로직은 매우 간단하고 빠르다. 사실 해시 테이블에서 엔트리를 삭제할 일이 자주 발생하지는 않으므로 삭제 함수가 가능한 한 많은 일을 처리하고 다른 함수는 그대로 두어 빠르게 실행시키는 것이다. 툼스톤 방식으로 접근하면 삭제는 빠르지만 조회가 느려지는 불이익이 따른다.

나는 간단히 몇 가지 삭제 시나리오에서 벤치마킹을 해봤다. 그런데 삭제하는 동안 영향을 받은 엔트리를 다시 삽입하는 것보다 툼스톤을 사용하는 편이 전반적으로 더 빠르다는 결과가 나와 깜짝 놀랐다.

하지만 잘 생각해보면 툼스톤 방식은 엔트리를 완전히 삭제하는 일을 다른 작업에 넘기는 게 아니라, 삭제 작업을 지연시키는 행위에 가깝다. 처음에는 엔트리를 툼스톤으로 바꾸는 최소한의 작업만 한다. 이러면 나중에 조회를 하면서 해당 엔트리를 건너뛰어야 할 때 페널티가 발생하겠지만, 나중에 삽입할 때에도 툼스톤 버킷을 재사용할 수 있는 확실한 장점이 있다. 이러한 재사용은 그다음에 영향을 받는 모든 엔트리를 재배치하는 비용을 아낄 수 있어 아주 효과적이다. 기본적으로는 프로브된 엔트리 체인에서 노드를 재활용하는 것이다. 정말 깔끔한 트릭이다.

20.5 / 문자열 인터닝

이제 웬만한 기능을 다 갖춘 해시 테이블이 완성됐지만 아주 치명적인 결함이 하나 내포되어 있다. 아직까지 이 기능을 그 어떤 용도로도 사용하고 있지는 않지만, 어차피 해시 테이블을 공부하는 중이니 인터프리터에서 사용되는 한 가지 고전적인 테크닉을 설명하겠다.

해시 테이블이 완전하게 잘 작동되지 않는 이유는, findEntry()가 찾는 키와 기존 키가 매치되는지 확인할 때 == 연산자로 두 문자열의 동일한지 비교하기 때문이다. 동일한 문자로 구성된 문자열 2개는 마땅히 동일한 것으로 봐야하지만, 이 연산자는 동일한 메모리에 있는 동일한 문자열인 경우에만 true를 리턴한다.

> 실제로는 먼저 두 문자열의 해시 코드를 비교한다. 이렇게 하면 거의 모든 상이한 문자열을 재빠르게 감지할 수 있다. (만약 그렇지 않다면 좋은 해시 함수라고 할 수 없을 것이다.) 하지만 두 해시가 동일한 경우에도 서로 다른 문자열에서 해시 충돌이 일어나지 않았는지 확인하려면 문자들을 비교해야 한다.

19장에서 우리는 문자열 값의 동일성을 확인하기 위해 문자들을 하나하나 비교하는 방식의 문자열 비교 기능을 추가했다. findEntry()에서도 그렇게 할 수는 있지만 너무 느리다.

그래서 **문자열 인터닝(string interning)**이라는 기술을 사용하겠다. 문제의 핵심은 동일한 문자로 구성된 상이한 문자열이 메모리에 존재할 수 있다는 사실이다. 이런 문자열은 분명히 서로 다른 객체지만 동등한 값처럼 동작해야 한다. 본질적으로는 문자열이 중복된 셈이니 이를 감지하려면 모든 바이트를 비교해야 한다.

문자열 인터닝은 한 마디로 중복 제거 프로세스다. '인턴된(interned)' 문자열의 컬렉션을 생성한다. 이 컬렉션에 있는 모든 문자열은 나머지 문자열과 텍스트적으로(textually) 다르다는 사실이 보장된다. 문자열을 인턴할 때 먼저 이 컬렉션에서 매치되는 문자열이 있는지 찾는다. 그런 문자열이 있으면 원본 문자열을 사용하고, 반대로 없으면 고유한 문자열이니 컬렉션에 새로 추가한다.

이렇게 하면 각 문자 시퀀스를 메모리에 한 가지 문자열로만 표현할 수 있다. 덕분에 문자열의 동일성 비교는 아주 쉬워진다. 모든 문자열이 고유하기 때문에, 두 문자열이 동일한 메모리 주소를 가리키면 반드시 동일한 문자열이고, 상이한 메모리 주소를 가리키면 반드시 상이한 문자열이다.

즉, 포인터의 동일성과 값의 동일성이 정확히 일치한다. 이는 곧 findEntry()의 기존 ==이 올바르게 동작함을 의미한다. 적어도 모든 문자열을 인턴하면 그리 될 것이다. 모든 문자열 중복을 안정적으로 제거하려면 VM이 생성된 모든 문자열을 찾을 수 있어야 한다. 모든 문자열을 저장할 해시 테이블을 하나 두자.

> 내 생각에 'intern(인턴)'은 'internal(내부의)'의 줄임말인 것 같다. 언어의 런타임은 이런 문자열의 자체 '내부' 컬렉션을 유지하는 반면, 다른 문자열은 사용자가 만들어 메모리를 여기저기 돌아다닐 수 있게 하자는 개념인 듯싶다. 문자열을 인턴할 때 해당 문자열을 내부 컬렉션에 추가하고 그 문자열을 가리키는 포인터를 리턴하도록 런타임에 요청한다.
>
> 얼마나 많은 문자열을 인턴할지, 그걸 어떻게 사용자에게 표출할지는 언어마다 방식이 다르다. 루아는 모든 문자열을 인턴한다. (씨록스도 같은 방식이다.) 리스프, 스몰토크, 루비 등은 암묵적으로 인턴한 '심볼(symbol)'이라는 별도로 유사 문자열(string-like) 타입을 갖고 있다. (이것이 루비에서 심볼이 '더 빠르다'고 말하는 이유다.) 자바는 기본적으로 상수 문자열을 인턴하며, 사용자가 명시적으로 문자열을 인턴할 수 있는 API를 제공한다.

vm.h ▶ VM 구조체

```
  Value* stackTop;
  Table strings;
  Obj* objects;
```

평소처럼 인클루드가 필요하다.

vm.h

```
#include "chunk.h"
#include "table.h"
#include "value.h"
```

새로운 VM이 가동될 때 문자열 테이블은 비어 있다.

vm.c ▶ initVM() 함수

```
  vm.objects = NULL;
  initTable(&vm.strings);
}
```

VM이 종료되면 해시 테이블에 쓰인 리소스를 깨끗이 정리한다.

vm.c ▶ freeVM() 함수

```
void freeVM() {
  freeTable(&vm.strings);
  freeObjects();
```

일부 언어는 문자열 인터닝 전용 타입을 두거나 명시적으로 문자열을 인터닝하는 단계를 거치도록 한다. 씨 록스는 모든 문자열을 자동으로 인턴한다. 즉, 고유한 문자열이 새로 나타날 때마다 테이블에 추가한다.

object.c ▶ allocateString() 함수

```
string->hash = hash;
tableSet(&vm.strings, string, NIL_VAL);
return string;
```

어쩌면 해시 '테이블(table)'보다 해시 '집합(set)'에 더 가까운 자료 구조다. 키가 문자열이고 관심사는 사실 키 뿐이므로 값은 전부 nil로 세팅하면 된다.

이 함수는 고유한 문자열이라고 보고 문자열을 해시 테이블로 가져오지만 반드시 사전에 중복 여부를 확인 해야 한다. 이 일은 allocateString()을 호출하는, 더 하이레벨의 두 함수가 맡는다. 다음은 그중 첫 번째 함수다.

object.c ▶ copyString() 함수 다음에 추가

```
uint32_t hash = hashString(chars, length);
ObjString* interned = tableFindString(&vm.strings, chars, length,
                                      hash);
if (interned != NULL) return interned;

char* heapChars = ALLOCATE(char, length + 1);
```

문자열을 새 LoxString에 복사할 때 먼저 문자열 테이블에서 해당 문자열을 조회한다. 문자열이 있으면 '복 사' 대신 그 문자열을 가리키는 참조를 리턴하고, 없으면 문자열을 새로 할당한 다음 테이블에 저장한다.

문자열의 소유권을 가져오는 두 번째 함수는 조금 다르다.

object.c ▶ takeString() 함수

```
uint32_t hash = hashString(chars, length);
ObjString* interned = tableFindString(&vm.strings, chars, length,
                                      hash);
if (interned != NULL) {
  FREE_ARRAY(char, chars, length + 1);
  return interned;
}

return allocateString(chars, length, hash);
```

이번에도 문자열 테이블에서 먼저 문자열을 조회한다. 문자열이 발견되면 리턴하기 전에 전달된 문자열에 할당됐던 메모리를 해제한다. 소유권이 이 함수에 전달되고 중복 문자열은 더 이상 필요하지 않으므로 메모 리 해제는 알아서 잘 챙겨야 한다.

새 함수를 작성하기 전에 인클루드를 하나 더 추가한다.

```
#include "object.h"
#include "table.h"
#include "value.h"
```

테이블에서 문자열을 찾기 위해 평범한 tableGet() 함수를 사용할 수는 없다. 이 함수는 지금 우리가 해결하려는 중복 문자열 이슈가 있는 findEntry()를 호출하기 때문이다. 그래서 다음과 같은 새 함수를 사용한다.

```
void tableAddAll(Table* from, Table* to);
ObjString* tableFindString(Table* table, const char* chars,
                           int length, uint32_t hash);

#endif
```

구현 코드는 다음과 같다.

table.c ▶ tableAddAll() 함수 다음에 추가

```
ObjString* tableFindString(Table* table, const char* chars,
                           int length, uint32_t hash) {
  if (table->count == 0) return NULL;

  uint32_t index = hash % table->capacity;
  for (;;) {
    Entry* entry = &table->entries[index];
    if (entry->key == NULL) {
      // 툼스톤 아닌 엔트리가 나오면 멈춘다
      if (IS_NIL(entry->value)) return NULL;
    } else if (entry->key->length == length &&
        entry->key->hash == hash &&
        memcmp(entry->key->chars, chars, length) == 0) {
      // 찾았다
      return entry->key;
    }

    index = (index + 1) % table->capacity;
  }
}
```

마치 findEntry()를 그대로 복사 후 붙여넣기한 것 같다. 중복되는 코드가 많지만 몇 가지 중요한 차이점이 있다. 첫째, 찾고자 하는 키의 원시 문자 배열을 ObjString 대신 전달한다. 이 함수를 호출하는 시점에 아직 ObjString은 생성되지 않은 상태다.

둘째, 키를 찾았는지 확인할 때 실제 문자열을 살펴본다. 먼저 길이와 해시가 일치하는지 체크한다. 이 작업은 순식간에 일어나는데, 일치하지 않으면 동일한 문자열이 아닌 게 분명하다.

해시 충돌이 일어나면 문자를 하나하나 살펴보는 방식으로 문자열을 비교한다. 여기가 VM에서 문자열의 텍스트가 동일한지 시험하는 유일한 장소다. 문자열 중복을 제거하면 VM의 나머지 부분에서는 메모리 주소가 다른 두 문자열은 그 내용물도 다르다는 사실을 당연시해도 될 것이다.

모든 문자열을 인턴했으니 바이트코드 인터프리터에서 그 진가를 확인할 차례다. 이제 사용자가 두 문자열 객체에 == 연산을 수행해도 더 이상 문자를 하나씩 비교할 필요가 없다.

value.c ▶ valuesEqual() 함수 코드 7줄 교체

```
    case VAL_NUMBER: return AS_NUMBER(a) == AS_NUMBER(b);
    case VAL_OBJ:    return AS_OBJ(a) == AS_OBJ(b);
    default:         return false; // 실행되지 않는 코드
```

문자열 인터닝 때문에 문자열 생성 시 약간의 오버헤드가 추가됐지만 그 대신 런타임에 문자열 동등 연산은 훨씬 빨라졌다. 이로써 변수, 인스턴스, 그밖의 키/값 쌍을 추적하는 데 사용 가능한, 완전한 기능을 갖춘 해시 테이블이 마련됐다.

문자열의 동일성을 확인하는 속도 역시 빨라졌다. 사용자는 두 문자열을 상대로 == 연산을 신속하게 수행할 수 있다. 하지만 이는 무엇보다 런타임에 메서드 호출과 인스턴스 필드를 이름으로 조회하는, 록스 같은 동적 타입 언어에서 아주 중요한 요건이다. 문자열 동일성 비교가 느리면 결국 메서드를 이름으로 조회하는 일 역시 느려질 수밖에 없고, 객체 지향 언어에서 그렇게 만사가 느려터지면 사용자는 짜증을 낼 것이다.

연습 문제

1. 씨록스에서는 문자열 키만 필요하기 때문에 이 키 타입에 맞게 해시 테이블을 하드코딩했다. 하지만 해시 테이블을 일급 컬렉션(first-class collection)으로 표출하면 사용자는 다양한 종류의 키를 사용할 수 있을 것이다.

   숫자, 불리언, nil 등 다른 원시 타입의 키도 지원하라. 나중에 사용자 정의 클래스를 씨록스에 추가하게 될 텐데, 이런 클래스의 인스턴스도 키로 사용할 수 있게 하면 어떤 종류의 복잡성이 가중될까?

2. 해시 테이블에는 성능에 영향을 미치는 수많은 노브(knob)를 조정할 수 있다. 먼저, 개별 체이닝과 오픈 어드레싱 중 하나를 선택한다. 어느 길을 택하는지에 따라 각 노드에 저장되는 엔트리 개수나 어떤 프로빙 전략을 구사할지 등을 튜닝할 수 있고, 해시 함수, 로드 팩터, 증가율도 제어할 수 있다.

   이러한 온갖 다양성이 단지 CS 박사 과정을 밟는 사람들에게 논문 발표 기회를 주려고 존재하는 건 아니다. 해싱이 쓰이는 엄청나게 다양

   > 음, 적어도 이것이 다양한 해싱 전략이 탄생한 '유일한(only)' 이유는 아니었지만, 그렇다고 '주된(main)' 이유였는지는 아직도 의견이 분분하다.

한 도메인과 하드웨어 시나리오에서 제각기 고유한 용도가 있는 것이다. 여러 오픈 소스 시스템에서 몇 가지 해시 테이블 구현체를 찾아보고, 해당 개발자가 어떤 선택을 했는지, 또 왜 그렇게 구현을 했는지 알아보라.

3. 해시 테이블 벤치마킹은 난해하기로 악명이 높다. 해시 테이블 구현체는 어떤 키 집합에서는 잘 작동하다가도 다른 키 집합에서는 제대로 작동하지 않을 가능성이 있다. 작은 크기에서는 문제가 없어도 크기가 커지면 성능이 떨어질 수 있으며, 그 반대도 마찬가지다. 삭제가 빈번할 때는 거북이처럼 느려지다가도, 그렇지 않을 때는 훨훨 날아다니기도 한다. 사용자가 해시 테이블을 어떻게 사용하는지를 벤치마크에 정확하게 반영하기는 매우 어려운 일이다.

씨록스의 해시 테이블 구현체를 검증하는 몇 가지 벤치마크 프로그램을 작성하라. 프로그램 실행 결과 성능은 서로 어떻게 다른가? 특정한 테스트 케이스를 선택한 이유는 무엇인가?

21장

글로벌 변수

> 향수처럼 기억을 채워주는 발명품이 있다면 얼마나 좋을까. 그럼 기억이 사라지지 않고 흐릿해지는 일도 없겠지. 원하면 언제라도 병 뚜껑을 열고 그 순간을 몇 번이고 다시 살아갈 수도 있을 게야.
>
> 대프니 듀 모리에(Daphne du Maurier), 『레베카(Rebecca)』

이전 장은 컴퓨터 과학의 아주 크고, 깊고, 근본적인 자료 구조를 탐사한, 길고 험난한 여정이었다. 이론과 개념이 난무했고 빅-O(big-O) 표기법, 알고리즘 얘기도 등장했다. 이 장은 뭔가 거창한 아이디어를 소개하거나 지적인 허세를 부리지 않으며, 전체적으로 몇 가지 알기 쉬운 엔지니어링 작업으로 구성되어 있다. 작업이 모두 끝나면 씨록스 VM은 변수를 지원하게 될 것이다.

21장은 글로벌 변수만 추가하고 로컬 변수는 22장에서 따로 다룰 예정이다. 제이록스는 모든 변수에 동일한 구현 기술을 적용했기 때문에 이 두 가지 변수를 한 장에 모두 다루었고, 실제로 스코프당 하나씩, 최상위 레벨까지 올라가는 환경 체인을 구축했다. 이는 상태 관리 기법을 아주 간단하면서도 깔끔하게 배울 수 있는 방법이었다.

하지만 속도가 느리다. 블록에 진입하거나 함수를 호출할 때마다 새로운 해시 테이블을 할당하는 것은 지름길이 아니다. 변수를 사용하는 코드는 또 얼마나 많은가! 변수가 느려지면 모든 게 다 느려질 것이다. 씨록스는 로컬 변수에 대해 훨씬 더 효율적인 전략을 구사하여 속도를 개선할 것이다. 하지만 글로벌 변수는 그리 쉽게 최적화되지 않는다.

> 이것이 정교한 언어 구현체에서 흔히 쓰이는 메타 전략(meta-strategy)이다. 동일한 언어 기능이라도 일반적으로 각기 다른 사용 패턴에 맞게 튜닝한 여러 가지 구현 기술을 적용한다. 예를 들어, 자바스크립트 VM은 프로퍼티 집합을 더 자유롭게 수정할 수 있는 다른 객체에 비해 클래스의 인스턴스와 더 유사하게 쓰이는 더 빠른 표현으로 나타내는 경우가 많다. C/C++ 컴파일러는 케이스 수와 얼마나 케이스 값이 밀집되어 있는지에 따라 switch 문을 다양한 방법으로 컴파일한다.

자, 이쯤해서 록스의 시맨틱을 한번 더 복습하자. 록스에서 글로벌 변수는 '늦은 바인딩(late bound)', 즉 동적으로 리졸브된다. 즉, 글로벌 변수를 정의하기 전에 글로벌 변수를 참조하는 코드 뭉치도 컴파일할 수 있다. 정의를 하기 전에 코드가 실행되지 않는 한 아무 문제없다. 실제로는 함수 바디 안에서 나중에 변수를 참조하는 일도 가능하다.

```
fun showVariable() {
  print global;
}

var global = "after";
showVariable();
```

기이한 코드처럼 보일지 모르지만, 상호 재귀 함수(mutually recursive function)를 정의하는 데 유용하다. 또한 REPL과 함께 사용하면 더욱 좋다. 한 줄에 작은 함수를 작성한 뒤 그다음 줄에서 그 함수가 사용할 변수를 정의할 수도 있다.

로컬 변수는 작동 방식이 다르다. 로컬 변수는 항상 그 변수를 사용하기 전에 선언하므로 단순한 싱글 패스 컴파일러에서도 컴파일 타임에 VM이 리졸브할 수 있다. 덕분에 로컬 변수는 좀 더 스마트하게 표현할 수 있다. 어쨌든 로컬 변수는 다음 장에서 다룰 내용이니 지금은 글로벌 변수에 집중하자.

21.1 / 문장
INTERPRETER

변수는 변수 선언을 통해 무대에 데뷔한다. 따라서 이제 문장 기능을 씨록스 컴파일러에 추가할 때가 됐다. 기억하겠지만 록스는 문장을 두 가지 범주로 분류한다. '선언(declaration)'은 새 이름을 값에 바인드하는 문장이다. 이와 다른 부류의 문장(예: 제어 흐름, print 등)은 그냥 '문장(statement)'이라고 부른다. 제어 흐름 문 안에 변수를 직접 선언하는 행위는 허용되지 않는다.

```
if (monday) var croissant = "yes"; // 에러
```

이를 허용하면 변수 스코프를 둘러싼 혼란스러운 일들이 계속 발생할 것이다. 그래서 다른 언어와 마찬가지로, 제어 흐름 바디 안에서 허용되는 문장의 하위 집합에 대해 따로 문법 규칙을 지정하여 구문적으로 금지하겠다.

```
statement      → exprStmt
               | forStmt
               | ifStmt
               | printStmt
               | returnStmt
               | whileStmt
               | block ;
```

스크립트의 최상위 레벨과 블록 내부도 따로 규칙을 정하여 적용한다.

```
declaration    → classDecl
               | funDecl
               | varDecl
               | statement ;
```

declaration 규칙에는 이름을 선언하는 문장이 있으며, 모든 문장 타입이 허용되도록 statement도 포함된다. block 자체가 statement 안에 있기 때문에 선언을 블록 안에 중첩시켜 제어 흐름 구조 안에 넣을 수 있다.

> 블록은 표현식에 대해 괄호와 비슷한 역할을 한다. 블록을 사용하면 '우선순위가 낮은' 선언문을 '우선순위가 높은' 비선언문(non-declaring statement)만 허용되는 곳에 끼워 넣을 수 있다.

이 장에서는 문장 2개와 선언 1개만 다룰 것이다.

```
statement        → exprStmt
                 | printStmt ;

declaration      → varDecl
                 | statement ;
```

지금까지 씨록스 VM은 '프로그램'을 단일식으로 간주했다. 파싱과 컴파일을 할 대상이 표현식밖에 없기 때문이다. 완전한 록스 구현체에서 프로그램은 일련의 선언이다. 이제 바로잡을 때가 됐다.

compiler.c ▶ compile() 함수 코드 2줄 교체

```
  advance();

  while (!match(TOKEN_EOF)) {
    declaration();
  }

  endCompiler();
```

소스 파일 끝까지 계속 선언을 컴파일한다. 다음은 하나의 선언을 컴파일하는 함수다.

compiler.c ▶ expression() 함수 다음에 추가

```
static void declaration() {
  statement();
}
```

변수 선언은 이 장 뒷부분에서 다룰 예정이니 일단 statement()로 넘어가자.

compiler.c ▶ declaration() 함수 다음에 추가

```
static void statement() {
  if (match(TOKEN_PRINT)) {
    printStatement();
  }
}
```

블록에는 선언이 포함될 수 있고 제어 흐름 문장에는 다른 문장이 포함될 수 있다. 즉, 이 두 함수는 결국 재귀적으로 움직일 것이다. 포워드 선언도 지금 함께 작성하는 게 좋겠다.

compiler.c ▶ expression() 함수 다음에 추가

```
static void expression();
static void statement();
static void declaration();
static ParseRule* getRule(TokenType type);
```

21.1.1 print 문

이 장에서는 두 가지 문장 타입을 지원한다. 먼저 print 문이다. 이 문장은 당연히 print 토큰으로 시작되며, 다음 헬퍼 함수로 감지한다.

compiler.c ▶ consume() 함수 다음에 추가

```c
static bool match(TokenType type) {
  if (!check(type)) return false;
  advance();
  return true;
}
```

제이록스와 코드가 비슷하다. match() 함수는 현재 토큰이 주어진 타입이면 토큰을 소비한 후 true를 리턴한다. 주어진 타입이 아닐 경우에는 토큰을 그대로 두고 false를 리턴한다. 이 함수는 또 다른 헬퍼 함수를 호출한다.

> 헬퍼들이 줄줄이 사탕으로 엮여 있다!

compiler.c ▶ consume() 함수 다음에 추가

```c
static bool check(TokenType type) {
  return parser.current.type == type;
}
```

check() 함수는 현재 토큰이 주어진 타입이면 true를 리턴한다. 이런 사소한 로직까지 굳이 함수로 래핑할 필요가 있을까 의문이 들겠지만, 나중에 꽤 자주 사용하게 될 함수를 이렇게 짧은 동사로 명명하면 파서 코드의 가독성이 향상된다.

print 토큰과 매치되면 여기서 나머지 문장을 컴파일한다.

> 이 말이 대수롭지 않게 들릴지 모르지만, 사람이 손으로 작성한 실제 언어의 파서는 규모가 꽤 크다. 수천 줄의 코드가 눈앞에 있는 상황에서 두 줄을 하나로 줄이거나 결괏값을 더 쉽게 읽을 수 있게 도와주는 유틸리티 함수가 있으면 큰 도움이 된다.

compiler.c ▶ expression() 함수 다음에 추가

```c
static void printStatement() {
  expression();
  consume(TOKEN_SEMICOLON, "Expect ';' after value.");
  emitByte(OP_PRINT);
}
```

print 문은 표현식을 평가하고 그 결과를 출력하므로 먼저 해당 표현식을 파싱하고 컴파일한다. 문법상 세미콜론이 뒤에 나와야 하므로 세미콜론도 함께 사용한다. 마지막으로 결과를 출력하는 새 명령어를 내보낸다.

chunk.h ▶ OpCode 열거체

```c
  OP_NEGATE,
  OP_PRINT,
  OP_RETURN,
```

OP_PRINT 명령어는 런타임에 다음과 같이 실행된다.

```
vm.c ▶ run() 함수
      break;
    case OP_PRINT: {
      printValue(pop());
      printf("\n");
      break;
    }
    case OP_RETURN: {
```

인터프리터가 이 명령어를 만날 즈음이면 이미 표현식에 해당하는 코드를 실행한 다음 그 결괏값을 스택 최상단에 남겨둔 상태다. 이 값을 그냥 팝해 출력하면 된다.

그 후에는 아무것도 푸시하지 않는다. 이것이 VM에서 표현식과 문장의 가장 큰 차이점이다. 모든 바이트코드 명령어에는 명령어가 스택을 어떻게 수정하는지 기술하는 **스택 효과(stack effect)**라는 게 있다. 가령, OP_ADD는 2개의 값을 팝하고 그중하나를 푸시하기 때문에 스택 원소는 이전보다 하나 줄어든다.

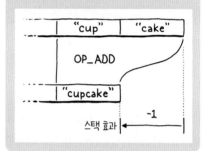

즉, OP_ADD 명령어는 스택 원소를 1개 감소시키므로 스택 효과는 -1이다.

여러 명령어의 스택 효과를 합산하면 전체 효과가 된다. 완전한 표현식에서 컴파일된 명령어의 스택 효과를 모두 합하면 1이 될 것이다. 표현식마다 스택에 결괏값을 남기기 때문이다.

전체 문장에 대한 바이트코드는 총 스택 효과가 0이다. 문장은 값을 생성하지 않으므로 스택은 불변 상태로 유지되지만, 자신의 일을 수행하는 과정에서 당연히 스택을 사용한다. 프로그램에서 흐름 제어와 루프는 자주 사용되고 일련의 긴 문장을 실행할 수 있기 때문에 이 사실은 중요하다. 각 문장이 스택을 줄였다 늘였다 하다 보면 결국 언더플로(underflow) 또는 오버플로(overflow)가 발생할 수 있다.

인터프리터 루프에 있는 코드를 약간 삭제해야 한다.

```
vm.c ▶ run() 함수 코드 2줄 교체
    case OP_RETURN: {
      // 인터프리터를 종료한다
      return INTERPRET_OK;
```

VM이 단일식을 컴파일 및 평가만 하던 시절에는 OP_RETURN 케이스에 값을 출력하는 임시 코드를 작성했지만, 이젠 문장과 print가 있으니 더 이상 필요 없다. 완전한 씨록스 구현체에 한 걸음 다가선 느낌이다.

늘 하던 대로, 새로운 명령어가 나왔으니 디셈블러에도 코드를 추가해야 한다.

물론, 이제 겨우 한 걸음 다가선 것이다. OP_RETURN은 함수를 추가할 때 다시 살펴보겠다. 지금은 전체 인터프리터 루프가 종료된다.

```
      return simpleInstruction("OP_NEGATE", offset);
    case OP_PRINT:
      return simpleInstruction("OP_PRINT", offset);
    case OP_RETURN:
```

몇 가지 print 문을 테스트해보자.

```
print 1 + 2;
print 3 * 4;
```

좋다! 전율을 느낄 정도는 아니지만 이제 사용자는 원하는 만큼 많은 문장이 포함된 스크립트를 작성할 수 있다. 이 정도만 해도 얼마나 큰 진전인가!

21.1.2 표현문

다음 문장으로 넘어가자. print 키워드가 안 보이면 틀림없이 표현문이다.

```
    printStatement();
  } else {
    expressionStatement();
  }
```

파싱은 다음과 같이 이루어진다.

```
static void expressionStatement() {
  expression();
  consume(TOKEN_SEMICOLON, "Expect ';' after expression.");
  emitByte(OP_POP);
}
```

'표현문'은 단순히 세미콜론으로 끝나는 표현식으로, 문장이 나와야 하는 곳에서 표현식을 작성하는 방법이다. 보통 다음 코드처럼 함수를 호출하거나 할당의 부수 효과를 평가하기 위해 사용한다.

```
brunch = "quiche";
eat(brunch);
```

시맨틱상 표현문은 표현식을 평가는 하지만 그 결과는 버린다. 컴파일러가 이러한 동작을 직접 인코드한다. 표현식을 컴파일한 후 OP_POP 명령어를 내보낸다.

chunk.h ▶ OpCode 열거체

```
  OP_FALSE,
  OP_POP,
  OP_EQUAL,
```

이름에서 알 수 있듯이, 이 명령어는 스택의 최상위 값을 팝하고 그냥 잊어버린다.

vm.c ▶ run() 함수

```
      case OP_FALSE: push(BOOL_VAL(false)); break;
      case OP_POP: pop(); break;
      case OP_EQUAL: {
```

디셈블러 코드는 다음과 같다.

debug.c ▶ disassembleInstruction() 함수

```
      return simpleInstruction("OP_FALSE", offset);
    case OP_POP:
      return simpleInstruction("OP_POP", offset);
    case OP_EQUAL:
```

표현문은 부수 효과를 지닌 표현식을 작성할 수 없으므로 아직 별로 쓸모가 없지만, 24장에서 함수를 추가할 때에는 반드시 필요한 장치다. C 같은 언어에서도 실제로 소스 코드에 있는 문장은 대부분 표현문이다.

> 내가 직접 세어보니 이 장 말미에 있는 'compiler.c' 버전의 149개의 문장 중 80개가 표현문이다.

21.1.3 에러 동기화

컴파일러에서 밑작업을 수행하는 동안 17.2.1절에서 느슨하게 남겨두었던 끈을 단단히 묶자. 씨록스는 제이록스처럼 패닉 모드 에러 복구를 사용하여 전파되는 컴파일 에러의 개수를 최소화한다. 동기화 지점에 도달하면 컴파일러는 패닉 모드에서 벗어난다. 록스는 문장 경계를 동기화 지점으로 삼았는데, 이제 문장이 생겼으니 동기화를 구현할 수 있다.

compiler.c ▶ declaration() 함수

```
  statement();

  if (parser.panicMode) synchronize();
}
```

이전 문장의 파싱 도중 컴파일 에러가 나면 패닉 모드에 진입한다. 그리고 에러가 난 문장 이후에 동기화를 시작한다.

```c
static void synchronize() {
  parser.panicMode = false;

  while (parser.current.type != TOKEN_EOF) {
    if (parser.previous.type == TOKEN_SEMICOLON) return;
    switch (parser.current.type) {
      case TOKEN_CLASS:
      case TOKEN_FUN:
      case TOKEN_VAR:
      case TOKEN_FOR:
      case TOKEN_IF:
      case TOKEN_WHILE:
      case TOKEN_PRINT:
      case TOKEN_RETURN:
        return;

      default:
        ; // 아무것도 하지 않는다
    }

    advance();
  }
}
```

문장 경계처럼 보이는 곳에 도달할 때까지 무조건 토큰을 무시하고 지나친다. 문장 경계는 세미콜론처럼 문장을 종료시킬 수 있는 선행 토큰이 있는지 찾아보면 알 수 있다. 아니면 뒤에 문장으로 시작하는 토큰(보통 제어 흐름이나 선언 키워드 중 하나)이 있는지 찾아보면 된다.

21.2 변수 선언

INTERPRETER

단순히 출력만 할 수 있는 것으로 프로그래밍 언어 경진 대회에서 입상할 수 있을까? 조금 더 포부를 가지고 본격적으로 변수를 사용해보자. 우리가 지원해야 할 기능은 대략 세 가지다.

> 문득 시골에서 열리는 4-H[1] 같은 '언어 박람회(language fair)'가 떠오른다. 짚을 엮어 만든 가판대에 아기 언어들이 줄을 서서 "응애, 응애~!" 울부짖는 모습을 상상해보라.

---

1 **옮긴이** https://4-h.org

- var 문을 사용하여 새로운 변수를 선언

- 식별자 표현식을 사용하여 변숫값에 액세스

- 할당식을 사용하여 기존 변수에 새로운 값을 저장

두 번째, 세 번째는 변수가 없으면 일단 불가능한 기능이니, 첫 번째 변수 선언부터 시작하자.

---

compiler.c ▶ declaration() 함수 코드 1줄 교체

```c
static void declaration() {
  if (match(TOKEN_VAR)) {
    varDeclaration();
  } else {
    statement();
  }

  if (parser.panicMode) synchronize();
```

선언 문법 규칙을 위해 스케치한 플레이스홀더(placeholder, 자리끼우개) 파싱 함수가 이제 실제로 구현되었다. var 토큰과 매치되면 여기로 점프한다.

---

compiler.c ▶ expression() 함수 다음에 추가

```c
static void varDeclaration() {
  uint8_t global = parseVariable("Expect variable name.");

  if (match(TOKEN_EQUAL)) {
    expression();
  } else {
    emitByte(OP_NIL);
  }
  consume(TOKEN_SEMICOLON,
          "Expect ';' after variable declaration.");

  defineVariable(global);
}
```

키워드 뒤에 변수 이름이 나오는데, 이는 곧 설명할 parseVariable()에 의해 컴파일된다. 그런 다음 = 뒤에 초기식이 있는지 찾는다. 사용자가 변수를 초기화하지 않으면 컴파일러는 OP_NIL 명령어를 내보냄으로써 암묵적으로 변수를 nil로 초기화한다. 초기화 여부에 상관없이 문장은 세미콜론으로 끝날 것이다.

변수와 식별자를 다루려면 함수가 2개 더 필요하다. 먼저 첫 번째 함수다.

> 컴파일러는 내부적으로 다음 변수 선언을...
>
> ```
> var a;
> ```
>
> ... 이렇게 디슈가한다.
>
> ```
> var a = nil;
> ```
>
> 컴파일러가 전자를 컴파일한 결과 코드는 후자를 컴파일한 결과 코드와 정확히 일치한다.

compiler.c ▶ parsePrecedence() 함수 다음에 추가

```
static void parsePrecedence(Precedence precedence);

static uint8_t parseVariable(const char* errorMessage) {
  consume(TOKEN_IDENTIFIER, errorMessage);
  return identifierConstant(&parser.previous);
}
```

다음 토큰은 식별자여야 하며, 이 토큰을 소비하고 여기로 보낸다.

compiler.c ▶ parsePrecedence() 함수 다음에 추가

```
static void parsePrecedence(Precedence precedence);

static uint8_t identifierConstant(Token* name) {
  return makeConstant(OBJ_VAL(copyString(name->start,
                                         name->length)));
}
```

이 함수는 주어진 토큰을 받아 그 렉심을 청크의 상수 테이블에 문자열로 추가한다. 그런 다음 상수 테이블에 있는 해당 상수의 인덱스를 리턴한다.

글로벌 변수는 런타임에 이름으로 조회한다. 따라서 VM, 즉 바이트코드 인터프리터 루프에서 이름으로 액세스를 해야 한다. 전체 문자열은 바이트코드 스트림에 피연산자로 넣기에 너무 크기 때문에, 대신 문자열을 상수 테이블에 저장하고 명령어는 테이블의 인덱스로 이름을 참조한다.

이 함수는 인덱스를 varDeclaration()으로 리턴하고 나중에 다음 함수로 전달한다.

compiler.c ▶ parseVariable() 함수 다음에 추가

```
static void defineVariable(uint8_t global) {
  emitBytes(OP_DEFINE_GLOBAL, global);
}
```

이 함수는 새로운 변수를 정의하고 그 초깃값을 저장하는 바이트코드 명령어(OP_DEFINE_GLOBAL)를 출력한다. 상수 테이블에 있는 변수 이름의 인덱스가 이 명령어의 피연산자다. 스택 기반의 VM은 이 명령어를 마지막에 내보낸다. 런타임에 변수의 초기자 코드가 제일 먼저 실행되고 값은 스택에 쌓인다. 이 명령어는 이 값을 가져와 나중에 사용할 수 있게 저장한다.

런타임에서는 이 새로운 명령어로 시작한다.

> 당장은 이런 함수가 무의미해 보일 수 있다. 하지만 이름으로 뭔가 할 수 있는 언어 기능이 하나씩 추가될수록 점점 더 많은 마일리지를 뽑아내게 될 것이다. 함수와 클래스 선언은 모두 새 변수를 선언하며, 변수 및 할당식은 이런 변수에 액세스한다.

```
OP_POP,
OP_DEFINE_GLOBAL,
OP_EQUAL,
```

20장에 작성한 간편한 해시 테이블 덕분에 구현은 그리 어렵지 않다.

```
case OP_POP: pop(); break;
case OP_DEFINE_GLOBAL: {
  ObjString* name = READ_STRING();
  tableSet(&vm.globals, name, peek(0));
  pop();
  break;
}
case OP_EQUAL: {
```

상수 테이블에서 변수 이름을 알아낸 뒤, 스택 최상위에 있는 값을 가져와 해당 이름을 키로 하여 해시 테이블에 저장한다.

이 코드는 테이블에 키가 이미 있는지는 확인하지 않는다. 록스는 글로벌 변수를 관대하게 다루며 에러 없이 변수를 재정의할 수 있다. 이런 기능은 REPL 세션에서 유용하다. 키가 이미 해시 테이블에 있는 경우, VM은 그냥 값을 덮어쓰는 방식으로 이를 지원한다.

작은 헬퍼 매크로가 하나 더 있다.

> 해시 테이블에 값을 추가할 때까지 값을 팝하지 않는다. 이래야 가비지 수집이 해시 테이블에 값을 추가하는 도중에 트리거돼도 VM이 해당 값을 찾을 수 있다. 해시 테이블은 크기 재조정이 일어날 때 동적 할당이 필요하므로 이런 일은 얼마든지 일어날 수 있다.

```
#define READ_CONSTANT() (vm.chunk->constants.values[READ_BYTE()])
#define READ_STRING() AS_STRING(READ_CONSTANT())
#define BINARY_OP(valueType, op) \
```

이 매크로는 바이트코드 청크에서 1바이트 피연산자를 읽는다. 피연산자를 청크의 상수 테이블에 대한 인덱스로 보고 해당 인덱스에 있는 문자열을 리턴한다. 값이 문자열인지 체크하지 않고 무조건 문자열로 캐스팅한다. 컴파일러가 문자열 아닌 상수를 참조하는 명령어를 내보낼 일은 없으므로 이렇게 해도 안전하다.

렉시컬의 위생도 신경 써야 하니 run() 함수 끝에서 매크로를 undef한다.

```
#undef READ_CONSTANT
#undef READ_STRING
#undef BINARY_OP
```

나는 줄곧 '해시 테이블'이라고 말해왔는데, 실제로는 아직 해시 테이블이 없다. 이런 글로벌 변수를 저장할 장소가 필요하다. 씨록스가 실행되는 한 계속 유지되어야 하므로 VM에 바로 저장한다.

vm.h ▶ VM 구조체

```
Value* stackTop;
Table globals;
Table strings;
```

문자열 테이블에서 했던 것처럼 해시 테이블은 VM이 기동될 때 유효한 상태로 초기화해야 한다.

vm.c ▶ initVM() 함수

```
vm.objects = NULL;

initTable(&vm.globals);
initTable(&vm.strings);
```

그러다 VM이 종료되면 해시 테이블을 정리한다.

vm.c ▶ freeVM() 함수

```
void freeVM() {
  freeTable(&vm.globals);
  freeTable(&vm.strings);
```

> 프로세스가 종료되면 결국 만사가 메모리에서 해제될 것이다. 하지만 지저분한 쓰레기를 운영 체제에게 치우라고 떠넘기는 건 품위 없는 행동이다.

새로운 명령어에 상응하는 디셈블러 코드도 필요하다.

debug.c ▶ disassembleInstruction() 함수

```
      return simpleInstruction("OP_POP", offset);
    case OP_DEFINE_GLOBAL:
      return constantInstruction("OP_DEFINE_GLOBAL", chunk,
                                 offset);
    case OP_EQUAL:
```

이제 글로벌 변수를 정의할 수 있다. 그러나 실제로 사용자가 사용할 수 없기 때문에 사용자가 정의했다는 사실은 알 수가 없다. 이어서 이 문제를 해결하자.

변수 읽기

모든 프로그래밍 언어가 그렇듯, 변수의 값은 그 이름으로 액세스한다. 다음과 같이 식별자 토큰을 표현식 파서에 연결한다.

compiler.c ▶ 코드 1줄 교체

```
[TOKEN_LESS_EQUAL]   = {NULL,     binary, PREC_COMPARISON},
[TOKEN_IDENTIFIER]   = {variable, NULL,   PREC_NONE},
[TOKEN_STRING]       = {string,   NULL,   PREC_NONE},
```

그리고 새로운 파서 함수 variable()을 호출한다.

compiler.c ▶ string() 함수 다음에 추가

```
static void variable() {
  namedVariable(parser.previous);
}
```

선언과 마찬가지로 지금은 의미가 없어 보이지만, 이후 장에서 이런 헬퍼 함수들이 진면목을 드러내는 장면이 펼쳐질 것이다. 정말이다.

compiler.c ▶ string() 함수 다음에 추가

```
static void namedVariable(Token name) {
  uint8_t arg = identifierConstant(&name);
  emitBytes(OP_GET_GLOBAL, arg);
}
```

이 함수는 이전과 동일한 identifierConstant() 함수를 호출하여 주어진 식별자 토큰을 가져와 청크의 상수 테이블에 해당 렉심을 문자열로 추가한다. 이제 해당 이름의 글로벌 변수를 로드하는 명령어(OP_GET_GLOBAL)를 내보내는 일만 남았다. 명령어는 다음과 같다.

chunk.h ▶ OpCode 열거체

```
OP_POP,
OP_GET_GLOBAL,
OP_DEFINE_GLOBAL,
```

인터프리터에는 다음과 같이 구현한다.

```
      case OP_POP: pop(); break;
      case OP_GET_GLOBAL: {
        ObjString* name = READ_STRING();
        Value value;
        if (!tableGet(&vm.globals, name, &value)) {
          runtimeError("Undefined variable '%s'.", name->chars);
          return INTERPRET_RUNTIME_ERROR;
        }
        push(value);
        break;
      }
      case OP_DEFINE_GLOBAL: {
```

명령어의 피연산자에서 상수 테이블 인덱스를 가져와 변수 이름을 얻고, 이를 키로 사용하여 글로벌 해시 테이블에서 변숫값을 조회한다.

해시 테이블에 그런 키가 없으면 글로벌 변수가 정의되지 않았다는 뜻이므로 런타임 에러를 리포트한 다음 인터프리터 루프를 종료한다. 기타 정상적인 경우는 변숫값을 가져와 스택에 푸시한다.

```
      return simpleInstruction("OP_POP", offset);
    case OP_GET_GLOBAL:
      return constantInstruction("OP_GET_GLOBAL", chunk, offset);
    case OP_DEFINE_GLOBAL:
```

디셈블러 코드까지 잊지 않고 넣으면 끝이다. 이제 씨록스는 다음과 같은 코드를 실행할 수 있다.

```
var beverage = "cafe au lait";
var breakfast = "beignets with " + beverage;
print breakfast;
```

한 가지 작업이 더 남았다.

21.4 / 할당

INTERPRETER

나는 이 책에서 독자 여러분을 아주 안전하고 쉬운 길로 안내하고자 노력했다. 힘들고 어렵다고 해서 일부러 피하지는 않았지만, 필요 이상으로 문제를 복잡하게 풀어가지 않으려고 애썼다. 아, 하지만 할당은 내가 이 바이트코드 컴파일러에서 택한 디자인 방향성 때문에 구현하기가 다소 까다롭다.

> 여러분도 기억하겠지만 제이록스는 할당이 식은 죽 먹기였다.

씨록스 VM은 싱글 패스 컴파일러를 사용한다. 이 컴파일러는 중간 AST 없이 곧바로 바이트코드를 파싱하고 만들어내며, 구문 조각을 인식하기 무섭게 해당되는 코드를 내보낸다. 그런데 할당은 이런 구조와 궁합이 잘 맞지 않는다. 다음 코드를 보자.

```
menu.brunch(sunday).beverage = "mimosa";
```

파서는 제일 앞에 있는 menu 뒤에 여러 토큰을 거쳐 =에 닿을 때까지 menu.brunch(sunday).beverage가 일반 표현식이 아닌, 할당의 대상이라는 사실을 알 도리가 없다. 이 즈음 컴파일러는 이미 전체에 해당하는 바이트코드를 모두 내보낸 상태다.

그러나 잘 들여다보면 어렴풋이 실마리를 찾을 수 있다. 파서는 다음과 같은 할당문을 어떻게 바라볼까?

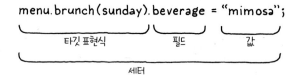

.beverage 부분은 겟 표현식으로 컴파일되면 안 되지만, . 좌측에 있는 모든 것들은 일반 표현식의 시맨틱을 지닌 표현식이다. 즉, menu.brunch(sunday) 부분은 일반 코드처럼 컴파일/실행하면 된다.

다행히 할당식 좌변에서 유일하게 시맨틱 차이가 나는 곳은 토큰의 맨 우측 끝, = 바로 앞에 있는 토큰이다. 세터의 수신자는 임의의 아주 긴 표현식일 수 있지만, 겟 표현식과 다른 점은 = 바로 앞에 있는 후행 식별자뿐이다. beverage가 알고 보니 겟 표현식이 아닌, 셋 표현식으로 컴파일해야 한다는 사실을 알기 위해 필요한 룩어헤드는 많지 않다.

변수는 = 앞에 있는 하나의 식별자일 뿐이므로 훨씬 쉽다. 따라서 할당 대상으로도 사용 가능한 표현식을 컴파일하기 직전에 먼저 그 뒤에 = 토큰이 있는지 찾아보면 된다. = 토큰이 있으면 변수 액세스나 게터가 아닌, 할당이나 세터로 컴파일한다.

아직 세터는 신경 쓸 필요 없으니 일단 변수만 잘 처리하면 된다.

```
uint8_t arg = identifierConstant(&name);

if (match(TOKEN_EQUAL)) {
  expression();
  emitBytes(OP_SET_GLOBAL, arg);
} else {
  emitBytes(OP_GET_GLOBAL, arg);
}
}
```

식별자 표현식에 대한 파싱 함수에서 식별자 뒤에 =이 있는지 찾아본다. =이 있으면 변수를 액세스하는 코드 대신, 할당된 값을 컴파일한 뒤 할당 명령어를 내보낸다.

자, 다음 명령어가 이 장에서 추가되는 마지막 명령어다.

```
OP_DEFINE_GLOBAL,
OP_SET_GLOBAL,
OP_EQUAL,
```

여러분도 예상하다시피, 이 명령어의 런타임 로직은 새 변수를 정의하는 코드와 유사하다.

```
    }
    case OP_SET_GLOBAL: {
      ObjString* name = READ_STRING();
      if (tableSet(&vm.globals, name, peek(0))) {
        tableDelete(&vm.globals, name);
        runtimeError("Undefined variable '%s'.", name->chars);
        return INTERPRET_RUNTIME_ERROR;
      }
      break;
    }
    case OP_EQUAL: {
```

> tableSet()을 호출하면 변수가 미정의 상태여도 글로벌 변수 테이블에 값을 저장한다. 런타임 에러가 리포트된 이후에도 실행은 계속되므로 이 사실은 REPL 세션에 표출된다. 따라서 테이블에 있는 좀비 값을 삭제하는 일도 신경 써야 한다.

가장 주요한 차이점은 글로벌 해시 테이블에 키가 존재하지 않을 경우 처리 로직이다. 미정의 변수에 뭔가를 할당하려는 행위는 런타임 에러다. 록스는 어떤 경우에도 암묵적으로 변수를 선언하지 않는다. (8장 디자인 노트 참고)

또 다른 차이점은 변수를 세팅해도 값을 스택에서 팝하지 않는다는 점이다. 할당은 표현식이므로 할당이 더 큰 표현식 안에 중첩되는 경우 해당 값을 그대로 유지해야 함을 기억하라.

디셈블러 코드를 추가한다.

```
        return constantInstruction("OP_DEFINE_GLOBAL", chunk,
                                    offset);
    case OP_SET_GLOBAL:
      return constantInstruction("OP_SET_GLOBAL", chunk, offset);
    case OP_EQUAL:
```

다 끝난 건가? 글쎄... 아니다, 실수를 했다! 다음 코드를 보자.

```
a * b = c + d;
```

롴스 문법에 따라 =은 우선순위가 가장 낮으므로 이 코드는 대략 다음과 같이 파싱될 것이다.

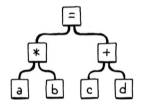

a * b는 할당 대상으로 당연히 적합하지 않으니 구문 에러다. 하지만 씨롴스 파서는 이렇게 처리한다.

> a * b가 올바른 할당 대상이라면 좀 이상하지 않을까? 할당된 값을 어떤 합리적인 방법으로 찢은 다음에 그걸 a와 b에 골고루 분배하는 대수학 비스무리한 언어는 없을까 싶겠지만... 아, 끔찍한 발상이다.

1. 먼저 parsePrecedence()가 접두어 파서 variable()로 a를 파싱한다.

2. 그런 다음, 중위 파싱 루프로 진입한다.

3. *에 도달해서 binary()를 호출한다.

4. parsePrecedence()를 재귀 호출하며 우측 피연산자를 파싱한다.

5. variable()을 다시 호출해 b를 파싱한다.

6. variable() 호출 내부에서 끝부분에 =이 있는지 찾아본다. =이 발견되면 그 줄의 나머지 부분을 할당으로 파싱한다.

정리하면, 파서는 이 코드를 아래 그림처럼 바라본다.

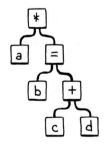

variable()이 변수가 포함된 주변 표현식의 우선순위를 전혀 고려하지 않기 때문에 엉망진창이 된다. 변수가 중위 연산자의 우변에 있거나 단항 연산자의 피연산자인 경우에는 변수가 포함된 표현식의 우선순위가 너무 높아 =이 허용되지 않는다.

문제를 해결하려면 variable()이 우선순위가 낮은 표현식의 컨텍스트에 있는 경우에만 =을 찾아내 사용하게 만들면 된다. 현재 우선순위를 알고 있는 코드는 논리적으로 마땅히 parsePrecedence()다. variable() 함수가 실제 레벨을 알 필요는 없다. 다만 할당을 허용할 만큼 우선순위가 충분히 낮은지만 알면 되므로 그 사실을 불리언 인수로 전달한다.

compiler.c ▶ parsePrecedence() 함수 코드 1줄 교체

```
    error("Expect expression.");
    return;
  }

  bool canAssign = precedence <= PREC_ASSIGNMENT;
  prefixRule(canAssign);

  while (precedence <= getRule(parser.current.type)->precedence) {
```

할당은 우선순위가 가장 낮은 표현식이므로 할당이 허용되는 경우는 표현문처럼 할당식 또는 최상위 표현식을 파싱할 때가 유일하다. 이 플래그를 다음과 같이 파서 함수에 전달한다.

compiler.c ▶ variable() 함수 코드 3줄 교체

```
static void variable(bool canAssign) {
  namedVariable(parser.previous, canAssign);
}
```

그리고 새로운 매개변수를 통해 플래그를 전달한다.

compiler.c ▶ namedVariable() 함수 코드 1줄 교체

```
static void namedVariable(Token name, bool canAssign) {
  uint8_t arg = identifierConstant(&name);
```

결국 사용되는 곳은 여기다.

compiler.c ▶ namedVariable() 함수 코드 1줄 교체

```
  uint8_t arg = identifierConstant(&name);

  if (canAssign && match(TOKEN_EQUAL)) {
    expression();
```

허허, 참… 1비트 데이터를 컴파일러의 올바른 장소에 가져오려고 이 무슨 엄청난 배관 공사인가? 그래도 무사히 도착했다. 변수가 우선순위가 높은 표현식 안에 중첩되어 있으면 canAssign은 false가 되고 =이 있더라도 그대로 무시될 것이다. 그러면 namedVariable()이 리턴되고 결국 제어권은 parsePrecedence()로 되돌아간다.

그다음은? 컴파일러는 앞서 예시한 잘못된 코드를 어떻게 처리할까? 지금은 variable()이 =을 소비하지 않을 테니 그 자체가 현재 토큰이 될 것이다. 컴파일러는 variable() 접두어 파서에서 parsePrecedence()로 되돌아간 다음 중위 파싱 루프에 진입하려고 시도한다. 그러나 =과 연관된 파싱 함수가 없으니 해당 루프는 그냥 건너뛴다.

그 후 parsePrecedence()는 조용히 호출자로 리턴된다. 이것도 잘못이다. =이 표현식의 일부로 소비되지 않는 경우에는 다른 어떤 것도 =을 소비하지 않을 것이다. 이 또한 에러로 리포트해야 한다.

compiler.c ▶ parsePrecedence() 함수

```
    infixRule();
  }

  if (canAssign && match(TOKEN_EQUAL)) {
    error("Invalid assignment target.");
  }
}
```

이제 다시 실행하면 컴파일 타임에 정확히 에러가 발생할 것이다. 좋아, 이제 완성인가? 아직이다. 잘 보라, 파싱 함수 중 하나에 인수를 전달하고 있지만, 이들 파싱 함수는 함수 포인터 테이블에 저장되므로 모든 파싱 함수는 동일한 타입을 가져야 한다. 파싱 함수는 대부분 할당 대상으로 사용되도록 지원하지 않지만(세터가 유일한 예외다), 우리의 친절한 C 컴파일러는 모든 파싱 함수가 매개변수를 수용하도록 강요한다.

> 록스에 array[index] 같은 배열 첨자 연산자가 있었으면 중위 연산자 [역시 할당이 허용되어 array[index] = value가 가능했을 것이다.

자, 이제 이 장은 몇 가지 단순 반복적인 작업들만 남았다. 먼저 중위 파싱 함수에 플래그를 전달한다.

compiler.c ▶ ParsePrecedence() 함수 코드 1줄 교체

```
    ParseFn infixRule = getRule(parser.previous.type)->infix;
    infixRule(canAssign);
  }
```

이 플래그는 언젠가 세터도 필요로 하게 될 것이다. 다음으로 함수 타입에 해당하는 typedef를 선언한다.

compiler.c ▶ Precedence 열거체 다음에 추가, 코드 1줄 교체

```
} Precedence;

typedef void (*ParseFn)(bool canAssign);

typedef struct {
```

정말 지루하지만 매개변수 canAssign을 받는 코드를 기존의 모든 파싱 함수에 넣어야 한다.

compiler.c ▶ binary() 함수 코드 1줄 교체

```
static void binary(bool canAssign) {
  TokenType operatorType = parser.previous.type;
```

여기...

compiler.c ▶ literal() 함수 코드 1줄 교체

```
static void literal(bool canAssign) {
  switch (parser.previous.type) {
```

그리고 여기...

compiler.c ▶ grouping() 함수 코드 1줄 교체

```
static void grouping(bool canAssign) {
  expression();
```

또 여기...

compiler.c ▶ number() 함수 코드 1줄 교체

```
static void number(bool canAssign) {
  double value = strtod(parser.previous.start, NULL);
```

여기도...

compiler.c ▶ string() 함수 코드 1줄 교체

```
static void string(bool canAssign) {
  emitConstant(OBJ_VAL(copyString(parser.previous.start + 1,
```

... 이제 마지막이다!

compiler.c ▶ unary() 함수 코드 1줄 교체

```
static void unary(bool canAssign) {
  TokenType operatorType = parser.previous.type;
```

휴! 드디어 컴파일 가능한 C 프로그램으로 다시 태어났다. 씨록스를 가동시켜 다음 프로그램을 실행하라.

```
var breakfast = "beignets";
var beverage = "cafe au lait";
breakfast = "beignets with " + beverage;

print breakfast;
```

이제 점점 진짜 언어에서 진짜 프로그램을 짜는 느낌이 들기 시작할 것이다!

1. 컴파일러는 식별자가 등장할 때마다 글로벌 변수의 이름을 상수 테이블에 문자열로 추가한다. 변수 이름
   이 상수 테이블의 이전 슬롯에 이미 있을 때에도 매번 새로운 상수를 생성한다. 이는 동일한 함수가 동일
   한 변수를 여러 번 참조하는 경우 낭비다. 또한 청크 하나에 상수는 256개까지만 허용되므로 상수 테이블
   이 가득 차고 슬롯이 모자라게 될 가능성이 높다.

   이 부분을 최적화하라. 여러분의 최적화가 런타임 대비 컴파일러의 성능에 어떤 영향을 미치는가? 그것
   이 적절한 트레이드오프인가?

2. 글로벌 변수를 사용할 때마다 해시 테이블에서 이름으로 조회하는 것은 아주 좋은 해시 테이블을 사용하
   더라도 속도가 느릴 수밖에 없다. 시맨틱이 달라지지 않게 하면서도 글로벌 변수를 좀 더 효율적으로 저
   장하고 액세스하는 방법은 없을까?

3. 사용자는 REPL을 실행하면서 알 수 없는 글로벌 변수를 참조하는 함수를 작성할 수 있다. 그러다 바
   로 다음 줄에서 해당 변수를 선언하는 것이다. 록스는 함수가 처음 정의될 때 '알 수 없는 변수(unknown
   variable)' 컴파일 에러를 리포트하지 않는 식으로 이 문제를 우아하게 처리해야 한다.

   그러나 사용자가 REPL이 아닌 록스 스크립트를 실행할 경우, 컴파일러는 어떤 코드가 실행되기 전에 전
   체 프로그램 텍스트에 액세스할 수 있다. 다음 프로그램을 보자.

```
fun useVar() {
  print oops;
}

var ooops = "too many o's!";
```

여기서 oops는 프로그램 어디에도 글로벌 선언이 없으므로 정의되지 않은 변수임을 정적으로 알 수 있다.
useVar()는 한 번도 호출되지 않았기 때문에 이 변수가 정의되어 있지 않아도 사용하지 않았기 때문에
런타임 에러는 발생하지 않는다.

적어도 스크립트에서 실행할 경우라면 이와 같은 실수는 컴파일 에러로 리포트할 수 있다. 여러분은 그래
야 한다고 생각하는가? 왜 그런지 이유를 밝혀라. 여러분이 알고 있는 다른 스크립트 언어에서는 어떻게
처리하는가?

22장

로컬 변수

시인의 번득이는 눈에는 천상과 지상이 오가고

상상력이 발동되면 허망했던 미지의 세계도

구체적인 형태와 거처와 이름을 부여받는 것이오.

윌리엄 셰익스피어(William Shakespeare), 『한여름밤의 꿈(A Midsummer Night's Dream)』

지난 장에서 씨록스에 처음 변수를 선보였으나 글로벌 변수로 한정됐다. 이번 장에서는 이를 확장하여 블록과 블록 스코프, 로컬 변수까지 지원할 것이다. 제이록스는 이 모든 내용과 글로벌 변수를 하나의 장에 담아냈지만, C 코딩은 아무래도 더 많은 노력이 필요하므로 씨록스는 두 장으로 나누어 설명하겠다.

> "글로벌하게 생각하고 로컬하게 행동하라(Think globally, act locally)"는 우스갯소리가 있는데, 지금 나도 그러려고 노력 중이다.

하지만 이보다 더 중요한 이유는, 로컬 변수에 액세스하는 방식이 글로벌 변수와 상당히 다르다는 차이점이다. 록스에서 글로벌 변수는 늦게[1] 바인드된다. 여기서 '늦게(late)'란 '컴파일 타임 이후에 리졸브된다'는 뜻이다. 덕분에 컴파일러를 단순화할 수 있어서 좋지만, 성능은 그리 좋지 않다. 로컬 변수는 프로그래밍 언어에서 가장 사용량이 많은 부분 중 하나다. 따라서 로컬 변수가 느리면 만사가 다 느려진다. 가능한 한 로컬 변수를 효율적으로 구현할 전략이 필요하다.

> 함수 매개변수(function parameter)도 많이 사용된다. 함수 매개변수도 로컬 변수처럼 동작하므로 동일한 구현 기법을 적용할 것이다.

다행히 여기서 렉시컬 스코핑이 많은 도움이 된다. 이름에서 알 수 있듯이, 렉시컬 스코핑은 프로그램의 텍스트를 보는 것만으로도 로컬 변수를 리졸브할 수 있음을 의미한다. 다시 말해, 로컬 변수는 늦게 바인드되지 않는다. 컴파일러가 수행하는 어떤 처리 작업도 런타임에는 할 필요가 없는 것들이므로 로컬 변수 구현은 컴파일러에 크게 의존하게 될 것이다.

22.1 / 로컬 변수 표현

INTERPRETER

오늘날 프로그래밍 언어를 해킹할 때에는 다른 언어들의 오랜 역사를 통해 배울 점이 많아 상대적으로 유리하다. 그렇다면 C와 자바는 로컬 변수를 어떻게 관리할까? 당연히 스택이다! 두 언어는 일반적으로 칩과 OS에서 지원되는 네이티브 스택 메커니즘을 사용한다. 이런 얘기는 우리에겐 너무 로우레벨이지만, 씨록스의 가상 세계 안에도 사용 가능한 자체 스택이 있다.

지금은 표현식 계산 중에 기억해야 할 **임시 데이터(temporaries)**, 즉 수명이 짧은 데이터 뭉치를 보관하는 용도로만 스택을 사용한다. 따라서 이 용도에 간섭을 일으키지 않는 한 로컬 변수도 얼마든지 스택에 저장할

---

1 **옮긴이** 나중에, 지연되어

수 있다. 성능도 우수하다. 새 로컬 변수의 공간을 할당(해제)하려면 stackTop 포인터만 증가(감소)시키면 된다. 알려진 스택 슬롯에서 배열 인덱스로 조회하면 바로 변수에 액세스할 수 있다.

그러나 주의할 점이 있다. VM은 스택이 그냥 스택처럼 동작하리라 기대한다. 스택 맨 위에만 새 로컬 변수를 할당하고 스택에 아무것도 없을 때만 로컬 변수를 버릴 수 있다는 점을 인정해야 한다. 또한 임시 데이터가 간섭을 일으키지 않도록 잘 처리해야 한다.

록스는 다행히 이러한 제약조건에 잘 부합하도록 디자인됐다. 새로운 로컬 변수는 언제나 선언문으로 생성한다. 문장은 표현식 안에 중첩되지 않으므로 문장이 실행되기 시작할 때 스택에는 임시 데이터가 있을 리 없다. 블록은 엄격하게 중첩된다. 한 블록이 끝나면 항상 가장 내부의, 가장 최근에 선언된 로컬 변수만 가져간다. 가장 마지막에 스코프에 진입한 로컬 변수라서 이들을 필요로 하는 스택의 맨 위에 있어야 한다.

다음 예제 프로그램을 단계별로 살펴보면서 로컬 변수가 어떻게 스코프에(서) 들어오고 나가는지 알아보자.

> 이렇게 잘 맞아 떨어지는 것이 우연은 아니다. 나는 스택 기반의 바이트코드로 싱글 패스 컴파일을 할 수 있도록 록스를 디자인했다. 하지만 애써 이 제약에 맞추려고 언어를 크게 수정할 필요는 없었다. 디자인은 대부분 아주 자연스럽게 느껴질 것이다.
>
> 이는 언어의 역사가 싱글 패스 컴파일, 스택 기반 아키텍처와 밀접한 연관이 있기 때문이다. 록스의 블록 스코핑은 BCPL까지 거슬러 올라가는 전통을 따른다. 프로그래머로서 언어에서 무엇이 '전형(normal)'인지에 대한 직관은 오늘날에도 과거의 하드웨어 제약에 영향을 받는다.

스택과 얼마나 찰떡궁합인지 보이는가? 스택은 런타임에 로컬 변수를 저장하는 데 일가견이 있는 것 같다. 하지만 여기서 더 나아가 로컬 변수가 스택에 위치한다는 사실은 물론, 스택 어디에 있는지도 정확히 파악할 수 있다. 컴파일러는 어느 시점에 어떤 로컬 변수가 스코프에 있는지 알고 있기 때문에 컴파일 도중 스택을 효과적으로 시뮬레이션하고 각 변수가 스택 어디에 있는지 확인할 수 있다.

> 이 장에서 로컬 변수는 VM의 스택 배열 맨 아래부터 시작해 거기서부터 인덱스된다. 이 체계는 24장에서 함수가 추가되면 조금 더 복잡해진다. 각 함수는 자신의 매개변수와 로컬 변수에 사용할 고유한 스택 영역을 필요로 한다. 하지만 여러분이 생각하는 것만큼 그렇게 복잡하지는 않으니 걱정할 필요는 없다.

이러한 스택 오프셋을 로컬 변수를 읽고 저장하는 바이트코드 명령어의 피연산자로 활용해보자. 그러면 배열 인덱싱만큼 로컬 변수를 다루는 속도가 빨라질 것이다.

삼라만상이 조화를 이루려면 컴파일러가 추적해야 할 상태가 꽤 많다. 제이록스는 '환경' HashMap에 연결된 체인을 사용하여 현재 스코프에 있는 로컬 변수를 추적했다. 이는 렉시컬 스코프를 표현하는 모범 답안이다. 씨록스는 평소처럼 좀 더 현실에 가깝게 접근할 것이다. 모든 상태를 다음과 같은 새로운 구조체에 정의한다.

```
} ParseRule;

typedef struct {
  Local locals[UINT8_COUNT];
  int localCount;
  int scopeDepth;
} Compiler;

Parser parser;
```

컴파일 프로세스의 각 지점마다 스코프 내에 있는 모든 로컬 변수를 하나의 단순한, 플랫한 배열로 나타낸 것이다. 로컬 변수는 코드에 선언이 등장하는 순서대로 locals 배열에 배치된다. 로컬 변수 인코딩에 사용할 명령어 피연산자는 1바이트라서 VM이 한 번에 스코프에 넣을 로컬 변수의 개수는 엄격히 제한된다. 즉, 로컬 변수 배열에 고정 크기를 지정할 수도 있다.

> 우리는 싱글 패스 컴파일러를 작성 중이므로 배열에서 로컬 변수의 순서를 지정하는 옵션은 많지 않다.

```
#define DEBUG_TRACE_EXECUTION

#define UINT8_COUNT (UINT8_MAX + 1)

#endif
```

Compiler 구조체로 돌아가자. localCount 필드는 스코프에 있는 로컬 변수의 개수, 즉 사용 중인 배열 슬롯의 개수를 추적한다. 또 '스코프 깊이(scope depth)'도 추적한다. 스코프 깊이는 컴파일 중인 현재 코드의 비트를 둘러싼 블록의 개수다.

제이록스는 맵 체인을 사용해 각 블록의 변수를 다른 블록에 있는 변수와 분리했다. 이번에는 그냥 변수가 나타나는 중첩 레벨에 따라 변수를 넘버링하겠다. 0은 글로벌 스코프, 1은 첫 번째 최상위 블록, 2는 그 내부 블록... 이렇게 각 로컬 변수가 어느 블록에 속하는지 추적하면 블록이 끝날 때 어느 로컬 변수를 폐기해야 할지 알 수 있다.

다음은 배열에 들어가는 로컬 변수를 나타낸 구조체다.

```
} ParseRule;

typedef struct {
  Token name;
  int depth;
} Local;

typedef struct {
```

변수 이름은 name에 저장한다. 식별자를 리졸브할 때 식별자의 렉심과 각 로컬 변수의 이름을 대조해 동일한 것을 찾는다. 변수 이름을 모르면 변수를 리졸브하기가 아주 힘들다. depth 필드에는 로컬 변수가 선언된 블록의 스코프 깊이를 기록한다. 지금 필요한 상태는 이게 전부다.

제이록스에서 했던 것과는 많이 다른 표현이지만, 컴파일러가 렉시컬 환경에 대해 질문하는 데 필요한 것과 동일한 모든 질문에 답할 수 있게 해준다. 다음 단계는 컴파일러가 어떻게 이 상태에 도달하는지 알아내는 것이다. 원칙주의를 고수하는 엔지니어라면 Compiler 포인터를 받는 매개변수를 프런트엔드에 있는 각 함수에 제공할 것이다. 우선 Compiler 객체를 생성한 후 함수를 호출할 때마다 신중하게 스레딩하겠지만, 그러면 이미 작성한 코드를 너무 많이 뜯어 고쳐야 하므로 글로벌 변수를 대신 사용하겠다.

> 여러 컴파일러가 병렬 실행되는 멀티스레드 애플리케이션(multi-threaded application)에서 씨록스 컴파일러를 사용하는 경우에 글로벌 변수를 사용하는 건 좋은 생각이 아니다.

```
Parser parser;
Compiler* current = NULL;
Chunk* compilingChunk;
```

다음은 컴파일러를 초기화하는 작은 함수다.

```
static void initCompiler(Compiler* compiler) {
  compiler->localCount = 0;
  compiler->scopeDepth = 0;
  current = compiler;
}
```

VM을 처음 기동하면 initCompiler() 함수를 호출하여 깨끗한 상태로 새 출발한다.

```
  initScanner(source);
  Compiler compiler;
  initCompiler(&compiler);
  compilingChunk = chunk;
```

컴파일러에 필요한 '데이터(data)'는 있지만 아직 그 데이터에 수행할 '동작(operation)'은 없다. 스코프를 생성/폐기하는 방법도, 변수를 추가하거나 리졸브하는 방법도 없다. 이런 기능은 차차 필요할 때 덧붙이겠다. 우선, 몇 가지 언어 기능을 구현하자.

22.2 블록문

INTERPRETER

로컬 변수를 사용하려면 먼저 로컬 스코프가 있어야 한다. 로컬 스코프는 함수 바디와 블록 두 가지에서 비롯된다. 함수는 방대한 작업이라 24장에서 따로 다루기로 하고 이 장에서는 블록만 작업하겠다. 평소처럼 구문부터 시작한다. 새로운 문법은 이런 모습이다.

생각해보면 '블록(block)'이란 명칭이 참 기묘하다. '블록'은 보통 더 이상 잘게 나눌 수 없는 작은 단위를 비유적으로 일컫는 단어지만, 무슨 까닭에서인지 알골 60 위원회(Algol 60 committee)는 여러 문장이 복합된 구성 요소를 블록이라고 부르기로 했다. 알골 58 시절에는 begin과 end를 '문장 괄호(statement parentheses)'라고 불렀으니 사실 더 고약하게 명명될 가능성도 있었다.

```
statement       → exprStmt
                | printStmt
                | block ;

block           → "{" declaration* "}" ;
```

블록은 문장의 일종이므로 블록에 관한 규칙은 statement 프로덕션에 적용된다. 다음은 블록을 컴파일하는 코드다.

compiler.c ▶ statement() 함수

```c
if (match(TOKEN_PRINT)) {
  printStatement();
} else if (match(TOKEN_LEFT_BRACE)) {
  beginScope();
  block();
  endScope();
} else {
```

처음 중괄호를 파싱한 이후 나머지 코드는 다음 헬퍼 함수가 컴파일한다.

이 함수는 나중에 함수 바디를 컴파일할 때에도 유용하게 쓰인다.

```
static void block() {
  while (!check(TOKEN_RIGHT_BRACE) && !check(TOKEN_EOF)) {
    declaration();
  }

  consume(TOKEN_RIGHT_BRACE, "Expect '}' after block.");
}
```

block() 함수는 }가 나올 때까지 선언과 문장을 계속 파싱한다. 파서의 루프가 으레 그렇듯이 토큰 스트림의 끝에 왔는지도 체크한다. 이래야 사용자가 }를 깜빡 잊어도 컴파일러가 루프 안에 갇히지 않는다.

블록을 실행한다 함은 블록에 포함된 문장을 하나씩 실행한다는 뜻이므로 컴파일 작업에 특별할 건 없다. 시맨틱상 블록이 수행하는 흥미로운 일은 스코프를 생성하는 것이다. 블록의 바디를 컴파일하기 전에 다음 함수를 호출하여 새로운 로컬 스코프에 진입한다.

```
static void beginScope() {
  current->scopeDepth++;
}
```

스코프를 '생성'하기 위해 현재 깊이를 하나 늘리면 그만이다. 그래서 스코프가 생성될 때마다 새로운 HashMap을 할당했던 제이록스보다 훨씬 빠를 수밖에 없다. beginScope()가 하는 일을 생각하면 endScope()가 무슨 일을 할지는 짐작할 수 있을 것이다.

```
static void endScope() {
  current->scopeDepth--;
}
```

자, 블록과 스코프는 끝났고, 이제 블록과 스코프를 변수로 채워보자.

22.3 로컬 변수 선언

보통 파싱은 여기서 시작하지만, 씨록스 컴파일러는 이미 변수 선언의 파싱과 컴파일을 지원한다. var 문도 있고 식별자 표현식과 할당도 가능하다. 다만 이 컴파일러는 아직 모든 변수를 글로벌 변수로 취급할 뿐이다. 따라서 새로운 파싱 기능은 필요 없고 기존 코드에 새로운 스코핑 시맨틱을 걸어주기만 하면 된다.

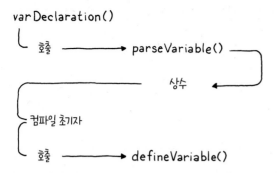

변수 선언 파싱은 varDeclaration()에서 시작되며 다른 두 함수를 호출한다. 첫째, parseVariable() 함수는 변수 이름에 대한 식별자 토큰을 소비하고 그 렉심을 청크의 상수 테이블에 문자열로 추가한 뒤, 해당 상수 테이블의 인덱스를 리턴한다. 둘째, defineVariable() 함수는 varDeclaration()이 초기자를 컴파일한 후 호출되어 글로벌 변수 해시 테이블에 변숫값을 저장하는 바이트코드를 내보낸다.

두 헬퍼 함수가 로컬 변수까지 지원하게 만들려면 몇 가지 고칠 부분이 있다. parseVariable()에는 다음 코드를 추가한다.

```
compiler.c ▸ parseVariable() 함수
  consume(TOKEN_IDENTIFIER, errorMessage);

  declareVariable();
  if (current->scopeDepth > 0) return 0;

  return identifierConstant(&parser.previous);
```

일단, 변수를 '선언'한다. (이것이 무슨 의미인지는 곧 설명하겠다.) 그런 다음, 현재 로컬 스코프에 있으면 함수를 종료한다. 런타임에 로컬 변수는 이름으로 찾을 수 없다. 변수 이름을 상수 테이블에 넣을 필요는 없으므로 선언이 로컬 스코프 내에 있다면 더미 테이블(dummy table)을 대신 리턴하면 된다.

다음은 defineVariable() 함수다. 현재 로컬 스코프에 있으면 로컬 변수를 저장하는 코드를 내보내야 한다. 구현 코드는 다음과 같다.

```
compiler.c ▸ defineVariable() 함수
static void defineVariable(uint8_t global) {
  if (current->scopeDepth > 0) {
    return;
  }

  emitBytes(OP_DEFINE_GLOBAL, global);
```

그런데, 잠깐! 맞다, 런타임에 로컬 변수를 생성하는 코드가 없다. VM이 어떤 상태일지 떠올려보자. 변수의 초기자(또는 사용자가 초기자를 생략했다면 암묵적 nil)에 해당하는 코드가 이미 실행됐고 그 값은 유일하

게 잔존한 임시 데이터로서 스택의 맨 위를 차지하고 있다. 또 새로운 로컬 변수들이 스택 맨 위에 할당된다는 사실도 알고 있다. 바로 초기자가 실행된 값이 이미 자리 잡은 그곳이다. 따라서 할 일이 없다. 임시 데이터가 그냥 로컬 변수가 되는 것이다. 이보다 더 효율적인 처리 방법이 또 있을까?

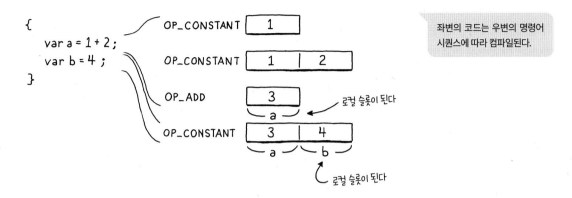

좋다, 그럼 '선언'의 의미는 무엇일까? 실체는 다음과 같다.

compiler.c ▶ identifierConstant() 함수 다음에 추가

```c
static void declareVariable() {
  if (current->scopeDepth == 0) return;

  Token* name = &parser.previous;
  addLocal(*name);
}
```

여기가 바로 컴파일러가 변수의 존재를 기록하는 장소다. 로컬 변수만 이렇게 처리하기 때문에 최상위 글로벌 스코프에 있는 경우는 그냥 빠져나간다. 글로벌 변수는 늦게 바인드되므로 컴파일러는 더 이상 글로벌 변수에 어떤 선언이 있었는지 추적하지 않는다.

그러나 로컬 변수의 경우, 컴파일러는 변수의 존재 사실을 반드시 기억해야 한다. 이것이 바로 선언의 역할이다. 즉, 현재 스코프에 있는 컴파일러의 변수 리스트에 로컬 변수를 추가하는 것이다. 이 로직은 다음 새 함수에 구현한다.

compiler.c ▶ identifierConstant() 함수 다음에 추가

```c
static void addLocal(Token name) {
  Local* local = &current->locals[current->localCount++];
  local->name = name;
  local->depth = current->scopeDepth;
}
```

addLocal() 함수는 컴파일러의 변수 배열에서 사용 가능한 그 다음 Local을 초기화한다. 변수 이름과 그 변수를 소유한 스코프의 깊이도 저장한다.

> 변수 이름을 구성하는 문자열의 수명은 얼마나 지속될까? Local은 식별자에 대한 Token 구조체의 사본을 직접 보관하며, Token에는 해당 렉심의 첫 번째 문자를 가리키는 포인터와 렉심의 길이가 저장된다. 이 포인터는 컴파일할 스크립트 또는 REPL 엔트리의 원본 소스 문자열을 가리킨다.
>
> 컴파일 전 과정 내내 변수 이름에 해당하는 문자열이 유지되는 한(컴파일 중이니 당연히 그래야 한다) 해당 문자열을 가리키는 모든 토큰은 문제가 없다.

올바르게 작성된 록스 프로그램이면 문제가 없겠지만 잘못 짠 코드를 컴파일하면 어떻게 될까? 늘 탄탄한 언어 구현체를 목표로 해야 한다. 첫 번째 에러의 원인은 사용자의 잘못이라기보다 VM의 한계에 더 가깝다. 로컬 변수를 다루는 명령어는 슬롯 인덱스로 변수를 참조하고 이 인덱스는 1바이트짜리 피연산자에 저장되므로 VM은 스코프에 한 번에 최대 256개의 로컬 변수까지만 지원한다.

이 한계를 초과하면 런타임에 참조를 할 수 없을 뿐만 아니라, 컴파일러가 자신의 로컬 배열을 덮어쓰게 될 것이다. 이 부분을 바로 잡자.

compiler.c ▶ addLocal() 함수

```
static void addLocal(Token name) {
  if (current->localCount == UINT8_COUNT) {
    error("Too many local variables in function.");
    return;
  }

  Local* local = &current->locals[current->localCount++];
}
```

두 번째 에러 원인은 조금 더 까다롭다. 다음 코드를 보자.

```
{
  var a = "first";
  var a = "second";
}
```

록스는 이전 선언과 동일한 이름의 변수를 최상위 레벨에 다시 선언하는 행위를 허용하지만, 로컬 스코프에서 이렇게 하는 것은 정말 이상하며 사실상 사용자의 실수라고 봐야 맞다. 따라서 록스를 비롯한 많은 언어는 이러한 가정을 뒷받침하기 위해 에러로 처리한다.

> 흥미롭게도 러스트는 예외적으로 이를 허용하며, 관용 코드(idiomatic code)에서도 그렇게 사용한다.

다음 코드를 보자. 방금 전 보았던 코드와 어떻게 다른가?

```
{
  var a = "outer";
  {
    var a = "inner";
  }
}
```

이름이 같은 두 변수가 서로 다른 스코프에 있는 것은 괜찮다. 스코프가 겹쳐져 두 변수를 동시에 바라볼 수 있는 경우도 마찬가지다. 이것이 바로 섀도잉인데, 록스는 섀도잉을 허용한다. 단, 동일한 로컬 스코프에 동일한 이름을 가진 변수가 2개 있으면 에러다.

이 에러는 다음 코드로 감지한다.

compiler.c ▶ declareVariable() 함수

```
  Token* name = &parser.previous;
  for (int i = current->localCount - 1; i >= 0; i--) {
    Local* local = &current->locals[i];
    if (local->depth != -1 && local->depth < current->scopeDepth) {
      break;
    }

    if (identifiersEqual(name, &local->name)) {
      error("Already a variable with this name in this scope.");
    }
  }

  addLocal(*name);
}
```

> depth != -1 부분이 잘 이해가 안 되더라도 걱정 말라. 곧 친절하게 설명할 것이다!

로컬 변수는 선언 즉시 배열 끝에 추가되므로 현재 스코프는 항상 배열의 끝에 위치한다. 새 변수를 선언하면 배열 끝에서 출발하여 역순으로 동일한 이름을 가진 변수가 기존에 있는지 찾아본다. 현재 스코프에서 그런 변수가 발견되면 에러를 리포트한다. 그런 변수가 없는데 배열의 시작부 또는 다른 스코프가 소유한 변수까지 도달했다면 해당 스코프에 있는 기존 변수를 모두 확인했다고 볼 수 있다.

두 식별자가 동일한지는 다음 코드로 확인한다.

compiler.c ▶ identifierConstant() 함수 다음에 추가

```
static bool identifiersEqual(Token* a, Token* b) {
  if (a->length != b->length) return false;
  return memcmp(a->start, b->start, a->length) == 0;
}
```

> 문자열 해시값을 체크할 수 있으면 최적화에 도움이 되겠지만, 토큰은 완전한 LoxString이 아니므로 아직 해시를 계산하지 않았다.

두 렉심의 길이를 알고 있고 길이가 다르면 당연히 동일하지 않은 문자열이다. 따라서 먼저 길이부터 체크한다. 길이가 같으면 memcmp()로 문자열을 구성하는 문자들을 체크한다. 이 함수를 사용하려면 인클루드가 필요하다.

compiler.c

```
#include <stdlib.h>
#include <string.h>

#include "common.h"
```

자, 이제 변수를 구현할 수 있다. 하지만 지금 변수는 자신이 선언된 스코프를 벗어나도 계속 이승에 머무르는 유령과 비슷하다. 블록이 끝나면 그들도 편히 잠들게 해야 한다.

```
  current->scopeDepth--;

  while (current->localCount > 0 &&
         current->locals[current->localCount - 1].depth >
            current->scopeDepth) {
    emitByte(OP_POP);
    current->localCount--;
  }
}
```

스코프를 팝할 때 로컬 배열을 역순으로 탐색하면서 방금 전에 벗어난 스코프 깊이에 선언된 변수를 찾는다. 변수는 배열의 길이를 하나 줄이는 방식으로 폐기한다.

여기에 런타임 컴포넌트가 있다. 로컬 변수는 스택의 슬롯을 차지한다. 로컬 변수가 스코프를 벗어나면 해당 슬롯은 더 이상 필요가 없으니 해제해야 한다. 따라서 변수를 버릴 때마다 스택에서 팝하는 OP_POP 명령어도 내보낸다.

> 여러 로컬 변수가 한꺼번에 스코프를 벗어나면 한 번에 하나씩 인터프리트되는 OP_POP 명령어들이 줄줄이 사탕처럼 발생한다. 따라서 스택에서 팝할 슬롯 수를 피연산자로 받아 한 번에 팝하는 OP_POPN이라는 특수한 명령어를 록스 구현체에 적용하면 간단히 최적화할 수 있다.

22.4 / 로컬 변수 사용

그럼, 로컬 변수 선언을 컴파일하고 실행해보자. 런타임에 로컬 변숫값은 스택의 정해진 위치로 들어갈 것이다. 변수 액세스 및 할당은 어차피 컴파일러에서 동일한 함수를 사용하므로 둘 다 동시에 수행하겠다.

글로벌 변수의 게터/세터 코드는 이미 다 작성해놨다. 여러분과 나는 훌륭한 소프트웨어 엔지니어답게 기존 코드를 최대한 재사용하고 싶다. 이런 식으로 말이다.

```
static void namedVariable(Token name, bool canAssign) {
  uint8_t getOp, setOp;
  int arg = resolveLocal(current, &name);
  if (arg != -1) {
    getOp = OP_GET_LOCAL;
    setOp = OP_SET_LOCAL;
  } else {
    arg = identifierConstant(&name);
    getOp = OP_GET_GLOBAL;
```

```
      setOp = OP_SET_GLOBAL;
  }

  if (canAssign && match(TOKEN_EQUAL)) {
```

변수에 액세스 및 할당하는 바이트코드 명령어를 하드코딩하는 대신 몇몇 C 변수를 사용한다. 먼저 주어진 이름의 로컬 변수를 찾는다. 로컬 변수가 발견되면 로컬 변수용 명령어를 사용하고, 발견되지 않으면 글로벌 변수라 보고 기존 글로벌 변수용 명령어를 사용한다.

조금 더 아래로 내려가 이 변수들을 사용하여 올바른 명령어를 내보낸다. 할당은 이렇게 하고...

compiler.c ▶ namedVariable() 함수 코드 1줄 교체

```
  if (canAssign && match(TOKEN_EQUAL)) {
    expression();
    emitBytes(setOp, (uint8_t)arg);
  } else {
```

... 액세스는 이렇게 한다.

compiler.c ▶ namedVariable() 함수 코드 1줄 교체

```
    emitBytes(setOp, (uint8_t)arg);
  } else {
    emitBytes(getOp, (uint8_t)arg);
  }
```

다음 코드가 이 장의 심장부인, 로컬 변수를 리졸브하는 코드다.

compiler.c ▶ identifiersEqual() 함수 다음에 추가

```
static int resolveLocal(Compiler* compiler, Token* name) {
  for (int i = compiler->localCount - 1; i >= 0; i--) {
    Local* local = &compiler->locals[i];
    if (identifiersEqual(name, &local->name)) {
      return i;
    }
  }

  return -1;
}
```

보다시피 더 없이 직관적인 로직이다. 먼저 현재 스코프에 있는 로컬 변수 리스트를 살펴본다. 만약 식별자 토큰과 이름이 같은 로컬 변수가 있으면 식별자가 이 변수를 참조해야 한다. 찾았다, 빙고! 배열을 역순으로 탐색하여 가장 마지막에 이 식별자로 선언된 변수를 찾는다. 이렇게 해야 내부 로컬 변수가 주변 스코프에서 동일한 이름을 가진 로컬 변수를 올바르게 섀도잉할 수 있다.

런타임에는 스택 슬롯 인덱스를 사용해서 로컬 변수를 로드 및 저장한다. 컴파일러가 변수 리졸빙 후 계산해야 하는 것은 바로 이 인덱스다. 변수가 선언될 때마다 Compiler의 로컬 배열 끝에 추가한다. 첫 번째 로컬 변수는 인덱스 0, 그다음 변수는 인덱스 1... 이런 식이다. 즉, 컴파일러의 로컬 배열은 런타임의 VM 스택과 정확히 동일한 레이아웃을 가진다. 로컬 배열에 있는 변수의 인덱스가 자신의 스택 슬롯과 동일한 것이다. 얼마나 편리한가!

전체 배열을 뒤졌지만 주어진 이름의 변수가 없으면 이는 로컬 변수가 아니라는 증거다. 이럴 때에는 −1을 리턴해서 발견되지 않았고 이건 글로벌 변수가 틀림없다는 신호를 보낸다.

22.4.1 로컬 변수 해석

컴파일러가 내보낸 새로운 두 명령어를 작동시켜보자. 첫째, 로컬 변수를 로드하는 명령어다.

chunk.h ▶ OpCode 열거체

```
  OP_POP,
  OP_GET_LOCAL,
  OP_GET_GLOBAL,
```

구현 코드는 다음과 같다.

vm.c ▶ run() 함수

```
    case OP_POP: pop(); break;
    case OP_GET_LOCAL: {
      uint8_t slot = READ_BYTE();
      push(vm.stack[slot]);
      break;
    }
    case OP_GET_GLOBAL: {
```

> 로컬 변숫값은 이미 스택 저 아래 어딘가에 있을 텐데 스택에 푸시하는 것은 중복처럼 보인다. 하지만 문제는 다른 바이트코드 명령어도 스택 맨 위에 있는 데이터만 찾는다는 사실이다. 이것이 바이트코드 명령어 집합을 스택 기반으로 만드는 핵심이다. 레지스터 기반 바이트코드 명령어 집합(15장 디자인 노트 참고)은 피연산자가 더 많은 뚱뚱한 명령어를 사용하는 대가로 이러한 스택 저글링(stack juggling)을 방지한다.

로컬 변수가 위치한 스택 슬롯을 가리키는 1바이트 피연산자를 받는다. 이 인덱스에 있는 값을 로드한 다음, 이후 명령어가 그 값을 찾을 수 있도록 스택에 푸시한다.

둘째, 할당 명령어다.

chunk.h ▶ OpCode 열거체

```
  OP_GET_LOCAL,
  OP_SET_LOCAL,
  OP_GET_GLOBAL,
```

구현 코드는 대략 짐작될 것이다.

```
    }
  case OP_SET_LOCAL: {
    uint8_t slot = READ_BYTE();
    vm.stack[slot] = peek(0);
    break;
  }
  case OP_GET_GLOBAL: {
```

스택 맨 위에서 할당된 값을 가져와 로컬 변수에 해당하는 스택 슬롯에 저장한다. 잘 보면 스택에서 값을 팝하지 않는다. 할당은 표현식이고 모든 표현식은 값을 만들어낸다는 사실을 기억하기 바란다. 할당식의 값은 할당된 값 그 자체이므로 VM은 이 값을 스택에 남겨둔다.

디셈블러에 이 두 명령어를 잊지 않도록 지금 추가하자.

```
    return simpleInstruction("OP_POP", offset);
  case OP_GET_LOCAL:
    return byteInstruction("OP_GET_LOCAL", chunk, offset);
  case OP_SET_LOCAL:
    return byteInstruction("OP_SET_LOCAL", chunk, offset);
  case OP_GET_GLOBAL:
```

컴파일러는 로컬 변수를 컴파일하여 슬롯에 직접 액세스한다. 로컬 변수의 이름은 절대로 컴파일러 곁을 떠나는 일 없이 청크에 포함된다. 그래서 성능은 좋지만 인트로스펙션[2] 측면에선 좋지 않다. 이런 명령어는 디셈블을 해도 글로벌 변수처럼 변수 이름을 표시할 수 없고 슬롯 번호만 나타낼 수 있다.

```
static int byteInstruction(const char* name, Chunk* chunk,
                           int offset) {
  uint8_t slot = chunk->code[offset + 1];
  printf("%-16s %4d\n", name, slot);
  return offset + 2;
}
```

> 컴파일러에서 로컬 변수 이름이 지워지면 VM에 디버거를 구현할 때 실제로 문제가 된다. 사용자는 코드를 단계별로 따라가며 이름별로 정리된 로컬 변숫값들을 확인하려고 할 텐데, 그러려면 각 스택 슬롯에서 로컬 변수 이름을 추적하기 위해 몇 가지 부가 정보를 출력해야 한다.

---

2 **옮긴이** introspection, 디버깅 등의 용도로 내부를 자세히 들여다보는 일

22.4.2 다른 스코프 엣지 케이스

스코프와 관련된 두어 가지 기괴한 엣지 케이스를 처리하느라 적잖은 지면을 할애했다. 섀도잉이 제대로 작동되는지 확인했다. 동일한 로컬 스코프에 이름이 같은 변수가 2개 발견되면 에러를 리포트한다. 나에겐 그리 명확하지 않은 이유로 변수 스코핑에는 이런저런 흠이 많은 듯싶다. 솔직히 나도 지금까지 완벽하게 우아한 언어를 본 적은 없다.

> 진심이다, 스킴조차 그렇다.

이 장을 마무리하기 전에 해결할 엣지 케이스가 한 가지 더 있다. 제이록스의 변수 레졸루션을 구현할 때 (11.3.2절) 예로 들었던 요상한 코드를 다시 보자.

```
{
  var a = "outer";
  {
    var a = a;
  }
}
```

11장에서는 변수의 선언을 두 단계로 나누어 해결했다. 여기서도 그렇게 한번 해보자.

```
var cuppa = "joe";
```
미초기화 상태로 선언 ①   ② 사용 준비 끝

변수 선언이 시작되자마자, 즉 변수의 초기자 이전에 변수 이름이 현재 스코프에 선언된다. 변수는 존재하나 '미초기화(unintialized)'라는 특별한 상태다. 그리고 초기자를 컴파일한다. 해당 표현식의 어느 지점이든 이 변수를 가리키는 식별자가 리졸브되면 변수가 미초기화 상태임을 확인하고 에러를 리포트한다. 초기자 컴파일이 끝난 후에는 변수가 초기화되어 사용할 준비가 됐다고 표시한다.

이렇게 구현하려면 로컬 변수 선언 시 '미초기화' 상태를 표시할 수단이 필요하다. Local에 새 필드를 추가해도 되지만 메모리를 좀 더 절약할 수는 없을까? 그렇다, 변수의 스코프 깊이를 −1이라는 특별한 신호값으로 세팅하면 된다.

compiler.c ▶ addLocal() 함수 코드 1줄 교체

```
  local->name = name;
  local->depth = -1;
}
```

나중에 변수의 초기자 컴파일이 끝나면 초기화된 것으로 표시한다.

```
if (current->scopeDepth > 0) {
  markInitialized();
  return;
}
```

구현 코드는 다음과 같다.

```
static void markInitialized() {
  current->locals[current->localCount - 1].depth =
      current->scopeDepth;
}
```

그렇다, 이것이 실제로 컴파일러가 변수를 '선언'하고 '정의'한다는 의미다. '선언'은 변수를 스코프에 추가하는 것, '정의'는 변수를 사용할 수 있게 만드는 것이다.

로컬 변수를 가리키는 참조를 리졸브할 때 스코프 깊이를 보고 변수가 완전히 정의됐는지 확인한다.

```
    if (identifiersEqual(name, &local->name)) {
      if (local->depth == -1) {
        error("Can't read local variable in its own initializer.");
      }
      return i;
```

스코프 깊이가 –1이면 변수 초기자 안에서 해당 변수를 참조한 것이니 에러를 리포트한다.

이 장은 여기까지다! 고생 끝에 블록, 로컬 변수, 그리고 하늘을 우러러 한 점 부끄럼 없는 진짜 렉시컬 스코핑을 추가했다. 변수에 대해 완전히 다른 런타임 표현을 도입한 덕분에 코드를 많이 작성할 필요는 없었다. 결과적으로 깔끔하고 효율적인 구현체가 되었다.

잘 보면 이 장에서 작성한 코드는 거의 다 컴파일러에 모여 있다. 런타임에는 달랑 명령어 2개뿐이다. 이것이 제이록스와는 확실히 차별화된 씨록스의 특징이다. 최적화 도구 상자에서 아주 큰 망치 중 하나는, 런타임에 작업할 거리가 없도록 최대한 컴파일러 쪽으로 앞당기는 것이다. 즉, 모든 로컬 변수가 차지하는 스택 슬롯을 정확하게 리졸브하는 것이다. 이렇게 하면 런타임에 따로 조회나 리졸브를 할 필요가 없다.

이러한 양상의 극단적 사례로 정적 타입을 들 수 있다. 정적 타입 언어는 모든 타입 분석과 타입 에러 처리를 컴파일 중에 전부 수행한다. 그래서 런타임은 어떤 값이 연산에 적합한 타입인지 확인하느라 시간을 낭비할 필요가 없다. 사실 C 같은 일부 정적 타입 언어는 런타임에 타입 자체를 알 수도 없다. 컴파일러가 값의 타입을 나타내는 모든 표현을 완전히 제거하고 원시 비트만 남겨두기 때문이다.

1. 간단한 로컬 배열을 하나 만들어 사용하면 각 로컬 변수의 스택 슬롯을 쉽게 계산할 수 있지만, 컴파일러가 변수 참조를 리졸브할 때 배열을 선형 탐색(linear scan)해야 하는 단점이 있다.

   좀 더 효율적인 방법을 떠올려보라. 더 복잡해져도 그만한 가치가 있다고 생각하는가?

2. 다른 언어는 다음 코드를 어떻게 처리할까?

   ```
   var a = a;
   ```

   여러분의 언어에서 사용자가 이런 코드를 실행하면 어떻게 처리하겠는가? 또 그 이유는?

3. 많은 프로그래밍 언어에서 재할당이 가능한 변수와 불가능한 변수는 분명하게 구별한다. 자바는 `final` 수정자를 붙인 변수에 값을 할당할 수 없다. 자바스크립트에서 `let`으로 선언된 변수는 할당이 가능하나 `const`를 붙여 선언하면 할당이 불가하다. 스위프트에서 `let`은 단일 할당[3] 변수, `var`는 할당 가능(assignable) 변수를 나타낸다. 스칼라와 코틀린은 `var`와 `val`을 사용한다.

   록스에도 단일 할당 변수를 추가한다면 어떤 키워드가 좋을까? 선택한 이유를 밝히고 그렇게 구현하라. 새 키워드를 붙여 선언한 변수에 값을 할당하려고 하면 컴파일 에러가 나야 한다.

4. 한 번에 256개 이상의 로컬 변수를 스코프에 집어넣을 수 있도록 씨록스를 확장하라.

---

3   **옮긴이** single-assignment, 변숫값을 한번만 할당할 수 있다.

23장

진격과 후퇴

> 우리의 마음이 상상하는 질서는 그물이나 사다리처럼 뭔가를 얻기 위해 만든 것이다. 그러나 당신은 그 사
> 다리를 즉시 던져버려야 한다. 아무리 유용한 것이라도 무의미하다는 걸 발견할 테니.
>
> 움베르토 에코(Umberto Eco), 『장미의 이름(The Name of the Rose)』

여기까지 오느라 시간이 좀 걸렸지만, 마침내 VM에 제어 흐름을 추가할 준비가 됐다. 트리 탐색 인터프리터인 제이록스에서는 제어 흐름을 자바 언어로 구현했다. 가령, 록스의 if 문을 실행하면 자바의 if 문을 사용해서 선택된 분기를 실행했다. 작동은 잘 되지만 뭔가 좀 불만스럽다. JVM이나 네이티브 CPU는 if 문을 어떻게 구현했을까? 이제 해킹할 바이트코드 VM이 있으니 이 질문의 답을 찾을 수 있다.

'제어 흐름'이란 무엇을 의미할까? '흐름'이라 함은, 실행이 프로그램의 텍스트를 통해 옮겨다니는 방식을 뜻한다. 마치 컴퓨터 내부에서 초미니 로봇이 코드 속을 돌아다니며 여기저기 작은 코드 조각을 실행하는 것과 같다. 흐름은 로봇이 이동하는 경로이고 이 로봇을 제어함으로써 로봇이 실행할 코드 조각을 좌지우지하는 것이다.

제이록스에서는 암묵적으로 다양한 자바 변수에 저장되는 AST 노드와 실행 중인 자바 코드에 따라 로봇의 관심사(현재 코드 조각)가 달라졌다. 하지만 씨록스는 이보다 훨씬 명시적이다. VM의 ip 필드에 현재 바이트코드 명령어의 주소가 저장된다. 이 필드의 값이 바로 '현재 실행 중인 프로그램 위치'다.

실행은 ip를 늘려가며 정상적으로 진행된다. 하지만 이 변숫값은 얼마든지 원하는 대로 변경할 수 있다. ip를 변경하기만 해도 어떤 제어 흐름이라도 구현할 수 있다. 가장 단순한 제어 흐름 구문은 else 절이 없는 if 문이다.

```
if (condition) print("condition was truthy");
```

VM은 조건식에 해당하는 바이트코드를 평가한다. 결과가 참이면 계속 진행하여 바디에서 print 문을 실행하고, 반대로 거짓이면 분기를 건너뛰고 그다음 문장을 진행한다.

코드 뭉치를 건너뛰려면 ip 필드를 그 코드 다음에 나오는 바이트코드 명령어의 주소로 세팅하면 된다. 코드를 조건부로 건너뛰려면 스택 맨 위의 값을 조회하는 명령어가 필요하다. 이 값이 거짓이면 ip에 주어진 오프셋을 더해 지정된 범위에 있는 명령어를 모두 건너뛰고, 반대로 참이면 아무 일도 하지 않고 평소처럼 그다음 명령어를 실행하면 된다.

바이트코드로 컴파일하면 코드의 명시적으로 중첩된 블록 구조는 사라지고 오직 플랫한 명령어 시퀀스만 남게 된다. 록스는 구조적 프로그래밍[1] 언어지만 씨록스 바이트코드는 그렇지 않다. 바라보는 관점에 따라 그럴 수도 있고 아닐 수도 있겠지만, 어쨌든 바이트코드 명령어 집합이 블록의 중간으로 점프하거나, 한 스코프에서 다른 스코프로 점프할 수 있다.

---

[1] https://en.wikipedia.org/wiki/Structured_programming

VM은 결과 스택이 미지의(unknown) 비일관적(inconsistent) 상태가 되더라도 기꺼이 이 일을 수행한다. 따라서 바이트코드가 구조화되어 있지 않더라도 컴파일러가 록스 자체와 동일한 구조 및 중첩을 유지하는 깔끔한 코드만 생성하도록 신중히 만들어야 한다.

이것이 바로 실제로 CPU가 작동되는 방식이다. 구조적인 제어 흐름을 필수로 요구하는 하이레벨 언어로 프로그래밍할 수 있지만 컴파일러는 원시 점프(raw jump)까지 레벨을 낮춘다. 저 밑바닥까지 내려가면 결국 `goto`가 유일한 실제 제어 흐름이라는 사실이 드러난다.

내 개똥 철학을 읊조리려는 건 아니었다. 요는, else 절이 없다는 가정하에 조건부 점프 명령어 하나만 있어도 록스의 if 문을 충분히 구현할 수 있다는 말이다. 자, 그럼 하나하나 자세히 살펴보자.

23.1 / if 문

INTERPRETER

if 문은 이미 많이 등장하여 익숙한 문장이다. 모든 새로운 기능은 프런트엔드에서 시작해 파이프라인을 통해 작동된다. if 문도 문장의 일종이니 파서에 연결한다.

compiler.c ▶ statement() 함수

```
if (match(TOKEN_PRINT)) {
  printStatement();
} else if (match(TOKEN_IF)) {
  ifStatement();
} else if (match(TOKEN_LEFT_BRACE)) {
```

if 키워드가 나오면 다음 함수로 컴파일을 넘긴다.

compiler.c ▶ expressionStatement() 함수 다음에 추가

```
static void ifStatement() {
  consume(TOKEN_LEFT_PAREN, "Expect '(' after 'if'.");
  expression();
  consume(TOKEN_RIGHT_PAREN, "Expect ')' after condition.");

  int thenJump = emitJump(OP_JUMP_IF_FALSE);
  statement();

  patchJump(thenJump);
}
```

if 키워드 뒤에 있는 (가 사실 아무 쓸모도 없다는 사실을 알고 있는가? 이 키워드가 없었으면 훨씬 더 명확하고 파싱하기 쉬운 언어가 됐을 것이다.

```
if condition)
  print("looks weird");
```

)는 바디와 조건식을 구분짓는 역할을 하므로 쓸모가 있다. 이 키워드 대신 then을 사용하는 언어도 있다. 그러나 (는 정말 아무 일도 안 한다. 그저 짝이 안 맞는 괄호가 사람 눈에 오류처럼 보여서 추가한 것뿐이다.

먼저 괄호로 묶은 조건식을 컴파일한다. 런타임에 조건값은 스택 맨 위에 남을 것이다. 이 값에 따라 then 분기로 갈지, 아니면 그냥 건너뛸지 결정된다.

그리고 나서 OP_JUMP_IF_FALSE라는 새로운 명령어를 내보낸다. 이 명령어는 ip를 얼마나 오프셋할지, 즉 건너뛸 바이트 수가 지정된 피연산자를 받는다. 조건이 거짓이면 이 수만큼 ip를 변경한다. 다음 그림을 보자.

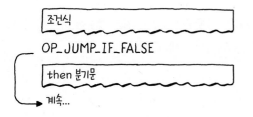

> 찢어진 테두리로 표시한 상자는 제어 흐름 구조의 서브절(sub-clause)을 컴파일하여 생성된 바이트코드 뭉치를 나타낸다. 따라서 '조건식' 상자는 해당 표현식을 컴파일할 때 발생하는 모든 명령어다.

그러나 문제가 있다. OP_JUMP_IF_FALSE 명령어의 피연산자를 작성할 때 얼마나 멀리 점프해야 할지 어떻게 알겠는가? 아직 then 분기는 컴파일도 안 한 상태이니 여기에 얼마나 많은 바이트코드가 들어 있는지 모른다.

그래서 **백패칭(backpatching)**이라는 고전적인 트릭을 사용한다. 플레이스홀더 오프셋 피연산자와 함께 점프 명령어를 먼저 내보내고, 반쯤 완료된 명령어가 어디 있는지 추적한다. 그런 다음 then 바디를 컴파일한다. 컴파일이 완료되면 비로소 얼마나 멀리 점프해야 할지 알 수 있다. 계산이 끝났으니 다시 돌아가 플레이스홀더 오프셋을 진짜 오프셋으로 바꾼다. 마치 컴파일된 코드의 기존 패브릭에 헝겊(patch)을 덧대는 것과 비슷하다.

이 트릭은 두 헬퍼 함수에 인코드한다.

```
static int emitJump(uint8_t instruction) {
  emitByte(instruction);
  emitByte(0xff);
  emitByte(0xff);
  return currentChunk()->count - 2;
}
```

emitJump() 함수는 바이트코드 명령어를 내보내고 플레이스홀더 피연산자를 점프 오프셋으로 작성한다.
나중에 이 헬퍼 함수는 상이한 두 명령어가 사용하게 될 거라서 옵
코드를 인수로 받는다. 점프 오프셋 피연산자는 2바이트를 사용한
다. 16비트 오프셋이면 65,535바이트까지 코드를 점프할 수 있으
니 이 정도면 충분하다.

더 먼 거리를 점프해야 할 경우를 대비해 더 큰 피연산자를 받는 '긴(long)' 점프 명령어가 따로 준비된 명령어 집합도 있다.

emitJump() 함수는 청크에 내보낸 명령어의 오프셋을 리턴하고 then 분기를 컴파일한 다음, 해당 오프셋을
가져와 두 번째 헬퍼 함수에 전달한다.

```
static void patchJump(int offset) {
  // 점프 오프셋 자체를 보정하기 위해 바이트코드에서 2를 뺀다
  int jump = currentChunk()->count - offset - 2;

  if (jump > UINT16_MAX) {
    error("Too much code to jump over.");
  }

  currentChunk()->code[offset] = (jump >> 8) & 0xff;
  currentChunk()->code[offset + 1] = jump & 0xff;
}
```

patchJump() 함수는 다시 바이트코드로 돌아가 주어진 위치에 있는 피연산자를 계산된 점프 오프셋으로 교
체한다. 이 함수는 점프해서 착지할 다음 명령어를 내보내기 전에 호출되므로 현재 바이트코드 수를 세어보
면 점프할 거리를 가늠할 수 있다. if 문의 경우에는 then 분기를 컴파일한 직후와 그다음 문장을 컴파일하
기 직전이 될 것이다.

컴파일 타임에 필요한 것은 여기까지다. 새 명령어를 정의하자.

```
  OP_PRINT,
  OP_JUMP_IF_FALSE,
  OP_RETURN,
```

VM에서는 다음과 같이 작동된다.

```
      break;
    }
    case OP_JUMP_IF_FALSE: {
      uint16_t offset = READ_SHORT();
      if (isFalsey(peek(0))) vm.ip += offset;
      break;
    }
    case OP_RETURN: {
```

좀 전에 16비트 피연산자를 받도록 추가했던 첫 번째 명령어. 이 명령어를 청크에서 읽으려면 다음 새 매크로를 사용한다.

```
#define READ_CONSTANT() (vm.chunk->constants.values[READ_BYTE()])
#define READ_SHORT() \
    (vm.ip += 2, (uint16_t)((vm.ip[-2] << 8) | vm.ip[-1]))
#define READ_STRING() AS_STRING(READ_CONSTANT())
```

청크에서 다음 두 바이트를 가져와 16비트 부호 없는 정수를 만든다. 매크로 정리는 이제 손가락이 기억하도록 체질화하자.

```
#undef READ_BYTE
#undef READ_SHORT
#undef READ_CONSTANT
```

오프셋을 읽은 다음, 스택 맨 위에 있는 조건값을 확인한다. 값이 거짓이면 이 점프 오프셋을 ip에 적용한다. 반대로 참이라서 ip를 그대로 두면 자동으로 점프 명령어의 다음 명령어부터 실행된다.

조건이 거짓이면 다른 작업을 할 필요가 없다. ip는 이미 오프셋 처리했기 때문에 외부 명령어 디스패치 루프로 다시 돌아가면 then 분기에 있는 코드는 전부 넘어가 새로운 명령어가 있는 지점부터 실행이 재개된다.

점프 명령어는 스택에서 조건값을 팝하지 않는다. 따라서 스택 어딘가엔 여분의 값이 떠다니고 있으므로 작업이 다 끝난 것은 아니다. 이 문제는 곧 정리할 테니 일단 무시하라.

록스의 제어 흐름을 C의 if 문으로 구현하지 않겠노라 말했지만, 여기서 명령어 포인터의 오프셋 여부를 결정하기 위해 if 문을 하나 사용했다. 하지만 실제로 제어 흐름에 C 코드를 사용한 것은 아니다. 필요에 따라 이와 동일한 작업을 순수하게 산술적으로 처리할 수도 있다. 이를테면, 록스 Value를 받아 거짓이면 1, 그 외에는 0을 리턴하는 falsey() 같은 함수가 있다고 하자. 그럼, 다음과 같이 점프 명령어를 구현할 수 있다.

```
case OP_JUMP_IF_FALSE: {
  uint16_t offset = READ_
SHORT();
  vm.ip += falsey() * offset;
  break;
}
```

falsey() 함수에서 다양한 타입의 값을 처리하기 위해 일부 제어 흐름을 사용할 수 있지만, 이는 해당 함수의 구현 상세이며 VM이 자체 제어 흐름을 수행하는 방식에 영향을 미치지 않는다.

23.1.1 else 절

else 절이 없는 if 문은 짝 잃은 원앙새와 비슷하다. then 분기를 컴파일한 후 else 키워드를 찾아보고, 있으면 else 분기를 컴파일하자.

compiler.c ▶ ifStatement() 함수

```
  patchJump(thenJump);

  if (match(TOKEN_ELSE)) statement();
}
```

조건이 거짓이면 then 분기를 건너뛴다. 이때 else 분기가 있으면 ip는 해당 코드의 시작부에 바로 도착한다. 하지만 이것만으로 충분하지는 않다. 이어지는 흐름은 대략 다음과 같다.

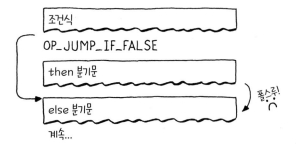

조건이 참이면 then 분기가 실행되지만, 그 이후에는 실행이 else 분기로 바로 넘어간다. 이런! 조건이 참이면 then 분기를 실행한 다음 당연히 else 분기는 건너뛰어야 한다. 그래야 참이든, 거짓이든 오직 하나의 분기만 실행될 것이다.

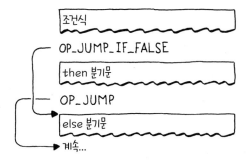

이렇게 구현하려면 then 분기 끝에서 한번 더 점프가 필요하다.

compiler.c ▶ ifStatement() 함수

```
  statement();

  int elseJump = emitJump(OP_JUMP);

  patchJump(thenJump);
```

이 오프셋은 else 바디가 끝난 이후 패치한다.

compiler.c ▶ ifStatement() 함수

```
  if (match(TOKEN_ELSE)) statement();
  patchJump(elseJump);
}
```

then 분기를 실행한 후, else 분기 바로 다음 문장으로 점프한다. 다른 점프와 달리 이것은 무조건 점프 (unconditional jump)다. 따라서 이를 표현할 새로운 명령어가 필요하다.

chunk.h ▶ OpCode 열거체

```
  OP_PRINT,
  OP_JUMP,
  OP_JUMP_IF_FALSE,
```

인터프리팅은 다음과 같다.

vm.c ▶ run() 함수

```
      break;
    }
    case OP_JUMP: {
      uint16_t offset = READ_SHORT();
      vm.ip += offset;
      break;
    }
    case OP_JUMP_IF_FALSE: {
```

딱히 주목할 만한 코드는 없다. 조건부를 확인하지 않고 항상 오프셋을 적용한다는 점만 다르다.

then/else 분기까지 거의 다 구현했고, 이제 스택에 남겨둔 조건값을 정리하는 일만 남았다. 모든 문장은 각각 스택 효과가 0이 되어야 한다. 다시 말해, 문장 실행을 마치고 난 이후 스택의 높이는 문장을 실행하기 이전과 동일해야 한다는 점을 명심하라.

OP_JUMP_IF_FALSE 명령어가 조건 자체를 스택에서 팝하도록 할 수도 있지만, 곧 조건을 팝하지 말아야 할 논리 연산자에도 동일한 명령어를 사용하게 될 것이다. 따라서 컴파일러가 if 문을 컴파일할 때 명시적으로 OP_POP 명령어를 두 개 내보내도록 만들겠다. 생성된 코드의 모든 실행 경로에서 반드시 조건을 스택에서 팝해야 한다.

조건이 참이면 then 분기 안에 있는 코드 바로 앞에서 조건을 팝한다.

compiler.c ▶ ifStatement() 함수

```
  int thenJump = emitJump(OP_JUMP_IF_FALSE);
  emitByte(OP_POP);
  statement();
```

조건이 거짓이면 else 분기 시작부에서 조건을 팝한다.

```
  patchJump(thenJump);
  emitByte(OP_POP);

  if (match(TOKEN_ELSE)) statement();
```

이 작은 명령어는 사용자가 else 절을 작성하지 않아도 모든 if 문에 암묵적인 else 분기가 있음을 의미한다. else 절이 없으면 분기문은 조건값을 그냥 내버린다.

올바른 전체 흐름은 대략 다음과 같다.

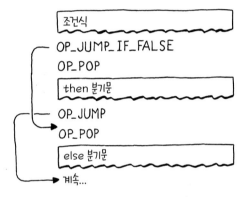

흐름을 따라가면 언제나 하나의 분기가 실행되므로 조건이 스택에서 제일 먼저 팝된다는 사실을 알 수 있다. 이제 약간의 디셈블러 코드 작업만 남았다.

```
      return simpleInstruction("OP_PRINT", offset);
    case OP_JUMP:
      return jumpInstruction("OP_JUMP", 1, chunk, offset);
    case OP_JUMP_IF_FALSE:
      return jumpInstruction("OP_JUMP_IF_FALSE", 1, chunk, offset);
    case OP_RETURN:
```

OP_JUMP, OP_JUMP_IF_FALSE 두 명령어는 16비트 피연산자를 가진 새로운 포맷이므로 이를 디셈블하는 새로운 유틸리티 함수를 정의한다.

```
static int jumpInstruction(const char* name, int sign,
                           Chunk* chunk, int offset) {
  uint16_t jump = (uint16_t)(chunk->code[offset + 1] << 8);
  jump |= chunk->code[offset + 2];
  printf("%-16s %4d -> %d\n", name, offset,
```

```
        offset + 3 + sign * jump);
    return offset + 3;
}
```

드디어 완전한 제어 흐름 구조가 완성됐다. 만약 1980년대 영화였다면 몽타주 음악이 흘러나오면서 나머지 제어 흐름 구문은 알아서 처리됐을 것이다. 아, 그러나 1980년대는 이미 지나간 과거일 뿐, 직접 팔 걷어붙이고 만들어 넣는 수밖에...

디페쉬 모드[2]여, 내 사랑은 영원할지니!

논리 연산자

제이록스에서 논리 연산자 and와 or는 +/- 같은 이항 연산자 쌍과는 다르다. and/or 연산자는 쇼트 서킷이 있어서 좌측 피연산자의 값에 따라 우측 피연산자는 아예 평가를 안 할 수도 있다. 그래서 마치 제어 흐름 표현식과 비슷하게 동작한다.

두 연산자는 사실 if ... else 문을 약간 변형한 것이다. 컴파일러가 내보낸 바이트코드와 제어 흐름을 비교하면 더 확실히 알 수 있다. 자, 먼저 다음과 같이 표현식 파싱 테이블에 and를 연결한다.

compiler.c ▶ 코드 1줄 교체

```
[TOKEN_NUMBER]      = {number,  NULL,   PREC_NONE},
[TOKEN_AND]         = {NULL,    and_,   PREC_AND},
[TOKEN_CLASS]       = {NULL,    NULL,   PREC_NONE},
```

그리고 새로운 파서 함수에게 작업을 넘긴다.

compiler.c ▶ defineVariable() 함수 다음에 추가

```
static void and_(bool canAssign) {
  int endJump = emitJump(OP_JUMP_IF_FALSE);

  emitByte(OP_POP);
  parsePrecedence(PREC_AND);

  patchJump(endJump);
}
```

---

2 **옮긴이** Depeche Mode, 1980년대 결성된 영국의 뉴 웨이브 밴드

이 함수가 호출될 때 이미 좌측 표현식은 컴파일된 상태다. 즉, 런타임에 평가 결괏값은 스택 맨 위에 있을 것이다. 이 값이 거짓이면 and 식 전체가 거짓이므로 우측 피연산자는 건너뛰고 좌측 값을 전체 표현식의 결 괏값으로 남겨둔다. 반대로 값이 참이면 좌측 값은 버리고 우측 표현식을 평가하여 결국 이 값이 전체 표현식의 결괏값이 된다.

위 네 줄의 코드가 정확히 이렇게 처리한다. 흐름을 정리하면 다음과 같다.

이제 OP_JUMP_IF_FALSE가 스택 맨 위에 값을 남기는 이유가 이해될 것이다. and 좌측 표현식이 거짓이면 이 값이 전체 표현식의 결괏값이 되기 때문이다.

씨록스는 아직 옵코드를 추가할 공간이 넉넉해서 암묵적으로 팝되는 조건부 점프와 그렇지 않은 조건부 점 프 각각의 명령어를 별도로 정의할 수 있다. 하지만 나는 미니멀리즘을 추구하는 이 책의 지은이로서 모두 생략하겠다. 여러분 스스로 바이트코드 VM에서 전용 명령어를 더 많이 추가하면 성능에 어떤 영향을 미치 는지 연구해보기 바란다.

23.2.1 논리 or 연산자

or 연산자는 조금 더 복잡하다. 먼저 파싱 테이블에 추가한다.

compiler.c ▶ 코드 1줄 교체

```
  [TOKEN_NIL]            = {literal,  NULL,   PREC_NONE},
  [TOKEN_OR]             = {NULL,     or_,    PREC_OR},
  [TOKEN_PRINT]          = {NULL,     NULL,   PREC_NONE},
```

파서는 중위 토큰 or를 소비하고 다음 함수를 호출한다.

compiler.c ▶ number() 함수 다음에 추가

```
static void or_(bool canAssign) {
  int elseJump = emitJump(OP_JUMP_IF_FALSE);
  int endJump = emitJump(OP_JUMP);

  patchJump(elseJump);
  emitByte(OP_POP);
```

```
    parsePrecedence(PREC_OR);
    patchJump(endJump);
}
```

or 식에서 좌측 피연산자가 참이면 우측 피연산자는 건너뛴다. 좌측 값이 참이면 점프하는 것이다. 별도 명령어를 추가해도 되지만, 나는 곧 씨록스의 컴파일러가 언어의 시맨틱을 명령어 시퀀스에 자유롭게 엮을 수 있다는 점을 여러분에게 보여주고자 이미 갖고 있는 OP_JUMP 명령어를 이용하여 구현했다.

좌측 값이 거짓이면 그다음 문장으로 가볍게 점프한다. 이 문장은 우측 피연산자 코드를 무조건 점프한다. 값이 참일 경우 이 작은 몸짓이 실질적인 점프 역할을 하는 것이다. 흐름은 다음과 같다.

그러나 솔직히 말해서 이것이 최선의 방법은 아니다. 디스패치하는 명령어가 많고 오버헤드도 발생한다. or 가 and보다 더 느려야 할 이유는 없다. 하지만 두 연산자 모두 새로운 명령어를 추가하지 않고 구현할 수 있다는 점이 흥미롭다. 나의 덕후 기질을 용서하길!

좋다, 지금까지 록스의 세 가지 분기문을 구현했다. 이 셋은 코드를 앞으로만 점프하는(jump forward) 제어 흐름 장치다. switch 같은 다중 분기 문장이나 ?: 같은 조건식을 제공하는 언어도 있지만 록스는 단순하게 가련다.

23.3 / while 문
INTERPRETER

원하는 코드를 한 번 이상 실행하는 루프문으로 넘어가자. 록스에서 루프문은 while과 for 두 가지다. 둘 중 더 간단한 while 루프부터 시작하겠다.

compiler.c ▶ statement() 함수
```
    ifStatement();
  } else if (match(TOKEN_WHILE)) {
    whileStatement();
  } else if (match(TOKEN_LEFT_BRACE)) {
```

while 토큰이 나오면 다음 함수를 호출한다.

---

compiler.c ▶ printStatement() 함수 다음에 추가

```
static void whileStatement() {
  consume(TOKEN_LEFT_PAREN, "Expect '(' after 'while'.");
  expression();
  consume(TOKEN_RIGHT_PAREN, "Expect ')' after condition.");

  int exitJump = emitJump(OP_JUMP_IF_FALSE);
  emitByte(OP_POP);
  statement();

  patchJump(exitJump);
  emitByte(OP_POP);
}
```

하는 일은 if 문과 대동소이하다. 필수 괄호로 감싼 조건식을 컴파일하고, 그 결과가 거짓이면 그다음의 바디 문장을 건너뛰는 점프 명령어가 뒤따른다.

바디를 컴파일하고 점프를 패치한 다음, 어느 경로로 가든 스택에 남은 조건값은 반드시 팝한다. if 문과의 유일한 차이점은 다음과 같이 생긴 루프다.

> 논리 연산자에 동일한 점프 명령어를 사용하기로 한 내 결정을 다시 생각하게 된다.

---

compiler.c ▶ whileStatement() 함수

```
  statement();
  emitLoop(loopStart);

  patchJump(exitJump);
```

바디 다음에 이 함수를 호출해서 '루프' 명령어를 내보낸다. 이 명령어는 얼마나 뒤로 점프할지 알고 있어야 한다. 앞으로 점프할 때에는 점프 명령어를 내보낼 때까지 얼마나 앞으로 점프해야 할지 몰라서 두 단계로 나누어 명령어를 내보내야 했다. 여기선 뒤로 점프해서 돌아갈 지점, 즉 조건식 바로 앞에 있는 코드를 이미 컴파일했기 때문에 그럴 필요가 없다.

컴파일을 할 때 해당 위치를 잘 적어두기만 하면 된다.

---

compiler.c ▶ whileStatement() 함수

```
static void whileStatement() {
  int loopStart = currentChunk()->count;
  consume(TOKEN_LEFT_PAREN, "Expect '(' after 'while'.");
```

---

while 루프의 바디를 실행한 후 조건절 이전까지 죽 되돌아간다. 이런 식으로 반복할 때마다 조건식을 다시 평가한다. 컴파일하려는 조건식 바로 앞의 바이트코드 오프셋을 기록하기 위해 청크의 현재 명령어 개수를 loopStart에 저장한다. 그런 다음 이 값을 다음 헬퍼 함수에게 전달한다.

```
static void emitLoop(int loopStart) {
  emitByte(OP_LOOP);

  int offset = currentChunk()->count - loopStart + 2;
  if (offset > UINT16_MAX) error("Loop body too large.");

  emitByte((offset >> 8) & 0xff);
  emitByte(offset & 0xff);
}
```

이 함수는 emitJump()와 patchJump()를 합한 모양새다. 주어진 오프셋만큼 무조건 뒤로 점프하는 새로운 루프 명령어를 내보낸다. 점프 명령어와 마찬가지로 뒤에는 16비트 피연산자가 나온다. 현재 위치한 명령어에서 뒤로 점프할 loopStart 지점까지의 오프셋을 계산한다. + 2는 OP_LOOP 명령어 자신의 피연산자도 점프해야 하므로 그 크기까지 더한 것이다.

VM 관점에서 OP_LOOP와 OP_JUMP는 둘 다 ip에 오프셋을 추가할 뿐 시맨틱은 아무 차이도 없다. 단일 명령어를 사용해서 부호 있는 오프셋을 피연산자로 전달할 수도 있겠지만, 나는 부호 있는 16비트 정수를 2바이트로 직접 욱여넣는 데 필요한 (성가신) 비트 조작(bit twindling)을 하지 않는 편이 좀 더 쉽다고 생각한다. 옵코드 공간이 넉넉한데 굳이 사용하지 않을 이유가 없잖은가?

새로운 명령어는 다음과 같다.

```
  OP_JUMP_IF_FALSE,
  OP_LOOP,
  OP_RETURN,
```

VM에서는 다음과 같이 구현한다.

```
    }
    case OP_LOOP: {
      uint16_t offset = READ_SHORT();
      vm.ip -= offset;
      break;
    }
    case OP_RETURN: {
```

OP_JUMP와의 차이점은 덧셈 대신 뺄셈을 한다는 것뿐이다. 디셈블러 코드도 거의 같다.

```
      return jumpInstruction("OP_JUMP_IF_FALSE", 1, chunk, offset);
  case OP_LOOP:
    return jumpInstruction("OP_LOOP", -1, chunk, offset);
  case OP_RETURN:
```

while 문까지 완성됐다. 조건이 안 맞을 때 루프를 빠져나가는 전방 점프, 바디 실행 후 무조건 루프 처음으로 되돌아가는 후방 점프, 이렇게 2개의 조건부 점프로 구성된다.

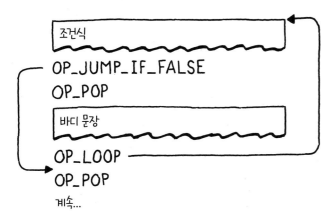

for 문

while 문 외에도 C에서 유래된 유서 깊은 for 루프가 있다. for는 while보다 훨씬 더 많은 기능을 자랑한다. 총 3개의 절이 있고 모두 옵션이다.

- **초기자(initializer)**는 변수 선언 또는 표현식이다. 문장이 시작될 때 한 번만 실행된다.

- **조건절(condition clause)**은 표현식이다. while 루프처럼 조건이 거짓이면 루프를 빠져나간다.

- **증분식(increment expression)**은 루프 반복이 끝날 때마다 한 번 실행된다.

> 복습이 필요한 독자는 2부의 9.5절을 다시 한번 자세히 읽어보기 바란다.

제이록스에서 파서는 for 루프를 그 앞과 바디 끝에 몇 가지 부가적인 내용을 덧붙인 while 루프의 AST를 합성하는 형태로 디슈가했다. 여기서도 하려는 일은 비슷하다. 그러나 AST 같은 것을 통하는 대신, 앞서 구현한 점프와 루프 명령어를 바이트코드 컴파일러에서 사용하겠다.

하나씩 차근차근 코드를 살펴보자. 먼저 for 키워드다.

```
    printStatement();
  } else if (match(TOKEN_FOR)) {
    forStatement();
  } else if (match(TOKEN_IF)) {
```

forStatement()라는 헬퍼 함수를 호출한다. 만약 for (;;)처럼 모든 절이 텅 빈 루프만 지원한다면 다음
과 같이 구현할 수 있다.

```
static void forStatement() {
  consume(TOKEN_LEFT_PAREN, "Expect '(' after 'for'.");
  consume(TOKEN_SEMICOLON, "Expect ';'.");

  int loopStart = currentChunk()->count;
  consume(TOKEN_SEMICOLON, "Expect ';'.");
  consume(TOKEN_RIGHT_PAREN, "Expect ')' after for clauses.");

  statement();
  emitLoop(loopStart);
}
```

상단에 필수 문장 부호가 꽤 많이 등장한다. 그런 다음 바디를 컴파일한다. while 루프에서 했듯이 바디 상단에서 바이트코드 오프셋을 기록하고 그다음 해당 지점으로 되돌아가는 루프를 내보낸다. 무한 루프는 이렇게 구현하면 된다.

> 아, 그런데 return 문이 없으면 런타임을 제외하고 루프를 종료할 방법이 전무하다.

23.4.1 초기자 절

첫 번째 초기자 절을 추가한다. 초기자는 바디 앞에서 딱 한 번 실행된다. 그래서 컴파일이 간단하다.

```
  consume(TOKEN_LEFT_PAREN, "Expect '(' after 'for'.");
  if (match(TOKEN_SEMICOLON)) {
    // 초기자 없음
  } else if (match(TOKEN_VAR)) {
    varDeclaration();
  } else {
    expressionStatement();
  }

  int loopStart = currentChunk()->count;
```

변수 선언과 표현식 둘 중 하나를 허용하므로 구문이 약간 더 복잡하다. 판단 기준은 var 키워드의 존재 여부다. 표현식이면 expression() 대신 expressionStatement()를 호출한다. expressionStatement() 함수는 여기서도 필요한 세미콜론을 찾고 스택에 남은 값을 삭제하는 OP_POP 명령어를 내보낸다. 초기자가 스택에 뭔가를 남겨두면 안 된다.

for 문에 변수를 선언하는 경우, 그 변수의 스코프는 루프 바디가 되어야 한다. 전체 문장을 스코프로 감싸면 된다. 스코프를 이렇게 시작해서...

compiler.c ▶ forStatement() 함수

```
static void forStatement() {
  beginScope();
  consume(TOKEN_LEFT_PAREN, "Expect '(' after 'for'.");
```

... 마지막에 이렇게 닫는다.

compiler.c ▶ forStatement() 함수

```
  emitLoop(loopStart);
  endScope();
}
```

23.4.2 조건절

다음은 루프의 탈출 조건이 명시된 조건식이다.

compiler.c ▶ forStatement() 함수 코드 1줄 교체

```
  int loopStart = currentChunk()->count;
  int exitJump = -1;
  if (!match(TOKEN_SEMICOLON)) {
    expression();
    consume(TOKEN_SEMICOLON, "Expect ';' after loop condition.");

    // 조건식이 거짓이면 루프 밖으로 나간다
    exitJump = emitJump(OP_JUMP_IF_FALSE);
    emitByte(OP_POP); // 조건
  }

  consume(TOKEN_RIGHT_PAREN, "Expect ')' after for clauses.");
```

이 절은 옵션이므로 실제로 있는지 확인이 필요하다. 절이 생략됐다면 그다음 토큰은 당연히 세미콜론일 것이다. 세미콜론이 없으면 반드시 조건식이 나와야 한다.

조건식이 있으면 컴파일한다. 그리고 while 문과 마찬가지로, 조건이 거짓이면 루프를 빠져나가는 조건부 점프를 생성한다. 점프는 스택에 값을 남기므로 바디를 실행하기 전에 팝한다. 이렇게 해야 조건이 참인 경우 값을 버릴 수 있다.

루프 바디가 끝나면 점프를 패치해야 한다.

```
compiler.c ▶ forStatement() 함수
```

```
  emitLoop(loopStart);

  if (exitJump != -1) {
    patchJump(exitJump);
    emitByte(OP_POP); // 조건
  }

  endScope();
}
```

조건절이 있는 경우에만 이렇게 처리한다. 조건절이 없으면 패치할 점프도 없고 스택에서 값을 팝할 일도 없다.

23.4.3 증분절

가장 재미있는 장면은 제일 마지막에 나오는 법. 그렇다, 증분절은 꽤 복잡하다. 바디 직전에 텍스트 형태로 나오지만 바디 이후에 실행된다. AST로 파싱하고 별도 패스로 코드를 생성하면 그냥 증분절 앞에서 for 문 AST의 바디 필드를 컴파일하면 된다.

불행히도 컴파일러는 코드를 싱글 패스로만 처리하므로 나중에 증분절을 컴파일하는 것은 불가능하다. 대신에 증분절을 건너뛰고 바디를 먼저 실행한 다음, 다시 증분절로 점프해서 실행하고, 이후 다시 그다음 반복을 계속해야 한다.

조금 괴이한 흐름이긴 하지만, 그래도 C로 메모리에 있는 AST를 수동으로 관리하는 것보단 낫지 않을까? 코드는 다음과 같다.

```
compiler.c ▶ forStatement() 함수 코드 1줄 교체
```

```
  }

  if (!match(TOKEN_RIGHT_PAREN)) {
    int bodyJump = emitJump(OP_JUMP);
    int incrementStart = currentChunk()->count;
    expression();
    emitByte(OP_POP);
    consume(TOKEN_RIGHT_PAREN, "Expect ')' after for clauses.");

    emitLoop(loopStart);
```

```
      loopStart = incrementStart;
      patchJump(bodyJump);
    }

  statement();
```

다시 말하지만 증분절도 옵션이다. 또 마지막 절이라서 생략 시 그다음 토큰은)가 된다. 증분절이 있는 경우, 컴파일은 지금 하지만 바로 실행을 해선 안 된다. 증분절의 코드는 일단 무조건 점프해서 루프 바디로 이동하는 명령어를 내보낸다.

그다음, 증분식 자체를 컴파일한다. 보통 이 표현식은 할당문이다. 뭐가 됐든 부수 효과를 내려고 실행하는 것이니 팝 명령어를 내보내 값을 버린다.

마지막 부분이 조금 까다롭다. 먼저 루프 명령어를 내보낸다. 조건식이 있는 경우 그 바로 앞에 있는 for 루프문 맨 위로 돌아가는 메인 루프다. 각 루프 반복이 끝날 때마다 증분절이 실행되므로 루프는 증분 직후에 발생한다.

그런 다음, 증분식이 시작되는 오프셋 지점을 가리키도록 loopStart 값을 변경한다. 나중에 바디 문장 뒤에 루프 명령어를 실행하면 증분절이 없을 때처럼 루프 맨 위가 아닌, 증분식으로 점프한다. 이런 식으로 바디 다음에 증분이 일어나도록 짜맞춘다.

다소 복잡하긴 해도 아무튼 이렇게 작동된다. 모든 절이 포함된 완전한 루프는 다음과 같은 흐름으로 컴파일된다.

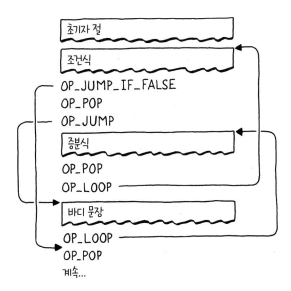

제이록스에서 for 루프를 구현할 때와 마찬가지로 런타임은 애써 건드릴 필요가 없다. 이 모든 것이 VM이 이미 지원하는 원시적인 제어 흐름 기능만으로 컴파일된다. 이 장은 아주 큰 도약이었다. 비로소 씨록스가 튜링 완전(Turing complete) 상태가 된 것이다![3] 3개의 문장, 2개의 표현식 등 새로운 구문이 생겼지만, 새 명령어는 간단한 것 3개만 추가됐다. 잘 만든 VM 아키텍처 덕분에 노력 대비 보상 효과가 탁월하다.

연습 문제

1. 대부분의 C 계열 언어에는 if 문 외에도 여러 갈래로 나뉘는 switch 문이 있다. 씨록스에도 switch 문을 추가하라. 문법은 다음과 같다.

```
switchStmt    → "switch" "(" expression ")"
                "{" switchCase* defaultCase? "}" ;
switchCase    → "case" expression ":" statement* ;
defaultCase   → "default" ":" statement* ;
```

switch 문을 실행하려면 먼저 괄호로 감싼 switch 값 표현식을 평가한 다음, 케이스들을 죽 따라 내려간다. 케이스마다 값 표현식을 평가한 결괏값이 switch 값과 매치되면 case 아래에 있는 문장을 실행하고 switch 문을 빠져나간다. 매치되지 않으면 그다음 케이스로 넘어간다. 매치되는 케이스가 하나도 없을 경우, default가 있으면 해당 문장을 실행한다.

편의상 폴스루[4] 및 break 문은 생략한다. 각 케이스는 해당 문장을 모두 실행한 후 switch 문의 맨 끝으로 자동 점프한다.

2. 제이록스에서 break 문을 추가하느라 조금 애를 먹었는데, 이번에는 continue 문을 구현하자.

```
continueStmt    → "continue" ";" ;
```

continue 문은 루프 바디의 나머지 부분을 건너뛰고 가장 가까운 주변 루프의 맨 위로 바로 점프한다. for 루프 안에 continue 문을 사용하면 증분절(있는 경우)로 점프한다. 루프 내부가 아닌 곳에서 continue 문을 사용하면 컴파일 에러가 난다.

스코프를 잘 생각해보자. continue가 실행되면 루프 내부에 중첩된 블록 또는 루프 바디 안에 선언된 로컬 변수는 어떻게 될까?

3　**옮긴이**　튜링 머신과 동일한 계산 능력을 지닌 프로그래밍 언어가 되었다.
4　**옮긴이**　fallthrough, 어느 한 케이스의 문장을 실행한 뒤 그다음 케이스의 문장을 이어서 실행하는 기능

3. 제어 흐름 구조는 알골(Algol) 68 이후 거의 달라진 부분이 없다. 그 이후에는 코드를 보다 선언적이고 하이레벨로 만드는 데 초점을 두고 언어가 진화해왔기 때문에 명령형 제어 흐름은 크게 주목을 받지 못했다.

재미 삼아 록스에 유용하고 신박한 제어 흐름 구조를 창안하라. 기존 형식을 개선해도 좋고 완전히 새로운 창작물도 환영이다. 실제로는 이렇게 로우레벨의 표현 단계에서 사용자에게 익숙하지 않은 표기법과 동작을 배우도록 강요하는 비용을 충분히 보상하고도 남을 만큼 표현성(expressiveness)이 우수하고 정말 실용적인 구조를 떠올리기가 쉽지 않다. 하지만 여러분 각자의 디자인 스킬을 연마할 좋은 기회가 될 것이다.

디자인 노트 | goto가 그렇게 해로울까?

록스에 아름답게 어우러진 모든 구조적인 제어 흐름이 실제로는 전혀 구조적이지 않은 원시 점프로 컴파일된다니, 이건 마치 스쿠비 두(Scooby Doo)[5]에서 괴물이 가면을 벗고 맨 얼굴을 드러내는 장면을 보는 것 같다. 이 모든 게 결국 다 goto였다! 괴물이 가면 아래에 있다는 점만 다를 뿐이다. 그런데 우리 모두 goto는 사악하다고 배우지 않았던가? 하지만... 왜 그런 걸까?

goto를 사용하면 유지 보수가 무진장 어려운 코드를 작성하게 된다는 말은 사실이다. 하지만 오늘날 직접 그런 일을 경험한 프로그래머는 거의 없을 것이다. 사실 이런 스타일이 보편화된 지는 꽤 오래됐다. 요즘엔 모닥불을 피우며 무서운 이야기를 할 때 등장하는 부기맨(boogie man)[6] 같다고나 할까?

우리가 이 괴물을 직접 대면할 일이 드문 까닭은, 에츠허르 데이크스트라(Edsger Dijkstra)가 『CACM, Communications of the ACM(1968년 3월호)』에 기고한 자신의 유명한 편지 "Go To 문은 해롭다(Go To Statement Considered Harmful)"[7]에서 goto를 유해한 것으로 간주했기 때문이다. 한동안 구조적 프로그래밍에 관한 논쟁이 찬반 양측에서 치열하게 전개됐는데, 이를 종식시킨 것은 내 생각에 데이크스트라의 공로가 결정적이었다. 덕분에 요즘 등장한 새로운 언어에는 대부분 비구조적인 점프 문장이 없다.

언어의 기능을 거의 혼자 힘으로 파괴한 1.5쪽 분량의 편지 내용은 정말 인상적이라고 할 만하다. 아직 읽어보지 않은 독자는 꼭 읽어

> 데이크스트라의 정말 못말리는, 가식적인 겸손함으로 가득한 자화자찬 스타일의 문체를 잠깐 인용하면 이렇다.
>
> 최근 들어서야 나는 goto 문을 사용하는 것이 왜 그리도 참담한 결과를 가져오는지 알게 되었다. 당시 나는 이 발견을 그리 중요하게 생각하지 않았는데, 최근 이 문제에 대해 사람들의 의견이 분분하고 이제는 내 생각을 정리해서 밝혀야 한다는 책임감에 이 글을 출간한다.
>
> 아, 사실 이건 내가 발견한 많은 것들 중 하나일 뿐이다. 대중의 간곡한 요청이 있기 전까지 내 삶이 너무 바빠 글을 쓸 엄두조차 내지 못했다.

---

5 **옮긴이** https://ko.wikipedia.org/wiki/스쿠비_두
6 **옮긴이** https://ko.wikipedia.org/wiki/보기맨
7 **옮긴이** https://homepages.cwi.nl/~storm/teaching/reader/Dijkstra68.pdf

보길 권한다. 컴퓨터 과학 지식에 한 획을 긋는 정말 중요한 내용이고, 자신의 개발 스킬을 향상시키기 위해 CS 학술 논문을 읽어보는 연습으로도 아주 좋다.

나는 이 편지를 여러 번 읽으면서 관련된 비평과 반응, 의견을 찾아봤다. 여러 감정이 뒤섞여 복잡했다. 나는 아주 하이레벨에서 그의 의견에 동의한다. 그가 주장하는 내용은 대체로 이렇다.

1. 프로그래머로서 우리는 프로그램(정적 텍스트, static text)을 작성하지만, 우리에게 중요한 것은 실제로 돌아가는 프로그램(동적 동작, dynamic behavior)이다.

2. 우리는 동적인 것보다 정적인 것을 추론하는 데 더 능숙하다. (이 주장을 뒷받침할 증거는 제시하지 않았으나 나는 이 말에 동의한다.)

3. 따라서 프로그램의 동적 실행이 텍스트 구조를 더 많이 반영할수록 바람직하다.

시작부터 멋지다. 프로그래머가 작성한 코드와 기계 내부에서 실행되는 코드가 분리되어 있다는 사실에 주목했다는 것 자체가 대단한 통찰력이다. 그다음 그는 프로그램 텍스트와 실행 사이의 '합치(correspondence)'를 정의하고자 한다. 살아 생전 프로그래밍의 엄격함을 강조해온 사람치고는 상당히 이례적인 주장이다. 그는 말한다.

> 자, 프로세스의 진행 상황을 어떻게 규정할 수 있을지 생각해보자. (여러분은 이 질문을 받고 아주 구체적인 모습을 떠올릴지 모르겠다. 가령, 액션의 시간적 연속에 해당하는 프로세스가 임의의 액션 이후 중단되었다고 가정하면, 이 프로세스를 정확히 동일한 지점까지 다시 실행하려면 어떤 데이터를 수정해야 할까?)

한번 이렇게 상상해보자. A, B 두 대의 컴퓨터가 정확히 동일한 입력을 받고 동일한 프로그램을 실행 중이다. 그렇다, 완전히 결정적이다(deterministic). 그런데 실행 중 임의의 지점에서 컴퓨터 A를 중단시킨다. 그럼 컴퓨터 A가 자신이 실행을 하다 만 바로 그 지점에서 컴퓨터 B를 중단시키려면 컴퓨터 B에게 어떤 데이터를 보내야 할까?

프로그램에 할당 같은 간단한 문장만 허용된다면 정답은 간단하다. 마지막으로 실행한 문장 바로 다음 지점이 어딘지만 알면 된다. 즉, 기본적으로 중단점(breakpoint), 즉 록스 VM의 ip나 에러 메시지의 줄 번호만 있으면 된다. if, switch 같은 분기 제어 흐름을 추가해도 여기서 더 추가되는 것은 없다. 마커가 분기 내부를 가리켜도 현재 위치를 분명히 알 수 있다.

함수 호출을 추가하면 더 많은 것들이 필요하다. 함수 실행 도중에 컴퓨터 A를 잠깐 중단시키는 건 가능하지만, 이 함수를 여러 군데서 호출할 수도 있다. 전체 프로그램의 실행 중 정확히 동일한 지점에서 컴퓨터 B를 중단시키려면 이 함수를 호출하는 바로 그 지점에서 중단시켜야 한다.

따라서 현재 문장뿐만 아니라, 아직 리턴되지 않은 함수 호출 및 그 호출지의 위치도 알아야 한다. 이를 다른 말로 호출 스택(call stack)이라고 하는데, 데이크스트라가 편지를 쓸 시절에는 이런 용어조차 존재하지 않았던 모양이다. 대단하다!

그는 루프가 일을 더 어렵게 만든다고 지적한다. 루프 바디 중간에서 멈춰버리면 반복이 몇 회 이뤄졌는지 알 길이 없다. 그래서 그는 반복 횟수를 기록해야 한다고 말한다. 또 루프는 중첩이 가능하므로 루프의 스택도 필요하다. (외부 호출에서도 루프에 포함될 수 있으므로 호출 스택 포인터와 인터리브될 수 있다.)

지금부터가 좀 이상하다. 여러분은 goto가 우리가 지금까지 만들어온 것들을 어떻게 처참히 무너뜨리는지 데이크스트라가 설명해줄 거라 기대하겠지만 그는 그냥 이렇게 말한다.

> goto 문을 무분별하게 사용하면 프로세스 진행 상황을 알 수 있는 유의미한 좌표 집합을 찾기가 매우 힘들 어지는 즉각적인 결과가 초래된다.

유의미한 좌표 집합을 찾는 일이 힘들어지는 이유는 전혀 밝히지 않는다. 그냥 이 말뿐이다. 그러면서 한 가 지 접근 방식이 불만족스럽다고 말한다.

> 물론 goto 문을 사용해도 프로그램 시작 이후 수행한 액션 수를 세는 카운터(말하자면, 정규 시계 (normalized clock))로 진행 상태를 고유하게 기술할 수 있다. 문제는 이런 좌표가 고유한 건 맞지만 전혀 도움이 안 된다는 점이다.

아, 그러나… 이것이 사실 루프 카운터가 하는 일이고 그는 여기에 만족했다. 모든 루프가 단순히 '0부터 10 까지의 모든 정수'처럼 하나씩 증가하며 반복되는 건 아니다. 많은 루프가 조건이 복잡한 while 루프다.

가까운 예로 씨록스의 핵심인 바이트코드 실행 루프문을 보자. 데이크스트라는 간단히 루프가 몇 번 실행됐 는지 세어보면 진행 상태를 알 수 있으니 루프를 추적할 수 있다고 주장한다. 그러나 이 루프는 사용자가 컴 파일한 록스 프로그램에서 명령어가 실행될 때마다 한 번씩 실행된다. 6,201개의 바이트코드 명령어를 실행 했다는 사실을 아는 것이 VM을 유지보수하는 사람들에게 인터프리터의 상태에 대해 어떤 유익한 정보를 제 공할까?

진실은 더 깊은 곳에 숨겨져 있다. 뵘(Böhm)과 자코피니(Jacopini)는 goto를 사용하는 제어 흐름은 어떤 것 이라도 시퀀싱, 루프, 분기만 사용하는 다른 제어 흐름으로 변환할 수 있음을 증명했다.[8] 씨록스의 바이트코 드 인터프리터 루프가 그 생생한 증거다. 실제로 goto를 전혀 사용하지 않고도 씨록스 바이트코드 명령어 집합의 비구조적 제어 흐름을 구현했다.

이는 데이크스트라의 주장을 반박하는 논거가 될 듯싶다. goto를 사용하는 프로그램을 goto를 사용하지 않 는 프로그램으로 변환함으로써 '합치'를 정의할 수 있고, 그의 말마따나 이렇게 변환한 프로그램은 분기와 루 프만 사용하므로 '합치'를 적용하는 것이 가능하다고 생각한다.

그러나 솔직히 내 주장도 빈약하다. 그와 나 둘 다 기본적으로 수학을 하는 척하며 가짜 논리를 들먹거리면 서 경험적이고 인간 중심적이어야 할 논쟁거리를 만들어내는 것 같다. goto를 사용하는 코드 중에 정말 나 쁜 코드가 있다는 데이크스트라의 말은 맞다. 그런 코드는 구조적인 제어 흐름을 사용하여 더 명확한 코드로 바꿀 수 있고 또 그래야 한다.

언어에서 goto를 완전히 제거하면 goto가 쓰인 나쁜 코드를 작성하는 못하게 막을 수 있다. 사용자로 하여 금 구조적 제어 흐름을 사용하도록 강요하고 그 결과 goto와 비슷한 코드를 작성하는 일 자체를 어렵게 만들 면 생산성 측면에서 순이익이 될 수 있다.

---

8 https://en.wikipedia.org/wiki/Structured_program_theorem

하지만 가끔은 이런 논리가 아기를 목욕물과 함께 버리는 꼴은 아닌지 의문이다. goto가 없으면 훨씬 더 복잡한 구조적 패턴에 의존하게 되는 경우가 많다. 전형적인 사례로 '루프 내부의 스위치(switch inside a loop)'가 그렇고, 다음과 같이 가드 변수(guard variable)로 중첩된 여러 루프를 빠져나가는 코드도 그렇다.

```
// 매트릭스에 0이 있는지 확인한다
bool found = false;
for (int x = 0; x < xSize; x++) {
  for (int y = 0; y < ySize; y++) {
    for (int z = 0; z < zSize; z++) {
      if (matrix[x][y][z] == 0) {
        printf("found");
        found = true;
        break;
      }
    }
    if (found) break;
  }
  if (found) break;
}
```

> 각 루프의 조건절이 시작되는 곳에 !found && 를 삽입하면 break 문이 없어도 가능하다. 이 자체가 제한적인 goto 비슷한 구조이기 때문이다.

위 코드가 아래 코드보다 더 나은 걸까?

```
for (int x = 0; x < xSize; x++) {
  for (int y = 0; y < ySize; y++) {
    for (int z = 0; z < zSize; z++) {
      if (matrix[x][y][z] == 0) {
        printf("found");
        goto done;
      }
    }
  }
}
done:
```

나는 두려움을 기반으로 언어를 디자인하고 공학적인 결정을 내리는 행위를 끔찍하게 혐오한다. 오늘날 goto의 문제점과 이점을 제대로 이해하는 사람은 거의 없다. 사람들은 그저 goto를 '해롭다'고만 여긴다. 개인적으로 나는 양질의 창의적인 작업을 시작할 때 독선적인 태도가 좋은 출발점이 된 사례를 한 번도 본 적이 없다.

24장

호출과 함수

> 컴퓨터 과학의 모든 문제는 간접 참조를 한 꺼풀 덧씌우면 해결할 수 있다. 간접 참조가 너무 겹겹이 싸여 있는 문제가 아니라면.
>
> 데이비드 휠러(David Wheeler)

이 장은 짐승이다. 많은 기능을 한입 크기로 나누려고 최대한 노력했지만 한 번에 다 삼켜야 할 때도 있다. 다음 과제는 함수다. 함수는 선언하는 것으로 시작되지만 호출을 하지 못하면 무용지물이다. 호출은 할 수 있지만 호출할 함수가 없는 경우도 마찬가지다. 이 두 가지를 VM에서 모두 지원하기 위해 필요한 런타임 기능 또

> 먹는다는 것(소비, comsumption)은 창의적인 행위를 이상하게 비유한 말이다. 하지만 어떤 '결과물(output)'을 만들어내는 대부분의 생물학적 과정은 뭐랄까, 음 그리 품위 있는 것 같진 않다.

한 눈에 보이는 어떤 것과 연결되지 않으면 별 도움이 안 된다. 그래서 모든 일을 다 저지를 생각이다. 분량은 많아도 다 마치면 뿌듯할 것이다.

24.1 / 함수 객체

INTERPRETER

VM에서 가장 많이 뜯어고칠 부분은 스택이다. 로컬 변수와 임시 변수를 저장하는 스택은 절반 정도 완성됐지만 아직 호출 스택의 개념은 없다. 앞으로 나아가려면 이 문제를 시급히 해결해야 하나, 그 전에 약간의 코딩이 필요하다. 나는 움직이기 시작하면 항상 기분이 좋아진다. 함수를 어떤 식으로든 표현하지 못하면 할 수 있는 일이 별로 없으니 이 일부터 시작하자. VM의 관점에서 함수란 무엇일까?

함수는 실행할 수 있는 바디, 즉 바이트코드를 갖고 있다. 전체 프로그램과 그 안의 모든 함수 선언은 하나의 커다란 모놀리식 청크로 컴파일할 수 있다. 각 함수에는 청크 내부에 자기 코드의 첫 번째 명령어를 가리키는 포인터가 있다.

네이티브 코드로 컴파일하는 과정은 대략 이렇다. 컴파일이 끝나면 하나의 견고한 기계어 뭉치가 만들어진다. 하지만 씨록스의 바이트코드 VM은 이보다는 조금 더 하이레벨의 작업을 할 수 있다. 나는 각 함수마다 고유한 청크를 부여하는 모델이 좀 더 깔끔하다고 생각한다. 다른 메타데이터도 필요하게 될 테니 이 모든 정보를 담을 구조체를 정의하겠다.

object.h ▶ Obj 구조체 다음에 추가

```
  struct Obj* next;
};

typedef struct {
  Obj obj;
  int arity;
  Chunk chunk;
```

```
  ObjString* name;
} ObjFunction;

struct ObjString {
```

록스에서 함수는 일급이고 실제로 록스 객체다. 그래서 ObjFunction에는 모든 객체 타입이 공유하는 동일한 Obj 헤더가 있다. arity 필드에는 함수가 받을 매개변수의 개수를 저장한다. 청크와 함수 이름까지 보관하면 런타임 에러를 리포트할 때 사용자가 읽기 편할 것이다.

object 모듈에서 Chunk 참조가 필요한 것은 이번이 처음이니 인클루드가 필요하다.

object.h

```
#include "common.h"
#include "chunk.h"
#include "value.h"
```

문자열과 마찬가지로 C에서 록스 함수를 더 쉽게 사용할 수 있게 도와주는 액세서리를 정의하자. 가난한 자의 객체 지향이랄까(poor man's object orientation). 우선, 록스 함수를 생성하는 C 함수를 선언한다.

object.h ▶ ObjString 구조체 다음에 추가

```
  uint32_t hash;
};

ObjFunction* newFunction();
ObjString* takeString(char* chars, int length);
```

구현 코드는 다음과 같다.

object.c ▶ allocateObject() 함수 다음에 추가

```
ObjFunction* newFunction() {
  ObjFunction* function = ALLOCATE_OBJ(ObjFunction, OBJ_FUNCTION);
  function->arity = 0;
  function->name = NULL;
  initChunk(&function->chunk);
  return function;
}
```

우리의 벗 ALLOCATE_OBJ()로 메모리를 할당하고 객체의 헤더를 초기화하면 VM이 어떤 타입의 객체인지 알아볼 수 있다. ObjString에서 했듯이 함수를 초기화하려고 인수를 전달하는 대신, 이 함수는 일종의 텅 빈 상태로 셋업한다. 애리티도, 이름도, 코드도 없는 함수다. 내용물은 함수를 만든 다음 채워넣을 것이다.

새로운 종류의 객체를 ObjType 열거체에 추가한다.

```
typedef enum {
  OBJ_FUNCTION,
  OBJ_STRING,
} ObjType;
```

함수 객체로 작업이 끝나면 운영 체제가 빌려준 비트를 다시 돌려주어야 한다.

```
  switch (object->type) {
    case OBJ_FUNCTION: {
      ObjFunction* function = (ObjFunction*)object;
      freeChunk(&function->chunk);
      FREE(ObjFunction, object);
      break;
    }
    case OBJ_STRING: {
```

이 스위치 케이스는 ObjFunction 자신은 물론 ObjFunction이 소유한 다른 메모리를 비운다. 함수는 청크를 소유하므로 청크의 유사 소멸자(destructor-like) 함수를 호출한다.

록스에서는 어떤 객체도 출력할 수 있고 함수는 일급 객체(first-class object)이므로 이 부분도 처리해야 한다.

> 함수 이름이 ObjString이므로 명시적으로 해제할 필요는 없다. 즉, 가비지 수집기가 함수의 수명을 대신 관리하도록 맡기면 된다. 물론, 26장에서 가비지 수집기(26장)를 구현한 다음에 가능한 일이다.

```
  switch (OBJ_TYPE(value)) {
    case OBJ_FUNCTION:
      printFunction(AS_FUNCTION(value));
      break;
    case OBJ_STRING:
```

printFunction 함수는 다음과 같다.

```
static void printFunction(ObjFunction* function) {
  printf("<fn %s>", function->name->chars);
}
```

함수는 자기 이름을 알고 있으니 이름을 말하는 것이 좋겠다.

마지막으로 값을 함수로 변환하는 몇 가지 매크로가 있다. 첫째, 어떤 값이 실제로 함수인지 확인하는 매크로다.

```
#define OBJ_TYPE(value)         (AS_OBJ(value)->type)

#define IS_FUNCTION(value)      isObjType(value, OBJ_FUNCTION)
#define IS_STRING(value)        isObjType(value, OBJ_STRING)
```

평가 결과가 true이면 다음 매크로를 사용하여 Value를 ObjFunction 포인터로 안전하게 캐스팅할 수 있다.

```
#define IS_STRING(value)        isObjType(value, OBJ_STRING)

#define AS_FUNCTION(value)      ((ObjFunction*)AS_OBJ(value))
#define AS_STRING(value)        ((ObjString*)AS_OBJ(value))
```

자, 이로써 우리 객체 모델은 함수를 나타내는 방법을 알게 되었다. 슬슬 몸이 풀리기 시작한다. 좀 더 어려운 문제를 풀 준비가 되었는가?

24.2 / 함수 객체로 컴파일

INTERPRETER

지금 씨록스 컴파일러는 언제나 단일 청크로 컴파일한다고 가정한다. 각 함수의 코드가 별도의 청크에 존재하면 상황이 좀 더 복잡해진다. 컴파일러가 함수 선언에 도달하면 함수 바디를 컴파일할 때 해당 함수의 청크로 코드를 내보내야 한다. 그러다 함수 바디가 끝나면 컴파일러는 작업 중이던 이전 청크로 돌아가야 한다.

함수 바디 안에 있는 코드는 괜찮지만, 여기에 없는 코드는 어떻게 처리할까? 록스 프로그램의 '최상위' 코드 역시 명령형 코드라서 코드를 컴파일해 집어넣을 청크가 필요하다. 이 최상위 코드를 자동으로 정의된 함수 안에 배치하면 컴파일러와 VM을 단순화할 수 있다. 그러면 컴파일러는 항상 어떤 함수 바디 안에 있고 VM은 항상 함수를 호출함으로써 그 코드를 실행할 수 있다. 마치 전체 프로그램이 암묵적으로 main() 함수 안에 래핑된 것처럼 움직이는 셈이다.

> 이 비유가 시맨틱상 안 맞는 곳이 바로 글로벌 변수다. 글로벌 변수는 로컬 변수와 스코핑 규칙이 다르므로 스크립트의 최상위 레벨이 함수 바디와 상이하다.

사용자 정의 함수를 설명하기 전에 암묵적인 최상위 레벨의 함수를 사용할 수 있도록 다시 구성하자. Compiler 구조체부터 시작하겠다. 컴파일러가 써넣을 Chunk를 직접 가리키는 대신, 구축하려는 함수 객체를 가리키는 참조를 둔다.

```
typedef struct {
  ObjFunction* function;
  FunctionType type;

  Local locals[UINT8_COUNT];
```

FunctionType이라는 작은 열거체 덕분에 컴파일러는 최상위 코드를 컴파일할 때와 함수 바디를 컴파일할 때를 구분할 수 있다. 대부분의 컴파일러는 이런 구분을 신경 쓰지 않지만(그래서 유용한 추상화라고 할 수 있지만), 한두 군데서는 이렇게 구분하는 게 의미가 있다. 나중에 다시 설명하겠다.

```
typedef enum {
  TYPE_FUNCTION,
  TYPE_SCRIPT
} FunctionType;
```

컴파일러에서 Chunk에 뭔가를 써넣는 곳이라면 앞으로 무조건 이 function 포인터를 통과해야 한다. 다행히 나의 선견지명(?) 덕분에 이미 여러 장 전에 청크에 액세스하는 코드를 currentChunk() 함수에 캡슐화해놓았다. 이 부분만 수정하면 나머지 코드는 잘 돌아갈 것이다.

> 마치 내가 미래를 내다보는 수정 구슬이라도 갖고 있어서 언젠가 나중에 코드를 변경해야 하리라는 걸 알고 있었던 것 같지만, 실은 이 책에 나오는 코드를 집필하기 전에 모두 작성했기 때문에 그런 것이다.

```
Compiler* current = NULL;

static Chunk* currentChunk() {
  return &current->function->chunk;
}

static void errorAt(Token* token, const char* message) {
```

현재 청크는 항상 컴파일 중인 함수가 소유한 청크다. 다음은 실제로 함수를 생성할 차례다. 전에는 VM이 컴파일러에 Chunk를 전달하면 컴파일러가 코드로 가득 채웠지만, 앞으로는 컴파일러가 컴파일된 최상위 코드(이것이 아직 우리가 지원하는 사용자 프로그램의 전부다)가 포함된 함수를 만들어 리턴할 것이다.

24.2.1 컴파일 타임에 함수 생성

스레딩은 컴파일러의 주요 진입점인 compile()에서 시작된다.

```
  Compiler compiler;
  initCompiler(&compiler, TYPE_SCRIPT);

  parser.hadError = false;
```

컴파일러를 초기화하는 방식이 상당히 달라졌다. 먼저 compiler라는 새로운 필드를 초기화하고...

```
static void initCompiler(Compiler* compiler, FunctionType type) {
  compiler->function = NULL;
  compiler->type = type;
  compiler->localCount = 0;
```

... 컴파일할 새 함수 객체를 할당한다.

```
  compiler->scopeDepth = 0;
  compiler->function = newFunction();
  current = compiler;
```

컴파일러에서 ObjFunction을 생성하는 이유는 무엇일까? 함수 객체는 함수의 런타임 표현이지만 여기서는 컴파일 타임에 이 객체를 생성한다. 함수를 문자열이나 숫자 리터럴과 비슷한 것이라고 생각하면 된다. 함수는 컴파일 타임과 런타임 세상을 이어주는 징검다리 역할을 한다. 함수 선언에 도달하면 실제로 리터럴, 즉 내장 타입의 값을 만들어내는 표기(notation)일 뿐이다. 그래서 컴파일러는 컴파일 중에 함수 객체를 생성하고, 런타임에는 그냥 호출만 하는 것이다.

이상하게 생긴 코드가 또 있다.

> function 필드를 null로 만들고 바로 몇 줄 아래서 값을 할당하는 모습이 바보처럼 보일 수 있다. 가비지 수집에 관한 또 다른 편집증이다.

> 함수는 컴파일 타임에 사용 가능한 데이터만 갖고 있으므로 컴파일 타임에 생성할 수 있다. 함수의 코드, 이름, 애리티 모두 고정된다. 런타임에 변수를 캡처하는 클로저(25장)로 넘어가면 얘기가 훨씬 더 복잡해진다.

```
  current = compiler;

  Local* local = &current->locals[current->localCount++];
  local->depth = 0;
  local->name.start = "";
  local->name.length = 0;
}
```

컴파일러의 locals 배열은 어느 스택 슬롯이 어떤 로컬 변수나 임시 변수에 연결되어 있는지 추적한다. 이제부터 컴파일러는 슬롯 0을 VM 자체의 내부적인 용도로 비워놓는다. 그래서 사용자가 여기를 참조하는 식별자를 작성하지 못하게 빈 이름을 부여한다. 자세한 내용은 이 기능이 진가를 드러낼 때 다시 설명하겠다.

지금까지 초기화 파트였고, 코드 컴파일이 끝날 때 다른 파트 역시 몇 군데 변경이 필요하다.

compiler.c ▶ endCompiler() 함수 코드 1줄 교체

```
static ObjFunction* endCompiler() {
  emitReturn();
```

전에는 컴파일러가 interpret()를 호출할 때 Chunk에 출력할 함수를 전달했다. 이제 컴파일러가 직접 함수 객체를 생성하므로 해당 함수를 리턴한다. 그럼 다음과 같이 현재 컴파일러에서 함수를 가져온다.

compiler.c ▶ endCompiler() 함수

```
  emitReturn();
  ObjFunction* function = current->function;

#ifdef DEBUG_PRINT_CODE
```

그러고 나서 compile()로 리턴한다.

compiler.c ▶ endCompiler() 함수

```
#endif

  return function;
}
```

자, 이 함수를 한번 더 손봐야 할 타이밍이다. 앞서 VM이 컴파일러 디버깅 용도로 디셈블된 바이트코드를 덤프하도록 몇 가지 진단 코드를 추가했었다. 이제 생성된 청크가 함수로 래핑되었으니 계속 작동되도록 코드를 수정해야 한다.

compiler.c ▶ endCompiler() 함수 코드 1줄 교체

```
#ifdef DEBUG_PRINT_CODE
  if (!parser.hadError) {
    disassembleChunk(currentChunk(), function->name != NULL
        ? function->name->chars : "<script>");
  }
#endif
```

함수명이 NULL인지 체크하는 부분을 주목하라. 사용자 정의 함수에는 이름이 있지만 최상위 코드에 암묵적으로 만든 함수에는 이름이 없다. 아무리 자체 진단 코드라도 이 부분을 좀 더 우아하게 처리하는 것이 좋겠다. 이런 식으로 말이다.

```
static void printFunction(ObjFunction* function) {
  if (function->name == NULL) {
    printf("<script>");
    return;
  }
  printf("<fn %s>", function->name->chars);
```

비록 사용자가 최상위 함수를 가리키는 참조를 가져와 출력할 방법은 없지만, DEBUG_TRACE_EXECUTION 진단 코드는 전체 스택을 출력할 수 있고 또 실제로 그렇게 처리한다.

> 버그를 찾으려고 작성한 진단 코드 때문에 VM이 세그먼트 폴트(segment fault)에 빠져서야 체면이 말이 아니다!

한 레벨 올라가 compile()의 시그니처도 조정한다.

```
#include "vm.h"

ObjFunction* compile(const char* source);

#endif
```

청크를 가져오는 대신 함수를 리턴하도록 바꿨다. 구현 코드는 다음과 같다.

```
ObjFunction* compile(const char* source) {
  initScanner(source);
```

마지막으로 실제 코드다. 함수 끝부분을 다음과 같이 변경한다.

```
  while (!match(TOKEN_EOF)) {
    declaration();
  }

  ObjFunction* function = endCompiler();
  return parser.hadError ? NULL : function;
}
```

컴파일러에서 함수 객체를 가져온다. 컴파일 에러가 없으면 함수 객체를 리턴하고, 에러가 있으면 NULL을 리턴하여 에러가 있다고 알린다. 이로써 VM은 잘못된 바이트코드가 포함된 함수는 아예 실행조차 하지 않는다.

결국 언젠가 새로운 compile() 선언을 처리하도록 interpret()를 업데이트할 것이다. 단, 그 전에 적용해야 할 다른 변경 사항이 있다.

호출 프레임

이제 개념적으로 큰 도약을 할 순간이 왔다. 함수 선언과 호출을 구현하려면 먼저 VM이 이를 처리할 수 있도록 준비해야 한다. 이때 반드시 해결해야 할 중요한 문제가 두 가지 있다.

24.3.1 로컬 변수 할당

컴파일러는 로컬 변수에 스택 슬롯을 할당한다. 그런데 프로그램에 있는 로컬 변수 집합이 여러 함수에 걸쳐 분산되어 있으면 어떻게 처리할까?

한 가지 방법은, 로컬 변수를 완전히 분리하는 것이다. 각 함수마다 (함수가 호출되지 않을 때에도) VM 스택에 영원히 간직할 자기만의 슬롯 집합을 가진다. 전체 프로그램에서 각 로컬 변수는 VM 자체적으로 유지하는 약간의 메모리를 갖게 된다.

> 이것이 C 언어에서 로컬 변수 앞에 static을 붙여 선언하면 일어나는 결과다.

믿거나 말거나, 초기 프로그래밍 언어는 이런 식으로 구현됐다. 최초의 포트란 컴파일러는 변수마다 메모리를 정적 할당했다. 당연히 매우 비효율적이다. 함수 중 대부분은 임의의 시점에 호출 중인 상태가 아닐 텐데 쓰지도 않을 메모리에 변수를 앉혀두는 것은 분명 낭비다.

그러나 더 근본적인 문제는 재귀다. 재귀를 하면 같은 함수가 동시에 여러 번 호출될 수 있고 그때마다 로컬 변수를 담을 자체 메모리가 필요하다. 제이록스는 함수가 호출되거나 블록에 진입할 때마다 환경에 대한 메모리를 동적 할당하는 방식으로 해결했다. 씨록스에서 함수가 호출될 때마다 이런 성능 저하가 발생하지 않게 하려면 어떻게 해야 좋을까?

> 포트란은 재귀를 아예 못 쓰게 했다. 당시 재귀는 시대를 앞선 난해한 고급 기능이라고 여겨졌다.

포트란의 정적 할당과 제이록스의 동적 접근 방식 사이 어딘가에 실마리가 있다. VM에서 값 스택은 로컬 변수와 임시 변수가 후입선출(LIFO) 방식으로 드나든다는 원리에 따라 작동된다. 생각해보면 이 반죽에 함수 호출을 섞어도 이 원리는 여전히 유효하다. 예를 들어, 다음 코드를 보자.

```
fun first() {
  var a = 1;
  second();
  var b = 2;
}

fun second() {
  var c = 3;
  var d = 4;
}

first();
```

프로그램을 차근차근 따라가며 매 순간 메모리에 어떤 변수가 있는지 살펴보자.

```
first() 호출
    var a = 1;                   ┌─────┐
                                 │ a:1 │
    second() 호출                 └─────┘
            var c = 3;           ┌─────┬─────┐
                                 │ a:1 │ c:3 │
                                 └─────┴─────┘
            var d = 4;           ┌─────┬─────┬─────┐
                                 │ a:1 │ c:3 │ d:4 │
    second() 리턴                 └─────┴─────┴─────┘
                                        팝!    팝!
    var b = 2;                   ┌─────┬─────┐
                                 │ a:1 │ b:2 │
first() 리턴                      └─────┴─────┘
                                    팝!    팝!
```

프로그램이 두 차례 호출을 통해 흘러가는 동안, 모든 로컬 변수는 자기보다 나중에 선언된 변수가 첫 번째 변수가 필요해지기(사용되기) 전에 버려진다는 원리를 따른다. 여러 호출 간에도 마찬가지다. 위 예제의 경우에도 우리는 a가 끝나기 이전에 c와 d가 완료될 것이라는 사실을 알고 있다. VM의 값 스택에 로컬 변수를 할당할 수 있을 것 같다.

컴파일 타임에 각 변수가 스택 어디에 위치할지 결정된다면 가장 이상적일 것이다. 그럼 변수를 다루는 바이트코드 명령어가 간단하고 빨라질 것이다. 이 예제 코드만 봐도 간단히 그렇게 할 수 있을 것으로 상상되지만, 항상 그렇게 되는 건 아니다. 다음 코드를 보자.

> '상상'이라고 말한 이유는, 실제로 컴파일러가 이것을 알아낼 수 없기 때문이다. 록스 함수는 일급이므로 어느 함수 호출이 다른 함수를 호출하는지 컴파일 타임에 알 수가 없다.

```
fun first() {
  var a = 1;
  second();
  var b = 2;
  second();
}

fun second() {
  var c = 3;
  var d = 4;
}

first();
```

첫 번째 second() 호출에서 c, d는 슬롯 1과 2에 들어간다. 하지만 이 함수를 두 번째 호출할 때는 b를 위한 공간이 필요하므로 c, d는 슬롯 2와 3에 들어가야 한다. 따라서 컴파일러는 여러 함수를 호출하는 과정에서 각 로컬 변수가 배치될 정확한 슬롯을 특정할 수 없다. 하지만 해당 함수 내에서 각 로컬 변수의 상대 위치는 고정되어 있다. 예를 들면, d의 슬롯은 항상 c 바로 다음이다. 이것이 가장 중요한 포인트다.

함수가 호출될 때 스택 맨 위에 뭐가 있을지는 모른다. 같은 함수라도 다른 컨텍스트에서 호출될 수 있기 때문이다. 하지만 스택 맨 위에 뭐가 있든 함수의 모든 로컬 변수가 그 시작점을 기준으로 어디에 배치될지는 알 수 있다. 따라서 이 할당 문제 역시 다른 문제처럼 간접 참조를 한 꺼풀 덧씌우면 해결할 수 있다.

함수 호출이 일어나면 그때마다 VM은 제일 먼저 해당 함수 자신의 로컬 변수가 시작되는 첫 번째 슬롯 위치를 기록한다. 로컬 변수를 다루는 명령어는 지금처럼 스택 맨 아래가 아닌, 바로 이 첫 번째 슬롯 위치를 기준으로 로컬 변수에 액세스한다. 이 상대 슬롯(relative slot)은 컴파일 타임에 계산하고 런타임에는 함수 호출의 시작 슬롯을 추가하여 상대 슬롯을 절대 스택 인덱스(absolute stack index)로 변환한다.

함수가 더 큰 스택 안에 로컬 변수를 담을 수 있는 '윈도(window)' 또는 '프레임(frame)'을 얻는 셈이다. **호출 프레임(call frame)**의 위치는 런타임에 결정되지만, 어디서 변수를 찾아야 할지는 해당 영역 내에서, 그리고 컴파일 타임에 계산된 상대 위치를 통해 알 수 있다.

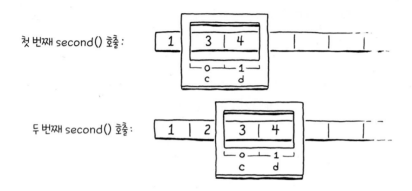

예전부터 함수의 로컬이 시작되는, 즉 함수의 호출 프레임의 시작부를 **프레임 포인터(frame pointer)**라고 불렀다. 함수의 모든 변수가 살고 있는 베이스 스택 슬롯을 가리키므로 **베이스 포인터(base pointer)**라고도 한다.

이것이 우리가 추적해야 할 첫 번째 데이터다. VM은 함수를 호출할 때마다 그 함수의 변수가 시작되는 첫 번째 스택 슬롯을 결정한다.

24.3.2 리턴 주소

현재 씨록스 VM은 ip 필드를 늘려가며 명령어 스트림을 하나씩 작업한다. ip를 더 큰 폭으로 증감시키는, 제어 흐름에 관한 명령어도 앞서 살펴보았다. 함수 호출은 아주 간단하다. 함수 청크에 있는 첫 번째 명령어를 가리키도록 ip를 설정하면 된다. 하지만 함수가 완료되면 어떻게 될까?

VM은 함수가 호출된 청크로 돌아가 호출자 바로 다음 명령어부터 실행을 재개해야 하므로 각 함수 호출마다 호출이 완료되면 돌아갈 점프 위치, 즉 **리턴 주소(return address)**를 기록해야 한다. 리턴 주소는 호출이 끝난 후 VM이 실행을 리턴할 명령어의 주소다.

여기서도 재귀 때문에 하나의 함수가 리턴할 주소가 여럿 존재할 수 있다. 따라서 이는 함수 자체가 아닌, 각 호출마다의 속성이다.

초기 포트란 컴파일러 개발자는 리턴 주소를 영리한 트릭으로 구현했다. 포트란은 재귀를 지원하지 않으므로 모든 함수가 임의의 시점에 오직 하나의 리턴 주소를 필요로 한다. 그래서 런타임에 함수가 호출되면 프로그램은 자신의 호출자로 돌아가기 위해 함수 끝에서 점프 명령어를 변경함으로써 자체 코드를 수정한다. 때때로 천재와 광인은 머리카락 한올 차이라는 생각이 든다.

24.3.3 호출 스택

따라서 함수가 호출될 때마다 (각 호출은 아직 리턴되지 않았다) 그 함수의 로컬이 스택 어디서부터 시작되는지, 호출자는 어디서 재개해야 하는지 추적해야 한다. 이런 정보를 다른 정보와 함께 새로운 구조체에 담자.

vm.h

```
#define STACK_MAX 256

typedef struct {
  ObjFunction* function;
  uint8_t* ip;
  Value* slots;
} CallFrame;


typedef struct {
```

CallFrame은 진행 중인 하나의 함수 호출을 나타낸다. slots 필드는 이 함수가 사용할 수 있는 첫 번째 슬롯에 위치한 VM의 값 스택을 가리킨다. 필드 이름이 복수형인 이유는 "포인터는 일종의 배열이다."라는 독특한 C의 철학에 따라 배열처럼 취급하기 때문이다.

리턴 주소를 구현하는 방법은 내가 앞서 설명했던 것과 조금 다르다. 피호출자의 프레임에 리턴 주소를 저장하는 게 아니라, 호출자가 자신의 ip를 저장한다. 함수가 리턴되면 VM은 호출자 CallFrame의 ip로 점프하고 거기서부터 다시 시작할 것이다.

호출되는 함수를 가리키는 포인터도 함께 넣었다. 상수와 다른 몇 가지 것들을 조회하는 데 요긴할 것이다.

함수가 호출될 때마다 이 구조체가 하나씩 생성된다. 힙에 동적으로 할당할 수 있지만 속도가 느린 게 문제다. 함수 호출은 핵심 기능이니 가능한 한 무조건 빨라야 한다. 다행히 변수를 다루면서 습득한 노하우를 함수 호출에도 적용할 수 있다. 함수 호출은 시맨틱상 스택과 동일하다. 즉, first()가 second()를 호출하면 second()는 무조건 first()보다 먼저 완료된다.

> 많은 리스프 구현체는 연속[1]을 단순하게 구현하기 위해 스택 프레임을 동적 할당한다. 연속을 지원하는 언어에서는 함수 호출에 항상 스택의 시맨틱이 있는 것은 아니다.

따라서 VM은 이러한 CallFrame 구조체 배열을 미리 생성하고 (값 배열에서 했던 것처럼) 스택으로 취급한다.

vm.h ▶ VM 구조체 코드 2줄 교체

```
typedef struct {
  CallFrame frames[FRAMES_MAX];
  int frameCount;

  Value stack[STACK_MAX];
```

1 　**옮긴이** 　continuation, 컴퓨터 프로그램의 제어 상태를 추상적으로 표현한 것
https://en.wikipedia.org/wiki/Continuation

이 배열은 VM에서 직접 사용해온 chunk와 ip 필드를 대체한다. 이제 각 CallFrame에는 자신의 ip와 실행 중인 ObjFunction을 가리키는 고유한 포인터가 있다. 바로 여기서 함수의 청크로 이동하는 것이다.

frameCount 필드는 CallFrame 스택의 현재 높이(진행 중인 함수 호출 수)다. 편의상 배열 용량은 다음 매크로로 고정시켰다. 많은 언어 구현체처럼 록스에서도 최대 호출 깊이를 지정한 것이다.

vm.h ▶ 코드 1줄 교체

```
#include "value.h"

#define FRAMES_MAX 64
#define STACK_MAX (FRAMES_MAX * UINT8_COUNT)

typedef struct {
```

또한 아주 깊은 호출 트리에서도 스택 슬롯을 충분히 확보할 수 있도록 값 스택의 크기를 재정의한다. VM이 시작될 때 CallFrame 스택은 빈 상태다.

> 다수의 함수 호출이 로컬 변수 외에 너무 많은 임시 변수를 사용하면 스택 오버플로(stack overflow)가 발생할 수 있다. 심혈을 기울여 디자인하면 문제를 예방할 수 있지만, 여기서는 최대한 단순하게 구현하겠다.

vm.c ▶ resetStack() 함수

```
  vm.stackTop = vm.stack;
  vm.frameCount = 0;
}
```

vm.h 헤더에서 ObjFunction을 가져와야 하므로 인클루드가 필요하다.

vm.h ▶ 코드 1줄 교체

```
#define clox_vm_h

#include "object.h"
#include "table.h"
```

이제 VM의 구현체 파일을 수술할 준비가 됐다. 지금부터 다소 힘든 작업이 이어질 것이다. VM 구조체의 ip를 CallFrame으로 옮겼기 때문에 ip를 건드리는 VM 코드를 한줄 한줄 다 고쳐야 한다. 또 스택 슬롯마다 로컬 변수에 액세스하는 명령어가 현재 CallFrame의 slots 필드에 상대적으로 작동되도록 수정해야 한다.

맨 위부터 하나씩 파내려가자.

vm.c ▶ run() 함수 코드 4줄 교체

```
static InterpretResult run() {
  CallFrame* frame = &vm.frames[vm.frameCount - 1];

#define READ_BYTE() (*frame->ip++)

#define READ_SHORT() \
```

```
    (frame->ip += 2, \
    (uint16_t)((frame->ip[-2] << 8) | frame->ip[-1]))

#define READ_CONSTANT() \
    (frame->function->chunk.constants.values[READ_BYTE()])

#define READ_STRING() AS_STRING(READ_CONSTANT())
```

먼저, 현재 최상위에 있는 CallFrame을 메인 바이트코드 실행 함수 내부의 로컬 변수에 저장한다. 그리고 바이트코드 액세스 매크로를 이 로컬 변수를 통해 ip에 액세스하는 버전으로 바꾼다.

자, 이제 명령어를 하나씩 엄마의 사랑으로 보듬어줄 차례다.

> 매번 CallFrame 배열을 통해 현재 프레임에 액세스할 수도 있지만 너무 번거롭다. 하지만 그보다 프레임을 로컬 변수에 저장하면 C 컴파일러가 해당 포인터를 레지스터에 보관하도록 유도한다는 점이 더 중요하다. 그러면 프레임의 ip에 액세스하는 속도가 확실히 빨라질 것이다. 컴파일러가 꼭 레지스터에 보관할 거란 보장은 없지만 적어도 그럴 확률은 높아진다.

vm.c ▶ run() 함수 코드 1줄 교체

```
    case OP_GET_LOCAL: {
      uint8_t slot = READ_BYTE();
      push(frame->slots[slot]);
      break;
```

이전에 OP_GET_LOCAL은 주어진 로컬 슬롯을 VM의 스택 배열에서 직접 읽었다. 다시 말해, 스택 맨 밑부터 시작하여 슬롯을 인덱싱했다. 이젠 현재 프레임의 slots 배열에 액세스하므로 이 프레임의 시작을 기점으로 상대적으로 넘버링된 슬롯에 액세스한다.

로컬 변수 세팅도 마찬가지다.

vm.c ▶ run() 함수 코드 1줄 교체

```
    case OP_SET_LOCAL: {
      uint8_t slot = READ_BYTE();
      frame->slots[slot] = peek(0);
      break;
```

이전 점프 명령어는 VM의 ip 필드를 바꾸었지만 이제 앞으로는 현재 프레임의 ip를 수정한다.

vm.c ▶ run() 함수 코드 1줄 교체

```
    case OP_JUMP: {
      uint16_t offset = READ_SHORT();
      frame->ip += offset;
      break;
```

조건부 점프도 마찬가지다.

```
        case OP_JUMP_IF_FALSE: {
          uint16_t offset = READ_SHORT();
          if (isFalsey(peek(0))) frame->ip += offset;
          break;
```

후방 점프 루프 명령어도 똑같다.

```
        case OP_LOOP: {
          uint16_t offset = READ_SHORT();
          frame->ip -= offset;
          break;
```

VM 디버깅에 도움이 되는 (각 명령어를 출력하는) 진단 코드를 넣었는데, 이 또한 새로운 구조체에 맞게 손을 봐야 한다.

```
      printf("\n");
      disassembleInstruction(&frame->function->chunk,
          (int)(frame->ip - frame->function->chunk.code));
#endif
```

VM의 chunk, ip 필드를 전달하는 대신, 앞으로는 현재 CallFrame에서 바로 읽는다.

어떤가? 사실 그렇게 고약한 작업은 아니었다. 대부분의 명령어는 매크로만 사용하므로 손댈 필요가 없다. 이제 한 레벨 올라가 run()을 호출하는 코드로 가자.

```
InterpretResult interpret(const char* source) {
  ObjFunction* function = compile(source);
  if (function == NULL) return INTERPRET_COMPILE_ERROR;

  push(OBJ_VAL(function));
  CallFrame* frame = &vm.frames[vm.frameCount++];
  frame->function = function;
  frame->ip = function->chunk.code;
  frame->slots = vm.stack;

  InterpretResult result = run();
```

마침내 앞서 변경한 컴파일러 코드를 방금 전 수정한 백엔드와 연결하는 장면에 이르렀다. 먼저 소스 코드를 컴파일러에 전달한다. 그러면 컴파일된 최상위 코드가 포함된 새로운 ObjFunction이 리턴된다. 만약 NULL 이 리턴되면 컴파일 타임 에러가 났다는 뜻이다. 이런 경우는 아무것도 실행할 수 없으니 그냥 중단시킨다.

컴파일 에러가 없으면 함수를 스택에 저장하고 해당 코드를 실행할 초기 CallFrame을 준비한다. 이제 호출할 함수가 보관된 스택 슬롯을 왜 컴파일러가 0으로 세팅하는지 납득이 될 것이다. 새 CallFrame에서 함수를 가리키고, 함수의 바이트코드 시작부를 가리키도록 ip를 초기화하고, 스택 윈도가 VM의 값 스택 맨 아래부터 시작되도록 셋업한다.

인터프리터가 코드를 실행할 준비는 끝났다. 이전에는 실행이 완료되면 VM이 하드코딩된 청크를 비웠지만, 이제 해당 코드는 ObjFunction이 갖고 있으므로 더 이상 그럴 필요가 없다. interpret() 끝에서 이렇게 실행하면 된다.

vm.c ▶ interpret() 함수 코드 4줄 교체

```
  frame->slots = vm.stack;

  return run();
}
```

옛 VM 필드를 참조하는 마지막 코드 조각은 runtimeError()다. 이 함수는 이 장 뒷부분에서 다시 이야기하겠지만, 우선 다음과 같이 변경한다.

vm.c ▶ runTimeError() 함수 코드 2줄 교체

```
  fputs("\n", stderr);

  CallFrame* frame = &vm.frames[vm.frameCount - 1];
  size_t instruction = frame->ip - frame->function->chunk.code - 1;
  int line = frame->function->chunk.lines[instruction];
  fprintf(stderr, "[line %d] in script\n", line);
```

VM에서 직접 chunk, ip를 읽는 대신, 스택 최상위의 CallFrame에서 가져온다. 함수는 예전과 다름없이 묵묵히 자기 할 일을 수행할 것이다.

코딩을 제대로 했다면 씨록스는 다시 정확히 이전과 동일하게 잘 작동될 것이다. 이렇다 할 신박한 기능이 추가된 것은 아니지만, 모든 인프라가 갖춰졌고 지금 바로 사용할 수 있다. 마음껏 활용해보자.

24.4 INTERPRETER / 함수 선언

표현식을 호출하려면 호출할 뭔가가 있어야 한다. 먼저 함수 선언을 해보자. 재미난(fun) 일은 키워드부터 남다르다.

> fun 키워드가 나올 때마다 자꾸 실없는 농담을 하게 된다!

```
static void declaration() {
  if (match(TOKEN_FUN)) {
    funDeclaration();
  } else if (match(TOKEN_VAR)) {
    varDeclaration();
```

실행은 다음 함수로 넘어간다.

```
static void funDeclaration() {
  uint8_t global = parseVariable("Expect function name.");
  markInitialized();
  function(TYPE_FUNCTION);
  defineVariable(global);
}
```

함수는 일급 값(first-class value)이며, 함수 선언은 새로 선언된 변수에 그냥 함수를 만들어 저장한다. 즉, 꼭 다른 변수 선언을 파싱하는 것처럼 함수 이름을 파싱한다. 최상위 함수 선언은 글로벌 변수에 바인드되며, 블록이나 다른 함수 내에서 함수를 선언하면 로컬 변수가 생성된다.

이렇게 변수를 두 단계로 정의하면(22.4.2절) 변수 자신의 초기자 내부에서는 변숫값에 액세스할 방법이 없다. 아직 변수에 값이 없으니 당연하다.

함수는 이런 문제가 없다. 함수는 바디 내에서 얼마든지 자기 이름을 안전하게 참조할 수 있다. 함수가 완전히 정의되기 전에는 함수를 호출하고 바디를 실행하는 일 자체가 불가능하기 때문에 초기화되지 않은 상태의 변수는 절대로 볼 수 없다. 실제로 재귀적 로컬 함수를 지원하려면 이를 허용하는 것이 유용하다.

그래서 바디를 컴파일하기 전에 함수 이름을 컴파일하자마자 함수 선언의 변수를 '초기화됨(initialized)'으로 표시한다. 이로써 에러를 일으키지 않고도 바디 안에서 이름을 참조할 수 있다.

물론 한 가지 체크는 해야 한다.

```
static void markInitialized() {
  if (current->scopeDepth == 0) return;
  current->locals[current->localCount - 1].depth =
```

전에는 로컬 스코프에 있다는 걸 이미 알고 있는 경우에만 markInitialized()를 호출했었다. 앞으로는 최상위 함수 선언도 이 함수를 호출하게 될 텐데, 그러면 함수는 글로벌 변수에 바인드되므로 '초기화됨'으로 표시할 로컬 변수가 없다.

다음으로 함수 자신, 즉 매개변수 리스트와 블록 바디를 컴파일한다. 이 작업은 별도의 헬퍼 함수 function()에 구현한다. 이 함수는 결과 함수 객체를 스택 맨 위에 남기는 코드를 생성한 다음, defineVariable()을 호출하여 함수를 선언했던 변수에 함수를 다시 저장한다.

이 코드는 나중에 클래스 내부의 메서드 선언을 파싱할 때에도 재사용할 예정이므로 매개변수와 바디를 컴파일하기 위해 따로 분리했다. 다음 코드부터 하나씩 차근차근 구현해보자.

compiler.c ▶ block() 함수 다음에 추가

```c
static void function(FunctionType type) {
  Compiler compiler;
  initCompiler(&compiler, type);
  beginScope();

  consume(TOKEN_LEFT_PAREN, "Expect '(' after function name.");
  consume(TOKEN_RIGHT_PAREN, "Expect ')' after parameters.");
  consume(TOKEN_LEFT_BRACE, "Expect '{' before function body.");
  block();

  ObjFunction* function = endCompiler();
  emitBytes(OP_CONSTANT, makeConstant(OBJ_VAL(function)));
}
```

> beginScope()는 있는데 이에 상응하는 endScope()는 없어서 짝이 안 맞는 것 같다. 함수 바디 끝에 이르면 컴파일러가 완전히 종료되기 때문에 굳이 남아 있는 가장 외부 스코프는 닫을 필요가 없다.

일단 매개변수는 고려하지 않겠다. 빈 {} 쌍과 그 뒤에 나오는 바디를 파싱한다. 바디는 {로 시작되니 여기부터 파싱하고 기존 block() 함수를 호출하여 }를 포함한 나머지 블록까지 컴파일한다.

24.4.1 컴파일러 스택

흥미로운 부분은 스택 맨 위, 맨 아래 부분의 컴파일러다. Compiler 구조체에는 어느 슬롯을 어떤 로컬 변수가 차지했는지, 현재 중첩된 블록이 몇 개인지 등의 데이터가 담겨 있다. 모두 단일 함수에 특정한 데이터다. 그러나 앞으로 프런트엔드는 서로 중첩된 여러 함수의 컴파일을 처리해야 한다.

> 컴파일러는 암묵적으로 최상위 코드를 함수의 바디처럼 취급한다. 따라서 어떤 함수 선언이라도 추가하는 즉시 중첩된 함수의 세계로 진입한다.

그래서 컴파일할 함수마다 별도의 Compiler를 생성하는 트릭을 쓴다. 함수 선언 컴파일을 시작할 때 C 스택에 새 Compiler를 만들어 초기화하는 것이다. initCompiler()는 이렇게 초기화한 Compiler를 현재 컴파일러로 세팅한 뒤, 바디를 컴파일하면서 바이트코드를 내보내는 모든 함수를 새 Compiler의 함수가 소유한 청크에 기록한다.

함수 블록의 바디 끝에 도달하면 endCompiler()를 호출한다. 그러면 새로 컴파일된 함수 객체가 생성되고, 이를 주변 함수의 상수 테이블에 상수로 저장한다. 그런데 잠깐! 다시 주변 함수로 돌아가려면 어떻게 해야 할까? initCompiler()가 현재 컴파일러 포인터를 덮어쓰면서 없어졌는데?

중첩된 일련의 Compiler 구조체를 스택처럼 취급하면 된다. VM에 있는 Value나 CallFrame 스택과 달리, 배열 대신 연결 리스트를 사용한다. 각 Compiler는 자기 주변 함수에 해당하는 Compiler를 다시 가리키는 식으로 최상위 코드의 루프 Compiler까지 거슬러 올라간다.

compiler.c ▶ FuntionType 열거체 다음에 추가, 코드 1줄 교체

```
} FunctionType;

typedef struct Compiler {
  struct Compiler* enclosing;
  ObjFunction* function;
```

Compiler 구조체 내부에서는 선언이 아직 완료되지 않았기 때문에 Compiler의 typedef는 참조할 수 없다. 대신, 구조체 자체에 이름을 지정하여 필드 타입으로 사용한다. C는 정말 별난 언어다.

새 Compiler를 초기화하면 '바야흐로 이제 곧 현재가 아니게 될(about-to-no-longer-be-current)' 컴파일러를 해당 포인터에 캡처한다.

compiler.c ▶ initCompiler() 함수

```
static void initCompiler(Compiler* compiler, FunctionType type) {
  compiler->enclosing = current;
  compiler->function = NULL;
```

그러고 나서 컴파일러가 완료되면 이전 컴파일러를 새로운 현재 컴파일러로 복원하고 스택에서 팝한다.

compiler.c ▶ endCompiler() 함수

```
#endif

  current = current->enclosing;
  return function;
```

Compiler 구조체를 동적 할당할 필요도 없다. 각 Compiler는 C 스택의 compile()과 function() 둘 중 한 곳에 로컬 변수로 저장된다. Compiler의 연결 리스트는 C 스택을 통해 스레드된다. 씨록스 컴파일러가 재귀 하향을 사용하고 함수 선언이 중첩된 경우 function()은 재귀 호출을 하기 때문에 스레드는 무제한 얻을 수 있다.

> Compiler 구조체에 네이티브 스택을 사용하는 것 자체가 컴파일러가 함수 선언을 중첩 가능한 깊이에 제한이 있다는 뜻이다. 너무 깊게 중첩되면 C 스택 오버플로가 발생할 수 있다. 컴파일러가 병적인, 아니면 악의적인 코드를 만나도 문제 없이 자신을 방어하려면(자바스크립트 VM 같은 도구에서 실제로 논의되는 주제다) 컴파일러에서 허용 가능한 함수 중첩의 양을 인위적으로 제한하는 것이 바람직하다.

24.4.2 함수 매개변수

매개변수를 전달할 수 없는 함수는 별로 쓸모가 없다. 다음은 매개변수를 살펴보자.

```
  consume(TOKEN_LEFT_PAREN, "Expect '(' after function name.");
  if (!check(TOKEN_RIGHT_PAREN)) {
    do {
      current->function->arity++;
      if (current->function->arity > 255) {
        errorAtCurrent("Can't have more than 255 parameters.");
      }
      uint8_t constant = parseVariable("Expect parameter name.");
      defineVariable(constant);
    } while (match(TOKEN_COMMA));
  }
  consume(TOKEN_RIGHT_PAREN, "Expect ')' after parameters.");
```

매개변수는 시맨틱상 함수 바디의 가장 외부 렉시컬 스코프에 선언된 로컬 변수다. 매개변수를 파싱하고 컴파일하는 작업은 로컬 변수를 명명하여 선언하는 기존 컴파일러 기능을 그대로 사용한다. 초기자가 있는 로컬 변수와 달리, 매개변수는 값을 초기화하는 코드가 따로 없다. 함수를 호출하면서 인수로 전달할 때 매개변수를 초기화하는 방법은 나중에 다시 살펴보겠다.

함수 애리티는 파싱할 매개변수를 세어보면 알 수 있다. 함수와 함께 저장되는 또 다른 메타데이터는 함수 이름이다. 함수 선언을 컴파일할 때 함수 이름을 파싱한 직후 `initCompiler()`를 호출한다. 즉, 이전 토큰에서 바로 함수 이름을 가져올 수 있다.

```
  current = compiler;
  if (type != TYPE_SCRIPT) {
    current->function->name = copyString(parser.previous.start,
                                         parser.previous.length);
  }

  Local* local = &current->locals[current->localCount++];
```

`name` 문자열의 사본을 만드는 부분을 눈여겨보라. 렉심은 원본 소스 코드의 문자열을 직접 가리킨다는 사실을 기억하기 바란다. 코드 컴파일이 완료되면 이 문자열은 메모리에서 해제될 것이다. 컴파일러가 생성한 함수 객체는 컴파일러보다 오래 살아남아 런타임까지 지속되므로 어딘가 보관할, 힙에 할당된 자체 함수 이름 문자열이 필요하다.

좋다, 이제 다음과 같은 함수 선언을 컴파일할 수 있다.

```
fun areWeHavingItYet() {
  print "Yes we are!";
}


print areWeHavingItYet;
```

물론, 함수 선언만으로는 뭔가 유용한 일을 할 수 없다.

한번 출력해보는 건 가능하다!
하지만 대단한 쓸모는 없다.

24.5 INTERPRETER / 함수 호출

이 절을 마칠 무렵에 꽤 흥미로운 로직을 보게 될 것이다. 다음 단계는 함수 호출이다. 사람들이 보통 생각하는 것과 달리, 함수 호출식은 일종의 중위 (연산자다. 좌측에는 호출 대상에 해당하는, 우선순위가 높은 표현식(대부분 단일 식별자)이 나오고, 가운데에 (가 있고 쉼표를 구분자로 한 인수 리스트가 죽 등장한 뒤)로 끝난다.

문법적으로 보면 좀 이상하지만, 이것이 파싱 테이블에 구문을 연결하는 방법이다.

compiler.c ▶ unary() 함수 다음에 추가, 코드 1줄 교체

```
ParseRule rules[] = {
  [TOKEN_LEFT_PAREN]    = {grouping, call,   PREC_CALL},
  [TOKEN_RIGHT_PAREN]   = {NULL,     NULL,   PREC_NONE},
```

파서는 표현식 뒤에 (가 나오면 새로운 파서 함수로 디스패치한다.

compiler.c ▶ binary() 함수 다음에 추가

```
static void call(bool canAssign) {
  uint8_t argCount = argumentList();
  emitBytes(OP_CALL, argCount);
}
```

(토큰은 이미 소비했으니 그 이후는 argumentList()라는 별도의 헬퍼 함수로 인수를 컴파일한다. 이 함수는 자신이 컴파일한 인수의 개수를 리턴한다. 각 인수식은 나중에 호출될 것을 대비하여 스택에 값을 남기는 코드를 생성한다. 그런 다음, 인수 개수를 피연산자로 전달받는 함수를 호출하기 위해 새로운 OP_CALL 명령어를 내보낸다.

compiler.c ▶ defineVariable() 함수 다음에 추가

```
static uint8_t argumentList() {
  uint8_t argCount = 0;
  if (!check(TOKEN_RIGHT_PAREN)) {
    do {
      expression();
      argCount++;
    } while (match(TOKEN_COMMA));
  }
```

```
  consume(TOKEN_RIGHT_PAREN, "Expect ')' after arguments.");
  return argCount;
}
```

제이록스에서 한번 나와 눈에 익은 코드다. 각 표현식 뒤에 쉼표가 있는 동안 인수를 하나씩 씹어 먹는다. 더 이상 인수가 없으면 마지막)를 소비하는 것으로 작업을 마친다.

거의 다 왔다. 제이록스는 호출당 255개 이상의 인수를 전달하지 못하게 하려고 컴파일 타임 체크 로직을 추가했다. 그때 나는 씨록스도 이와 비슷한 제한이 필요하므로 그렇게 한 거라고 말했다. 이제 이유를 알겠는가? 인수 개수를 1바이트 피연산자로 바이트코드에 실어 보내기 때문에 255개까지만 사용할 수 있는 것이다. 씨록스 컴파일러도 개수를 초과했는지 확인해야 한다.

compiler.c ▶ argumentList() 함수

```
    expression();
    if (argCount == 255) {
      error("Can't have more than 255 arguments.");
    }
    argCount++;
```

여기까지가 프런트엔드다. 백엔드로 넘어가기 전에 잠깐 멈춰 새 명령어를 선언하자.

chunk.h ▶ OpCode 열거체

```
  OP_LOOP,
  OP_CALL,
  OP_RETURN,
```

24.5.1 인수를 매개변수에 바인딩

코드로 구현하기 전에 한번 생각해보자. 함수를 호출할 때 스택은 어떤 모습일까? 그리고 거기서 무슨 일을 해야 할까? 호출 명령어에 도달하면 이미 호출되는 함수의 표현식과 그 인수는 실행이 끝난 상태다. 다음 프로그램을 보자.

```
fun sum(a, b, c) {
  return a + b + c;
}

print 4 + sum(5, 6, 7);
```

sum()을 호출하는 OP_CALL 명령어가 실행되기 직전에 VM을 멈추고 스택을 들여다보면 이런 모습일 것이다.

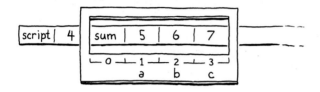

sum()의 입장에서 바라보면 어떨까? sum()이 컴파일될 때 컴파일러는 자동으로 슬롯 0을 할당했다. 그런 다음, 변수 a, b, c에 대한 로컬 슬롯도 차례로 할당했다. 이제 sum()을 호출하려면 호출되는 함수와 이 함수가 사용할 수 있는 스택 슬롯 영역으로 초기화된 CallFrame이 필요하다. 그런 다음, 함수에 전달된 인수를 한데 모아 각 매개변수에 해당하는 슬롯으로 가져와야 한다.

VM이 sum()의 바디를 실행하기 시작할 즈음 스택 윈도는 이런 모습이어야 할 것이다.

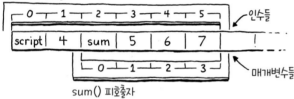

호출자가 설정한 인수 슬롯과 피호출자가 필요로 하는 매개변수 슬롯이 한 치의 오차도 없이 정확하게 순서대로 정렬된 모습이 보이는가? 얼마나 편리한가! 세상에 우연이란 없다. 각 CallFrame이 자신의 스택 윈도를 가진다고 해서 그 윈도가 서로 떨어져 있어야 하는 것은 아니다. 즉, 다음 그림과 같이 서로 겹쳐지지 말라는 법은 없다.

최상위 코드, 호출자

```
 ┌─0─┬─1─┬─2─┬─3─┬─4─┬─5─┐   ← 인수들
 ├───┴───┴───┴───┴───┴───┤
 │script│ 4 │sum│ 5 │ 6 │ 7 │   !
 ├───┴───┴───┴───┤
 │   └─0─┴─1─┴─2─┴─3─┘   ← 매개변수들
 sum() 피호출자
```

호출자의 스택 맨 위에는 호출되는 함수와 그 인수들이 순서대로 들어간다. 인수식을 평가할 때 필요한 임시 변수는 이제 모두 폐기되고 없으므로 호출자 입장에서는 사용 중인 슬롯 외에 다른 슬롯은 없다. 피호출자 스택의 맨 밑은 그림과 같이 매개변수 슬롯이 인숫값들이 이미 자리잡은 위치와 정확히 맞아떨어지도록 중첩된다.

> 바이트코드 VM과 실제 CPU 아키텍처마다 호출 관례(calling convention), 즉 인수를 전달하고 리턴 주소를 저장하는 데 쓰이는 구체적인 메커니즘은 다양하다. 내가 택한 메커니즘은 루아의 간결하고 신속한 가상 머신에 기반한다.

즉, '인수를 매개변수에 바인드'하는 작업을 할 필요가 없다. 인수들이 이미 있어야 할 곳에 있기 때문에 실제로 슬롯 간에 또는 환경 간에 값을 복사할 필요가 없는 셈이다. 성능상 이보다 더 좋을 수는 없을 것이다.

이제 호출 명령어를 구현할 차례다.

vm.c ▶ run() 함수

```
  }
  case OP_CALL: {
    int argCount = READ_BYTE();
```

```
        if (!callValue(peek(argCount), argCount)) {
          return INTERPRET_RUNTIME_ERROR;
        }
        break;
      }
      case OP_RETURN: {
```

호출되는 함수와 전달되는 인수의 개수를 알아야 한다. 후자는 명령어의 피연산자에서 가져온다. 또 스택 맨 위부터 인수 슬롯을 세어보면 스택 어디에서 함수를 찾을 수 있는지 알 수 있다. 이렇게 알아낸 데이터를 callValue()라는 별도의 함수에 전달한다. 이 함수가 false를 리턴하면 런타임 에러가 났다는 뜻이다. 이런 경우는 인터프리터를 중단시킨다.

callValue() 호출이 성공하면 호출되는 함수에 대한 새 프레임이 CallFrame 스택에 생성된다. run() 함수에는 현재 프레임을 가리키는 자체 캐시된 포인터가 있으므로 이 정보도 업데이트가 필요하다.

vm.c ▶ run() 함수

```
        return INTERPRET_RUNTIME_ERROR;
      }
      frame = &vm.frames[vm.frameCount - 1];
      break;
```

바이트코드 디스패치 루프는 이 frame 변수에서 읽기 때문에 VM이 그다음 명령어를 실행할 때 새로 호출된 함수의 CallFrame에서 ip를 읽고 해당 코드로 점프한다. 이 호출을 실행하는 작업이 여기서부터 시작된다.

vm.c ▶ peek() 함수 다음에 추가

```
static bool callValue(Value callee, int argCount) {
  if (IS_OBJ(callee)) {
    switch (OBJ_TYPE(callee)) {
      case OBJ_FUNCTION:
        return call(AS_FUNCTION(callee), argCount);
      default:
        break; // 호출 불가한 객체 타입
    }
  }
  runtimeError("Can only call functions and classes.");
  return false;
}
```

> 타입 하나를 체크하려고 switch 문을 사용하는 게 지금은 이상하게 보이겠지만, 나중에 다른 호출 가능 타입을 처리할 때 case 절이 추가될 것이다.

이 코드에는 단순히 CallFrame을 초기화하는 것 이상의 로직이 있다. 록스는 동적 타입 언어라서 사용자가 다음과 같이 코딩을 잘못해도 막을 길이 없다.

```
var notAFunction = 123;
notAFunction();
```

이런 불상사가 생기면 런타임은 안전하게 에러를 리포트하고 실행을 중단해야 한다. 따라서 제일 먼저 할 일은, 호출하려는 값의 타입을 체크하는 것이다. 함수가 아니면 에러고, 아니면 다음 코드에서 실제 호출이 일어난다.

vm.c ▶ peek() 함수 다음에 추가

```c
static bool call(ObjFunction* function, int argCount) {
  CallFrame* frame = &vm.frames[vm.frameCount++];
  frame->function = function;
  frame->ip = function->chunk.code;
  frame->slots = vm.stackTop - argCount - 1;
  return true;
}
```

이 코드는 그냥 그다음 CallFrame을 스택에 초기화한다. 호출되는 함수를 가리키는 포인터를 저장하고 프레임의 ip는 함수의 바이트코드 시작부를 가리키도록 세팅한다. 마지막으로 slots 포인터를 설정하여 스택 윈도를 프레임에 제공한다. 여기서 이미 스택에 있는 인수들과 함수의 매개변수들이 딱 맞아떨어지는지 확인한다.

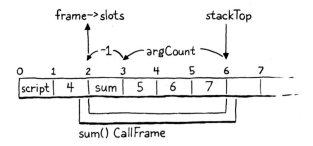

-1은 나중에 메서드를 추가할 때를 대비하여 스택 슬롯 0을 따로 확보하는 로직을 반영한 것이다. 매개변수는 슬롯 1에서 시작하므로 인수와 줄을 맞추기 위해 윈도를 한 슬롯 일찍 출발시킨다.

계속 진행하기 전에 디셈블러에 새 명령어를 추가하자.

debug.c ▶ disassembleInstruction() 함수

```c
      return jumpInstruction("OP_LOOP", -1, chunk, offset);
    case OP_CALL:
      return byteInstruction("OP_CALL", chunk, offset);
    case OP_RETURN:
```

끝으로 하나만 더! CallFrame을 개시하는 편리한 함수가 생겼으니 최상위 코드를 실행하기 위해 첫 번째 프레임을 설정할 때에도 이 함수를 활용할 수 있다.

```
  push(OBJ_VAL(function));
  call(function, 0);

  return run();
```

좋다, 다시 호출로 돌아가자.

24.5.2 런타임 에러 체크

겹치는 스택 윈도는 함수 호출이 함수 매개변수마다 정확히 하나의 인수를 전달한다는 전제하에 작동된다. 그러나 재차 말하지만 록스는 정적 타입 언어가 아니므로 사용자가 실수로 인수를 너무 많이 전달하거나 그 반대로 너무 적게 전달할 가능성이 있다. 록스는 이를 런타임 에러로 규정하고 다음과 같이 리포트한다.

```
static bool call(ObjFunction* function, int argCount) {
  if (argCount != function->arity) {
    runtimeError("Expected %d arguments but got %d.",
        function->arity, argCount);
    return false;
  }

  CallFrame* frame = &vm.frames[vm.frameCount++];
```

정말 직관적이지 않은가? 이것이 각 함수의 애리티를 ObjFunction에 보관하는 이유다.

리포트할 에러가 하나 더 있다. 이 에러는 사용자 실수라기보다 언어 구현자의 실수에 더 가깝다. CallFrame은 고정 크기 배열이기 때문에 깊은 호출 체인으로 인해 오버플로가 나지 않게 해야 한다.

```
  }

  if (vm.frameCount == FRAMES_MAX) {
    runtimeError("Stack overflow.");
    return false;
  }

  CallFrame* frame = &vm.frames[vm.frameCount++];
```

실제로 어떤 프로그램이 이 한계 가까이 접근했다면 과도한 재귀를 일으키는 버그가 코드에 있을 공산이 크다.

24.5.3 스택 트레이스 출력

런타임 에러 이야기를 하는 김에 이 에러의 유용한 쓰임새를 한 가지 살펴보자. 런타임 에러가 발생하여 프로그램을 중단시키는 행위는 VM이 잘못된 길에서 헤매다 충돌하는 현상을 방지하는 차원에서 중요하다. 그러나 그냥 중단시키는 것만으로는 사용자가 에러가 난 코드를 조치하는 데 별로 도움이 안 된다.

런타임 에러를 디버깅하는 데 유용한 고전적인 도구는 **스택 트레이스(stack trace)**다. 프로그램이 죽었을 때 아직 실행 중인 각 함수와 중단된 시점의 실행 위치를 출력하는 것이다. 이제 호출 스택이 있고 함수 이름까지 깔끔하게 잘 저장되어 있으므로 런타임 에러가 나서 사용자와의 조화가 깨진 시점의 전체 스택을 들여다볼 수 있다.

---

vm.c ▶ runTimeError() 함수 코드 4줄 교체

```
  fputs("\n", stderr);

  for (int i = vm.frameCount - 1; i >= 0; i--) {
    CallFrame* frame = &vm.frames[i];
    ObjFunction* function = frame->function;
    size_t instruction = frame->ip - function->chunk.code - 1;
    fprintf(stderr, "[line %d] in ",
            function->chunk.lines[instruction]);
    if (function->name == NULL) {
      fprintf(stderr, "script\n");
    } else {
      fprintf(stderr, "%s()\n", function->name->chars);
    }
  }

  resetStack();
}
```

> ip는 항상 그다음에 실행할 명령어를 가리키며 스택 트레이스는 그 전에 실패한 명령어를 가리켜야 하므로 -1을 계산했다.

에러 메시지 자체를 출력한 다음, 호출 스택을 위(가장 최근에 호출된 함수)에서 아래(최상위 코드) 방향으로 탐색한다. 각 프레임은 함수 내부에서 현재 ip에 해당하는 줄 번호를 찾아 이 번호와 함수 이름을 출력한다.

예를 들어, 다음과 같이 잘못 짠 프로그램을 실행하면...

> 스택 프레임을 어떤 순서로 표시할지에 대해서는 의견이 분분하다. 보통은 가장 내부 함수를 첫 번째 줄에 표시하고 이후 스택 아래 방향으로 진행한다. 파이썬은 정반대 순서로 출력한다. 따라서 실제로 에러가 난 곳은 마지막 줄이고, 위에서 아래로 읽으면 프로그램이 어쩌다 그 위치까지 도달했는지 알 수 있다.
>
> 이런 스타일에는 타당한 논리가 있다. 스택 트레이스가 너무 길어 한 화면에 전부 표시하기 어려울 때에도 가장 내부 함수는 항상 볼 수 있는 장점이 있다. 반면에 저널리즘에서 얘기하는 '역피라미드(inverted pyramid)' 이론에 따르면 텍스트 블록에서 가장 중요한 정보는 맨 앞에 배치해야 한다. 즉, 이 함수가 바로 스택 트레이스에서 실제로 에러를 일으킨 장본인이다. 다른 대부분의 언어 구현체도 이 방식을 따른다.

```
fun a() { b(); }
fun b() { c(); }
fun c() {
  c("too", "many");
}

a();
```

... 화면에 이렇게 출력된다.

```
Expected 0 arguments but got 2.
[line 4] in c()
[line 2] in b()
[line 1] in a()
[line 7] in script
```

뭐, 이 정도면 괜찮지 않은가?

24.5.4 함수에서 리턴

거의 다 왔다. 함수를 호출할 수 있고 VM은 함수를 실행할 것이다. 그런데 함수에서 다시 돌아올 방법이 아직 없다. OP_RETURN 명령어는 꽤 오래전부터 똬리를 틀고 있었지만, 바이트코드 루프에서 벗어나기 위한 임시 코드 정도만 구현된 상태로 방치되어 있었다. 진짜 코드를 구현할 시간이 됐다.

vm.c ▶ run() 함수 코드 2줄 교체

```
    case OP_RETURN: {
      Value result = pop();
      vm.frameCount--;
      if (vm.frameCount == 0) {
        pop();
        return INTERPRET_OK;
      }

      vm.stackTop = frame->slots;
      push(result);
      frame = &vm.frames[vm.frameCount - 1];
      break;
    }
```

함수가 값을 리턴하면 이 값은 스택 맨 위로 올라간다. 호출되는 함수의 스택 윈도는 모두 폐기해야 하므로 리턴값을 스택에서 팝해 잠시 변수에 보관한다. 그런 다음 리턴 함수에 대한 CallFrame을 폐기한다. 이것이 마지막 CallFrame이면 최상위 코드 실행이 끝났다는 뜻이다. 전체 프로그램이 완료된 것이니 스택에서 메인 스크립트 함수를 팝해 인터프리터를 종료한다.

그렇지 않은 경우에는 피호출자가 자신의 매개변수와 로컬 변수로 사용했던 모든 슬롯을 폐기한다. 호출자가 인수를 전달하는 데 사용한 것과 동일한 슬롯도 여기에 포함된다. 호출이 끝났으니 이들은 호출자에게 더이상 필요가 없다. 결국, 스택 맨 위는 바로 리턴 함수의 스택 윈도가 시작되는 부분에 위치한다.

리턴값을 이 새로운 더 낮은 위치에 있는 스택에 다시 푸시한 다음, run() 함수의 캐시된 포인터가 현재 프레임을 바라보도록 업데이트한다. 꼭 호출을 처음 시작할 때처럼 바이트코드 디스패치 루프의 다음 반복 시점에서 VM은 해당 프레임에서 ip를 읽고 OP_CALL 명령어 직후 중단됐던 바로 그 지점에서 다시 호출자로 돌아간다.

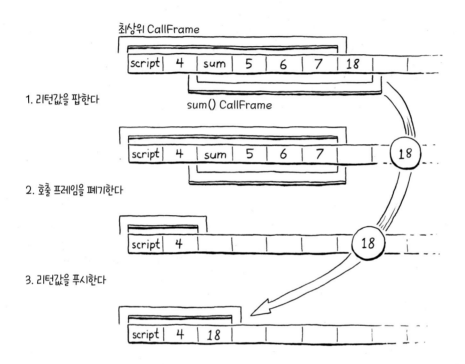

여기서는 함수가 실제로 어떤 값을 리턴한다고 가정하지만 바디 끝에 도착하면 암묵적으로 리턴된 것으로 처리할 수 있다.

```
fun noReturn() {
  print "Do stuff";
  // 여기에 리턴문이 없다
}

print noReturn(); // ???
```

록스 언어는 암묵적으로 nil을 리턴하도록 설계했다. 다음 코드를 추가한다.

```
static void emitReturn() {
  emitByte(OP_NIL);
  emitByte(OP_RETURN);
}
```

컴파일러는 함수 바디의 끝부분에서 exportReturn()을 호출하여 OP_RETURN 명령어를 내보낸다. 이제 그 전에 nil을 스택에 푸시하는 명령어를 내보낸다. 비로소 함수 호출이 작동된다! 매개변수도 받을 수 있다! 사용자가 하려는 작업을 거의 다 알아서 척척 잘 해낸다!

24.6 / 리턴문
INTERPRETER

함수가 암묵적으로 nil 대신 뭔가 다른 것을 리턴하게 만들려면 return 문이 필요하다. 그렇게 고치자.

```
    ifStatement();
  } else if (match(TOKEN_RETURN)) {
    returnStatement();
  } else if (match(TOKEN_WHILE)) {
```

컴파일러가 return 키워드를 만나면 다음 함수로 넘긴다.

```
static void returnStatement() {
  if (match(TOKEN_SEMICOLON)) {
    emitReturn();
  } else {
    expression();
    consume(TOKEN_SEMICOLON, "Expect ';' after return value.");
    emitByte(OP_RETURN);
  }
}
```

리턴값 표현식은 옵션이므로 값이 제공됐는지 여부는 ; 토큰을 보고 알 수 있다. 리턴값이 없으면 return 문은 암묵적으로 nil을 리턴한다. 이를 위해 OP_NIL 명령어를 내보내는 exportReturn()을 호출한다. 리턴값이 있으면 그 표현식을 컴파일한 다음 OP_RETURN 명령어로 리턴한다.

이는 앞서 구현한 OP_RETURN 명령어와 동일하기 때문에 새로운 런타임 코드는 필요가 없다. 이런 점에서 제이록스와 큰 차이가 있다. 제이록스는 return 문이 실행될 때 스택을 풀기 위해 예외를 사용했다. 중첩된 블록 깊숙한 곳에서 리턴하려면 그럴 수밖에 없었다. 제이록스는 AST를 재귀 탐색하므로 탈출하려면 적잖은 자바 메서드 호출이 불가피했다.

바이트코드 컴파일러는 이 모든 것을 플랫화한다. 파싱은 재귀 하향 방식으로 진행되지만 런타임에 이르러 VM의 바이트코드 디스패치 루프는 완전히 플랫하다. C 레벨에서는 어떠한 재귀도 없다. 따라서 복잡하게 중첩된 블록 내부에서도 그냥 함수 바디 끝에서 리턴하는 것만큼이나 단순해진다.

하지만 아직 끝난 게 아니다. 새로운 return 문에는 신경 써야 할 새로운 컴파일 에러가 한 가지 있다. 리턴은 함수에서 돌아오게 하지만 록스 프로그램의 최상위에는 명령형 코드가 있다. 여기서 리턴해서는 안 된다.

> 최상위에서 return 문을 허용하는 것이 세상에서 가장 나쁜 아이디어는 아니다. 스크립트를 자연스럽게 조기 종료하는 방법으로 쓸 수도 있고, 프로세스의 종료 코드를 나타내기 위해 정해진 숫자를 리턴할 수도 있다.

```
return "What?!";
```

함수 외부에서 return 문을 사용하는 컴파일 에러는 다음과 같이 처리한다.

compiler.c ▶ returnStatement() 함수

```
static void returnStatement() {
  if (current->type == TYPE_SCRIPT) {
    error("Can't return from top-level code.");
  }

  if (match(TOKEN_SEMICOLON)) {
```

이것이 FunctionType 열거체를 컴파일러에 추가한 또 다른 이유다.

24.7 / 네이티브 함수
INTERPRETER

와, 씨록스 VM이 한층 강력해졌다. 함수, 호출, 매개변수, 리턴 다 가능하다. 흥미로운 방식으로 상호 호출 가능한 다양한 함수를 정의할 수 있다. 그러나 궁극적으로 함수가 실제로 할 수 있는 일이 없다. 복잡도와 무관하게 록스 프로그램을 실행해서 보이는 것이라고 해봐야 화면에 출력된 텍스트가 고작이다. 더 많은 기능을 추가하려면 함수를 사용자에게 드러내야 한다.

프로그래밍 언어 구현체는 **네이티브 함수(native function)**를 통해 실제 세상과 조우한다. 시간을 체크하고, 사용자 입력을 읽고, 파일 시스템에 액세스하는 프로그램을 작성하려면 필요한 기능을 표출하는 (C로 구현 됐지만 록스에서 호출 가능한) 네이티브 함수를 추가해야 한다.

언어 레벨에서 록스는 상당히 완성도가 높다. 클로저, 클래스, 상속 기능도 있고 그밖에 재미난 것들이 많다. 그럼에도 아직 록스가 장난감 언어처럼 느껴지는 이유는 네이티브 기능이 거의 전무하기 때문이다. 네이티 브 기능을 한 뭉텅이는 버무려 넣어야 진짜 언어로 탈바꿈할 수 있다.

그러나 그 수많은 OS 기능을 록스에 달여 넣는 것은 교육 효과가 그리 높지 않다. C 코드 한 조각을 록스에 바인드하는 방법만 이해해도 아마 감을 잡기엔 충분할 것 같다. 어쨌든 그 '한 조각'은 직접 봐야 할 텐데, 네 이티브 함수 하나만 만들더라도 록스를 C와 연동하는 모든 메커니즘을 구축해야 한다. 고되고 힘든 작업이 지만 꾹 참고 견뎌내길! 다 끝나면 작은 네이티브 함수가 멋지게 추가되어 작동되는 광경을 감상할 수 있을 것이다.

새로운 장치가 필요한 이유는, 네이티브 함수는 구현 관점에서 록스 함수와 전혀 다르기 때문이다. 네이티브 함수는 호출될 때 해당 프레임이 가리킬 바이트코드 자체가 없기 때문에 `CallFrame`을 푸시하지 않는다. 바 이트코드 청크 같은 것도 없다. 대신 네이티브 함수는 네이티브 C 코드 조각을 일정 부분 참조한다.

씨록스는 네이티브 함수를 전혀 다른 객체 타입으로 정의하는 방식으로 처리하겠다.

---

object.h ▶ ObjFunction 구조체 다음에 추가

```
} ObjFunction;

typedef Value (*NativeFn)(int argCount, Value* args);

typedef struct {
  Obj obj;
  NativeFn function;
} ObjNative;

struct ObjString {
```

이 표현은 Obj 헤더와 네이티브 동작이 구현된 C 함수를 가리키는 포인터만 있는 ObjFunction보다 더 간단 하다. 네이티브 함수는 인수 개수와 스택의 첫 번째 인수를 가리키는 포인터를 받는다. 이 포인터로 각 인수 에 액세스한다. 그러다 실행이 끝나면 결괏값을 리턴한다.

늘 그렇듯, 새로운 객체 타입이 등장하면 그에 딸린 식구들이 있다. ObjNative를 생성하기 위해 유사 생성 자 함수를 선언한다.

---

object.h ▶ newFunction() 함수 다음에 추가

```
ObjFunction* newFunction();
ObjNative* newNative(NativeFn function);
ObjString* takeString(char* chars, int length);
```

구현 코드는 다음과 같다.

```
ObjNative* newNative(NativeFn function) {
  ObjNative* native = ALLOCATE_OBJ(ObjNative, OBJ_NATIVE);
  native->function = function;
  return native;
}
```

생성자는 ObjNative로 래핑할 C 함수 포인터를 받는다. 객체 헤더를 세팅하고 함수를 저장한다. 헤더에도 새로운 객체 타입을 추가한다.

```
typedef enum {
  OBJ_FUNCTION,
  OBJ_NATIVE,
  OBJ_STRING,
} ObjType;
```

VM은 네이티브 함수 객체를 메모리에서 어떻게 해제하는지 알고 있어야 한다.

```
    }
    case OBJ_NATIVE:
      FREE(ObjNative, object);
      break;
    case OBJ_STRING: {
```

ObjNative는 다른 여분의 메모리를 차지하지 않으므로 내용이 많지 않다. 모든 록스 객체가 지원하는 출력 기능도 다음과 같이 추가한다.

```
      break;
    case OBJ_NATIVE:
      printf("<native fn>");
      break;
    case OBJ_STRING:
```

동적 타이핑을 지원하려면 어떤 값이 네이티브 함수인지 확인하는 매크로가 필요하다.

```
#define IS_FUNCTION(value)    isObjType(value, OBJ_FUNCTION)
#define IS_NATIVE(value)      isObjType(value, OBJ_NATIVE)
#define IS_STRING(value)      isObjType(value, OBJ_STRING)
```

네이티브 함수 확인 결과 true가 리턴되면 네이티브 함수를 나타내는 Value에서 C 함수 포인터를 추출한다.

object.h

```
#define AS_FUNCTION(value)      ((ObjFunction*)AS_OBJ(value))
#define AS_NATIVE(value) \
    (((ObjNative*)AS_OBJ(value))->function)
#define AS_STRING(value)        ((ObjString*)AS_OBJ(value))
```

이 모든 코드 덕분에 VM은 네이티브 함수를 여느 객체처럼 다룰 수 있다. 변수에 저장하고, 다른 함수에 전달하고, 음... 생일 파티를 시켜줄 수도 있다. 물론 우리의 관심사는 호출식에서 좌측 피연산자로 사용하는, 즉 네이티브 함수를 호출하는 작업이다.

callValue()에 네이티브 타입을 처리하는 케이스를 추가한다.

vm.c ▶ callValue() 함수

```
      case OBJ_FUNCTION:
        return call(AS_FUNCTION(callee), argCount);
      case OBJ_NATIVE: {
        NativeFn native = AS_NATIVE(callee);
        Value result = native(argCount, vm.stackTop - argCount);
        vm.stackTop -= argCount + 1;
        push(result);
        return true;
      }
      default:
```

호출되는 객체가 네이티브 함수면 바로 그 자리에서 C 함수를 호출한다. CallFrame 같은 것 가지고 장난칠 시간 없이 그냥 C에게 넘기고 결과를 받은 뒤 다시 스택에 넣으면 된다. 이래서 다른 함수는 네이티브 함수만큼 빠를 수가 없다.

이로써 사용자가 네이티브 함수를 호출할 수는 있지만, 가만 보니 막상 호출할 함수가 하나도 없다. 외부 함수 인터페이스 같은 장치가 없으면 사용자가 네이티브 함수를 정의할 방법이 없다. 그렇다, VM 구현자인 우리가 할 일이다. 록스 프로그램에 표출되는 새로운 네이티브 함수를 정의하는 헬퍼 함수부터 정의하자.

vm.c ▶ runtimeError() 함수 다음에 추가

```
static void defineNative(const char* name, NativeFn function) {
  push(OBJ_VAL(copyString(name, (int)strlen(name))));
  push(OBJ_VAL(newNative(function)));
  tableSet(&vm.globals, AS_STRING(vm.stack[0]), vm.stack[1]);
  pop();
  pop();
}
```

이 함수는 C 함수를 가리키는 포인터 및 록스에서 사용할 함수 이름을 받는다. 해당 함수를 ObjNative로 래핑한 다음 주어진 함수 이름과 동일하게 명명된 글로벌 변수에 저장한다.

그런데 왜 굳이 name과 function을 스택에 푸시/팝하는 걸까? 좀 이상하지 않은가? 가비지 수집기가 신경 써서 처리해야 할 부분이 바로 이런 것이다. copyString()과 newNative() 모두 메모리를 동적 할당하므로 언젠가 GC가 발생하면 가비지 수집이 트리거될 수 있다. 실제로 그렇게 되면 name과 ObjFunction이 아직 완료되지 않았다는 사실을 수집기에게 확실히 알려 작업 도중 메모리에서 해제되는 불상사를 막아야 한다. 값 스택에 저장하면 간단히 해결된다.

> 당장 내용이 잘 이해가 되지 않더라도 걱정 말라. 26장에서 GC를 구현하면 이게 다 무슨 소리인지 이해하게 될 것이다.

공들여 한 작업에 비해 너무 초라해 보이지만 아주 작은 네이티브 함수 하나도 하나 추가한다.

vm.c ▶ vm 변수 다음에 추가

```c
static Value clockNative(int argCount, Value* args) {
  return NUMBER_VAL((double)clock() / CLOCKS_PER_SEC);
}
```

프로그램 실행 시작 이후의 경과 시간(초)을 리턴하는 함수다. 록스 프로그램을 벤치마크할 때 요긴하다. 록스에서는 clock()이라고 명명하겠다.

vm.c ▶ initVM() 함수

```c
  initTable(&vm.strings);

  defineNative("clock", clockNative);
}
```

C 표준 라이브러리 clock() 함수에 접근하기 위해 vm 모듈에 인클루드를 추가한다.

vm.c

```c
#include <string.h>
#include <time.h>

#include "common.h"
```

참 버거운 장이었을 텐데 꿋꿋이 잘 버텼다! 장하다! 다음 코드를 입력해서 시험해보라.

```
fun fib(n) {
  if (n < 2) return n;
  return fib(n - 2) + fib(n - 1);
}

var start = clock();
print fib(35);
print clock() - start;
```

피보나치 함수는 마음먹기에 따라 얼마든지 비효율적으로 작성할 수 있는데, 외려 그것이 얼마나 비효율적인지 측정할 수 있기 때문에 도움을 준다. 위 코드는 피보나치 수를 계산하는 가장 스마트한 방법은 아니지만, 함수 호출을 지원하는 언어 구현체를 상대로 스트레스 테스트(stress test)를 수행하는 데 훌륭한 방법이다. 내 PC에서 돌려보니 씨록스가 제이록스보다 5배 정도 빨랐다. 장족의 발전이다.

> 루비 2.4.3p205와 동급의 프로그램보다는 약간 느리고 파이썬 3.7.3보다는 3배가량 더 빠르다. 물론 씨록스 VM을 간단하게 최적화할 수 있는 여지는 아직도 많다.

연습 문제

1. ip 필드의 읽기/쓰기는 바이트코드 루프에서 무척 빈번하게 일어나는 작업 중 하나다. 지금은 현재 CallFrame을 가리키는 포인터를 거쳐 이 필드에 접근한다. 이렇게 포인터 간접 참조를 하면 CPU는 캐시를 우회하여 메인 메모리에 도달할 수밖에 없고, 이는 결국 성능을 떨어뜨리는 원인이 될 것이다.

   ip는 네이티브 CPU 레지스터에 유지하는 것이 가장 이상적이다. 인라인 어셈블리를 건드리지 않고서 C 프로그래머가 그렇게 할 도리는 없지만, 컴파일러가 이런 최적화를 수행하도록 코드를 구성하는 것은 가능하다. C 로컬 변수에 ip를 직접 저장하고 register 키워드로 표시하면 C 컴파일러는 우리의 공손한 요청을 긍정적으로 검토할 것이다.

   즉, 함수 호출을 시작/종료할 때 로컬 ip를 올바른 CallFrame에 다시 로드/저장하는 데 신경을 써야 한다는 뜻이다. 이런 식으로 최적화를 구현하라. 벤치마크를 두어 개 작성해서 성능에 어떤 영향을 미치는지 살펴보라. 코드가 복잡해진 대가로 충분한 보상이 주어졌다고 생각하는가?

2. 네이티브 함수 호출이 부분적으로 빠른 이유는 함수 호출 시 정해진 개수만큼 인수가 전달되는지 검증하지 않기 때문이다. 우리는 검증을 해야 한다. 검증을 하지 않으면 개수가 모자라는 인수를 네이티브 함수에 전달할 때 함수가 초기화되지 않은 메모리를 읽을 가능성이 있기 때문이다. 애리티 체크를 추가하라.

3. 현재로서는 네이티브 함수가 런타임 에러를 알릴 방법이 없다. 실제 언어 구현체라면 네이티브 함수가 C의 정적 타입 세상에 존재하지만 록스의 동적 타입 세상에서 호출되기 때문에 이런 기능이 지원되어야 한다. 예를 들어, 사용자가 sqrt()에 문자열을 전달하려고 하면 해당 네이티브 함수는 런타임 에러를 리포트해야 한다.

   이 기능을 지원하도록 네이티브 함수 시스템을 확장하라. 이 기능은 네이티브 호출 성능에 어떤 영향을 미칠까?

4. 여러분이 생각하기에 이런 네이티브 함수가 있었으면 좋겠다 싶은 것들을 추가하라. 그리고 그런 함수를 응용한 프로그램을 작성해보라. 어떤 함수를 추가했나? 추가한 함수들이 언어의 느낌과 실용성에 어떤 영향을 미쳤는가?

25장

클로저

> 그 남자는 모든 복잡한 문제에는 간단한 해결책이 있다고 했지만, 그건 틀렸다.
>
> 움베르토 에코(Umberto Eco), 『푸코의 진자(Foucault's Pendulum)』

지난 장에서 부지런을 떤 덕분에 씨록스 VM에서 함수를 사용할 수 있게 됐다. 아직도 하나 빠진 부품이 있다면 바로 클로저(closure)다. 고유한 품종인 글로벌 변수를 제외하면 함수가 자신의 바디 외부에 선언된 변수를 참조할 방법이 필요하다.

```
var x = "global";
fun outer() {
  var x = "outer";
  fun inner() {
    print x;
  }
  inner();
}
outer();
```

이 예제를 실행하면 "outer"가 출력될 것 같지만 실제로는 "global"이 출력된다. 이 문제를 바로잡으려면 변수를 리졸브할 때 주변 모든 함수의 전체 렉시컬 스코프가 포함되어야 한다.

그런데 이 문제는 바이트코드 VM이 로컬 변수를 스택에 저장하기 때문에 씨록스가 제이록스보다 훨씬 더 어렵다. 앞서 나는 로컬 변수가 (변수가 생성된 것과 반대 순서로 폐기되는) 스택의 시맨틱을 갖고 있다고 말했다. 그러나 클로저에서 이 말은 반은 맞고 반은 틀리다.

```
fun makeClosure() {
  var local = "local";
  fun closure() {
    print local;
  }
  return closure;
}

var closure = makeClosure();
closure();
```

외부 함수 makeClosure()는 변수 local을 선언하고 이 변수를 캡처하는 내부 함수 closure()를 생성한다. makeClosure()는 closure() 함수를 가리키는 참조를 리턴한다. 로컬 변수를 붙잡고 있는 동안 클로저는 makeClosure()에서 빠져나가므로 local은 자신을 생성한 함수 호출보다 더 오래 살아남아야 한다.

어떡해, 도망치고 있어!

모든 로컬 변수를 메모리에 동적 할당하면 된다. 실제로 제이록스는 자바 힙에 떠다니는 Environment 객체 안에 모든 것들을 때려 넣었다. 하지만 씨록스에서는 스택을 사용하는 게 훨씬 빠르기 때문에 그렇게 하고 싶지 않다. 대부분의 로컬 변수는 클로저에 의해 캡처되지 않고 스택의 시맨틱으로 작동된다. 드물게 캡처되는 로컬 변수의 이점을 살리려고 만 사를 더 느려지게 한다는 건 말이 안 된다.

> C와 자바가 로컬 변수에 스택을 사용하는 데에는 다 그럴 만한 이유가 있다.

이런 까닭에 씨록스는 자바 인터프리터보다 액세스 방식이 더 복잡할 수밖에 없다. 로컬 변수 중에는 아주 특이한 수명을 가진 것들도 있기 때문에 두 가지 구현 전략을 구사할 것이다. 클로저에서 사용되지 않은 로컬 변수는 스택에 있는 그대로 유지한다. 로컬 변수가 클로저에 의해 캡처되면 필요한 만큼 오래 살아남도록 변수를 힙에 올려놓는 다른 해결책을 강구할 것이다.

클로저는 메모리 바이트와 CPU 사이클이 에메랄드보다 더 귀하던 리스프 초창기부터 있었다. 그 후 수십 년간 해커들은 클로저를 최적화된 런타임 표현으로 컴파일하기 위해 별별 수단을 동원했다. 그중에 효율적인 방법도 있지만 컴파일 프로세스가 더 복잡해져서 씨록스에 맞게 개조하기가 쉽지 않다.

> 인터넷에서 '클로저 변환(closure conversion)' 또는 '람다 리프팅(lambda lifting)'으로 검색해보라.

지금부터 내가 설명하는 기법은 루아 VM의 디자인에서 가져왔다. 빠르고 메모리를 최대한 덜 쓰면서 비교적 적은 양의 코드로 구현할 수 있다. 우연찮게도 이 기법은 싱글 패스 컴파일러인 씨록스에도 자연스럽게 들어맞는다. 하지만 다소 복잡한 게 흠이다. 모든 퍼즐 조각이 머릿속에서 맞춰지려면 오랜 시간이 필요할지 모른다. 기본 개념을 단계별로 하나씩 소개하겠다.

25.1 / 클로저 객체
INTERPRETER

씨록스 VM은 런타임에 ObjFunction으로 함수를 나타낸다. 이 객체는 컴파일 중에 프런트엔드에서 생성된다. 런타임에 VM이 하는 일은 상수 테이블에서 함수 객체를 로드해 여기에 이름을 바인드하는 것이 전부다. 런타임에 함수를 '생성'하는 일은 없다. 문자열과 숫자 리터럴처럼 함수 객체는 순수하게 컴파일 타임에 인스턴스화되는 상수다.

> 다시 말해, 록스에서 함수 선언은 일종의 리터럴, 즉 내장 타입의 상수 값을 정의한 구문 조각이다.

클로저가 없던 시절에는 함수를 구성하는 모든 데이터, 즉 함수 바디에서 컴파일된 바이트코드 청크와 바디에서 사용된 상수를 컴파일 타임에 알 수 있으므로 문제가 없었다. 하지만 클로저를 도입하면 얘기가 달라진다. 다음 코드를 보자.

```
fun makeClosure(value) {
  fun closure() {
    print value;
  }
  return closure;
}

var doughnut = makeClosure("doughnut");
var bagel = makeClosure("bagel");
doughnut();
bagel();
```

makeClosure()는 함수를 정의하고 리턴한다. makeClosure()를 두 번 호출하고 두 클로저를 얻는다. 이 두 클로저는 동일한 중첩 함수 선언인 closure에 의해 생성되지만 클로즈 오버되는 값은 서로 다르다. 그래서 두 클로저를 호출하면 상이한 문자열이 출력된다. 이는 함수 선언이 컴파일되는 시점뿐만 아니라, 함수 선언이 실행되는 시점에 그 함수를 둘러싼 로컬 변수를 있는 그대로 캡처하는 런타임 표현이 필요하다는 뜻이다.

어떻게 하면 변수를 캡처할 수 있을까? 먼저 객체 표현을 정의하는 것부터 시작하자. 하나의 선언에서 비롯된 모든 클로저는 동일한 코드와 상수를 공유한다. 따라서 기존 ObjFunction 타입은 함수 선언의 '원시' 컴파일 타임 상태를 나타낸다고 볼 수 있다. 런타임에 함수 선언을 실행하면 ObjFunction을 ObjClosure라는 새로운 구조체로 래핑한다. 후자는 함수가 클로즈 오버하는 변수의 런타임 상태와 더불어 내부의 원함수(bare function)를 가리키는 참조를 갖고 있다.

> 루아 구현체에서는 바이트코드를 포함한 원시 함수 객체를 '프로토타입(prototype)'이라고 한다. 프로토타입 상속(prototypal inheritance)[1]을 가리키는 용도로 오버로드됐다는 점을 제외하면 아주 적절한 용어다.

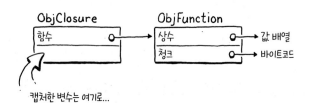

앞으로 모든 함수는 ObjClosure로 래핑할 것이다. 함수가 실제로 클로즈 오버하는 로컬 변수나 캡처하는 주변 로컬 변수가 하나도 없어도 상관없다. 약간 낭비가 아닌가 싶겠지만 호출하는 함수는 항상 ObjClosure라고 보면 되니 VM 구조는 외려 단순해진다. 새로운 구조체는 다음과 같다.

object.h ▶ ObjString 구조체 다음에 추가

```
typedef struct {
  Obj obj;
  ObjFunction* function;
} ObjClosure;
```

---

[1] https://en.wikipedia.org/wiki/Prototype-based_programming

지금은 그냥 ObjFunction을 가리키고 필요한 객체 헤더를 추가한다. 씨록스에 새로운 객체 타입을 추가하는 신고식을 거쳐 새로운 클로저를 생성하는 C 함수를 선언한다.

object.h ▶ ObjClosure 구조체 다음에 추가

```
} ObjClosure;

ObjClosure* newClosure(ObjFunction* function);
ObjFunction* newFunction();
```

구현 코드는 다음과 같다.

object.c ▶ allocateObject() 함수 다음에 추가

```
ObjClosure* newClosure(ObjFunction* function) {
  ObjClosure* closure = ALLOCATE_OBJ(ObjClosure, OBJ_CLOSURE);
  closure->function = function;
  return closure;
}
```

newClosure() 함수는 래핑할 ObjFunction의 포인터를 가져와 타입 필드를 새로운 타입으로 초기화한다.

object.h ▶ ObjType 열거체

```
typedef enum {
  OBJ_CLOSURE,
  OBJ_FUNCTION,
```

클로저가 완료되면 메모리에서 해제한다.

memory.c ▶ freeObject() 함수

```
  switch (object->type) {
    case OBJ_CLOSURE: {
      FREE(ObjClosure, object);
      break;
    }
    case OBJ_FUNCTION: {
```

그런데 왜 ObjFunction이 아닌 ObjClosure만 해제할까? 클로저는 자신의 함수를 소유하지 않기 때문이다. 동일한 함수를 참조하는 클로저가 여럿 있을 수 있고, 그중 어느 클로저도 그 함수에 대해 특권을 주장하지 않는다. ObjFunction을 참조하는 모든 객체, 그리고 상수 테이블에 ObjFunction이 포함된 주변 함수가 모조리 사라지기 전에는 ObjFunction을 메모리에서 해제하는 것은 불가능하다. 이 모든 상태를 추적하기란 정말 까다롭다! 이 때문에 다음 장에서 이 일을 대신해줄 가비지 수집기를 만들려고 하는 것이다.

> 이런 매크로를 더 쉽게 생성하는 매크로를 정의할 걸 그랬다. 메타의 메타를 추구하는 느낌은 있지만...

값의 타입을 체크하는 평범한 매크로도 필요하다.

object.h

```
#define OBJ_TYPE(value)        (AS_OBJ(value)->type)

#define IS_CLOSURE(value)      isObjType(value, OBJ_CLOSURE)
#define IS_FUNCTION(value)     isObjType(value, OBJ_FUNCTION)
```

다음은 값을 캐스팅하는 매크로다.

object.h

```
#define IS_STRING(value)       isObjType(value, OBJ_STRING)

#define AS_CLOSURE(value)      ((ObjClosure*)AS_OBJ(value))
#define AS_FUNCTION(value)     ((ObjFunction*)AS_OBJ(value))
```

클로저는 일급 객체라서 출력이 가능하다.

object.c ▶ printObject() 함수

```
  switch (OBJ_TYPE(value)) {
    case OBJ_CLOSURE:
      printFunction(AS_CLOSURE(value)->function);
      break;
    case OBJ_FUNCTION:
```

출력 자체는 ObjFunction과 동일하다. 사용자 입장에서 ObjFunction과 ObjClosure의 차이점은 철저하게 베일에 가려진 구현 상세일 뿐이다. 어쨌든 이렇게 해서 빈 깡통이지만 클로저 표현을 만들었다.

25.1.1 클로저 객체로 컴파일

클로저 객체는 있지만 씨록스 VM은 클로저 객체를 생성하지 않는다. 다음은 컴파일러가 주어진 ObjFunction을 래핑하기 위해 새 ObjClosure를 언제 만들지 런타임에 알려주는 명령어를 내보낼 차례다. 이 일은 함수 선언이 끝나자마자 일어난다.

compiler.c ▶ function() 함수 코드 1줄 교체

```
  ObjFunction* function = endCompiler();
  emitBytes(OP_CLOSURE, makeConstant(OBJ_VAL(function)));
}
```

전에는 함수 선언의 마지막 바이트코드가 컴파일된 함수를 주변 함수의 상수 테이블에서 로드하여 스택에 푸시하는 단일 OP_CONSTANT 명령어가 있었다. 이제는 새로운 명령어를 사용한다.

```
OP_CALL,
OP_CLOSURE,
OP_RETURN,
```

이 명령어는 OP_CONSTANT처럼 함수에 대한 상수 테이블의 인덱스를 나타내는 하나의 피연산자를 받는다. 하지만 런타임 구현체로 넘어가면 좀 더 재미난 일을 한다.

성실한 VM 해커라면 어떤 명령어든 디셈블링 기능을 빠뜨리지 않을 것이다.

```
    case OP_CALL:
      return byteInstruction("OP_CALL", chunk, offset);
    case OP_CLOSURE: {
      offset++;
      uint8_t constant = chunk->code[offset++];
      printf("%-16s %4d ", "OP_CLOSURE", constant);
      printValue(chunk->constants.values[constant]);
      printf("\n");
      return offset;
    }
    case OP_RETURN:
```

늘상 디셈블러에서 하던 것보다는 하는 일이 많다. 이 장이 끝날 때쯤이면 OP_CLOSURE가 제법 특이한 명령어라는 사실을 깨닫게 될 것이다. 지금은 1바이트 피연산자 하나만 있는 아주 간단한 명령어지만 여기에 계속 살을 붙여 나갈 것이다. 미래를 굽어보는 코드라고 해야 할까?

25.1.2 함수 선언 해석

우리가 해야 할 대부분의 작업은 런타임에 이루어지므로 당연히 새로운 명령어를 처리해야 한다. 하지만 함수 호출, 호출 프레임 등 VM의 모든 코드를 ObjClosure를 사용하도록 고쳐야 한다.

```
      }
      case OP_CLOSURE: {
        ObjFunction* function = AS_FUNCTION(READ_CONSTANT());
        ObjClosure* closure = newClosure(function);
        push(OBJ_VAL(closure));
        break;
      }
      case OP_RETURN: {
```

앞서 사용한 OP_CONSTANT 명령어와 마찬가지로, 일단 컴파일된 함수를 상수 테이블에서 로드한다. 차이점은 이렇게 로드한 함수를 새 ObjClosure에 래핑하고 그 결과를 스택에 푸시한다는 점이다.

클로저가 생겼으니 언젠가 호출을 하고 싶을 것이다.

vm.c ▶ callValue() 함수 코드 2줄 교체

```
    switch (OBJ_TYPE(callee)) {
      case OBJ_CLOSURE:
        return call(AS_CLOSURE(callee), argCount);
      case OBJ_NATIVE: {
```

타입이 OBJ_FUNCTION인 객체를 호출하는 코드는 삭제한다. 모든 함수를 ObjClosure로 래핑하므로 런타임은 더 이상 원래 ObjFunction을 호출하려고 하지 않는다. 이 객체는 상수 테이블에만 존재하며 다른 객체가 바라보기 전에 즉시 클로저로 래핑된다.

> 어떤 함수도 나체로 VM 근처를 배회하도록 방치하면 안 된다! 동네 사람들이 뭐라 하겠는가?

클로저를 대신 호출하는 비슷한 코드로 이전 코드를 대체한다. 유일한 차이점은 call()에 전달하는 객체 타입이다. 실제 변경은 이 함수에서 끝난다. 먼저 함수 시그니처를 고친다.

vm.c ▶ call() 함수 코드 1줄 교체

```
static bool call(ObjClosure* closure, int argCount) {
  if (argCount != function->arity) {
```

그런 다음, 간접 참조를 한 꺼풀 씌웠다는 사실을 반영하기 위해 바디에서 이 함수를 참조한 모든 코드를 수정한다. 애리티 체크부터 시작하겠다.

vm.c ▶ call() 함수 코드 3줄 교체

```
static bool call(ObjClosure* closure, int argCount) {
  if (argCount != closure->function->arity) {
    runtimeError("Expected %d arguments but got %d.",
        closure->function->arity, argCount);
    return false;
```

유일한 변경 사항은 클로저를 언래핑하여 하부 함수까지 도달하게 만든 것이다. call()이 그다음으로 하는 일은 새로운 CallFrame을 생성하는 것이다. 이 코드를 고쳐서 클로저를 CallFrame에 저장하고 클로저의 함수에서 바이트코드 포인터를 가져오도록 한다.

vm.c ▶ call() 함수 코드 2줄 교체

```
  CallFrame* frame = &vm.frames[vm.frameCount++];
  frame->closure = closure;
  frame->ip = closure->function->chunk.code;
  frame->slots = vm.stackTop - argCount - 1;
```

CallFrame 선언부도 변경이 필요하다.

```
typedef struct {
  ObjClosure* closure;
  uint8_t* ip;
```

이제 다른 코드도 줄줄이 사탕으로 바뀐다. 앞으로 클로저를 대신 사용하도록 CallFrame의 함수에 액세스하는 VM의 모든 코드를 수정해야 한다. 먼저 현재 함수의 상수 테이블에서 상수를 읽는 매크로다.

```
    (uint16_t)((frame->ip[-2] << 8) | frame->ip[-1]))

#define READ_CONSTANT() \
    (frame->closure->function->chunk.constants.values[READ_BYTE()])

#define READ_STRING() AS_STRING(READ_CONSTANT())
```

DEBUG_TRACE_EXECUTION이 켜지면 클로저에서 청크로 나아가야 한다.

```
    printf("\n");
    disassembleInstruction(&frame->closure->function->chunk,
        (int)(frame->ip - frame->closure->function->chunk.code));
#endif
```

런타임 에러를 리포트하는 부분도 고친다.

```
    CallFrame* frame = &vm.frames[i];
    ObjFunction* function = frame->closure->function;
    size_t instruction = frame->ip - function->chunk.code - 1;
```

거의 다 왔다. 마지막 조각은 록스 스크립트에 해당하는 최상위 코드 실행을 시작하는 최초의 CallFrame 설정 코드다.

```
  push(OBJ_VAL(function));
  ObjClosure* closure = newClosure(function);
  pop();
  push(OBJ_VAL(closure));
  call(closure, 0);

  return run();
```

컴파일러는 아직도 스크립트를 컴파일할 때 원시 ObjFunction을 리턴한다. 이것 자체는 문제가 없지만 VM이 스크립트를 실행하기 전에 ObjClosure로 래핑해야 한다.

씨록스 인터프리터는 다시 잘 작동된다. 사용자 눈에 달라진 점은 없지만 컴파일러는 이제 함수를 선언할 때마다 VM에게 클로저를 생성하라고 지시하는 코드를 만든다. 그러면 VM은 함수 선언을 실행할 때마다 ObjFunction을 ObjClosure라는 새 구조체로 래핑하고, 힙을 여기저기 떠다니는 ObjClosure를 처리하느라 바삐 움직일 것이다. 지루한 작업이 어느 정도 마무리됐으니, 이제 클로저에게 뭔가 일다운 일을 시켜보자.

원래 ObjFunction을 여전히 스택에 푸시하기 때문에 이 코드는 약간 멍청해 보인다. 클로저를 생성하고 ObjFunction을 팝한 다음 그냥 다시 클로저를 푸시한다. 대체 왜 ObjFunction을 스택에 푸시하는 걸까? 스택을 갖고 이상한 짓을 하는 이런 장면은, 지금까지 가끔 봐왔듯 이 가비지 수집기(26장)가 힙에 할당된 객체를 계속 인지할 수 있게 하고자 미리 깔아놓는 포석이다.

25.2 / 업밸류

로컬 변수를 읽고 쓰는 기존 명령어는 단일 함수의 스택 윈도로 제한된다. 하지만 주변 함수에 있는 로컬 변수는 내부 함수의 윈도 밖에 있다. 새로운 명령어가 필요하다.

가장 쉬운 해결 방법은, 현재 함수의 윈도 직전까지 도달할 수 있도록 스택의 상대 슬롯 오프셋을 받는 명령어를 만드는 것이다. 클로즈 오버된 변수가 항상 스택에 있다면 이 방법이 효과적일 것이다. 하지만 앞서 살펴본 것처럼 이런 변수가 자신을 선언한 함수보다 더 오래 지속될 가능성이 있다. 즉, 항상 스택에 있는 것은 아니라는 뜻이다.

그다음으로 쉬운 방법은, 클로즈 오버된 모든 로컬 변수를 가져와 항상 힙에 상주시키는 것이다. 주변 함수에 있는 로컬 변수 선언이 실행될 때 VM이 해당 변수를 메모리에 동적 할당하는 것이다. 그러면 클로즈 오버된 변수를 필요한 만큼 오래 살려둘 수 있다.

씨록스에 싱글 패스 컴파일러가 없다면 이 방법도 나쁘지는 않지만, 우리가 구현체에 선택한 제약 조건 탓에 작업하기가 쉽지 않다. 다음 코드를 보자.

```
fun outer() {
  var x = 1;    // (1)
  x = 2;        // (2)
  fun inner() { // (3)
    print x;
  }
  inner();
}
```

컴파일러는 (1)에서 x 선언을 컴파일하고 (2)에서 할당하는 코드를 내보낸다. (3)에서 inner( ) 선언에 도달하기 전에 x가 실제로 클로즈 오버된 변수라는 사실을 인지한다. 하지만 다시 앞으로 돌아가 x를 특별히 처리하도록 이미 내보낸 코드를 수정하기란 쉽지 않다. 대신, 클로즈 오버된 변수가 자신이 클로즈 오버될 때까지 여느 로컬 변수처럼 스택에 살아 있게 할 방법은 없을까?

다행히 루아 개발팀 덕분에 해결책이 있다. **업밸류(upvalue)**라는 간접 참조를 한 겹 씌우는 것이다. 업밸류는 주변 함수에 있는 로컬 변수를 참조한다. 모든 클로저는 클로저가 사용하는 주변 로컬 변수마다 업밸류 배열을 하나씩 유지한다.

업밸류는 스택에서 캡처한 변수가 있는 위치를 다시 가리킨다. 클로저가 클로즈 오버된 변수에 액세스해야 하는 경우, 해당 업밸류를 거쳐 해당 변수까지 도달한다. 함수 선언이 처음 실행되고 이에 대한 클로저를 생성하면 VM은 업밸류 배열을 만들고 클로저가 필요로 하는 주변 로컬 변수를 '캡처'하도록 연결한다.

예를 들어, 다음 프로그램을 씨록스에서 실행하면…

```
{
  var a = 3;
  fun f() {
    print a;
  }
}
```

… 컴파일러와 런타임은 서로 공조하여 다음 그림과 같은 객체 집합을 메모리에 구성한다.

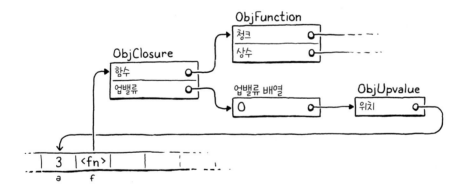

상당히 복잡해 보이지만 너무 걱정 말라. 차근차근 설명하겠다. 요는, 업밸류가 캡처된 로컬 변수가 스택 밖으로 이동한 후에도 계속해서 로컬 변수를 찾는 데 필요한 간접 참조 레이어 역할을 한다는 사실이다. 하지만 그 모든 것을 다루기 전에 우선 캡처된 변수를 컴파일하는 문제에 집중하자.

25.2.1 업밸류 컴파일

늘 그래왔듯이 가능한 한 많은 작업을 컴파일 과정에 수행하고 실행은 간단하고 빠르게 유지하고 싶다. 록스에서 로컬 변수는 렉시컬하게 스코프가 지정되므로 함수가 어느 주변 로컬 변수에 액세스하는지, 그 로컬 변수가 어디에 선언되어 있는지 컴파일 타임에 충분히 파악된다. 다시 말해, 클로저에 얼마나 많은 업밸류가 필요한지, 클로저가 어느 로컬 변수를 캡처하는지, 이런 변수가 선언 함수의 스택 윈도에서 어느 스택 슬롯에 포함되어 있는지 알 수 있다.

지금 씨록스 컴파일러는 식별자를 리졸브할 때 현재 함수에 대한 블록 스코프를 가장 내부에서 가장 외부 방향으로 탐색한다. 함수에서 변수를 찾지 못하면 필경 글로벌 변수라고 가정한다. 주변 함수의 로컬 스코프는 고려하지 않고 그냥 건너뛴다. 그러므로 우선 이런 외부 로컬 스코프에 대한 레졸루션 단계를 삽입할 필요가 있다.

```
compiler.c ▶ namedVariable() 함수
```

```
  if (arg != -1) {
    getOp = OP_GET_LOCAL;
    setOp = OP_SET_LOCAL;
  } else if ((arg = resolveUpvalue(current, &name)) != -1) {
    getOp = OP_GET_UPVALUE;
    setOp = OP_SET_UPVALUE;
  } else {
```

이 새로운 resolveUpvalue() 함수는 주변 함수에 선언된 로컬 변수는 없는지 찾아본다. 변수가 발견되면 그 변수에 대한 '업밸류 인덱스(upvalue index)'를 리턴한다. (이 말이 무슨 뜻인지는 곧 설명하겠다.) 만약 변수를 찾지 못하면 -1을 리턴해 변수를 찾을 수 없다고 알린다. 변수가 발견되면 업밸류를 통해 변숫값을 읽거나 쓰는, 다음 두 가지 새로운 명령어를 사용한다.

```
chunk.h ▶ OpCode 열거체
```

```
  OP_SET_GLOBAL,
  OP_GET_UPVALUE,
  OP_SET_UPVALUE,
  OP_EQUAL,
```

이처럼 하향식으로 구현하고 있는 중이니, 런타임에 이런 것들이 전부 어떻게 작동되는지 곧 설명하겠다. 일단 지금은 컴파일러가 실제로 식별자를 리졸브하는 부분에 집중하자.

```
compiler.c ▶ resolveLocal() 함수 다음에 추가
```

```
static int resolveUpvalue(Compiler* compiler, Token* name) {
  if (compiler->enclosing == NULL) return -1;

  int local = resolveLocal(compiler->enclosing, name);
  if (local != -1) {
    return addUpvalue(compiler, (uint8_t)local, true);
```

```
  }

  return -1;
}
```

이 함수는 현재 함수의 스코프에서 로컬 변수를 리졸브하려다 실패한 경우에 호출되므로, 이를 통해 현재 컴파일러에는 해당 변수가 없음을 알 수 있다. Compiler는 주변 함수에 대한 Compiler를 가리키는 포인터를 저장하고, 이런 포인터가 루트 Compiler까지 죽 연결된 링크 체인을 형성한다는 점을 기억하라. 따라서 주변 Compiler가 NULL이면 결국 가장 외부 함수까지 가 봤지만 로컬 변수를 못 찾았다는 뜻이다. 이런 변수는 글로벌 변수밖에 없으므로 -1을 리턴한다.

글로벌 변수가 아니라 그냥 정의조차 안 된 변수일 가능성도 있다. 하지만 록스는 런타임 전에 이 사실을 감지하지 못하므로 컴파일러 관점에서는 '다행히 글로벌 변수(hopefully global)'다.

그 밖의 경우에는 주변 컴파일러에서 식별자를 로컬 변수로 리졸브하려고 시도한다. 즉, 현재 함수의 바로 외부에서 변수를 찾는 것이다. 다음 코드를 보자.

```
fun outer() {
  var x = 1;
  fun inner() {
    print x; // (1)
  }
  inner();
}
```

(1)에서 식별자 표현식을 컴파일할 때 resolveUpvalue()는 outer()에 로컬 변수 x가 선언되어 있는지 찾아본다. 그런 로컬 변수가 발견되면 성공적으로 변수가 리졸브된다. 내부 함수가 이런 식으로 해당 변수에 액세스할 수 있도록 업밸류를 생성한다. 업밸류는 다음 함수에서 생성된다.

compiler.c ▶ resolveLocal() 함수 다음에 추가

```
static int addUpvalue(Compiler* compiler, uint8_t index,
                      bool isLocal) {
  int upvalueCount = compiler->function->upvalueCount;
  compiler->upvalues[upvalueCount].isLocal = isLocal;
  compiler->upvalues[upvalueCount].index = index;
  return compiler->function->upvalueCount++;
}
```

컴파일러는 각 함수의 바디에서 리졸브된, 클로즈 오버된 식별자를 추적하기 위해 업밸류 배열을 유지한다. 컴파일러의 Local 배열이 런타임에 로컬 변수가 위치한 스택 슬롯 인덱스를 어떻게 반영하는지 기억나는가? 이 새로운 업밸류 배열도 작동 방식은 동일하다. 컴파일러의 배열 인덱스가 런타임에 ObjClosure에서 업밸류가 위치할 인덱스와 정확히 일치하는 것이다.

이 함수는 이 배열에 새 업밸류를 추가하고 함수가 사용하는 업밸류 개수를 추적한다. 런타임에도 이 개수가 필요하기 때문에 ObjFunction에 직접 저장한다.

업밸류 개수 역시 상수와 함수 애리티처럼 컴파일러와 런타임 사이에서 징검다리 역할을 하는 작은 데이터 조각이다.

index 필드는 클로즈 오버된 로컬 변수의 슬롯 인덱스를 추적한다. 이렇게 하면 컴파일러가 주변 함수에서 어느 변수를 캡처해야 하는지 알 수 있다. isLocal 필드의 쓰임새는 잠시 후 다시 설명하겠다. 마지막으로 addUpvalue()는 함수의 업밸류 리스트에서 생성된 업밸류의 인덱스를 리턴한다. 이 인덱스는 OP_GET_UPVALUE 및 OP_SET_UPVALUE 명령어의 피연산자가 된다.

이것이 업밸류 리졸빙의 기본 개념이지만 아직 함수가 다 구워진 건 아니다. 클로저는 주변 함수에서 동일한 변수를 여러 번 참조할 수 있는데, 식별자 표현식마다 업밸류를 따로따로 만드느라 시간과 메모리를 낭비하고 싶지는 않다. 이 문제를 해결하기 위해 새 업밸류를 추가하기 전에 해당 변수를 클로즈 오버된 업밸류가 해당 변수에 존재하는지 확인한다.

compiler.c ▶ addUpvalue() 함수

```
  int upvalueCount = compiler->function->upvalueCount;

  for (int i = 0; i < upvalueCount; i++) {
    Upvalue* upvalue = &compiler->upvalues[i];
    if (upvalue->index == index && upvalue->isLocal == isLocal) {
      return i;
    }
  }

  compiler->upvalues[upvalueCount].isLocal = isLocal;
```

추가하려는 업밸류의 슬롯 인덱스와 슬롯 인덱스가 동일한 업밸류가 배열에서 발견되면 해당 업밸류 인덱스를 리턴하고 재사용한다. 그런 업밸류가 배열에 없으면 할 수 없이 새로운 업밸류를 추가한다.

이 두 함수는 여러 가지 새로운 상태를 액세스하고 수정하므로 이 기능을 먼저 정의하자. 업밸류 개수를 ObjFunction에 추가한다.

object.h ▶ ObjFunction 구조체

```
  int arity;
  int upvalueCount;
  Chunk chunk;
```

ObjFunction이 처음 할당될 때 이 변숫값을 0으로 초기화한다.

object.c ▶ newFunction() 함수 다음에 추가

```
  function->arity = 0;
  function->upvalueCount = 0;
  function->name = NULL;
```

컴파일러에는 업밸류 배열을 가리키는 필드를 추가한다.

```
  int localCount;
  Upvalue upvalues[UINT8_COUNT];
  int scopeDepth;
```

편의상 크기는 고정시켰다. OP_GET_UPVALUE와 OP_SET_UPVALUE 명령어는 1바이트 피연산자를 사용해서 업
밸류 인덱스를 인코드한다. 따라서 함수가 가질 수 있는 업밸류 개수, 즉 함수가 클로즈 오버할 수 있는 고유
한 변수의 개수는 한정된다. 정적 배열은 이 개수까지만 크게 만들 수 있다. 컴파일러가 이 수치를 넘어가지
않도록 주의해야 한다.

```
    if (upvalue->index == index && upvalue->isLocal == isLocal) {
      return i;
    }
  }

  if (upvalueCount == UINT8_COUNT) {
    error("Too many closure variables in function.");
    return 0;
  }

  compiler->upvalues[upvalueCount].isLocal = isLocal;
```

마지막으로 Upvalue 구조체 타입은 다음과 같다.

```
typedef struct {
  uint8_t index;
  bool isLocal;
} Upvalue;
```

index는 업밸류가 캡처한 로컬 슬롯을 저장하는 필드다. isLocal 필드는 별도의 절로 나누어 곧이어 설명
하겠다.

25.2.2 업밸류 플랫화

방금 전 예시한 코드에서 클로저는 자신을 바로 둘러싼 주변 함수에 선언된 변수에 액세스한다. 어느 주변
스코프에 선언된 로컬 변수라도 액세스가 가능하다. 다음 코드를 보자.

```
fun outer() {
  var x = 1;
  fun middle() {
    fun inner() {
      print x;
    }
  }
}
```

여기서 inner()가 액세스하는 x는 middle()이 아닌, 더 외부의 outer()에 있는 변수다. 이와 같은 케이스도 처리해야 한다. 변수가 스택 더 아래쪽 어딘가에 있을 테니 그렇게 어려울 것 같지 않지만, 다음과 같이 심술궂은 코드도 있다.

> 프로그래밍을 열심히 오래 하다 보면 기술적으로 틀린 건 아니지만 자기보다 상상력이 덜 비뚤어진 사람이 작성한 듯한, 이런 기괴한 프로그램을 만드는 데 특화된, 정교한 기술을 터득하게 될 것이다.

```
fun outer() {
  var x = "value";
  fun middle() {
    fun inner() {
      print x;
    }

    print "create inner closure";
    return inner;
  }

  print "return from outer";
  return middle;
}

var mid = outer();
var in = mid();
in();
```

다음은 이 코드의 실행 결과다.

```
return from outer
create inner closure
value
```

맞다, 참 복잡하다. 요는, inner()의 선언이 실행되기 전에 x가 선언된 outer()를 리턴하고 모든 변수를 스택에서 팝한다는 것이다. inner()의 클로저를 생성하는 시점에 x는 이미 스택에서 벗어난 상태다.

실행 흐름을 보기 좋게 정리하면 이렇다.

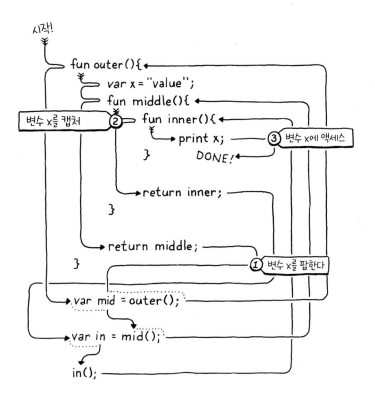

x가 캡처되기 전에(②) x를 스택에서 팝하고(①) 나중에 액세스하는(③) 흐름이 보이는가? 자, 이때 두 가지 문제가 있다.

1. 바로 외부의 주변 함수를 제외한 다른 주변 함수에 선언된 로컬 변수까지 리졸브해야 한다.

2. 이미 스택을 벗어난 변수를 캡처할 수 있어야 한다.

다행히 지금 우리는 VM에 업밸류 기능을 추가하는 중이며, 업밸류는 스택에서 빠져나간 변수를 추적하기 위해 고안된 장치다. 따라서 자기 참조(self-reference)를 영리하게 잘 활용하면 업밸류를 통해 바로 외부 주변 함수의 외부에 선언된 변수를 캡처할 수 있다.

클로저가 로컬 변수 또는 바로 외부 주변 함수에 있는 기존 업밸류를 캡처할 수 있게 허용하면 된다. 깊이 중첩된 함수가 몇 홉 떨어진 곳에서 선언된 로컬 변수를 참조하는 경우, 각 함수가 그다음 함수가 가져올 업밸류를 캡처하는 식으로 모든 중간 함수를 죽 따라 올라가는 것이다.

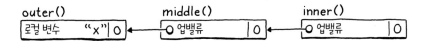

이 그림을 잘 보면 middle()은 바로 외부 주변 함수 outer()에 있는 로컬 변수 x를 캡처해서 자신의 업밸류로 저장한다. middle()이 x를 참조하지 않더라도 그렇게 처리한다. 그런 다음 inner() 선언이 실행되면 그 클로저는 x를 캡처한 middle()의 ObjClosure에서 업밸류를 가져온다. 함수는 오직 바로 자신을 둘러싼 주변 함수에서만 로컬 변수 또는 업밸류를 캡처한다. 즉, 이 로컬 변수나 업밸류가 내부 함수 선언이 실행될 때에도 반드시 존재할 수밖에 없다.

그러려면 resolveUpvalue()가 재귀적으로 움직여야 한다.

compiler.c ▶ resolveUpvalue() 함수

```
  if (local != -1) {
    return addUpvalue(compiler, (uint8_t)local, true);
  }

  int upvalue = resolveUpvalue(compiler->enclosing, name);
  if (upvalue != -1) {
    return addUpvalue(compiler, (uint8_t)upvalue, false);
  }

  return -1;
```

코드는 달랑 세 줄뿐이지만 나는 처음부터 이 함수를 정확하게 구현하기란 정말 어렵다는 사실을 절절히 깨달았다. 전혀 새로운 것을 발명한 것도 아니고 루아에 있던 개념을 그대로 퍼온 것인데도 말이다. 대부분의 재귀 함수는 재귀 호출 이전에 모든 작업을 수행하거나(**전위 순회(pre-order traversal)** 또는 하향식(on the way down)) 재귀 호출 이후에 모든 작업을 수행한다(**후위 순회(post-order traversal)** 또는 상향식(on the way up)). 그런데 이 함수는 두 가지 모두 수행한다. 재귀 호출은 정확히 중간에 있다.

아주 차근차근 따라가 보자. 먼저 주변 함수에서 로컬 변수를 찾는다. 변수가 발견되면 캡처해서 리턴한다. 이것이 베이스 케이스다.

> 물론, 주변 함수가 아예 없는 다른 베이스 케이스도 있다. 이럴 때 변수는 렉시컬하게 리졸브할 수 없고 글로벌 변수로 취급한다.

변수가 발견되지 않으면 바로 외부 주변 함수 너머에서 로컬 변수를 찾는다. 그래서 현재 컴파일러가 아닌, 주변 컴파일러에서 resolveUpvalue()를 재귀 호출한다. 이런 식으로 resolveUpvalue()를 차례로 호출하는 동안 베이스 케이스 중 하나에 도달할 때까지 중첩된 컴파일러 체인을 거슬러 올라간다. 언젠가 캡처할 실제 로컬 변수가 모습을 드러내든가, 아니면 영영 찾지 못한 채 컴파일러가 소진될 것이다.

로컬 변수가 발견되면 가장 깊이 중첩된 resolveUpvalue() 호출이 변수를 캡처하고 해당 업밸류 인덱스를 리턴한다. 그럼 다시 내부 함수 선언에 대한 그다음 호출로 리턴되고, 이 호출은 주변 함수의 업밸류를 캡처하는 식으로 이어진다. 각 중첩된 resolveUpvalue() 호출이 리턴될 때마다 리졸브하려는 식별자가 위치한 가장 내부의 함수 선언 쪽으로 타고 내려간다. 그 과정에서 각 단계마다 중간 함수에 업밸류를 추가하고 그 결과 업밸류 인덱스를 다음 호출에 전달한다.

> resolveUpvalue()를 한 번 재귀 호출할 때마다 함수 중첩이 한 꺼풀 벗겨지는 것이다. 따라서 내부 재귀 호출은 외부 중첩 선언을 참조하게 된다. 로컬 변수를 발견한 가장 내부의 resolveUpvalue() 재귀 호출이 해당 변수가 실제로 선언된 주변 함수 바로 내부에 있는, 가장 외부 함수에 대한 호출이 되는 식이다.

x가 어떻게 리졸브되는지 원래 예제를 따라가보자.

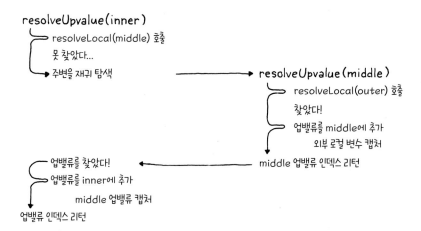

addUpvalue()를 새로 호출하면 isLocal 매개변수에 false가 전달된다. 이제 이 플래그는 클로저가 로컬 변수를 캡처할지, 아니면 주변 함수의 업밸류를 캡처할지 좌우한다.

컴파일러가 함수 선언의 끝부분에 닿을 때까지 모든 변수 참조는 로컬, 업밸류, 글로벌 중 하나로 리졸브된다. 각 업밸류는 결국 주변 함수의 로컬 변수를 캡처하거나, 중간 클로저일 경우 업밸류를 캡처하게 될 것이다. 이로써 런타임에 모든 변수를 올바르게 캡처하는 클로저 생성 바이트코드를 내보내기 위해 충분한 데이터가 확보됐다.

compiler.c ▸ function() 함수

```
  emitBytes(OP_CLOSURE, makeConstant(OBJ_VAL(function)));

  for (int i = 0; i < function->upvalueCount; i++) {
    emitByte(compiler.upvalues[i].isLocal ? 1 : 0);
    emitByte(compiler.upvalues[i].index);
  }
}
```

OP_CLOSURE는 인코딩 크기가 가변적인 독특한 명령어다. 클로저가 캡처하는 업밸류당 두 개의 1바이트 피연산자가 있고, 각 피연산자 쌍은 해당 업밸류가 캡처하는 대상을 나타낸다. 첫 번째 바이트가 1이면 주변 함수의 로컬 변수, 0이면 함수의 업밸류 중 하나를 캡처하는 것이다. 두 번째 바이트는 캡처할 로컬 슬롯 또는 업밸류 인덱스다.

이런 독특한 인코딩 방식 탓에 OP_CLOSURE에 해당하는 디셈블러 코드는 맞춤형 손질이 필요하다.

debug.c ▸ disassembleInstruction() 함수

```
      printf("\n");

      ObjFunction* function = AS_FUNCTION(
          chunk->constants.values[constant]);
      for (int j = 0; j < function->upvalueCount; j++) {
        int isLocal = chunk->code[offset++];
```

```
    int index = chunk->code[offset++];
    printf("%04d    |                        %s %d\n",
           offset - 2, isLocal ? "local" : "upvalue", index);
}

  return offset;
```

예를 들어, 다음과 같은 스크립트가 있다고 하자.

```
fun outer() {
  var a = 1;
  var b = 2;
  fun middle() {
    var c = 3;
    var d = 4;
    fun inner() {
      print a + c + b + d;
    }
  }
}
```

inner( ) 클로저를 생성하는 명령어를 디셈블하면 다음과 같이 출력된다.

```
0004    9 OP_CLOSURE         2 <fn inner>
0006    |                    upvalue 0
0008    |                    local 1
0010    |                    upvalue 1
0012    |                    local 2
```

디셈블러 지원 용도로 더 간단한 두 가지 명령어를 추가한다.

```
    case OP_SET_GLOBAL:
      return constantInstruction("OP_SET_GLOBAL", chunk, offset);
    case OP_GET_UPVALUE:
      return byteInstruction("OP_GET_UPVALUE", chunk, offset);
    case OP_SET_UPVALUE:
      return byteInstruction("OP_SET_UPVALUE", chunk, offset);
    case OP_EQUAL:
```

둘 다 피연산자는 1바이트라서 크게 복잡하진 않다. AS_FUNCTION( )을 참조하도록 debug 모듈에 인클루드를 추가한다.

```
#include "debug.h"
#include "object.h"
#include "value.h"
```

이제 컴파일러는 어느 정도 원하는 모습이 갖춰졌다. 각 함수 선언에 대해 OP_CLOSURE 명령어가 나오고, 그 다음으로 런타임에 캡처해야 하는 각 업밸류에 대한 일련의 피연산자 바이트 쌍이 출력된다. 이제 이 작업을 실제로 실행하는 VM 쪽으로 넘어가보자.

25.3 / 업밸류 객체

이제 각 OP_CLOSURE 명령어 다음에는 ObjClosure가 소유해야 할 업밸류를 지정한 일련의 바이트가 나온다. 이들 피연산자를 처리하려면 업밸류에 대한 런타임 표현이 필요하다.

object.h ▶ ObjString 구조체 다음에 추가

```
typedef struct ObjUpvalue {
  Obj obj;
  Value* location;
} ObjUpvalue;
```

업밸류는 더 이상 스택에 존재하지 않는 클로즈 오버된 변수를 관리해야 하며, 이는 어느 정도 동적 할당이 수반될 수밖에 없음을 우리는 알고 있다. VM에서 이를 구현하는 가장 쉬운 방법은 이미 갖고 있는 객체 시스템을 기반으로 삼는 것이다. 이렇게 하면 다음 장에서 가비지 수집기를 구현할 때 GC가 업밸류의 메모리까지 알아서 관리할 수 있다.

런타임 업밸류 구조체는 평범한 Obj 헤더 필드를 가진 ObjUpValue다. 클로즈 오버된 변수를 가리키는 location 필드가 있는데, 이 필드는 Value 자체가 아닌 Value를 가리키는 포인터라는 점에 주의하라. 즉, 어떤 변수의 참조이지, 값이 아니다. 이는 업밸류가 캡처한 변수에 값을 할당할 때 사본이 아니라, 실제 변수에 값을 할당한다는 뜻이므로 중요하다. 다음 코드를 보자.

```
fun outer() {
  var x = "before";
  fun inner() {
    x = "assigned";
  }
```

```
  inner();
  print x;
}
outer();
```

클로저가 x에 할당하고 주변 함수가 x에 액세스하더라도 이 프로그램은 "assigned"를 출력해야 맞다.

업밸류는 객체의 일종이라서 유사 생성자 함수 같은 일반적인 객체 메커니즘은 전부 갖고 있다.

object.h ▶ copyString() 함수 다음에 추가

```
ObjString* copyString(const char* chars, int length);
ObjUpvalue* newUpvalue(Value* slot);
void printObject(Value value);
```

newUpvalue() 함수는 클로즈 오버된 변수가 위치한 슬롯 주소를 가져온다. 구현 코드는 다음과 같다.

object.c ▶ copyString() 함수 다음에 추가

```
ObjUpvalue* newUpvalue(Value* slot) {
  ObjUpvalue* upvalue = ALLOCATE_OBJ(ObjUpvalue, OBJ_UPVALUE);
  upvalue->location = slot;
  return upvalue;
}
```

그냥 객체를 초기화하고 포인터를 저장한다. 여기서 새로운 객체 타입이 필요하다.

object.h ▶ ObjType 열거체

```
  OBJ_STRING,
  OBJ_UPVALUE
} ObjType;
```

백엔드에는 유사 소멸자 함수가 있다.

memory.c ▶ freeObject() 함수

```
      FREE(ObjString, object);
      break;
    }
    case OBJ_UPVALUE:
      FREE(ObjUpvalue, object);
      break;
  }
```

여러 클로저가 동일한 변수를 클로즈 오버할 수도 있기 때문에 ObjUpvalue는 자신이 참조하는 변수를 소유하지 않는다. 그러므로 메모리에서 ObjUpvalue 자체만 해제하면 그만이다.

마지막으로 printObject() 함수에서 문자열을 출력한다.

```
    case OBJ_STRING:
      printf("%s", AS_CSTRING(value));
      break;
    case OBJ_UPVALUE:
      printf("upvalue");
      break;
  }
```

문자열만 출력하는 것은 최종 사용자에게 그리 쓸모가 없다. 업밸류는 VM의 메모리 관리 기능을 활용하기 위한 객체일 뿐이다. 록스 사용자가 프로그램에서 직접 액세스 가능한 일급 값이 아니다. 따라서 이 코드는 실제로 실행되지는 않지만... 어차피 쓰지도 않을 케이스 절을 넣었다고 컴파일러가 불평할 일은 없다.

25.3.1 클로저에서의 업밸류

업밸류를 처음 소개할 때 나는 각 클로저마다 업밸류 배열이 있다고 말했다. 이제 이 말을 꺼낸 시점으로 돌아가 구현할 수 있게 되었다.

```
  ObjFunction* function;
  ObjUpvalue** upvalues;
  int upvalueCount;
} ObjClosure;
```

클로저마다 업밸류 개수는 다를 것이다. 그러니 동적 배열이 필요하다. 업밸류 자체도 동적 할당되므로 더블 포인터(double pointer), 즉 업밸류를 가리키는 동적 할당된 포인터를 가리키는 포인터가 필요하다. 배열의 원소 개수도 저장한다.

> ObjClosure가 참조하는 ObjFunction도 업밸류 개수를 저장하는데 이를 클로저에도 또 저장하는 것은 중복이다. 전에도 말했듯이 이렇게 이상한 코드는 모두 GC를 염두에 둔 것이다. 가비지 수집기는 클로저의 해당 ObjFunction이 메모리에서 해제된 이후에도 ObjClosure의 업밸류 배열 크기를 알아야 한다.

ObjClosure를 생성할 때 (컴파일 타임에 결정되어 ObjFunction에 저장된) 적절한 크기의 업밸류 배열을 할당한다.

```
ObjClosure* newClosure(ObjFunction* function) {
  ObjUpvalue** upvalues = ALLOCATE(ObjUpvalue*,
                                   function->upvalueCount);
  for (int i = 0; i < function->upvalueCount; i++) {
    upvalues[i] = NULL;
  }

  ObjClosure* closure = ALLOCATE_OBJ(ObjClosure, OBJ_CLOSURE);
```

클로저 객체를 생성하기 전에 업밸류 배열을 할당하고 모두 NULL로 초기화한다. 메모리에서 벌어지는 이 기묘한 의식은 (곧 이 땅에 재림할) 가비지 수집 신을 찬양하는 조심스러운 율동이다. 이래야 메모리 관리자가 초기화되지 않은 메모리를 보는 일이 없을 것이다.

그런 다음 배열을 새 클로저에 저장하고 ObjFunction에서 개수를 복사한다.

object.c ▶ newClosure() 함수

```
closure->function = function;
closure->upvalues = upvalues;
closure->upvalueCount = function->upvalueCount;
return closure;
```

ObjClosure를 해제하면 업밸류 배열도 함께 해제된다.

memory.c ▶ freeObject() 함수

```
case OBJ_CLOSURE: {
  ObjClosure* closure = (ObjClosure*)object;
  FREE_ARRAY(ObjUpvalue*, closure->upvalues,
             closure->upvalueCount);
  FREE(ObjClosure, object);
```

ObjClosure는 ObjUpvalue 객체 자체를 소유하는 게 아니라, 해당 업밸류를 가리키는 포인터가 포함된 배열을 소유한다.

업밸류 배열은 인터프리터가 클로저를 생성하면서 채워 넣는다. 이때 OP_CLOSURE 이후의 모든 피연산자를 꼼꼼히 살펴보며 각 슬롯에 어떤 종류의 업밸류가 캡처됐는지 확인한다.

vm.c ▶ run() 함수

```
        push(OBJ_VAL(closure));
        for (int i = 0; i < closure->upvalueCount; i++) {
          uint8_t isLocal = READ_BYTE();
          uint8_t index = READ_BYTE();
          if (isLocal) {
            closure->upvalues[i] =
                captureUpvalue(frame->slots + index);
          } else {
            closure->upvalues[i] = frame->closure->upvalues[index];
          }
        }
        break;
```

이 코드가 클로저에 생명을 불어넣는 비장의 레시피다. 클로저가 기대하는 업밸류를 하나씩 반복하며 피연산자의 바이트 쌍을 읽는다. 업밸류가 주변 함수의 로컬 변수를 클로즈 오버하는 경우는 captureUpvalue()가 대신 이 일을 하도록 시킨다.

그밖에는 주변 함수에서 업밸류를 캡처한다. OP_CLOSURE 명령어는 함수 선언이 끝나는 지점에서 만들어진다. 이 선언을 실행하는 순간, 현재 함수는 주변 함수다. 즉, 현재 함수의 클로저는 호출 스택 맨 위에 있는 CallFrame에 저장된다. 따라서 주변 함수에서 업밸류를 가져오려면 해당 CallFrame에 대한 참조를 캐시한 frame 로컬 변수에서 바로 읽어올 수 있다.

로컬 변수를 클로즈 오버하는 부분은 더 재미있다. 대부분의 작업은 별도의 함수에서 이루어지지만, 먼저 함수에 전달할 인수를 계산한다. 주변 함수의 스택 윈도에서 캡처된 로컬 변수의 슬롯을 가리키는 포인터를 가져와야 한다. 이 윈도는 슬롯 0을 가리키는 frame->slot에서 시작된다. index 오프셋과 캡처하려는 로컬 슬롯을 더하고 이 포인터를 다음 함수에 전달한다.

vm.c ▶ callValue() 함수 다음에 추가

```
static ObjUpvalue* captureUpvalue(Value* local) {
  ObjUpvalue* createdUpvalue = newUpvalue(local);
  return createdUpvalue;
}
```

그런데 뭔가 바보 같다. 함수가 하는 일이라곤 주어진 스택 슬롯을 캡처하고 새 ObjUpvalue를 만들어 리턴하는 게 전부다. 이런 일을 하는 별도의 함수가 필요할까? 음, 지금은... 필요가 없다. 하지만 결국 나중에는 더 많은 코드를 여기에 집어넣게 될 것이다.

자, 하던 일을 마무리하자. OP_CLOSURE를 처리하는 인터프리터 코드로 돌아가면, 결국 언젠가는 업밸류 배열의 루프가 끝나고 각 업밸류가 모두 초기화될 것이다. 이 작업이 끝나면 변수를 가리키는 업밸류로 가득 찬 배열을 가진 새로운 클로저가 생긴다.

이제 업밸류를 사용하는 명령어를 구현하자.

vm.c ▶ run() 함수

```
    }
    case OP_GET_UPVALUE: {
      uint8_t slot = READ_BYTE();
      push(*frame->closure->upvalues[slot]->location);
      break;
    }
    case OP_EQUAL: {
```

피연산자는 현재 함수의 업밸류 배열을 가리키는 인덱스다. 따라서 해당 업밸류를 조회하여 location 포인터를 역참조하면 원하는 슬롯의 값을 읽을 수 있다. 변수 세팅도 비슷하다.

vm.c ▶ run() 함수

```
    }
    case OP_SET_UPVALUE: {
      uint8_t slot = READ_BYTE();
```

```
      *frame->closure->upvalues[slot]->location = peek(0);
      break;
  }
  case OP_EQUAL: {
```

스택 맨 위에 있는 값을 가져와 주어진 업밸류가 가리키는 슬롯에 저장한다. 로컬 변수를 다루는 명령어처럼 이런 명령어도 속도가 중요하다. 사용자 프로그램은 주구장창 변수를 읽고 쓰기 때문에 속도가 느리면 모든 게 다 느려진다. 이런 명령어를 빠르게 만드는 지름길은 단순하게 유지하는 것이다. 새로운 두 명령어에는 제어 흐름도 없고, 복잡한 산술 로직도 없으며, 포인터 간접 참조와 push( ) 두 가지 뿐이라서 실행 속도가 빠르다.

> 록스에서 할당은 표현식이므로 셋 명령어는 스택에서 값을 팝하지 않는다. 단, 할당의 결과, 즉 할당된 값은 주변 표현식을 위해 스택에 남겨둬야 한다.

험난한 코스가 끝났다. 모든 변수가 스택에 남아 있는 한, 클로저는 잘 작동될 것이다. 다음 코드를 시험해 보라.

```
fun outer() {
  var x = "outside";
  fun inner() {
    print x;
  }
  inner();
}
outer();
```

실행하면 "outside"가 출력될 것이다.

25.4 / 클로즈드 업밸류
INTERPRETER

클로저의 핵심은 변수가 선언된 함수에서 리턴된 후에도 그 자리에 있던 변수를 필요한 만큼 오래 붙들어두는 것이다. 예를 들면, 다음과 같은 코드가 작동되어야 한다.

```
fun outer() {
  var x = "outside";
  fun inner() {
    print x;
  }
```

```
  return inner;
}

var closure = outer();
closure();
```

하지만 지금 이런 코드를 바로 실행하면 무슨 일이 벌어질까? 결국 런타임에는 클로즈 오버된 변수가 더 이상 포함되어 있지 않은 스택 슬롯에서 읽게 될 것이다. 이미 내가 몇 차례 언급했듯이, 클로저가 캡처한 변수가 스택 시맨틱을 갖고 있지 않다는 점이 문제의 핵심이다. 즉, 변수가 선언된 함수가 리턴될 때마다 스택에서 변수를 내보내야 하는데, 이것이 이 장의 마지막 절에서 할 일이다.

25.4.1 값과 변수

코딩을 시작하기 전에 시맨틱적으로 중요한 포인트를 하나 짚어보자. 클로저는 값을 클로즈 오버하는 것일까, 아니면 변수를 클로즈 오버하는 것일까? 그냥 던지는 학구적인 질문이 아니다. 다음 코드를 보자.

> 록스가 할당[2]을 허용하지 않았다면 학구적인 질문이 되었으리라.

```
var globalSet;
var globalGet;

fun main() {
  var a = "initial";

  fun set() { a = "updated"; }
  fun get() { print a; }

  globalSet = set;
  globalGet = get;
}

main();
globalSet();
globalGet();
```

외부 함수 main()은 두 클로저를 생성한 후 두 글로벌 변수에 저장해서 main() 자체의 실행이 종료된 이후에도 지속시킨다. 두 클로저 모두 동일한 변수를 캡처한다. 첫 번째 클로저는 변수에 새 값을 할당하고 두 번째 클로저는 변수를 읽는다.

> 여기서 글로벌 변수를 2개 사용한다는 사실은 중요하지 않다. 함수에서 두 값을 리턴할 방법이 필요했는데, 록스에는 컬렉션 타입의 객체가 없으므로 이렇게 처리했을 뿐이다.

---

2 **옮긴이** assignment, 변수에 값을 지정하는 '할당(assignment)'과 '과제(assignment)'의 발음이 동일한 점을 살린 말장난

globalGet()을 호출하면 어떤 값이 출력될까? 클로저가 값을 캡처했다면 각 클로저는 클로저의 함수 선언이 실행되는 시점에 a가 갖고 있던 값 자체의 사본을 가져온다. globalSet()을 호출하면 a 값에 대한 set()의 사본은 수정되지만 get()의 사본은 영향을 받지 않으므로 globalGet()을 호출하면 화면에 "initial"이 표시된다.

클로저가 변수를 클로즈 오버했다면 get()과 set() 모두 동일한 가변 변수(mutable variable), 즉 참조를 캡처할 것이다. 따라서 set()이 a 값을 변경하면 get()이 읽는 동일한 a의 값도 함께 변경된다. a는 딱 하나만 있기 때문에 globalGet()을 호출하면 화면에 "update"가 표시된다.

둘 중 어느 쪽이 맞을까? 록스를 비롯한 내가 알고 있는 대부분의 언어에서는 후자가 정답이다. 클로저는 변수를 캡처한다. 값이 있던 장소를 캡처하는 것이라고 보면 된다. 스택에 더 이상 존재하지 않는 클로즈 오버된 변수를 다룰 때에는 이 점을 반드시 명심해야 한다. 변수가 힙으로 이동하면 그 변수를 캡처하는 모든 클로저도 새로운 위치를 계속 참조하게 만들어야 한다. 그래야 변숫값이 바뀌어도 모든 클로저에 변경 사항이 올바르게 반영될 것이다.

25.4.2 업밸류 클로징

로컬 변수는 항상 스택에서 시작된다. 그래서 속도가 더 빠르고, 록스의 싱글 패스 컴파일러는 변수가 캡처된 것을 발견하기 전에 코드를 내보낼 수 있다. 또한 캡처된 변수가 선언된 함수보다 클로저가 더 오래 지속되는 경우, 클로즈 오버된 변수를 힙으로 옮겨야 한다.

루아에서는 스택에 남아 있는 로컬 변수를 가리키는 업밸류를 참조하기 위해 **오픈 업밸류(open upvalue)**를 사용한다. 변수가 힙으로 이동하면 업밸류가 클로즈되고 그 결과 자연스럽게 **클로즈드 업밸류(closed upvalue)**가 된다. 여기서 우리는 두 가지 질문에 답해야 한다.

   1. 클로즈 오버된 변수는 힙의 어디로 옮겨야 하나?

   2. 업밸류는 언제 클로즈해야 하나?

1번 질문은 답하기 쉽다. 변수 참조를 힙에 나타낸 ObjUpvalue라는 객체가 이미 있기 때문이다. 클로즈 오버된 변수는 ObjUpvalue 구조체 내부의 새 필드로 이동하게 될 것이다. 따라서 업밸류를 클로즈하려고 따로 힙에 뭔가 할당할 필요는 없다.

2번 질문 역시 간단하다. 변수가 스택에 있는 한, 변수를 참조하는 코드가 있을지 모르고 그 코드가 올바르게 동작하려면 변수를 힙에 올려놓는 논리적인 시점은 가능한 한 늦을수록 좋다. 로컬 변수가 스코프를 벗어나자마자 바로 힙으로 이동하면 그 이후의 어떤 코드도 스택에서 변수에 액세스하려고 시도하지 않을 것이다. 변수가 스코프에서 벗어난 후 그 변수를 어떤 코드가 사용하려고 하면 컴파일러는 에러를 리포트할 것이다.

> 여기서 '이후'는 렉시컬 또는 텍스트적인 의미에서의 '이후'를 뜻한다. 즉, 클로즈 오버된 변수의 선언이 포함된 블록의 } 뒤에 있는 코드를 말한다.

컴파일러는 로컬 변수가 스코프를 벗어날 때 이미 OP_POP 명령어를 내보
낸다. 변수가 클로저에 의해 캡처되면 대신 해당 변수를 스택에서 팝해
해당 업밸류로 밀어 넣는 다른 명령어를 내보낼 것이다. 그런데 이렇게
하려면 어떤 로컬 변수가 클로즈 오버됐는지 컴파일러가 알아야 한다.

함수 바디 안에 선언된 매개변수와
로컬 변수는 컴파일러가 직접 팝하지
않는다. 이들 역시 런타임에 처리할
것이다.

컴파일러는 이런 상태를 정확하게 추적하기 위해 함수에 있는 각 로컬 변수마다 업밸류 구조체 배열을 계속
유지한다. 이 배열 덕분에 "이 클로저는 어느 변수를 사용하는가?" 하는 질문에 바로 대답할 수 있다. 하지만
"이 로컬 변수를 캡처하는 함수가 있는가?" 하는 질문에 대답하기엔 알맞지 않다. 특히, 어떤 클로저에 대한
작업을 컴파일러가 마친 후에는 더 이상 변수가 캡처된 주변 함수의 업밸류 상태를 가져올 방법이 없다.

다시 말해, 컴파일러는 자신이 캡처한 로컬 변수를 가리키는 업밸류 포인터는 보관하나, 그 반대는 아니다.
따라서 먼저 기존 Local 구조체 내부에 몇 가지 추적 기능을 덧붙여 주어진 로컬 변수가 클로저에 의해 캡처
됐는지 판단할 근거로 삼아야 한다.

compiler.c ▶ Local 구조체

```
  int depth;
  bool isCaptured;
} Local;
```

나중에 중첩된 함수 선언에 의해 로컬 변수가 캡처되는 경우 이 isCaptured 필드는 true로 세팅된다. 처음
에는 당연히 캡처된 로컬 변수가 하나도 없을 것이다.

compiler.c ▶ addLocal() 함수

```
  local->depth = -1;
  local->isCaptured = false;
}
```

마찬가지로, 컴파일러가 암묵적으로 선언한, 특별한 '슬롯
0의 로컬 변수' 역시 캡처되지 않는다.

이 책 후반부에서는 이 변수도 사용자가 캡처할 수 있게
될 것이다. 약간 바람만 잡으려고 슬쩍 말을 흘린 것이다.

compiler.c ▶ initCompiler() 함수

```
  local->depth = 0;
  local->isCaptured = false;
  local->name.start = "";
```

식별자를 리졸브할 때 로컬 변수에 대한 업밸류를 생성하게 되면 캡처된 것으로 표시한다.

compiler.c ▶ resolveUpvalue() 함수

```
  if (local != -1) {
    compiler->enclosing->locals[local].isCaptured = true;
    return addUpvalue(compiler, (uint8_t)local, true);
```

이제 컴파일러가 블록 스코프의 끝에서 로컬 변수의 스택 슬롯을 해제하는 코드를 내보낼 때 어떤 변수를 힙에 올려야 하는지 알 수 있다. 이 작업을 수행하는 전용 명령어 OP_CLOSE_UPVALUE를 만들자.

compiler.c ▶ endScope() 함수 코드 1줄 교체

```
while (current->localCount > 0 &&
       current->locals[current->localCount - 1].depth >
          current->scopeDepth) {
  if (current->locals[current->localCount - 1].isCaptured) {
    emitByte(OP_CLOSE_UPVALUE);
  } else {
    emitByte(OP_POP);
  }
  current->localCount--;
}
```

이 명령어는 피연산자가 필요 없다. 우리는 이 명령어가 실행될 때에는 항상 스택 맨 위에 어떤 변수가 있을 거란 사실을 알고 있다. 다음과 같이 명령어를 선언하고...

chunk.h ▶ OpCode 열거체

```
OP_CLOSURE,
OP_CLOSE_UPVALUE,
OP_RETURN,
```

... 약간의 디셈블러 기능도 추가한다.

debug.c ▶ disassembleInstruction() 함수

```
    }
    case OP_CLOSE_UPVALUE:
      return simpleInstruction("OP_CLOSE_UPVALUE", offset);
    case OP_RETURN:
```

와, 훌륭하다! 이렇게 생성된 바이트코드는 캡처된 각 로컬 변수가 언제 힙으로 이동해야 하는지 런타임에 정확히 알려준다. 더 좋은 점은 클로저에서 사용되어 특별한 처리가 필요한 로컬 변수에 대해서만 적용된다는 것이다. 이는 사용자가 사용하는 기능에만 비용을 지불하겠다는 일반적인 성능 취지에도 부합한다. 클로저에서 사용되지 않는 변수는 이전과 마찬가지로 스택에서 평생 동안 살다가 사라진다.

25.4.3 오픈 업밸류 추적

이제 런타임 쪽으로 넘어가자. OP_CLOSE_UPVALUE 명령어를 해석하기 전에 해결해야 할 문제가 있다. 앞서 나는 클로저가 캡처하는 것이 변수인지, 값인지 하는 이야기를 하면서, 여러 클로저가 동일한 변수에 액세스할 경우 정확히 동일한 메모리 위치를 참조하는 것이 중요하다고 말했다. 그래야 어느 한 클로저가 변수에 값을 쓰면 다른 클로저도 똑같이 변경된 값을 볼 수 있을 것이다.

지금은 두 클로저가 동일한 로컬 변수를 캡처하면 VM이 각각 별도의 업밸류를 생성하기 때문에 필요한 공유 로직이 빠졌다. 이런 상태로는 변수를 스택에서 팝해 어느 한 업밸류로 옮길 경우 다른 업밸류는 즉시 고아값(orphaned value)이 될 것이다.

> 한 클로저가 주변 함수의 업밸류를 캡처하면 VM이 업밸류를 공유한다. 중첩된 케이스는 올바르게 작동된다. 하지만 두 형제(sibling) 클로저가 동일한 로컬 변수를 캡처하면 각자 별도의 ObjUpvalue를 생성한다.

이 문제를 해결하려면 VM이 특정 로컬 변수 슬롯을 캡처하는 업밸류를 필요로 할 때마다, 먼저 해당 슬롯을 가리키는 기존 업밸류가 있는지 찾아봐야 한다. 업밸류가 발견되면 그대로 재사용한다. 문제는, 이전에 생성된 업밸류가 모두 갖가지 클로저의 업밸류 배열 안에 숨어 있다는 점이다. 이런 클로저가 VM 메모리 도처에 널려 있을 것이다.

첫 번째 단계는 스택에 아직 남아 있는 변수를 가리키는 모든 자체 오픈 업밸류 리스트를 VM에게 제공하는 것이다. VM에서 업밸류가 필요할 때마다 리스트를 검색하는 것이 느릴 것 같지만, 실제로 그렇게 심하게 느리진 않다. 스택에서 실제로 클로즈 오버된 변수의 개수는 적은 편이다. 그리고 클로저를 생성하는 함수 선언이 사용자 프로그램에서 성능에 중대한 영향을 미치는 실행 경로에 있는 경우는 거의 없다.

> 클로저는 핫 루프[3] 내에서 호출될 때가 많다. map(), filter() 등의 컬렉션 형태로 전형적인 고계 함수(higher-order function)에 전달되는 클로저를 떠올려보라. 엄청 빨라야 한다. 하지만 클로저를 생성하는 함수 선언은 보통 루프 밖에서 딱 한 번만 실행될 뿐이다.

더 좋은 방법은 오픈 업밸류가 가리키는 스택 슬롯 인덱스를 기준으로 오픈 업밸류 리스트를 정렬하는 것이다. 클로저 간의 변수 공유는 흔치 않은 일이므로 대부분 슬롯은 아직 캡처되지 않은 상태일 것이다. 또 클로저는 스택 맨 위 근처에 있는 로컬 변수를 캡처하려는 경향이 있다. 오픈 업밸류 배열을 스택 슬롯 순서대로 저장하면 캡처하려는 로컬 변수가 위치한 슬롯을 지나치자마자 그 변수를 찾을 수 없다는 사실을 알 수 있다. 해당 로컬 변수가 스택 맨 위 근처에 있으면 루프를 아주 일찍 빠져나갈 수 있다.

리스트를 정렬된 상태로 유지하려면 원소들을 중간에 효율적으로 삽입해야 한다. 이런 이유로 동적 배열보다는 연결 리스트가 더 낫다. 이미 ObjUpvalue 구조체는 정의한 상태니까 가장 쉬운 방법은, 그다음 포인터를 이 구조체 내부에 바로 밀어 넣는 일종의 침입형 리스트로 구현하는 것이다.

object.h ▶ ObjUpvalue 구조체

```
  Value* location;
  struct ObjUpvalue* next;
} ObjUpvalue;
```

업밸류를 처음 할당할 때엔 아직 어떤 리스트에도 붙어 있지 않은 상태이므로 링크는 NULL이다.

object.c ▶ newUpvalue() 함수

```
  upvalue->location = slot;
  upvalue->next = NULL;
  return upvalue;
```

---

3 옮긴이 hot loop, 상대적으로 짧은 시간 내에 많은 반복을 유발하는 루프

리스트는 VM이 소유하기 때문에 헤드 포인터는 메인 VM 구조체 안에 바로 들어간다.

```
Table strings;
ObjUpvalue* openUpvalues;
Obj* objects;
```

처음에 리스트는 빈 상태로 출발한다.

```
vm.frameCount = 0;
vm.openUpvalues = NULL;
}
```

VM이 가리키는 첫 번째 업밸류부터 시작해 각 오픈 업밸류는 스택 저 아래에 있는 로컬 변수를 참조하는 그다음 오픈 업밸류를 가리킨다. 다음 스크립트를 보자.

```
{
  var a = 1;
  fun f() {
    print a;
  }
  var b = 2;
  fun g() {
    print b;
  }
  var c = 3;
  fun h() {
    print c;
  }
}
```

이 스크립트를 실행하면 다음과 같이 연결된 업밸류가 생성될 것이다.

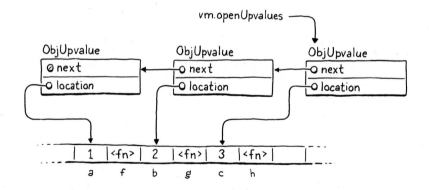

로컬 변수를 클로즈 오버할 때마다 업밸류를 새로 만들기 전에 기존 업밸류가 리스트에 있는지 찾아본다.

vm.c ▶ captureUpvalue() 함수

```
static ObjUpvalue* captureUpvalue(Value* local) {
  ObjUpvalue* prevUpvalue = NULL;
  ObjUpvalue* upvalue = vm.openUpvalues;
  while (upvalue != NULL && upvalue->location > local) {
    prevUpvalue = upvalue;
    upvalue = upvalue->next;
  }

  if (upvalue != NULL && upvalue->location == local) {
    return upvalue;
  }

  ObjUpvalue* createdUpvalue = newUpvalue(local);
```

탐색은 스택 맨 위와 가장 가까운 곳에 위치한 업밸류인 리스트의 헤드부터 시작한다. 포인터를 비교하며 찾고자 하는 슬롯 위의 슬롯을 가리키는 모든 업밸류를 반복하며 살펴본다.

이 과정에서 리스트의 이전 업밸류를 계속 추적한다. 결국 그 뒤에 노드를 삽입하게 되면 해당 노드의 next 포인터를 업데이트해야 할 것이다.

> 이 리스트는 단일 연결 리스트다. 헤드부터 시작해 죽 앞으로 나아가는 것 외에 다른 선택지는 없다.

다음은 루프에서 빠져나가는 세 가지 조건이다.

1. **지금 방문한 로컬 슬롯이 찾고 있던 슬롯이다.** 변수를 캡처하는 기존 업밸류를 찾았으니 이 업밸류를 재사용하면 된다.

2. **찾을 업밸류가 다 떨어졌다.** upvalue가 NULL이면 리스트에 있는 모든 오픈 업밸류가 찾고 있는 슬롯 위에 있는 로컬 변수를 가리키거나 (사실 이럴 가능성이 더 높지만) 업밸류 리스트가 비었다는 뜻이다. 어쨌거나 결국 슬롯에 맞는 업밸류를 못 찾은 것이다.

3. **찾으려는 업밸류보다 로컬 슬롯이 낮은 위치에서 업밸류를 찾았다.** 리스트는 정렬된 상태이므로 이 말은 곧 클로즈 오버하려는 슬롯을 지나쳤다는 뜻이고, 따라서 이 슬롯에 해당하는 기존 업밸류는 없는 것이다.

1번은 임무를 마치고 리턴한 경우다. 2, 3번의 경우에는 로컬 슬롯에 넣을 새로운 업밸류를 생성하여 리스트의 올바른 위치에 삽입한다.

vm.c ▶ captureUpvalue() 함수

```
  ObjUpvalue* createdUpvalue = newUpvalue(local);
  createdUpvalue->next = upvalue;

  if (prevUpvalue == NULL) {
    vm.openUpvalues = createdUpvalue;
  } else {
```

```
      prevUpvalue->next = createdUpvalue;
  }

  return createdUpvalue;
```

이 함수의 현재 구현 코드는 이미 업밸류를 생성하고 있으므로 리스트에 업밸류를 삽입하는 코드만 추가하면 된다. 리스트 끝을 지나가거나, 스택 슬롯이 찾고 있는 것보다 아래에 있는 첫 번째 업밸류에 멈추면 그제서야 리스트 탐색을 마친다. 어느 쪽이든 새 업밸류를 upvalue가 가리키는 객체 앞에 삽입해야 한다. (리스트 끝에 도달하면 NULL이 될 수 있다.)

자료 구조 과목을 수강하면 첫 시간에 나올 법한 얘기지만, 연결 리스트에 노드를 삽입하려면 이전 노드의 next 포인터가 새 노드를 가리키도록 설정해야 한다. 그래야 리스트를 탐색하면서 이전 노드를 간편하게 추적할 수 있다. 리스트의 헤드에 새 업밸류를 삽입하는 특수한 경우도 잘 처리해야 하는데, 이때는 next 포인터가 VM의 헤드 포인터가 된다.

> 포인터의 포인터를 사용해서 헤드 포인터나 이전 업밸류의 next 포인터를 함께 업데이트하는 더 간결한 구현 방법도 있다. 그러나 이런 부류의 코드는 포인터 지식이 달인의 경지에 도달하지 못한 대부분의 사람들을 곤혹스럽게 만들기 때문에 나는 누구나 알 만한 if 문만 사용했다.

이렇게 함수를 업데이트하면 VM은 어떤 로컬 슬롯이라도 단 하나의 ObjUpvalue만 존재하도록 보장한다. 덕분에 두 클로저가 동일한 변수를 캡처하는 경우에도 동일한 업밸류를 얻을 수 있다. 자, 이제 이들 업밸류를 스택 밖으로 꺼낼 차례다.

25.4.4 런타임에 업밸류 클로징

컴파일러는 VM이 정확히 언제 로컬 변수를 힙에 올려놓아야 할지 지시하는 OP_CLOSE_UPVALUE 명령어를 내보낸다. 이 명령어의 실행 책임은 인터프리터에게 있다.

vm.c ▶ run() 함수

```
      }
      case OP_CLOSE_UPVALUE:
        closeUpvalues(vm.stackTop - 1);
        pop();
        break;
      case OP_RETURN: {
```

이 명령어를 실행할 때 힙에 올려놓을 변수는 스택 맨 위에 있다. 헬퍼 함수 closeUpvalues()를 호출하여 이 스택 슬롯의 주소를 인수로 넘긴다. 이 함수는 업밸류를 클로즈하고 로컬 변수를 스택에서 힙으로 옮긴다. 그 후 VM은 pop()을 호출하여 스택 슬롯을 비운다.

재미있는 일은 헬퍼 함수에서 일어난다.

```
static void closeUpvalues(Value* last) {
  while (vm.openUpvalues != NULL &&
         vm.openUpvalues->location >= last) {
    ObjUpvalue* upvalue = vm.openUpvalues;
    upvalue->closed = *upvalue->location;
    upvalue->location = &upvalue->closed;
    vm.openUpvalues = upvalue->next;
  }
}
```

이 함수는 스택 슬롯을 가리키는 포인터를 받는다. 또한 스택에서 해당 슬롯 또는 그 위에 있는 슬롯을 가리키는 모든 오픈 업밸류를 클로즈한다. 지금 당장은 스택의 맨 위 슬롯을 가리키는 포인터만 전달하므로 '또는 그 위에 있는' 부분은 적용되지 않지만 곧 그렇게 될 것이다.

이를 위해 VM의 오픈 업밸류 리스트를 위에서 아래로 다시 살펴본다. 업밸류의 위치가 클로즈하려는 슬롯 범위를 가리키는 경우 해당 업밸류를 클로즈하고, 그밖의 경우는 어차피 범위를 벗어난 업밸류에 도달하면 나머지 업밸류도 마찬가지일 테니 반복을 멈춘다.

업밸류를 클로즈하는 방법이 아주 쿨하다. 먼저 변수의 값을 ObjUpvalue의 closed 필드에 복사한다. 이 값이 바로 힙에 클로즈 오버된 변수가 위치한 지점이다. OP_GET_UPVALUE와 OP_SET_UPVALUE 명령어는 변수가 힙으로 이동된 후 여기서 변수를 찾아야 한다. 두 명령어의 인터프리터 코드에 조건부 로직을 추가하면 업밸류가 오픈됐는지 클로즈됐는지 알 수 있을 것이다.

> 자화자찬하려는 게 아니다. 이 모든 게 루아 개발팀이 일궈낸 혁신이다.

하지만 이미 간접 참조를 한 꺼풀 씌운 상태다. 실제로 이들 명령어는 location 포인터를 역참조해서 변숫값을 얻는다. 따라서 변수가 스택에서 closed 필드로 이동할 때 그냥 location을 ObjUpvalue 자신의 closed 필드 주소로 업데이트한다.

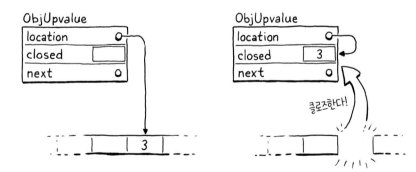

OP_GET_UPVALUE와 OP_SET_UPVALUE를 인터프리트하는 방식은 전혀 바꿀 필요가 없다. 단순성을 유지하면서 덤으로 신속함도 얻은 셈이다. 물론 새 필드는 ObjUpvalue에 추가해야 한다.

```
Value* location;
Value closed;
struct ObjUpvalue* next;
```

그리고 초기화되지 않은 메모리가 정처 없이 떠돌지 않도록 ObjUpvalue를 생성할 때 closed를 완전히 비워야 한다.

```
ObjUpvalue* upvalue = ALLOCATE_OBJ(ObjUpvalue, OBJ_UPVALUE);
upvalue->closed = NIL_VAL;
upvalue->location = slot;
```

컴파일러는 블록 끝에 닿을 때마다 그 블록 안에 있는 모든 로컬 변수를 폐기하고 클로즈 오버된 각 로컬 변수에 대해 OP_CLOSE_UPVALUE 명령어를 내보낸다. 함수 바디가 정의된 가장 외부 블록 스코프의 끝에는 컴파일러가 아무 명령어도 내보내지 않는다. 이 스코프에는 함수의 매개변수와 함수 내부에 직접 선언된 로컬 변수가 모두 포함된다. 이들도 클로즈해야 한다.

> 컴파일러에서 가장 외부 함수 스코프를 닫고 OP_POP과 OP_CLOSE_UPVALUE 명령어를 내보내지 말라는 법은 없다. 하지만 런타임은 함수가 호출 프레임을 팝할 때 함수가 사용한 스택 슬롯을 모두 암묵적으로 폐기하므로 그럴 필요가 없다.

이것이 closeUpvalues()가 스택 슬롯을 가리키는 포인터를 받는 이유다. 함수가 리턴되면 함수가 소유한 첫 번째 스택 슬롯을 동일한 헬퍼 함수에 전달한다.

```
Value result = pop();
closeUpvalues(frame->slots);
vm.frameCount--;
```

함수의 스택 윈도에 있는 첫 번째 슬롯을 전달함으로써 리턴되는 함수가 소유했던 나머지 오픈 업밸류를 모두 클로즈한다. 이제야 비로소 완전한 기능을 갖춘 클로저 구현체가 만들어진 것이다. 클로즈 오버된 변수는 자신을 캡처한 함수가 필요로 하는 만큼 오래 살아남으리라.

휴, 진짜 많은 일들을 해냈다! 제이록스는 클로저를 환경 표현에 자연스럽게 편입시켰지만, 씨록스에서는 새로운 바이트코드 명령어들이 출현하고, 적잖은 자료 구조를 컴파일러에 추가하며, 런타임 객체도 새로 만드는 등 많은 코드가 추가됐다. VM은 클로저에 있는 변수를 다른 변수와 전혀 다르게 취급한다.

다 그럴 만한 이유가 있다. 구현 복잡도 면에서 제이록스는 '공짜'로 클로저를 주었지만 성능은 절대 '공짜'가 아니었다. 모든 환경을 죄다 힙에 할당하기 때문에 모든 로컬 변수에 대해 값비싼 성능 비용을 지불해야 했다. 실제로는 클로저로 캡처하지 않는 로컬 변수가 대부분인데 말이다.

씨록스의 경우 시스템은 더 복잡해졌지만, 로컬 변수의 두 가지 사용 패턴에 구현체를 맞출 수 있다. 스택의 시맨틱을 지닌 대부분의 변수는 전적으로 스택에 할당함으로써 단순성과 신속함을 추구한다. 이 방법이 통하지 않는 소수의 로컬 변수는 필요에 따라 조금 더 느린 플랜 B를 적용하는 것이다.

다행히 사용자는 이런 복잡도를 전혀 알아차리지 못한다. 그들의 관점에서 록스의 로컬 변수는 단순하고 일정하다. 언어 그 자체는 제이록스의 구현체만큼이나 간단하지만, 씨록스는 내부적으로 사용자가 무슨 일을 하는지 관찰하면서 그 용도에 맞게 최적화한다. 언어 구현체가 점점 더 정교해질수록 이런 일을 더 많이 하게 된다. 여기서 말하는 '최적화'란 대부분 특정한 용도를 찾아내 그에 맞게 커스터마이즈한, 해당 패턴에 특화된 더 빠른 코드를 추가하는 일이다.

씨록스의 렉시컬 스코핑은 이제 완전한 기능을 갖추게 됐다. 이는 중요한 이정표다. 또한 제각기 복잡한 수명을 지닌 함수와 변수가 존재하므로 수많은 객체들이 씨록스의 힙에 떠다니며 서로를 가리키는 거대한 포인터 망이 형성되었다. 다음 장에서는 힙에서 더 이상 쓸모가 없는 객체를 제때 비울 수 있도록 메모리를 관리하는 방법에 대해 알아보겠다.

연습 문제

1. 모든 ObjFunction을 ObjClosure로 래핑하면 간접 참조를 한 겹 덧씌우게 되어 성능 비용이 발생한다. 아무 변수도 클로즈 오버하지 않는 함수에는 불필요한 비용이 드는 셈이지만, 그 대신 런타임이 모든 호출을 균일하게 처리할 수 있다.

   업밸류가 필요한 함수만 ObjClosure로 래핑하도록 씨록스를 수정하라. 함수를 항상 래핑하던 때와 비교해서 코드 복잡도와 성능은 어떻게 달라지는가? 클로저를 사용하는 프로그램과 사용하지 않는 프로그램을 잘 벤치마크해야 한다. 각 벤치마크의 중요도에 어떤 가중치를 두어야 할까? 가령, 한 프로그램은 속도가 느리고 다른 프로그램은 속도가 빠를 경우, 여러분은 어떤 트레이드오프를 고려하여 구현 전략을 선택하겠는가?

2. 다음 페이지의 디자인 노트를 찬찬히 읽어보라. 자, 여러분 생각에 록스는 어떻게 동작해야 한다고 생각하나? 각 루프가 반복될 때마다 새로운 변수를 생성하도록 구현체를 수정하라.

3. "객체는 가난한 자의 클로저(이고 그 반대도 마찬가지)다."라는 잘 알려진 격언이 있다.[4] 씨록스 VM은 아직 객체를 지원하지 않지만, 이제 클로저가 있으니 비슷하게 흉내는 낼 수 있다. 클로저를 이용해서 다음과 같이 2차원 벡터 '객체'를 모델링하는 록스 프로그램을 작성하라.

---

4 http://wiki.c2.com/?ClosuresAndObjectsAreEquivalent

- 주어진 x, y 좌표로 새로운 벡터를 만드는 '생성자' 함수를 정의한다.

- 위 생성자가 리턴한 값의 x, y 좌표에 액세스 가능한 '메서드'를 제공한다.

- 두 벡터를 더해서 세 번째 벡터를 만드는 덧셈 '메서드'를 정의한다.

클로저는 변수를 캡처한다. 두 클로저가 동일한 변수를 캡처할 경우, 동일한 내부 저장 위치를 가리키는 참조를 공유한다. 이 사실은 변수에 새로운 값이 할당될 때 확인할 수 있다. 물론, 두 클로저가 상이한 변수를 캡처할 때에는 아무것도 공유되지 않는다.

```
var globalOne;
var globalTwo;

fun main() {
  {
    var a = "one";
    fun one() {
      print a;
    }
    globalOne = one;
  }

  {
    var a = "two";
    fun two() {
      print a;
    }
    globalTwo = two;
  }
}

main();
globalOne();
globalTwo();
```

이 코드를 실행하면 "one", "two"가 잇따라 출력된다. a라는 이름은 같아도 두 변수는 분명히 다르다. 하지만 항상 이렇게 명확한 경우만 있는 것은 아니다. 다음 코드를 보자.

```
var globalOne;
var globalTwo;

fun main() {
  for (var a = 1; a <= 2; a = a + 1) {
    fun closure() {
      print a;
    }
    if (globalOne == nil) {
      globalOne = closure;
    } else {
      globalTwo = closure;
    }
  }
}

main();
globalOne();
globalTwo();
```

록스에 컬렉션 타입이 없는 관계로 코드가 길어졌다. main() 함수에서 for 루프를 2회 반복하는 부분이 중요하다. 루프를 반복할 때마다 루프 변수를 캡처하는 클로저가 생성된다. 첫 번째 클로저는 globalOne에, 두 번째 클로저는 globalTwo에 각각 저장한다.

자, 분명히 다른 클로저가 2개 있다. 이 두 클로저는 상이한 변수를 클로즈 오버한 걸까? 전체 루프가 반복되는 동안 a 변수는 오직 하나만 있을까, 아니면 루프가 반복될 때마다 고유한 a 변수를 가져올까?

억지로 만들어낸 괴상한 스크립트 같겠지만, 씨록스처럼 최소한의 기능만 갖춘 실험용 언어가 아닌, 실제 언어에서는 이런 경우가 정말 나온다. 다음 자바스크립트 코드를 보자.

```
var closures = [];
for (var i = 1; i <= 2; i++) {
  closures.push(function () { console.log(i); });
}

closures[0]();
closures[1]();
```

1 다음에 2가 출력될까, 아니면 3이 두 번 출력될까? 놀랍게도 3이 두 번 출력된다. 이 자바스크립트 프로그램에서는 마지막 빠져나갈 때까지 루프가 반복되는 동안 오직 하나의 변수 i만 존재한다.

> 도대체 어떻게 3이 나오는지 궁금한가? 두 번째 반복 이후 i++가 실행되고 i는 3으로 증가된다. 그래서 i <= 2에서 걸려 루프를 빠져나간다. i가 3이 되지 못했다면 무한 루프가 되었으리라.

자바스크립트에 익숙한 독자라면 var 키워드로 선언된 변수가 암묵적으로 주변 함수나 최상위 스코프로 호이스트된다는 사실을 알 것이다. 방금 전 자바스크립트 코드는 사실 아래와 같이 작성한 것과 다름없다.

```
var closures = [];
var i;
for (i = 1; i <= 2; i++) {
  closures.push(function () { console.log(i); });
}

closures[0]();
closures[1]();
```

이제 보니 왜 i가 하나밖에 없는지 더 분명해졌다. 더 나중에 생긴 let 키워드를 사용해서 프로그램을 고쳐
보자.

```
var closures = [];
for (let i = 1; i <= 2; i++) {
  closures.push(function () { console.log(i); });
}

closures[0]();
closures[1]();
```

이 프로그램도 결과가 동일할까? 아니다, 1 다음에 2가 출력된다. 지금은 각 클로저가 자신만의 i를 갖고 있
다. 그런데 생각해보니 좀 이상하다. 증분절 i++는 새로운 변수를 만드는 게 아니라 기존 변수에 값을 할당
해서 변경하는 것처럼 보인다.

다른 언어는 어떨까? 다음 파이썬 코드를 보자.

```
closures = []
for i in range(1, 3):
  closures.append(lambda: print(i))

closures[0]()
closures[1]()
```

파이썬은 블록 스코프라는 개념 자체가 없다. 변수는 암묵적으로 선언되며 주변 함수로 스코프가 자동으로
지정된다. 가만 보니 자바스크립트의 호이스팅과 비슷하다. 두 클로저는 동일한 변수를 캡처하지만 C와 달
리 마지막 값을 지나 i를 증가시켜 루프를 빠져나가지 않기 때문에 2가 두 번 출력된다.

다음은 루비다. 루비는 보통 두 가지 방법으로 숫자를 반복한다. 먼저 고전적인 명령형 코드다.

```
closures = []
for i in 1..2 do
  closures << lambda { puts i }
end
```

```
closures[0].call
closures[1].call
```

코드를 실행하면 파이썬처럼 2가 두 번 출력된다. 이번엔 범위 객체에 고계 메서드(higher-order method)인 each()를 사용하는, 좀 더 루비스러운 스타일이다.

```
closures = []
(1..2).each do |i|
  closures << lambda { puts i }
end

closures[0].call
closures[1].call
```

루비 언어를 잘 모르는 독자를 위해 설명하자면, do |i| ... end 부분이 기본적으로 생성되어 each() 메서드에 전달되는 클로저다. |i|는 클로저의 매개변수 시그니처다. each() 메서드는 이 클로저를 두 번 호출한다. 첫 번째 호출에는 1, 두 번째 호출에는 2를 각각 i 값으로 전달한다.

이때 '루프 변수(loop variable)'는 실제로 함수 매개변수다. 또 루프가 반복될 때마다 개별적인 함수 호출이 일어나므로 각 호출마다 변수는 서로 명확히 구별된다. 그래서 1 다음에 2가 출력된다.

나는 C#의 foreach, 자바의 향상된(enhanced) for 문, 자바스크립트의 for-of, 다트의 for-in처럼 하이레벨의 이터레이터(iterator) 기반의 루프 구조를 제공하는 언어에서 반복을 할 때마다 새로운 변수를 생성하는 형태가 더 자연스럽다고 본다. 루프 헤더가 변수 선언처럼 생긴 모양새라 코드가 새 변수처럼 보인다. 또 이러한 새로운 루프 구조에는 다음 단계로 진행하기 위해 루프 변수를 변경하는 듯이 보이는 증분식이 없다.

스택오버플로(StackOverflow)[5] 등을 찾아보면 사용자들 역시 이렇게 처리되기를 대체로 원한다는 사실을 알 수 있다. 외려 그렇게 처리되지 않는 경우 더 당혹스러워 하는 것 같다. 일례로 C#은 원래 foreach 루프가 반복될 때마다 새로운 루프 변수를 만들지 않았는데, 이 때문에 사용자가 헷갈리는 경우가 너무 많은 나머지 아주 이례적으로 언어에 중대한 변경(breaking change)을 가했다. 그 결과 C# 5부터는 반복할 때마다 따끈따끈한 변수가 새로 만들어진다.

오래된 C 스타일의 for 루프는 더 어렵다. 증분절은 정말 변경을 일으키는 것처럼 보인다. 즉, 각 단계마다 업데이트되는 단일 변수가 있다는 뜻이다. 하지만 반복할 때마다 루프 변수를 공유하는 건 별로 유용하지 않다. 유용한 경우는 클로저가 변수를 캡처할 때가 유일하다. 루프를 종료하게 만든 값의 변수를 참조하는 클로저를 두는 것도 역시 거의 도움이 되지 않는다.

자바스크립트에서 for 루프에 let을 사용하는 것처럼 하는 것이 그나마 실용적으로 유용하다고 볼 수 있다. 루프 변수를 변경하는 듯이 보이지만 사실 반복할 때마다 새 변수를 만들어내는데, 이것이 사용자가 바라는 바다. 하지만 잘 생각해보면 좀 이상하긴 하다.

---

5 옮긴이 https://stackoverflow.com

26장

가비지 수집

I wanna, I wanna,

I wanna, I wanna,

I wanna be trash.

더 휩(The Whip), 『Trash』 노래 가사 중에서

록스는 프로그래머가 해결하려는 문제와 무관한 디테일로부터 해방시켜주기 때문에 '하이레벨(high-level, 고급)' 언어라고 할 수 있다. 사용자는 경영자로서 부하 직원인 컴퓨터에게 추상적인 목표를 제시하고 로우 레벨에서 해결 방법을 강구하도록 지시한다.

동적 메모리 할당은 자동화하기 좋은 후보다. 이 일은 작동 중인 프로그램에는 꼭 필요하지만 일일이 수작업으로 처리하기에 너무 따분하고 에러가 나기 쉽다. 사람의 실수는 피할 길이 없는데 자칫 전체 시스템에 크래시를 일으켜 메모리 손상이나 보안 침해로 이어지는 등 치명적인 결과를 초래할 수 있다. 메모리 할당처럼 위험하고 지루한 일은 기계가 인간보다 훨씬 능숙하게 처리한다.

록스는 **관리형 언어(managed language)**다. 이 말은 곧 언어 구현체가 사용자 대신 메모리 할당/해제를 알아서 해준다는 의미다. 사용자가 동적 메모리가 필요한 작업을 수행하면 VM이 자동으로 메모리를 할당한다. 프로그래머는 메모리에서 뭔가 해제하는 일을 전혀 신경 쓰지 않는다. 컴퓨터는 프로그램에 필요한 만큼의 메모리를 언제든지 사용할 수 있도록 제공한다.

록스는 컴퓨터에 메모리가 무한정 있는 듯한 착각을 불러일으킨다. 사용자는 끊임없이 메모리를 할당하지만 그 모든 바이트가 어디서 왔는지는 한 번도 생각하지 않는다. 물론, 컴퓨터에 있는 메모리는 결코 무한하지 않다. 관리형 언어가 사용자로 하여금 계속 이런 환상에서 깨어나지 않게 하려면 보이지 않는 곳에 숨어서 필요 없는 메모리를 열심히 회수해야 한다. 이 일을 **가비지 수집기(GC, Garbage Collector)**라는 컴포넌트가 수행한다.

재활용(recycling)이라는 표현이 더 적절할 것 같다. GC는 메모리를 그냥 내다 버리는 게 아니라, 새로운 데이터에 재활용할 수 있게 회수한다. 하지만 관리형 언어가 지구의 날(Earth Day)[1]보다 더 오래되었기 때문에 발명가들은 자신이 알고 있는 비유를 그대로 사용한 것이다.

도달성

자, 한 가지 의문이 생긴다. VM은 어떤 메모리가 필요한지 여부를 어떻게 판단할까? 메모리는 나중에 읽게 될 경우에만 필요한 자원이고 타임머신이 따로 있는 것도 아닌데, 언어 구현체는 어떤 프로그램이 어느 코드를 실행하고 어느 데이터를 사용할지 어떻게 알아낼까?

미리 말해두지만 VM은 미래를 여행할 수 없기 때문에 언어 구현체는 대신 보수적인 추정(conservative approximation)을 한다. 어떤 메모리 조각이 미래에 읽혀질 가능성이 있으면 여전히 사용 중인 것이라고 간주한다.

너무 보수적으로 들린다. 메모리를 한 비트라도 읽을 가능성이 없다? 적어도 록스처럼 메모리 안전한(memory-safe)[2] 언어에서는 실제로 그렇지 않다. 다음 코드를 보자.

```
var a = "first value";
a = "updated";
// 여기서 GC 발생
print a;
```

> 여기서 '보수적'이라는 단어는 일반적인 의미로 사용한 것이다. '보수적 가비지 수집기 (conservative garbage collector)'처럼 좀 더 구체적인 의미로 사용하는 경우도 있다. 모든 가비지 수집기는 앞으로 어떤 데이터가 액세스될지 정확하게 알려주는 마법의 거울이 아니라, 액세스될 가능성이 있는 메모리를 살려둔다는 점에서 '보수적'이다.
>
> 보수적(conservative) GC는 메모리에 있는 값이 주소가 될 가능성이 있다고 판단되면 해당 메모리를 모조리 포인터로 간주하는 특별한 부류의 수집기다. 이런 점에서 이 장에서 구현할 정확한(precise) GC와는 대조적이다. 정확한 GC는 메모리의 어떤 워드가 포인터고 숫자나 문자열처럼 다른 종류의 값은 어디에 저장될지 정확히 알고 있다.

두 번째 줄에서 할당이 완료된 후 GC를 실행한다고 하자. 문자열 "first value"는 여전히 메모리에 남아 있지만 사용자 프로그램에서 이 문자열에 도달할 방법은 없다. a의 값이 재할당되는 순간 "first value"를 가리키는 참조는 프로그램에서 사라지기 때문에 메모리에서 안전하게 해제할 수 있다. 사용자 프로그램에서 어떤 변수의 값을 참조할 방법이 있으면 그 변수는 **도달 가능한(reachable)** 것이다. 반대로 이 예제의 "first value"처럼 참조할 방법이 없으면 **도달 불가한(unreachable)** 것이다.

VM은 많은 값을 직접 액세스할 수 있다. 다음 코드를 보자.

```
var global = "string";
{
  var local = "another";
  print global + local;
}
```

---

2 **옮긴이** https://www.memorysafety.org/docs/memory-safety

두 문자열이 연결된 후 print 문이 실행되기 전에 프로그램을 잠시 중단시키자. VM은 글로벌 변수 테이블에서 global 엔트리를 찾아 "string"에 도달할 수 있다. 또 값 스택을 따라가 로컬 변수 local의 슬롯에 도달하면 "another"도 찾을 수 있다. 이 둘을 연결한 문자열 "stringanother" 역시 이 프로그램이 잠시 중단됐을 때 VM의 스택에 남아 있을 테니 찾을 수 있다.

이런 값들을 통틀어 **루트(root)**라고 한다. 루트란 VM이 다른 객체의 참조를 거치지 않고 직접 도달할 수 있는 모든 객체다. 루트는 대부분 글로벌 변수 또는 스택에 존재하지만, VM이 (앞으로 이야기할 내용이지만) 자신이 찾을 수 있는 객체의 참조를 저장하는 장소가 몇 군데 있다.

다른 값들은 또 다른 값 내부에서 참조를 통해 찾을 수 있다. 클래스 인스턴스의 필드가 그런 케이스다. (물론, 아직 씨록스에 클래스 기능은 없다.) 이런 필드가 없어도 씨록스 VM에는 간접 참조가 있다. 다음 코드를 보자.

> 클래스는 바로 다음 장에 등장한다!

```
fun makeClosure() {
  var a = "data";

  fun f() { print a; }
  return f;
}

{
  var closure = makeClosure();
  // 여기서 GC 발생
  closure();
}
```

주석 표시한 줄에서 프로그램을 잠시 중단하고 GC를 실행한다고 하자. 수집기가 일을 마치고 프로그램 실행이 재개되면 클로저가 호출돼서 "data"가 출력될 것이다. 따라서 수집기는 이 문자열을 해제하면 안 된다. 프로그램이 중단될 때 스택의 모습은 이렇다.

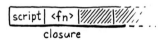

"data" 문자열은 온데간데없다. 이 문자열은 이미 스택에서 끌어내서 클로저가 사용하는 클로즈드 업밸류로 옮겨진 상태다. 클로저 자신은 스택에 남아 있다. 하지만 이 문자열을 가져오려면 클로저와 해당 업밸류 배열을 추적해야 한다. 이 작업은 사용자 프로그램에서도 할 수 있으므로 간접적으로 액세스 가능한 이런 객체는 모두 도달 가능하다고 간주한다.

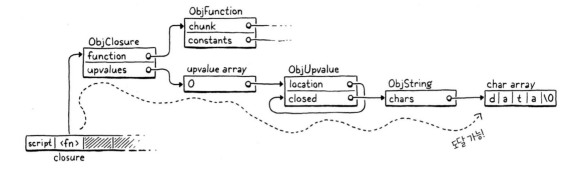

이로써 우리는 도달성을 다음과 같이 귀납적으로 정의할 수 있다.

- 모든 루트는 도달 가능하다.
- 도달 가능한 객체가 참조하는 객체는 어떤 것이라도 도달 가능하다.

도달 가능한 값은 아직 메모리에 '살아 있고(live)' 남아 있어야 한다. 이 정의에 부합되지 않는 값은 언제라도 수집기가 수거해갈 수 있는 공정한 게임이다. 이 두 규칙은 서로 재귀적이므로 불필요한 메모리를 확보하는 알고리즘 역시 재귀적일 거라는 힌트를 얻게 된다.

1. 루트부터 시작해 객체 참조를 죽 탐색하면서 도달 가능한 전체 객체 집합을 찾는다.
2. 이 집합에 속하지 않은 객체는 모두 메모리에서 해제한다.

오늘날 수많은 가비지 수집 알고리즘이 사용되고 있지만, 일부 수행 단계가 중간에 있고 없는 차이점만 있을 뿐, 이 두 가지 기본적인 수행 단계는 그대로 따르며 전체적인 구조 역시 거의 동일하다.

> 다른 GC 알고리즘이 궁금한 독자는 표준 참고서인 『Garbage Collection Handbook (리차드 존스(Richard Jones) 외 2인 공저)』을 읽어보기 바란다. 이렇게 깊고 좁은 주제를 다루는 큰 책치고 읽는 재미가 쏠쏠하다. 내 취향이 워낙 변태적이라 그럴지도 모르겠지만...

26.2 마크-스웝 가비지 수집

최초의 관리형 언어(managed language)는 리스프였다. 리스프는 포트란 직후에 발명된 두 번째 '하이레벨' 언어다. 존 매카시(John McCarthy)[3]는 수동 메모리 관리를 사용할까, 아니면 참조 카운팅(reference counting)을 사용할까 저울질하다 결국 프로그램이 OOM 상태가 되면 다시 돌아가 회수 가능한 미사용 메모리를 찾는 가비지 수집을 사용하기로 했다.

> 존 매카시는 그의 저서 『History of Lisp』에서 말했다. "가비지 수집을 결정했지만 실제 구현은 지연될 수 있었다. 자잘한 예제 코드밖에 돌려보지 못했기 때문이다." 씨록스에 GC 추가를 미루기로 한 우리의 선택도 거장들의 발자취를 따른 것이다.

---

3 [옮긴이] https://ko.wikipedia.org/wiki/존_매카시_(컴퓨터_과학자)

그는 **마크-앤-스윕**(mark-and-sweep), 줄여서 **마크-스윕**(mark-sweep)이라고 부르는 가장 단순한 최초의 가비지 수집 알고리즘을 디자인했다. 이 알고리즘에 대한 설명은 그가 리스프를 주제로 쓴 초기 논문에 등장하는 짧은 세 단락에 담겨 있다. 정말 오래되고 단순한 알고리즘이지만 아직도 많은 현대 메모리 관리자의 근간이다. CS도 어떤 분야는 시대를 초월하는 것 같다.

이름에서 알 수 있듯이, 마크-스윕은 두 단계로 구성된다.

- **마킹(marking)**: 루트에서 출발해 각 루트가 참조하는 객체를 죽 탐색한다. 도달 가능한 모든 객체를 찾는 고전적인 그래프 순회(graph traversal)다. 방문한 객체는 어떤 식으로든 기록(마킹)한다. (마킹하는 방법은 구현체마다 다르다.)

> 추적 가비지 수집기(tracing garbage collector)는 객체 참조 그래프를 통해 추적하는 알고리즘이다. 도달 가능한 객체를 추적하는 전략이 다른 참조 카운팅과는 분명히 다르다.

- **스위핑(sweeping)**: 마킹 단계가 완료되면 힙에 있는 모든 도달 가능한 객체가 마킹된다. 마킹되지 않은 객체는 도달 불가능한 객체이자 회수 대상이므로 하나씩 따라가며 메모리에서 해제한다.

그림으로 그려보면 다음과 같다.

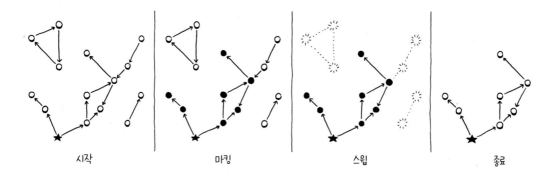

시작   마킹   스윕   종료

이 장에서는 이 마크-스윕 알고리즘을 구현할 것이다. 바이트를 회수할 때가 됐다고 판단되면 그때마다 모든 객체를 샅샅이 뒤져 도달 가능한 객체를 전부 마킹하고, 마킹되지 않은 객체는 메모리에서 비운 다음 다시 사용자 프로그램의 실행을 재개하는 순서로 진행된다.

26.2.1 가비지 수집

이 장의 지면은 사실 다음 collectGarbage() 함수 하나를 구현하는 데 온전히 바칠 것이다.

> 물론, 헬퍼 함수도 한 무더기 추가될 예정이다.

memory.h ▶ reallocate() 함수 다음에 추가

```
void* reallocate(void* pointer, size_t oldSize, size_t newSize);
void collectGarbage();
void freeObjects();
```

빈 껍데기 함수부터 시작해 조금씩 채워가겠다.

```
void collectGarbage() {
}
```

우선 이 함수가 언제 호출되는지 궁금할 것이다. 이 질문은 이 장 후반부에서 적잖은 시간을 바쳐 다룰 미묘한 주제다. 일단 이 질문은 건너뛰고 구현 과정에서 편리하게 사용할 만한 편리한 진단 도구를 만들자.

```
#define DEBUG_TRACE_EXECUTION

#define DEBUG_STRESS_GC

#define UINT8_COUNT (UINT8_MAX + 1)
```

가비지 수집기를 '스트레스 테스트'할 수 있는 옵션 모드를 추가한다. 이 플래그가 켜지면 GC는 가능한 한 자주 실행된다. 성능은 당연히 끔찍할 정도로 떨어지겠지만, GC가 수시로 트리거되면서 메모리 관리 버그를 없애는 데 유용할 것이다. 매 순간 GC가 작동되므로 버그를 발견하게 될 가능성도 높다.

```
void* reallocate(void* pointer, size_t oldSize, size_t newSize) {
  if (newSize > oldSize) {
#ifdef DEBUG_STRESS_GC
    collectGarbage();
#endif
  }

  if (newSize == 0) {
```

더 많은 메모리를 확보하려고 reallocate() 함수를 호출할 때마다 강제로 가비지 수집기를 실행한다. if 문을 넣은 이유는 이 함수가 할당된 메모리를 해제 또는 축소하는 용도로도 쓰이기 때문이다. GC 자체가 메모리를 확보하기 위해 reallocate()를 호출할 테니 이것 때문에 GC를 트리거하게 만들고 싶진 않다.

할당 직전에 수집하는 것이 GC를 VM에 연결하는 전형적인 수법이다. 이미 메모리 관리자를 호출하고 있으므로 여기가 코드를 꽂아넣기 쉬운 지점이다. 또한 할당은 실제로 일부 메모리를 해제하여 메모리를 재사용해야 하는 유일한 시점이다. 할당을 이용해서 GC를 트리거하지 않을 경우, 코드에서 루프 및 할당이 일어날 만한 모든 장소에서 수집기를 트리거하는 수단을 갖고 있어야 한다. 그렇지 않으면 VM은 더 많은 메모리가 필요하지만 어떤 메모리도 수집하지 못하는 기아 상태에 빠질 수 있다.

> 이보다 더 정교한 수집기 중에는 별도 스레드에서 실행하거나 프로그램 실행 중에, 특히 함수 호출 경계(function call boundary) 또는 후행 점프(backward jump)가 일어날 때 주기적으로 인터리브하는 것들도 있다.

26.2.2 디버그 로깅

진단 얘기가 나온 김에 몇 가지 좀 더 추가하자. 가비지 수집기가 정말 어려운 이유는 베일에 싸여 보이지 않기 때문이다. 지금까지 우리는 GC 없이도 많은 록스 프로그램을 문제없이 잘 돌려왔다. 그런데 이런 상황에서 GC를 추가하면 얼마나 쓸모가 있을지 어떻게 알 수 있을까? 메모리 곳곳을 남김 없이 파헤치는 프로그램을 작성해서 돌려봐야 할까? 이런 걸 어떻게 디버깅해야 할까?

GC가 안에서 무슨 일이 일어나는지 엿보는 가장 쉬운 방법은 로깅이다.

---
common.h

```
#define DEBUG_STRESS_GC
#define DEBUG_LOG_GC

#define UINT8_COUNT (UINT8_MAX + 1)
```

이 옵션을 켜면 씨록스는 동적 메모리 작업을 하면서 콘솔에 유용한 정보를 출력한다.

몇 가지 인클루드가 필요하다.

---
memory.c

```
#include "vm.h"

#ifdef DEBUG_LOG_GC
#include <stdio.h>
#include "debug.h"
#endif

void* reallocate(void* pointer, size_t oldSize, size_t newSize) {
```

수집기는 아직 없지만 로깅 기능은 지금 장착하자. 먼저 수집기가 실행되는 시점에 한 줄 남긴다.

---
memory.c ▶ collectGarbage() 함수

```
void collectGarbage() {
#ifdef DEBUG_LOG_GC
  printf("-- gc begin\n");
#endif
}
```

수집 중에 다른 작업을 하면서 로그가 남을 테니 공연이 끝나는 시점도 궁금할 것이다.

---
memory.c ▶ collectGarbage() 함수

```
  printf("-- gc begin\n");
#endif

#ifdef DEBUG_LOG_GC
```

```
    printf("-- gc end\n");
#endif
}
```

수집기 코드는 하나도 없지만 메모리 할당/해제 함수는 갖고 있으니 측정 결과도 틈틈이 출력한다.

object.c ▶ allocateObject() 함수

```
    vm.objects = object;

#ifdef DEBUG_LOG_GC
    printf("%p allocate %zu for %d\n", (void*)object, size, type);
#endif

    return object;
```

객체가 세상을 하직할 때도 유언을 남긴다.

memory.c ▶ freeObject() 함수

```
static void freeObject(Obj* object) {
#ifdef DEBUG_LOG_GC
    printf("%p free type %d\n", (void*)object, object->type);
#endif

    switch (object->type) {
```

디버그 플래그를 켜면 이 장의 나머지 부분을 진행하면서 뭔가 조금씩 진전되는 모습이 보일 것이다.

 # 26.3 루트 마킹
INTERPRETER

밤하늘을 수놓은 별처럼 객체는 힙에 여기저기 흩어져 있다. 한 객체에서 다른 객체를 참조하면 연결고리가 생기는데, 이러한 별자리는 마킹 단계가 진행되면서 복잡한 그래프를 형성한다. 마킹은 루트에서 시작된다.

memory.c ▶ collectGarbage() 함수

```
#ifdef DEBUG_LOG_GC
    printf("-- gc begin\n");
#endif

    markRoots();

#ifdef DEBUG_LOG_GC
```

대부분의 루트는 VM 스택에 위치한 로컬 변수나 임시 변수다. 자, 여기부터 탐색을 시작한다.

```c
static void markRoots() {
  for (Value* slot = vm.stack; slot < vm.stackTop; slot++) {
    markValue(*slot);
  }
}
```

록스 Value를 마킹하려면 다음 새 함수를 호출한다.

```c
void* reallocate(void* pointer, size_t oldSize, size_t newSize);
void markValue(Value value);
void collectGarbage();
```

구현 코드는 다음과 같다.

```c
void markValue(Value value) {
  if (IS_OBJ(value)) markObject(AS_OBJ(value));
}
```

숫자, 불리언, nil 같은 록스 값은 Value에 바로 저장되며 따로 힙에 할당할 필요가 없다. 가비지 수집기는
이런 값들을 전혀 신경 쓰지 않는다. 가장 먼저 해야 할 일은, 어떤 값이 실제로 힙에 있는 객체인지 확인하
는 것이다. 힙에 있는 객체를 실제로 마킹하는 일은 다음 함수가 수행한다.

```c
void* reallocate(void* pointer, size_t oldSize, size_t newSize);
void markObject(Obj* object);
void markValue(Value value);
```

구현 코드는 다음과 같다.

```c
void markObject(Obj* object) {
  if (object == NULL) return;
  object->isMarked = true;
}
```

markValue()가 markObject() 함수를 호출할 때 NULL 체크는 할 필요가 없다. 록스 Value는 Obj 타입의 일종으로서 항상 유효한 포인터를 가지기 때문이다. 그러나 나중에 다른 코드에서 markObject() 함수를 직접 호출하는 경우, 그중 일부에서는 가리키는 객체[4]가 옵션이다.

힙에 있는 객체가 맞으면 플래그를 true로 세팅하여 수집 대상으로 마킹한다. 이 새 필드는 모든 록스 객체가 공유하는 Obj 헤더 구조체에 위치한다.

object.h ▶ Obj 구조체

```
ObjType type;
bool isMarked;
struct Obj* next;
```

인생을 갓 시작한 객체는 아직 도달 가능 여부를 판단할 수 없으니 마킹되지 않은 상태로 출발한다.

object.c ▶ allocateObject() 함수

```
object->type = type;
object->isMarked = false;

object->next = vm.objects;
```

책장을 넘기기 전에 로깅 코드를 markObject()에 추가한다.

memory.c ▶ markObject() 함수

```
void markObject(Obj* object) {
  if (object == NULL) return;
#ifdef DEBUG_LOG_GC
  printf("%p mark ", (void*)object);
  printValue(OBJ_VAL(object));
  printf("\n");
#endif

  object->isMarked = true;
```

이제 마킹 단계에서 실제로 무슨 일이 벌어지는지 관찰할 수 있다. 스택을 마킹하면 로컬 변수와 임시 변수가 처리된다. 루트의 또 다른 주요 원천은 글로벌 변수다.

memory.c ▶ markRoots() 함수

```
    markValue(*slot);
  }

  markTable(&vm.globals);
}
```

---

4 **옮긴이** 즉, Obj* object 매개변수

글로벌 변수는 VM이 소유한 해시 테이블에 있으므로 테이블의 모든 객체를 마킹하는 헬퍼 함수를 따로 선언한다.

```
ObjString* tableFindString(Table* table, const char* chars,
                           int length, uint32_t hash);
void markTable(Table* table);

#endif
```

구현 코드는 table 모듈에 둔다.

```
void markTable(Table* table) {
  for (int i = 0; i < table->capacity; i++) {
    Entry* entry = &table->entries[i];
    markObject((Obj*)entry->key);
    markValue(entry->value);
  }
}
```

아주 직관적이다. entry 배열을 반복하면서 각각에 대해 값을 마킹한다. GC가 이들 문자열도 관리하므로 각 엔트리의 키 문자열도 마킹한다.

26.3.1 불분명한 루트

지금까지는 누가 봐도 당연하게 생각되는 부류의 루트, 즉 사용자 프로그램이 볼 수 있는 변수에 저장되어 있어 명백하게 도달 가능한 값들이었다. 하지만 VM은 자신이 직접 액세스하는 값에 대한 참조를 덮어버리는 몇 가지 숨겨진 함정을 갖고 있다.

대부분의 함수 호출 상태는 값 스택에 존재하지만, CallFrame은 VM이 별도의 스택에 보관한다. 각 CallFrame에는 호출되는 클로저를 가리키는 포인터가 들어 있는데, VM은 이 포인터로 상수와 업밸류에 액세스하므로 이 클로저는 어딘가에는 보관할 필요가 있다.

```
  }

  for (int i = 0; i < vm.frameCount; i++) {
    markObject((Obj*)vm.frames[i].closure);
  }

  markTable(&vm.globals);
```

업밸류 얘기가 나왔으니 말하는데, 오픈 업밸류 리스트는 VM이 직접 도달할 수 있는 또 다른 값의 집합이다.

```
  for (int i = 0; i < vm.frameCount; i++) {
    markObject((Obj*)vm.frames[i].closure);
  }

  for (ObjUpvalue* upvalue = vm.openUpvalues;
       upvalue != NULL;
       upvalue = upvalue->next) {
    markObject((Obj*)upvalue);
  }

  markTable(&vm.globals);
```

수집은 어떤 할당 도중에라도 시작될 수 있다는 사실을 기억하라. 할당은 사용자 프로그램이 실행되는 동안에만 일어나는 게 아니다. 컴파일러는 주기적으로 힙에서 리터럴 및 상수 테이블에 사용할 메모리를 가져온다. 그런데 만약 컴파일 중에 GC가 실행되면 컴파일러가 직접 액세스하는 값들 역시 모두 루트로 취급해야 한다.

별도의 함수로 빼내어 compiler 모듈을 나머지 VM 코드와 깔끔하게 분리하자.

```
  markTable(&vm.globals);
  markCompilerRoots();
}
```

선언은 다음과 같다.

```
ObjFunction* compile(const char* source);
void markCompilerRoots();

#endif
```

memory 모듈에 인클루드가 필요하다.

```
#include <stdlib.h>

#include "compiler.h"
#include "memory.h"
```

함수 정의는 compiler 모듈에 둔다.

```
void markCompilerRoots() {
  Compiler* compiler = current;
  while (compiler != NULL) {
    markObject((Obj*)compiler->function);
    compiler = compiler->enclosing;
  }
}
```

다행히 컴파일러에 매달려 있는 값은 그리 많지 않다. 컴파일러가 사용하는 유일한 객체는 컴파일 중인 ObjFunction뿐이다. 함수 선언은 중첩될 수 있기 때문에 컴파일러에는 함수 선언의 연결 리스트가 있고 이 리스트 전체를 탐색한다.

compile 모듈은 markObject()를 호출한다. 여기도 인클루드가 필요하다.

```
#include "compiler.h"
#include "memory.h"
#include "scanner.h"
```

이들 모두가 루트다. 이제 실행하면 VM(런타임과 컴파일러)이 다른 객체를 거치지 않고 도달 가능한 모든 객체에 마크 비트를 세팅할 것이다.

26.4 / 객체 참조 추적
INTERPRETER

마킹 프로세스의 다음 단계는 객체 간의 참조 그래프를 추적하여 간접적으로 도달 가능한 값을 찾는 것이다. 필드가 있는 인스턴스가 아직 씨록스에 없기 때문에 참조가 포함된 객체는 별로 많지 않지만 더러 있긴 하다. 가령, ObjClosure는 자신이 클로즈 오버한 ObjUpvalue의 리스트와 래핑한 원시 ObjFunction에 대한 참조를 갖고 있다. ObjFunction에는 함수 바디에서 생성된 모든 리터럴에 대한 참조가 포함된 상수 테이블이 있다. 이 정도면 수집기가 열심히 크롤링할 만한 상당히 복잡한 객체 그래프를 구축하기에 충분하다.

내가 이 장을 이 책에 삽입한 이유는 가비지 수집기가 처리 가능할 수 있는 흥미로운 객체를 제공하는 클로저가 생겼기 때문이다.

자, 그럼 탐색(순회)을 구현할 차례다. 진행 방향은 너비 우선(breadth-first), 깊이 우선(depth-first), 또는 다른 순서도 가능하다. 도달 가능한 객체의 집합을 찾아내기만 하면 되므로 탐색 순서는 대부분 중요하지 않다.

> '대부분'이라고 말한 까닭은, 어떤 가비지 수집기는 객체를 탐색한 순서대로 이동시키므로 이 순서에 따라 어떤 객체가 메모리에서 서로 인접하게 될지 결정되기 때문이다. CPU는 로컬리티를 이용해 어느 메모리를 미리 캐시에 로드할지 결정하기 때문에 이는 성능에 영향을 미친다.
>
> 하지만 탐색 순서가 중요하다 해도 어떤 순서로 탐색하는 게 최적인지는 명확하지 않다. 객체가 미래에 어떤 순서로 사용될지 예측하기란 매우 어렵다. 따라서 GC가 어떤 순서로 탐색해야 성능상 유리할지 알기는 어렵다.

26.4.1 색 추상화

수집기가 객체 그래프를 돌아다니는 동안 현재 위치를 몰라 헤매거나 이미 갔던 곳을 다시 들르는 일은 없어야 한다. 이는 특히 증분(incremental) GC처럼 사용자 프로그램에서 실행 중인 부분을 그때그때 마킹하는 고급 구현체에서는 특별히 중요한 관심사다. 수집기는 잠시 중단됐다가 나중에 중단됐던 바로 그 지점에서 다시 시작할 수 있어야 한다.

VM 해커들은 이 복잡한 프로세스를 소프트한 두뇌를 가진 인간이 추론하는 데 도움을 주고자 삼색 추상화(tricolor abstraction)라는 기발한 비유를 떠올렸다. 각 객체에 색깔(color)을 칠해 현재 객체가 어떤 상태인지, 앞으로 어떤 작업이 남아 있는지 표시하는 것이다.

> 고급 가비지 수집 알고리즘은 더 많은 색깔을 추가하는 경우도 있다. 나는 여러 단계의 회색 음영도 본 적 있고, 심지어 보라색을 넣는 알고리즘도 봤었다. 아, 내가 저술한 암갈색-황록색-자홍색-아욱색(puce-chartreuse-fuchsia-malachite) 수집기 논문은 아쉽게도 출판 심사 과정에서 떨어졌다.

- ○백색 : 모든 객체는 가비지 수집이 시작될 때 백색이다. 객체에 전혀 도달하지 않았거나 처리된 적이 없다는 뜻이다.

- ◉회색 : 마킹 과정에서 객체에 처음 도달하면 회색으로 마킹한다. 객체 자체는 도달 가능하지만 수집 대상은 아니라는 뜻이다. 하지만 아직 이 객체가 참조하는 다른 객체가 있는지 샅샅이 추적한 건 아니다. 이는 그래프 알고리즘 용어로는 워크리스트(worklist), 즉 알고는 있지만 아직 처리하지 않은 객체의 집합이다.

- ●흑색 : 회색 객체가 참조하는 모든 객체를 마킹하면 흑색으로 바꾼다. 마킹 단계에서 회색 객체를 처리 완료했다는 뜻이다.

마킹 프로세스를 정리하면 다음과 같다.

1. 모든 객체는 백색으로 시작한다.

2. 모든 루트를 찾아 회색으로 마킹한다.

3. 회색 물체가 있는 동안 다음 과정을 반복한다.

    (1) 회색 객체를 가져온다. 이 객체가 참조하는 백색 객체를 모두 회색으로 바꾼다.

    (2) 원래 회색이었던 객체는 흑색으로 마킹한다.

객체끼리 서로 참조하는 객체 그래프를 그려보면 이해가 빠를 것이다. 처음에는 모두 작은 백색 점으로 시작한다. VM이 루트를 참조하는 방향으로 간선이 생기면서 두 루트는 회색으로 변한다. 그리고 이 회색 객체가 가리키는 형제 객체는 회색으로, 자신은 흑색으로 바뀐다. 전체적으로 회색 물결이 그래프를 휩쓸고 지나가면서 도달 가능한 흑색 객체를 뒤에 남겨두는 모양새다. 도달 불가한 객체는 이 물결에 닿지 않은 채 그대로 백색을 유지한다.

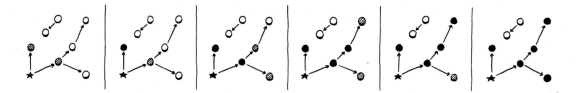

결국 마지막에는 도달 가능한 흑색 객체의 바다 속에 차후 메모리에서 해제될 백색 객체가 섬 모양으로 둥둥 떠다니는 모습으로 귀결될 것이다. 도달 불가한 객체가 회수되고 나면 흑색인 객체만 남게 되고, 이들은 다음 번 가비지 수집을 위해 다시 백색으로 리셋된다.

> 가비지 수집의 어느 단계에서도 흑색 노드가 백색 노드를 가리키는 경우는 없다. 이러한 속성을 삼색 불변(tricolor invariant)이라고 한다. 탐색 프로세스는 이 불변성을 유지하여 도달 가능한 객체가 수집되는 일이 없도록 한다.

26.4.2 회색 객체 워크리스트

자, 루트 마킹은 끝났다. 이제 전부 회색이다. 다음 단계는 이 회색 객체를 하나씩 가져와 이들이 참조하는 객체를 따라가보는 것이다. 그런데 쉽게 찾을 방법이 마땅치 않다. 객체에 isMarked 필드를 세팅했지만 이게 전부다. 이 필드가 세팅된 객체를 찾으려고 전체 객체 리스트를 뒤적이고 싶지는 않다.

그래서 따로 워크리스트를 만들어 모든 회색 객체를 계속 추적하겠다. 객체가 회색으로 바뀌면 isMarked 필드를 세팅하는 동시에 이 워크리스트에도 해당 객체를 추가한다.

memory.c ▶ markObject() 함수

```
object->isMarked = true;

if (vm.grayCapacity < vm.grayCount + 1) {
  vm.grayCapacity = GROW_CAPACITY(vm.grayCapacity);
  vm.grayStack = (Obj**)realloc(vm.grayStack,
                          sizeof(Obj*) * vm.grayCapacity);
}

vm.grayStack[vm.grayCount++] = object;
}
```

원소를 쉽게 넣고 뺄 수 있는 자료 구조면 어떤 것도 좋지만, 나는 C에서 동적 배열로 구현하기가 가장 간단한 스택을 선택했다. 스택은 우리가 만든 reallocate() 래퍼가 아닌, 시스템 함수 realloc()을 호출하는 차이점을 제외하면 우리가 이전에 록스에 구축한 다른 동적 배열과 작동 방식이 거의 같다. 회색 스택 자체에 대한 메모리는 가비지 수집기가 관리하지 않는다. GC 도중 회색 스택이 커져 자꾸만 재귀적으로 새로운

GC가 유발되는 현상은 바람직하지 않다. 그러다간 시공간 연속체(space-time continuum)에 구멍이 생길지도 모른다.

메모리는 우리 스스로 관리하자. VM은 회색 스택을 소유한다.

vm.h ▶ VM 구조체

```
  Obj* objects;
  int grayCount;
  int grayCapacity;
  Obj** grayStack;
} VM;
```

처음엔 빈 상태로 시작한다.

vm.c ▶ initVM() 함수

```
  vm.objects = NULL;

  vm.grayCount = 0;
  vm.grayCapacity = 0;
  vm.grayStack = NULL;

  initTable(&vm.globals);
```

VM이 종료되면 스택을 메모리에서 해제한다.

memory.c ▶ freeObjects() 함수

```
    object = next;
  }

  free(vm.grayStack);
}
```

이 배열은 오롯이 우리 책임이다. 여기엔 할당 실패도 포함된다. 회색 스택을 생성하거나 그 크기를 늘릴 수 없다면 가비지 수집은 완료할 수 없다. 이는 VM에게 나쁜 소식이지만, 다행히 회색 스택은 보통 아주 작은 편이라서 실제로 그럴 일은 거의 없다. 좀 더 우아하게 처리하고픈 마음은 굴뚝 같지만 이 책의 코드를 최대한 간단하게 유지하기 위해 이 정도로 만족하련다.

VM이 시작될 때 메모리에 '비 오는 날 펀드[5]' 블록을 할당하면 더 견고하게 만들 수 있다. 회색 스택 할당이 실패하면 비 오는 날 펀드 블록을 해제하고 다시 시도한다. 이렇게 하면 회색 스택을 생성하고, GC를 완료하고, 메모리를 해제하는 과정에서 힙에 충분한 여유 공간을 확보할 수 있다.

---

5 **옮긴이** rainy day fund, 정상적인 영업을 계속하기 위해 정기적인 수입이 중단되거나 감소하는 시기에 사용하기 위해 예약된 금액

```
    vm.grayStack = (Obj**)realloc(vm.grayStack,
                                  sizeof(Obj*) * vm.grayCapacity);

    if (vm.grayStack == NULL) exit(1);
  }
```

26.4.3 회색 객체 처리

루트 마킹할 때 필요한 필드 세팅도 다 했고 앞으로 씹어먹을 객체로 워크리스트를 가득 채웠으니 다음 단계로 넘어가자.

memory.c ▶ collectGarbage() 함수

```
  markRoots();
  traceReferences();

#ifdef DEBUG_LOG_GC
```

구현 코드는 다음과 같다.

memory.c ▶ markRoots() 함수 다음에 추가

```
static void traceReferences() {
  while (vm.grayCount > 0) {
    Obj* object = vm.grayStack[--vm.grayCount];
    blackenObject(object);
  }
}
```

텍스트 알고리즘과 상당히 비슷하다. 회색 객체를 계속 꺼내서 참조를 탐색한 뒤 그것들을 흑색으로 표시하는 작업을 스택이 텅 빌 때까지 반복한다. 객체의 참조를 탐색하는 과정에서 회색으로 마킹되어 스택에 추가된 새로운 백색 객체가 나타날 수도 있다. 그러므로 이 함수는 백색 객체를 회색으로, 회색 객체를 흑색으로 마킹하는 작업을 오락가락하면서 전체 파문을 서서히 전진시킨다.

다음은 객체의 참조를 탐색하는 함수다.

memory.c ▶ markValue() 함수 다음에 추가

```
static void blackenObject(Obj* object) {
  switch (object->type) {
    case OBJ_NATIVE:
    case OBJ_STRING:
      break;
  }
}
```

객체 종류마다 다른 객체를 참조하는 필드가 다를 수 있기 때문에 타입별로 분기 처리할 코드 뭉치가 필요하다. 가장 쉬운 것부터 시작하자. 문자열과 네이티브 함수 객체는 외부로 나가는 (outgoing) 참조가 없으므로 탐색할 대상이 없다.

> 문자열과 네이티브 함수를 처리할 필요가 없기 때문에 markObject()는 회색 스택에 추가하는 코드만 생략해도 간단히 최적화할 수 있다. 백색에서 흑색으로 바로 어둡게 만드는 것이다.

탐색된 객체 자체에 어떤 상태를 세팅하는 것이 아니다. 다시 말해, 객체의 상태에 '흑색'이라는 정보를 직접 인코드하는 게 아니다. isMarked가 true이고 회색 스택에 존재하지 않는 객체는 모두 흑색 객체다.

> 그럼 대체 isMarked 필드는 왜 만든 것일까? 인내심을 갖고 기다리면 답을 얻으리라.

이제 다른 객체 타입도 추가하자. 가장 간단한 것은 업밸류다.

memory.c ▶ blackenObject() 함수

```
static void blackenObject(Obj* object) {
  switch (object->type) {
    case OBJ_UPVALUE:
      markValue(((ObjUpvalue*)object)->closed);
      break;
    case OBJ_NATIVE:
```

업밸류는 클로즈될 때 클로즈 오버된 값을 가리키는 참조를 갖고 있다. 이 값은 더 이상 스택에 없으므로 업밸류에서 이 값에 대한 참조를 추적해야 한다.

다음은 함수다.

memory.c ▶ blackenObject() 함수

```
  switch (object->type) {
    case OBJ_FUNCTION: {
      ObjFunction* function = (ObjFunction*)object;
      markObject((Obj*)function->name);
      markArray(&function->chunk.constants);
      break;
    }
    case OBJ_UPVALUE:
```

모든 함수는 함수 이름이 포함된 ObjString을 참조한다. 이보다 더 중요한 사실은, 함수에는 다른 객체의 참조로 가득 찬 상수 테이블이 있다는 점이다. 이 모든 것들을 다음 헬퍼 함수로 추적한다.

memory.c ▶ markValue() 함수 다음에 추가

```
static void markArray(ValueArray* array) {
  for (int i = 0; i < array->count; i++) {
    markValue(array->values[i]);
  }
}
```

마지막 객체 타입은 25장에서 가장 늦게 합류한 클로저다.

memory.c ▶ blackenObject() 함수

```
  switch (object->type) {
    case OBJ_CLOSURE: {
      ObjClosure* closure = (ObjClosure*)object;
      markObject((Obj*)closure->function);
      for (int i = 0; i < closure->upvalueCount; i++) {
        markObject((Obj*)closure->upvalues[i]);
      }
      break;
    }
    case OBJ_FUNCTION: {
```

모든 클로저는 래핑한 원함수를 가리키는 참조와 자신이 캡처한 업밸류를 가리키는 포인터 배열을 갖고 있다. 이들도 모두 추적 대상이다.

여기까지가 회색 객체를 처리하는 기본 메커니즘이다. 그러나 아직 좀 더 죄어야 할 헐거운 곳이 두 군데 있다. 첫째, 로깅이다.

memory.c ▶ blackenObject() 함수

```
static void blackenObject(Obj* object) {
#ifdef DEBUG_LOG_GC
  printf("%p blacken ", (void*)object);
  printValue(OBJ_VAL(object));
  printf("\n");
#endif

  switch (object->type) {
```

이렇게 하면 객체 그래프를 통해 추적이 퍼져나가는 모습을 볼 수 있다. '그래프'라고 표현한 점에 주목하기 바란다. 객체 간의 참조는 방향성이 있지만 그렇다고 비순환적(acyclic)이라는 의미는 아니다! 객체가 서로 순환 참조할 가능성은 얼마든지 있다. 실제로 그런 일이 발생할 때 수집기가 동일한 객체를 끊임없이 회색 스택에 다시 추가하면서 무한 루프에 갇히지 않도록 해야 한다.

해결 방법은 간단하다.

memory.c ▶ markObject() 함수

```
  if (object == NULL) return;
  if (object->isMarked) return;

#ifdef DEBUG_LOG_GC
```

한 번 마킹된 객체는 다시 마킹하지 않으므로 회색 스택에 다시 추가되지 않는다. 이로써 이미 회색인 객체가 회색 스택에 중복으로 추가되거나 흑색 객체가 실수로 다시 회색으로 뒤바뀌는 불상사는 일어나지 않는다. 즉, 파면(wavefront)은 오직 백색 객체만 통과해서 앞으로 나아갈 것이다.

26.5 미사용 객체 스위핑

traceReferences()의 루프가 종료되면 손에 닿는 객체는 모두 다 처리한 셈이다. 회색 스택은 비어 있고, 힙에는 흑색 또는 백색 객체만 남아 있다. 흑색 객체는 도달 가능한 객체이므로 잘 간수해야 한다. 아직 백색인 객체는 추적망에 걸리지 않은 가비지다. 이들을 회수하자.

memory.c ▶ collectGarbage() 함수

```
  traceReferences();
  sweep();

#ifdef DEBUG_LOG_GC
```

모든 로직은 다음 함수에 있다.

memory.c ▶ traceReferences() 함수 다음에 추가

```
static void sweep() {
  Obj* previous = NULL;
  Obj* object = vm.objects;
  while (object != NULL) {
    if (object->isMarked) {
      previous = object;
      object = object->next;
    } else {
      Obj* unreached = object;
      object = object->next;
      if (previous != NULL) {
        previous->next = object;
      } else {
        vm.objects = object;
      }

      freeObject(unreached);
    }
  }
}
```

코드가 제법 길고 포인터가 많지만 잘 보면 별로 어렵지 않다. while 루프는 힙에 있는 모든 객체의 연결 리스트를 하나씩 탐색하며 마크 비트를 체크한다. 마킹된 객체(흑색)면 그냥 두고 지나간다. 마킹 안 된 객체(백색)는 연결 리스트에서 링크를 끊고 앞서 작성한 freeObject() 함수를 이용하여 메모리에서 해제한다.

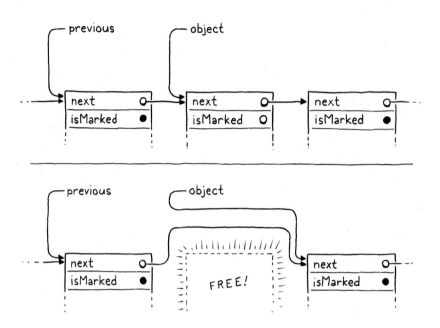

대부분의 나머지 코드는 단일 연결 리스트에서 노드를 제거하는 등의 지루한 작업을 해낸다. 다음 포인터의 링크를 끊으려면 이전 노드를 계속 기억해야 하며, 첫 번째 노드를 해제하는 엣지 케이스는 따로 처리해야 한다. 하지만 그밖의 경우는 간단하다. 연결 리스트에서 마크 비트가 세팅되지 않은 노드를 그냥 삭제하면 된다.

추가할 코드가 하나 더 있다.

memory.c ▶ sweep() 함수

```
  if (object->isMarked) {
    object->isMarked = false;
    previous = object;
```

sweep()가 완료되면 마크 비트가 세팅된, 살아 있는 흑색 객체만 남는다. 올바른 로직이다. 하지만 다음 수집 주기가 도래하면 모든 객체가 다시 백색이어야 한다. 따라서 흑색 객체에 도달할 때마다 다음 실행을 대비하여 지금 세팅된 마크 비트를 지워야 한다.

26.5.1 약한 참조와 문자열 풀

수집은 거의 다 끝났다. 메모리에 관련한 특이한 요건 한 가지가 더 있다. 씨록스에 문자열을 추가하면 VM이 문자열을 모두 인턴한다는 사실을 기억할 것이다. 즉, VM에는 힙에 있는 모든 문자열을 가리키는 포인터가 포함된 해시 테이블이 있다. VM은 이 테이블을 이용해 문자열 중복을 제거한다.

마킹 단계에서는 일부러 VM의 문자열 테이블을 루트의 소스로 취급하지 않았다. 만약 그랬다면 아무 문자열도 수집되지 않은 채 문자열 테이블은 점점 커져 운영 체제에 1바이트의 메모리도 돌려주지 않았을 것이다. 이건 나쁜 일이다.

이와 동시에 GC가 문자열을 해제하도록 허용하면 VM의 문자열 테이블에 해제된 메모리를 가리키는 허상 포인터[6]가 매달려 있게 될 것이다. 이건 더 나쁜 상황이다.

문자열 테이블은 특별하게 다루어야 한다. 무엇보다 이 테이블에는 특별한 종류의 참조가 필요하다. 테이블은 문자열을 참조할 수 있어야 하지만, 도달성을 결정할 때 이 링크를 루트로 간

> 정말 큰 문제가 될 수 있다. 자바는 모든 문자열을 인턴하지 않지만, 문자열 리터럴은 인턴한다. 또한 문자열 테이블에 문자열을 추가하는 API를 제공한다. 이 테이블의 용량은 오랫동안 고정이었고 여기에 추가된 문자열은 절대로 제거할 수 없었다. 사용자가 String.intern()을 조심해서 사용하지 않으면 메모리가 부족해져 크래시가 일어날 수 있는 구조다.
>
> 루비에도 수년간 심볼(인턴된 유사 문자열 값)이 가비지로 수집되지 않는 비슷한 문제가 있었다. 결국 두 언어 모두 GC가 이런 문자열까지 수집할 수 있게 되었다.

주해서는 안 된다. 참조된 객체는 언제라도 메모리에서 해제될 수 있기 때문이다. 실제로 이런 일이 벌어지면 마법의 자동 지우개 포인터처럼 허상 포인터 역시 함께 고정시켜야 한다. 이러한 특정한 시맨틱이 자주 등장하다 보니 **약한 참조(weak reference)**라는 말까지 나오게 됐다.

마킹 도중에 문자열 테이블을 탐색하지 않는다는 사실 덕분에 문자열 테이블의 고유한 동작은 이미 절반 이상은 암묵적으로 구현된 셈이다. 즉, 문자열에 도달할 수 있도록 강제하지 않는다는 뜻이다. 그럼 이제 남은 일은, 해제된 문자열을 가리키는 허상 포인터를 지우는 것이다.

도달 불가능한 문자열의 참조를 제거하려면 어떤 문자열이 도달 불가능한지 알아야 한다. 그러나 마킹 단계가 완료되기 전에는 이 사실을 알 수 없으며, 그렇다고 스윕 단계가 끝날 때까지 마냥 기다릴 수만은 없다. 막상 그때가 되면 객체(와 마크 비트)는 더 이상 확인할 방법이 없기 때문이다. 따라서 적절한 시점은 마킹과 스위핑 단계 사이다.

memory.c ▶ collectGarbage() 함수

```
traceReferences();
tableRemoveWhite(&vm.strings);
sweep();
```

머지않아 곧 삭제될(about-to-be-deleted) 문자열을 삭제하는 로직은 table 모듈에 새 함수로 구현한다.

---

6 〔옮긴이〕 dangling pointer, 컴퓨터 프로그래밍에서 적절한 타입의 유효한 객체를 가리키고 있지 않는 포인터

```
ObjString* tableFindString(Table* table, const char* chars,
                           int length, uint32_t hash);

void tableRemoveWhite(Table* table);
void markTable(Table* table);
```

구현 코드는 다음과 같다.

table.c ▶ tableFindString() 함수 다음에 추가

```
void tableRemoveWhite(Table* table) {
  for (int i = 0; i < table->capacity; i++) {
    Entry* entry = &table->entries[i];
    if (entry->key != NULL && !entry->key->obj.isMarked) {
      tableDelete(table, entry->key);
    }
  }
}
```

테이블의 모든 엔트리를 하나씩 들춰본다. 문자열 인턴 테이블은 각 엔트리의 키만 사용하므로, 기본적으로 해시 맵이 아닌, 해시 세트다. 키 문자열 객체의 마크 비트가 세팅되지 않은 경우, 곧 사라지기 직전의 백색 객체라는 뜻이다. 이 객체를 해시 테이블에서 먼저 삭제하면 더 이상 허상 포인터를 볼 일은 없을 것이다.

26.6 / 수집은 언제 하나?
INTERPRETER

드디어 완전한 기능을 갖춘 가비지 수집기가 완성됐다. 스트레스 테스트 플래그가 켜지면 가비지 수집기는 항상 호출되면서 로그를 남긴다. 덕분에 실제로 GC가 무슨 일을 하는지, 메모리는 제대로 회수되는지 지켜볼 수 있다. 하지만 이 플래그가 꺼지면 아무것도 실행되지 않는다. 프로그램 실행 도중 언제 수집기를 호출할지 결정해야 할 차례가 왔다.

내가 찾아보니 이 질문에 대한 답이 제대로 나와 있는 문헌은 거의 없다. 가비지 수집기가 처음 발명됐을 때에는 아주 작은 양의 고정 메모리가 컴퓨터에 장착되어 있었다. 많은 초기 GC 논문은 수천 워드 정도의 메모리(당시에는 대부분의 메모리)를 따로 남겨뒀다가 메모리가 부족하면 그때그때 수집기를 호출하는 것을 전제로 했었다. 단순하다.

요즘 컴퓨터는 보통 GB 단위의 물리적 RAM이 달려 있고 내부적으로는 이것보다 더 큰 운영 체제의 가상 메모리를, 저마다 메모리 청크를 차지하려고 다투는 수많은 프로그램과 공유한다. 운영 체제는 프로그램이

원하는 만큼 요청하도록 허용하되, 물리 메모리가 가득 차면 디스크를 상대로 페이지 인/아웃(page in/out)을 일으킨다.[7] 실제로 메모리가 '고갈'된 것은 아니고 속도가 점점 느려질 뿐이다.

26.6.1 레이턴시와 스루풋

더 이상 GC를 실행하기 위해 뭔가를 '해야 할' 때까지 기다리는 것은 의미가 없으므로 보다 정교한 타이밍 전략이 필요하다. 타이밍을 좀 더 정확하게 추론하려면 메모리 관리자의 성능 측정 시 사용하는 두 가지 기준인 레이턴시(latency, 지연)와 스루풋(throughput, 처리량) 개념을 이해해야 한다.

모든 관리형 언어는 항상 사용자가 명시적으로 해제하는 것(user-authored deallocation)에 비해 더 많은 성능 대가를 지불한다. 실제로 메모리를 비우는 데 쓴 시간은 동일하지만, 어떤 메모리를 비울지 GC가 결정하는 데 더 많은 시간을 소비하기 때문이다. 이는 사용자 코드를 실행하고 뭔가 유용한 작업을 하는 시간이 아니다. 씨록스에서 마킹 단계 전체가 다 이런 시간이다. 정교한 가비지 수집기는 이 오버헤드를 최소화하는 것이 목표다.

다음은 비용을 더 잘 파악하기 위해 주로 사용하는 두 가지 메트릭이다.

- **스루풋(throughput)**은 사용자 코드의 실행 시간 대비 가비지 수집 시간의 비율이다. 예를 들어, 씨록스 프로그램이 10초 동안 실행되는데 collectGarbage()에서 1초가 걸렸다면 스루풋은 90%다. 즉, 프로그램 실행 시간이 90%, GC 오버헤드가 10%가 소요된 셈이다.

  스루풋은 총 수집 오버헤드 비용을 나타내는 가장 근본적인 척도다. 다른 조건이 모두 동일하다면 스루풋이 높을수록 좋다. 25장까지는 씨록스에 GC가 없었기 때문에 스루풋은 100%였다. 무적함대라고 해야 할까? 물론, 사용자 프로그램이 아주 오래 실행되는 경우 메모리가 부족해지면서 크래시가 일어날 가능성이 높아지는 약간의 희생은 따랐다. GC의 목표는 가능한 한 스루풋을 적게 희생하면서 바로 이 '틈새(glitch)'를 틀어막는 것이다.

  > 정확히는 100%가 아니다. 할당된 객체를 연결 리스트에 욱여넣기 때문에 포인터를 세팅하는 약간의 오버헤드가 발생한다.

- **레이턴시(latency)**는 가비지 수집이 진행되는 동안 사용자 프로그램이 완전히 중단되는 가장 긴 연속적인 시간 청크다. 즉, 수집기가 얼마나 '청키(chunky)한지'[8]를 나타내는 수치로, 스루풋과는 완전히 다른 메트릭이다.

  예를 들어, 10초가 걸리는 씨록스 프로그램을 두 번 실행한다고 하자. 첫 번째 실행할 때 GC는 한 번 발생하고 collectGarbage()에서 1초 동안 한 차례 대량 수집(massive collection)을 한다. 두 번째 실행에서 GC는 5번 발생하고 각각 0.2초 소요된다. 총 수집 시간은 두 번 모두 1초, 스루풋은 90%지만, 두 번째 실행 시 레이턴시는 0.2초에 불과하며 첫 번째 실행보다 5배 짧다.

---

7 **옮긴이** 이를 스와핑(swapping)이라고 한다.

8 **옮긴이** 즉, 사용자 프로그램을 잠시 멎게 만드는 시간 덩어리가 얼마나 큰지

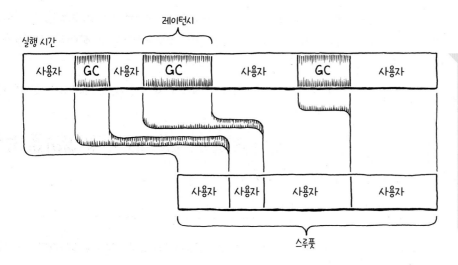

레이턴시

실행 시간

| 사용자 | GC | 사용자 | GC | 사용자 | GC | 사용자 |

| 사용자 | 사용자 | 사용자 | 사용자 |

스루풋

가로 막대는 프로그램의 실행을 나타내며, 사용자 코드의 실행 시간과 GC에서 걸린 시간으로 분류된다. GC 실행 시간 조각 중 가장 큰 것의 크기가 레이턴시, 사용자 코드 조각을 모두 합한 크기가 스루풋이다.

쉬운 예로, 갓 구운 빵을 손님에게 판매하는 베이커리가 있다고 하자. 스루풋은 하루 동안 손님에게 판매 가능한, 따뜻하고 바삭바삭한 빵의 총 개수다. 레이턴시는 가장 운이 나쁜 손님이 빵을 손에 넣기까지 줄을 서서 기다려야 하는 시간이다.

이런 상황에서 가비지 수집기를 실행한다는 것은, 베이커리 셔터를 잠시 내리고 모든 접시를 살펴보면서 깨끗한 접시와 더러운 접시를 분류한 다음 사용한 접시를 설거지하는 행위와 비슷하다. 전용 식기 세척기는 아직 설치하지 않은 터라 이런 작업이 진행되는 동안 빵은 구울 수가 없다. 제빵사는 지금 설거지 중이다.

매일 빵 판매 실적이 저조한 것도 나쁜 일이지만 설거지하는 동안 손님을 마냥 기다리게 하는 것도 예의가 아니다. 목표는 스루풋을 최대화하고 레이턴시를 최소화하는 것이다. 하지만 베이커리라고 예외는 아니며, 세상에 공짜 점심은 없는 법(no free lunch)! 스루풋을 얼마나 희생하고 레이턴시를 얼마나 양보하느냐는 저마다 다른 트레이드오프를 견주어보고 결정해야 한다.

사용자 프로그램마다 요건은 천차만별이므로 상황별 최적의 조합을 찾아내는 일이 중요하다. 예를 들어, 매일 수 TB에 달하는 보고서를 생성하는 야간 배치 작업은 많은 작업을 가능한 한 빨리 처리하는 게 급선무다. 따라서 무조건 스루풋이 먼저다. 한편, 사용자의 스마트폰에서 구동되는 앱은 항상 사용자 입력에 즉시 반응하여 화면을 드래그할 때 부드러운 느낌을 주어야 좋다. GC가 힙을 뒤적이는 동안 수 초 동안 화면을 얼어붙게 할 수는 없다.

베이커리 직원 한 사람이 하나의 스레드라고 보면, 가비지 수집을 별도의 스레드로 실행하는 동시 가비지 수집기(concurrent garbage collector) 형태로 만들면 확실히 최적화할 수 있다. 즉, 제빵사가 빵을 굽는 동안 다른 직원에게 설거지를 시키는 것이다. 이렇게 하면 워커 스레드(worker thread)인 제빵사는 사용자 코드를 무중단에 가깝게 실행할 수 있으므로 아주 정교한 GC처럼 작동된다.

그러나 조정(coordination)이 필요하다. 설거지 담당 직원이 제빵사의 손에서 믹스볼을 뺏어가면 대략 난감해질 것이다! 이런 일이 없게끔 조정하려면 많은 오버헤드와 복잡도가 수반된다. 동시 수집기는 빠르지만 제대로 구현하기는 쉽지 않다.

아, 비유를 잘못했는지 빵 굽는 냄새가 코끝에 진동한다.

가비지 수집기 작성자로서 여러분은 스루풋과 레이턴시 사이의 트레이드오프에 따라 수집 알고리즘을 선택할 수 있지만, 하나의 알고리즘 내에서도 수집기의 실행 빈도를 제어할 수 있다.

씨록스의 수집기는 **스톱-더-월드(stop-the-world) GC**, 즉 가비지 수집이 다 끝날 때까지 사용자 프로그램을 전부 중단시키는 수집기다. 수집기를 실행하기 전에 너무 오래 기다리면 죽은 객체들이 너무 많이 축적되고, 그럼 또 다시 가비지 수집 주기가 늘어나고 레이턴시가 증가할 것이다. 이렇게 보면 수집기를 가급적 자주 실행하는 게 좋을 것 같다.

> 반대로, 증분 가비지 수집기(incremental garbage collector)는 수집을 조금만 한 후에 사용자 코드를 실행하고 다시 또 조금만 수집하는 식으로 작동된다.

그러나 수집기가 한 번 실행될 때마다 라이브 객체를 방문하는 데 적잖은 시간이 소비된다. 이 시간은 (라이브 객체를 잘못 삭제하는 일이 없도록 보장하는 것 외에) 실제로 유용한 작업은 하지 않는, 그야말로 버려지는 시간이다. 라이브 객체를 방문하는 동안에는 메모리를 확보할 수도, 사용자 코드를 실행할 수도 없다. 만약 GC를 너무 자주 실행하면 VM이 수집할 새 가비지를 사용자 프로그램에서 만들어낼 시간조차 부족해질지도 모른다. 그러면 결국 VM은 자기 시간을 모조리 동일한 라이브 객체 집합을 재방문하는 데 소모하게 되면서 스루풋은 뚝 떨어질 것이다. 이런 관점에서 보면 수집기는 가급적 뜸하게 실행하는 편이 좋다.

일상사도 그렇듯 우리가 원하는 것은 중용이다! 가비지 수집기의 실행 빈도는 레이턴시와 스루풋 사이의 트레이드오프를 튜닝하는 중요한 조절 장치 중 하나다.

26.6.2 자동 조정 힙

레이턴시를 최소화할 만큼 자주 실행하되, 스루풋도 적절하게 유지할 수 있는 정도로 가끔씩만 GC를 실행시키고 싶다. 하지만 사용자 프로그램이 얼마나 많은 메모리를 필요로 하고 얼마나 자주 할당하는지 모르는 상태에서 어떻게 이 둘 사이의 균형을 맞출 수 있을까? 사용자에게 문제를 떠넘기고 그들이 직접 GC 튜닝 매개변수를 표출하도록 선택을 강요할 수도 있다. 실제로 많은 VM이 그렇게 하지만, GC 개발자인 우리가 어떻게 하면 튜닝을 잘 하는 것인지 모르면 대부분의 사용자도 모를 공산이 크다. 어느 정도 이치에 맞는 디폴트 옵션은 알려주는 게 합당하다.

독자 여러분에게 솔직히 고백하건대, 사실 이쪽은 내 전문 분야가 아니다. 그래서 경험 많은 전문 GC 해커들과 얘기를 나누고 내 나름대로 꽤 많은 자료를 찾아봤지만, 내가 얻은 답은 하나같이 참... 모호했다. 결국 나는 범용적이면서도 아주 단순하고, 대부분의 사용자에게 그럭저럭 잘 맞는(부디 그러길!) 전략을 선택했다.

내 아이디어는 이렇다. 힙의 라이브 크기에 따라 수집기 실행 주기를 자동 조정한다. VM이 할당해서 관리하는 총 메모리 바이트 수를 추적하면서 이 값이 어떤 임계치를 초과하면 GC를 트리거한다. 그러고 나서 남은 메모리 바이트 수(즉, 얼마나 많은 메모리가 해제되지 않았는지)를 기록한다. 그런 다음 임계치를 이보다 큰 값으로 조정한다.

그 결과 라이브 메모리의 양이 증가하면서 점점 늘어나는 라이브 객체 더미를 다시 뒤지느라 스루풋이 희생되지 않도록 수집 빈도를 낮출 수 있다. 반대로 라이브 메모리의 양이 줄어들면 레이턴시가 늘어나 너무 오래 기다리는 일이 없도록 더 자주 수집한다.

이렇게 구현하자면 VM에 새로운 부기 필드(bookkeeping field)가 2개 필요하다.

vm.h ▶ VM 구조체

```
ObjUpvalue* openUpvalues;

size_t bytesAllocated;
size_t nextGC;
Obj* objects;
```

첫째, VM이 할당하여 관리하는 총 메모리 바이트 수다. 둘째, 그다음 수집을 트리거하는 임계치다. 두 변수는 VM을 시작할 때 다음과 같이 초기화한다.

vm.c ▶ initVM() 함수

```
vm.objects = NULL;
vm.bytesAllocated = 0;
vm.nextGC = 1024 * 1024;

vm.grayCount = 0;
```

임계치는 내가 임의로 잡은 값으로, 앞서 다양한 동적 배열에 선택한 초기 용량과 비슷하다. 목표는 처음 몇 번의 GC는 너무 빨리 트리거하지 않으면서, 동시에 너무 오래 기다리지도 않도록 하는 것이다. 실제 록스 프로그램이 있으면 정확히 프로파일해 보며 튜닝까지 가능할 것이다. 하지만 우리에겐 작은 예제 프로그램뿐이므로 내가 대충 수치를 정했다.

> 고립된 실험실 환경에서 베스트 프랙티스를 찾아내기가 너무 어렵다는 점이 가비지 수집기를 학습할 때 애로사항이다. 엄청나게 크고 지저분한 실제 프로그램을 작성하고 돌려보지 않는 한 수집기가 실제로 어떻게 작동되는지 알 길이 없다. 경주용 차를 튜닝하는 것과 같다. 코스에 나가봐야 제대로 알 수 있다.

메모리를 할당/해제할 때마다 델타[9]만큼 조정한다.

memory.c ▶ reallocate() 함수

```
void* reallocate(void* pointer, size_t oldSize, size_t newSize) {
  vm.bytesAllocated += newSize - oldSize;
  if (newSize > oldSize) {
```

총 메모리 바이트 수가 이 한계치를 초과하면 수집기를 실행한다.

---

9 옮긴이 delta, 증감분

```
    collectGarbage();
#endif

    if (vm.bytesAllocated > vm.nextGC) {
      collectGarbage();
    }
  }
```

이제 (우리가 숨겨놓은) 진단 플래그를 켜지 않고 프로그램을 실행해도 가비지 수집기가 실제로 작동된다. 스윕 단계에 이르면 reallocate()가 객체를 해제하면서 bytesAllocated 값을 감소시키므로 수집 완료된 후 얼마나 많은 라이브 바이트가 남아 있는지 알 수 있다. 이 값을 기반으로 다음과 같이 GC의 임계치를 조정한다.

```
  sweep();

  vm.nextGC = vm.bytesAllocated * GC_HEAP_GROW_FACTOR;

#ifdef DEBUG_LOG_GC
```

임계치는 힙 크기의 배수다. 이렇게 해야 프로그램이 사용하는 메모리 양이 증가할수록 임계치가 더 많이 증가해서 더 큰 라이브 객체 집합을 재탐색하는 시간이 제한될 것이다. 이 장의 다른 수치와 마찬가지로 스케일 팩터[10] 역시 임의로 정한 값이다.

```
#endif

#define GC_HEAP_GROW_FACTOR 2

void* reallocate(void* pointer, size_t oldSize, size_t newSize) {
```

벤치마크할 실제 프로그램이 있으면 이 구현체를 한번 튜닝해보고 싶을 것이다. 지금은 최소한 몇 가지 통계치는 로그에 남길 수 있다. 수집하기 전에 힙 크기를 캡처하고...

```
  printf("-- gc begin\n");
  size_t before = vm.bytesAllocated;
#endif
```

---

10 **옮긴이** scale factor, 어떤 양을 늘리거나 줄이거나 또한 곱하는 수

... 마지막에 결과를 출력한다.

memory.c ▶ collectGarbage() 함수

```
printf("-- gc end\n");
printf("    collected %zu bytes (from %zu to %zu) next at %zu\n",
        before - vm.bytesAllocated, before, vm.bytesAllocated,
        vm.nextGC);
#endif
```

이 로그를 보면 가비지 수집기가 한 번 실행되는 동안 얼마나 많은 작업이 수행됐는지 확인할 수 있다.

26.7 가비지 수집 버그

이론적으로는 모두 끝났다. 주기적으로 끼어들어 수거할 만한 것들은 몽땅 수거하고 나머지는 그대로 남겨두는 GC가 완성됐다. 이 책이 여느 교과서였으면 손에 묻은 먼지를 털고 우리가 조각한 흠 없는 대리석 건물의 은은한 광채를 감상했으리라.

하지만 나는 여러분에게 프로그래밍 언어의 이론뿐만 아니라 때로는 고통스러운 현실도 함께 가르치고자 한다. 썩은 통나무를 굴려 그 안에 기거하던 지저분한 벌레까지 기꺼이 보여줄 생각이다. 가비지 수집기의 벌레는 정말이지 매우 징그러운 무척추 동물들 중 하나다.[11]

수집기의 임무는 죽은 객체는 정리하고 산 객체는 보존하는 것이다. 그런데 이 두 가지 일을 하는 과정에서 실수를 하기가 쉽다. VM이 제때 불필요한 객체를 해제하지 못하면 조금씩 메모리 릭이 일어난다. 그렇다고 사용 중인 객체를 해제하면 사용자 프로그램이 엉뚱한 메모리에 액세스할 가능성이 있다. 이런 실패가 즉시 크래시를 유발하는 것은 아니라서 시간을 거슬러 올라가 버그를 찾아내기가 한층 더 어려워진다.

수집기가 언제 실행될지 모른다는 사실이 문제를 더욱 어렵게 만든다. 언젠가 메모리를 할당하게 될 모든 호출이 VM에서 수집이 일어날 수 있는 장소다. 의자 앉기 놀이(musical chairs)[12]와 비슷하다. GC는 언제라도 음악을 멈출 수 있다. 힙에 할당된 모든 객체는 스윕 단계가 찾아와 다른 객체에게 의자를 빼앗기기 전에 재빨리 의자를 발견해야 한다. (즉, 루트로 마킹되거나 다른 객체 안의 참조로 저장돼야 한다.)

---

11 옮긴이 '벌레'와 '버그'가 영어로 모두 bug라는 점을 이용한 말장난이다.

12 옮긴이 게임의 참가자인 플레이어의 수보다 한 개 적은 수의 의자가 의자 바깥의 원으로 빙 둘러 서 있는 플레이어들과 함께 바깥쪽을 향하게 둥글게 배치되는 게임이다. 보통 원의 형태로 빙 둘러 서 있는 플레이어가 의자 주위를 조화롭게 같은 한 방향으로 걷는 동안 음악이 연주된다. (출처 : 위키백과)

VM은 어떻게 GC 자신도 볼 수 없는 객체를 나중에 사용할 수 있을까? VM은 어떻게 그런 객체를 찾는 걸까? 가장 일반적인 해답은 C 스택의 일부 로컬 변수에 저장된 포인터를 참조하는 것이다. GC는 VM의 값과 `CallFrame` 스택을 탐색하지만 C 스택은 GC가 볼 수 없도록 숨겨져 있다.

이전 장에서 VM의 값 스택에 객체를 푸시하여 어떤 작업을 수행한 후 다시 팝하는 우둔한 코드를 작성했던 것을 기억할 것이다. 이런 코드가 나올 때마다 나는 매번 GC의 덕을 보려고 그러는 거라고 말했다. 이제 이유를 알겠는가? 푸시와 팝 사이의 코드는 잠재적으로 메모리를 할당하므로 GC를 트리거할 가능성이 높다. 따라서 객체를 값 스택에 있도록 만들어 수집기의 마킹 단계가 객체를 찾아 라이브 상태로 유지시키도록 하는 것이다.

> 씨록스 GC는 C 스택에 있는 주소를 찾을 수 없지만, 다른 많은 GC는 가능하다. 보수적인 가비지 수집기는 네이티브 스택을 포함해 모든 메모리를 찾아본다. 이런 수집기 중에 뵘-멀스-버드바이저 가비지 수집기(Boehm-Demers-Weiser garbage collector), 간단히 줄여서 '뵘 수집기'라고 부르는 것이 가장 널리 알려져 있다. (CS에서 명성을 얻는 지름길은 알파벳 순으로 가장 앞쪽에 있는 성씨를 사용해서 정렬된 목록의 가장 선두에 이름을 올리는 것이다.)
>
> 많은 정밀한 GC 역시 C 스택을 탐색한다. 이런 GC도 CPU 레지스터에만 존재하는 라이브 객체를 가리키는 포인터는 주의를 기울여야 한다.

나는 이 책을 장별로 나누어 이야기 보따리를 풀기 전에 씨록스 구현 코드를 전부 다 작성한 상태였다. 따라서 충분한 시간을 바쳐 구석구석 살펴보면서 대부분의 버그를 제거했다. 이 장의 시작부에 추가했던 스트레스 테스트 코드와 잘 만든 테스트 스위트가 큰 도움이 되었다.

하지만 버그를 전부 고친 것은 아니었다. 야생에서 이런 버그에 맞닥뜨리는 기분이 어떤지 여러분에게 생생하게 전달하고자 몇 마리는 남겨두었다. 지금 스트레스 테스트 플래그를 켜고 간단한 록스 프로그램을 실행하면 그중 일부가 그물에 걸려들 것이다. 한번 해보고 여러분이 직접 조치할 만한 버그인지 살펴보기 바란다.

26.7.1 상수 테이블에 추가

첫 번째 버그는 부딪힐 가능성이 매우 높다. 각 청크가 소유한 상수 테이블은 동적 배열이다. 컴파일러가 현재 함수의 테이블에 새로운 상수를 계속 추가하면 이 배열도 계속 몸집이 커지게 될 수 있다. 상수 자체도 문자열이나 중첩된 함수처럼 힙에 할당된 객체일 수 있다.

상수 테이블에 추가되는 새 객체는 addConstant()로 전달된다. 이때 객체는 C 스택에 있는 addConstant() 함수에 전달되는 매개변수에서만 찾을 수 있다. 이 함수는 전달받은 객체를 상수 테이블에 추가하고 테이블 용량이 부족해 늘려야 할 경우에는 reallocate()를 호출한다. 그러면 GC가 트리거되면서 새 상수 객체는 테이블에 추가되기도 전에 마킹조차 되지 못하고 스윕될 것이다. 크래시 발생!

이 문제를 해결하는 방법은 (이미 다른 곳에서도 써왔던 것처럼) 상수를 임시로 스택에 푸시하는 것이다.

chunk.c ▶ addConstant() 함수

```
int addConstant(Chunk* chunk, Value value) {
  push(value);
  writeValueArray(&chunk->constants, value);
```

그리고 상수 테이블에 객체가 포함되면 스택에서 상수를 팝한다.

```
  writeValueArray(&chunk->constants, value);
  pop();
  return chunk->constants.count - 1;
```

GC는 루트를 마킹할 때 컴파일러 체인을 따라가며 각 함수를 마킹하므로 이제 새 상수는 도달 가능하다. chunk 모듈에서 VM을 호출하려면 인클루드가 필요하다.

```
#include "memory.h"
#include "vm.h"

void initChunk(Chunk* chunk) {
```

26.7.2 문자열 인터닝

비슷한 버그가 또 있다. 씨록스에서 모든 문자열은 인턴되므로 문자열을 생성할 때마다 인턴 테이블에도 추가된다. 덕분에 문자열의 행방을 알 수 있다. 문자열은 완전히 새 거라서 어디서건 도달할 수 없으며, 문자열 풀의 크기를 재조정하면 수집이 트리거될 가능성이 있다. 여기서도 일단 문자열을 스택에 잘 숨겨둔다.

```
  string->chars = chars;
  string->hash = hash;

  push(OBJ_VAL(string));
  tableSet(&vm.strings, string, NIL_VAL);
```

그런 다음 테이블에 안착되면 다시 스택에서 팝한다.

```
  tableSet(&vm.strings, string, NIL_VAL);
  pop();

  return string;
}
```

이렇게 하면 테이블이 크기 재조정되는 도중에도 문자열은 안전하게 유지된다. 이후에도 문자열이 생존하면 allocateString()은 이 문자열을 호출자에 리턴하고, 그럼 이 호출자는 다음 힙 할당이 발생하기 전에 이 문자열이 여전히 도달 가능한 상태인지 확인할 수 있다.

26.7.3 문자열 연결

마지막 버그다. 인터프리터에서 OP_ADD 명령어는 두 문자열을 연결하는 용도로 사용할 수 있다. 숫자를 더하는 것처럼 스택에서 두 피연산자를 팝해 결과를 계산한 다음 새 값을 다시 스택에 푸시한다. 숫자의 덧셈 연산은 완벽하게 안전하다.

그러나 두 문자열을 서로 연결하려면 힙에 새로운 문자 배열을 할당해야 하는데, 이 과정에서 GC가 트리거될 수 있다. 피연산자에 해당하는 문자열은 이미 스택에서 팝한 상태인지라 마킹 단계에서 누락되어 사라질 가능성이 있다. 그래서 스택에서 팝하지 않고 피크만 한다.

vm.c ▶ concatenate() 함수 코드 2줄 교체

```
static void concatenate() {
  ObjString* b = AS_STRING(peek(0));
  ObjString* a = AS_STRING(peek(1));

  int length = a->length + b->length;
```

그러면 결과 문자열을 생성할 때에도 두 문자열은 계속 스택에 남게 될 것이다. 작업이 끝나면 안전하게 팝해 결과 문자열로 대체한다.

vm.c ▶ concatenate() 함수

```
  ObjString* result = takeString(chars, length);
  pop();
  pop();
  push(OBJ_VAL(result));
```

어디를 고쳤는지 내가 미리 알려주었으니 아주 쉬워 보이지만, 실제로는 어디가 문제인지를 찾아내는 일이 가장 어렵다. 우리 눈에 보이는 현상은, 어떤 객체가 분명 있어야 하는데 실제로 없다는 것뿐이다. 이런 점에서 문제를 일으킨 코드를 찾는 다른 디버깅과는 차원이 다르다. 문제를 예방하지 못한 코드의 부재를 찾아내야 하므로 훨씬 훨씬 더 어렵다.

어쨌거나 지금은 푹 쉬어도 좋다. 씨록스의 모든 수집 버그는 내가 샅샅이 찾아내 고쳤으니까. 확실하게 작동되는 강력하고, 셀프 튜닝 가능한, 마크-스윕 가비지 수집기를 구현했다!

연습 문제

1. 이제 각 객체 상단의 `Obj` 헤더 구조체에 `type`, `isMarked`, `next` 세 필드가 있다. 이들은 (여러분의 PC에서) 메모리를 얼마나 차지하나? 좀 더 컴팩트하게 바꿀 수는 없을까? 그렇게 개선하는 데 런타임 비용이 발생하는가?

2. 스윕 단계에서 라이브 객체를 탐색할 때 그다음 수집 사이클에 대비하여 `isMarked` 필드를 초기화한다. 이보다 더 효율적으로 구현할 방법은 없을까?

3. 마크-스윕은 수많은 가비지 수집 알고리즘 중 하나에 불과하다. 현재 수집기를 다른 것으로 바꿔보거나 보강하면서 다양한 수집 알고리즘을 연구하라. 참조 횟수 계산(reference counting), 체니 알고리즘(Cheney's algorithm), 리스프 2 마크-컴팩트(mark-compact) 알고리즘이 좋은 연구 대상이다.

세대별 수집기

수집기가 아직 살아 있는 객체를 재방문하는 데 너무 많은 시간을 소비하면 스루풋이 떨어진다. 하지만 그렇다고 수집을 지나치게 뜸하게 하면 큼지막한 가비지 덩이가 쌓여 레이턴시가 증가할 것이다. 어떤 객체가 장수할 각인지, 단명할 각인지를 미리 알 수 있는 방법은 없을까? 그런 방법이 있다면 GC는 수명이 긴 객체는 자주 재방문하지 않고, 수명이 짧은 일시적인 객체는 더 자주 방문해서 효율적으로 정리할 수 있을 것이다.

실제로 그런 수집기가 있다. 오래전 GC 연구자들은 실행 중인 프로그램에서 객체의 수명을 측정했다. 모든 객체가 언제 할당되고 결국 더 이상 필요가 없어지게 되는 시점이 언제인지 꼼꼼히 기록한 다음, 객체가 얼마나 오랫동안 살아남는지 그래프를 그려보았다.

그 결과 **세대 가설(generational hypothesis, 유아 사망률(musical chairs)**이라는 다소 구린 용어를 쓰기도 한다)이라는 현상을 발견했다. 그들이 관찰한 바에 따르면, 대부분의 객체는 수명이 아주 짧지만 일단 특정한 나이를 넘어서 생존하면 꽤 오랫동안 살아남는 경향이 있다. 더 오래 살아남은 객체일수록 앞으로도 더 오래 살 가능성이 높은 것이다. 이러한 관찰은 객체를 자주 수집하면 이로운 집단과 가끔씩만 수집해야 이로운 집단으로 각각 나누어 관리하는 방법이 효과가 있음을 암시하는 강력한 단서가 되었다.

그래서 GC 연구자들은 **세대별 가비지 수집(generational garbage collection)**이라는 기술을 창안했다. 작동 방식은 이렇다. 새로운 객체가 할당되면 그때마다 '너저리(nursery, 어린이집)'라는 상대적으로 좁은 힙 영역으로 보낸다. 객체는 불행히도 일찍 죽는 경향이 있어서 가비지 수집기는 이 영역에 있는 객체를 자주 수집한다.

> 너저리는 보통 마크-스윕 수집기보다 객체를 할당하고 해제하는 속도가 더 빠른 복사 수집기(copying collector)를 사용해서 관리한다.

GC가 너저리를 상대로 가비지를 수집하는 시기를 각각 '세대(generation)'라고 한다. 더 이상 필요 없는 객체는 힙에서 해제된다. GC는 살아남은 객체를 한 세대 더 오래된 것으로 간주하고 계속 추적한다. 어떤 객체가 특정 세대수(대부분 단일 컬렉션) 이상 생존하면 테뉴어(tenured, 종신) 객체가 된다. 이렇게 너저리에서 졸업한 장수 객체는 따로 마련된 넓은 힙 영역으로 복사된다. GC는 이 영역도 수집하긴 하지만, 여기 있는 객체는 대개 앞으로도 생존할 가능성이 높기 때문에 실행 빈도가 훨씬 낮다.

세대별 수집기는 (객체 수명이 균등 분포되지 않는다는) 경험 데이터(empirical data)와 이를 십분 활용하여 영리하게 디자인한 알고리즘이 아름답게 조화를 이룬 결과물이다. 개념 자체는 사실 아주 간단하다. 별도로 튜닝된 2개의 GC와 객체를 한곳에서 다른 곳으로 옮기는 매우 단순한 정책이라고 볼 수 있다.

27장

클래스와 인스턴스

> 물건에 너무 집착하면 네 자신을 망칠지도 몰라. 한 가지 물건만 애지중지하면 그 물건 자체의 삶을 빼앗는 것이나 다름없겠지, 안 그래? 또 아름다운 것들의 본질이란, 너를 더 큰 아름다움으로 연결시켜주는 것이 아닐까?
>
> 도나 타트(Donna Tartt), 『황금방울새(The Goldfinch)』

씨록스에서 마지막으로 남은 파트는 객체 지향 프로그래밍이다. OOP는 클래스, 인스턴스, 필드, 메서드, 초기자, 상속 등의 기능이 어우러진 종합 선물 세트다. 제이록스는 상대적으로 하이레벨 언어인 자바를 써서 모든 내용을 두 장에 담았다. 씨록스는 이쑤시개로 에펠탑 모형을 만드는 것 같은 C 언어로 코딩을 해야 하므로 세 장으로 분량이 늘어났다. 하지만 느긋하게 산책하듯 책장을 넘기면 된다. 클로저(25장), 가비지 수집기(26장) 등의 드센 관문을 통과한 여러분은 휴식을 즐길 자격이 있다. 지금부터는 정말로 책장이 잘 넘어가리라.

이 장은 우선 클래스, 인스턴스, 필드 세 가지를 설명하겠다. 객체 지향의 상태 저장(stateful)에 관한 기능이다. 28장, 29장은 객체에 동작을 매달고 코드를 재사용하는 방법을 알아본다.

> 객체 지향 프로그래밍에 대해 자기 주장이 강한 사람들(이렇게 쓰고 '모두(everyone)'라고 읽는다)은 OOP가 매우 특정한 언어 기능을 나열한 리스트라고 생각하는 것 같다. 하지만 OOP에도 실제로 탐험할 공간은 광활하기 그지 없으며, 각 언어마다 고유한 재료와 레시피를 갖고 있다.
>
> 셀프(Self)에는 객체가 있지만 클래스는 없다. 클로스(CLOS)에는 메서드가 있지만 특정 클래스에 연결되지 않는다. C++는 원래 런타임 다형성(runtime polymorphism), 즉 가상 메서드(virtual method)가 없었다. 파이썬은 다중 상속이 가능하지만 자바는 불가능하다. 루비는 메서드를 클래스에 붙이지만 단일 객체에 메서드를 정의하는 것도 가능하다.

27.1 / 클래스 객체

INTERPRETER

클래스 기반의 객체 지향 언어에서 모든 것은 클래스에서 시작된다. 클래스는 프로그램에 어떤 종류의 객체가 존재하는지 정의하고 새 인스턴스를 찍어내는 공장 역할을 한다. 나는 상향식으로, 클래스 런타임 표현부터 시작해 언어에 하나씩 연결하는 식으로 접근하고자 한다.

지금쯤이면 VM에 새로운 객체 타입을 추가하는 일쯤은 아주 익숙할 것이다. 구조체부터 시작하자.

object.h ▶ ObjClosure 구조체 다음에 추가

```
} ObjClosure;

typedef struct {
  Obj obj;
  ObjString* name;
} ObjClass;

ObjClosure* newClosure(ObjFunction* function);
```

Obj 헤더 뒤에 클래스 이름을 저장한다. 사용자 프로그램에서 클래스 이름은 필수는 아니지만, 런타임에 스택 트레이스를 볼 때 클래스 이름이 출력되면 유용하다.

타입을 새로 추가했으니 ObjType 열거체에도 케이스를 추가한다.

object.h ▶ ObjType 열거체

```
typedef enum {
  OBJ_CLASS,
  OBJ_CLOSURE,
```

이 타입에 해당하는 매크로도 쌍도 필요하다. 먼저 객체의 타입을 체크하는 매크로다.

object.h

```
#define OBJ_TYPE(value)        (AS_OBJ(value)->type)

#define IS_CLASS(value)        isObjType(value, OBJ_CLASS)
#define IS_CLOSURE(value)      isObjType(value, OBJ_CLOSURE)
```

다음은 Value를 ObjClass 포인터로 캐스팅하는 매크로다.

object.h

```
#define IS_STRING(value)       isObjType(value, OBJ_STRING)

#define AS_CLASS(value)        ((ObjClass*)AS_OBJ(value))
#define AS_CLOSURE(value)      ((ObjClosure*)AS_OBJ(value))
```

VM은 다음 함수를 사용하여 새로운 클래스 객체를 생성한다.

object.h ▶ ObjClass 구조체 다음에 추가

```
} ObjClass;

ObjClass* newClass(ObjString* name);
ObjClosure* newClosure(ObjFunction* function);
```

> 변수 이름을 'klass'로 지은 것은 VM에게 유치원 'Kidz Korner(키즈 코너)' 같은 느낌을 주려는 의도다. 덕분에 'class'가 예약어인 C++처럼 씨록스에서도 훨씬 더 쉽게 컴파일할 수 있다.

구현 코드는 다음과 같다.

object.c ▶ allocateObject() 함수 다음에 추가

```
ObjClass* newClass(ObjString* name) {
  ObjClass* klass = ALLOCATE_OBJ(ObjClass, OBJ_CLASS);
  klass->name = name;
  return klass;
}
```

보일러플레이트 코드 천국이다. 클래스의 이름을 문자열로 받아 저장한다. 사용자가 새 클래스를 선언하면 그때마다 VM은 `ObjClass` 구조체 중 하나를 생성하여 클래스를 표현한다.

VM에 더 이상 클래스가 필요 없으면 다음과 같이 해제한다.

memory.c ▶ freeObject() 함수

```
switch (object->type) {
  case OBJ_CLASS: {
    FREE(ObjClass, object);
    break;
  }
  case OBJ_CLOSURE: {
```

> 지금은 {}가 의미가 없지만, 다음 장부터 이 스위치 케이스에 코드가 계속 추가될 것이다.

메모리 관리자가 있으니 클래스 객체를 통한 추적 기능도 필요하다.

memory.c ▶ blackenObject() 함수

```
switch (object->type) {
  case OBJ_CLASS: {
    ObjClass* klass = (ObjClass*)object;
    markObject((Obj*)klass->name);
    break;
  }
  case OBJ_CLOSURE: {
```

GC가 클래스 객체에 도달하면 클래스 이름을 마킹하여 해당 문자열도 라이브 상태로 유지한다.

VM에서 처리할 마지막 작업은 클래스 이름을 출력하는 것이다.

object.c ▶ printObject() 함수

```
switch (OBJ_TYPE(value)) {
  case OBJ_CLASS:
    printf("%s", AS_CLASS(value)->name->chars);
    break;
  case OBJ_CLOSURE:
```

클래스의 출석부를 부르는 느낌이랄까?

클래스 선언

런타임 표현이 준비됐으니 이제 클래스 기능을 구현할 차례다. 파서로 넘어가자.

compiler.c ▶ declaration() 함수 코드 1줄 교체

```
static void declaration() {
  if (match(TOKEN_CLASS)) {
    classDeclaration();
  } else if (match(TOKEN_FUN)) {
    funDeclaration();
```

클래스 선언은 문장이고 파서는 선행 키워드 class가 나오면 클래스로 간주한다. 나머지 컴파일은 여기서 이루어진다.

compiler.c ▶ function() 함수 다음에 추가

```
static void classDeclaration() {
  consume(TOKEN_IDENTIFIER, "Expect class name.");
  uint8_t nameConstant = identifierConstant(&parser.previous);
  declareVariable();

  emitBytes(OP_CLASS, nameConstant);
  defineVariable(nameConstant);

  consume(TOKEN_LEFT_BRACE, "Expect '{' before class body.");
  consume(TOKEN_RIGHT_BRACE, "Expect '}' after class body.");
}
```

class 키워드 바로 뒤에 클래스 이름이 나온다. 이 식별자를 가져와 주변 함수의 상수 테이블에 문자열로 추가한다. 방금 전 보았듯이 클래스를 출력하면 이름이 표시되기 때문에 컴파일러는 런타임이 찾을 수 있는 어딘가에 클래스 이름의 문자열을 집어넣어야 한다. 상수 테이블이 바로 이 '어딘가'의 역할을 한다.

클래스의 이름은 클래스 객체를 동일한 이름의 변수에 바인드하는 데에도 쓰인다. 따라서 해당 토큰을 소비한 직후, 해당 식별자로 변수를 선언한다.

다음으로, 런타임에 실제로 클래스의 객체를 찍어내는 새로운 명령어를 내보낸다. 이 명령어는 클래스 이름의 상수 테이블 인덱스를 피연산자로 받는다.

그리고 나서 클래스 바디를 컴파일하기 전에 클래스 이름에 해

> 클래스 선언은 사실상 값을 생산하는 리터럴이므로 문장 대신 표현식으로 만들 수도 있다. 그러면 사용자는 다음과 같이 클래스를 직접 명시적으로 변수에 바인드할 것이다.
>
> ```
> var Pie = class {}
> ```
>
> 일종의 람다 함수지만 클래스를 나타내는 함수다. 하지만 클래스는 이름을 짓는 것이 일반적이니 선언으로 취급하는 것이 타당하다.

당하는 변수를 정의한다. 변수를 선언하면 스코프에 추가되지만 변수를 정의하기 전에는 변수를 사용할 수

없다는 사실을 기억하라(22.4.2절). 클래스의 경우 바디 앞에 변수를 정의하는데, 이런 식으로 사용자는 메서드 바디 안에 포함된 클래스를 참조할 수 있다. 이는 클래스의 새 인스턴스를 생성하는 팩터리 메서드 같은 경우에 유용하다.

마지막으로 바디를 컴파일한다. 아직 메서드가 없으니 그냥 텅 빈 {}다. 클래스에 필드를 반드시 선언해야 할 필요는 없으므로 바디(그리고 파서)는 지금은 이 정도면 됐다.

컴파일러가 내보내는 새로운 명령어를 정의하자.

```
  OP_RETURN,
  OP_CLASS,
} OpCode;
```

디셈블러에도 추가한다.

```
    case OP_RETURN:
      return simpleInstruction("OP_RETURN", offset);
    case OP_CLASS:
      return constantInstruction("OP_CLASS", chunk, offset);
    default:
```

규모는 꽤 커 보이는 기능이지만, 인터프리터 지원은 최소화한다.

```
      break;
    }
    case OP_CLASS:
      push(OBJ_VAL(newClass(READ_STRING())));
      break;
    }
```

상수 테이블에서 클래스 이름에 해당하는 문자열을 로드해서 newClass()에 전달한다. 그럼 주어진 이름으로 새로운 클래스 객체가 생성된다. 그런 다음 스택에 푸시하면 끝이다. 클래스가 글로벌 변수에 바인드된 경우에는, 컴파일러가 defineVariable()을 호출해서 해당 객체를 스택에서 글로벌 변수 테이블로 저장하는 코드를 내보낸다. 그밖의 경우에는 새 로컬 변수를 위해 스택에 있어야 할 위치에 저장된다.

클래스가 생겼으니 다음과 같이 시험해보라.

> 함수나 블록 바디 내부에 선언된 '로컬' 클래스는 다소 특이한 개념이다. 로컬 클래스는 많은 언어에서 허용되지 않는다. 하지만 동적 타입 스크립트 언어인 록스에서는 프로그램의 최상위 레벨과 함수 및 블록 바디를 동등하게 취급한다. 즉, 클래스는 그저 또 다른 종류의 선언일 뿐, 클래스라고 하여 블록 안에서 변수와 함수처럼 선언하지 말라는 법은 없다.

```
class Brioche {}
print Brioche;
```

클래스 갖고 할 수 있는 일이 고작 콘솔 출력뿐이니 좀 더 쓸모 있는 기능을 덧붙여보자.

27.3 클래스 인스턴스
INTERPRETER

클래스는 언어에서 두 가지 중요한 쓰임새가 있다.

- **클래스는 인스턴스를 생성하는 수단이다.** new 키워드를 사용하기도 하고 클래스 객체에 있는 메서드를 호출하기도 하지만, 어떤 식으로든 새 인스턴스를 얻으려면 클래스의 이름을 명시한다.
- **클래스에는 메서드가 있다.** 메서드는 클래스의 모든 인스턴스가 동작하는 로직이 정의된 곳이다.

메서드는 다음 장에서 다룰 예정이니 첫 번째 쓰임새만 살펴보겠다. 클래스로 인스턴스를 생성하려면 먼저 인스턴스를 나타낼 표현이 필요하다.

object.h ▶ ObjClass 구조체 다음에 추가

```
} ObjClass;

typedef struct {
  Obj obj;
  ObjClass* klass;
  Table fields;
} ObjInstance;

ObjClass* newClass(ObjString* name);
```

> 런타임 객체에 필드를 마음껏 추가할 수 있다는 사실은 대부분의 동적 언어와 정적 언어 사이의 아주 커다란 실용적인 차이점이다. 정적 타입 언어는 보통 필드를 명시적으로 선언해야 한다. 그럼 컴파일러는 각 인스턴스가 어떤 필드를 갖고 있는지 정확히 알 수 있고, 이로써 각 인스턴스에 필요한 메모리의 양과 메모리에서 각 필드가 위치한 오프셋을 정확하게 결정할 수 있을 것이다.
>
> 록스를 비롯한 동적 타입 언어에서 필드 액세스는 일반적으로 해시 테이블 조회다. O(1)이지만 여전히 매우 무겁다. C++ 같은 언어에서 필드 액세스는 정수인 상수로 포인터를 오프셋하는 것만큼이나 빠르다.

모든 인스턴스는 자신의 붕어빵 틀에 해당하는 클래스를 포인터로 가리키고 있으므로 자기 클래스를 알고 있다. 이 포인터는 이 장에서는 별로 많이 쓰이지 않지만, 다음 장에서 메서드를 추가할 때 아주 중요한 역할을 한다.

이 장에서는 인스턴스가 상태를 저장하는 방법이 더 중요하다. 록스 사용자는 런타임에도 인스턴스에 자유로이 필드를 추가할 수 있다. 그래서 확장 가능한 저장 메커니즘이 필요하다. 동적 배열을 사용해도 되지만 가능한 한 빨리 이름으로 필드를 조회하면 좋겠다. 다행히 우리는 이름별로 값의 집합에 빠르게 액세스할 수 있는 해시 테이블이라는 자료 구조를 이미 구현했다. 각 인스턴스는 해시 테이블을 사용해서 필드를 저장한다.

서두르다 인클루드를 빼먹지 말자.

---

object.h

```
#include "chunk.h"
#include "table.h"
#include "value.h"
```

다음 새 구조체가 새로운 객체 타입이 된다.

---

object.h ▶ ObjType 열거체

```
    OBJ_FUNCTION,
    OBJ_INSTANCE,
    OBJ_NATIVE,
```

록스 언어의 '타입' 개념과 VM 구현체의 '타입' 개념이 서로 혼동을 일으킬 수 있기 때문에 여기서 잠깐 속도를 늦추겠다. 씨록스를 만든 C 코드 안에는 ObjString, ObjClosure 등 다양한 Obj 타입이 있다. 이들은 각각 고유한 내부 표현과 시맨틱을 지니고 있다.

록스 언어의 사용자는 원하는 클래스(Cake와 Pie라고 하자)를 정의한 다음, 해당 클래스의 인스턴스를 생성한다. 사용자 관점에서 Cake의 인스턴스는 Pie의 인스턴스와 타입이 다른 객체다. 하지만 VM 관점에서는 사용자가 정의하는 모든 클래스는 그저 ObjClass 타입의 또 다른 값일 뿐이다. 마찬가지로 사용자 프로그램의 모든 인스턴스는 어떤 클래스의 인스턴스이든 상관없이 일종의 ObjInstance다. 이 한 가지 VM 객체 타입으로 모든 클래스 인스턴스를 커버하는 셈이다. 두 세계는 다음과 같이 서로 매핑된다.

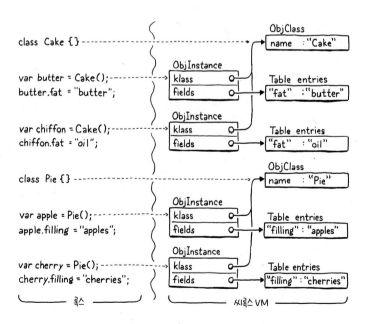

이해되었는가? 좋다, 다시 구현체로 돌아가 늘 해오던 대로 매크로를 작성하자.

object.h

```
#define IS_FUNCTION(value)      isObjType(value, OBJ_FUNCTION)
#define IS_INSTANCE(value)      isObjType(value, OBJ_INSTANCE)
#define IS_NATIVE(value)        isObjType(value, OBJ_NATIVE)
```

다음 매크로도 작성한다.

object.h

```
#define AS_FUNCTION(value)      ((ObjFunction*)AS_OBJ(value))
#define AS_INSTANCE(value)      ((ObjInstance*)AS_OBJ(value))
#define AS_NATIVE(value) \
```

필드는 인스턴스 생성 이후 추가되므로 '생성자' 함수는 클래스만 알고 있으면 된다.

object.h ▶ newFunction() 함수 다음에 추가

```
ObjFunction* newFunction();
ObjInstance* newInstance(ObjClass* klass);
ObjNative* newNative(NativeFn function);
```

구현 코드는 다음과 같다.

object.c ▶ newFunction() 함수 다음에 추가

```
ObjInstance* newInstance(ObjClass* klass) {
  ObjInstance* instance = ALLOCATE_OBJ(ObjInstance, OBJ_INSTANCE);
  instance->klass = klass;
  initTable(&instance->fields);
  return instance;
}
```

인스턴스의 클래스를 가리키는 참조를 저장하고 필드 테이블을 빈 해시 테이블로 초기화한다. 새로운 아기 객체가 막 태어났도다!

인스턴스의 수명이 끝나면 해제한다.

memory.c ▶ freeObject() 함수

```
      FREE(ObjFunction, object);
      break;
    }
    case OBJ_INSTANCE: {
      ObjInstance* instance = (ObjInstance*)object;
      freeTable(&instance->fields);
      FREE(ObjInstance, object);
```

```
      break;
    }
    case OBJ_NATIVE:
```

인스턴스는 자기 필드 테이블을 갖고 있으므로 인스턴스를 해제할 때 이 테이블도 함께 해제한다. 해당 객체를 가리키는 다른 참조가 있을지도 모르니 테이블 안에 있는 엔트리는 명시적으로 해제하지 않는다. 참조를 다루는 일은 가비지 수집기가 전문이니 테이블 자체의 엔트리 배열만 해제하면 된다.

가비지 수집기 얘기가 나온 김에 인스턴스를 통해 추적하는 기능도 덧붙이자.

```
      markArray(&function->chunk.constants);
      break;
    }
    case OBJ_INSTANCE: {
      ObjInstance* instance = (ObjInstance*)object;
      markObject((Obj*)instance->klass);
      markTable(&instance->fields);
      break;
    }
    case OBJ_UPVALUE:
```

인스턴스가 살아 있으면 그 클래스를 유지해야 한다. 또한 인스턴스 필드에서 참조하는 객체도 모두 유지해야 한다. 루트가 아닌 대부분의 라이브 객체는 일부 인스턴스가 필드의 객체를 참조하기 때문에 도달 가능하다. 다행히 우리에겐 markTable()이라는 멋진 함수가 있어서 이런 객체를 쉽게 추적할 수 있다.

중요도는 떨어지지만 출력 기능을 빠뜨려선 안 된다.

```
      break;
    case OBJ_INSTANCE:
      printf("%s instance",
             AS_INSTANCE(value)->klass->name->chars);
      break;
    case OBJ_NATIVE:
```

인스턴스는 이름 뒤에 "instance"를 출력한다. (클래스와 인스턴스가 똑같이 출력되지 않게 하려는 것이다.)

진짜 재미있는 일은 인터프리터에서 벌어진다. 록스는 new 같은 키워드가 없다. 클래스의 인스턴스를 생성하려면 클래스 자신을

> 대부분의 객체 지향 언어에서는 toString() 같은 메서드를 정의해서 인스턴스를 문자열로 바꿔 출력할 수 있다. 록스가 토이 언어가 아니었다면 아마 나도 그렇게 했으리라.

함수인 양 호출하면 된다. 런타임은 이미 함수 호출을 지원하며, 사용자가 숫자를 비롯한 엉뚱한 타입을 호출하는 일이 없도록 호출하려는 객체의 타입을 체크한다.

런타임 체크 코드를 새 케이스에 넣는다.

vm.c ▶ callValue() 함수

```
  switch (OBJ_TYPE(callee)) {
    case OBJ_CLASS: {
      ObjClass* klass = AS_CLASS(callee);
      vm.stackTop[-argCount - 1] = OBJ_VAL(newInstance(klass));
      return true;
    }
    case OBJ_CLOSURE:
```

호출하려는 값, 즉 (좌측의 표현식을 평가한 결과 객체가 클래스이면 생성자 호출로 처리한다. 호출된 클래스의 새 인스턴스를 생성하고 그 결과를 스택에 저장한다.

> 호출 시 전달하는 인수는 일단 무시하자. 이 부분은 28장에서 초기자 기능을 추가할 때 다시 설명하겠다.

이제 한 걸음 더 나아가 클래스를 정의하고 인스턴스를 만들 수 있다.

```
class Brioche {}
print Brioche();
```

두 번째 줄의 Brioche 뒤에 있는 ( )를 주목하라. "Brioche instance"라고 출력될 것이다.

27.4 / 겟/셋 표현식
INTERPRETER

이제 인스턴스의 객체 표현에 상태를 저장할 수 있게 됐다. 남은 일은 이 기능을 사용자에게 적절히 표출하는 것이다. 필드는 겟 표현식으로 액세스하고 셋 표현식으로 값을 수정한다. 록스는 프로그래밍 언어의 전통을 계승하여 고전적인 '닷(dot)' 구문을 사용한다.

```
eclair.filling = "pastry creme";
print eclair.filling;
```

내 영국 친구들은 풀스톱(full stop, 마침표)이라고 부르는 피리어드(period, .)는 일종의 중위 연산자처럼 작동된다. 먼저 계산되어 인스턴스를 생성하는 표현식이 좌측에 나오고 그 뒤 . 다음에 필드명이 온다. 앞에 피연산자가 있으므로 이를 파싱 테이블에 중위식으로 연결한다.

> '일종의'라고 한 까닭은, . 뒤에 오는 우측이 표현식은 아니지만 겟/셋 표현식 자체에서 시맨틱을 처리하는 단일 식별자이기 때문이다. 실은 후위식에 더 가깝다.

```
[TOKEN_COMMA]      = {NULL,     NULL,    PREC_NONE},
[TOKEN_DOT]        = {NULL,     dot,     PREC_CALL},
[TOKEN_MINUS]      = {unary,    binary,  PREC_TERM},
```

다른 언어와 마찬가지로 . 연산자는 우선순위가 함수 호출의 괄호만큼 높기 때문에 단단히 바인드된다. 파서는 닷 토큰을 소비한 후 새로운 파싱 함수로 디스패치한다.

```
static void dot(bool canAssign) {
  consume(TOKEN_IDENTIFIER, "Expect property name after '.'.");
  uint8_t name = identifierConstant(&parser.previous);

  if (canAssign && match(TOKEN_EQUAL)) {
    expression();
    emitBytes(OP_SET_PROPERTY, name);
  } else {
    emitBytes(OP_GET_PROPERTY, name);
  }
}
```

파서는 . 바로 뒤에 프로퍼티 이름이 나오리라 기대한다. 런타임에 이 이름을 사용할 수 있도록 해당 토큰의 렉심은 상수 테이블에 문자열로 로드한다.

이제 이 하나의 함수가 처리하는, 게터(getter)와 세터(setter)라는 두 가지 새로운 표현식이 있다. 필드 이름 뒤에 =이 나오면 십중팔구 그 필드에 뭔가 할당하려는 셋 표현식이다. 하지만 필드 이름 뒤에 오는 = 기호를 항상 다 컴파일할 수 있는 것은 아니다. 다음 코드를 보자.

> 여기서 기억해야 할 점은, 컴파일러가 '필드'가 아닌 '프로퍼티'를 사용한다는 사실이다. 록스에서는 닷 구문으로 메서드를 호출하지 않아도 메서드에 액세스할 수 있기 때문이다. '프로퍼티'는 인스턴스에서 액세스할 수 있는 모든 기명 엔티티를 지칭하는 일반적인 용어다. 반면, 필드는 인스턴스의 상태를 나타내는 프로퍼티의 하위 집합이다.

```
a + b.c = 3
```

이 코드는 록스 문법에 따라 구문상 올바르지 않다. 즉, 록스 구현체는 에러를 찾아내 사용자에게 리포트할 의무가 있다. dot()이 조용히 = 3 부분을 파싱하면, 마치 사용자가 처음부터 다음 코드를 의도한 것으로 왜곡될 수 있다.

```
a + (b.c = 3)
```

문제는 셋 표현식의 = 쪽이 . 쪽보다 우선순위가 훨씬 낮다는 점이다. 파서는 우선순위가 너무 높아 세터가 등장조차 하지 못하는 컨텍스트에서 dot()을 호출할 수 있다. 이런 잘못을 용인하지 않으려면 canAssign이 true일 경우에만 = 부분을 파싱하고 컴파일하면 된다. canAssign이 false이고 = 토큰이 등장하면 dot()은 이 토큰을 놔두고 리턴한다. 이런 경우 컴파일러는 결국 parsePrecedence( )까지 풀리게 되어, 예기치 못한 =이 여전히 다음 토큰으로 남아 있는 상태에서 돌연 멈추고 에러를 리포트하게 될 것이다.

=이 허용되는 컨텍스트에서 =이 발견되면 그다음에 나오는 표현식을 컴파일한다. 그런 다음 OP_SET_PROPERTY라는 새로운 명령어를 내보낸다. 이 명령어는 상수 테이블에 있는 프로퍼티 이름의 해당 인덱스를 피연산자로 받는다. 셋 표현식을 컴파일하지 않았으면 게터라고 보고 OP_GET_PROPERTY 명령어를 내보낸다. 이 명령어 역시 프로퍼티 이름을 피연산자로 취한다.

> 넌필드(non-field) 프로퍼티는 세팅할 수 없기 때문에 명령어를 OP_SET_FIELD로 명명해야 하나 고민했었다. 하지만 겟 명령어와 일관성을 맞추는 편이 낫다고 판단했다.

이제 새로운 두 명령어를 정의할 차례다.

chunk.h ▶ OpCode 열거체

```
OP_SET_UPVALUE,
OP_GET_PROPERTY,
OP_SET_PROPERTY,
OP_EQUAL,
```

디셈블러에도 코드를 추가한다.

debug.c ▶ disassembleInstruction() 함수

```
    return byteInstruction("OP_SET_UPVALUE", chunk, offset);
  case OP_GET_PROPERTY:
    return constantInstruction("OP_GET_PROPERTY", chunk, offset);
  case OP_SET_PROPERTY:
    return constantInstruction("OP_SET_PROPERTY", chunk, offset);
  case OP_EQUAL:
```

27.4.1 게터/세터 표현식 해석

런타임으로 넘어가, 표현식이 더 간단한 게터부터 시작하자.

vm.c ▶ run() 함수

```
    }
    case OP_GET_PROPERTY: {
      ObjInstance* instance = AS_INSTANCE(peek(0));
      ObjString* name = READ_STRING();

      Value value;
      if (tableGet(&instance->fields, name, &value)) {
        pop(); // 인스턴스
        push(value);
        break;
      }
```

```
      }
    case OP_EQUAL: {
```

인터프리터가 이 명령어를 만날 즈음에는 . 좌측의 표현식이 이미 실행되어 그 결과 인스턴스가 스택 맨 위에 있을 것이다. 필드 이름을 상수 풀에서 읽고 인스턴스의 필드 테이블에서 찾는다. 필드 이름에 해당하는 엔트리가 해시 테이블에 있으면 인스턴스를 스택에서 팝하고 찾은 엔트리 값을 결과로 스택에 푸시한다.

물론, 필드가 없을 가능성도 있다. 이럴 때에는 런타임 에러로 처리한다. 다음과 같이 체크 로직을 추가하고 필드가 존재하지 않으면 프로그램을 중단시킨다.

vm.c ▶ run() 함수

```
        push(value);
        break;
      }

      runtimeError("Undefined property '%s'.", name->chars);
      return INTERPRET_RUNTIME_ERROR;
    }
    case OP_EQUAL: {
```

눈치챈 독자도 있겠지만 처리해야 할 실패 모드가 하나 더 있다. 위 코드는 . 좌측 표현식이 ObjInstance로 평가됐다고 가정하지만, 록스 사용자가 다음과 같이 코딩하지 말라는 법은 없다.

```
var obj = "not an instance";
print obj.field;
```

이렇게 잘못 짠 프로그램을 만나도 VM은 처리함에 있어 우아함을 잃지 않아야 한다. 지금은 VM이 ObjString의 비트를 ObjInstance로 잘못 해석해서, 음... 나도 정확히 무슨 일이 벌어질지 모르겠지만, 여하튼 어딘가 불이 붙거나 해시 결코 우아하지 않은 일이 생길 것이다.

다른 타입의 값에 필드를 추가할 수 있게 만들 수도 있다. 내가 만드는 언어인 만큼 내 맘대로 주무를 수 있다. 하지만 별로 좋은 생각 같지는 않다. 구현체가 상당히 복잡해져서 성능을 저하시킬 공산이 크기 때문이다. (예: 문자열 인터닝이 훨씬 더 어려워짐)

또 값의 동등성과 식별성에 대한 시맨틱이 의문이다. 가령, 숫자 3에 어떤 필드를 붙인다면 1 + 2의 결과에도 그 필드가 있어야 할까? 정말 그렇다면 언어 구현체는 이 필드를 어떻게 추적해야 할까? 만약 그렇지 않다면, 이 2개의 결과 "3"은 동등하다고 볼 수 있을까?

록스에서는 인스턴스만 필드를 가질 수 있고, 문자열 또는 숫자에 필드를 채울 수 없다. 따라서 필드에 액세스하기 전에 값이 인스턴스인지 먼저 확인해야 한다.

vm.c ▶ run() 함수

```
    case OP_GET_PROPERTY: {
      if (!IS_INSTANCE(peek(0))) {
        runtimeError("Only instances have properties.");
        return INTERPRET_RUNTIME_ERROR;
      }

      ObjInstance* instance = AS_INSTANCE(peek(0));
```

스택에 있는 값이 인스턴스가 아니면 런타임 에러를 리포팅한 다음 안전하게 종료한다.

물론, 겟 표현식은 필드가 전혀 없는 인스턴스에서 별로 쓸모가 없다. 그래서 세터가 필요하다.

---

vm.c ▶ run() 함수

```
      return INTERPRET_RUNTIME_ERROR;
    }
    case OP_SET_PROPERTY: {
      ObjInstance* instance = AS_INSTANCE(peek(1));
      tableSet(&instance->fields, READ_STRING(), peek(0));
      Value value = pop();
      pop();
      push(value);
      break;
    }
    case OP_EQUAL: {
```

OP_SET_PROPERTY는 OP_GET_PROPERTY보다 약간 복잡하다. 이 명령어가 실행되면 스택 맨 위에는 필드를 설정할 인스턴스가 있고 그 위에 저장할 값이 저장돼 있다. 이전과 다름없이 명령어의 피연산자를 읽고 필드 이름에 해당하는 문자열을 찾는다. 이런 식으로 스택 맨 위에 있는 값을 인스턴스의 필드 테이블에 저장한다.

그 이후에는 가벼운 스택 저글링 쇼가 펼쳐진다. 저장된 값을 스택에서 팝하고, 인스턴스를 팝한 다음, 마지막에 그 값을 다시 스택에 푸시한다. 즉, 스택에서 맨 위 원소는 그대로 둔 채 두 번째 원소만 제거하는 것이다. 세터는 그 자체로 결과가 할당된 값인 표현식이므로 이 값은 스택에 남겨둬야 한다. 옆의 그림을 보면 이해가 빠를 것이다.

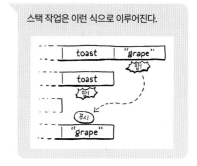

스택 작업은 이런 식으로 이루어진다.

```
class Toast {}
var toast = Toast();
print toast.jam = "grape"; // "grape" 출력
```

필드를 읽을 때와 달리 해시 테이블에 필드가 없으면 어쩌나 걱정할 필요는 없다. 세터는 필요하면 알아서 필드를 생성한다. 사용자가 인스턴스 아닌 값에 필드를 저장하려는 잘못된 시도만 잘 골라내면 된다.

---

vm.c ▶ run() 함수

```
    case OP_SET_PROPERTY: {
      if (!IS_INSTANCE(peek(1))) {
        runtimeError("Only instances have fields.");
        return INTERPRET_RUNTIME_ERROR;
      }

      ObjInstance* instance = AS_INSTANCE(peek(1));
```

겟 표현식과 마찬가지로, 값 타입을 확인해서 잘못된 경우에는 런타임 에러를 리포트한다. 여기까지 객체 지향 프로그래밍 언어로서의 록스의 상태 저장 능력은 어느 정도 마무리됐다. 다음 코드를 시험해보라.

```
class Pair {}

var pair = Pair();
pair.first = 1;
pair.second = 2;
print pair.first + pair.second; // 3
```

솔직히 아직은 그리 객체 지향적인 느낌은 들지 않는다. 마치 객체가 느슨한 유사 구조체(struct-like) 데이터 가방 형태로 구성된 C의 동적 타입 변형 같다. 동적 절차형(dynamic procedural) 언어라고 해야 하나? 그래도 표현성 측면에서는 큰 진전을 일궈냈다. 이제 록스 사용자는 데이터를 더 큰 단위로 자유롭게 뭉칠 수 있다. 다음 장에서는 이 뭉툭한 덩어리에 생명을 불어넣겠다.

연습 문제

1. 객체에 존재하지 않는 필드에 액세스하려고 하면 전체 VM이 즉시 중단된다. 사용자는 이 런타임 에러를 복구할 방법이 없고, 필드에 액세스하기 전에 필드가 존재하는지 미리 확인할 방법도 없다. 즉, 올바른 필드를 읽도록 사용자가 주의 깊게 확인해야 한다.

   다른 동적 타입 언어는 누락된 필드를 어떻게 처리하는가? 록스는 어떻게 해야 한다고 생각하나? 여러분의 해결책을 구현하라.

2. 필드는 런타임에 문자열 이름으로 액세스하지만, 이 이름은 반드시 식별자 토큰으로 소스 코드에 직접 나와야 한다. 사용자 프로그램에서 명령형으로 문자열 값을 만든 다음, 이 값을 필드 이름으로 사용하는 것은 불가능하다. 이것이 가능해야 한다고 생각하는가? 이런 일이 가능하도록 언어 기능을 구현하라.

3. 반대로, 록스는 인스턴스에 있는 필드를 제거할 방법을 제공하지 않는다. 필드값을 nil로 설정할 수는 있지만, 해시 테이블의 엔트리는 그대로 남아 있다. 다른 언어는 이를 어떻게 처리하는가? 록스에 알맞은 전략을 고민하여 구현하라.

4. 필드는 런타임에 이름으로 액세스하기 때문에 인스턴스 상태를 다루는 작업이 느리다. 엄밀히 말해서 (고맙게도 해시 테이블이라) O(1)이지만 상수 팩터가 비교적 크다. 이는 동적 타입 언어가 정적 타입 언어에 비해 느린 주요한 원인이 된다.

   정교한 동적 타입 언어의 구현체는 이 문제를 어떻게 극복하고 최적화했을까?

28장

메서드와 초기자

> 무도장에 있으면 춤추는 것 외에 달리 할 일이 없다.
>
> 움베르토 에코, 『로아나 여왕의 신비한 불꽃(The Mysterious Flame of Queen Loana)』

VM이 갓 태어난 객체에 생명을 불어넣을 때가 왔다. 즉, 메서드와 메서드 호출이 필요하다. 초기자라는 특별한 종류의 메서드도 있어야 한다.

이들은 모두 제이록스 인터프리터에서도 구현했기 때문에 낯설지 않다. 단, 두 번째 여행에서 새로운 점은 기존보다 7배 이상 더 빠르게 메서드 호출을 구현하기 위한 최적화 기법이다. 물론, 이 재미난 주제를 다루기 전에 탄탄한 기본기를 먼저 갖추어야 한다.

28.1 / 메서드 선언
INTERPRETER

메서드 호출이 없으면 최적화할 대상이 없고, 호출할 메서드가 없으면 메서드를 호출할 수 없으니 우선 메서드를 선언하는 문제부터 시작하자.

28.1.1 메서드 표현

지금까진 컴파일러부터 작업을 시작했지만 이번에는 객체 모델을 먼저 살펴보겠다. 씨록스의 메서드 런타임 표현은 제이록스와 비슷하다. 각 클래스마다 메서드의 해시 테이블을 저장한다. 키는 메서드 이름, 값은 메서드 바디에 대한 ObjClosure다.

object.h ▶ ObjClass 구조체

```
typedef struct {
  Obj obj;
  ObjString* name;
  Table methods;
} ObjClass;
```

이제 막 태어난 클래스의 메서드 테이블은 빈 상태다.

object.c ▶ newClass() 함수

```
  klass->name = name;
  initTable(&klass->methods);
  return klass;
```

ObjClass 구조체는 메서드 테이블의 메모리를 소유하므로 메모리 관리자가 클래스를 할당 해제하면 이 테이블도 함께 해제해야 한다.

memory.c ▶ freeObject() 함수

```
case OBJ_CLASS: {
  ObjClass* klass = (ObjClass*)object;
  freeTable(&klass->methods);
  FREE(ObjClass, object);
```

메모리 관리자 얘기가 나온 김에, GC는 클래스를 통과해 메서드 테이블까지 추적해야 한다. 클래스가 아직 (일부 인스턴스를 통해) 도달 가능하면 그 클래스의 메서드 역시 메모리 어딘가에는 있어야 한다.

memory.c ▶ blackenObject() 함수

```
markObject((Obj*)klass->name);
markTable(&klass->methods);
break;
```

각 테이블 엔트리의 키 문자열과 값을 추적하는 기존 markTable() 함수를 재사용하면 된다.

클래스의 메서드를 저장하는 방법은 제이록스와 거의 비슷하나 테이블을 채우는 방식이 다르다. 제이록스는 클래스 선언과 그 안에 포함된 모든 메서드에 대한 전체 AST 노드에 액세스할 수 있었고, 인터프리터는 런타임에 그냥 선언 리스트를 따라가기만 하면 됐었다.

씨록스는 컴파일러가 런타임에 넘기려는 모든 정보를 플랫한 바이트코드 명령어의 인터페이스를 통해 밀어 보내야 한다. 엄청나게 많은 메서드가 들어 있을지도 모를 클래스 선언을 어떻게 바이트코드로 나타낼 수 있을까? 컴파일러로 무대를 옮겨보자.

28.1.2 메서드 선언 컴파일

지난 장에서는 클래스를 파싱은 하지만 빈 바디만 허용하는 컴파일러까지 만들었다. 이제 {} 안에 여러 메서드 선언을 컴파일하는 간단한 코드를 넣겠다.

compiler.c ▶ classDeclaration() 함수

```
consume(TOKEN_LEFT_BRACE, "Expect '{' before class body.");
while (!check(TOKEN_RIGHT_BRACE) && !check(TOKEN_EOF)) {
  method();
}
consume(TOKEN_RIGHT_BRACE, "Expect '}' after class body.");
```

록스에는 필드 선언이라는 개념이 없기 때문에 클래스 바디 끝의 } 앞의 모든 것은 메서드여야 한다. 마지막 }에 닿거나 파일 끝에 닿으면 메서드 컴파일을 멈춘다. 사용자가 실수로 }를 빠뜨리면 컴파일러가 무한 루프에 빠질 수도 있으므로 파일 끝에 닿았는지 체크해야 한다.

클래스 선언을 컴파일할 때 까다로운 점은, 클래스에 선언 가능한 메서드 개수에 제한이 없다는 사실이다. 런타임은 어떻게든 이 모든 메서드를 찾아보고 바인드해야하는데, OP_CLASS 명령어 하나에 몽땅 욱여넣기에는 너무 커질 수 있다. 대신, 클래스 선언을 위해 생성하는 바이트코드는 프로세스를 일련의 명령어로 분할한다. 컴파일러는 이미 빈 ObjClass 객체를 새로 만드는 OP_CLASS 명령어를 내보낸다. 그런 다음, 클래스 이름에 해당하는 변수에 클래스를 저장하는 명령어를 내보낸다.

클로저에도 이와 비슷한 작업을 했었다. OP_CLOSURE 명령어는 캡처한 각 업밸류의 타입과 인덱스를 알아야 한다. 기본적으로 가변 피연산자 개수에 따라 기본 OP_CLOSURE 명령어 다음에 일련의 의사 명령어를 사용해서 이를 인코드했다. VM은 OP_CLOSURE 명령어를 해석할 때 추가된 바이트를 모두 즉시 처리한다.

VM 관점에서 메서드를 정의하는 명령어는 각각 독립적으로 실행되므로 접근 방식이 약간 다른 것이다. 어느 방식이든 잘 작동된다. 가변 크기 의사 명령어(variable-sized pseudo-instruction)가 약간 더 빠르긴 하지만, 클래스 선언이 핫 루프에 있는 경우는 드물기 때문에 큰 문제가 되진 않는다.

이제 각 메서드 선언마다 해당 클래스에 하나의 메서드를 추가하는 새로운 OP_METHOD 명령어를 내보낸다. 모든 OP_METHOD 명령어가 실행되면 완전한 형태의 클래스가 완성된다. 사용자의 눈에는 클래스 선언이 하나의 원자적인 작업으로 보이겠지만, 실제로 VM은 일련의 변경을 통해 이를 구현한다.

새 메서드를 정의하려면 VM은 세 가지 정보가 필요하다.

1. 메서드 이름

2. 메서드 바디에 대한 클로저

3. 메서드를 바인드할 클래스

컴파일러 코드를 조금씩 작성하면서 이 세 정보가 어떻게 런타임에 전달되는지 알아보자.

compiler.c ▸ function() 함수 다음에 추가

```
static void method() {
  consume(TOKEN_IDENTIFIER, "Expect method name.");
  uint8_t constant = identifierConstant(&parser.previous);
  emitBytes(OP_METHOD, constant);
}
```

런타임에 이름이 필요한 OP_GET_PROPERTY 등의 명령어처럼 컴파일러는 메서드 이름 토큰의 렉심을 상수 테이블에 추가하여 테이블 인덱스를 리턴한다. 그런 다음 이 인덱스를 피연산자로 하는 OP_METHOD 명령어를 내보낸다. 이것이 메서드의 이름이다. 다음은 메서드 바디다.

compiler.c ▸ method() 함수

```
  uint8_t constant = identifierConstant(&parser.previous);

  FunctionType type = TYPE_FUNCTION;
  function(type);
  emitBytes(OP_METHOD, constant);
```

앞서 함수 선언을 컴파일하기 위해 작성한 함수 function()을 사용한다. 이 헬퍼 함수는 매개변수 리스트와 함수 바디를 컴파일한 다음, ObjClosure를 생성하는 코드를 내보내고 스택 맨 위에 ObjClosure를 남겨둔다. VM은 런타임에 여기서 클로저를 발견할 것이다.

마지막은 메서드를 바인드하는 클래스다. VM은 이 클래스를 어디에서 찾을 수 있을까? 안타깝게도 OP_METHOD 명령어에 도달하기 전까지는 클래스가 어디에 있는지 모른다. 사용자가 로컬 스코프에 클래스를 선언했다면 스택에 있을 수도 있다. 하지만 최상위 클래스 선언은 글로벌 변수 테이블의 ObjClass로 끝난다.

> 록스가 클래스를 최상위 레벨에서만 선언하도록 만들었지만 VM은 어떤 클래스라도 글로벌 변수 테이블에서 직접 찾아냈을 것이다. 아, 우리는 로컬 클래스를 지원해야 하니 이 케이스도 처리해야 한다.

겁먹지 말라. 컴파일러는 클래스의 이름을 알고 있다. 토큰을 소비한 직후 바로 클래스 이름을 캡처하면 된다.

compiler.c ▸ classDeclaration() 함수

```
consume(TOKEN_IDENTIFIER, "Expect class name.");
Token className = parser.previous;
uint8_t nameConstant = identifierConstant(&parser.previous);
```

또한 우리는 이 이름을 가진 다른 어떤 선언도 해당 클래스를 새도윙할 수는 없다는 사실을 알고 있다. 그래서 쉽게 해결할 수 있다. 메서드 바인딩을 시작하기 전에 클래스를 도로 스택 맨 위에 다시 로드하는 모든 코드를 내보내는 것이다.

compiler.c ▸ classDeclaration() 함수

```
defineVariable(nameConstant);

namedVariable(className, false);
consume(TOKEN_LEFT_BRACE, "Expect '{' before class body.");
```

클래스 바디를 컴파일하기 바로 전에 namedVariable()을 호출한다. 이 헬퍼 함수는 주어진 이름의 변수를 스택에 로드하는 코드를 생성한다. 그리고 나서 메서드를 컴파일한다.

그 앞에서 defineVariable()을 호출하면 클래스가 스택에서 팝하기 때문에 다시 namedVariable()을 호출해서 스택에 클래스를 로드하는 짓은 어리석어 보인다. 그냥 스택에 두면 안 될까? 안 될 것은 없으나, 다음 장에서 상속을 구현할 때 이 두 호출 사이에 삽입할 코드가 있다. 이때 클래스가 스택에 남아 있지 않으면 좀 더 간편할 것이다.

즉, 각 OP_METHOD 명령어를 실행할 때 스택의 맨 위에는 메서드의 클로저, 바로 그 아래에는 클래스가 위치한다. 메서드 끝에 도달하면 클래스는 더 이상 필요가 없기 때문에 스택에서 클래스를 팝하라고 VM에게 지시한다.

compiler.c ▸ classDeclaration() 함수

```
  consume(TOKEN_RIGHT_BRACE, "Expect '}' after class body.");
  emitByte(OP_POP);
}
```

지금까지 살펴본 내용을 정리해보자. 예컨대, 다음과 같은 클래스 선언을 컴파일러에 던진다고 하자.

```
class Brunch {
  bacon() {}
  eggs() {}
}
```

그러면 컴파일러는 다음과 같은 명령어를 생성하고 이들은 런타임에 스택과 활발히 상호 작용한다.

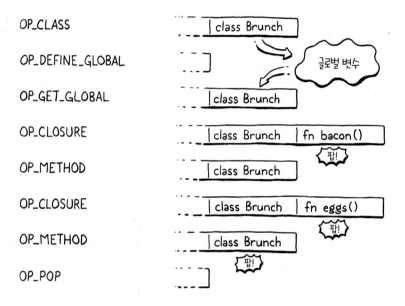

이제 남은 작업은 새로운 OP_METHOD 명령어의 런타임 구현 코드를 작성하는 일이다.

28.1.3 메서드 선언 실행

먼저 옵코드를 정의하자.

chunk.h ▶ OpCode 열거체

```
  OP_CLASS,
  OP_METHOD
} OpCode;
```

디셈블러 코드는 문자열 상수 피연산자를 받는 다른 명령어와 같다.

```
    case OP_CLASS:
      return constantInstruction("OP_CLASS", chunk, offset);
    case OP_METHOD:
      return constantInstruction("OP_METHOD", chunk, offset);
    default:
```

인터프리터에도 새 케이스를 추가한다.

```
        break;
      case OP_METHOD:
        defineMethod(READ_STRING());
        break;
    }
```

상수 테이블에서 메서드 이름을 읽어 다음 함수에게 전달한다.

```
static void defineMethod(ObjString* name) {
  Value method = peek(0);
  ObjClass* klass = AS_CLASS(peek(1));
  tableSet(&klass->methods, name, method);
  pop();
}
```

메서드 클로저는 스택 맨 위, 즉 자신이 바인드될 클래스 위에 있다. 이 두 스택 슬롯을 읽고 클래스의 메서드 테이블에 클로저를 저장한다. 그런 다음 클로저 작업이 완료되면 스택에서 팝한다.

자, 클로저나 클래스 객체는 어떠한 런타임 타입 체크도 하지 않는다는 사실에 주목하라. 컴파일러 자신이 클래스를 해당 스택 슬롯에 고정하는 코드를 생성했기 때문에 AS_CLASS() 호출은 안전하다. VM은 자신의 컴파일러를 신뢰한다.

> VM은 실행하는 명령어가 올바르리라 믿는다. 바이트 코드 인터프리터로 코드를 가져오는 방법은 씨록스의 자체 컴파일러를 경유하는 방법 하나뿐이기 때문이다. JVM과 C파이썬 같은 많은 바이트코드 VM은 별도로 컴파일된 바이트코드 실행을 지원한다. 그래서 누군가 악의적으로 바이트코드를 조작하면 VM에 크래시 또는 더 심각한 보안 문제를 일으킬 가능성이 있다.
>
> JVM은 이런 일을 방지하기 위해 로드된 코드를 실행하기 전에 바이트코드를 검증하는 패스를 거친다. C파이썬은 바이트코드의 안전 여부는 전적으로 사용자가 챙겨야 할 몫으로 넘긴다.

일련의 OP_METHOD 명령어가 모두 실행되고 OP_POP이 클래스를 팝하면 메서드 테이블이 멋지게 채워진 클래스가 탄생한다. 이제 뭔가 일을 할 준비가 된 것이다. 다음 단계는 메서드를 다시 꺼내어 사용하는 것이다.

28.2 메서드 참조

대부분의 경우, 메서드는 다음과 같이 익숙한 구문을 통해 액세스하고 즉시 호출할 수 있다.

```
instance.method(argument);
```

하지만 록스 및 다른 언어에서는 이 두 단계가 구분되어 있고 따로따로 실행할 수도 있다는 사실을 기억하라.

```
var closure = instance.method;
closure(argument);
```

사용자가 이렇게 작업을 분리해서 실행할 수 있다면, 언어 구현자인 우리도 따로따로 구현해야 한다. 첫째, 프로퍼티에 액세스하는 기존 . 구문을 사용해서 인스턴스의 클래스에 정의된 메서드에 액세스하는 단계다. 그 결과로 사용자가 함수처럼 호출할 수 있는 어떤 종류의 객체가 리턴돼야 한다.

가장 확실한 방법은 클래스의 메서드 테이블에서 메서드를 찾아보고 그 이름과 연관된 ObjClosure를 리턴하는 것이다. 하지만 메서드에 액세스하면 메서드를 액세스한 인스턴스에 this가 바인드된다는 점도 기억해야 한다. 제이록스에서 메서드를 추가하는 코드를 보자(12.5절).

```
class Person {
  sayName() {
    print this.name;
  }
}

var jane = Person();
jane.name = "Jane";

var method = jane.sayName;
method(); // ?
```

코드를 실행하면 "Jane"이 출력된다. .sayName으로 리턴된 객체는 나중에 호출될 때 자신을 액세스했던 인스턴스를 기억해야 한다. 제이록스는 모든 변수 저장을 처리하는 인터프리터의 기존 힙 할당 Environment 클래스를 사용해서 '메모리'를 구현했다.

씨록스의 바이트코드 VM은 상태를 저장하는 아키텍처가 훨씬 더 복잡하다. 로컬 변수와 임시 변수(22.1절)는 스택에 있고, 글로벌 변수(21.2절)는 해시 테이블에 있으며, 클로저에 있는 변수는 업밸류(25.2절)를 사용한다. 따라서 씨록스에서 메서드의 수신자를 추적하려면 다소 복잡한 해결책과 새로운 런타임 타입이 필요하다.

28.2.1 바운드 메서드

사용자가 메서드 액세스를 실행하면 해당 메서드의 클로저를 찾아 메서드가 액세스한 인스턴스를 추적하는 새로운 '바운드(바인드된) 메서드' 객체로 래핑한다. 이렇게 바인드된 객체는 나중에 마치 함수처럼 호출할 수 있다. 바운드 메서드가 호출되면 VM은 this가 메서드 바디 내부의 수신자를 가리키도록 연결하려고 기발한 묘기를 부린다.

> '바운드 메서드'라는 명칭은 C파이썬에서 따왔다. 파이썬과 록스의 작동 방식은 비슷한데, 나는 영감을 얻고자 파이썬의 구현체를 사용했다.

새로운 객체 타입은 다음과 같다.

object.h ▶ ObjInstance 구조체 다음에 추가

```
} ObjInstance;

typedef struct {
  Obj obj;
  Value receiver;
  ObjClosure* method;
} ObjBoundMethod;

ObjClass* newClass(ObjString* name);
```

수신자와 메서드 클로저를 함께 래핑한다. 메서드는 ObjInstance에서만 호출할 수 있지만 수신자의 타입은 Value다. VM은 수신자의 종류를 따지지 않기 때문에 Value를 사용하면 포인터를 좀 더 일반적인 함수로 전달할 때 Value로 다시 변환할 필요가 없다.

새로운 구조체가 등장했으니 어김없이 코딩 작업이 필요하다. 먼저 ObjType 열거체에 신입 회원을 추가한다.

object.h ▶ ObjType 열거체

```
typedef enum {
  OBJ_BOUND_METHOD,
  OBJ_CLASS,
```

값 타입을 체크하는 매크로를 추가한다.

object.h

```
#define OBJ_TYPE(value)        (AS_OBJ(value)->type)

#define IS_BOUND_METHOD(value) isObjType(value, OBJ_BOUND_METHOD)
#define IS_CLASS(value)        isObjType(value, OBJ_CLASS)
```

값을 ObjBoundMethod 포인터로 캐스팅하는 매크로도 필요하다.

```
#define IS_STRING(value)        isObjType(value, OBJ_STRING)

#define AS_BOUND_METHOD(value) ((ObjBoundMethod*)AS_OBJ(value))
#define AS_CLASS(value)        ((ObjClass*)AS_OBJ(value))
```

새로운 ObjBoundMethod를 생성하는 함수를 선언한다.

object.h ▶ ObjBoundMethod 구조체 다음에 추가

```
} ObjBoundMethod;

ObjBoundMethod* newBoundMethod(Value receiver,
                               ObjClosure* method);
ObjClass* newClass(ObjString* name);
```

구현 코드는 다음과 같다.

object.c ▶ allocateObject() 함수 다음에 추가

```
ObjBoundMethod* newBoundMethod(Value receiver,
                               ObjClosure* method) {
  ObjBoundMethod* bound = ALLOCATE_OBJ(ObjBoundMethod,
                                       OBJ_BOUND_METHOD);
  bound->receiver = receiver;
  bound->method = method;
  return bound;
}
```

유사 생성자 함수는 그냥 주어진 클로저와 수신자를 저장한다. 바운드 메서드가 더 이상 필요 없으면 해제한다.

memory.c ▶ freeObject() 함수

```
  switch (object->type) {
    case OBJ_BOUND_METHOD:
      FREE(ObjBoundMethod, object);
      break;
    case OBJ_CLASS: {
```

바운드 메서드는 참조를 몇 가지 갖고 있지만 그것을 소유하는 것은 아니기 때문에 메서드 자체만 해제한다. 하지만 이런 참조는 가비지 수집기에 의해 계속 추적될 것이다.

memory.c ▶ blackenObject() 함수

```
  switch (object->type) {
    case OBJ_BOUND_METHOD: {
      ObjBoundMethod* bound = (ObjBoundMethod*)object;
```

```
      markValue(bound->receiver);
      markObject((Obj*)bound->method);
      break;
    }
    case OBJ_CLASS: {
```

이렇게 하면 메서드 핸들이 수신자를 메모리에 보관하므로 나중에 핸들을 호출할 때 this가 수신자 객체를 찾을 수 있다. 또한 메서드 클로저도 추적한다.

모든 객체가 지원하는 최후의 작업은 출력이다.

> 메서드 클로저는 사실 추적할 필요가 없다. 수신자는 모든 메서드에 대한 테이블이 있는 ObjClass 포인터를 소유한 ObjInstance다. 하지만 ObjBoundMethod가 ObjInstance에 의존하는 모양새가 나로서는 왠지 모호하게 느껴진다.

object.c ▸ printObject() 함수

```
  switch (OBJ_TYPE(value)) {
    case OBJ_BOUND_METHOD:
      printFunction(AS_BOUND_METHOD(value)->method->function);
      break;
    case OBJ_CLASS:
```

바운드 메서드의 출력 방식은 함수와 정확히 같다. 사용자 관점에서 바운드 메서드는 하나의 함수일 뿐이다. 그리고 얼마든지 호출할 수 있는 객체다. VM이 바운드 메서드를 다른 객체 타입을 사용해서 구현했다는 사실은 사용자에게 드러나지 않는다.

또 하나의 굵직한 발자국을 남겼으니 파티 모자를 쓰고 즐기자. ObjBoundMethod는 씨록스에 추가하는 진짜 마지막 런타임 타입이다. IS_ 및 AS_ 매크로도 더 이상은 추가할 게 없다. 책 끝까지 몇 장 남지 않았다. 완전한 VM까지 얼마 안 남았다.

28.2.2 메서드 액세스

새로운 객체 타입으로 뭔가를 한번 해보자. 메서드는 지난 장에서 구현한 것과 동일한 '닷' 프로퍼티 구문으로 액세스한다. 컴파일러는 이미 올바른 표현식을 파싱하고 그에 따라 OP_GET_PROPERTY 명령어를 내보낸다. 이제 런타임 부분만 변경하면 된다.

프로퍼티 액세스 명령어가 실행될 때 인스턴스는 스택 맨 위에 위치한다. OP_GET_PROPERTY 명령어의 임무는 주어진 이름을 가진 필드나 메서드를 찾아 액세스된 프로퍼티로 스택 맨 위를 교체하는 일이다.

필드는 이미 인터프리터가 처리하고 있으니 간단히 OP_GET_PROPERTY 케이스를 확장하면 된다.

```
      pop(); // 인스턴스
      push(value);
      break;
    }

    if (!bindMethod(instance->klass, name)) {
      return INTERPRET_RUNTIME_ERROR;
    }
    break;
  }
```

수신자 인스턴스에서 필드를 조회하는 코드 바로 다음에 이 코드를 붙인다. 필드의 우선순위가 섀도 메서드 보다 높기 때문에 필드를 먼저 찾는다. 인스턴스에 주어진 이름의 필드가 없으면 이 이름은 메서드를 가리키게 될 것이다.

인스턴스의 클래스를 받아 새로운 헬퍼 함수 bindMethod()에 전달한다. 이 함수는 메서드를 찾는 즉시 스택에 올려놓고 true를 리턴한다. 메서드를 찾지 못한다면 그런 이름을 가진 메서드는 없다는 의미로 false를 리턴한다. 당연히 이런 이름의 필드 역시 존재하지 않을 테니 런타임 에러를 내고 인터프리터를 중단시킨다.

다음은 bindMethod() 헬퍼 함수 코드다.

```
static bool bindMethod(ObjClass* klass, ObjString* name) {
  Value method;
  if (!tableGet(&klass->methods, name, &method)) {
    runtimeError("Undefined property '%s'.", name->chars);
    return false;
  }

  ObjBoundMethod* bound = newBoundMethod(peek(0),
                                         AS_CLOSURE(method));
  pop();
  push(OBJ_VAL(bound));
  return true;
}
```

먼저 클래스의 메서드 테이블에서 주어진 이름의 메서드를 찾는다. 메서드를 찾지 못하면 런타임 에러를 리포트하고 프로그램을 중단한다. 메서드가 발견되면 메서드를 가져와 ObjBoundMethod로 래핑한 다음, 스택 맨 위의 홈에서 수신자를 가져온다. 마지막으로 인스턴스를 팝해 스택 맨 위를 바운드 메서드로 바꾼다.

다음 코드를 보자.

```
class Brunch {
  eggs() {}
}

var brunch = Brunch();
var eggs = brunch.eggs;
```

다음 그림은 VM이 brunch.egs 식에 대해 bindMethod() 호출을 실행할 때 일어나는 일들이다.

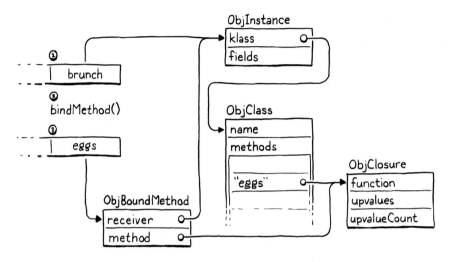

물밑에서 수많은 장치가 작동되지만, 사용자 입장에서는 단지 호출 가능한 함수를 가져오는 것이다.

28.2.3 메서드 호출

사용자는 클래스에 메서드를 선언하고, 인스턴스의 메서드에 액세스하고, 바운드 메서드를 스택으로 가져올 수 있다. 하지만 바운드 메서드를 호출하는 기능이 빠졌기 때문에 바운드 메서드 객체만으로는 쓸모 있는 일을 할 수 없다. 호출 기능은 callValue()에 새 객체 타입에 해당하는 케이스를 추가하여 구현한다.

> 바운드 메서드는 일급 값이다. 따라서 변수에 저장하고 함수에 전달하는 등 "값"스러운("value"-y) 작업을 수행할 수 있다.

vm.c ▸ callValue() 함수

```
    switch (OBJ_TYPE(callee)) {
      case OBJ_BOUND_METHOD: {
        ObjBoundMethod* bound = AS_BOUND_METHOD(callee);
        return call(bound->method, argCount);
      }
      case OBJ_CLASS: {
```

ObjBoundMethod에서 원시 클로저를 다시 가져온 다음, 기존 call() 헬퍼 함수를 이용해 해당 클로저에 대한 CallFrame을 호출 스택에 푸시하고 클로저 호출을 시작한다. 다음과 같은 록스 프로그램을 실행하는 데 필요한 준비물은 여기까지다.

```
class Scone {
  topping(first, second) {
    print "scone with " + first + " and " + second;
  }
}

var scone = Scone();
scone.topping("berries", "cream");
```

크게 보면 메서드를 선언하고, 메서드에 액세스하고, 메서드를 호출하는 세 단계로 구성된다. 그런데 뭔가가 빠진 것 같다. 많은 노력을 기울여 수신자를 바인드하는 객체로 메서드 클로저를 래핑했지만, 정작 메서드를 호출할 때에는 이 수신자를 전혀 사용하지 않는다.

28.3 / this

바운드 메서드가 수신자를 유지해야 하는 이유는, 메서드 바디 내부에서 수신자에 액세스할 수 있도록 해야 하기 때문이다. 록스는 this 표현식을 통해 메서드의 수신자를 표출한다. 이에 새로운 구문이 필요하다. 렉서는 이미 this를 특별한 토큰 타입으로 취급하므로 제일 먼저 할 일은 이 토큰을 파싱 테이블에 연결하는 작업이다.

compiler.c ▶ 코드 1줄 교체

```
    [TOKEN_SUPER]       = {NULL,    NULL,   PREC_NONE},
    [TOKEN_THIS]        = {this_,   NULL,   PREC_NONE},
    [TOKEN_TRUE]        = {literal, NULL,   PREC_NONE},
```

파서는 this를 만나면 새로운 파서 함수로 디스패치한다.

compiler.c ▶ variable() 함수 다음에 추가

```
static void this_(bool canAssign) {
  variable(false);
}
```

> 파서 함수 이름 끝에 언더스코어를 붙인 까닭은, this가 C++의 예약어이고 씨록스는 C++ 컴파일도 지원하기 때문이다.

제이록스와 동일한 this 기법을 씨록스에도 적용할 것이다. this는 그 값이 마법처럼 초기화되는, 렉시컬하게 스코프된 로컬 변수로 취급한다. this를 로컬 변수처럼 컴파일하면 많은 동작을 공짜로 얻을 수 있다. 특히, this를 참조하는 메서드 내부의 클로저는 올바르게 작업을 수행하고 수신자를 업밸류로 캡처할 것이다.

파서 함수가 호출될 때 this 토큰은 방금 소비되어 이전 토큰으로 저장된다. 식별자 표현식을 변수 액세스로 컴파일하는 기존 variable() 함수를 호출한다. 이 함수는 컴파일러가 다음 = 연산자를 찾고 세터의 파싱 여부를 지정한 불리언 매개변수를 받는다. this에 할당할 수는 없으므로 false를 전달하여 할당을 불허한다.

variable() 함수는 this가 고유한 토큰 타입을 가지며 식별자가 아니라는 사실을 신경 쓰지 않는다. 이 함수는 "this"라는 렉심을 마치 변수 이름인 것처럼 취급한 뒤, 기존 스코프 레졸루션 장치를 사용하여 조회한다. 지금 실행하면 이름이 "this"인 변수를 선언한 적이 없으니 조회가 실패할 것이다. 그럼 수신자를 메모리 어디에 두는 것이 좋을까?

적어도 수신자가 클로저에 의해 캡처되기 전까지 씨록스는 모든 로컬 변수를 VM의 스택에 저장한다. 컴파일러는 함수의 스택 윈도에서 어느 슬롯을 어느 로컬 변수가 차지하는지 추적한다. 내가 전에 컴파일러는 이름이 빈 문자열인 로컬 변수를 선언하는 식으로 스택 슬롯 0을 따로 설정한다고 말한 것을 기억할 것이다.

함수 호출의 경우, 결국 호출되는 함수가 이 슬롯에 들어갈 것이다. 슬롯은 이름이 없어서 함수 바디가 슬롯에 액세스할 일은 없다. 메서드의 호출의 경우, 해당 슬롯의 용도를 바꾸어 수신자를 저장한다. 슬롯 0에는 this가 바인드된 인스턴스를 저장한다. this 표현식을 컴파일하려면 컴파일러가 해당 로컬 변수에 올바른 이름을 지정하기만 하면 된다.

compiler.c ▶ initCompiler() 함수 코드 2줄 교체

```
  local->isCaptured = false;
  if (type != TYPE_FUNCTION) {
    local->name.start = "this";
    local->name.length = 4;
  } else {
    local->name.start = "";
    local->name.length = 0;
  }
}
```

이 로직은 메서드에만 적용하고 싶다. 함수 선언에는 this가 없다. 그리고 사실 함수 선언에 "this"라는 이름의 변수를 선언하면 안 되므로, 메서드 내부에 있는 함수 선언 안에 this 표현식을 쓰면 this는 외부 메서드의 수신자로 올바르게 리졸브된다.

```
class Nested {
  method() {
    fun function() {
      print this;
    }
```

```
      function();
  }
}

Nested().method();
```

이 프로그램을 실행하면 "Nested instance"가 출력될 것이다. 로컬 슬롯 0에 어떤 이름을 부여할지 결정하려면 컴파일러가 함수를 컴파일하는지, 메서드 선언을 컴파일하는지 알아야 한다. 따라서 메서드를 구별하는 데 필요한 새로운 케이스를 FunctionType 열거체에 추가한다.

compiler.c ▶ FunctionType 열거체

```
  TYPE_FUNCTION,
  TYPE_METHOD,
  TYPE_SCRIPT
```

이 타입은 메서드를 컴파일할 경우에 사용한다.

compiler.c ▶ method() 함수 코드 1줄 교체

```
  uint8_t constant = identifierConstant(&parser.previous);

  FunctionType type = TYPE_METHOD;
  function(type);
```

이제 특별한 "this" 변수 참조까지 올바르게 컴파일할 수 있게 됐다. 컴파일러는 이 변수에 액세스하는 OP_GET_LOCAL 명령어를 내보낼 것이다. 또한 클로저는 this를 캡처해서 업밸류에 수신자를 저장할 수 있다. 멋지다!

그런데 런타임에 수신자는 실제로 슬롯 0에 있지 않다. 인터프리터가 아직 약속을 지키지 않고 있는 것이다. 다음과 같이 수정한다.

vm.c ▶ callValue() 함수

```
      case OBJ_BOUND_METHOD: {
        ObjBoundMethod* bound = AS_BOUND_METHOD(callee);
        vm.stackTop[-argCount - 1] = bound->receiver;
        return call(bound->method, argCount);
      }
```

메서드가 호출되면 스택 맨 위에는 모든 인수가 있고, 그 바로 아래에 호출된 메서드의 클로저가 있다. 여기가 바로 새 CallFrame의 슬롯 0이 들어갈 자리다. 이 코드 줄은 수신자를 해당 슬롯에 삽입한다. 예를 들어, 다음과 같이 메서드를 호출하면...

```
scone.topping("berries", "cream");
```

... 수신자를 저장할 슬롯은 다음과 같이 계산된다.

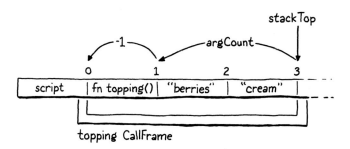

-argCount만큼 인수를 건너뛰는데, stackTop이 마지막으로 사용된 스택 슬롯 바로 앞을 가리키기 위해 -1로 보정한다.

28.3.1 this 오용 사례

이제 씨록스 사용자는 this를 올바르게 사용할 수 있지만, this를 잘못 사용하는 경우에도 적절하게 처리할 필요가 있다. 록스는 this 표현식이 메서드 바디의 외부에 등장하면 컴파일 에러를 낸다. 컴파일러는 이 두 가지 오용 사례를 잘 포착해야 한다.

```
print this; // 최상위 레벨

fun notMethod() {
  print this; // 함수 내부
}
```

컴파일러는 this가 메서드 내부에 있는지 어떻게 알 수 있을까? 이 질문에 대한 가장 확실한 답은 현재 Compiler의 FunctionType을 확인하는 것이다. 앞서 메서드를 특별하게 처리하는 열거체 케이스를 추가했지만, 좀 전 예제와 같이 메서드 내부에 중첩된 함수 내부에 있는 코드는 제대로 처리하지 못한다.

this 리졸빙을 시도하되, 만약 이 this가 주변 렉시컬 스코프 어디에도 발견되지 않으면 에러로 리포트할 수도 있다. 이 방법도 나쁘진 않지만, 변수를 리졸브하려는 코드에서 변수 선언이 발견되지 않으면 암묵적으로 글로벌 액세스로 간주되므로 적잖은 코드가 뒤섞이게 된다.

또 다음 장에서는 가장 가까운 주변 클래스에 대한 정보가 필요하게 될 것이다. 이 정보가 있으면 어떤 메서드 내부에 있는지 여부를 판단할 때 요긴하게 쓰일 것이다. 따라서 미래의 삶을 미리 좀 더 편하게 만들 겸 이 장치를 지금 끼워 넣겠다.

compiler.c ▶ current 변수 다음에 추가

```
Compiler* current = NULL;
ClassCompiler* currentClass = NULL;

static Chunk* currentChunk() {
```

이 모듈 변수는 현재 컴파일 중인 가장 내부의 클래스를 나타내는 구조체 포인터다. 새로운 타입은 다음과 같다.

```
} Compiler;

typedef struct ClassCompiler {
  struct ClassCompiler* enclosing;
} ClassCompiler;

Parser parser;
```

지금은 주변 클래스(있는 경우)에 대한 ClassCompiler를 가리키는 포인터만 저장한다. 클래스 선언을 다른 클래스의 메서드 안에 중첩시키는 일은 드물지만 록스에서는 가능하다. 즉, Compiler 구조체와 마찬가지로 ClassCompiler가 현재 컴파일 중인 가장 내부 클래스에서 모든 둘러싼 클래스를 통해 연결 리스트를 형성한다는 뜻이다.

어떤 클래스 선언의 내부에 있는 게 아니라면 모듈 변수 currentClass는 NULL이다. 컴파일러는 클래스 컴파일을 시작하면서 이렇게 암묵적으로 연결된 스택 안에 새로운 ClassCompiler를 푸시한다.

```
  defineVariable(nameConstant);

  ClassCompiler classCompiler;
  classCompiler.enclosing = currentClass;
  currentClass = &classCompiler;

  namedVariable(className, false);
```

ClassCompiler 구조체의 메모리는 C 스택에 바로 생긴다. 이는 재귀 하향 스타일로 컴파일러를 작성한 덕분에 누릴 수 있는 혜택이다. 클래스 바디가 끝나면 해당 컴파일러를 스택에서 팝해 주변 클래스를 복원한다.

```
  emitByte(OP_POP);

  currentClass = currentClass->enclosing;
}
```

가장 외부 클래스의 바디가 끝나면 enclosing은 NULL이 되므로 currentClass는 NULL로 리셋된다. 즉, 지금 클래스 내부에 있는지, 다시 말해 메서드 내부에 있는지는 이 currentClass 변수만 확인하면 알 수 있다.

```c
static void this_(bool canAssign) {
  if (currentClass == NULL) {
    error("Can't use 'this' outside of a class.");
    return;
  }

  variable(false);
```

이로써 클래스 외부에서 this를 사용하는 것은 확실하게 금지됐다. 시간이 흐를수록 메서드에 진정한 객체 지향 내음이 강렬하게 풍긴다. 수신자에 액세스하면 메서드를 호출한 인스턴스에 영향을 줄 수 있다. 거의 다 왔다!

28.4 / 인스턴스 초기자
INTERPRETER

객체 지향 언어에서 (OOP의 핵심 교리 중 하나인) 상태와 동작을 함께 묶는 이유는, 객체를 언제나 올바르고 의미 있는 상태로 유지하기 위함이다. 객체의 상태를 건드리는 창구를 메서드로 한정하면 메서드를 통해 다른 문제가 생기지 않도록 보장할 수 있다. 하지만 이 말은 객체가 이미 적합한 상태에 있다는 것을 전제로 한다. 그럼, 객체가 처음 생성될 때에는 어떨까?

> 물론, 록스에서는 외부 코드가 메서드를 거치지 않아도 직접 인스턴스 필드에 액세스하고 수정도 할 수 있다. 이런 점에서 상태를 객체 내부에 완전히 캡슐화하는 루비나 스몰토크와는 다르다. 우리의 토이 스크립팅 언어는 그렇게 원칙주의를 고집하지 않는다.

객체 지향 언어는 새 인스턴스를 생성하고 그 상태를 초기화하는 생성자를 통해 새로운 객체를 올바르게 세팅하도록 보장한다. 록스에서는 런타임이 새로운 원시 인스턴스를 할당하고 클래스는 초기자를 선언하여 모든 필드를 세팅할 수 있다. 초기자는 일반 메서드와 거의 같지만 몇 가지 차이점이 있다.

1. 런타임은 클래스 인스턴스가 생성될 때마다 초기자 메서드를 자동으로 호출한다.

2. 인스턴스를 생성하는 호출자는 초기자가 완료된 직후 초기자 함수 자체의 리턴값에 상관 없이 항상 인스턴스를 리턴받는다. 초기자 메서드는 명시적으로 this를 리턴할 필요가 없다.

3. 실제로 초기자는 값을 리턴하는 행위가 금지되어 있다. 어차피 그 값을 볼 수 없기 때문이다.

이 세 가지 특별한 규칙을 구현하면 초기자까지 추가할 수 있다. 하나씩 살펴보자.

> 이를테면, 초기자는 암묵적으로 다음 코드 뭉치로 래핑되어 있는 것과 같다.
>
> ```
> fun create(klass) {
>   var obj = newInstance(klass);
>   obj.init();
>   return obj;
> }
> ```
>
> 따라서 init()이 어떤 값을 리턴한들 그냥 버려진다.

28.4.1 초기자 호출

먼저 새 인스턴스에서 init()을 자동으로 호출한다.

vm.c ▶ callValue() 함수

```
        vm.stackTop[-argCount - 1] = OBJ_VAL(newInstance(klass));
        Value initializer;
        if (tableGet(&klass->methods, vm.initString,
                    &initializer)) {
          return call(AS_CLOSURE(initializer), argCount);
        }
        return true;
```

런타임은 새 인스턴스를 할당하고 클래스에서 init() 메서드를 찾는다. 이 메서드가 클래스에 있으면 호출하고, 그럼 초기자의 클로저에 해당하는 새 CallFrame이 스택에 푸시된다. 다음 코드를 보자.

```
class Brunch {
  init(food, drink) {}
}

Brunch("eggs", "coffee");
```

VM이 Brunch() 호출을 실행하면 다음 그림과 같이 흘러간다.

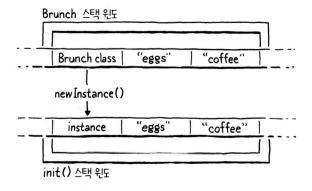

클래스를 호출할 때 전달된 인수는 인스턴스 위의 스택에 고스란히 남아 있다. init() 메서드에 대한 새로운 CallFrame은 해당 스택 윈도를 공유하므로 이들 인수는 암묵적으로 초기자에 전달된다.

클래스에 반드시 초기자를 정의해야 하는 것은 아니다. 초기자를 생략하면 런타임은 그냥 초기화되지 않은 새 인스턴스를 리턴한다. 하지만 init() 메서드가 없는데 인스턴스 생성 시 클래스에 인수를 전달하는 것은 아무 의미가 없다. 이 경우 에러로 처리한다.

```
            return call(AS_CLOSURE(initializer), argCount);
        } else if (argCount != 0) {
        runtimeError("Expected 0 arguments but got %d.",
                     argCount);
        return false;
    }
```

클래스가 초기자를 제공하는 경우, 전달된 인수 개수가 초기자의 애리티와 일치하는지 확인해야 한다. 이 일은 이미 call() 헬퍼 함수가 대신해준다.

초기자를 호출하기 위해 런타임은 메서드 이름으로 init()을 찾는데, 인스턴스가 생성될 때마다 이 일을 해야 하므로 가능한 한 빠를수록 좋다. 앞에서 구현한 문자열 인터닝을 활용하기에 적합한 케이스다. VM이 "init"에 해당하는 ObjString을 만들어 재사용하는 것이다. 이 문자열은 VM 구조체에 바로 넣는다.

vm.h ▶ VM 구조체

```
    Table strings;
    ObjString* initString;
    ObjUpvalue* openUpvalues;
```

VM이 기동될 때 문자열을 생성하고 인턴한다.

vm.c ▶ initVM() 함수

```
    initTable(&vm.strings);

    vm.initString = copyString("init", 4);

    defineNative("clock", clockNative);
```

이 문자열은 계속 메모리에 남아 있어야 하므로 GC는 이를 루트로 간주한다.

memory.c ▶ markRoots() 함수

```
    markCompilerRoots();
    markObject((Obj*)vm.initString);
}
```

가만, 그런데 이상하다. 뭔가 버그가 발생할 것 같지 않은가? 아니라고? 미묘한 버그다. 가비지 수집기는 이제 vm.initString을 읽는다. 이 필드는 copyString()을 호출한 결과 초기화된다. 하지만 문자열을 복사하면 메모리가 할당돼서 GC가 트리거될 수 있다. 수집기가 잘못된 타이밍에 실행되기라도 하면 vm.initString이 초기화되기도 전에 GC가 먼저 읽을 것이다. 따라서 이 필드를 먼저 NULL로 세팅한다.

```
initTable(&vm.strings);

vm.initString = NULL;
vm.initString = copyString("init", 4);
```

이 포인터는 VM이 종료될 때 NULL로 세팅하여 해제한다.

```
freeTable(&vm.strings);
vm.initString = NULL;
freeObjects();
```

이제 초기자를 호출할 수 있다.

28.4.2 초기자 리턴값

다음으로, 초기자로 클래스의 인스턴스를 생성할 때 nil이나 초기자 바디가 리턴하는 결과가 아니라, 항상 새 인스턴스를 리턴하도록 해야 한다. 지금은 초기자가 정의되어 있는 클래스의 인스턴스를 생성하면 VM은 해당 초기자에 대한 호출을 CallFrame 스택에 푸시하는 식으로 진행된다.

그 결과, 인스턴스를 생성하기 위한 사용자의 클래스 호출은 해당 초기자 메서드가 리턴될 때마다 완료되며, 초기자가 스택에 어떤 값을 넣든 계속 스택에 남아 있게 된다. 즉, 사용자가 정신 차리고 초기자 끝에 return this;를 넣지 않으면 아무 인스턴스도 나오지 않는다. 한마디로 무용지물이다.

이 문제를 해결하려면 프런트엔드에서 초기자 메서드를 컴파일할 때마다 대부분의 함수가 리턴하는 평범하고 암묵적인 nil 대신, 메서드에서 this를 리턴하는 또 다른 바이트코드를 바디 끝에 내보내야 한다. 그러려면 초기자를 컴파일하는 시점을 컴파일러가 정확히 알아야 하는데, 다행히 컴파일하는 메서드 이름이 "init"인지만 확인하면 간단히 알아낼 수 있다.

```
FunctionType type = TYPE_METHOD;
if (parser.previous.length == 4 &&
    memcmp(parser.previous.start, "init", 4) == 0) {
  type = TYPE_INITIALIZER;
}

function(type);
```

다른 메서드와 초기자를 구별하기 위해 함수 타입을 새로 정의한다.

```
TYPE_FUNCTION,
TYPE_INITIALIZER,
TYPE_METHOD,
```

컴파일러가 바디 끝에서 암묵적으로 return을 내보낼 때마다 그 타입을 체크하여 초기자와 관련된 동작을 삽입할지 판단한다.

```
static void emitReturn() {
  if (current->type == TYPE_INITIALIZER) {
    emitBytes(OP_GET_LOCAL, 0);
  } else {
    emitByte(OP_NIL);
  }

  emitByte(OP_RETURN);
```

초기자에서는 리턴하기 전에 스택에 nil을 푸시하는 대신에 인스턴스가 포함된 슬롯 0을 로드한다. emitReturn() 함수는 값이 없는 return 문을 컴파일할 때도 호출되므로, 사용자가 초기자에서 조기 리턴을 하더라도 문제없이 처리된다.

28.4.3 잘못된 초기자 리턴

끝으로, 초기자에서 다른 뭔가를 리턴하는 경우에 에러로 처리하는 작업이다. 이제 컴파일러가 메서드 타입을 추적하므로 별로 어렵지 않다.

```
  if (match(TOKEN_SEMICOLON)) {
    emitReturn();
  } else {
    if (current->type == TYPE_INITIALIZER) {
      error("Can't return a value from an initializer.");
    }

    expression();
```

초기자의 return 문에 값이 있으면 에러를 리포트한다. 컴파일러가 후행식을 혼동하여 수많은 에러를 전파하지 않도록 이후에도 계속 진행하여 값을 컴파일한다.

이제 씨록스는 상속(29장)을 제외하고 거의 완전한 기능을 갖춘 언어가 되었다.

```
class CoffeeMaker {
  init(coffee) {
    this.coffee = coffee;
  }

  brew() {
    print "Enjoy your cup of " + this.coffee;

    // 원래 있던 것을 더 이상 사용하지 않는다!
    this.coffee = nil;
  }
}

var maker = CoffeeMaker("coffee and chicory");
maker.brew();
```

> 요즘 젊은 세대 프로그래머들에게 '플로피 디스크'라고 해봐야 용량이 어느 정도인지 마음에 잘 와닿지 않겠지. '트윗 몇 개'라고 썼어야 했나?

낡은 플로피 디스크에 저장하기 좋은 C 프로그램치고 꽤나 화려하다!

28.5 INTERPRETER / 호출 최적화

메서드 호출과 초기자에 관한 록스 언어의 시맨틱을 씨록스 VM에 정확하게 구현했다. 이 정도로 만족하고 넘어갈 수도 있겠지만, 록스를 처음부터 완전히 뜯어고쳐 두 번째 구현체를 구축하는 중요한 목표를 잊어서는 안 된다. 기존 자바 인터프리터, 제이록스보다 실행 속도를 빠르게 하는 것이다. 아직까지 메서드 호출은 씨록스에서도 느리다.

록스에서 메서드 호출은 시맨틱상 메서드에 액세스하고, 그 결과를 호출하는 두 가지 작업으로 정의된다. 사용자가 나누어 실행할 수 있기 때문에 씨록스 VM은 이 둘을 별도의 작업으로 지원해야 한다. 이를테면, 메서드를 호출하지 않고 메서드에 액세스한 이후 나중에 바운드 메서드를 호출하는 식이다. 지금까지 우리가 구현해온 코드 중 불필요한 건 하나도 없다.

하지만 매번 이렇게 별도 작업으로 실행하는 것은 상당한 비용을 유발한다. 록스 프로그램이 메서드에 액세스하고 호출할 때마다 런타임 힙은 ObjBoundMethod를 새로 할당하고, 필드를 초기화

> 바이트코드 VM의 실행 과정을 잘 뜯어보면 동일한 일련의 바이트코드 명령어를 차례로 실행하는 경우가 많다는 사실을 알 수 있다. 이럴 때 수퍼명령어(superinstruction)라는, 새로운 단일 명령어를 정의하는 고전적인 최적화 기법을 사용한다. 다수의 명령어를 전체 시퀀스와 동일한 동작을 하는 하나의 명령어로 통합하는 것이다.
>
> 바이트코드 인터프리터에서 성능을 갉아먹는 가장 큰 요인 중 하나는 각 명령어를 디코딩하고 디스패치하는 데 수반되는 오버헤드다. 여러 명령어를 한 명령어로 통합하면 이런 오버헤드를 상당 부분 줄일 수 있다.
>
> 하지만 어떤 명령어 시퀀스가 이런 최적화의 이점을 누릴 만큼 충분히 일반적인지 어떻게 결정하느냐가 문제다. 새로운 수퍼명령어는 저마다 고유한 용도의 옵코드를 요구하는데, 이런 명령어가 여기저기 너무 많이 돌아다니게 되면 곤란하다. 수퍼명령어를 너무 많이 추가하면 연산 코드에 더 큰 인코딩이 필요한데, 그럼 코드 크기가 커져서 모든 명령어를 디코딩하는 속도가 일제히 떨어질 것이다.

하고, 도로 밖으로 꺼내고... 할 일이 무척 많다. GC는 나중에 이런 임시 바운드 메서드를 해제하느라 적잖은 시간을 쏟을 것이다.

대부분의 경우 록스 프로그램은 메서드에 액세스한 후 바로 호출한다. 바운드 메서드는 하나의 바이트코드 명령어로 생성되고 바로 그다음 바이트코드 명령어에 의해 소비된다. 사실, 이 과정은 너무 순식간에 벌어져서 컴파일러조차 프로퍼티에 .으로 액세스한 다음 (가 나오면 십중팔구 메서드 호출일 가능성이 높다는 사실을 텍스트로 겨우 확인할 수 있을 정도다.

이 두 가지 작업은 컴파일 타임에 인식할 수 있기 때문에 최적화된 메서드 호출을 수행하는, 뭔가 새롭고 특별한 명령어를 내보낼 수 있다.

닷으로 액세스하는 프로퍼티 표현식을 컴파일하는 함수부터 시작하겠다.

compiler.c ▶ dot() 함수

```
  if (canAssign && match(TOKEN_EQUAL)) {
    expression();
    emitBytes(OP_SET_PROPERTY, name);
  } else if (match(TOKEN_LEFT_PAREN)) {
    uint8_t argCount = argumentList();
    emitBytes(OP_INVOKE, name);
    emitByte(argCount);
  } else {
```

컴파일러는 프로퍼티 이름을 파싱한 후 좌측 괄호를 찾는다. 괄호가 있으면 새로운 코드 경로로 전환하고, 거기서 호출식을 컴파일하는 경우와 마찬가지로 인수 리스트를 컴파일한다. 그리고 다음 두 피연산자를 받는 새로운 명령어 OP_INVOKE를 내보낸다.

1. 상수 테이블에 있는 속성 이름의 인덱스

2. 메서드에 전달된 인수 개수

다시 말해, 이 명령어는 자신이 대체한 OP_GET_PROPERTY와 OP_CALL 두 명령어의 피연산자를 순서대로 조합한다. 실제로도 그냥 이 두 명령어를 합쳐놓은 꼴이다. OP_INVOKE 명령어를 정의하자.

chunk.h ▶ OpCode 열거체

```
  OP_CALL,
  OP_INVOKE,
  OP_CLOSURE,
```

디셈블러에도 추가한다.

```
  case OP_CALL:
    return byteInstruction("OP_CALL", chunk, offset);
  case OP_INVOKE:
    return invokeInstruction("OP_INVOKE", chunk, offset);
  case OP_CLOSURE: {
```

포맷이 다소 독특한 명령어라 디셈블링 로직은 맞춤형 손질이 필요하다.

```
static int invokeInstruction(const char* name, Chunk* chunk,
                             int offset) {
  uint8_t constant = chunk->code[offset + 1];
  uint8_t argCount = chunk->code[offset + 2];
  printf("%-16s (%d args) %4d '", name, argCount, constant);
  printValue(chunk->constants.values[constant]);
  printf("'\n");
  return offset + 3;
}
```

두 피연산자를 읽은 후 메서드 이름과 인수 개수를 출력한다. 실제 동작은 인터프리터의 바이트코드 디스패치 루프에서 시작된다.

```
      }
      case OP_INVOKE: {
        ObjString* method = READ_STRING();
        int argCount = READ_BYTE();
        if (!invoke(method, argCount)) {
          return INTERPRET_RUNTIME_ERROR;
        }
        frame = &vm.frames[vm.frameCount - 1];
        break;
      }
      case OP_CLOSURE: {
```

대부분의 작업은 곧이어 살펴볼 invoke()가 수행한다. 여기서는 첫 번째 피연산자에서 메서드 이름을 찾고 나서 인수 개수 피연산자를 읽는다. 나머지 무거운 작업은 invoke()에게 넘긴다. 이 함수는 작업이 성공하면 true를 리턴하고 런타임 에러가 발생하면 false를 리턴한다. 뭔가 잘못되면 여기서 인터프리터를 중단시킨다.

마지막으로, 호출이 성공하면 스택에 새 CallFrame이 있을 테니 현재 프레임의 캐시된 사본을 리프레시 (refresh)한다.

재미난 로직은 다음 코드다.

vm.c ▸ callValue() 함수 다음에 추가

```
static bool invoke(ObjString* name, int argCount) {
  Value receiver = peek(argCount);
  ObjInstance* instance = AS_INSTANCE(receiver);
  return invokeFromClass(instance->klass, name, argCount);
}
```

먼저 스택에서 수신자를 팝한다. 메서드에 전달된 인수는 스택에서 메서드 위에 있으므로 그 아래 슬롯들을 죽 피크한다. 그런 다음 객체를 인스턴스로 캐스팅하고 이 캐스팅한 인스턴스에서 메서드를 호출하는 것은 간단하다.

객체가 인스턴스라는 전제하에 그렇다. OP_GET_PROPERTY 명령어와 마찬가지로, 사용자가 잘못된 타입의 값에 대해 메서드를 호출하는 실수를 저질러도 우아하게 처리해야 한다.

vm.c ▸ invoke() 함수

```
  Value receiver = peek(argCount);

  if (!IS_INSTANCE(receiver)) {
    runtimeError("Only instances have methods.");
    return false;
  }

  ObjInstance* instance = AS_INSTANCE(receiver);
```

런타임 에러가 나면 사용자에게 리포트하고 프로그램을 종료한다. 문제가 없으면 인스턴스의 클래스를 가져와 새로운 다음 유틸리티 함수로 넘긴다.

vm.c ▸ callValue() 함수 다음에 추가

```
static bool invokeFromClass(ObjClass* klass, ObjString* name,
                            int argCount) {
  Value method;
  if (!tableGet(&klass->methods, name, &method)) {
    runtimeError("Undefined property '%s'.", name->chars);
    return false;
  }
  return call(AS_CLOSURE(method), argCount);
}
```

지금쯤 눈치챘겠지만, 이 코드를 별도의 함수로 분리한 이유는 나중에 슈퍼 호출을 할 때 재사용하기 위함이다.

이 함수는 VM에 구현된 OP_GET_PROPERTY와 OP_CALL의 로직을 순서대로 조합한다. 먼저 클래스의 메서드 테이블에서 메서드를 이름으로 찾고, 메서드가 없으면 런타임 에러를 리포팅 후 종료한다.

메서드가 있으면 그 메서드의 클로저를 가져와 해당 호출을 CallFrame 스택에 푸시한다. 이때 수신자와 메서드의 인수는 이미 있어야 할 자리에 있으므로 스택 위에서 ObjBoundMethod를 힙에 할당하고 초기화하는 법석은 떨 필요 없다.

> 이것이 스택 슬롯 0을 사용해서 수신자를 저장하는 핵심적인 이유이자, 호출자가 메서드 호출을 대비해 미리 스택을 구성하는 방법이다. 이와 같은 효율적인 호출 관례는 바이트코드 VM의 성능 스토리에서 중요한 부분을 차지한다.

이제 VM을 켜고 메서드를 호출하는 작은 프로그램을 돌려보면 이전과 결과는 같지만 성능은 훨씬 좋아졌음을 체감할 것이다. 나는 10,000번의 메서드 호출을 배치 처리하는 작은 마이크로벤치마크를 작성해서 10초 동안 얼마나 많은 배치가 실행 가능한지 세어봤다. 내 컴퓨터에

실행해보니 새로운 명령어 OP_INVOKE가 없는 경우 1,089개 배치를 실행한 반면, 새로운 최적화를 적용한 경우는 8,324개 배치를 완료했다. 7.6배나 더 빨라진 것이다. 이 정도면 프로그래밍 언어의 최적화 분야에서는 어마어마한 개선이다.

> 그렇다고 너무 우쭐할 필요도 없다. 이전에 최적화를 하지 않은 메서드 호출 코드가 너무 느렸기 때문에 상대적으로 엄청나게 향상된 것처럼 보일 뿐이다. 메서드를 호출할 때마다 힙 할당을 한다고 해서 모든 시합에서 이기는 건 아니다.

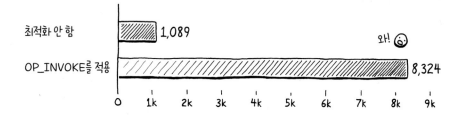

28.5.1 필드 호출

"정확성을 무너뜨리지 말라." 최적화의 기본 교리다. 언어 구현체가 더 빨리 답을 내놓으면 사용자는 좋아라 하겠지만, 그건 정답일 경우만 통하는 얘기다. 좀 전에 속도가 빨라진 메서드 호출 구현체는 이 원칙을 지키지 못했다.

> 이따금 오답을 내더라도 프로그램이 상당히 빨리 실행되거나 성능 측면에서 더 나은 결과를 보여주는 것이 사용자 입장에서 더 만족스러운 경우가 있다. 몬테 카를로 알고리즘(Monte Carlo algorithm)[1] 분야가 그렇다. 유스 케이스에 따라 훌륭한 트레이드오프가 되는 경우도 있다.
>
> 하지만 중요한 사실은, 사용자가 이러한 알고리즘 중 하나를 적용하기로 선택한다는 점이다. 언어 구현자가 일방적으로 프로그램의 정확성을 희생하기로 결정할 수는 없다.

```
class Oops {
  init() {
    fun f() {
      print "not a method";
    }

    this.field = f;
  }
}

var oops = Oops();
oops.field();
```

---

1 옮긴이 https://ko.wikipedia.org/wiki/몬테카를로_방법

마지막 줄은 꼭 메서드 호출처럼 보인다. 컴파일러도 그렇게 생각해서 곧이곧대로 OP_INVOKE 명령어를 내보낸다. 하지만 이 코드는 메서드 호출이 아니라, 함수를 리턴하는 필드를 액세스해서 그 함수를 호출하는 코드다. 이 예제를 지금 실행하면 VM은 "field"라는 이름의 메서드를 찾지 못해 런타임 에러가 발생한다.

앞서 OP_GET_PROPERTY 명령어를 구현할 때, 필드 및 메서드의 액세스는 모두 처리하였다. 이 새로운 버그역시 OP_INVOKE를 똑같이 처리하면 고칠 수 있다.

vm.c ▶ invoke() 함수

```
ObjInstance* instance = AS_INSTANCE(receiver);

Value value;
if (tableGet(&instance->fields, name, &value)) {
  vm.stackTop[-argCount - 1] = value;
  return callValue(value, argCount);
}

return invokeFromClass(instance->klass, name, argCount);
```

아주 간단하다. 인스턴스의 클래스에서 메서드를 찾기 전에 이름이 같은 필드가 있는지 찾아본다. 그런 필드가 있으면 수신자 대신 스택의 인수 리스트 아래에 저장한다. ( )로 묶인 후속 인수 리스트가 평가되기 전에후자의 명령어가 실행되는데, 이것이 OP_GET_PROPERTY 명령어의 작동 방식이다.

그런 다음 해당 필드의 값을 마치 호출 가능한 값처럼 호출하려고 시도한다. callValue( ) 헬퍼 함수는 값의타입을 체크해서 적절하게 호출한다. 필드값이 클로저처럼 호출 가능한 타입이 아닌 경우는 런타임 에러를리포트한다.

이 정도면 완전히 안전한 최적화라고 자부할 만하다. 약간의 성능 희생은 따르지만 어쩌면 당연히 지불해야 할 대가다. 여러분도 언어를 만들다 보면, 어떤 성가신 코너 케이스[2]를 허용하지 말아야만 최적화를 적용할 수 있는 경우가있기 때문에 적잖이 당황스러울 것이다. 그러나 언어 구현자인 우리는 주어진 게임에서 최선을 다해야 한다.

> 언어 디자이너로서 우리의 역할은 매우 다르다. 언어 자체를 제어하는 경우, 때로는 최적화를 위해 언어를 제한하거나 변경을 가해야 할 수도 있다. 사용자는 표현력이 풍부한언어를 선호하지만, 동시에 빠른 구현체를 원하기도 한다.사용자에게 완벽한 성능을 제공할 수 있다면 때로는 약간의 기능을 희생하는 것이 바람직한 언어 설계 방향이다.

여기서 작성한 코드는 몇 가지 일반적인 최적화 패턴을 따른다.

1. 성능이 매우 중요한 공통 작업이나 작업 시퀀스를 파악한다. 이 예제에서는 메서드에 액세스한 다음호출을 하는 패턴이다.

2. 이 패턴을 최적화한 구현체를 추가한다. OP_INVOKE 명령어가 좋은 예다.

---

2 **옮긴이** corner case, 여러 가지 팩터와 주변 환경이 복합적으로 어우러져 발생하는 문제

3. 패턴이 실제로 적용되는지 확인하는 조건부 로직을 넣어 최적화한 코드를 보호한다. 실제로 적용된다면 빠른 경로를 고수하되, 그렇지 않은 경우는 더 느리더라도 탄탄한, 최적화되지 않은 로직으로 되돌아간다. 예제에서는 실제로 메서드를 호출하고 필드에 액세스하지 않는지 확인하는 것이다.

언어가 겨우 제대로 작동되는 수준에서 더 빠르게 작동되는 단계로 나아갈수록 이와 같은 패턴을 찾고 그에 따라 안전한 최적화를 적용하는 데 점점 더 많은 시간을 할애하게 될 것이다. 풀타임 VM 엔지니어도 커리어의 대부분을 이 과정을 반복하면서 보낸다.

머리가 아프니 이 장은 여기서 끝내자. 씨록스는 이제 객체 지향 프로그래밍 언어의 기능을 대부분 꽤 준수한 성능으로 지원하는 언어가 되었다.

연습 문제

1. 해시 테이블에서 어떤 클래스의 init() 메서드를 찾는 일은 O(1)이지만 그래도 상당히 느리다. 더 빠르게 구현하라. 벤치마크를 작성하고 성능 차이를 측정하라.

2. 록스 같은 동적 타입 언어에서는 프로그램 실행 도중 단일 호출지가 오만 가지 클래스의 메서드를 호출하고 다닐 수 있지만, 실제로 대부분 동일한 클래스의 동일한 메서드를 호출하는 경우가 많다. 다형성을 지원한다고 말하는 언어에서도 사실 대부분의 호출은 다형적이지 않다.

성숙한 언어 구현체는 이러한 관찰을 바탕으로 어떻게 최적화되어 있는가?

3. OP_INVOKE 명령어를 인터프리트할 때 VM은 해시 테이블을 2번 조회해야 한다. 먼저, 메서드를 섀도잉할 만한 필드가 있는지 찾아보고, 그런 필드가 없을 때에만 메서드를 찾는다. 대부분의 필드에는 함수가 포함되어 있지 않기 때문에 실상 전자의 체크는 거의 쓸모가 없다. 하지만 언어에서는 필드와 메서드를 동일한 구문으로 액세스하고 필드가 메서드를 섀도우하기 때문에 이 체크도 필요하긴 하다.

이는 록스 구현체의 싱능에 영향을 미치는 언어 선택이다. 이것이 옳은 선택이었을까? 만약 여러분이 록스를 만드는 사람이라면 어떻게 하겠는가?

TRS-80에서 작은 베이직 프로그램을 만들어 이전에 컴퓨터가 해보지 못했던 일을 시키던 때를 나는 아직도 기억한다. 그땐 마치 초능력자라도 된 기분이었다. 내가 처음으로 파서와 인터프리터를 잘 버무려 직접 만든 언어로 작은 프로그램을 작성해서 컴퓨터에 뭔가 고차원의 메타 수퍼파워 능력을 불어넣은 역사적인 순간이었다. 지금도 그 시절의 경이로운 느낌은 선명하다.

나는 내가 원하는 대로 언어를 보이게 하고 동작하도록 디자인할 수 있다는 자신감이 생겼다. 마치 졸업할 때까지 똑같은 교복만 입어야 하는 사립 학교를 다니다가, 어느 날 문득 내가 원하는 옷을 입고 다닐 수 있는 공립 학교에 전학온 것 같은 기분이랄까? 블록에 꼭 {}를 써야 할 필요가 있나? 할당에 = 말고 다른 기호를 쓸 수 없을까? 클래스 없이 객체만 사용하면 안 될까? 다중 상속과 멀티메서드는? 정적 오버로드되는 동적인 언어는 어떨까?

그렇게 감미로운 자유를 꿈꾸던 어느 날, 나는 가장 기괴하고 제멋대로인 언어 디자인 결정을 내렸다. 언어계의 이단아! 인수 사이에 쉼표 따위도 없고, 런타임에 실패할 수 있는 오버로드 레졸루션! 나는 그저 '다름'을 위해 모든 걸 '다르게' 만들었다.

정말 재미난 경험이었다. 여러분에게도 강추한다! 더 요상하고 아방가르드한 프로그래밍 언어가 더 많이 필요하다. 더 예술적인 언어도 많았으면 좋겠다. 아직도 나는 가끔 재미 삼아 이상한 토이 언어를 만든다.

그러나 여러분의 목표가 많은 사용자가 애용하는 성공적인 언어를 만드는 것이라면 우선순위를 달리해야 한다. 즉, 가능한 한 많은 사람들의 머릿속에 여러분이 만든 언어를 주입하는 것이다. 이게 정말 어렵다. 한 언어의 구문과 시맨틱을 컴퓨터에서 수조 개의 뉴런으로 옮기려면 엄청난 인간의 노력이 필요하다.

프로그래머는 본능적으로 자기 시간을 아껴야 하고 어떤 언어가 본인의 두뇌를 기꺼이 바칠 만한지 신중하게 판단한다. 별로 유용하지 않은 언어에 굳이 시간 낭비를 할 이유가 없다. 언어 디자이너로서 목표는 가능한 한 적은 시간의 학습으로 최대한 많은 언어 기능을 사용자에게 제공하는 것이다.

우선 떠오르는 접근 방식은 단순성이다. 언어에 녹아 있는 개념과 기능이 적을수록 프로그래머의 학습량이 줄어든다. 이것이 미니멀한 스크립팅 언어가 대기업 상용 언어만큼 강력하지 않아도 성공을 거둔 이유 중 하나다. 시작하기 더 쉽고 일단 머릿속에 들어가면 그 사용자는 계속 그 언어를 사용하고 싶어한다.

특히, 이것은 동적 타입 언어의 큰 장점이다. 정적 언어는 런타임 시맨틱과 정적 타입 시스템이라는 두 가지 언어를 배운 다음에야 컴퓨터에게 어떤 일을 시킬 수 있다. 동적 언어는 런타임 시맨틱만 배우면 된다.

언젠가 프로그램이 꽤 커지면 정적 분석의 가치가 두 번째 정적 언어를 배우는 노력의 대가를 지불하고도 남을 정도로 커지겠지만, 처음부터 그만한 가치가 있는지는 분명하지 않다.

하지만 단순성은 무턱대고 기능을 줄여 기능과 표현성이 희생되는 경우가 많다는 게 문제다. 그런 희생을 충분히 벌충할 만한 기능을 찾아내는 일이 기술이지만, 미니멀한 언어는 대체로 그런 기능이 그냥 부족한 경우가 많다.

이런 문제를 다른 방법으로 상당 부분 해결할 수도 있다. 사용자가 언어 전체를 머릿속에 다 넣을 필요 없이 아직 머릿속에 없는 부분만 집어넣으면 된다는 사실을 깨달으면 된다. 6장 디자인 노트에서도 언급했듯이, 학습이란 사용자가 이미 알고 있는 것과 앞으로 알아야 할 것 사이의 차이를 전달하는 일이다.

앞으로 여러분의 언어를 사용하게 될 사용자는 이미 다른 프로그래밍 언어를 알고 있다. 여러분의 언어와 기성 언어에 공통적인 모든 기능은 그들의 학습에 있어서 '공짜'나 다름없다. 이미 머릿속에 입력된 내용이므로 여러분의 언어도 똑같은 일을 한다는 사실만 이해하고 넘어가면 된다.

다시 말해, 친숙함은 언어 채택 비용을 낮추는 또 다른 핵심적인 도구다. 하지만 이 친숙함을 너무 극대화하면 결국 기존 언어와 똑같은 언어가 될 테고, 그럼 사용자 입장에서 언어를 바꿀 이유가 없어지므로 성공의 레시피가 될 수 없다.

어느 정도 어필할 만한 차별화는 제공해야 한다. 다른 언어는 감히 할 수 없는, 적어도 잘 하지 못하는 뭔가를 여러분의 언어는 할 수 있어야 한다. 다른 언어와의 유사성은 학습 비용을 낮추되, 차별화하여 매력적인 이점을 높이는 일이 언어 디자인의 근본적인 균형 잡기다.

나는 이렇게 균형을 잡는 행위가 **참신성 예산(novelty budget, 노벨티 버짓)** 내지는 스티브 클라브닉(Steve Klabnik)의 말마따나 '낯설게 하기 예산(strangeness budget)[3]'이라고 생각한다. 사용자는 새로운 언어를 배우는 데 아낌없이 시간을 투자할 수 있는 새로운 기능의 총량에 대해 낮은 임계치를 갖고 있다. 그 임계치를 초과하면 사용자는 자취를 감춘다.

다른 언어에 없는 신박한 기능을 언어에 추가하거나, 다른 언어와 다른 방식으로 작동되는 뭔가를 구현할 때마다 예산을 조금

> 심리학에도 개인 신용 점수(idiosyncrasy credit)[4]라는 비슷한 개념이 있다. 사회에서 다른 사람들이 사회적 규범에서 벗어나는 것을 제한적으로 허용한다는 아이디어다. 사람들은 무리를 지어 어울리고 단체 활동을 하면서 신용을 얻게 되며, 이 신용은 다른 사람들의 눈살을 찌푸리게 할 만한 괴팍한 활동에 사용할 수 있다. 다시 말해, 자신이 '착한 사람 중 한 명'임을 증명하면 괴짜 깃발을 들어올릴 자격이 주어지지만, 딱 여기까지다.

씩 지출한다. 좋다, 내가 만든 언어를 매력덩이로 만드는 데 이 정도 예산은 들여야 않겠는가? 하지만 목표는 예산을 현명하게 쓰는 것이다. 각각의 기능이나 차별성이 여러분의 언어를 얼마나 강력하게 부각시킬지 자문한 다음, 그만한 예산을 쏟아부을 가치가 있는지 냉정하게 판단하라. 정말로 이 새로운 기능에 참신성의 예산을 들일 가치가 있는가?

실제로 나는 예산이 구문에서는 꽤 보수적으로, 시맨틱에서는 좀 더 모험적으로 쓰인다는 사실을 발견했다. 새 옷으로 갈아입는 것만큼 재밌는 일임에도 {}를 다른 블록 구분자로 바꾸는 것이 언어의 실질적인 파워를 드높일 가능성은 거의 없지만 참신성 예산을 일부 소비한다. 구문의 차이는 큰 의미를 갖기가 어렵다.

반면, 새로운 시맨틱은 언어의 파워를 상당히 끌어올릴 수 있다. 멀티메서드, 믹스인, 트레이트, 리플렉션, 의존 타입, 런타임 메타프로그래밍 등 사용자가 언어로 할 수 있는 작업을 근본적으로 레벨업할 수 있다.

물론, 이렇게 보수적인 태도를 견지하는 것이 모든 것을 다 바꾸는 것만큼 재미있지는 않을 것이다. 하지만 애초에 주류로서 성공을 좇을지 말지는 전적으로 여러분의 선택에 달려 있다. 모든 사람이 고만고만한 음악을 추구하는 팝 밴드를 결성할 필요는 없다. 프리 재즈나 드론 메탈 같은 언어를 원하고 상대적으로 규모는 적은(그러나 열성 골수팬인) 청중이라도 괜찮다면 기꺼이 시도하라.

---

3 https://steveklabnik.com/writing/the-language-strangeness-budget

4 https://en.wikipedia.org/wiki/Idiosyncrasy_credit

29장

수퍼클래스

> 친구는 선택할 수 있지만 가족은 선택할 수 없다. 또 당신이 인정하든 안 하든 가족은 혈연으로 맺어진 사람들이다. 이걸 인정하지 않으면 당신만 바보가 될 뿐이다.
>
> 하퍼 리(Harper Lee), 『앵무새 죽이기(To Kill a Mockingbird)』

29장은 마지막으로 VM에 새로운 기능을 추가하는 장이다. 록스 언어는 이미 웬만한 기능은 다 갖췄고, 메서드를 상속하고 수퍼클래스 메서드를 호출하는 작업만 남았다. 이 장 말고도 30장이 있지만 새로운 기능 추가는 없고 단지 기존 코드를 더 빨라지게 할 뿐이다. 이 장이 끝나면 비로소 록스 구현체가 완성되는 것이다!

> "빨라지게 할 뿐이다"라고 하여 빨라지는 게 중요하지 않다는 뜻은 아니다! 씨록스의 궁극적인 목표는 어쨌든 제이록스보다 성능이 우수한 인터프리터다. 사실 지난 14장부터 28장까지의 내용이 모두 '최적화'에 관한 것이라고 할 수도 있다.

이 장을 읽다 보면 제이록스를 복습하는 느낌이 들 것이다. 스택에 상태를 저장하는 메커니즘은 씨록스가 훨씬 복잡하지만 수퍼 호출을 구현하는 방법은 거의 같다. 그러나 이번에는 상속된 메서드를 완전히 다른 식으로, 아주 빨리 호출할 수 있는 방법을 소개하겠다.

29.1 / 메서드 상속

제일 쉬운 메서드 상속부터 시작하자. 기억을 되살릴 겸, 록스의 상속 구문을 보자.

```
class Doughnut {
  cook() {
    print "Dunk in the fryer.";
  }
}

class Cruller < Doughnut {
  finish() {
    print "Glaze with icing.";
  }
}
```

Cruller 클래스는 Doughnut 클래스를 상속하므로 Cruller 인스턴스는 cook() 메서드를 상속한다. 내가 너무 자세히 구구절절 얘기하는 걸까? 상속이 뭔지 모르는 독자는 없으리라. 자, 새로운 구문을 컴파일하자.

```
currentClass = &classCompiler;

if (match(TOKEN_LESS)) {
  consume(TOKEN_IDENTIFIER, "Expect superclass name.");
  variable(false);
  namedVariable(className, false);
  emitByte(OP_INHERIT);
}

namedVariable(className, false);
```

클래스 이름을 컴파일한 후, 그다음 토큰이 <이면 수퍼클래스 절이다. 수퍼클래스의 식별자 토큰을 소비한 다음 variable()을 호출하면, 이 함수는 이전에 소비한 토큰을 변수 참조로 취급하여 변숫값을 로드하는 코드를 내보낸다. 즉, 수퍼클래스를 이름으로 찾아 스택에 푸시한다.

그리고 나서 namedVariable()을 호출하여 상속을 수행하는 서브클래스를 스택에 로드한 다음, OP_INHERIT 명령어를 내보내 수퍼클래스를 새로운 서브클래스에 연결한다. 지난 장에서 메서드 테이블에 메서드를 추가해서 기존 클래스 객체를 변경하는 OP_METHOD 명령어를 정의했는데, OP_INHERIT 명령어 역시 기존 클래스를 가져와 상속 효과를 적용한다는 점에서 비슷하다.

방금 전 예제에서 컴파일러가 다음 구문을 만나면...

```
class Cruller < Doughnut {
```

... 이런 바이트코드를 내보낸다.

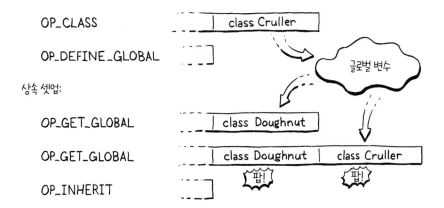

새로운 OP_INHERIT 명령어를 구현하기 전에 신경 써야 할 엣지 케이스가 하나 있다.

```
  variable(false);

  if (identifiersEqual(&className, &parser.previous)) {
    error("A class can't inherit from itself.");
  }

  namedVariable(className, false);
```

어떤 클래스도 당연히 자신의 수퍼클래스가 될 수는 없다. 정신 나간 핵 물리학자나 엄청나게 튜닝한 들로리언(DeLorean)[1]이 아니라면, 자기 자신을 상속하는 건 있을 수 없다.

> 메서드 상속을 구현한 방법을 생각해보면 이렇게 순환 상속을 허용해도 실제로 어떤 문제를 일으킬 것 같지는 않다. 그렇다고 해서 쓸모가 있다는 소리는 아니지만, 크래시나 무한 루프를 일으킬 것 같지는 않다.

29.1.1 상속 실행

이제 새로운 명령어로 넘어가자.

```
  OP_CLASS,
  OP_INHERIT,
  OP_METHOD
```

낯선 피연산자는 하나도 없다. 필요한 두 가지 값, 즉 수퍼클래스와 서브클래스는 모두 스택에서 찾을 수 있다. 덕분에 디셈블링도 아주 쉽다.

```
      return constantInstruction("OP_CLASS", chunk, offset);
    case OP_INHERIT:
      return simpleInstruction("OP_INHERIT", offset);
    case OP_METHOD:
```

뒷일은 모두 인터프리터가 처리한다.

```
      break;
    case OP_INHERIT: {
      Value superclass = peek(1);
      ObjClass* subclass = AS_CLASS(peek(0));
      tableAddAll(&AS_CLASS(superclass)->methods,
                 &subclass->methods);
```

---

1 [옮긴이] https://delorean.com

```
    pop(); // 서브클래스
    break;
}
case OP_METHOD:
```

스택의 맨 위부터 서브클래스와 수퍼클래스가 사이좋게 위치한다. 이 둘을 가져와 상속을 하는 것이다. 여기부터 씨록스는 제이록스와 다른 길을 걷는다. 제이록스에서는 각 서브클래스가 자기 수퍼클래스의 참조를 갖고 있었다. 메서드에 액세스할 때 서브클래스의 메서드 테이블에서 해당 메서드가 발견되지 않으면 재귀적으로 상속 체인을 따라 각 수퍼클래스의 메서드 테이블을 계속 찾아보았다.

예를 들어, Cruller 인스턴스에서 cook()을 호출하면 다음과 같은 흐름으로 진행된다.

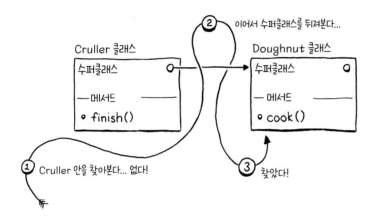

메서드가 호출되는 동안에 하는 일이 꽤 많다. 그래서 느리다. 상속한 메서드가 체인에서 멀리 떨어져 있을수록 더 느려진다는 점이 더 큰 문제다. 성능상 좋을 리가 없다.

서브클래스가 선언되면 상속한 클래스의 모든 메서드를 서브클래스의 메서드 테이블에 그대로 복사하는 씨록스의 접근 방식이 훨씬 빠르다. 나중에 메서드를 호출할 때 수퍼클래스에서 상속한 메서드는 서브클래스의 메서드 테이블에서 바로 찾을 수 있다. 상속 때문에 런타임에 따로 작업을 할 필요가 없고 클래스가 선언될 즈음 모든 작업이 끝난다. 덕분에 상속된 메서드의 호출은 일반 메서드를 호출(단일 해시 테이블 조회)하는 것만큼 빠르다.

> 음, 정확히는 해시 테이블을 두 번 조회한다. 먼저 인스턴스에 있는 필드가 메서드를 섀도우하지 않게 해야 하기 때문이다.

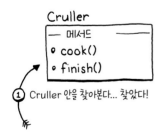

이런 기법을 보통 '카피-다운[2] 상속'이라고도 한다. 간단하고 빠르지만 모든 최적화가 으레 그렇듯 특정한 제약 조건에서만 사용할 수 있다. 록스에서는 클래스가 클로즈되므로(closed), 즉 클래스 선언이 실행되면 그 이후에 클래스의 메서드 집합은 절대로 변경할 수 없기 때문에 카피-다운 상속이 가능하다.

루비, 파이썬, 자바스크립트 같은 언어에서는 기존 클래스를 열어 새로운 메서드를 끼워 넣거나 심지어 없애버리는 것도 가능하다. 하지만 서브클래스 선언이 실행된 이후 수퍼클래스에 이러한 변경이 일어나도 서브클래스는 이를 반영할 수 없으므로 최적화가 무너진다. 상속은 언제나 수퍼클래스의 현재 상태를 반영하리라는 사용자의 기대를 여지없이 깨뜨리는 것이다.

다행히 (이런 기능을 선호하는 사용자에게는 불행히) 록스는 멍키 패칭이나 덕 펀칭을 허용하지 않기 때문에 이 최적화 기법을 안전하게 적용할 수 있다.

짐작하다시피, 런타임에 꼭 필요한 클래스의 메서드를 함부로 변경하면 프로그램을 추론하기가 점점 더 어려워질 것이다. 아주 강력한 도구이면서, 동시에 위험한 도구인 셈이다.

어떤 사람들은 이 도구가 너무 위험하다고 생각한 나머지 '멍키 패칭(monkey patching)' 또는 더 품위가 떨어지는 '덕 펀칭(duck punching)'이라고 부른다.

그럼 메서드 오버라이드(method override)는 어떻게 되는 걸까? 수퍼클래스의 메서드를 서브클래스의 메서드 테이블에 복사하면 서브클래스에 있는 메서드와 충돌하지 않을까? 다행히 그럴 일은 없다. 서브클래스를 생성하는 OP_CLASS 명령어 직후, 그리고 OP_METHOD 명령어가 컴파일되기 직전에 OP_INHERIT 명령어를 내보내기 때문이다. 수퍼클래스의 메서드를 카피-다운 상속하는 시점에 서브클래스의 메서드 테이블은 비어 있다. 서브클래스가 오버라이드한 메서드는 모두 테이블에서 상속한 엔트리를 덮어쓴다.

29.1.2 이상한 수퍼클래스

간단하고 빨라서 마음에 드는, 딱 내가 선호하는 스타일로 구현했는데 한 가지 헛점이 보인다. 사용자가 클래스가 아닌 객체를 상속하더라도 막을 방법이 없다.

```
var NotClass = "So not a class";
class OhNo < NotClass {}
```

건전한 마인드를 가진 프로그래머가 이런 코드를 작성할 리는 없지만, 그렇지 않은 록스 사용자도 가끔 있을 테니 뭔가 대비책이 필요하다. 다음과 같이 런타임에 체크하면 된다.

vm.c ▶ run() 함수

```
        Value superclass = peek(1);
        if (!IS_CLASS(superclass)) {
          runtimeError("Superclass must be a class.");
```

2　[옮긴이] copy-down, 대물림 복제

```
        return INTERPRET_RUNTIME_ERROR;
    }

    ObjClass* subclass = AS_CLASS(peek(0));
```

수퍼클래스 절에 있는 식별자에서 로드한 값이 `ObjClass`가 아니면 런타임 에러를 리포트한다. 사용자는 대체 자신이 무슨 생각으로 그런 코드를 짰는지 반성할 것이다.

29.2 수퍼클래스 저장

메서드 상속을 추가할 때 서브클래스에서 수퍼클래스를 가리키는 참조는 하나도 추가하지 않았다는 것을 눈치챘는가? 상속한 메서드를 서브클래스에 복사한 이후에 수퍼클래스는 완전히 잊혀진다. 수퍼클래스 핸들을 유지할 이유가 없기 때문에 그런 것이다.

하지만 이것만으로는 수퍼 호출을 지원하기에 충분치 않다. 서브클래스는 수퍼클래스 메서드를 오버라이드할 수 있으므로 수퍼클래스의 메서드 테이블을 손에 넣어야 할 수도 있다. 이 메커니즘을 살펴보기 전에 수퍼 호출이 어떻게 정적으로 리졸브되는지 다시 한번 기억을 되살리기 바란다.

> '오버라이드할 수 있다'는 표현은 느낌이 좀 약하다. 메서드는 십중팔구 오버라이드됐으리라. 오버라이드하지 않을 생각이라면 그냥 직접 호출하면 되지 왜 super를 사용했겠는가?

한창 제이록스를 이야기를 하던 앞부분에서 나는 수퍼 호출이 디스패치되는 방식을 설명하기 위해 까다로운 예제를 제시한 바 있다(13.3.2절).

```
class A {
  method() {
    print "A method";
  }
}

class B < A {
  method() {
    print "B method";
  }

  test() {
    super.method();
  }
}
```

```
class C < B {}

C().test();
```

---

test() 메서드 바디 안에서 this는 C의 인스턴스다. 만약 수퍼 호출이 수신자의 수퍼클래스를 기준으로 리졸브됐다면 C의 수퍼클래스인 B를 바라봤을 것이다. 하지만 수퍼 호출은 그것이 발생한 지점을 둘러싼 주변 클래스의 수퍼클래스를 기준으로 리졸브된다. 이 예제는 B의 test() 메서드에서 수퍼 호출이 일어났기 때문에 수퍼클래스는 A가 되어 "A method"가 출력될 것이다.

즉, 수퍼 호출은 런타임 인스턴스를 기반으로 동적으로 리졸브되지 않는다. 메서드를 조회하는 데 사용되는 수퍼클래스는 호출이 일어난 위치를 나타내는 정적인(실질적으로 렉시컬한) 속성이다. 제이록스에서 상속을 추가할 때에는 모든 렉시컬 스코프에서 사용한 것과 동일한 Environment 구조에 수퍼클래스를 저장하는 방식으로 이러한 정적인 측면을 활용했다. 마치 위 프로그램을 인터프리터가 다음과 같이 바라보는 것처럼 말이다.

```
class A {
  method() {
    print "A method";
  }
}

var Bs_super = A;
class B < A {
  method() {
    print "B method";
  }

  test() {
    runtimeSuperCall(Bs_super, "method");
  }
}

var Cs_super = B;
class C < B {}

C().test();
```

각 서브클래스에는 수퍼클래스를 가리키는 참조가 저장된 숨겨진 변수가 있다. 그래서 수퍼 호출을 할 때마다 이 변수를 통해 수퍼클래스에 액세스하고 여기서 런타임에 메서드를 찾도록 지시한다.

씨록스도 동일한 방식을 따를 것이다. 단, 힙에 할당되는 Environment 클래스 대신, 바이트코드 VM의 값 스택과 업밸류 체계를 사용한다는 차이점이 있다. 메커니즘은 조금 달라도 전체적인 작용은 동일하다.

29.2.1 수퍼클래스의 로컬 변수

씨록스 컴파일러는 수퍼클래스를 스택에 로드하는 코드를 내보낸다. 해당 슬롯을 임시 변수로 남겨두는 대신, 새로운 스코프를 생성하여 로컬 변수로 만든다.

compiler.c ▶ classDeclaration() 함수

```
    }

    beginScope();
    addLocal(syntheticToken("super"));
    defineVariable(0);

    namedVariable(className, false);
    emitByte(OP_INHERIT);
```

새로운 렉시컬 스코프를 생성하면 동일한 스코프에서 두 클래스를 선언할 경우 각자 자기만의 로컬 슬롯에 수퍼클래스를 담을 수 있다. 이 변수의 이름은 항상 "super"라서 각 서브클래스마다 스코프를 따로 만들지 않으면 변수가 서로 충돌할 수 있다.

변수 이름을 "super"라고 명명한 이유는, this 표현식이 리졸브되는 숨겨진 로컬 변수를 "this"라고 명명하는 것과 같다. "super"는 예약어라서 컴파일러의 숨겨진 변수가 사용자 정의 변수와 충돌할 일은 없다.

한 가지 차이점은, this 표현식을 컴파일할 때 렉심이 "this"인 토큰을 편리하게 사용할 수 있다는 것이다. 그래서 여기서는 운이 좋지 않다. 대신, 주어진 상수 문자열에 대해 합성 토큰(synthetic token)을 생성하는 작은 헬퍼 함수를 추가한다.

> '상수 문자열'이라고 한 까닭은, 토큰은 렉심에 대한 메모리 관리를 전혀 안 하기 때문이다. 힙 할당 문자열을 사용하면 메모리에서 해제되지 않아 메모리 릭이 발생할 수 있지만, C 문자열 리터럴의 메모리는 실행 파일의 상수 데이터 섹션에 있으므로 해제할 필요도, 걱정할 필요도 없다.

compiler.c ▶ variable() 다음에 추가

```
static Token syntheticToken(const char* text) {
  Token token;
  token.start = text;
  token.length = (int)strlen(text);
  return token;
}
```

수퍼클래스 변수의 로컬 스코프가 열려 있으니 닫아주어야 한다.

compiler.c ▶ classDeclaration() 함수

```
  emitByte(OP_POP);

  if (classCompiler.hasSuperclass) {
    endScope();
  }

  currentClass = currentClass->enclosing;
```

클래스 바디와 메서드를 컴파일한 다음 스코프를 팝하고 "super" 변수는 폐기한다. 이로써 서브클래스의 모든 메서드에서 변수를 액세스할 수 있다. 다소 무의미한 최적화지만 수퍼클래스 절이 있는 경우에만 스코프를 생성하므로 스코프가 있는 경우에만 스코프를 닫아야 한다.

스코프를 추적하기 위해 classDeclaration()에 로컬 변수를 선언할 수도 있지만, 머지않아 컴파일러의 다른 함수도 주변 클래스가 서브클래스인지 여부를 알아야 할 것이다. 그래서 미래의 우리 자신을 도와주는 셈 치고 이 사실을 지금 ClassCompiler의 필드로 저장하는 것이 좋겠다.

compiler.c ▶ ClassCompiler 구조체

```
typedef struct ClassCompiler {
  struct ClassCompiler* enclosing;
  bool hasSuperclass;
} ClassCompiler;
```

ClassCompiler를 처음 초기화할 때에는 서브클래스가 아니라고 가정한다.

compiler.c ▶ classDeclaration() 함수

```
  ClassCompiler classCompiler;
  classCompiler.hasSuperclass = false;
  classCompiler.enclosing = currentClass;
```

이후로 수퍼클래스 절이 보이면 서브클래스를 컴파일하고 있음을 알 수 있다.

compiler.c ▶ classDeclaration() 함수

```
    emitByte(OP_INHERIT);
    classCompiler.hasSuperclass = true;
  }
```

지금까지 설명한 런타임 메커니즘 덕분에 서브클래스의 어떤 메서드에서도 주변 서브클래스의 수퍼클래스 객체에 액세스할 수 있다. 그냥 "super"라는 이름의 변수를 로드하는 코드를 내보내는 것이다. 이 변수는 메서드 바디 외부에 있는 로컬 변수지만, 기존 업밸류 기능 덕분에 VM은 메서드 바디 내부 또는 그 메서드 안에 중첩된 함수에서도 해당 로컬 변수를 캡처할 수 있다.

29.3 / 수퍼 호출
INTERPRETER

런타임 기능이 준비됐으니 이제 수퍼 호출을 구현할 차례다. 늘 그래왔듯, 프런트엔드부터 백엔드 순서로 새로운 구문을 흘려보자. 수퍼 호출은 당연히 super 키워드로 시작된다.

> 아듀, 친구여. 이것이 파싱 테이블에 마지막으로 추가하는 엔트리다!

```
[TOKEN_RETURN]     = {NULL,    NULL,    PREC_NONE},
[TOKEN_SUPER]      = {super_,  NULL,    PREC_NONE},
[TOKEN_THIS]       = {this_,   NULL,    PREC_NONE},
```

표현식 파서가 super 토큰을 만나면 다음과 같이 시작하는 새로운 파싱 함수로 제어권을 넘긴다.

```
static void super_(bool canAssign) {
  consume(TOKEN_DOT, "Expect '.' after 'super'.");
  consume(TOKEN_IDENTIFIER, "Expect superclass method name.");
  uint8_t name = identifierConstant(&parser.previous);
}
```

이전에 this 표현식을 컴파일했던 방식과 상당히 다르다. this와 달리 super 토큰은 독립적인(standalone) 표현식이 아니다. .과 그 뒤에 나오는 메서드 이름은 구문에서 분리할 수 없는 요소지만, 괄호로 묶은 인수 리스트는 별개다. 록스는 여느 메서드 액세스처럼 수퍼클래스의 메서드를 호출하지 않고 클로저로 참조를 가져오는 것을 지원한다.

> 가상 면접 질문 : 만약 원시 super 토큰 자체가 표현식이면 어떤 종류의 객체로 평가될까?

```
class A {
  method() {
    print "A";
  }
}

class B < A {
  method() {
    var closure = super.method;
    closure(); // "A" 출력
  }
}
```

즉, 록스에 실제로 수퍼 호출식이 따로 있는 것이 아니라, 필요 시 바로 호출할 수 있는 수퍼 액세스 표현식이 있는 것이다. 따라서 컴파일러가 super 토큰을 만나면 후속 토큰 .을 소비한 다음 메서드 이름을 찾는다. 메서드는 동적으로 조회되므로 identifierConstant()를 사용해서 메서드 이름 토큰의 렉심을 가져와 프로퍼티 액세스 표현식에서 했던 것처럼 상수 테이블에 저장한다.

컴파일러는 이들 토큰을 소비한 후 다음 코드를 수행한다.

```
  uint8_t name = identifierConstant(&parser.previous);

  namedVariable(syntheticToken("this"), false);
  namedVariable(syntheticToken("super"), false);
  emitBytes(OP_GET_SUPER, name);
}
```

런타임에 현재 인스턴스에서 수퍼클래스 메서드에 액세스하려면 수신자와 주변 메서드 클래스의 수퍼클래스 모두 필요하다. 첫 번째 namedVariable() 호출은 숨겨진 변수 "this"에 저장된 현재 수신자를 조회하여 스택에 푸시하는 코드를 내보낸다. 두 번째 namedVariable() 호출은 "super" 변수에서 수퍼클래스를 찾아 스택 맨 위로 푸시하는 코드를 내보낸다.

끝으로, 메서드 이름의 상수 테이블 인덱스를 피연산자로 받는 OP_GET_SUPER라는 새로운 명령어를 내보낸다. 머릿속에 다 집어넣기가 벅차겠지만 예제를 보면서 감을 잡아보자.

```
class Doughnut {
  cook() {
    print "Dunk in the fryer.";
    this.finish("sprinkles");
  }

  finish(ingredient) {
    print "Finish with " + ingredient;
  }
}

class Cruller < Doughnut {
  finish(ingredient) {
    // sprinkles가 아니라 항상 icing이다
    super.finish("icing");
  }
}
```

super.finish("icing") 식에 해당하는 바이트코드는 다음과 같이 작동된다.

OP_GET_LOCAL	(this)		Cruller instance	
OP_GET_UPVALUE	(super)		Cruller instance	Doughnut class
OP_GET_SUPER	"finish"		fn finish()	
OP_CONSTANT			fn finish()	"icing"
OP_CALL			nil	

처음 세 명령어가 수퍼 액세스에 필요한 세 가지 정보를 런타임에 액세스할 수 있게 해준다.

1. 첫 번째 명령어 OP_GET_LOCAL은 **인스턴스**를 스택에 로드한다.

2. 두 번째 명령어 OP_GET_UPVALUE는 **메서드가 리졸브된 수퍼클래스**를 로드한다.

3. 그런 다음 새로운 OP_GET_SUPER 명령어는 **액세스할 메서드의 이름**을 피연산자로 인코드한다.

나머지 두 명령어는 인수 리스트를 평가하고 함수를 호출하는 평범한 바이트코드 명령어다.

인터프리터에서 새로운 명령어 OP_GET_SUPER를 구현할 준비는 거의 끝났다. 하지만 그 전에 컴파일러가 리포트해야 할 에러가 몇 가지 있다.

compiler.c ▶ super_() 함수

```
static void super_(bool canAssign) {
  if (currentClass == NULL) {
    error("Can't use 'super' outside of a class.");
  } else if (!currentClass->hasSuperclass) {
    error("Can't use 'super' in a class with no superclass.");
  }

  consume(TOKEN_DOT, "Expect '.' after 'super'.");
```

수퍼 호출은 메서드 바디(또는 메서드 내부에 중첩된 함수)와 수퍼클래스를 지닌 클래스의 메서드 내부에서만 의미가 있다. 이 두 가지 경우 모두 currentClass로 판별할 수 있다. 이 값이 NULL이거나 수퍼클래스가 없는 클래스를 가리키면 사용자에게 에러를 리포트한다.

29.3.1 수퍼 액세스 실행

금지된 곳에 super 표현식을 넣지만 않았다면, 사용자가 작성한 코드는 컴파일러에서 런타임으로 넘어갈 것이다. 새로운 명령어를 추가하자.

chunk.h ▶ OpCode 열거체

```
  OP_SET_PROPERTY,
  OP_GET_SUPER,
  OP_EQUAL,
```

디셈블링 코드는 상수 테이블 인덱스를 피연산자로 받는 다른 옵코드와 비슷하다.

debug.c ▶ disassembleInstruction() 함수

```
      return constantInstruction("OP_SET_PROPERTY", chunk, offset);
    case OP_GET_SUPER:
      return constantInstruction("OP_GET_SUPER", chunk, offset);
    case OP_EQUAL:
```

더 어려울 거라 생각할 수도 있지만, 새 명령어를 인터프리트하는 과정은 일반 프로퍼티 액세스를 실행하는 것과 별반 다르지 않다.

vm.c ▶ run() 함수

```
  }
case OP_GET_SUPER: {
  ObjString* name = READ_STRING();
  ObjClass* superclass = AS_CLASS(pop());

  if (!bindMethod(superclass, name)) {
    return INTERPRET_RUNTIME_ERROR;
  }
  break;
}
case OP_EQUAL: {
```

프로퍼티와 마찬가지로 상수 테이블에서 메서드 이름을 읽는다. 그리고 이 이름을 bindMethod()에 전달하면, 이 함수는 주어진 클래스의 메서드 테이블에서 메서드를 찾은 다음 ObjBoundMethod를 생성하여 결과 클로저를 현재 인스턴스에 묶는다.

핵심적인 차이점은 bindMethod()에 어떤 클래스를 전달하는가, 이다. 일반 프로퍼티 액세스라면 ObjInstance 자신의 클래스를 사용해서 원하는 동적 디스패치가 이루어질 것이다. 수퍼 호출은 인스턴스의 클래스를 사용하지 않는 대신, 포함되는 클래스를 정적으로 리졸브한 수퍼클래스, 즉 컴파일러가 편리하게 스택 위에 올려놓고 대기시킨 클래스를 사용한다.

이 수퍼클래스를 스택에서 팝해 bindMethod()에 전달하면, 수퍼클래스와 인스턴스 자신의 클래스 사이에 존재하는 모든 서브클래스에서 오버라이드된 메서드를 올바르게 건너뛴다. 또한 자신의 모든 수퍼클래스로부터 상속받은 메서드는 빠짐없이 포함된다.

또 다른 OP_GET_PROPERTY와의 차이점은, 섀도잉 필드를 먼저 조회하려고 하지 않는다는 것이다. 필드는 상속되지 않으므로 super 표현식은 언제나 메서드로 리졸브된다.

록스가 상속 대신 위임을 사용하는 프로토타입 기반의 언어였다면, 한 클래스가 다른 클래스를 상속하는 대신, 인스턴스가 다른 인스턴스로부터 상속받는(inherit from), 즉 '~에게 위임하는(delegate to)' 구조가 됐을 것이다. 이런 경우라면 필드도 상속될 수 있으니 필드 역시 체크하는 게 맞다.

나머지 로직은 동일하다. 수퍼클래스를 팝하면 인스턴스가 스택 맨 위에 남는다. bindMethod()는 성공하면 인스턴스를 팝하고 새 바운드 메서드를 푸시한다. 이 함수가 실패하면 런타임 에러 리포트 후 false를 리턴한다. 물론 인터프리터도 중단시킨다.

29.3.2 수퍼 호출을 더 빠르게

이제 수퍼클래스의 메서드를 액세스할 수 있다. 리턴된 객체가 나중에 호출할 수 있는 ObjBoundMethod라서 수퍼 호출도 잘 작동된다. 지난 장과 마찬가지로 씨록스 VM은 완전하고 정확한 시맨틱을 갖는 지점까지 도달했다.

하지만 역시 지난 장처럼 느린 속도가 문제다. 다시 말하지만, 대부분 바로 다음 명령어는 바운드 메서드를 바로 풀어 호출한 뒤 폐기하는 OP_CALL임에도 불구하고 수퍼 호출을 할 때마다 ObjBoundMethod를 힙에 할당하고 있다. 사실, 일반 메서드 호출보다 수퍼 호출의 경우가 더 그럴 가능성이 높다. 적어도 일반 메서드 호출은 사용자가 필드에 저장한 함수를 호출할 가능성이 있지만, 수퍼 호출은 언제나 메서드를 찾게 된다. 유일한 문제는 메서드를 바로 호출할지 여부다.

수퍼클래스 메서드 이름 뒤에 (가 있으면 컴파일러 스스로 이 질문에 대한 답을 찾을 수 있다. 즉, 앞서 메서드 호출에서 수행한 것과 동일한 최적화를 수행하는 것이다. 수퍼클래스를 로드하고 OP_GET_SUPER를 내보내는 코드 두 줄을 찾아 다음과 같이 바꾼다.

compiler.c ▶ super_() 함수 코드 2줄 교체

```
  namedVariable(syntheticToken("this"), false);
  if (match(TOKEN_LEFT_PAREN)) {
    uint8_t argCount = argumentList();
    namedVariable(syntheticToken("super"), false);
    emitBytes(OP_SUPER_INVOKE, name);
    emitByte(argCount);
  } else {
    namedVariable(syntheticToken("super"), false);
    emitBytes(OP_GET_SUPER, name);
  }
}
```

명령어를 내보내기 전에 먼저 괄호로 묶은 인수 리스트를 찾는다. 인수가 있으면 컴파일한다. 그런 다음 수퍼클래스를 로드한다. 그리고 OP_SUPER_INVOKE라는 새로운 명령어를 내보낸다. 이 수퍼명령어(superinstruction)는 OP_GET_SUPER와 OP_CALL을 합한 것과 같아서 조회

말하자면, 수퍼의 수퍼명령어(super superinstruction)다. 끔찍한 농담이었다면 미안하지만, 내가 전하려는 의미가 잘 전달됐으면 좋겠다!

할 메서드 이름의 상수 테이블 인덱스와 메서드에 전달할 인수 개수, 두 가지 정보를 피연산자로 받는다.

뒤에 (가 없으면 이전처럼 표현식을 수퍼 액세스로 계속 컴파일한 다음 OP_GET_SUPER를 내보낸다.

컴파일 파이프라인을 타고 내려가면서 들르게 될 첫 번째 정류장은 새로운 명령어다.

chunk.h ▶ OpCode 열거체

```
  OP_INVOKE,
  OP_SUPER_INVOKE,
  OP_CLOSURE,
```

새 명령어가 있으면 디셈블러 코드 역시 필요하다.

debug.c ▶ disassembleInstruction() 함수

```
      return invokeInstruction("OP_INVOKE", chunk, offset);
    case OP_SUPER_INVOKE:
      return invokeInstruction("OP_SUPER_INVOKE", chunk, offset);
    case OP_CLOSURE: {
```

수퍼 호출 명령어의 피연산자는 OP_INVOKE와 동일하므로 디셈블도 똑같은 헬퍼 함수를 재활용하면 된다. 마침내 파이프라인 끝자락에 있는 인터프리터에 다다랐다.

```
    break;
  }
  case OP_SUPER_INVOKE: {
    ObjString* method = READ_STRING();
    int argCount = READ_BYTE();
    ObjClass* superclass = AS_CLASS(pop());
    if (!invokeFromClass(superclass, method, argCount)) {
      return INTERPRET_RUNTIME_ERROR;
    }
    frame = &vm.frames[vm.frameCount - 1];
    break;
  }
  case OP_CLOSURE: {
```

이 한 줌의 코드는 기본적으로 OP_GET_SUPER에 OP_INVOKE를 합한 것이다. 그러나 스택을 구성하는 방식에 차이점이 있다. 최적화되지 않은 수퍼 호출의 경우, 호출 시 전달된 인수를 실행하기 전에 수퍼클래스를 팝해 리졸브된 함수의 ObjBoundMethod로 교체한다. 이러면 OP_CALL이 실행될 때 바운드 메서드가 인수 리스트 아래, 런타임이 클로저 호출을 위한 장소라고 기대하는 곳에 위치한다.

최적화된 명령어는 모든 게 약간 뒤범벅이다.

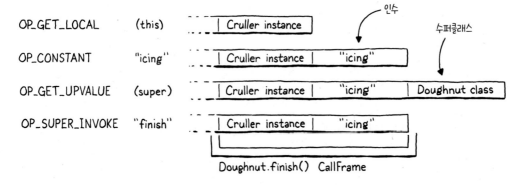

이제 수퍼클래스 메서드를 리졸브하는 것은 호출의 일부이므로 메서드를 조회하는 시점에 인수들은 스택에 얌전히 자리를 잡아야 한다. 즉, 수퍼클래스 객체가 인수들 위에 위치한다.

그밖에는 OP_GET_SUPER 직후 OP_CALL을 실행하는 것과 거의 동일하다. 먼저 메서드 이름과 인수 개수 피연산자를 팝한 다음, 메서드 테이블에서 메서드를 찾을 수 있게 수퍼클래스를 스택 맨 위에서 팝한다. 이것으로 스택이 메서드 호출에 적합한 상태로 셋업된다.

수퍼클래스, 메서드 이름, 인수 개수를 기존 invokeFromClass() 함수에 전달한다. 이 함수는 주어진 클래스에서 주어진 메서드를 찾고 주어진 애리티로 호출을 생성한다. 메서드를 못 찾으면 false를 리턴하고 인터프리터를 빠져나간다. 그밖에는 invokeFromClass()가 메서드의 클로저에 해당하는 새로운 CallFrame을 호출 스택에 푸시한다. 그러면 인터프리터에서 캐시된 CallFrame 포인터가 무효가 되므로 frame을 리프레시한다.

29.4 / 완전한 가상 머신

INTERPRETER

자, 여태껏 만들어온 작품을 되돌아보자. 내 계산으로 약 2,500줄 되는 아주 깔끔하고 직관적인 C 코드를 작성했다. 작은 프로그램이지만 제법 하이레벨의 완전한 언어 구현체인 록스가 탄생했다! 전체 표현식 타입별 우선순위 테이블과 제어 흐름 문장이 준비됐고, 변수, 함수, 클로저, 클래스, 필드, 메서드, 상속까지 빠짐없이 구현됐다.

이 구현체는 놀랍게도 C 컴파일러를 사용하는 플랫폼이라면 어디라도 이식할 수 있고 실제 프로덕션에서 사용해도 될 만큼 충분히 빠르다. 싱글 패스 바이트코드 컴파일러, 내부 명령어 집합을 멋지게 처리하는 가상 머신 인터프리터, 컴팩트한 객체 표현, 힙 할당 없이 변수를 저장하는 스택, 정교한 가비지 수집기까지 완비됐다.

여러분이 앞으로 직접 루아, 파이썬, 루비 구현체 코드를 분석해보면, 그런 코드가 얼마나 익숙하게 느껴지는지 스스로 놀라움을 감추지 못할 것이다. 프로그래밍 언어의 작동 원리를 진지하게 살펴봄으로써 프로그래밍 자체에 대한 이해도 한층 더 깊어졌으리라. 마치 과거에 경주용 자동차를 운전만 하던 사람이 후드를 열고 엔진을 수리할 수 있게 된 셈이다.

원한다면 여기서 책을 덮어도 좋다. 두 가지 버전의 록스 구현체를 전부 다 구현했고 더 이상 추가 기능은 없다. 차를 다 만들었으니 가고 싶은 곳으로 떠나라! 30장은 도로에서 더 나은 성능을 위해 튜닝을 원하는 독자를 위한 보너스다. 새로운 기능은 없지만 몇 가지 고전적인 최적화 기법을 적용해서 더욱 완벽한 성능을 뽑아낼 것이다. 구미가 당긴다면 끝까지 읽어보기 바란다.

연습 문제

1. 새 객체의 상태가 유효함을 클래스가 보장해야 한다는 것은 객체 지향 프로그래밍의 기본 교리 중 하나다. 록스에서 이 말은 곧 인스턴스의 필드를 채우는 초기자를 정의하는 것을 의미한다. 인스턴스는 객체의 상속 체인에 있는 모든 클래스를 따라 유효한 상태여야 하므로 상속은 불변성(invariant)을 복잡하게 만든다.

   각 서브클래스의 init() 메서드에서 super.init()을 잊지 않고 호출하는 것은 별로 어렵지 않다. 어려운 부분은 필드다. 상속 체인의 두 클래스가 실수로 동일한 이름의 필드를 가져오는 사고를 막을 방법이 없다. 실제로 이런 일이 발생하면 서로가 서로의 필드를 짓뭉개서 인스턴스는 깨진 상태로 방치될 가능성이 있다.

   록스가 여러분의 언어라면 이 문제는 어떻게 해결하겠는가? 필요하다면 언어를 변경하라.

2. 록스는 클래스가 선언된 이후 클래스의 메서드를 변경할 수 없기 때문에 카피-다운 상속 최적화는 유효하다. 즉, 서브클래스의 복제된 메서드가 나중에 수퍼클래스의 변경과 동기화되지 않는 현상을 걱정할 필요가 없다.

   루비 등의 다른 언어에서는 클래스가 선언된 후에도 메서드를 수정할 수 있다. 이들은 어떻게 효율적으로 메서드 레졸루션을 수행하면서 클래스 수정을 지원했을까?

3. 제이록스의 상속을 이야기한 13장에서 베타 언어의 방식으로 메서드 오버라이딩을 구현하느라 애를 먹었었다. 이 난제를 이번에는 씨록스에서 다시 한번 도전하라. 13장에서 도전했던 내용을 정리하면 다음과 같다.

   다른 대부분의 객체 지향 언어들과 마찬가지로 록스에서는 메서드 조회 시 클래스 계층 맨 아래부터 위로 탐색한다. 즉, 서브클래스의 메서드가 수퍼클래스의 메서드보다 우선이다. 오버라이드한 메서드에서 수퍼클래스의 메서드를 가져오려면 super 키워드를 사용한다.

   베타 언어는 정반대다. 메서드를 호출하면 클래스 계층의 맨 위부터 아래로 탐색한다. 수퍼클래스 메서드가 서브클래스 메서드를 이기는 구조다. 서브클래스의 메서드를 가져오려면 수퍼클래스 메서드에서 inner를 호출하는데, 이는 super를 거꾸로 뒤집어놓은 것이다. inner는 계층 구조 아래쪽에 있는 다음 메서드로 연결된다.

   수퍼클래스 메서드는 서브클래스가 언제, 어디서 자기 동작을 수정할 수 있는지 결정한다. 수퍼클래스 메서드가 inner를 한 번도 호출하지 않을 경우, 서브클래스가 수퍼클래스의 동작을 오버라이드하거나 수정할 방법이 없다.

현재 록스의 오버라이딩과 super 로직을 베타 시맨틱으로 교체하라. 간단히 말해서 이렇다.

- 클래스의 메서드를 호출할 때 클래스 상속 체인상 가장 높은 위치에 있는 메서드가 우선이다.

- 메서드 바디 안에서 inner를 호출하면 inner를 포함한 클래스와 this에 해당하는 클래스 사이의 상속 체인을 따라 가장 가까운 서브클래스에서 이름이 같은 메서드를 찾는다. 매치되는 메서드가 없으면 inner 호출은 아무 일도 하지 않는다.

예를 들어, 다음 코드를 실행하면...

```
class Doughnut {
  cook() {
    print "Fry until golden brown.";
    inner();
    print "Place in a nice box.";
  }
}

class BostonCream < Doughnut {
  cook() {
    print "Pipe full of custard and coat with chocolate.";
  }
}

BostonCream().cook();
```

... 이렇게 출력된다.

```
Fry until golden brown.
Pipe full of custard and coat with chocolate.
Place in a nice box.
```

씨록스는 단지 록스를 구현하는 것뿐만 아니라, 우수한 성능으로 구현하는 일도 중요하므로 이번에는 효율성에 염두에 두고 문제를 해결하라.

30장

최적화

> 하루 중 가장 좋은 시간은 저녁이다. 오늘 당신은 할 일을 마쳤다. 편하게 앉아 휴식을 만끽하라.
>
> 가즈오 이시구로(Kazuo Ishiguro), 『남아 있는 나날(The Remains of the Day)』

아직도 내가 뉴올리언스에 살고 있다면, 이 장을 라그니아페[1]라고 부를 것이다. 여러분은 이미 책 한 권과 완전한 가상 머신을 가졌지만, 씨록스를 해킹하는 재미도 쏠쏠하니 끝까지 읽어주기 바란다. 이번에는 순수한 성능을 탐구하고자 한다. VM에 전혀 다른 두 가지 최적화를 적용할 것이다. 그 과정에서 여러분은 언어 구현체 또는 모든 프로그램의 성능을 측정하고 개선하는 감각을 익힐 수 있다.

30.1 / 성능 측정
INTERPRETER

최적화(optimization)는 작동 중인 애플리케이션의 성능을 개선하는 행위다. 최적화를 마친 프로그램은 같은 일을 하면서도 리소스는 덜 사용한다. 리소스라고 하면 보통 런타임 속도를 떠올리는 사람들이 많지만, 메모리 사용량(memory usage), 시작 시간(startup time), 영구 스토리지 크기(persistent storage size), 네트워크 대역폭(network bandwidth)을 줄이는 일도 중요하다. 물리적인 리소스는 무엇이든 비용이 들기 때문에 (대부분 인간의 시간을 낭비하는 비용이지만) 최적화를 하면 효과를 보는 경우가 많다.

컴퓨터 초창기에는 숙련된 프로그래머가 전체 하드웨어 아키텍처와 컴파일러 파이프라인을 머릿속에 담아 두고 열심히 생각하는 것만으로도 프로그램의 성능을 이해할 수 있었다. 이제 마이크로코드(microcode), 캐시 라인(cache line), 분기 예측(branch prediction), 심층 컴파일러 파이프라인(deep compiler pipeline), 방대한 명령어 집합(mammoth instruction set) 등의 분야가 떨어져 나오면서 그런 시대는 오래전에 저물었다. 우리는 C를 '로우레벨' 언어라고 생각하고 싶지만, 화면에 표시되는 인삿말과 그 사이의 기술 스택은 이제는 위험할 정도로 높게 쌓여 있다.

```
printf("Hello, world!");
```

오늘날의 최적화는 일종의 경험 과학(empirical science)이다. 프로그램은 하드웨어의 장애물 코스를 전력 질주하는 보더콜리[2]다. 내 반려견이 더 빨리 결승점에 닿길 원한다면 깨달음을 얻을 때까지 그냥 앉아서 개의 생리학을 연구하는 것만으로는 부족하다. 개의 퍼포먼스를 계속 관찰하며 어디서 넘어지는지 기록하고 지름길을 찾아가도록 유도해야 한다.

---

1 **옮긴이** lagniappe, 상인이 물건을 구매한 고객에게 증정하는 작은 선물
2 **옮긴이** border collie, 영국에서 양을 몰기 위해 개량된 견종

순발력 훈련이 개 한 마리와 장애물 코스 하나에만 적용되는 것처럼, VM을 최적화한 결과로 모든 하드웨어에서 모든 록스 프로그램이 더 빨리 실행될 거라고 단정할 수는 없다. 록스 프로그램마다 VM에서 영향을 받는 부분이 다르고 제각기 다른 아키텍처마다 고유한 장단점이 있기 마련이다.

30.1.1 벤치마크

새로운 기능을 추가할 때에는 테스트를 작성해서, 즉 그 기능을 사용하는 록스 프로그램을 작성하여 VM이 올바르게 동작하는지 검증해야 한다. 테스트는 시맨틱을 정확하게 파악하고 신기능을 추가해도 기존 기능을 깨뜨리지 않도록 보장한다. 성능에도 이와 비슷한 요건이 있다.

1. 최적화한 결과 성능이 개선되었는지, 만약 그렇다면 얼마나 개선되었는지 어떻게 검증할까?

2. 관련 없는 다른 변경 사항 때문에 성능을 오히려 저하되지(regress) 않게 하려면 어떻게 해야 하나?

이러한 목표를 달성하기 위해 작성하는 록스 프로그램이 **벤치마크 (benchmark)**다. 벤치마크는 언어 구현체의 특정 부분을 부각시키는, 아주 정교하게 잘 작성된 프로그램이다. 프로그램이 하는 일이 아닌, 그 일을 하는 데 걸리는 시간을 측정한다.

변경 전후의 벤치마크 성능을 측정하면 변경으로 인한 효과를 가시적으로 확인할 수 있다. 최적화를 적용하면 모든 테스트가 그 이전과 정확히 동일하게 동작하지만, 벤치마크는 더 빨리 실행되길 기대한다.

전체 벤치마크 스위트가 있으면 최적화로 인한 성능 변화는 물론, 어떤 종류의 코드에서 성능이 달라지는지 파악할 수 있다. 실제로 어떤 벤치마크는 더 빨라지는 반면, 어떤 벤치마크는 더 느려지는 경우가 흔하다. 따라서 언어를 구현하는 과정에서는 어떤 종류의 코드를 최적화해야 할지 결정을 내리기가 어려운 경우가 많다.

어떤 벤치마크 스위트를 작성할 것인가 하는 문제가 이 결정의 핵심이다. 올바른 동작이란 어떤 것인지 선택한 내용을 테스트 코드에 인코딩하는 것처럼, 벤치마크는 성능에 관하여 여러분이 결정한 우선순위를 구체화한 것이다. 벤치마크는 어떤 최적화를 구현해야 할지 길잡이 역할을 하기에 신중하게 설계할 필요가 있다. 또 벤치마크가 더 큰 목표를 달성하는 데 유용한지 주기적으로 검토하는 것도 잊지 말아야 한다.

> 대부분의 벤치마크는 실행 시간을 측정한다. 그러나 하다 보면 결국 메모리 할당량, 가비지 수집 소요 시간, 시동 시간 등을 측정하는 벤치마크도 작성해야 할 필요성을 느끼게 될 것이다.

> 초창기 자바스크립트 VM이 보급되던 시절, 웹킷(WebKit)의 선스파이더(SunSpider)는 가장 먼저 대중화된 벤치마크 스위트였다. 브라우저 경쟁이 치열했던 당시 마케팅 직원들은 선스파이더 결과를 내세워 자사 브라우저가 가장 빠르다고 홍보했다. 그래서 VM 해커들은 이런 벤치마크를 최적화하는 강력한 동기를 부여받았다.
>
> 하지만 안타깝게도 선스파이더 프로그램은 실제 자바스크립트와 잘 맞지 않았다. 마이크로벤치마크, 즉 재빨리 실행되는 작은 토이 프로그램이 대부분이었다. 이런 벤치마크는 시작은 더디지만 JIT가 핫 코드 경로를 최적화하고 다시 컴파일할 충분한 시간이 주어질 경우에 훨씬 빨리 동작하는, 복잡한 JIT 컴파일러에게는 불리했다. 이로 인해 VM 해커는 선스파이더 수치를 개선하느냐, 아니면 실제 사용자가 실행하는 종류의 프로그램을 최적화하느냐, 양자택일을 할 수밖에 없었다.
>
> 구글 V8 팀은 당시 실제 코드에 더 가까웠던 옥테인 벤치마크 스위트(Octane benchmark Suite)를 공유하며 적극적으로 대처했다. 시간이 흐르고 자바스크립트 사용 패턴이 갈수록 진화하면서 이제는 옥테인조차 쓸모가 없어졌다. 이렇듯 언어의 생태계가 진화할수록 벤치마크 프로그램도 함께 진화해야 의미가 있다.
>
> 기억하라, 궁극적인 목표는 사용자 프로그램을 더 빨리 실행되도록 만드는 것이고, 벤치마크는 단지 그 일을 하기 위한 대행자(proxy)일 뿐이라는 사실을!

벤치마킹은 오묘하기 그지 없는 예술이다. 테스트와 마찬가지로 구현체에 과도하게 맞추지 않도록 균형을 잃지 않는 동시에 벤치마크가 실제로 관심 대상인 코드 경로를 타고 흘러가도록 만들어야 한다. 성능을 측정할 때는 CPU 스로틀링, 캐싱, 기타 하드웨어 및 운영 체제의 특성 탓에 발생하는 미세한 편차를 보정해야 한다. 더 이상 장황하게 설명하진 않겠지만, 벤치마킹은 끊임없는 연습을 통해 발전하는 여러분 자신만의 스킬임을 명심하기 바란다.

30.1.2 프로파일링

좋다, 지금 몇 가지 벤치마크가 있고 여러분은 프로그램을 빨리 실행시키고 싶다. 뭐부터 해야 할까? 누구나 알 만한 쉬운 작업은 다 끝냈다고 하자. 올바른 알고리즘과 자료 구조를 사용하고 있다고 가정하자. (적어도 심각하게 잘못된 알고리즘과 자료 구조를 구사하지는 않았다.) 나는 정렬되지 않은 거대한 배열을 이용한 선형 탐색 대신에 해시 테이블을 사용하는 것을 '최적화' 내지는 '훌륭한 소프트웨어 엔지니어링'이라고 생각하지 않는다.

하드웨어는 너무 복잡해서 단순히 이론만으로 프로그램의 성능을 추론하기는 어렵다. 몸소 뛰어들어 확인할 수밖에 없다. 이것이 프로파일링(profiling)이다. **프로파일러(profiler)**는 여러분의 프로그램 코드가 실행되는 도중 하드웨어 리소스의 사용 실태를 추적하는 도구다. 프로그램의 함수별 실행 시간을 출력하는 간단한 프로파일러도 있지만, 데이터 캐시 미스(data cache miss), 명령어 캐시 미스(instruction cache miss), 분기 예측 실패(branch misprediction), 메모리 할당, 기타 모든 종류의 메트릭을 꼼꼼히 기록하는 정교한 프로파일러도 있다.

> 여기서 '여러분의 프로그램'은 다른 록스 프로그램을 실행하는 록스 VM 자체를 의미한다. 우리는 사용자의 록스 스크립트가 아니라, 씨록스를 최적화하려는 것이다. 물론 어떤 록스 프로그램을 VM에 로드하는지에 따라 씨록스에서 부하가 집중되는 부위는 달라질 수 있다. 이것이 벤치마크가 중요한 또 다른 이유다.
>
> 프로파일러는 실행 중인 스크립트에서 각 록스 함수의 실행 시간을 보여주진 않는다. 그런 데이터를 보려면 자체적으로 '록스 프로파일러'를 개발해야 하는데, 이는 이 책의 범위를 벗어나는 주제다.

다양한 운영 체제와 언어에 맞는 수많은 프로파일러가 나와 있다. 어떤 플랫폼에서 프로그래밍을 하든 괜찮은 프로파일러 하나를 골라 익숙해지는 것이 좋다. 굳이 달인까지 될 필요는 없다. 예전에 나는 프로파일러에 프로그램을 던져넣고 수 분만에 많은 사실을 습득한 경험이 있는데, 만약 프로파일러 없이 나 혼자 시행착오를 겪었다면 족히 며칠은 걸렸을 것이다. 프로파일러는 정말 멋진 마법 도구다.

30.2 해시 테이블 프로빙을 더 빠르게
INTERPRETER

무용담은 그만 늘어놓고 성능 차트의 돛을 올리자. VM에 아주 작은 변경 사항을 적용해보며 최적화를 시작하겠다.

이 책을 쓰기 전 씨록스의 심장인 바이트코드 가상 머신을 처음 완성했을 때, 나는 자존심 센 VM 해커라면 누구나 할 만한 일들을 했다. 몇 가지 벤치마크를 긁어모아 프로파일러를 가동시키고 인터프리터를 통해 해당 스크립트를 실행했다. 록스 같은 동적 타입 언어는 사용자 코드의 상당 부분이 필드 액세스과 메서드 호출이므로 내가 작성한 벤치마크는 대개 이런 모습이었다.

```
class Zoo {
  init() {
    this.aardvark = 1;
    this.baboon   = 1;
    this.cat      = 1;
    this.donkey   = 1;
    this.elephant = 1;
    this.fox      = 1;
  }
  ant()    { return this.aardvark; }
  banana() { return this.baboon; }
  tuna()   { return this.cat; }
  hay()    { return this.donkey; }
  grass()  { return this.elephant; }
  mouse()  { return this.fox; }
}

var zoo = Zoo();
var sum = 0;
var start = clock();
while (sum < 100000000) {
  sum = sum + zoo.ant()
            + zoo.banana()
            + zoo.tuna()
            + zoo.hay()
            + zoo.grass()
            + zoo.mouse();
}

print clock() - start;
print sum;
```

이 벤치마크에서 실행하는 코드의 결과를 사용하는 장면을 눈여겨보라. 누계를 계산하고 그 결과를 출력함으로써 VM이 모든 록스 코드를 실행하도록 보장한다. 이것은 중요한 습관이다. 록스 VM은 단순하지만 많은 컴파일러가 공격적으로 데드 코드(dead code)를 제거하며, 워낙 스마트해서 결과를 사용하지 않는 계산은 그냥 제껴버린다.

프로그래밍 언어계의 해커라면 한 번쯤 어떤 벤치마크 결과에서 VM의 놀라운 성능을 보면서 감탄을 금치 못하다가, 컴파일러가 전체 벤치마크 프로그램을 완전히 최적화했기 때문에 그런 결과가 나온 거란 사실을 깨달았던 경험이 있으리라.

지금까지 벤치마크를 한 번도 본 적이 없는 독자라면 참 한심한 코드처럼 보일 수도 있다. 대체 뭘 하려는 코드일까? 뭔가 유용한 작업을 하려는 코드는 아닌 것 같다. 그저 여러 메서드를 호출하고 여러 필드에 액세스하는 것 외에 하는 일이 없다. 그런데 사실 이런 것들이 우리가 언어에서 관심을 갖는 부분이다. 필드 및 메서드는 해시 테이블에 존재하므로 적어도 그럴싸한 키 몇 개는 테이블에 채워놔야 한다. 이 모든 로직이 큰 루프에 묶여 있으므로 프로파일러는 실행 시간을 넉넉히 확보할 수 있고 어느 지점에서 사이클링이 일어나는지 확인할 수 있다.

실제로 해시 테이블의 성능을 벤치마크할 때에는 크기가 다른 테이블을 많이 동원해야 한다. 테이블당 6개씩 추가한 키로는 해시 테이블의 최소 임계 원소 개수인 8개를 커버하기에도 충분치 않다. 하지만 나는 여러분을 주눅들게 할 만한 스크립트를 선보이고 싶지는 않다. 원하는 취향에 맞는 조미료를 뿌려 먹어도 좋다.

이 프로파일러를 실행하면 어떤 결과가 출력될까? 잠깐 시간을 들여 추측해보라. VM은 씨록스의 코드베이스 중 어디서 가장 많은 시간을 소비할까? 지난 장에서 작성한 코드 중에서 특별히 느리다고 의심되는 코드가 있는가?

자, 내가 발견한 것들을 발표하겠다. **포괄 시간(inclusive time**, 어떤 함수와 그 함수가 호출하는 다른 함수에서 소요된 총 시간, 즉 함수에 진입해서 리턴되기까지 걸린 모든 시간)이 가장 긴 함수는 당연히 run()이다. run()은 만물을 움직이는 바이트코드의 메인 실행 루프다.

run() 내부에는 OP_POP, OP_RETURN, OP_ADD 등의 일반 명령어에 각각 해당하는 스위치 케이스마다 작은 단위로 시간 청크가 분산된다. 무거운 명령어로는 전체 실행 시간의 무려 42%를 차지한 OP_INVOKE가 1위, 그 다음으로 실행 시간의 17%를 차지한 OP_GET_GLOBAL, 12%를 차지한 OP_GET_PROPERTY가 있다.

그럼 최적화해야 할 핫스팟이 세 군데인가? 아니다. 내가 확인해보니 이 세 명령어는 거의 대부분의 시간을 tableGet()이라는 동일한 함수를 호출하는 데 소비했다. 이 함수는 전체 실행 시간(즉, 포괄 시간)의 72%를 집어쓰는 괴물이다. 동적 타입 언어는 구조상 어쩔 수 없이 해시 테이블에서 뭔가를 찾느라 많은 시간을 소비할 수밖에 없다. 역동성을 얻는 대가랄까? 하지만 그래도 이건 좀 아니다.

30.2.1 느린 키 래핑

tableGet()을 잘 보면 실제로 대부분의 코드가 해시 테이블 조회가 일어나는 findEntry() 호출을 감싼 래퍼다. 기억을 되살리기 위해 전체 코드를 보자.

```
static Entry* findEntry(Entry* entries, int capacity,
                        ObjString* key) {
  uint32_t index = key->hash % capacity;
  Entry* tombstone = NULL;

  for (;;) {
    Entry* entry = &entries[index];
    if (entry->key == NULL) {
      if (IS_NIL(entry->value)) {
        // 빈 엔트리
        return tombstone != NULL ? tombstone : entry;
      } else {
        // 툼스톤을 찾았다
        if (tombstone == NULL) tombstone = entry;
      }
    } else if (entry->key == key) {
      // 키를 찾았다
      return entry;
    }

    index = (index + 1) % capacity;
  }
}
```

방금 전 내 PC에서 벤치마크를 실행하니, VM 총 실행 시간의 70%가 이 함수의 한 줄에 집중된다. 어딘지 짐작되는가?

```
uint32_t index = key->hash % capacity;
```

포인터 역참조는 문제가 안 된다. %가 미미하다. 정말 느린 부분은 바로 모듈로 연산자다. 다른 산술 연산자에 비해 월등히 느리다. 개선할 방법이 없을까?

> 파이프라이닝 때문에 개별 CPU 명령어의 성능을 단정하여 말하긴 어렵지만, 대략적으로 봐서 x86에서 나눗셈과 모듈로는 덧셈, 뺄셈보다 약 30~50배 느리다.

일반적인 경우에 사용자 코드에서 기본 산술 연산자를 CPU 자체보다 더 빠르게 다시 구현하기란 매우 어렵다. C 코드는 결국 CPU 자체의 산술 연산으로 컴파일되므로 더 빨리 연산을 처리할 꼼수가 있다면 이미 칩에도 적용되었을 것이다.

그러나 사람인 우리가 CPU보다 이 문제에 대해 더 많이 알고 있다는 사실을 역으로 활용할 수 있다. 모듈로 연산자를 사용해서 키 문자열의 해시 코드를 가져와 테이블의 엔트리 배열의 범위에 맞게 래핑한다. 이 배열은 8개 원소로 시작해 매번 2배씩 커진다. CPU와 C 컴파일러는 몰라도 우리는 이 테이블의 크기가 항상 2의 거듭제곱임을 알고 있다.

비트 조작에 능숙한 독자라면 어떤 숫자를 2의 거듭제곱으로 나눈 나머지를 더 빨리 계산하는 **비트 마스킹 (bit masking)**이라는 방법을 알고 있으리라. 예를 들어, 229 % 64를 계산한다고 하자. 정답은 37이다. 십진수로는 잘 드러나지 않지만 이진수로 보면 명확하다.

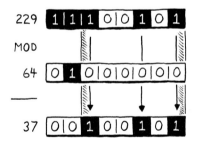 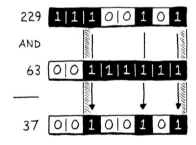

좌측 그림에서 나머지(37)는 그냥 피제수(229)에서 최상위 비트 2개를 잘라낸 값이다. 최상위 두 비트 2개는 제수(64)의 단일 1비트가 위치한 곳 또는 그 좌측에 있는 비트다.

우측 그림에서 229를 가져와 원래 제수(64)의 2의 거듭제곱보다 1이 적은 63과 비트 AND 연산한 결과도 동일하다. 2의 거듭제곱에서 1을 빼면 1비트가 죽 나열된다. 이것이 바로 가장 좌측에 있는 비트 2개를 제거하기 위해 필요한 마스크다.

다시 말해, 2의 거듭제곱에서 1을 뺀 값으로 비트 AND 연산을 하면 어떤 숫자를 2의 거듭제곱으로 모듈로 연산한 결과를 얻을 수 있다. 내 수학 실력이 변변치 않아 증명까지는 곤란하지만, 차근차근 잘 따져보면 이해될 것이다. 수학적 원리를 알았으니 느려터진 모듈로 연산자를 아주 빠른 뺄셈과 비트 AND로 바꾸자. 문제가 된 코드 줄을 다음과 같이 수정한다.

table.c ▶ findEntry() 함수 코드 1줄 교체

```
static Entry* findEntry(Entry* entries, int capacity,
                        ObjString* key) {
  uint32_t index = key->hash & (capacity - 1);
  Entry* tombstone = NULL;
```

CPU는 비트 연산자를 너무 사랑해서 이보다 더 빠르게 만들긴 어렵다.

선형 탐색을 하다 보면 배열 끝을 감싸야 할 수도 있으므로 findEntry()에도 업데이트할 모듈로 연산자가 하나 더 있다.

> 용량 대신 비트 마스크를 직접 저장하는 식으로 -1을 없애면 조금 더 개선할 여지는 있다. 내 PC에서 테스트한 결과는 별 차이가 없었다. 다른 곳에서 CPU가 병목 현상이 발생하는 경우, 명령어 파이프라이닝 덕분에 일부 연산은 본질적으로 공짜가 된다.

table.c ▶ findEntry() 함수 코드 1줄 교체

```
      // 키를 찾았다
      return entry;
    }

    index = (index + 1) & (capacity - 1);
  }
```

검색은 대부분 래핑을 하지 않으므로 이 줄은 프로파일러에 표시되지 않았다.

findEntry() 함수의 자매 격인 tableFindString()이라는 함수가 있다. 문자열 인터닝 시 해시 테이블 조회를 하는 함수인데, 여기에도 동일한 최적화를 적용할 수 있다. 이 함수는 문자열을 인턴할 때에만 호출되기 때문에 벤치마크에서 크게 부하를 받는 부분은 아니다. 하지만 문자열을 많이 생성하는 록스 프로그램에서 최적화를 하면 눈에 띄는 성능 이득을 볼 수 있다.

table.c ▶ tableFindString() 함수 코드 1줄 교체

```
  if (table->count == 0) return NULL;

  uint32_t index = hash & (table->capacity - 1);
  for (;;) {
    Entry* entry = &table->entries[index];
```

선형 탐색을 래핑할 때도 마찬가지다.

table.c ▶ tableFindString() 함수 코드 1줄 교체

```
      return entry->key;
    }

    index = (index + 1) & (table->capacity - 1);
  }
```

공들여 최적화한 보람이 있는지 알아보자. 나는 벤치마크를 조정해서 10초 동안 10,000회 호출하는 배치를 몇 개나 실행할 수 있는지 세어보았다. 배치 수가 많을수록 성능이 빠른 것이다. 내 PC에서 최적화하지 않은 코드로 돌려보니 3,192개, 최적화한 코드로 다시 돌려보니 6,249개로 급증했다.

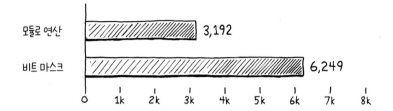

이 정도면 같은 시간에 거의 2배나 일을 많이 한 셈이다. VM을 2배 더 빨라지게 만든 것이다. (주의! 이 벤치마크 결과로 봤을 때만 그렇다는 말이다.) 최적화 측면에서 엄청난 향상이다. 보통 여기저기서 몇 퍼센트 포인트만 긁어모아 개선해도 기분이 좋아진다. 메서드, 필드, 글로벌 변수는 록스 프로그램에서 널리 쓰이기 때문에 이 작은 최적화 한방으로도 전체적으로 성능이 개선된다. 거의 모든 록스 프로그램이 혜택을 받는다.

그렇다고 모듈로 연산자가 아주 악질이니 모든 프로그램에서 걷어내야 한다는 건 아니다. 마이크로 최적화 (micro-optimization)가 필수적인 엔지니어링 스킬이라는 소리도 아니다. 성능 문제에 있어 이렇게 범위가 좁고 효과 만점인 해결책이 있는 경우는 아주 드물다. 운이 좋았다.

요는, 프로파일러가 알려주기 전에는 모듈로 연산자가 성능 낭비의 주범이었다는 사실조차 몰랐다는 점이다. 무턱대고 VM 코드베이스를 이곳저곳 돌아다니며 핫스팟으로 추정했다면 아마 끝내 몰랐을 것이다. 이번 기회에 여러분이 자신의 도구함에 프로파일러 하나쯤 장만해두는 게 얼마나 중요한지 깨달았으면 좋겠다.

내친 김에 이제 최적화한 VM에서 처음에 수행했던 벤치마크를 실행하고 프로파일러가 어떤 결과를 내놓는지 확인하자. 내 PC에서 tableGet()은 여전히 실행 시간이 크게 나온다. 동적 타입 언어라서 예상되는 결과다. 하지만 전체 실행 시간의 72%에서 35%로 비중이 확 줄었다. 이로써 최적화를 통해 단지 프로그램의 실행 속도가 더 빨라진 것뿐만 아니라, 우리가 기대했던 방향으로 더 빨라졌다는 사실을 알 수 있다. 이렇듯 프로파일러는 문제를 발견하는 것만큼이나 해결책을 검증하는 데에도 유용하다.

30.3 NaN 박싱

다음으로 소개할 최적화는 느낌이 사뭇 다르다. 어감이 이상하지만[3] 다행히 누구를 때리는 것과는 무관하다. 어딘가 다르긴 한데, 또 그렇게 많이 다르진 않다. 앞 절의 최적화에서 프로파일러는 어디가 문제인지 알려주었고, 우리는 약간의 창의력을 발휘하여 해결책을 찾아냈다.

이 절의 최적화는 조금 더 미묘하고 성능 효과는 VM에 더 고루 분산된다. 프로파일러는 이 최적화에 도움이 되지 않는다. 가장 로우레벨에서 머신 아키텍처를 깊이 연구한 누군가의 노고가 아니었으면 프로파일러는 발명되지 않았을 것이다.

> 누가 이 꼼수를 가장 처음 생각해냈는지 나도 잘 모른다. 내가 확인한 가장 오래된 출처는 1993년에 발표된 데이빗 구데만(David Gudeman)의 논문 「Representing Type Information in Dynamically Typed Languages(동적 타입 언어에서 타입 정보 표현하기)」다. 다들 이 논문을 인용하지만 정작 구데만 자신은 이 논문이 새로운 연구 결과라기보다는, "예로부터 전래된 이야기를 모은 것"이라고 말했다.
>
> 진짜 발명가는 시간의 안개 속에 사라졌거나, 아니면 여러 번 재발명이 이루어졌을지도 모른다. IEEE 754를 철저하게 파고든 사람이라면 사용하지 않는 NaN 비트에 뭔가 채워 넣으면 어떻게 될까 생각했으리라.

이 절의 제목처럼 이러한 최적화를 **NaN 박싱(boxing)** 또는 **NaN 태깅(tagging)**이라고 한다. 나는 개인적으로 '박싱'이 힙 할당 표현을 암시하는 느낌이 있어 후자를 더 선호하지만, 전자가 더 널리 쓰이는 용어인 것 같다. NaN 박싱은 VM에서 값을 나타내는 방법을 변경하는 기술이다.

64비트 시스템에서 Value 타입은 16바이트를 차지한다. 구조체에는 타입 태그와 페이로드 공용체, 두 필드가 있다. 공용체에서 가장 큰 필드는 Obj 포인터와 double이며, 둘 다 8바이트다. 컴파일러는 태그 뒤에 패딩을 추가해서 공용체 필드를 8바이트 경계에 맞춘다.

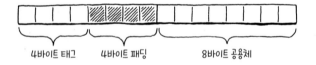

4바이트 태그　　4바이트 패딩　　8바이트 공용체

제법 큰 용량이다. 이 수치를 줄이면 VM이 같은 양의 메모리에 더 많은 값을 담을 수 있다. 요즘 컴퓨터는 대체로 RAM이 넉넉해서 직접적인 메모리 절약은 그리 대수로운 일이 아니지만, 표현이 작아지면 캐시 라인에 더 많은 Value를 넣을 수 있다. 그 결과, 캐시 미스가 줄어 속도에 영향을 미친다.

만약 Value를 가장 큰 페이로드 크기에 맞춰야 하고 록스 숫자나 Obj 포인터가 8바이트 전체를 필요로 한다면, 어떻게 더 작게 만들 수 있을까? 록스 같은 동적 타입 언어에서 각각의 값은 페이로드뿐만 아니라, 런타임에 값의 타입을 결정하기에 충분한 부가 정보를 전달해야 한다. 이미 록스 숫자가 8바이트를 전부 차지한 경우, 런타임에게 "이건 숫자란다" 하고 알리려고 몇 비트라도 더 줄이려면 어떻게 해야 할까?

이것이 동적 언어 해커를 끊임없이 괴롭힌 고질적인 문제 중 하나다. 정적 타입 언어는 보통 이런 문제가 없다. 값의 타입이 컴파일 타임에 알려져 있기 때문에 런타임에 이를 추적하기 위해 메모리를 덧붙일 이유가 없다. C 컴파일러가 32비트 정수를 컴파일하면, 결과 변수는 정확히 32비트의 공간을 확보하게 된다.

3　**옮긴이**　영어 단어 box는 손바닥이나 주먹으로 때리다는 뜻이 있다.

동적 언어 사용자들은 정적 언어 진영에 밀리는 걸 너무나도 싫어한 나머지, 적은 수의 비트에 타입 정보와 페이로드를 욱여넣는 아주 영리한 방법을 고안했다. NaN 박싱도 그중 하나다. 특히, 모든 숫자를 배정밀도 부동 소수점으로 처리하는 자바스크립트나 루아 같은 언어에 적합하다. 록스도 같은 맥락이다.

30.3.1 숫자는 무엇이고, 숫자가 아닌 것은 무엇인가?

최적화를 시작하기 전에 CPU가 부동 소수점 숫자를 표현하는 방법을 정확히 이해할 필요가 있다. 오늘날 거의 모든 컴퓨터는 유서 깊은 IEEE 754(부동 소수점 연산에 관한 IEEE 표준)[4]로 인코드된 동일한 체계를 사용한다.

컴퓨터의 눈에는 64비트 배정밀도 IEEE 부동 소수점 숫자가 다음 그림처럼 보인다.

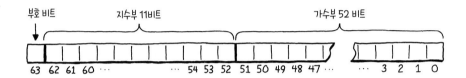

- 우측부터 처음 52비트는 **가수부(mantissa)**, 즉 **유효 숫자(significand)** 비트다. 숫자의 유효 숫자를 이진 정수로 나타낸 것이다.

- 그다음은 11개의 **지수부(exponent)** 비트다. 가수부가 소숫점(물론, 이진 정수)에서 얼마나 멀리 떨어져 있는지 알려준다.

- 최상위 **부호 비트(sign bit)**는 양수인지 음수인지 나타낸다.

조금 모호한 구석이 있지만 부동 소수점 표현을 더 이상 자세히 다루진 않겠다. 지수부와 가수부가 어떻게 함께 어울려 환상의 궁합을 자아내는지 궁금한 독자는 인터넷에 더 좋은 자료들이 풍부하니 읽어보기 바란다.

> 부호 비트는 항상 존재하므로 숫자가 0이어도 +0과 -0의 비트 표현이 서로 다르다. 실제로 IEEE 754에서는 이 둘을 구별한다.

여기서 중요한 대목은, 이 표준에 따르면 지수부가 잘려나가는 특수한 경우가 있다는 사실이다. 지수부 비트가 모두 세팅되면[5] 이는 어마어마하게 큰 숫자가 아닌, 전혀 다른 뭔가를 의미하게 된다. 이 값이 바로 'Not a Number(숫자 아님, 즉 NaN)'다. 무한대 또는 0으로 나눈 결과와 같은 개념이다.

지수부 비트가 모두 세팅된 double 값은 가수부와 상관없이 NaN이다. 따라서 엄청나게 다양한 NaN 비트 패턴이 존재한다. IEEE 754에서는 이를 두 가지로 분류한다. 최상위 가수부 비트가 0인 값이 **시그널링 (signalling) NaN**, 나머지는 **콰이어트(quiet) NaN**이다. 시그널링 NaN은 잘못된 계산(예: 0으로 나누기) 결과를 의도한 값이다. 칩은 이런 값 중 하나가 생성되면 발견 즉시 프로그램을 완전히 중단시킨다. 값을 읽으려다 칩이 망가질 수도 있기 때문이다.

> 실제로 시그널링 NaN을 붙잡아 중단시키는 CPU가 있는지는 잘 모르겠다. 스펙에는 가능하다고만 나와 있다.

---

4 https://en.wikipedia.org/wiki/IEEE_754
5 옮긴이 즉, 11 자리 비트가 모두 1이 되면

콰이어트 NaN은 사용하기는 더 안전하다. 쓸모있는 숫자 값을 나타내지 않지만 건드려도 손에 장을 지질 일은 없다.

모든 지수부 비트가 세팅되고 최상위 가수부 비트가 세팅된 double은 콰이어트 NaN이다. 그러면 52비트가 남는다. 이 중 인텔의 'QNaN 부동 소수점 부정(Quiet Not a Number Floating-Point Indefinite)' 값을 밟지 않도록 1비트를 빼고 51비트를 남기자. 이제 남은 51비트는 뭐든지 될 수 있다. 2,251,799,813,685,248개의 고유한 콰이어트 NaN 비트 패턴이 가능한 것이다.

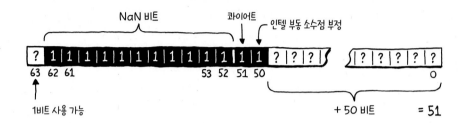

즉, 64비트 double은 모든 갖가지 부동 소수점 숫자를 담는 동시에 51비트의 데이터를 원하는 대로 사용할 수 있는 충분한 공간이다. 록스는 nil, true, false 값을 나타낼 수 있는 비트 패턴만 있어도 되니 아주 넉넉하다. 하지만 Obj 포인터는 어떨까? 포인터도 64비트가 전부 필요하지 않을까?

다행히 다른 꼼수가 준비되어 있다. 맞다, 엄밀히 말해서 64비트 아키텍처의 포인터는 64비트다. 하지만 내가 아는 어떤 아키텍처도 실제로 전체 주소 공간을 다 사용하지 않는다. 요즘 가장 많이 쓰는 칩도 하위 48비트만 사용하며, 나머지 16비트는 세팅하지 않거나 항상 0이다.

> 48비트면 262,144GB 메모리의 주소를 지정할 수 있는 양이다. 또 최신 운영 체제는 각 프로세스마다 고유한 주소 공간을 제공하므로 이 정도면 충분하다.

51비트가 있으니 48비트를 포인터에 다 써도 3비트가 남는다. 3비트면 nil, 불리언, Obj 포인터를 구분하는 자그마한 타입 태그 정도를 담기에 충분하다.

이것이 NaN 박싱이다. 64비트 double 하나에 다양한 부동 소수점 숫자값, 포인터, 그밖에 몇몇 특수한 신호값을 모두 저장할 수 있다. 현재 Value 구조체의 메모리 사용량을 절반으로 줄여도 충실도(fidelity)를 그대로 유지할 수 있다.

특별히 이 표현이 좋은 점은, double 값을 '박싱형(boxed form)'으로 변환할 필요가 없다는 것이다. 록스 숫자는 그냥 평범한 64비트 double이다. 록스는 동적 타입 언어라서 사용 전에 타입 체크는 필요하지만, '값'에서 '숫자'로 가려고 비트 시프팅(bit shifting)이나 포인터 역참조(pointer indirection)를 할 필요는 없다.

물론 다른 값 타입은 변환 단계가 있지만, 다행히 록스 VM은 값을 원시 타입으로 바꿔주는 모든 메커니즘을 몇몇 매크로에 잘 숨겨두었다. 이 매크로를 재작성하여 NaN 박싱을 구현하면 나머지 VM 부분도 그대로 잘 작동될 것이다.

30.3.2 조건부 지원

아직 이 새로운 표현의 디테일이 머릿속에 명확하게 그려지지 않아도 구현 과정을 살펴보면 점점 또렷해질 테니 걱정 말라. 그 전에 컴파일 타임에 해야 할 몇 가지 밑작업을 하고 넘어가자.

이전에는 과거의 느린 코드를 재작성하고 최적화의 마침표를 찍었지만 이번에는 조금 다르다. NaN 박싱은 칩이 부동 소수점 숫자와 포인터를 나타내는, 매우 로우레벨의 디테일에 크게 의존한다. 여러분이 사용하는 CPU에서 대부분은 잘 작동하겠지만, 전부 다 통할 거라 확신할 수는 없다.

값 표현 때문에 록스 VM의 지원 가능한 아키텍처가 줄어드는 것은 바람직하지 않다. 따라서 기존 Value의 태그 있는 공용체와 새로운 NaN 박싱 포맷을 모두 지원하겠다. 둘 중 어느 쪽을 사용할지는 컴파일 타임에 다음 플래그로 결정한다.

common.h

```
#include <stdint.h>

#define NAN_BOXING
#define DEBUG_PRINT_CODE
```

NAN_BOXING 플래그를 세팅하면 VM은 새로운 포맷을 사용하고, 그렇지 않으면 예전 스타일로 되돌아간다. 값 표현의 디테일을 처리하는 코드(주로 Value를 래핑/언래핑하는 매크로)가 이 플래그의 세팅 여부에 따라 달라진다. 나머지 VM은 기존처럼 계속 사용할 수 있다.

대부분의 작업은 새 타입을 추가하는 value 모듈에서 일어난다.

value.h

```
typedef struct ObjString ObjString;

#ifdef NAN_BOXING

typedef uint64_t Value;

#else

typedef enum {
```

NaN 박싱이 활성화되면 Value의 실제 타입은 부호 없는 플랫한 64비트 정수다. double을 대신 사용하면 록스 숫자를 처리하는 매크로를 좀 더 간소화할 수 있지만, 다른 매크로는 모두 비트 연산을 해야 하므로 uint64_t가 훨씬 더 익숙한 타입이다. 이 모듈을 제외한 나머지 VM은 어느 쪽이든 개의치 않는다.

매크로를 재작성하기 전에 이전 표현의 정의가 끝나는 부분에서 #ifdef의 #else 분기를 닫는다.

```
#define OBJ_VAL(object)    ((Value){VAL_OBJ, {.obj = (Obj*)object}})

#endif

typedef struct {
```

이제 첫 번째 #ifdef 영역을 #else 쪽에 이미 있는 코드의 새로운 구현 코드로 채우는 일만 남았다. 쉬운 타입부터 어려운 타입 순서로 하나씩 진행하자.

30.3.3 숫자

첫 번째 타자는 NaN 박싱에서 가장 직접적으로 표현되는 숫자다. C double을 NaN 박싱된 씨록스의 Value로 '변환'할 때에는 단 하나의 비트도 건드릴 필요가 없다. 표현이 완전히 동일하다. 하지만 C 컴파일러에 이 사실을 납득시켜야 하는데, Value를 uint64_t로 정의하는 바람에 일이 조금 어렵게 꼬였다.

컴파일러가 double이라고 여기는 비트 집합을 가져와 동일한 비트를 uint64_t로 사용하거나 그 반대로 사용해야 한다. 이 작업을 **타입 퍼닝(type punning)**이라고 한다. 나팔바지와 8-트랙 테이프가 대세였던 시절부터 C/C++ 프로그래머들이 사용한 기법이지만, 언어 스펙은 그 다양한 기법 중 어느 것이 공식적으로 승인된 것인지 밝히기를 꺼려왔다.

double을 Value로 변환하고 다시 거꾸로 변환하는 좋은 방법이 있다. C/C++ 스펙에서도 지원되는 기능이지만, 아쉽게도 단일식에는 적합하지 않으므로 변환 매크로에서 헬퍼 함수를 호출하는 방식으로 구현해야 한다. 첫 번째 매크로는 다음과 같다.

> 스펙 저자는 최적화를 더 어렵게 만드는 타입 퍼닝을 달갑게 생각하지 않는다. 주요한 최적화 기법은 명령어를 재정렬하여 CPU 실행 파이프라인을 채우는 것이다. 이렇게 해도 사용자가 가시적인 효과를 볼 수 없는 경우에만 컴파일러는 코드 순서를 바꿀 수 있다.
>
> 포인터 때문에 이 작업은 더욱 어렵다. 두 포인터가 동일한 값을 가리킬 경우, 한 포인터를 통한 쓰기와 다른 포인터를 통한 읽기는 순서를 바꿀 수 없다. 하지만 타입이 다른 두 포인터라면 어떨까? 동일한 객체를 가리킬 수 있다면 기본적으로 두 포인터는 동일한 값을 가리키는 앨리어스(alias, 별칭)가 될 수 있다. 그러나 이러면 컴파일러가 자유롭게 재정렬할 수 있는 코드 양이 상당히 제약된다
>
> 이를 방지하기 위해 컴파일러는 호환되지 않는 타입의 포인터가 동일한 값을 가리킬 수 없도록 엄격한 앨리어싱(strict aliasing)을 전제로 한다. 타입 퍼닝은 처음부터 이 전제를 깨뜨리는 것이다.

```
typedef uint64_t Value;

#define NUMBER_VAL(num) numToValue(num)

#else
```

이 매크로는 다음과 같이 double을 처리한다.

```
#define NUMBER_VAL(num) numToValue(num)

static inline Value numToValue(double num) {
  Value value;
  memcpy(&value, &num, sizeof(double));
  return value;
}

#else
```

엇, 뭔가 이상하다. 값을 전혀 변경하지 않고 일련의 바이트를 다른 타입으로 취급하는 방법이 memcpy() 함수? 무진장 느려보인다. 시스템 콜(syscall)을 통해 이 변수의 주소를 운영 체제에 전달하고 몇 바이트를 복사한다. 그런 다음 입력과 정확히 동일한 바이트의 결과를 만들어 리턴한다. 다행히 이것은 타입 퍼닝을 지원하는 관용적인 코드라서 대부분의 컴파일러는 이 패턴을 인식해서 memcpy()를 완전히 최적화한다.

록스 숫자를 '언래핑'하는 과정은 정반대다.

value.h

```
typedef uint64_t Value;

#define AS_NUMBER(value)     valueToNum(value)

#define NUMBER_VAL(num) numToValue(num)
```

이 매크로는 다음 함수를 호출한다.

value.h

```
#define NUMBER_VAL(num) numToValue(num)

static inline double valueToNum(Value value) {
  double num;
  memcpy(&num, &value, sizeof(Value));
  return num;
}

static inline Value numToValue(double num) {
```

타입을 교체하는 것을 제외하면 하는 일이 똑같다. memcpy() 호출이 바람처럼 사라진다 해도 컴파일러에게 어떤 memcpy()를 호출하는지는 알려야 하므로 인클루드가 필요하다.

```
#define clox_value_h

#include <string.h>

#include "common.h"
```

결국, C 타입 검사기를 침묵시키는 것 외에 아무것도 하는 일이 없는 덩치 큰 코드였다. 록스 숫자에 대해 런타임 타입 테스트를 수행하는 부분이 조금 흥미롭다. 만약 지금 갖고 있는 것이 double에 해당하는 비트뿐이라면, 그것이 double인지 어떻게 구별할 수 있을까? 그래서 비트 조작이 필요하다.

> memcpy()를 최적화하지 않는 컴파일러를 사용할 때에는 이렇게 해보라.
>
> ```
> double valueToNum(Value value) {
> union {
>     uint64_t bits;
>     double num;
> } data;
>   data.bits = value;
>   return data.num;
> }
> ```

```
typedef uint64_t Value;

#define IS_NUMBER(value)    (((value) & QNAN) != QNAN)

#define AS_NUMBER(value)    valueToNum(value)
```

숫자 아닌 모든 Value는 콰이어트 NaN이라는 특별한 표현을 사용한다는 사실은 알고 있다. 또한 실제로 숫자에 대해 산술 계산을 수행한 결과로 나올 수 있는 의미 있는 NaN 표현도 올바르게 회피했다고 하자.

만일 double의 모든 NaN 비트와 콰이어트 NaN 비트까지 모두 세팅된 상태에서 추가로 하나만 더 세팅한다면, 또 다른 타입을 위해 우리가 따로 준비해뒀던 비트 패턴 중 하나임에 틀림없을 것이다. 이것을 체크하기 위해 콰이어트 NaN 비트 집합을 제외한 모든 비트를 마스킹한다. 모든 비트가 세팅된다면 이는 십중팔구 다른 록스 타입의 NaN 박싱된 값이리라. 그렇지 않다면 진짜 숫자다.

> 꽤 확실하지만 엄격하게 보장되는 것은 아니다. 내가 아는 한, 비트 표현이 우리가 사용하겠다고 작정한 방향과 충돌을 일으키는 어떤 연산의 결과로 CPU가 NaN 값을 생성하는 것을 막을 방법은 없다. 하지만 수많은 아키텍처에서 별별 테스트를 다 해봤지만, 아직까지 그런 일은 없었다.

콰이어트 NaN 비트 집합은 다음과 같이 선언한다.

```
#ifdef NAN_BOXING

#define QNAN    ((uint64_t)0x7ffc000000000000)

typedef uint64_t Value;
```

C가 바이너리 리터럴을 지원했으면 얼마나 좋을까? 변환을 수행하면 값은 다음과 같이 된다.

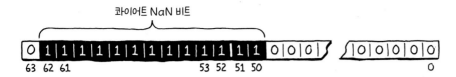

정확히 모든 지수부 비트 + 콰이어트 NaN 비트 + 인텔 값 회피용 추가 1비트의 모습이다.

30.3.4 nil과 true/false

다음으로 처리할 타입은 nil이다. 이 값은 오직 하나뿐이고 한 가지 비트 패턴만 있으면 나타낼 수 있어서 아주 간단하다. 다른 두 불리언(true, false)까지 나타내려면 총 3개의 고유한 비트 패턴이 필요하다.

2비트만 있으면 네 가지 조합을 나타낼 수 있으니 충분하다. 다음과 같이 사용하지 않는 가수부 영역의 최하위 두 비트를 세 값을 구분하는 '타입 태그'로 정의하자.

value.h

```
#define QNAN      ((uint64_t)0x7ffc000000000000)

#define TAG_NIL   1 // 01.
#define TAG_FALSE 2 // 10.
#define TAG_TRUE  3 // 11.

typedef uint64_t Value;
```

즉, 이 nil 표현은 nil 타입의 태그 비트와 더불어 콰이어트 NaN 표현을 정의하는 데 필요한 모든 비트다.

코드에서는 다음과 같이 비트를 체크한다.

value.h

```
#define AS_NUMBER(value)    valueToNum(value)

#define NIL_VAL             ((Value)(uint64_t)(QNAN | TAG_NIL))
#define NUMBER_VAL(num) numToValue(num)
```

콰이어트 NaN 비트와 타입 태그를 그냥 OR 비트 처리한 다음, 약간의 캐스팅 율동을 섞어 C 컴파일러에게 해당 비트가 의미하는 바를 알려주면 된다.

nil은 단일 비트 표현이므로 uint64_t에 등호를 사용하면 Value가 nil인지 확인할 수 있다.

```
typedef uint64_t Value;

#define IS_NIL(value)       ((value) == NIL_VAL)
#define IS_NUMBER(value)    (((value) & QNAN) != QNAN)
```

true, false 값을 정의하는 방법도 동일하다.

```
#define AS_NUMBER(value)    valueToNum(value)

#define FALSE_VAL    ((Value)(uint64_t)(QNAN | TAG_FALSE))
#define TRUE_VAL     ((Value)(uint64_t)(QNAN | TAG_TRUE))
#define NIL_VAL      ((Value)(uint64_t)(QNAN | TAG_NIL))
```

비트는 이런 모습이다.

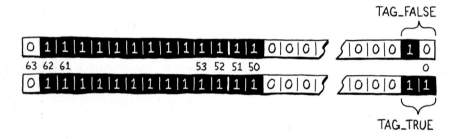

C 불리언을 록스 불리언으로 변환하려면 이 두 싱글턴 값과 우리의 오랜 친구, 삼항 연산자를 사용하면 된다.

```
#define AS_NUMBER(value)    valueToNum(value)

#define BOOL_VAL(b)     ((b) ? TRUE_VAL : FALSE_VAL)
#define FALSE_VAL       ((Value)(uint64_t)(QNAN | TAG_FALSE))
```

더 현명하게 비트 처리하는 방법이 있겠지만, 아마 컴파일러는 나보다 훨씬 더 빨리 알아낼 것이다. 반대 방향은 더 간단하다.

```
#define IS_NUMBER(value)    (((value) & QNAN) != QNAN)

#define AS_BOOL(value)      ((value) == TRUE_VAL)
#define AS_NUMBER(value)    valueToNum(value)
```

0 아닌 값을 '참'으로 간주하는 C와 달리, 록스에는 정확히 두 가지 불리언 비트 표현만 있어서 true가 아니면 반드시 false다. 이 매크로는 주어진 value가 록스 불리언이라고 가정한다. 다음은 주어진 값이 록스 불리언인지 체크하는 매크로다.

```
typedef uint64_t Value;

#define IS_BOOL(value)          (((value) | 1) == TRUE_VAL)
#define IS_NIL(value)           ((value) == NIL_VAL)
```

그런데 좀 이상하다. 다음과 같이 해야 명확하지 않을까?

```
#define IS_BOOL(v) ((v) == TRUE_VAL || (v) == FALSE_VAL)
```

그러나 이런 매크로는 안전하지 않다. v가 두 번 등장하므로 표현식에 부수 효과가 있을 경우 두 번 실행된다. 매크로가 별도의 다른 함수를 호출하게 만들 수도 있지만, 아… 정말 귀찮은 일이다.

대신, 오직 두 가지 유효한 불리언 비트 패턴으로 병합하기 위해 이 값을 1과 비트 OR 처리한다. 여기서 세 가지 경우의 수가 있다.

1. 원래 FALSE_VAL이었으나 이제 막 TRUE_VAL로 변환됐다.

2. 원래 TRUE_VAL이었고 | 1은 아무것도 하지 않으므로 아직 TRUE_VAL이다.

3. 불리언이 아닌 다른 타입의 값이다.

어쨌든 결괏값을 TRUE_VAL과 비교하면 1, 2번에 해당하는지, 3번에 해당하는지 알 수 있다.

30.3.5 객체

마지막 값 타입인 객체가 가장 어렵다. 싱글턴 값과 달리 NaN 안에 넣어야 할 포인터 값은 수십억 가지나 된다. 즉, 특정 NaN이 Obj 포인터임을 나타내는, 별도의 태그도 필요하고 주소 자체를 위한 공간도 있어야 한다.

앞서 싱글턴 값에 차용한 태그 비트는 포인터 자체를 저장하기로 한 영역에 있기 때문에 그 값이 객체 참조임을 나타내려고 다른 비트를 쉽게 사용할 수가 없다. 하지만 아직 사용하지 않는 비트가 하나 더 있다. 모든 NaN 값은 숫자가 아니므로(명칭 자체가 그렇다) 부호 비트는 무용지물이다. 이 비트를 객체의 타입 태그로 사용하자. 즉, 콰이어트 NaN 중 하나에 부호 비트가 세팅되어 있으면 Obj 포인터, 그밖에는 기존 싱글턴 값 중 하나로 취급하는 것이다.

실제로 값이 Obj 포인터인 경우에도 최하위 비트를 사용해서 타입 태그를 저장할 수 있다. Obj에는 64비트 필드가 들어 있으므로 Obj 포인터는 항상 8바이트 경계에 맞춰지기 때문이다. 다시 말해, Obj 포인터의 최하위 3비트는 항상 0이 된다는 의미다. 원하는 내용을 여기에 저장하고 포인터를 역참조하기 전에 마스킹 처리하면 된다.

이것이 포인터 태깅(pointer tagging)이라는 또 다른 값 표현 최적화 기법이다.

부호 비트가 세팅된 경우, 남은 하위 비트에 Obj를 가리키는 포인터를 저장한다.

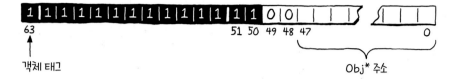

원시 Obj 포인터를 Value로 변환하기 위해 포인터를 가져와 콰이어트 NaN 비트 및 부호 비트를 모두 세팅한다.

---
value.h

```
#define NUMBER_VAL(num) numToValue(num)
#define OBJ_VAL(obj) \
    (Value)(SIGN_BIT | QNAN | (uint64_t)(uintptr_t)(obj))

static inline double valueToNum(Value value) {
```

포인터 자체는 완전한 64비트라서 이론적으로 콰이어트 NaN 및 부호 비트와 중첩될 가능성이 있지만, 적어도 내가 실제로 테스트한 아키텍처에선 포인터의 48번째 비트 이상은 항상 0이다. 가장 까다로운 C 컴파일러를 만족시키려면 상당한 캐스팅이 불가피하지만, 결과적으로는 몇 개의 비트를 서로 끼워 넣는 것에 불과하다는 사실을 깨달았다.

부호 비트는 이렇게 정의한다.

> 이 책의 코드에 관한 한 문법을 충실하게 지키고자 노력한 내가 이런 얘기를 한다는 게 공허하게 들릴지도 모르겠다. 하지만 최적화를 하다 보면, 스펙에 씌어 있는 것뿐만 아니라 진짜 컴파일러와 칩이 허용하는 한계를 넘어서야 할 때도 있다.
>
> 스펙에서 벗어나면 당연히 리스크가 따르지만, 무법 천지에서도 보상은 있게 마련이다. 그만한 가치가 있는 보상인지는 여러분이 판단할 몫이다.

---
value.h

```
#ifdef NAN_BOXING

#define SIGN_BIT ((uint64_t)0x8000000000000000)
#define QNAN     ((uint64_t)0x7ffc000000000000)
```

Obj 포인터를 다시 꺼내기 위해 나머지 모든 비트를 마스킹 처리한다.

---
value.h

```
#define AS_NUMBER(value)    valueToNum(value)
#define AS_OBJ(value) \
    ((Obj*)(uintptr_t)((value) & ~(SIGN_BIT | QNAN)))

#define BOOL_VAL(b)     ((b) ? TRUE_VAL : FALSE_VAL)
```

비트 조작에 서툰 독자를 위해 말하지만, 틸드(tilde, ~)는 피연산자의 모든 0과 1을 서로 뒤바꾸는 NOT 비트 연산자다. 콰이어트 NaN과 부호 비트를 NOT 연산함으로써 값을 마스킹 처리하면 해당 비트는 정리되고 나머지 포인터 비트는 그대로 남는다.

마지막 매크로다.

value.h

```
#define IS_NUMBER(value)    (((value) & QNAN) != QNAN)
#define IS_OBJ(value) \
    (((value) & (QNAN | SIGN_BIT)) == (QNAN | SIGN_BIT))

#define AS_BOOL(value)    ((value) == TRUE_VAL)
```

Obj 포인터를 저장한 Value에는 부호 비트가 세팅되어 있지만 음수도 마찬가지다. Value가 Obj 포인터인지는 부호 비트 및 콰이어트 NaN 비트 모두가 세팅되었는지를 보고 알 수 있다. 싱글턴 값 타입을 알아내는 방법과 비슷하나, 이번에는 부호 비트를 태그로 사용한다.

30.3.6 Value 함수

나머지는 보통 매크로를 거쳐서 Value 작업을 하므로 거의 다 끝났다. 그러나 아직 value 모듈에는 Value의 블랙박스 내부를 피크하며 직접 인코드하는 함수가 남아 있다. 이들도 수정이 필요하다.

먼저 printValue()다. 이 함수는 값 타입마다 코드가 별도로 있다. 명시적인 타입 열거체가 더 이상 없기 때문에 일일이 타입을 체크하며 종류별로 처리한다.

value.c ▶ printValue() 함수

```
void printValue(Value value) {
#ifdef NAN_BOXING
  if (IS_BOOL(value)) {
    printf(AS_BOOL(value) ? "true" : "false");
  } else if (IS_NIL(value)) {
    printf("nil");
  } else if (IS_NUMBER(value)) {
    printf("%g", AS_NUMBER(value));
  } else if (IS_OBJ(value)) {
    printObject(value);
  }
#else
  switch (value.type) {
```

이 코드는 기술적으로는 switch보다 아주 약간 느리지만 실제로 스트림에 쓸 때 발생하는 오버헤드에 비하면 무시해도 좋다.

원래 태그 있는 공용체 표현은 앞으로도 계속 지원할 예정이니 기존 코드는 놔두고 #else 조건부 섹션에 묶는다.

```
  }
#endif
}
```

다른 쪽에서는 두 값이 동일한지 테스트한다.

```
bool valuesEqual(Value a, Value b) {
#ifdef NAN_BOXING
  return a == b;
#else
  if (a.type != b.type) return false;
```

이보다 더 간단할 수 있을까? 두 비트 표현이 동일하면 값은 동일한 것이다. 싱글턴 값은 각자 고유한 비트 표현을 지니며 오직 자기 자신하고만 동일하므로 이는 올바른 로직이다. 또한 두 개의 Obj 참조는 정확히 동일한 객체를 가리키는 경우에만 동일하므로 Obj 포인터에도 유효하다고 할 수 있다.

숫자에도 대체로 정확하다. 비트 표현이 다른 부동 소수점 숫자는 대부분 상이한 숫자값이다. 그런데 IEEE 754에 빠지기 쉬운 함정이 하나 있다. 사실 아직도 나는 이 말을 완전히 이해할 수 없지만, 스펙에 따르면 NaN 값은 자기 자신과도 동일하지 않다고 명시되어 있다. 우리가 여기서 자체적인 목적에 맞게 사용 중인 콰이어트 NaN은 문제가 되지 않는다. 하지만 록스에서는 '실제' 산술 NaN을 만들어낼 수 있으며 IEEE 754 숫자를 정확하게 구현하려면 결괏값이 그 자신과 동일하지 않아야 한다. 다음 코드를 보자.

```
var nan = 0/0;
print nan == nan;
```

IEEE 754에 따르면 이 프로그램은 "false"를 출력해야 한다. VAL_NUMBER 케이스에서 C 컴파일러가 double임을 알고 있는 두 값에 ==을 적용하므로 기존 태그 있는 공용체 표현이라면 그렇게 작동될 것이다. 즉, 컴파일러는 IEEE 부동 소수점의 동일성을 체크하는 올바른 CPU 명령어를 생성한다.

그러나 Value를 int64_t로 정의된 새로운 표현에서는 그렇지 않다. IEEE 754를 완벽하게 준수하려면 다음과 같은 경우를 처리해야 한다.

```
#ifdef NAN_BOXING
  if (IS_NUMBER(a) && IS_NUMBER(b)) {
    return AS_NUMBER(a) == AS_NUMBER(b);
  }
  return a == b;
```

이상하다는 건 나도 안다. 두 록스 값이 동일한지 체크할 때마다 이런 타입 테스트를 해야 한다고? 그러면 성능 비용이 발생할 것이다. NaN이 그 자신과 같지 않은지 누가 신경이나 쓰겠는가? 호환성을 약간 희생할 용의가 있다면 이 테스트는 없애도 된다. 얼마나 고지식하게 정도를 고집할지는 여러분의 판단에 맡기겠다.

끝으로, 이전 구현체를 둘러싼 조건부 컴파일 섹션을 닫는다.

value.c ▶ valuesEqual() 함수

```
  }
#endif
}
```

다 끝났다. 최적화는 완료됐고 씨록스 가상 머신의 코드 역시 완성됐다. 방금 전 코드가 이 책에서 마지막으로 추가한 코드 줄이었다.

30.3.7 성능 평가

코딩은 끝났지만 변경한 코드가 실제로 뭔가 나아지게 했는지 직접 확인해야 한다. 그런데 최적화를 평가하는 과정이 이전과 완전히 다르다. 프로파일러로 최적화할 때에는 핫스팟이 분명하게 보였고, 그 부분의 코드를 수정하자 핫스팟이 바로 빨라지는 모습을 확인할 수 있었다.

값 표현을 변경한 효과는 여기저기 확산된다. 매크로가 나오는 곳마다 확장을 해놓은 터라, 성능 변화가 (특히 최적화된 빌드에서) 코드베이스 전체에 넓게 분산되어 프로파일러가 제대로 추적하기가 곤란하다.

그리고 변경한 효과를 쉽사리 추론할 수가 없다. 값을 더 작게 만들었으니 VM 전반적으로 캐시 미스가 감소할 것이다. 하지만 이런 변경으로 인한 실제 성능 효과는 실행 중인 록스 프로그램의 메모리 사용 패턴에 따라 크게 달라진다. 아주 작은 록스 마이크로벤치마크라면 메모리 곳곳에 흩어져 있는 값이 별로 많지 않아서 가시적인 효과가 미미할 수 있다. 심지어 C 메모리 할당자가 분배하는 주소 같은 것들도 결과에 영향을 미칠 수 있다.

물론, 일을 제대로 했다면 기본적으로 모든 게 조금은 (특히, 크고 복잡한 록스 프로그램이라면 더더욱) 빨라지겠지만, NaN 박싱 값에 추가적인 비트 연산을 수행하기 때문에 더 나은 메모리 사용으로 얻은 효용이 상쇄될 가능성도 있다. 이러한 성능 작업은 VM이 개선됐다는 사실을 쉽사리 증명할 수 없기에 기운이 빠진다. 수술하기로 한 마이크로벤치마크 하나를 가리키며 "저기 보이죠?"라고 말할 수가 없는 것이다.

그래서 더 큰 규모의 벤치마크 스위트가 꼭 필요하다. 록스 같은 토이 언어에서는 따로 준비하기가 어렵지만, 실제 애플리케이션에서 추출한 벤치마크가 있으면 가장 좋다. 그래야 모든 벤치마크 결과를 토대로 총체적인 성능 변화를 측정할 수 있다. 나도 최대한 큼지막한 록스 프로그램을 만들어 내 PC에서 돌려보니, 새로운 값 표현 덕분에 모든 면에서 10% 정도는 빨라졌다.

해시 테이블 조회 속도를 엄청나게 빨리 만든 것과 비교하면 대수로운 개선은 아니지만, 그래도 내가 이 최적화를 말미에 덧붙인 이유는, 여러분이 경험할 수 있는 특정한 성능 작업의 좋은 사례이자, 솔직히 기술적으로도 멋지다고 생각했기 때문이다. 만약 내가 진지하게 씨록스를 더 빠르게 만들려고 생각했다면 이런 최적화부터 시도하지는 않았을 것이다. 팔만 조금만 뻗어도 주렁주렁 매달린 과일들이 많으니까.

하지만 모든 자그마한 최적화로 성과의 단맛을 쏠쏠하게 본 이후 언젠가는 결국 값 표현을 튜닝할 생각을 하게 될 것이다. 앞으로 여러분이 그런 상황에 처하게 될 때 이 장이 좋은 참고 자료가 되었으면 좋겠다.

30.4 / 다음 도착지는?

록스 언어와 두 인터프리터의 여행은 여기까지다. 새로운 언어 기능과 기발한 속도 향상 기술을 적용하면서 영원히 주물럭거릴 수도 있지만, 이 책의 집필 의도를 생각하면 완성이라고 공표할 만한 고지에 도달했다고 본다. 여러분과 함께 지난 수백 페이지에 걸쳐 만든 코드를 재작성할 생각은 없다. 긴 여행 동안 쌓인 추억을 잘 간직하기 바라며, 이제 앞으로 여러분이 나아갈 방향에 대해 잠시 이야기하겠다. 프로그래밍 언어의 여정에서 다음 단계는 무엇일까?

여러분은 아마 커리어의 대부분을 컴파일러나 인터프리터에 바치고 있지는 않을 것이다. 컴파일러/인터프리터는 CS 분야에서 아주 작은 부분을 차지한다. 소프트웨어 엔지니어링 업계에서 차지하는 비중은 더욱 작은 편이다. 괜찮다, 평생 두번 다시 컴파일러 개발을 하지 않는다 해도 컴파일러는 반드시 사용하게 될 테니까. 나는 그저 여러분이 이 책을 통해 자신이 사용 중인 프로그래밍 언어가 어떻게 디자인되고 구현되는지 더 잘 이해했길 바랄 뿐이다.

몇 가지 중요한 기본 자료 구조를 배웠고, 로우레벨의 프로파일링과 최적화도 수행해보았다. 이러한 전문 지식은 앞으로 어떤 분야에서 프로그래밍을 하더라도 도움이 된다.

나는 여러분이 이 책을 읽으며 문제를 바라보고 해결하는 새로운 방법을 습득했기를 바란다. 프로그래밍 언어를 만드는 작업을 두 번 다시 안 하더라도, 얼마나 많은 프로그래밍 문제를 언어를 만드는 관점으로 바라볼 수 있는지 알고 나면 깜짝 놀랄 것이다. 예를 들면, 여러분이 개발하는 리포트 생성기를 생성기가 '실행'하는 일련의 스택 기반 명령어로 모델링할 수 있다. 또 여러분이 렌더링해야 할 사용자 인터페이스가 AST를 탐색하는 것과 상당히 유사하다고 느낄 수도 있다.

> 다른 분야도 마찬가지다. 프로그래밍에서 배운 주제가 다른 분야에서 유용하지 않은 것은 하나도 없다고 생각한다. 다양한 관심사를 가진 이들을 널리 이롭게 한다는 점에서 나는 소프트웨어 엔지니어링을 정말 사랑한다.

프로그래밍 언어의 토끼 굴을 더 깊이 파보려는 독자들을 위해 몇 가지 조언을 남긴다.

- 씨록스의 단순한, 싱글 패스 바이트코드 컴파일러는 대부분 런타임 최적화를 지향한다. 성숙한 언어 구현체는 보통 컴파일 타임 최적화가 더 중요하며, 컴파일러 최적화에 관한 자료는 엄청나게 많다. 컴파일러 교과서 한 권을 집어들고 씨록스 또는 제이록스의 프런트엔드를 흥미로운 중간 표현(IR, Intermediate Representation)과 최적화 패스를 갖춘 정교한 컴파일 파이프라인으로 다시 만들어보라.

  > 쿠퍼(Cooper)와 토르크존(Torczon)의 『Engineering a Compiler』를 추천한다. 아펠(Appel)의 『Modern Compiler Implementation』도 좋은 평가를 받는 책이다.

  동적 타이핑을 고수하는 한 제약은 있겠지만, 그래도 해볼 만한 것들이 많다. 아니면 한 걸음 더 나아가 록스에 정적 타입과 타입 검사기를 추가할 수도 있다. 그렇게 바꾸면 확실히 프런트엔드에 더 많은 먹거리를 던져줄 수 있으리라.

- 이 책에서 나는 나름대로 정확성을 추구했지만 특별히 엄격하게 지키지는 않았다. 내 목표는 여러분에게 언어 작업에 대한 직관과 느낌을 제공하는 것이다. 더 정밀한 것을 원한다면 전 세계 프로그래밍 언어 학계를 대표해서 환영한다! 프로그래밍 언어와 컴파일러는 컴퓨터라는 것이 나오기 훨씬 오래전부터 공식적으로 연구되어 왔기 때문에 파서 이론, 타입 체계, 시맨틱, 형식 논리에 관한 책과 논문은 풍성하다. 이 길을 따라가면 CS 논문을 읽는 법도 배울 수 있는데, 그 자체로 아주 귀중한 스킬이다.

  > 이 책의 텍스트는 나에게 저작권이 있지만, 코드와 제이록스/씨록스 구현체는 제약이 거의 없는 MIT 라이선스[5]를 적용한다. 두 인터프리터 중 원하는 것을 입양해서 자유롭게 잘 키워보기 바란다.
  >
  > 만약 록스를 여러분이 많이 수정했다면 사람들이 '록스'라는 이름 때문에 헷갈릴 수 있으니 다른 이름으로 바꿀 것을 권장한다.

- 언어 해킹과 개발이 정말 적성에 잘 맞다고 판단되면 록스를 입맛에 맞게 마음껏 바꿔보라. 본인의 눈을 즐겁게 하는 구문으로 바꿔도 보고, 탐탁지 않은 기능을 빼거나 누락된 기능을 추가해보라. 새로운 최적화도 시도하라.

  결국 여러분도 언젠가 다른 사람들도 사용하면 좋지 않을까 싶은 뭔가를 개발하게 될 것이다. 그러면 프로그래밍 언어의 인지도라는 완전히 다른 세계에 발을 들여놓게 된다. 문서, 예제 프로그램, 도구, 쓸 만한 라이브러리를 작성하느라 많은 시간을 바치게 될 것이다. 이 분야는 사용자를 확보하려고 미친 듯이 경쟁하는 언어들로 붐빈다. 이 시장에 뿌리를 내리려면 마케팅 모자를 쓰고 영업을 해야 할지도 모른다. 모든 사람이 이렇게 대중을 상대하는 일을 좋아하는 것은 아니지만, 여러분이 그런 사람이라면 여러분이 만든 언어를 사용해서 프로그래밍하는 사람들을 바라보고 있기만 해도 뿌듯할 것이다.

아니면 이 정도로 갈증이 해결됐다면 책을 덮어도 좋다. 어느 길로 가든, 가지 않든, 이것 하나만은 꼭 마음속에 새겨뒀으면 싶다. 내가 과거에 그랬듯 여러분도 처음에는 프로그래밍 언어라는 주제만으로도 주눅이 들었겠지만, 이 책을 한 장 한 장 읽으면서 아무리 어렵고 힘든 내용이라도 소매를 걷어올리고 한 번에 한 걸음씩 나아가면 정복할 수 있다는 사실을 깨달았으리라. 컴파일러와 인터프리터를 자유자재로 다룰 수 있으면 어떤 일이라도 다 해낼 수 있다.

---

6 https://en.wikipedia.org/wiki/MIT_License

마지막 수업 시간에 숙제를 내는 걸 잔인하다 욕할지도 모르겠지만, 방학 때 뭔가 보람된 일을 해보려는 독자에게 기꺼이 바친다!

1. 프로파일러를 켜고 벤치마크를 몇 번 돌려보면서 VM에 다른 핫스팟이 있는지 찾아보라. 런타임에 뭔가 개선할 부분이 있는가?

2. 실제 사용자 프로그램에서 문자열은 대개 한두 문자에 불과할 정도로 작다. 씨록스는 문자열을 인턴하므로 큰 문제가 안 되지만, 대부분의 VM에선 그렇지 않다. 문자열을 인턴하지 않는 VM에서는 이렇게 자잘한 문자열마다 일일이 작은 문자 배열을 힙에 할당하고 이 배열을 가리키는 포인터로 값을 나타내는 것 자체가 낭비다. 심지어 문자열을 구성하는 문자보다 포인터가 더 커질 때도 많다. 그래서 작은 문자열은 별도의 값 표현을 사용해서 값에 문자들을 인라인으로 저장하는 고전적인 기법이 있다.

씨록스의 원래 태그 있는 공용체 표현부터 시작해서 죽 이 최적화를 구현하라. 이와 관련된 몇 가지 벤치마크를 작성해서 도움이 되는지 확인하라.

3. 이 책을 완독한 여러분의 경험을 되돌아보라. 어느 부분이 여러분에게 잘 맞았는가? 잘 안 맞았던 부분은? 하향식과 상향식 중 어느 쪽이 배우기 더 쉬웠나? 이 책의 그림이 도움이 되었는가, 아니면 외려 방해가 되었는가? 내가 사용한 비유가 명쾌했는가, 아니면 더 헷갈렸는가?

스스로의 학습 방식을 더 많이 알면 알수록 머릿속에 더 효과적으로 지식을 업로드할 수 있다. 그래야 본인이 가장 잘 배우는 방향으로 자신을 가르치는 자료를 구체적으로 지향하게 된다.

CRAFTING

INTERPRETERS

부록

긴 책 읽느라 정말 고생 많았다! 여러분의 학습에 도움이 될 만한 자료를 부록으로 덧붙인다.

부록 A1은 록스의 전체 문법을 일목요연하게 정리한 것이다.

부록 A2는 제이록스에 쓰인 AST 생성기(5.2.2절)로 만든 자바 클래스 목록이다.

부록 B는 옮긴이가 정리한, 이 책에 수록된 두 인터프리터의 소스 코드를 PC에서 실습하는 방법이다.

A1장

록스의 전체 문법

록스 언어의 각 파트마다 적용한 문법 규칙을 한곳에서 찾아볼 수 있도록 정리했다.

A1.1  구문 문법

구문 문법(syntactic grammar)은 길게 죽 나열된 토큰을 중첩된 구문 트리 구조로 파싱하는 데 사용된다. 전체 록스 프로그램(또는 REPL 엔트리 하나)에 해당하는 첫 번째 규칙으로 시작한다.

```
program     → declaration* EOF ;
```

A1.1.1 선언

프로그램은 일련의 선언이고, 선언은 새로운 식별자 또는 그밖의 문장 타입을 바인드하는 문장이다.

```
declaration → classDecl
            | funDecl
            | varDecl
            | statement ;

classDecl   → "class" IDENTIFIER ( "<" IDENTIFIER )?
              "{" function* "}" ;
funDecl     → "fun" function ;
varDecl     → "var" IDENTIFIER ( "=" expression )? ";" ;
```

A1.1.2 문장

나머지 문장 규칙은 부수 효과를 발생시키지만 바인딩은 일으키지 않는다.

```
statement   → exprStmt
            | forStmt
            | ifStmt
            | printStmt
            | returnStmt
            | whileStmt
            | block ;
```

```
exprStmt      → expression ";" ;
forStmt       → "for" "(" ( varDecl | exprStmt | ";" )
                          expression? ";"
                          expression? ")" statement ;
ifStmt        → "if" "(" expression ")" statement
                ( "else" statement )? ;
printStmt     → "print" expression ";" ;
returnStmt    → "return" expression? ";" ;
whileStmt     → "while" "(" expression ")" statement ;
block         → "{" declaration* "}" ;
```

block은 문장 규칙이지만 함수 바디와 같은 다른 몇 가지 규칙에서 넌터미널로도 사용된다.

A1.1.3 표현식

표현식(expression)은 값을 만들어낸다. 록스에는 우선순위 레벨이 다른 여러 단항 연산자(unary operator)와 이항 연산자(binary operator)가 있다. 어떤 언어 문법은 연산자 우선순위를 직접 인코드하지 않고 다른 곳에 지정한다. 여기서는 우선순위 레벨마다 별도의 규칙을 사용하여 명시한다.

```
expression    → assignment ;

assignment    → ( call "." )? IDENTIFIER "=" assignment
              | logic_or ;

logic_or      → logic_and ( "or" logic_and )* ;
logic_and     → equality ( "and" equality )* ;
equality      → comparison ( ( "!=" | "==" ) comparison )* ;
comparison    → term ( ( ">" | ">=" | "<" | "<=" ) term )* ;
term          → factor ( ( "-" | "+" ) factor )* ;
factor        → unary ( ( "/" | "*" ) unary )* ;

unary         → ( "!" | "-" ) unary | call ;
call          → primary ( "(" arguments? ")" | "." IDENTIFIER )* ;
primary       → "true" | "false" | "nil" | "this"
              | NUMBER | STRING | IDENTIFIER | "(" expression ")"
              | "super" "." IDENTIFIER ;
```

A1.1.4 유틸리티 규칙

지금까지 설명한 규칙들을 좀 더 깔끔하게 유지하기 위해 일부 문법은 몇 가지 재사용되는 헬퍼 규칙(helper rule)으로 나눈다.

```
function     → IDENTIFIER "(" parameters? ")" block ;
parameters   → IDENTIFIER ( "," IDENTIFIER )* ;
arguments    → expression ( "," expression )* ;
```

A1.2 렉시컬 문법

INTERPRETER

렉시컬 문법(lexical grammar)은 스캐너에서 문자를 토큰들로 그룹핑할 때 사용된다. 구문이 컨텍스트 자유(context-free)[1]인 경우, 렉시컬 문법은 정규 문법(regular grammar)[2]이다. 따라서 재귀 규칙(recursive rule)이 없다는 점을 기억하라.

```
NUMBER      → DIGIT+ ( "." DIGIT+ )? ;
STRING      → "\"" <any char except "\"">* "\"" ;
IDENTIFIER  → ALPHA ( ALPHA | DIGIT )* ;
ALPHA       → "a" ... "z" | "A" ... "Z" | "_" ;
DIGIT       → "0" ... "9" ;
```

---

1   https://en.wikipedia.org/wiki/Context-free_grammar
2   https://en.wikipedia.org/wiki/Regular_grammar

A2장

제이록스의 AST 생성기로 만든 자바 클래스 목록

여러분의 이해를 돕고자 제이록스에서 구문 트리 클래스 생성을 자동화하기 위해 만든 스크립트(5.2.2절)로 생성된 코드를 정리한다.

표현식

표현식은 5장에서 소개한 첫 번째 구문 트리 노드다. 메인 클래스 Expr은 특정 표현식 타입에 대해 디스패치하는 데 쓰이는 인터페이스를 정의하며, 다른 표현식 서브클래스도 여기에 중첩 클래스로 포함된다.

lox/Expr.java ▶ 새 파일 생성

```java
package com.craftinginterpreters.lox;

import java.util.List;

abstract class Expr {
  interface Visitor<R> {
    R visitAssignExpr(Assign expr);
    R visitBinaryExpr(Binary expr);
    R visitCallExpr(Call expr);
    R visitGetExpr(Get expr);
    R visitGroupingExpr(Grouping expr);
    R visitLiteralExpr(Literal expr);
    R visitLogicalExpr(Logical expr);
    R visitSetExpr(Set expr);
    R visitSuperExpr(Super expr);
    R visitThisExpr(This expr);
    R visitUnaryExpr(Unary expr);
    R visitVariableExpr(Variable expr);
  }

  // 여기에 중첩된 Expr 클래스가 들어간다

  abstract <R> R accept(Visitor<R> visitor);
}
```

A2.1.1 할당 표현식

8.4절에서 소개한 변수 할당(variable assignment)이다.

```java
static class Assign extends Expr {
  Assign(Token name, Expr value) {
    this.name = name;
    this.value = value;
  }

  @Override
  <R> R accept(Visitor<R> visitor) {
    return visitor.visitAssignExpr(this);
  }

  final Token name;
  final Expr value;
}
```

A2.1.2 이항 표현식

5장에서 소개한 이항 표현식(binary expression)이다.

lox/Expr.java ▶ Expr 클래스 안에 삽입

```java
static class Binary extends Expr {
  Binary(Expr left, Token operator, Expr right) {
    this.left = left;
    this.operator = operator;
    this.right = right;
  }

  @Override
  <R> R accept(Visitor<R> visitor) {
    return visitor.visitBinaryExpr(this);
  }

  final Expr left;
  final Token operator;
  final Expr right;
}
```

A2.1.3 호출 표현식

10.1절에서 소개한 함수 호출 표현식(function call expression)이다.

```java
static class Call extends Expr {
  Call(Expr callee, Token paren, List<Expr> arguments) {
    this.callee = callee;
    this.paren = paren;
    this.arguments = arguments;
  }

  @Override
  <R> R accept(Visitor<R> visitor) {
    return visitor.visitCallExpr(this);
  }

  final Expr callee;
  final Token paren;
  final List<Expr> arguments;
}
```

A2.1.4 겟 표현식

12.4절에서 소개한 프로퍼티 액세스(property access), 즉 겟 표현식(get expression)이다.

lox/Expr.java ▶ Expr 클래스 안에 삽입

```java
static class Get extends Expr {
  Get(Expr object, Token name) {
    this.object = object;
    this.name = name;
  }

  @Override
  <R> R accept(Visitor<R> visitor) {
    return visitor.visitGetExpr(this);
  }

  final Expr object;
  final Token name;
}
```

A2.1.5 그룹핑 표현식

5장에서 소개한, 표현식을 팔호로 묶어 그룹핑하는 방법이다.

```java
  static class Grouping extends Expr {
    Grouping(Expr expression) {
      this.expression = expression;
    }

    @Override
    <R> R accept(Visitor<R> visitor) {
      return visitor.visitGroupingExpr(this);
    }

    final Expr expression;
  }
```

A2.1.6 리터럴 표현식

5장에서 소개한 리터럴 값 표현식(literal value expression)이다.

```java
  static class Literal extends Expr {
    Literal(Object value) {
      this.value = value;
    }

    @Override
    <R> R accept(Visitor<R> visitor) {
      return visitor.visitLiteralExpr(this);
    }

    final Object value;
  }
```

A2.1.7 논리 표현식

9.3절에서 소개한 논리 연산자(logical operator) and와 or다.

```java
  static class Logical extends Expr {
    Logical(Expr left, Token operator, Expr right) {
      this.left = left;
      this.operator = operator;
      this.right = right;
    }
```

```
  @Override
  <R> R accept(Visitor<R> visitor) {
    return visitor.visitLogicalExpr(this);
  }

  final Expr left;
  final Token operator;
  final Expr right;
}
```

A2.1.8 셋 표현식

12.4절에서 소개한 프로퍼티 할당(property assignment), 즉 셋 표현식(set expression)이다.

lox/Expr.java ▶ Expr 클래스 안에 삽입

```
static class Set extends Expr {
  Set(Expr object, Token name, Expr value) {
    this.object = object;
    this.name = name;
    this.value = value;
  }

  @Override
  <R> R accept(Visitor<R> visitor) {
    return visitor.visitSetExpr(this);
  }

  final Expr object;
  final Token name;
  final Expr value;
}
```

A2.1.9 super 표현식

13.3절에서 소개한 super 표현식이다.

lox/Expr.java ▶ Expr 클래스 안에 삽입

```
static class Super extends Expr {
  Super(Token keyword, Token method) {
    this.keyword = keyword;
    this.method = method;
  }
```

```
@Override
<R> R accept(Visitor<R> visitor) {
  return visitor.visitSuperExpr(this);
}

final Token keyword;
final Token method;
}
```

A2.1.10 this 표현식

12.6절에서 소개한 this 표현식이다.

lox/Expr.java ▶ Expr 클래스 안에 삽입

```
static class This extends Expr {
  This(Token keyword) {
    this.keyword = keyword;
  }

  @Override
  <R> R accept(Visitor<R> visitor) {
    return visitor.visitThisExpr(this);
  }

  final Token keyword;
}
```

A2.1.11 단항 표현식

5장에서 소개한 단항 표현식(unary expression)이다.

lox/Expr.java ▶ Expr 클래스 안에 삽입

```
static class Unary extends Expr {
  Unary(Token operator, Expr right) {
    this.operator = operator;
    this.right = right;
  }

  @Override
  <R> R accept(Visitor<R> visitor) {
    return visitor.visitUnaryExpr(this);
  }
```

```
    final Token operator;
    final Expr right;
  }
```

A2.1.12 변수 표현식

8.2.1절에서 소개한 변수 액세스 표현식(variable access expression)이다.

lox/Expr.java ▶ Expr 클래스 안에 삽입

```
static class Variable extends Expr {
  Variable(Token name) {
    this.name = name;
  }

  @Override
  <R> R accept(Visitor<R> visitor) {
    return visitor.visitVariableExpr(this);
  }

  final Token name;
}
```

A2.2 문장

문장은 표현식과는 독립적인 제2의 구문 트리 노드 체계를 형성한다. 처음 2개는 8장에서 추가했다.

lox/Stmt.java ▶ 새 파일 생성

```
package com.craftinginterpreters.lox;

import java.util.List;

abstract class Stmt {
  interface Visitor<R> {
    R visitBlockStmt(Block stmt);
    R visitClassStmt(Class stmt);
    R visitExpressionStmt(Expression stmt);
    R visitFunctionStmt(Function stmt);
    R visitIfStmt(If stmt);
    R visitPrintStmt(Print stmt);
```

```
    R visitReturnStmt(Return stmt);
    R visitVarStmt(Var stmt);
    R visitWhileStmt(While stmt);
  }

  // 여기에 중첩된 Stmt 클래스가 들어간다

  abstract <R> R accept(Visitor<R> visitor);
}
```

A2.2.1 블록문

중괄호로 감싼 블록문(block statement)은 로컬 스코프를 정의한다(8.5.2절).

lox/Stmt.java ▶ Stmt 클래스 안에 삽입

```
static class Block extends Stmt {
  Block(List<Stmt> statements) {
    this.statements = statements;
  }

  @Override
  <R> R accept(Visitor<R> visitor) {
    return visitor.visitBlockStmt(this);
  }

  final List<Stmt> statements;
}
```

A2.2.2 클래스 문장

12.2절에서 소개한 클래스 선언(class declaration)이다.

lox/Stmt.java ▶ Stmt 클래스 안에 삽입

```
static class Class extends Stmt {
  Class(Token name,
        Expr.Variable superclass,
        List<Stmt.Function> methods) {
    this.name = name;
    this.superclass = superclass;
    this.methods = methods;
  }

  @Override
  <R> R accept(Visitor<R> visitor) {
```

```
    return visitor.visitClassStmt(this);
  }

  final Token name;
  final Expr.Variable superclass;
  final List<Stmt.Function> methods;
}
```

A2.2.3 표현문

8.1절에서 소개한 표현문(expression statement)이다.

lox/Stmt.java ▶ Stmt 클래스 안에 삽입

```
static class Expression extends Stmt {
  Expression(Expr expression) {
    this.expression = expression;
  }

  @Override
  <R> R accept(Visitor<R> visitor) {
    return visitor.visitExpressionStmt(this);
  }

  final Expr expression;
}
```

A2.2.4 함수 문장

10.3절에서 소개한 함수 선언(function declaration)이다.

lox/Stmt.java ▶ Stmt 클래스 안에 삽입

```
static class Function extends Stmt {
  Function(Token name, List<Token> params, List<Stmt> body) {
    this.name = name;
    this.params = params;
    this.body = body;
  }

  @Override
  <R> R accept(Visitor<R> visitor) {
    return visitor.visitFunctionStmt(this);
  }

  final Token name;
```

```
    final List<Token> params;
    final List<Stmt> body;
  }
```

A2.2.5 If 문

9.2절에서 소개한 if 문이다.

```java
static class If extends Stmt {
  If(Expr condition, Stmt thenBranch, Stmt elseBranch) {
    this.condition = condition;
    this.thenBranch = thenBranch;
    this.elseBranch = elseBranch;
  }

  @Override
  <R> R accept(Visitor<R> visitor) {
    return visitor.visitIfStmt(this);
  }

  final Expr condition;
  final Stmt thenBranch;
  final Stmt elseBranch;
}
```

A2.2.6 print 문

8.1절에서 소개한 print 문이다.

```java
static class Print extends Stmt {
  Print(Expr expression) {
    this.expression = expression;
  }

  @Override
  <R> R accept(Visitor<R> visitor) {
    return visitor.visitPrintStmt(this);
  }

  final Expr expression;
}
```

A2.2.7 return 문

10.5절에서 소개한, 함수에서 호출자로 되돌리는 return 문이다.

lox/Stmt.java ▶ Stmt 클래스 안에 삽입

```java
static class Return extends Stmt {
  Return(Token keyword, Expr value) {
    this.keyword = keyword;
    this.value = value;
  }

  @Override
  <R> R accept(Visitor<R> visitor) {
    return visitor.visitReturnStmt(this);
  }

  final Token keyword;
  final Expr value;
}
```

A2.2.8 변수 문장

8.2.1절에서 소개한 변수 선언(variable declaration)이다.

lox/Stmt.java ▶ Stmt 클래스 안에 삽입

```java
static class Var extends Stmt {
  Var(Token name, Expr initializer) {
    this.name = name;
    this.initializer = initializer;
  }

  @Override
  <R> R accept(Visitor<R> visitor) {
    return visitor.visitVarStmt(this);
  }

  final Token name;
  final Expr initializer;
}
```

A2.2.9 while 문

9.4절에서 소개한 while 문이다.

```java
  static class While extends Stmt {
    While(Expr condition, Stmt body) {
      this.condition = condition;
      this.body = body;
    }

    @Override
    <R> R accept(Visitor<R> visitor) {
      return visitor.visitWhileStmt(this);
    }

    final Expr condition;
    final Stmt body;
  }
```

B장

예제 코드 실습 안내
by 옮긴이

이 책에 수록된 두 인터프리터의 소스 코드를 여러분의 PC에서 실습하는 방법을 몇 가지 안내한다. 독자 여러분 각자의 도구 취향이나 빌드 방식 등은 천차만별이므로 다양한 방식으로 개발 환경을 구축할 수 있겠지만, 지은이의 깃헙 사이트를 방문하고도 어떻게 실습을 해야 할지 감이 안 잡힌다면 다음 내용을 참고하기 바란다.

방법 1. 자신이 5~10년 이상의 프로그래밍 경력을 가진 사람이라면, 지은이의 깃헙 리포지터리(https://github.com/munificent/craftinginterpreters)에서 직접 `git clone`하여 자신이 즐겨 쓰는 IDE에서 자신이 즐겨 쓰는 빌드 도구(예: Gradle, makefile 등)로 환경을 구성한다. 지은이가 다트(Dart) 언어로 작성한 빌드 파일(build.dart)의 사용법 등 자세한 내용이 README.md 파일에 안내되어 있으니 잘 읽어보고 따라 하면 된다. 가능하다면 지은이와 동일한 macOS 환경에서 실습하는 것이 유리하다.

방법 2. 자신의 프로그래밍 경력이 5년 미만이거나, 주로 다른 사람이 미리 셋업한 개발 환경에서 코딩을 해온 터라 **방법 1**이 조금 어렵다면, 옮긴이가 미리 장별로 예제 코드를 추출하여 재작성한 깃헙 리포지터리(https://github.com/gilbutITbook/080330)를 `git clone`하기 바란다. 빌드 및 실행은 자신이 즐겨 쓰는 개발 환경(예: IntelliJ, Visual Studio Code)을 사용해도 되지만 터미널에서 vi 에디터와 `make` 명령어만 있어도 얼마든지 가능하니 너무 도구에 의존적인 엔지니어가 되지 않길 바란다. 진부한 격언이지만 "좋은 목수는 연장 탓을 하지 않는" 법이다.

방법 3. 자신이 깃 사용법도 모르는 초심자거나 이 분야의 전문가가 아니어서 스스로 개발 환경을 구성하기가 어려운 윈도우 PC 사용자라면 옮긴이가 만든 개발 환경을 내려받아 사용하기 바란다. 단, 여기에 소개하는 내용은 어디까지나 이 책에 수록된 예제 코드 실습을 위해 구성한 임시 환경일 뿐, 모든 독자가 만족할 만한, 완전한 개발 환경이라고 보긴 어렵기 때문에 스스로 **방법 1**로 구성할 수 있는 스킬을 갖추도록 노력해야 한다.

B.1.1 시스템 요구 사항

Intel CPU 6세대, 시스템 메모리 4GB 이상의 윈도우 10 이상이 설치된 PC면 문제없이 실습이 가능하다. 자바 JDK, C 컴파일러 등 실습에 필요한 모든 파일은 압축 파일에 포함되어 있으니 따로 설치할 필요가 없다. 말 그대로 압축 파일을 풀 수 있는 유틸리티(예: 7z, 반디집 등)만 있으면 된다. 자바는 Oracle JDK 1.8, C 컴파일러는 minGW(마이크로소프트 윈도우로 포팅한 GNU 소프트웨어 도구 모음)를 사용 했다.

B.1.2 압축 파일 해제

깃헙 리포지터리(https://github.com/gilbutITbook/080330)에서 CraftingIntepreters.zip 파일을 내려받아 반드시 C: 드라이브 루트에 압축을 해제한다. 압축 해제가 완료되면 C:\CraftingInterpreters 폴더가 생성되고 그 밑에 bin, workspace 등의 서브폴더가 있을 것이다.

B.1.3 환경 변수(PATH)에 컴파일러 경로 추가

이 책의 두 번째 인터프리터이자 C로 개발된 씨록스(clox) 인터프리터를 컴파일하려면 C 컴파일러 경로를 윈도우 환경 변수 PATH에 미리 추가해야 한다.

1. ⊞ + S > 하단에 '환경 변수' 입력 > 검색된 '시스템 환경 변수 편집' 클릭

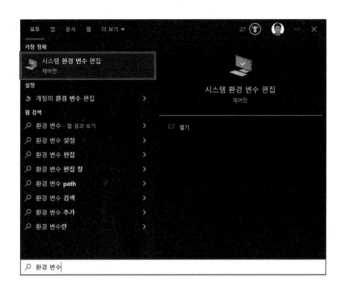

2. 시스템 속성 창에서 하단 '환경 변수' 버튼 클릭

3 환경 변수 창 > 시스템 변수 패널에서 Path를 찾아 클릭 > 편집 버튼 클릭

4. 환경 변수 편집 창에서 새로 만들기 버튼 클릭 > 좌측 패널에 새로 삽입된 부분에 'C:\ CraftingInterpreters\bin\minGW\bin' 입력 > 확인 버튼 클릭

B.1.4 개발 환경(Eclipse) 실행

1. C:\CraftingInterpreters\bin\eclipse\eclipse.exe를 클릭하면 개발 환경 Eclipse가 기동된다.

2. 초기 화면은 Java Perspective로 구성된 패널들이 표시되며, 좌측 패널에 옮긴이가 이미 구성한 장별 프로젝트 목록이 보일 것이다.

3. 이 책의 첫 번째 인터프리터이자 자바로 개발한 제이록스(jlox)의 소스 코드는 C:\CraftingInterpreters\ workspace에 이클립스 프로젝트 이름과 동일한 폴더에 장별로 정리되어 있다. main 메서드가 위치한 Lox 클래스를 편집기로 연 상태에서 단축키 Alt + Shift + X, J를 누르면 하단 Console 패널에 결과 가 표시된다.

다음 그림은 7장 예제 코드(chap07_evaluating 프로젝트)에서 Lox 메인 클래스를 실행 후 Console 창에 표시된 REPL에서 "Hello World" 표현식을 입력한 예시 화면이다.

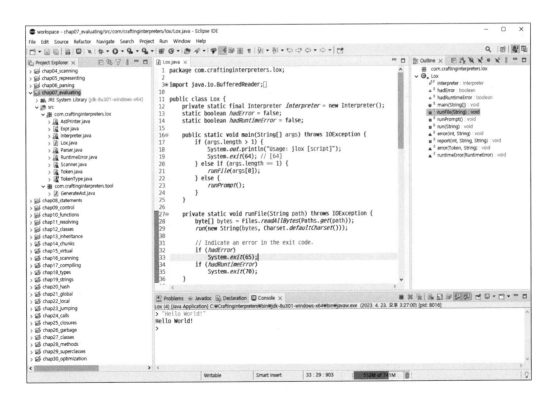

실행 가능한(executable) JAR 파일 형태로 만들어 명령줄에서 `java -jar` 형태로 실행하려면 앤트(Ant), 메이븐(Maven), 그레이들(Gradle) 같은 빌드 도구를 사용해야 한다.

4. 씨록스의 소스 코드 역시 C:\CraftingInterpreters\workspace에 이클립스 프로젝트 이름과 동일한 폴더에 장별로 정리되어 있다. 필수 사항은 아니지만 씨록스는 자바가 아닌, C 언어로 작성하는 것인 만큼 먼저 우측 상단에서 Java Perspective를 C/C++로 바꾸는 것이 좋다.

단축키는 빌드가 Ctrl + B, 바이너리(.exe) 실행은 Ctrl + F11이므로 잘 기억하기 바란다(상단 망치 모양의 아이콘을 클릭해도 빌드가 된다). 컴파일 오류 메시지나 바이너리 실행 결과는 모두 Console 창에 표시된다.

다음 그림은 14장 예제 코드(chap14_chunks 프로젝트)에서 main.c를 실행하여 씨록스를 기동한 결과 화면이다.

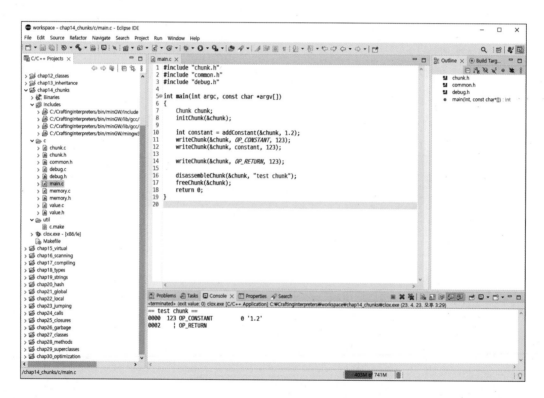

빌드가 완료되어 clox.exe 파일이 생성되어 있다면 다음 그림에서 보다시피 명령 프롬프트 창에서도 실행이 가능하다.

B.1.5 맺음말

실습 환경 구성에 어려움을 겪는 독자들을 위해 미리 셋업이 완료된 개발 환경을 옮긴이가 제공하였으나, 이 책의 주제가 인터프리터를 직접 만들어보는 것인 만큼 단순히 예제 코드를 실습해보는 것에 만족하지 말고, 자신이 추구하는 방향과 가장 잘 맞는 개발 환경을 스스로 구축하기 바란다. 개발 환경을 구축하는 과정에서 뜻하지 않은 오류 등 많은 난관에 부딪힐 수도 있지만, 그런 것을 해결하는 과정 역시 학습의 일부라는 사실을 잊지 말고 혼자서 적극적으로 해결하는 연습을 권장한다.